Julian Dörr

Die europäische Kohäsionspolitik

Marktwirtschaftliche Reformpolitik

Schriftenreihe der
Aktionsgemeinschaft Soziale Marktwirtschaft e.V.,
herausgegeben von Nils Goldschmidt,
Rolf H. Hasse und Joachim Starbatty

Band 16

Julian Dörr

Die europäische Kohäsionspolitik

Eine ordnungsökonomische Perspektive

DE GRUYTER
OLDENBOURG

ISBN 978-3-11-048012-2
e-ISBN (PDF) 978-3-11-048276-8
e-ISBN (EPUB) 978-3-11-048034-4

Library of Congress Cataloging-in-Publication Data
A CIP catalog record for this book has been applied for at the Library of Congress.

Bibliografische Information der Deutschen Nationalbibliothek
Die Deutsche Nationalbibliothek verzeichnet diese Publikation in der Deutschen Nationalbibliografie; detaillierte bibliografische Daten sind im Internet über http://dnb.dnb.de abrufbar.

Satz: Konvertus, Haarlem
Druck und Bindung: CPI books GmbH, Leck
♾ Gedruckt auf säurefreiem Papier
Printed in Germany

www.degruyter.com

Inhaltsverzeichnis

Abkürzungsverzeichnis

AA	Audit Authority
ABl	Amtsblatt der Europäischen Union
AdR	Ausschuss der Regionen
AEUV	Vertrag über die Arbeitsweise der Europäischen Union
ASM	Aktionsgemeinschaft Soziale Marktwirtschaft
BIP	Bruttoinlandsprodukt
BNE	Bruttonationaleinkommen
BRICS	Brasilien, Russland, Indien, China, Südafrika
BTI	Bertelsmann Transformation Index
CA	Certifying Authority
CDU	Christlich Demokratische Union Deutschlands
CEEC	Central and Eastern Europe
COFOG	Classifications of the Functions of Government
COTER	Commission for Territorial Cohesion
CPI	Corruption Perceptions Index
CS	Cohesion Support
CSF	Community Support Framework
CSG	Community Strategic Guidelines on Cohesion
CVM	Cooperation and Verification Mechanism
DBI	Doing Business Index
EAGFL	Europäischer Ausrichtungs- und Garantiefonds für Landwirtschaft
EBRD	European Bank for Reconstruction and Development
EC	European Commission
EDF	European Development Fund
EEA	Einheitliche Europäische Akte
EFF	Europäischer Fischereifonds
EFRE	Europäischer Fonds für regionale Entwicklung
EFW	Economic Freedom of the World Index
EG	Europäische Gemeinschaften
EGF	Globalisierungsanpassungsfonds
EGKS	Europäische Gemeinschaft für Kohle und Stahl
EGV	Vertrag zur Gründung der Europäischen Gemeinschaft
EIB	Europäische Investitionsbank
ELER	Europäischer Landwirtschaftsfonds für die Entwicklung des ländlichen Raums
EMPL	Ausschuss für Beschäftigung und soziale Angelegenheiten
EP	Europäisches Parlament
EPPD	Einheitliches Programmplanungsdokument
ESF	Europäischer Sozialfonds
ESIF	Europäischer Struktur- und Investitionsfonds
eTEN	Transeuropäische Netze für Telekommunikation
ETZ	Europäische territoriale Zusammenarbeit
EU	Europäische Union
EuRH	Europäischer Rechnungshof
EUV	Vertrag über die Europäische Union
EVTZ	Europäischer Verbund für territoriale Zusammenarbeit
EWG	Europäische Wirtschaftsgemeinschaft

EWR	Europäischer Wirtschaftsraum
EWSA	Europäischer Wirtschafts- und Sozialausschuss
EWWU	Europäische Wirtschafts- und Währungsunion
F&E	Forschung und Entwicklung
GAP	Gemeinsame Agrarpolitik
GATT	General Agreement on Tariffs and Trade
GD	Generaldirektion
GDP	Gross Domestic Product
GFK	Gemeinschaftliches Förderkonzept
GG	Grundgesetz
GI	Gemeinschaftsinitiative
HDI	Human Development Index
IIV	Interinstitutionelle Vereinbarung
IKT	Informations- und Kommunikationstechnologie
IMP	Integriertes Mittelmeerprogramm
IOP	Integrated Operational Programme
IPA	Instrument für Heranführungshilfe
ISPA	Instrument for Pre-Accession Assistance
KF	Kohäsionsfonds
KKS	Kaufkraftstandard
KMU	Kleinere und mittlere Unternehmen
KOM	Europäische Kommission
LEADER	Liaison entre actions de développement de l'économie rurale
LEP	Landesentwicklungsplan
MA	Managing Authority
MFR	Mehrjähriger Finanzrahmen
MOEL	Mittel- und Osteuropäische Länder
NAP	Nationale Aktionspläne
NGO	Non-Governmental Organization
NRP	Nationale Reformprogramme
NSRF	National Strategic Reference Framework
NSRP	Nationaler Strategischer Rahmenplan
NUTS	Nomenclature des unités territoriales statistiques
OdG	Ortsbestimmung der Gegenwart
OECD	Organisation für wirtschaftliche Zusammenarbeit und Entwicklung
OEEC	Organization for European Economic Co-Operation
OLAF	Office européen de lutte anti-fraude
OMK	Offene Methode der Koordinierung
OP	Operational Programme
ÖPNV	Öffentlicher Personennahverkehr
PHARE	Poland and Hungary Assistance for the Restructuring of their Economy
R&D	Research and Development
RDA	Regional Development Authority
REGI	Ausschuss für Regionale Entwicklung
RGW	Rat für Gegenseitige Wirtschaftshilfe
ROP	Regional Operational Programme
RWuB	Regionale Wettbewerbsfähigkeit und Beschäftigung
SAMTID	Small and Medium Town Infrastructure Development
SAPARD	Special Accession Programme for Agricultural and Rural Development

SF	Structural Funds
SOP	Sectoral Operational Programme
SPD	Single Programming Document
SWOT	Strengths, Weaknesses, Opportunities, Threats
TACIS	Technical Assistance to the Commonwealth of Independent States
TEN	Transeuropäische Netze
TEN-E	Transeuropäische Netze für Energie
TEN-T	Transeuropäische Netze für Verkehr
UNDP	United Nations Development Programme
UNEP	United Nations Environment Programme
VDMA	Verein der deutschen Maschinenbauanstalten
VGR	Volkswirtschaftliche Gesamtrechnung

Tabellenverzeichnis

Abbildungsverzeichnis

Vorwort

Die vorliegende Arbeit wurde im April 2015 von der Hochschule für Politik München an der Ludwig-Maximilians-Universität München als Dissertation angenommen.

Mein besonderer Dank gilt meinem Doktorvater, Herrn Prof. Dr. Nils Goldschmidt, der mir viel Freiheit gab, die Arbeit nach meinen Vorstellungen zu entwickeln, und der das Vorhaben während meiner Zeit als Mitarbeiter an seinem Lehrstuhl stets eng begleitet hat. Außerdem danke ich Herrn Prof. Dr. Wulfdieter Zippel dafür, dass er für die vorliegende Arbeit das Zweitgutachten erstellt hat.

Zum Entstehen dieser Arbeit haben zahlreiche Menschen beigetragen, die mir durch ihre Diskussionsbereitschaft wertvolle Anregungen gegeben und mit viel Geduld das Manuskript Korrektur gelesen haben.

Auch meinen Eltern und meiner Freundin Verena möchte ich danken, die mich in meinen Entschlüssen zu jeder Zeit bestärkt haben. Ihnen ist dieses Buch gewidmet.

Köln, im Mai 2016
Julian Dörr

1 Einleitung

> Alexander Rüstow hat das Verdienst, mit seinem Hinweis auf die Bedeutung der „Vitalsituation" für das Wohlbefinden des Menschen in der modernen industriellen Massengesellschaft und mit der daraus abgeleiteten Forderung nach einer die alte Sozialpolitik überwölbenden „Vitalpolitik" die Aufmerksamkeit auf diese menschlich – allzu menschliche Komponente der gesellschaftlichen Struktur gelenkt zu haben, deren Studium die Verhaltensforschung noch lange Zeit zu beschäftigen haben wird; erst die empirische Erforschung der Tatbestände, um die es geht, vermag tragfähige Grundlagen für eine erfolgreiche Neuausrichtung der Sozial- und Gesellschaftspolitik zu schaffen.
> Günter Schmölders 1960, S. 127

„Die regionalen Unterschiede in Polen, der Slowakei und Ungarn sind gewissermaßen selbstverständlich geworden und prägen interne Wahrnehmungen und Stereotype wie den Begriff ‚Polska B', das Synonym für die unterentwickelte östliche Hälfte des Landes. Es ist eine offene Frage, warum die Menschen in den benachteiligten Regionen eine derartige Ungleichheit hingenommen haben."[1]

Der Kulturwissenschaftler Philipp Ther geht in seinem jüngst erschienenen Buch „Die neue Ordnung auf dem alten Kontinent" dieser Frage nach. Ther geht es um eine differenzierte und abwägende Bilanzierung der Reformbestrebungen in den postsozialistischen Ländern. Seine zentrale These lautet daher, dass sowohl ein Wohlstandsgefälle zwischen den ehemaligen Ostblockstaaten und den westlichen Staaten als auch wachsende Unterschiede innerhalb der postkommunistischen Länder existieren. Ursache dafür sei der Transformationsprozess selbst, den er als Umsetzung einer neoliberalen Strategie deutet, die er im Wesentlichen mit den Elementen Liberalisierung, Deregulierung und Privatisierung des *Washington Consensus* definiert. Demnach führte die „neoliberale Hegemonie" in den neuen östlichen EU-Staaten zu weitreichenden wirtschaftlichen und sozialen Verwerfungen.[2] Während die Ballungsgebiete und die jüngeren, mobilen Bevölkerungsschichten durchaus auf das westliche Wohlstandsniveau aufholen konnten, wurden die restlichen Gebiete und damit weite Teile der Bevölkerung von dieser Entwicklung abgekoppelt. Ther befürchtet die Spaltung der Gesellschaft und die Verödung ganzer Landschaften. Auf diese Weise entstehe ein *circulus vitiosus*: Durch die Abwanderung des Arbeitskräftepotenzials aus den strukturschwachen Gebieten wächst die Wirtschaft dort noch schwächer, was wiederum das Investitionsverhalten und die Zukunftserwartungen negativ beeinflusst. So verstärkt sich der Dualismus zwischen denjenigen, die in den Ballungsgebieten neue Aufstiegs- und Verdienstmöglichkeiten finden, und denjenigen, die in den verelendenden Dörfern bleiben: „Die eigentlichen Absteiger waren die Menschen in ländlichen Regionen und vor allem die Landarbeiter."[3] Die Europäische Union (EU) verfolgt mit der Kohäsionspolitik seit rund 30 Jahren das Ziel, solche

---

1 Ther (2014), S. 149.
2 Ther (2014), S. 92, S. 88.

DOI 10.1515/9783110482768-001

regionale Disparitäten besonders in den neuen Mitgliedstaaten zu mildern, da, wie Ther meint, „Brüssel die Divergenz von Stadt und Land in Ostmitteleuropa bereits früh als Problem erkannte."[4] Die Kohäsionspolitik finanziert z. B. Ausbildungsprogramme für junge Arbeitslose, vergibt Starthilfen für Unternehmensgründungen oder leistet Unterstützung durch Mikrokredite. Ther sieht den Erfolg und den grundsätzlichen Nutzen der EU-Strukturmittel jenseits einer reinen ökonomischen Effizienz. Die Frage, ob die europäische Kohäsionspolitik tatsächlich den Staaten dienlich ist und ob man dies unabhängig von ökonomischen Erwägungen sinnvoll beurteilen kann, wird Gegenstand dieser Arbeit sein. Ther ist insofern zuzustimmen, dass auch die gesellschaftlichen Auswirkungen der *Catch Up*-Prozesse zu beachten sind.[5] Er belegt der Kohäsionspolitik entgegen vielfältiger Kritik eine gewisse Wirksamkeit, indem er den marktzentrierten Blickwinkel verlässt. In der vorliegenden Arbeit wird mit ähnlicher Intention die Perspektive der modernen Ordnungsökonomik eingenommen. Das Grundanliegen jedweder Wirtschaftspolitik ist demnach das, was Alexander Rüstow mit der Formulierung „Wirtschaft als Dienerin der Menschlichkeit" zum Ausdruck brachte.[6] Die Gestaltung der Wirtschafts- und Gesellschaftsordnung muss so erfolgen, dass sie an dem Menschen und seinen Bedürfnissen ausgerichtet ist. Modern gesprochen geht es um die Verhinderung individueller Exklusion.[7] Bezogen auf eine nachholende Entwicklung in den Ländern Mittel- und Osteuropas bedeutet dies, alle Bürger zur Teilnahme an den Marktprozessen und somit am gesellschaftlichen Leben zu befähigen. Die beschriebenen Entwicklungstendenzen der defizitären Anbindung der Gebiete außerhalb der Ballungszentren, der Überalterung und der schlechten Versorgung stellen in diesem Sinne faktische Hindernisse der Inklusion dar. Damit bezieht die vorliegende Arbeit auch einen normativen Standpunkt, der aber im Sinne eines aufgeklärten Verständnisses von Normativität wissenschaftlich begründbar ist. Zugleich soll so einer Vereinfachung in zweierlei Hinsicht entgegengewirkt werden. Weder soll einem extensiven Staatsinterventionismus, noch dem typischen libertären Argument gegen jede Form von Kohäsionspolitik das Wort geredet werden. In libertärer Argumentation wird aufgrund der beobachtbaren ernstzunehmenden Defizite der Regional- und Strukturpolitik, wie z. B. Begünstigung von Missbrauch und Fehllenkung der Kapitalhilfen, gefolgert, dass eine solche Politik generell keinerlei Existenzberechtigung habe.[8] Eine solche prinzipielle Forderung nach einer „ungebundenen", also interventionsfreien Wirtschaft, ist allerdings nicht angemessen.[9] Das häufig

3 Ther (2014), S. 156.

4 Ther (2014), S. 157.

5 Dabei geht es ihm nicht um eine Negierung des Marktmechanismus. Vielmehr regt er eine Ergänzung der wirtschaftsliberalen Transformations*politik* an.

6 Rüstow (1961a), S. 68 f.

7 Vgl. Fuchs-Goldschmidt/Goldschmidt (2013).

8 Zum Beispiel wird argumentiert, dass die Mittel der Kohäsionspolitik in Rumänien und Bulgarien die Korruption und die Machtstrukturen nur noch weiter verstärken würden; vgl. Kolev/Zweynert (2014).

parallel geführte Postulat, es gebe mit der Schocktherapie letztlich nur einen wahren Weg der Transformation zu einer Marktwirtschaft, verstellt den Blick dafür, dass es durchaus mehrere Alternativen gibt, um den Übergang zu Privateigentum und zur Marktöffnung regional und sozial ausgeglichener zu gestalten. So schreibt auch Ther: „Insofern ist es keineswegs zwangsläufig, dass ein wirtschaftlicher Aufschwung oder Modernisierungsschub mehr soziale Ungleichheit bringen muss.“[10] Zwar mag es im Sinne der libertären Position gute Gründe geben, prinzipiell skeptisch hinsichtlich einer Kohäsionspolitik zu sein, jedoch erscheint es handlungsleitender, nach funktionsfähigeren Regelarrangements zu suchen, als *per se* staatliches Handeln abzulehnen. Der Diskurs sollte sich nicht auf die Quantität von Staatseingriffen beschränken, sondern sollte ebenfalls qualitative Aspekte einbeziehen. Denn es gilt letztlich die Lebenssituation aller Bevölkerungsschichten zu verbessern und somit die Akzeptanz von Marktwirtschaft und Demokratie zu gewährleisten, anstatt auf einen langfristigen – und womöglich nie eintretenden – automatischen Ausgleich der Lebenschancen zu vertrauen.

Nicht zuletzt zählen zu den Erfolgen der europäischen Hilfen neben einer ökonomischen Modernisierung auch die Stabilisierung der Demokratie und der Rechtsstaatlichkeit.[11] Allerdings sind ebenso die Mängel des Integrationsprozesses und der Kohäsionspolitik nicht zu leugnen. Berechtigter Kritikpunkt ist bspw., ähnlich wie im Falle der Entwicklungspolitik, dass sich politische Eliten und ihre Netzwerke die externen Ressourcen aneignen, anstatt damit gesamtgesellschaftlich sinnvolle Projekte zu finanzieren. Dies kann zu paradoxen Kreislaufprozessen führen, und zwar dergestalt, dass gerade die Unterstützung der EU die Korruption in den Empfängerstaaten verstärkt. In den Medien und in der öffentlichen Meinung entzündet sich die Kritik meist an der Darstellung abstruser Einzelprojekte, wie etwa die Förderung eines Heimtierkrematoriums in Niedersachen mit über 500 000 Euro.[12] Die wissenschaftliche Debatte hinsichtlich der Effektivität der Gemeinschaftspolitik ist jedoch wesentlich differenzierter und lässt sich zwischen der Forderung nach immer mehr Kohäsionsmitteln und der Feststellung, die Kohäsionspolitik sei eine Verschwendung von Geldern, ansiedeln. Um hier einen neuen Ansatzpunkt zur Begründung von Kohäsionspolitik zu finden, ist es wichtig, sowohl die reale Kohäsionspolitik, wie sie gegenwärtig betrieben wird, als auch den prinzipiellen Nutzen einer Politik, die die Staaten bei ihren Aufholprozessen unterstützen will, in den Blick zu nehmen. Nur auf diese Weise lässt sich ein realisierbares und nicht lediglich ideales Reformkonzept entwickeln. Folgt man dieser Einsicht, dann rückt die Frage nach der Bewertung der gegenwärtigen Kohäsionspolitik in den Fokus: Inwiefern kann die tatsächliche

9 Vgl. Mises (1932), S. 26 ff.

10 Ther (2014), S. 161. Ther belegt dies u. a. durch das Beispiel verschiedener erfolgreicher Privatisierungsstrategien.

11 Vgl. Aslund (2013).

12 Vgl. Bergermann et al. (2014).

europäische Regional- und Strukturpolitik den Erfordernissen nach ordnungspolitisch klugen Regeln entsprechen? Dies ist die Sichtweise der vorliegenden Arbeit: Es geht um qualitative Fragen, also wie Regeln gestaltet sind und gestaltet sein sollen, nicht um das quantitative Volumen der Kapitalhilfen. Das Vorgehen der Arbeit ist es, von Fallbeispielen zu abstrahieren und den Ordnungsrahmen und die Bedingungen zu beleuchten, unter denen die Kohäsionspolitik stattfindet. Neben der Ermöglichung von Teilhabechancen, die im Folgenden besonders thematisiert werden wird, existieren weitere gute Gründe, sich mit der Kohäsionspolitik zu beschäftigen, so in ihrer Bedeutung als Ausgabeposten der EU oder in ihrer generellen Bedeutung für die realen wirtschaftlichen Prozesse in den postsozialistischen Ländern.[13] Obgleich in der Öffentlichkeit die Kohäsionspolitik wenig bekannt zu sein scheint – die repräsentative, europaweite Umfrage des Eurobarometers im Jahr 2013 stellt fest, dass 64 % aller Europäer nie etwas von Projekten gehört haben, die von der Kohäsionspolitik gefördert werden –, werden rund 33 % der Mittel des EU-Budgets als Strukturmittel vergeben. Somit stellt die Kohäsionspolitik einen der beiden großen Haupthaushaltstitel dar.[14] Insgesamt gilt also, dass ein Studium der Kohäsionspolitik aus ökonomischer wie aus gesellschaftlicher Sicht eine hohe Relevanz aufweist.

Im Mittelpunkt der Betrachtung steht die Kohäsionspolitik für die Länder des ehemaligen Ostblocks. Das hat folgenden Grund: Diese Staaten entwickelten sich nach dem Ende des Kalten Krieges sehr unterschiedlich. Während einige in Autokratien zurückfielen, wurden elf Länder Mitglied der EU. Die Attraktivität der EU auf diese Länder Mittel- und Osteuropas (Lettland, Litauen, Estland, Polen, Ungarn, Tschechische Republik, Slowakei, Slowenien, Bulgarien, Rumänien und Kroatien) beruht nicht nur auf dem Versprechen von Stabilität und Demokratie.[15] Vielmehr waren auch die Ressourcen zur Unterstützung der wirtschaftlichen Entwicklung von entscheidender Bedeutung. Zur Integration der neuen Mitgliedstaaten sind bis Ende 2013 insgesamt ungefähr 222,8 Mrd. EUR allein aus den Kohäsionsmitteln als Hilfen in diese Länder geflossen. Für die wirtschaftsschwachen neuen Mitgliedstaaten bilden die Kohäsionsmittel meist einen Großteil der Ressourcen für die Landesentwicklungspolitik. Aus diesem Grund ist die Kohäsionspolitik für die postsozialistischen Mitgliedstaaten von zentraler Bedeutung. Zum Beispiel machen die Mittel der Kohäsionspolitik in Lettland rund 82 %, in der Slowakei circa 59 % und in Polen noch 50 % der nationalen öffentlichen Ausgaben für Entwicklung aus.[16]

13 Dazu auch Dörr (2016a).

14 In den Staaten der EU-15 kennen sogar lediglich 26 % der Bevölkerung durch die Kohäsionspolitik kofinanzierte Projekte; vgl. EU-Kommission (2013a).

15 Dies zeigt sich aktuell auch im Ukraine-Konflikt, bei dem die Annäherung der Ukraine an die EU in Form eines Assoziierungsabkommens eine wesentliche Rolle spielt.

16 Für die Periode 2000–2006 nach Einteilung gemäß den *Classification of the Functions of Government*-Kategorien und noch ohne die Ressourcen des Europäischen Sozialfonds; vgl. ISMERI Europa/Applica (2010), S. 185 ff.

Auch unabhängig von den östlichen Neumitgliedern erhält die Kohäsionspolitik aktuell eine erhöhte Brisanz. Angesichts der Weltwirtschafts- und Finanzmarktkrise begreifen die EU-Kommission wie auch einige Mitgliedstaaten die Kohäsionspolitik als Investitionsinstrumentarium, um aufgrund der geforderten Austeritätspolitik eingesparte öffentliche Ausgaben zu ersetzen. Überdies scheint die Gemeinschaftspolitik mittlerweile Ausstrahlungskraft über die Grenzen der EU hinweg zu haben, wie die Absichtserklärungen für eine Zusammenarbeit im Bereich der Regionalpolitik zwischen der EU einerseits und den drei Staaten China, Russland und Brasilien andererseits belegen, die von der EU-Kommission dadurch begründet wird, dass „alle drei Länder immer größer werdende regionale Ungleichheiten" aufweisen.[17] Mit der Adaption einer Kohäsionspolitik versuchen diese Schwellenländer zum einen, das steigende Wohlstandsgefälle innerhalb der jeweiligen Staaten, das den sozialen Frieden bedroht, abzumildern, und zum anderen ein wirksames Instrumentarium zur Entwicklung der Vielzahl strukturschwacher Regionen zu erhalten. Während China, Russland und Brasilien von den Erfahrungen der EU-Politik profitieren wollen, erhofft sich die EU einen Einflussgewinn für ihre Vorstellungen von *Good Governance* und Wirtschaftspolitik. Zuletzt: Die Besonderheit der europäischen Kohäsionspolitik liegt darin begründet, dass sie in einem Politik- und Wirtschaftsraum sui generis eingesetzt wird, der sich sowohl hinsichtlich der politischen Dimension (die EU gleicht weder einem National- noch einem Bundesstaat) als auch hinsichtlich der Vielfalt der soziokulturellen Bedingungslagen von anderen Integrationsräumen unterscheidet. Diese bisher skizzierte Argumentation spannt den konzeptuellen Rahmen für die Arbeit und gliedert sie zugleich. Ausgangspunkt ist die Darstellung der Vitalpolitik von Alexander Rüstow. Die Grundthese dieser Arbeit lautet: Gemeinsamer Bezugspunkt von Vitalpolitik und EU-Kohäsionspolitik ist die Verbesserung der Lebensqualität der Menschen und die Ermöglichung eines guten und gelingenden Lebens für jedes Individuum. Diese Parallelität erlaubt es, sich der Gemeinschaftspolitik aus Sicht Rüstows und einer „Vitalpolitik für Staaten" zu nähern. Das Kapitel 2 bietet deshalb eine kritisch-konstruktive Auseinandersetzung mit der Vitalpolitik. Darüber hinaus trägt der Abschnitt zur Forschung über Rüstow und v. a. die Vitalpolitik bei, die im Vergleich zu anderen ordoliberalen Denkern vergleichsweise gering ist. Die reflexive Rückschau auf Rüstow stellt so eine Quelle vielfältiger Anregungen dar und trägt dazu bei, aktuelle Problemlagen und diskutierte Reformkonzepte zu überdenken. Oder, wie es Kurz formuliert, die Theoriegeschichte ist „eine Schatzkammer ökonomischer Ideen und Theorien und kann mit einem genetischen Pool verglichen werden, aus dem heraus geschöpft wird und dem neue Mutationen entspringen."[18] Im

---

17 EU-Kommission (2008a), S. 4. Zu weiteren Kooperationen auch: EU-Kommission (2015a; 2009a); EU-Kommission/Nationale Kommission für Entwicklung und Reform der Volksrepublik China (2015).
18 Kurz (2008), S. 17. Zum Nutzen der Wirtschaftsgeschichte z. B. auch: Matis/Senft (2007); Hesse (2013).

Falle der europäischen Regional- und Strukturpolitik bietet Rüstows Werk die Gelegenheit, einen neuen Zugang für die positive wie die normative Analyse zu schaffen.

Kapitel 3 versucht den Ansatz Rüstows und den der Vitalpolitik zu modernisieren und mit Blick auf die EU zu erweitern. Dazu bietet sich die moderne Ordnungsökonomik an. Hier trifft sich der Teilhabe- und Befähigungsgedanke mit der Idee der Zustimmungsfähigkeit der *Constitutional Economics*. Es wird dargelegt, dass eine „Vitalpolitik für Staaten" im konsensfähigen Interesse aller Bürger liegt, da es nicht im Interesse aller Individuen sein kann, Einzelne dauerhaft und systematisch aus dem Markt und der Gesellschaft auszuschließen. Eine solche Sicht bietet eine Bereicherung der ordnungsökonomischen Theorie und eine neue Perspektive für die Frage der Wirksamkeit der Strukturpolitik. Wie Kapitel 4 darlegt, weisen die postsozialistischen Länder zwar Gemeinsamkeiten auf, unterscheiden sich aber auch in wichtigen Aspekten. So sind unterschiedliche Erfolge beim *Catch Up*-Prozess festzustellen: Während Estland und Litauen bspw. als „baltische Tigerstaaten" gelten, ist die wirtschaftliche Entwicklung in Rumänien und Bulgarien wesentlich verhaltener. Diese substanziellen Unterschiede und Länderspezifika rechtfertigen den hier angestrebten Perspektivenwechsel. Anstatt sich einseitig auf makroökonomische Daten zu konzentrieren, erscheint es notwendig, auch die formellen und informellen Institutionen eines Landes in die Analyse mit einzubeziehen. Wie zu zeigen ist, können so Aufholprozesse besser verstanden und Schlüsse für die Kohäsionspolitik gezogen werden. Neben Investitionen zur Errichtung funktionsfähiger Institutionen bedarf es einer langfristigen Perspektive auf gesellschaftliche Entwicklungsprozesse, um kulturelle Wandlungsprozesse in den Blick zu nehmen.

Kapitel 5 will die konkrete Dringlichkeit eines solchen Perspektivenwechsels deutlich machen. Die Analyse der (wirtschaftswissenschaftlichen) Literatur zur Kohäsionspolitik zeigt, dass institutionelle Fragen kaum eine Rolle spielen und quantitative, vor allem auf wirtschaftliche Effizienz ausgerichtete Studien dominieren. Um diese Verengung zu beseitigen, wird der Maßstab einer „Vitalpolitik für Staaten" angelegt. Auf diese Weise wird man zwei Zielen gerecht, die die Arbeit verfolgt: Erstens will der Ansatz einer „Vitalpolitik für Staaten" den Kenntnisstand und die Forschung zur Kohäsionspolitik bereichern. Dazu werden Kriterien entwickelt und die verschiedenen Ebenen der Kohäsionspolitik mittels dieses Analyserahmens untersucht. Zweitens sollen die abstrakten Prinzipien der Ordnungsökonomik auf ein bestimmtes Politikfeld angewendet werden. Die konkrete Erprobung der modernen ordnungsökonomischen Theorien an spezifischen Praxisfeldern sollte an Bedeutung gewinnen. In mancherlei Hinsicht gilt, was Rüstow bereits 1951 formulierte: „Dieses unser neoliberales Wirtschaftsprogramm steht zwar in seinen Grundzügen fest, ist aber in seinen Einzelheiten noch in Arbeit und Diskussion begriffen."[19]

19 Rüstow (1951a), S. 38.

Auf zwei wesentliche Befunde der Arbeit sei an dieser Stelle bereits vorgegriffen. Bislang fehlt in der Praxis (und der Literatur) ein kohärentes Begründungsmuster für Kohäsionspolitik, wie es das Konzept einer „Vitalpolitik für Staaten" bieten will. Stattdessen wird sie auf europäischer Ebene mit einer Vielzahl heterogener und zum Teil widersprüchlicher Argumente gerechtfertigt. Die Begründungen beziehen sich dabei zu großen Teilen auf ein diffuses moralisches Solidaritätsmotiv einer Wertegemeinschaft. Dieser Mangel hat Rückwirkung auf einen zweiten Problemkreis. Die Kohäsionspolitik hat sich von einer Regional- und Strukturpolitik für die „schwächsten" Gebiete der EU zu einer umfangreicheren Wirtschaftspolitik gewandelt. Die finanzielle Förderung und die zugrunde liegenden Regeln haben sich auf eine Weise geändert, die wohl kaum im Interesse aller Beteiligten liegt. Der Paradigmenwechsel zu einer „Ersatzwirtschaftspolitik" ist zwar in der Hinsicht zu relativieren, dass die Politik in geteilter Zuständigkeit stattfindet und die Steuerungsmöglichkeiten der EU-Kommission in Bezug auf die Kohäsionspolitik gering sind, jedoch ist angesichts der Dynamik des Integrationsprozesses und der bestehenden Pfadabhängigkeiten nicht ausgeschlossen, dass der schleichende Umwidmungsprozess mittelfristig weitere Konsequenzen, wie bspw. eine vollständige Supranationalisierung des Politikfeldes, haben wird. Da der Paradigmenwechsel in der Kohäsionspolitik seinen Ursprung in der Förderperiode 2007–2013 nahm, wird dieser Zeitraum im Fokus der Arbeit stehen. Darüber hinaus ermöglichen die vorliegenden Daten sowie die beobachtbaren Handlungsmuster, anders als in der soeben erst begonnenen aktuellen Periode, valide Aussagen. Die Vorperioden und die aktuelle Periode 2014–2020 sollen aber – wo es sinnvoll erscheint – mit den einhergehenden Änderungen und Unterschiedlichkeiten einbezogen werden. Die wesentlichen Aussagen dieser Arbeit können deshalb auch auf den aktuellen Förderzeitraum bezogen werden.

Im Anschluss an die positive Analyse der Kohäsionspolitik sollen in einem letzten Schritt Eckpunkte für ein Reformkonzept gegeben werden. In Kapitel 6 wird ein Plädoyer für eine „Vitalpolitik für Staaten" gehalten. Es sollen Hinweise auf alternative Regelarrangements gegeben werden, die im zustimmungsfähigen Interesse aller liegen könnten.[20] Eine ordnungsökonomische Perspektive muss darauf hinwirken, die politischen Spielregeln und Beschränkungen so zu verändern, dass sie den Bürgern dienlich sind. Deshalb erscheint es sinnvoll, dass eine reformierte Kohäsionspolitik ihre Förderung auf diejenigen Gebietskörperschaften konzentriert, die sowohl relativ wirtschaftsschwach sind als auch gemäß dem Subsidiaritätsgedanken keine ausreichende Hilfe der übergeordneten Instanzen erwarten können. Bei der Förderung sollte darüber hinaus die Befähigung zur Binnenmarktteilnahme maßgeblich sein.

20 Von einem Reformkonzept kann nicht erwartet werden, dass es genau umgesetzt wird, da politökonomische Gründe dem entgegenstehen, oder wie Sinn/Sinn (1993), S. 266 f., rhetorisch fragen: „Warum schreiben Ökonomen ein solches Buch, wenn sie doch über die Natur des politischen Entscheidungsprozesses keine Illusionen haben?"

Hierfür muss die Zusammenarbeit zwischen der EU-Kommission und den Empfängerländern entflochten werden, sodass Handlungskompetenzen und Verantwortlichkeiten klar getrennt sind und das Haftungsprinzip durchgesetzt werden kann. Zu diesem Zweck müssen neben der besseren Berücksichtigung des Konditionalitätsaspekts bei der Förderung auch die Verwaltungskapazitäten und die demokratisch-rechtsstaatlichen Strukturen in den jeweiligen Ländern gestärkt werden.

2 Alexander Rüstow und die Vitalpolitik

> It had been expected that the spread of the free economy would bring about positive ethical and sociological results as well as an improvement in moral standards, a humanization, and an integration of society. But competition as such, appealing as it does solely to selfishness as a motivating force, can neither improve the morals of individuals nor assist social integration; it is for this reason all the more dependent upon other ethical and sociological forces of coherence.
> Alexander Rüstow 1942, S. 272

Anlässlich des Todes von Alexander Rüstow im Jahr 1963 schrieb Wilhelm Röpke (1899–1966):

> Als vor mehr als einem Jahrzehnt die Aufmerksamkeit auf Alexander Rüstow's [sic!.] damals nacheinander in drei Bänden erscheinendes Magnum Opus „Ortsbestimmung der Gegenwart" zu lenken war, war der Name dieses Gelehrten nur erst einem kleinen Kreis von Freunden und Bewunderern bekannt. Heute, da er im 79. Lebensjahr von uns gegangen, ist der Kreis derer, die von ihm und seiner Leistung wissen, so groß geworden, dass es nicht mehr langer Darlegung bedarf, um begreiflich zu machen, dass wir um den Verlust eines Mannes trauern, der deshalb so bedeutend war, weil er nicht nur unter Gelehrten das Durchschnittsmaß ungewöhnlich weit überragte, sondern weit mehr als ein Gelehrter war.[1]

Mittlerweile scheint die Bekanntheit des 1885 in Wiesbaden geborenen Alexander Rüstow allerdings wieder merklich geschwunden zu sein.[2] Allgemein muss dem Ordoliberalismus und der Ordnungsökonomik ein Bedeutungsverlust in der Wissenschaftsgemeinschaft attestiert werden,[3] wobei eine fehlende Popularität wenig über die objektive Güte der wissenschaftlichen Leistung auszusagen vermag. Zahlreiche Ideen wie etwa das *Nash*-Gleichgewicht, die *Hotelling*-Regel oder die *Tobin*-Steuer erlangten erst nach einer Zeit der gewollten Ignoranz oder der ungewollten Unkenntnis an Bekanntheit. Wie stark sich die politische und öffentliche Karriere eines Gedankens ändern kann, zeigen die verbitterten Worte von James Tobin knapp 36 Jahre vor der geplanten Einführung der Finanztransaktionssteuer in der EU – einer Lenkungssteuer, der Tobins Idee Pate stand: „My specific proposal is actually not new. I offered it in 1972 [...] The ideas fell like a stone in a deep well."[4] Optimistisch stimmt, dass Rüstow zumindest verschiedentlich wieder Aufmerksamkeit bei den politischen Eliten und in der Wissenschaft zuteilwird.[5] Die CDU-Vorsitzende und

---

1 Röpke (1963), S. 345.

2 So bereits Haselbach (1991), S. 215.

3 Vgl. Goldschmidt/Lenger (2011a). Auch schon Grossekettler (1997), S. 96.

4 Tobin (1978), S. 156.

5 Zum Beispiel nehmen der Philosoph Byung-Chul Han (2015) und auch Kardinal Reinhard Marx (2008) Bezug auf Rüstow und die Vitalpolitik.

DOI 10.1515/9783110482768-002

Bundeskanzlerin Angela Merkel besinnt sich vor dem Hintergrund der Wirtschafts- und Finanzmarktkrise:

> Überall stoßen wir auf ein Denken, das kein Morgen kennt: ökologisch, sozial, ökonomisch. Wir sehen eine globale Finanzwirtschaft, in der alles seinen Preis hat, aber immer weniger einen Wert. Alexander Rüstow, einer der Gründungsväter der Sozialen Marktwirtschaft, hat vor Jahrzehnten formuliert, dass die Wirtschaft – ich füge hinzu: die Finanzwirtschaft ist ein Teil der Wirtschaft – „Dienerin der Menschlichkeit" zu sein hat.[6]

Und weiter: „Er [der Satz Rüstows, J. D.] ist visionär, und auch für die Finanzwirtschaft gilt: Sie hat Dienerin der Menschlichkeit zu sein, wenn sie den Geboten der Sozialen Marktwirtschaft entsprechen will."[7] Ebenso sind bei Bundesfinanzminister Schäuble Bezüge zu den Ordoliberalen und zu Rüstow zu finden.[8]

Im Falle Rüstows ist der Bedeutungsverlust besonders erstaunlich, enthält sein Werk damals wie heute relevante Aspekte und ein großes Ausmaß an Voraussicht. Daher lautet die Kernthese dieses Kapitels, die es zu belegen gilt: Rüstows Ansatz ist in großen Teilen modern und für heutige Verwendung, insbesondere in Hinsicht auf die europäische Kohäsionspolitik, anschlussfähig.

Angesichts der aktuell äußerst kritisch diskutierten Ökonomisierung aller Lebensbereiche und der Thematisierung von Wachstum als „BIP-Fetischismus"[9] wirkt Rüstow mit seinem Postulat nach einer überwirtschaftlichen Verankerung der Wirtschaftsordnung alles andere als veraltet.[10] Ebenso befasste er sich bereits 1960 mit Umweltproblemen und wendete sich gegen Umweltverschmutzung: „Man muss sich fragen, ob ein Volk, das eine dauernd zunehmende Verschmutzung seines Wassers und seiner Luft zulässt, überhaupt noch ein Kulturvolk genannt werden kann."[11] Zur Lebensqualität trägt nach Rüstow nicht nur materieller Wohlstand bei, sondern eben auch eine Reihe ganz anderer Dinge. Es ist sein Verdienst, mit seinem Konzept der Vitalpolitik die Bedingungen für ein menschengemäßes Leben ins Zentrum gerückt zu haben. Ergänzung findet die normative Komponente der Verbesserung der Lebenslagen in Rüstows Versuch, ökonomische Prozesse als Teil des gesellschaftlichen Geschehens zu verstehen und somit Lebenslagen nicht alleine ökonomisch zu definieren.[12]

---

6 CDU (2011), S. 13. Im gleichen Kontext zitiert sie auch Walter Eucken. Die von Merkel zitierte Stelle findet sich im Original in Rüstow (1961a), S. 68 f.

7 CDU (2011), S. 13.

8 Vgl. Schäuble (2010).

9 Stiglitz (2009).

10 Vgl. Sandel (2012); Stiglitz (2009).

11 Rüstow (1960a/1963), S. 87.

12 Zum Beispiel weist Molt (1987), S. 113 aus diesem Grund bereits in den 1990er-Jahren auf die Nützlichkeit der weiten Perspektive für die Entwicklungsökonomik hin: „Gerade aufgrund der Problematik der Entwicklungsländer, die nur mit einer fachübergreifenden multidisziplinären Forschung erfasst werden kann, wird die Kultursoziologie, wie sie Alexander Rüstow vertrat, möglicherweise eine Renaissance erleben."

Ebenso zeugt die Verwandtschaft der Vitalpolitik mit modernen Ansätzen der Inklusion und der Lebenslagen von Aktualität und Relevanz. Dem Teilhabegedanken selbst wird immer mehr Bedeutung geschenkt. Wie Goldschmidt und Homann schreiben, ist „Inklusion [...] mittlerweile zu einem Schlüsselwort in der sozialwissenschaftlichen Debatte geworden."[13] Anstelle der Ergebnisgleichheit rückt die Teilhabegerechtigkeit, von Rüstow „Startgerechtigkeit" genannt, als Element der Inklusion zunehmend in den Vordergrund.[14] Spätestens mit dem Armuts- und Reichtumsbericht der Bundesregierung, der auf die „Lebenslagen in Deutschland" und ihre Verbesserung rekurriert, ist der Gedanke auch im politischen Bereich (wieder) angekommen.[15] Zweifelsohne hat zum Wiederaufleben der beschriebenen normativen Gerechtigkeitsforderung die Popularität des *Capability Approach* von Amartya Sen und Martha Nussbaum beigetragen. Demnach sollen Menschen durch positive Freiheitsrechte („instrumentelle Freiheiten") Verwirklichungschancen für ein von ihnen gewünschtes Leben ermöglicht werden.[16] Wobei das Wohlergehen des Menschen in erster Linie von dem Vorliegen dieser Verwirklichungschancen abhängt und nicht so sehr von der tatsächlichen Lebenshaltung (*Functionings*), da die Wahlfreiheit selbst ein Wert an sich ist. Die Gewährung negativer Freiheitsrechte, wie vehement von den Altliberalen vertreten, ist wichtig, reiche allein jedoch nicht aus. Hierin treffen sich die Konzepte der Vitalpolitik und des *Capability Approach*. Rüstow betont die Notwendigkeit, die Menschen zu einer Marktteilnahme zu befähigen und ihnen aktiv Chancen zu eröffnen. Er beschreibt die Aufgabe folgendermaßen: „Die Gesetzgebung, die Wirtschaftsgesetzgebung muss in der Richtung tendieren, einen Ausgleich der Chancen zu geben, eine Gleichheit der Chancen so herzustellen, dass endlich jeder wirklich seines Glückes Schmied ist."[17] Gesellschaften zu entwickeln bedeutet demnach, alle Hindernisse zu beseitigen, die den Menschen an

---

13 Goldschmidt/Homann (2011), S. 31.

14 Vgl. Rüstow (1958a/1963), S. 112. Dazu auch Liebig (2010), S. 24 f.

15 Seit 2001 erschienen vier Berichte, die alle auf die Lebenslagen in Deutschland abstellen. Für den aktuellen Bericht: BMAS (2013).

16 Vgl. Sen (1999/2011), S. 36 ff., S. 52; Sen (1982); Schulz-Nieswandt (2003), S. 130. Ein weiterer positiver Effekt betrifft die Bedeutung des Humankapitals in der makroökonomische Wachstumstheorie: *Sen* argumentiert, dass eine optimale Nutzung des Humankapitals einer Volkswirtschaft nur durch Chancengleichheit erreicht werden kann.

17 Rüstow (1951/1963), S. 246. Wie verwandt die Konzepte von Sen und der Lebenslagen-Ansatz von Rüstow sind, zeigt sich beim Vergleich mit folgender Aussage von Sen (1999/2011), S. 70: „In dieser Perspektive müssen wir die Menschen als aktive Subjekte ihres eigenen Schicksals behandeln und ihnen die entsprechenden Spielräume zubilligen, statt in ihnen passive Empfänger der Früchte ausgeklügelter Entwicklungsprogramme zu sehen. Staat und Gesellschaft kommt die große Verantwortung dafür zu, die menschlichen Verwirklichungschancen zu erweitern und zu schützen. Doch ihre Aufgabe ist es lediglich, die nötigen Hilfestellungen zu geben, nicht aber Fertiglösungen anzubieten. Die sich an der Freiheit orientierende Einschätzung der Zwecke und Mittel im Prozess der Entwicklung verdient sicherlich besondere Aufmerksamkeit."

der Verwirklichung seiner Ziele stören, und ihm ein gelingendes Leben zu ermöglichen. Wird die Vitalpolitik auf diese Weise interpretiert, dann offenbart sich die Ähnlichkeit zur Zielsetzung der Kohäsionspolitik, die durch die Unterstützung der Aufholprozesse der rückständigen Gebiete in der EU eine Verbesserung der dortigen Lebensbedingungen erreichen will.[18] Damit eröffnet sich die Anschlussfähigkeit der Vitalpolitik nicht nur auf Ebene der Theorie, sondern ebenso in wirtschaftspolitischer Hinsicht.

Wenn also vieles von dem, was Rüstow in seinen Werken formuliert und entwickelt hat, sich in zeitgenössischen Diskussionen und neueren Publikationen wiederfindet, ohne dabei auf Rüstow Bezug zu nehmen, erscheint es vielversprechend, Rüstows Positionen zu revitalisieren. Vorliegendes Kapitel verfolgt dabei nicht das Ziel einer exakten Biografie oder einer erschöpfenden Werkdarstellung seiner breit gefächerten Themen,[19] sondern es will auf Rüstows Beitrag zu einer gerechten und lebenswerten Gesellschafts- und Wirtschaftsordnung fokussieren. Dazu soll zunächst das Wirken Rüstows in das Denkgebäude des Ordoliberalismus eingeordnet und anschließend die Besonderheiten und Abweichungen seiner Theorie von denen der Freiburger Schule erläutert werden (Abschnitt 2.1). Die Beschreibung seiner Grundüberzeugung ist deshalb nötig, um die Vitalpolitik verstehen zu können. Im Zentrum der Ausführungen des Abschnitts 2.2 steht die Vitalpolitik als Schlüsselbegriff seiner Lehre. Neben der Erläuterung der Vitalpolitik selbst sowie einer kritischen Würdigung soll die Vitalpolitik ideengeschichtlich verortet und Einflüsse auf Rüstow herausgearbeitet werden (Abschnitt 2.3). Eine wesentliche Motivation ist hierbei auch, dass die Vitalpolitik bislang wenig erforscht ist. Ebenso wird näher auf Rüstows Interventionismus-Vorstellungen (Abschnitt 2.4) eingegangen. Im Anschluss wird der Befähigungsansatz erläutert (Abschnitt 2.5). Schlussendlich soll geklärt werden, inwieweit Rüstows Erkenntnisse für heutige Zwecke fruchtbar gemacht werden können (Abschnitt 2.6). Insgesamt verfolgt das Kapitel somit über eine theoriegeschichtliche und biografische Fragestellung hinausgehend die Absicht, die Tauglichkeit Rüstows für heutige Ansprüche darzulegen.

---

18 In vorliegender Arbeit werden die Bezeichnungen „rückständig“, „arm“, „bedürftig“ und „wirtschaftsschwach“ im Zusammenhang mit Gebietskörperschaften der EU als Synonyme für das Vorliegen ineffizienter ökonomischer, institutioneller und gesellschaftlicher Strukturen verstanden, die der Lebensqualität der Menschen abträglich sind.

19 So beschrieb er etwa nicht nur das konstruktive Misstrauensvotum in seinen Grundzügen, vgl. Rüstow (1929/1959), S. 98 f., sondern er kann ebenso als ein Stammvater der Zufriedenheits- und Glücksforschung gesehen werden, vgl. Dörr/Goldschmidt (2013); Ruckriegel (2012); Goldschmidt (2011), S. 150 ff. Zudem stellte er eine Totalitarismustheorie auf, vgl. zur Überlagerungssoziologie: Rüstow (1950), und beschäftigte sich mit dem Problem der Ordnung der internationalen Politik, vgl. Rüstow (1946/1968), S. 24 ff.

2.1 Rüstow als Vertreter des Ordoliberalismus und des „soziologischen Liberalismus"

Im Folgenden soll es darum gehen, das Rüstow'sche Ordnungskonzept etwas genauer in die Gesamtströmung des Ordoliberalismus einzuordnen, Kennzeichen, Charakteristika und Unterschiede herauszuarbeiten sowie das Ordnungskonzept mit dem anderer liberaler Ansätze zu vergleichen. Es gilt zu prüfen, inwiefern Rüstow als Vertreter des Ordoliberalismus gelten kann – auch weil ihm diese Zugehörigkeit manchmal abgesprochen wird – und an welchen Stellen er abweichende Einstellungen vertritt.

Alexander Rüstow suchte einen Dritten Weg[20] zwischen dem *Laissez faire*-Liberalismus[21] und einem totalitären Staatssozialismus. Der schon genannte Wilhelm Röpke, ein enger Weggefährte Rüstows, charakterisiert das Rüstow'sche Bestreben folgendermaßen: „Statt vor den Entartungen und Enttäuschungen des historischen ‚Kapitalismus' in ein sozialistisches Wirtschaftssystem zu flüchten, das nicht nur in der materiellen Güterversorgung versagt, sondern auch eine freie Gesellschaft aufs höchste gefährden wird, sollen wir dem freien Wirtschaftssystem, der Marktwirtschaft, endlich durch eine vernünftige Ordnung der Freiheit die Chance geben, die ihm bestimmte Fehler der Wirtschaftspolitik der Vergangenheit vorenthalten hatten."[22]

Mit dieser Sichtweise begründete Rüstow zusammen mit den Vertretern der Freiburger Schule eine Denkrichtung, die unter dem Begriff des Ordoliberalismus gefasst wird.[23] Die von Röpke beschriebenen Entartungen und Enttäuschungen sind

20 Zur Geschichte des Begriffs des Dritten Weges: Gallus/Jesse (2001).

21 Zur Begrifflichkeit finden sich verschiedene Schreibweisen: Bspw. schreibt John Stuart Mill *laisser-faire*, während Rüstow *laissez faire* bevorzugt. Beide sind korrekt, die erstere beschreibt das Gewähren lassen, die zweite ist der dazugehörige Imperativ; vgl. Maier-Rigaud/Maier-Rigaud (2009), S. 70; Oncken (1886/1974).

22 Röpke (1963), S. 348.

23 In vorliegender Arbeit wird aufgrund des negativ konnotierten und umstrittenen Begriffs des (deutschen) Neoliberalismus weitgehend auf die präzisere Benennung Ordoliberalismus zurückgegriffen. Außerdem fasst sie den Begriff Ordoliberalismus im *weiteren Sinne* auf und begrenzt die Ordoliberalen nicht nur auf die Vertreter der Freiburger Schule. Damit folgt diese Arbeit Goldschmidt/Wohlgemuth (2008), S. 1 f.; Blümle (2007), S. 285; Ptak (2004), S. 17; Grossekettler (1997), S. 1. Außerdem verwendet sie den Begriff des klassischen Liberalismus synonym mit dem des Altliberalismus und sieht beide in Abgrenzung zu Ordoliberalismus und Neoliberalismus. Geprägt wurde der Begriff des Neoliberalismus im *Colloque* Walter *Lippmann* Ende August 1938 in Paris, an der auch Rüstow teilnahm. Dort gab es eine intensive Diskussion um die richtige Benennung der Revision des Liberalismus. Beispielsweise favorisierte Rüstow die Bezeichnung „(vollständig) erneuter Liberalismus", *Jacques Rueff* (1896–1978) hingegen „libéralisme de gauche". Letztendlich setzte sich Neoliberalismus durch, was nach Röpke (1954), S. 20 „das am wenigsten glückliche Ergebnis der Konferenz gewesen ist". Zur Geschichte ausführlich: Plickert (2008), S. 93 ff.; Wegmann (2002), S. 104 ff. Insgesamt war das *Colloque* durch deutliche Meinungsunterschieden zwischen den dort Anwesenden vor dem historischen Hintergrund der 1920er- und 1930er-Jahren zu verstehen. Die Vielzahl an Regierungen der Weimarer Republik war nicht fähig, Kartelle zu verhindern und einen fairen Leistungswettbewerb zu gewährleisten.[24] Falls Walter Eucken (1891–1950) Recht damit hat, dass für das Verständnis der „alltäglichen Wirtschaft" (zumindest der damaligen Zeit) ein Ökonom „in seiner Tätigkeit selbst wirtschaftliche Macht kennengelernt haben" muss,[25] dann war Rüstow ein außerordentlich guter Wirtschaftswissenschaftler. Als Referent im – anfangs noch sozialdemokratisch geführten – Reichswirtschaftsministerium (1919–1924) zuständig u. a. für Kartell- und Monopolfragen,[26] konnte Rüstow die Einflussnahme der Interessengruppen auf den Staat und deren Drängen auf Staatsinterventionen zu ihren Gunsten beobachten.[27] So wurde die unter Rüstows Mitarbeit entworfene Verordnung gegen den Missbrauch wirtschaftlicher Machtstellungen von 1923 auf Betreiben gewisser Interessenvertreter derart verwässert, dass das Verbotsprinzip gegen ein Missbrauchsprinzip ausgetauscht wurde.[28] In dramatischen Worten kommentiert Rüstow die allgemeine Situation der damaligen Zeit: „Der Staat wird von den gierigen Interessenten auseinandergerissen. Jeder Interessent reißt sich ein Stück Staatsmacht heraus und schlachtet es für seine Zwecke aus."[29] Obgleich die Feststellung eines Zustandes des *state captures* nicht neu ist, erweist sich jedoch die klare Herausarbeitung des Zusammenhanges mit der Wirtschaftsordnung, die Rüstow vornimmt, als innovativ. In diesen Kontext sind die zwei 1932 unabhängig voneinander verfassten Beiträge von Eucken mit dem Titel „Staatliche Strukturwandlungen und die Krisis des Kapitalismus" und von Rüstow mit dem Titel „Freie Wirtschaft – Starker Staat" einzuordnen, die als

---

gekennzeichnet. Rüstow schrieb 1941 dazu an Röpke, dass durch die „kompromißliche Schlußresolution der Schein der Einheit mühsam aufrechterhalten wurde, wo in Wirklichkeit der schärfste und fruchtbarste subkonträre Gegensatz vorlag." Zitiert nach Meier-Rust (1993), S. 6.

24 Vgl. Basedow (2008), S. 270 ff.; Goldschmidt/Wohlgemuth (2008), S. 3; Nörr (1994), S. 31 ff.; Giersch/Paqué/Schmieding (1991), S. 27 ff.

25 Vgl. Eucken (1940/1989), S. 197 f.

26 In den Geschäftsverteilungsplänen ab dem 15 Dezember 1919 taucht Dr. Rüstow in wechselnden Funktionen auf; vgl. Hubatsch (1978), S. 79 ff.

27 Vgl. Meier-Rust (1993), S. 28 ff.; Rüstow (1961/1963), S. 62 f. Und Eschenburg (2000), S. 18, der sich in späteren Jahren v. a. durch Forschung über Interessengruppen auszeichnete (1955 erschien die Monografie ‚Herrschaft der Verbände?') erfuhr im Verein der deutschen Maschinenbauanstalten unter Rüstow prägende Jahre, wie er schreibt: „Bis dahin hatte ich mehr oder minder ausschließlich mit der Großindustrie zu tun gehabt, und Alexander Rüstow, mein wirtschaftspolitischer Mentor beim Verband Deutscher Maschinenbau-Anstalten, hatte mich gelehrt, Kartellen heftig zu misstrauen." Auch Eschenburg (1987/1989), S. 128 f. und Eschenburg (1977), S. XV. Diese Einblicke in die praktische Seite der Vermachtung hatte auch Franz Böhm, der seine juristische Karriere ein Jahr nach Ausscheiden Rüstows im selben Reichsministerium als Kartellreferent begann; vgl. Grossekettler (1997), S. 4.

28 Vgl. Starbatty (2007), S. 417.

29 Rüstow (1932/1963), S. 255.

Schlüsseltexte der Anfänge des Ordoliberalismus angesehen werden:[30] „Alle diese ersten ordoliberalen Manifeste haben also die Ablehnung des alten ‚Laissez-faire'-Liberalismus, des Gruppeninterventionismus, des marxistischen Sozialismus, insbesondere der von diesem geforderten Zentralverwaltungswirtschaft, und die Kritik am Monopolismus gemein; der gemeinsame Reformwille zielt auf die von einem starken Staat zu verwirklichende Revision des Liberalismus hin."[31]

Mit den Liberalen verbindet die Ordoliberalen die feste Überzeugung, dass der Markt am besten dazu geeignet ist, eine optimale und effiziente Allokation von knappen Gütern zu gewährleisten. Dem klassisch-liberalen Ansatz liegt die Erkenntnis zu Grunde, dass die treibende Kraft des menschlichen Leistungsstrebens der Eigennutz und die Eigenliebe ist. Durch den Mechanismus des Marktes, die „unsichtbare Hand,"[32] harmonisieren sich die scheinbar gegensätzlichen Privat- und Kollektivinteressen.[33] Durch die Auseinandersetzungen mit der sozialen Frage, die durch einen unregulierten Kapitalismus entstand,[34] gelangen die Ordoliberalen allerdings zu der Auffassung, dass der Markt eingehegt und bestimmte Rahmenbedingungen geschaffen werden müssen.[35] Die Harmonie zwischen dem Interesse des Einzelnen und dem

30 Vgl. Eucken (1932); Rüstow (1932/1963). Rüstow (1959/1963), S. 132 selbst äußert sich dazu im Nachhinein: „Da mein verstorbener Freund Walter Eucken und ich im Jahre 1932 die Richtung des Neoliberalismus begründet haben, und da ich seitdem daran arbeite, dieses Konzept auszubauen und es abzugrenzen gegenüber dem Paläoliberalismus, auch gegenüber jenen Paläoliberalen, die sich fälschlich Neoliberale nennen, so glaube ich ein gewisses Recht zu haben, in dieser Sache [Ordnungsvorstellung des Wirtschaftssystems, J. D.] mitzusprechen." Auch: Rüstow (1949), Fußnote 31, S. 65. Die Erläuterungen der Hintergründe beider Beiträge finden sich bei: Plickert (2008), S. 73 f.; Ptak (2004), S. 24 ff.; Haselbach (1991), S. 23 f.; Dürr (1954), S. 8 ff.

31 Becker (1965), S. 43.

32 Vgl. Smith (1776/1974), S. 371 ff. Dazu ebenso Rothschild (2001), S. 131 ff.

33 Smith (1776/1974), S. 17 schreibt: „Nicht von dem Wohlwollen des Fleischers, Brauers oder Bäckers erwarten wir unsere Mahlzeit, sondern von ihrer Bedachtnahme auf ihr eigenes Interesse. Wir wenden uns nicht an ihre Humanität, sondern an ihre Eigenliebe, und sprechen ihnen nie von unseren Bedürfnissen, sondern stets von ihren Vorteilen." Rüstow bemerkt hierzu: „Wie die Religion und das Recht, so fühlte sich die Aufklärung berufen, auch die Wirtschaft auf ihre natürlichen, naturgemäßen Grundlagen zurückzuführen, und hier gelang ihr eine ihrer großartigsten Leistungen, die Schaffung der modernen Nationalökonomie durch die Entdeckung des unsichtbaren Automatismus der Marktgesetze. Der erste Entdecker des Prinzips war François Quesnay (1694–1774), der große klassische Ausgestalter und Systematiker Adam Smith (1723–1790)." Rüstow (1957), S. 354.

34 Rüstow (1945/2001), S. 74 f. schreibt dazu: „Die Zustände waren, wie gesagt, wirklich skandalös und haben auch schon damals Empörung erregt." Auch Jackson (2011), S. 133 ff. Kapitalismus wird an dieser Stelle so verstanden wie es auch Rüstow (1951b), S. 453 tat, nämlich nicht als Synonym für Marktwirtschaft, sondern als deren „pathologische Entartungsform". Für Röpke und Eucken war der Kapitalismus im Gegensatz zum Idealtyp Marktwirtschaft eine historische Erscheinungsform, ein Realtyp, vgl. Kolev (2013), S. 138 ff.

35 Abgeleitet ist dieses zentrale Argument der Ordoliberalen im Wesentlichen von der historischen Erfahrung der sozialen Not infolge der Industriellen Revolution, die allerdings von klassisch-liberalen Denkern regelmäßig bestritten wurde. Exemplarisch für die strittige Geschichtsschreibung über die

Interesse der Gemeinschaft stellt sich nicht zwangsläufig ein. Da nach Rüstow der Mensch ein „gemischtes Wesen“ ist, weder „ganz gut, noch ganz schlecht“,[36] können Verhaltensweisen der menschlichen Natur systemschädigend wirken:[37] Von diesen sei das Streben nach Wettbewerbsvermeidung und damit der bequemere Weg der Aneignung ohne Gegenleistung das größte Übel (in heutiger Terminologie *Rent Seeking*-Verhalten). Aus der Sicht Rüstows liegt in dem Harmonieglauben der Geburtsfehler des Liberalismus, sodass eine darauf konzipierte Wirtschaftsordnung weder wünschenswert noch zukunftsfähig ist. Dankwart Rüstow (später in den USA nennt er sich Rustow) beschreibt den von seinem Vater mit Verve kritisierten Harmonieglauben des klassischen Liberalismus: „Aber diese große Entdeckung der Harmonie der Marktwirtschaft wurde nicht als ein reines Erfahrungswissen oder Neugierdewissen, sondern als Erlösungswissenschaft angenommen.“[38] Die Verankerung des Marktmechanismus als Heilswissen und der „falsche subtheologische Unbedingtheitsaberglaube des Liberalismus“[39] stand einer aufgeklärten Analyse im Wege und so wurde das *laissez faire, laissez passer* nicht als wirtschaftspolitische Regel wahrgenommen, sondern als allgemeingültiges metaphysisch-theologisches Dogma.[40] Auch Rüstows Kollege Wilhelm Röpke klagt: „In charakteristischem Aufklärungsglauben hielt man für ein Naturgewächs, was in Wahrheit ein höchst gebrechliches Kunstprodukt der Zivilisation ist. Man war daher grundsätzlich geneigt, keinerlei Schranken der Wirtschaftsfreiheit anzuerkennen“.[41] Anders als im Falle der Vorstellung des Neuen Menschen im Sozialismus und der Formbarkeit des Menschen[42] sollen menschliche Verhaltensmuster gemäß der ordoliberalen Theorie nicht in erster Linie durch eine intrinsische Änderung und Besserung des Menschen als solche, sondern durch entsprechend gestaltete Institutionen gesteuert werden.[43] Folglich müssen nach

---

Industrielle Revolution steht die Kontroverse zwischen den Historikern Max Hartwell und Eric Hobsbawm in den 1960er Jahren. Zur heutigen Debatte der sozialen Missstände während der Industriellen Revolution z. B. Plickert (2008), S. 30 ff.

36 Vgl. Rüstow (1960b/1963), S. 96.

37 Bei Rüstow können laut Hotze drei Arten menschlichen Verhaltens herausgelesen werden: eigeninteressiertes Verhalten, wohlverstandenes eigeninteressiertes Verhalten und egoistisches Verhalten, wobei er lediglich letzteres negativ beurteilt; vgl. Hotze (2008), S. 98 ff.

38 Rustow (1987), S. 89. Der Politologe Dankwart Rustow beschäftigte sich u. a. mit der Rolle von Eliteneinstellungen bei Demokratisierungsprozessen. Sein Vier-Phasen-Modell erlangte in den 1970er Jahren große Bekanntheit; vgl. Rüstow (1970).

39 Rüstow (1945/2001), S. 141. Dazu auch Eucken (1952/2008), S. 53.

40 Vgl. Lippmann (1945), S. 250 f. und Rüstow (1987), S. 89. Eucken (1952/2008), S. 27 schreibt: „Man war von dem Glauben beherrscht, endlich die allein richtige, natürliche, göttliche Ordnung entdeckt zu haben und zu verwirklichen“.

41 Röpke (1942/1948), S. 87. Zur Kritik an der Gleichsetzung von Deismus und Religion durch Rüstow: Briefs (1952), S. 274 ff.

42 Dazu auch Röpke (1950), S. 47 ff.

43 Wobei Rüstows Auffassung durchaus ambivalent ist: Einerseits schreibt Rüstow (1950), S. 14 f., dass: „wie die Erfahrung lehrt, die menschliche Natur im großen und ganzen immer und überall die

Euckens Vorstellung über eine funktionsfähige Wirtschaftsordnung sieben konstituierende und vier regulierende Prinzipien gewährleistet sein.[44] Daraus abgeleitete „Spielregeln" sollen einen fairen Leistungswettbewerb auf dem Markt garantieren.[45] In gleicher Weise fordert Rüstow, dass der neue Liberalismus die „Soziologieblindheit" des Altliberalismus überwinden müsse:[46] „Die erste und wesentlichste der soziologisch-institutionellen Bedingungen, denen das wohltätige Walten des Marktmechanismus unterliegt, ist die Ausschaltung jeder Behinderungskonkurrenz und die strenge Beschränkung der Marktfreiheit auf reine Leistungskonkurrenz."[47] Trotz dieser fundamentalen Differenz hinsichtlich der Funktionsbedingungen des Marktes steht der Ordoliberalismus nicht nur begrifflich in der Traditionslinie des klassischen Liberalismus. Der gemeinsame Bezugspunkt ist die Grundüberzeugung, dass einzig die Marktwirtschaft mit der Freiheit des Menschen vereinbar ist, denn dann ist es jedem selbst überlassen, mit wem und wie er in wirtschaftliche Interaktion treten will (Berufs- und Konsumfreiheit). Für Rüstow ist Freiheit zentrales Element einer Wirtschaftsordnung:[48] „Selbst wenn die Planwirtschaft der Marktwirtschaft an Produktivität tatsächlich so überlegen wäre, wie sie ihr in Wirklichkeit unterlegen ist, so würde das noch keineswegs für die Planwirtschaft entscheiden. Denn der Mensch lebt nicht von Brot allein, und wer nicht bereit sein würde, für die Freiheit, wenn nötig, auch materielle Opfer zu bringen, der ist ihrer nicht wert."[49]

Es sei eben lediglich „eine große Gnade", dass das von den Ordoliberalen präferierte Wirtschaftssystem auch gleichzeitig das leistungsfähigste ist.[50] Die

---

gleiche bleibe, und dass deshalb alle Bemühungen, sie zu ändern, utopisch und zum Scheitern verurteilt seien." Und weiter: „Denn so unveränderlich die menschliche Natur ihrer Anlage nach tatsächlich ist, so ungeheuer ist die Variationsbreite möglicher soziologischer Situationen, auf deren jede die gleiche menschliche Natur verschieden reagiert." Auch sein Plädoyer für die Wichtigkeit einer guten Verfassung als Stellungnahme gegen den „verfassungsrechtlichen Defätismus" belegt die Bedeutung von Institutionen; vgl. Rüstow (1968). Andererseits gesteht er ähnlich wie Röpke mit der „Nobilitas naturalis" der Tugendhaftigkeit eine gewisse gesellschaftliche Bedeutung zu: „Die Frontlinie zwischen Freiheit und Unterdrückung läuft nicht nur an der Zonengrenze, sie läuft mitten durch unsere Familien, ja mitten durch jeden Einzelnen von uns hindurch." Rüstow (1953), S. 108. Auch Rüstow (1946/1968). Zur aktuellen Diskussion um gerechte Strukturen z. B. Goldschmidt (2010a), S. 66 ff.

44 Eucken (1952/2008), S. 253 ff. Zur einer Diskussion der Prinzipien: Grossekettler (1997).

45 Dazu Vanberg (2008b), S. 737 ff.

46 Rüstow (1957), S. 160 f.; Rüstow (1945/2001), S. 90 ff.

47 Rüstow (1957), S. 161.

48 Wenn er auch betont, dass Freiheit Mittel zum Zweck sein müsse; vgl. Rüstow (1962a/1963), S. 34. So schreibt Rüstow (1957a/1963), S. 168: „Freiheit wozu?, und je nachdem, wie man den Rahmenbegriff der Freiheit füllt, bedeutet er etwas ganz Verschiedenes. Meine Meinung ist eben, dass dieser Rahmenbegriff der Freiheit mit dem Inhalt der Menschlichkeit gefüllt werden muss, dass er daraus seine Berechtigung entnimmt und dass man sich darüber klar sein muss, warum man die Unfreiheit, warum man die Vergewaltigung ablehnt, nämlich deshalb, weil sie einen daran hindert, ein Mensch zu sein."

49 Rüstow (1949), S. 31.

50 Dazu Rüstow (1960a/1963), S. 79 f.

Kernforderung des Liberalismus wie des Ordoliberalismus ist die Verwirklichung einer über den rein wirtschaftlichen Bereich hinausgehenden Freiheit. Somit besteht die Freiheit des Menschen aus der notwendigen Verknüpfung der ökonomischen, persönlichen und sozialen Freiheiten. Die Unteilbarkeit von Freiheit wird von vielen Neoliberalen vertreten, wie etwa von Alfred Müller-Armack (1901–1978),[51] Friedrich August von Hayek (1899–1992)[52] und ebenso von Rüstow: „Wenn wir mit Leidenschaft für die Wirtschaftsfreiheit eintreten, so tun wir das in allererster Linie eben deshalb, weil die Wirtschaftsfreiheit die notwendige, die unentbehrliche Grundlage der politischen Freiheit, der menschlichen Freiheit ist, d. h. also im Dienst der Menschenwürde."[53] Jedoch muss diese Entscheidungsfreiheit des Einzelnen geschützt werden, und zwar sowohl gegenüber anderen Marktteilnehmern als auch gegenüber dem Staat.[54] Anders als die Liberalen alter Prägung sehen die Ordoliberalen Freiheit stets dann gefährdet, wenn wirtschaftliche Machtkonzentrationen auftreten, weil dadurch das Risiko des Machtmissbrauchs (in Form von Wettbewerbsverhinderung und überhöhten Preisen) sowie der Einflussnahme auf staatliche Strukturen besteht.[55] So tritt anstelle einer reinen Effizienzanalyse der Wirkung von Monopolen (Abwägung gesamtwirtschaftlicher Vorteile und Nachteile) die über die ökonomische Sphäre hinausgehende generelle Annahme,[56] dass Vermachtung immer in irgendeiner Form Unfreiheit erzeugt.[57] Euckens Freiburger Kollege Franz Böhm (1895–1977) formuliert:

---

51 Vgl. Müller-Armack (1948/1981), S. 102.

52 Z. B. Hayek (1960/2005), S. 26.

53 Rüstow (1960a/1963), S. 78.

54 Eucken (1952/2008), S. 177, Herv. i. O. nimmt dazu wie folgend Stellung: „Die Freiheit des Menschen wird neuerdings noch von einer andern Seite bedroht, nämlich dann, wenn sich die wirtschaftliche Konzentration mit der Umbildung des Staates vereinigt. [...] Diese *dreifache Bedrohung der Freiheit* durch private Macht der Markt-Gegenseite, durch das Kollektiv und durch den Staat, der sich mit privaten Machtkörpern verbindet, macht in allen Ländern – wenn auch in verschiedenen Formen – geltend."

55 Sehr klar artikuliert Rüstow (1932/1963), S. 249 diese Einflussnahmen und macht in diesem Zusammenhang darauf aufmerksam, dass „die gegenwärtige deutsche Krise [er meint damit insbesondere die Vermachtung, J. D.] zu einem erheblichen Teil durch Interventionismus und Subventionismus der öffentlichen Hand verursacht ist". Statt punktueller und willkürlicher Staatsinterventionen fordert Rüstow ein Eingreifen „in Richtung der Marktgesetze" Rüstow (1932/1963), S. 252 f.

56 Diese Sicht des Ordoliberalismus ist Resultat eines über die ökonomische Fachdisziplin hinausgehenden Forschungsprogramms. Die Interdependenz der Ordnungen ist zwar kein neuer Erkenntnisansatz, der zudem in anderen sozialwissenschaftlichen Disziplinen fest verankert ist, aber in der orthodoxen Wirtschaftswissenschaft fand und findet das „Denken in Ordnungen" wenig Anklang. So stellt Röpke (1964), S. 142 fest: „Die Welt, in der wir uns hier bewegen, ist die der Preise, der Märkte, des Wettbewerbs, der Lohnsätze, der Zinsraten, der Wechselkurse und der übrigen Wirtschaftsquanten. Das ist natürlich durchaus erlaubt und sogar fruchtbar, sofern wir uns der bewussten Verengung unseres Blickwinkels bewusst sind und nicht vergessen, dass die Marktwirtschaft als Wirtschaftsordnung einer bestimmten Struktur der Gesellschaft und einer ihr eigenen geistig-moralischen Umwelt zugeordnet ist."

57 Z. B. Rüstow (1960a/1963), S. 84 f.; Eucken (1952/2008), S. 169 f., S. 334 ff.; Eucken (1940/1989), insbesondere S. 204 ff.

„Nicht der seine Macht ausbeutende, sondern der um seine Macht kämpfende Monopolismus ist es, der uns tatsächlich ernsten Anlass gibt, um unsere bürgerlichen und politischen Freiheiten, um unsere gesellschaftliche und staatliche Ordnung besorgt zu sein."[58] Ein unabhängiger, überparteilicher und starker (im Sinne von wirkungsmächtiger) Staat solle durch Schaffung eines geeigneten Ordnungsrahmens die Funktionsbedingungen des Marktes garantieren und zugleich die individuellen Freiräume im gesellschaftlichen und vor allem im wirtschaftlichen System dauerhaft sicherstellen. „Es ist Aufgabe des Staates, die Begrenzung dieses Bereiches [der Leistungskonkurrenz, J. D.] anzugeben und seine Einhaltung sicherzustellen, Wirtschaftspolizei, Marktpolizei zu üben."[59] Ein probates Mittel gegen die Vermachtungstendenzen sei die Gewährleistung von Wettbewerb auf dem Markt, da auf diese Weise die Macht einzelner Wirtschaftssubjekte wirksam begrenzt wird. So sieht Böhm den Wettbewerb als „das großartigste und genialste Entmachtungsinstrument der Geschichte."[60] Der Unterschied zwischen dem Ordoliberalismus und dem „Paläoliberalismus"[61] erschöpft sich nicht allein in dem Ansatz einer „wehrhaften Wirtschaftsverfassung", wie man es in Analogie zur wehrhaften Demokratie nennen könnte. Vielmehr ist das soziologische Verständnis ein anderes: Der Markt und das Wirtschaftswachstum ist für die Ordoliberalen kein Selbstzweck, sondern Mittel zum Zweck.[62] Neben materiellem Wohlergehen ist dieser Zweck die freiheitliche Entfaltung aller Individuen. Rüstow bringt mit der Nennung von überwirtschaftlichen Zielen den instrumentellen Charakter des Marktes zum Ausdruck: „Eine sehr naheliegende und im Grunde selbstverständliche Antwort ist die, dass der Wohlstand, der wirtschaftliche Erfolg, dazu dienen sollte, dem einzelnen Menschen, der einzelnen Familie, ein menschenwürdiges und menschlich erfreuliches Leben zu ermöglichen."[63] Wichtiger als die Wirtschaft sind für Rüstow andere Lebensbereiche wie u. a. Kultur, Ethik, Religion sowie soziale Integrationsformen (wie die Familie), die Rüstow in Abgrenzung zum Markt „Marktrand" nennt.[64] Die Bestandteile des Marktrandes sind somit Lebenswirklichkeiten, die der Marktmechanismus funktionsbedingt nicht erfasst oder nicht erfassen kann. Aus Sicht Rüstows unterscheidet sich sein Konzept vom Paläoliberalismus gerade dadurch, „dass er nicht wie der Paläoliberalismus alles nur auf wirtschaftliche Größen bezieht. Wir sind vielmehr der Meinung, dass die wirtschaftlichen Dinge überwirtschaftlichen Gesichtspunkten untergeordnet werden müssen."[65] Die überwirtschaftlichen Ziele finden sich ebenso bei Röpke mit der Formulierung

58 Böhm (1961), S. 18.
59 Rüstow (1962b/1963), S. 13.
60 Böhm (1961), S. 22.
61 So Rüstow (1961a), S. 64 f. spöttisch für den Liberalismus alter Prägung.
62 Vgl. Rüstow (1962a/1963), S. 34.
63 Rüstow (1962a/1963), S. 34.
64 Vgl. Rüstow (1961a), S. 68; Rüstow (1960a/1963), S. 77 f.
65 Rüstow (1961/1963), S. 73.

„jenseits von Angebot und Nachfrage“:[66] „Die Gesellschaft als Ganzes kann nicht auf dem Gesetz von Angebot und Nachfrage aufgebaut werden, wie es ja auch seit Burke immer beste konservative Überzeugung gewesen ist, dass der Staat mehr ist als eine Art Aktiengesellschaft.“[67] Nach Röpke ist Marktwirtschaft nicht genug: „Marktwirtschaft ist eine notwendige, aber keine ausreichende Bedingung einer freien, glücklichen, wohlhabenden, gerechten und geordneten Gesellschaft.“[68] Gleiches bringt Eucken zum Ausdruck, indem er fragt: „[W]ie kann der modernen industrialisierten Wirtschaft eine funktionsfähige und menschenwürdige Ordnung gegeben werden?“[69] Die grundlegende Differenz zum „Vulgärliberalismus“[70] ist, dass letzterer wenig Notwendigkeit für Staatstätigkeit sieht, weil durch die Annahme einer natürlichen, harmonischen Welt dem Korrekturargument die Rechtfertigung entzogen ist.[71] Infolge des deistischen Weltbildes strebt der Liberalismus nach einer möglichst unverfälschten Marktwirtschaft, deren mögliche negative Auswirkungen auf bestimmte Gesellschaftsgruppen oder einzelne Individuen notwendige und nicht zu verhindernde Begleiterscheinungen seien bzw. staatliche Aktivitäten langfristig mehr Schaden anrichten würden.[72] Wie bereits erwähnt, ist dieser Unbedingtheitsglaube Hauptkritikpunkt seitens der Ordoliberalen, weil er erstens zu den sozialen Missständen des 19. und 20. Jahrhunderts geführt habe und zweitens – insbesondere bei Rüstow und Röpke zu finden –, den Mensch durch *Desintegration* aus seiner gewohnten Umwelt gerissen und entwurzelt habe: „We [Rüstow und Röpke, J. D.] are of the opinion, in opposition to the traditional conception which is still widely held today, that the boundless over-evaluation of economics is one of the symptoms of the disease of the nineteenth century and one of the mistakes of the old liberalism.“[73]

Zwar sind sich die Neoliberalen in den Grundzügen einig, hinsichtlich dem Grad der Staatsintervention, die über die Gewährleistung von Eigentumsrechten, die äußere und innere Sicherheit und die Wettbewerbsordnung hinausgeht, herrschen jedoch abweichende Einstellungen. Sicherlich am bekanntesten ist die Bildung der

66 Röpke (1958/1961).

67 Röpke (1958/1961), S. 145 f.

68 Röpke (1958/1961), S. 137 ff. Auch Röpke (1964), S. 138 ff.

69 Eucken (1952/2008), S. 14.

70 Rüstow (1949), S. 6.

71 Geistesgeschichtlicher Hintergrund ist die Verbindung von mechanischer Philosophie und liberalem Ordnungskonzept, die in der deistischen Metapher Ausdruck findet, dass Gott ein Uhrmacher sei, der das von ihm hergestellte Uhrwerk in Gang setzt und anschließend alleine lässt. „Man entdeckte in der Theorie wie in der Praxis ein neues, allgemeines Schema für die Strukturierung dynamischer Systeme. Die Entdeckung bestand in der Einsicht, dass dynamische Systeme unter bestimmten Bedingungen imstande sind, sich selbst zu regulieren und sich aus eigener Kraft ohne Hilfe von außen, d. h. ohne Eingriff einer höheren Autorität, im Gleichgewicht zuerhalten.“ Mayr (1986), S. 169.

72 Dazu Briefs (1952), S. 272 f.; Rüstow (1945/2001), S. 88; Mises (1927/1993), S. 5.

73 Rüstow (1942), S. 279. Für eine eingängige und übersichtliche Geschichte des Neoliberalismus: Horn (2010).

Freiburger Schule um Eucken, den eine private Freundschaft mit Rüstow verband.[74] Die Freiburger Schule betrachtete eine kohärente Wirtschaftsordnung und Wirtschaftspolitik nach ihren Vorgaben auch immer als die beste Sozialpolitik.[75] Dazu Eucken: „Die Herstellung eines funktionsfähigen Systems zur Lenkung der arbeitsteiligen Wirtschaftsweise ist daher die wichtigste Voraussetzung für die Lösung aller sozialen Probleme."[76] Und weiter: „Soziale Gerechtigkeit sollte man also durch Schaffung einer funktionsfähigen Gesamtordnung und insbesondere dadurch herzustellen suchen, dass man die Einkommensbildung den strengen Regeln des Wettbewerbs, des Risikos und der Haftung unterwirft."[77] Dies rührt daher, dass durch eine allgemeine Steigerung des Bruttoinlandsprodukts die Einkommen aller stiegen, trotz „der ‚sozial blinden' Einkommensverteilung durch den Markt".[78] Ergänzt wird dieser Effekt, der in der heutigen Diskussion vielleicht besser als *Trickle-down*-Theorie bekannt ist,[79] dadurch, dass offene Konkurrenzmärkte in der Lage sind, „eine größere und mannigfaltigere Gütermenge zu Preisen anzubieten, die der Konsument durch seine Nachfrage entscheidend mitbestimmt und die durch niedrige Preise den Realwert des Lohnes erhöht und dadurch eine größere und breitere Befriedigung der menschlichen Bedürfnisse erlaubt."[80] Euckens Anliegen ist jedoch tiefgründiger fundiert als die *Trickle-down*-Theorie: Er entwirft eine Gesellschaft, in der Einkommensmobilität, eine privilegienfreie Ordnung und Raum für persönliches Leistungsstreben verwirklicht sein sollen.[81] Dies führe nicht nur zu allgemeiner Wohlstandssteigerung, sondern zu Wohlstandssteigerungsmöglichkeiten für jedes Individuum und damit zu sozialem Fortschritt, Erhard prägte hierfür die Kurzform „Wohlstand für Alle".[82] Goldschmidt schreibt dazu: „Anstatt sozialpolitische Maßnahmen zu fordern, die die ‚unmenschlichen' Ergebnisse des Marktes korrigieren, oder alles soziale Handeln dem Markt unterordnen, verbindet Eucken Wirtschafts- und Sozialpolitik

---

74 Vgl. Janssen (2009), S. 7. Diese Freundschaft kann auch anhand des Briefwechsels zwischen Eucken und Rüstow nachvollzogen werden; vgl. Lenel (1991).

75 Vgl. Barth (2011), S. 23; Sally (1998), S. 114; Giersch/Paqué/Schmieding (1991), S. 32.

76 Eucken (1952/2008), S. 314.

77 Eucken (1952/2008), S. 317.

78 Becker (1965), S. 231.

79 Obwohl David Stockman den Begriff 1981 prägte, ist die Logik dahinter bereits von Smith (1776/1974), S. 14, Herv. d. J. D. benannt: „Die große, durch die Arbeitsteilung herbeigeführte Vervielfältigung der Produkte aller verschiedenen Künste ist es, die in einer *wohlregierten* Gesellschaft jene allgemeine Wohlhabenheit hervorbringt, die sich bis auf die untersten Stände des Volkes erstreckt." Von der Aktualität zeugt auch die gegenwärtige Diskussion im Kontext der wachsenden Einkommensungleichheit in den USA. Paul Krugman merkt dazu an: „Wir warten auf diesen Trickle-down-Effekt nun seit 30 Jahren – vergeblich." Interview mit Krugman in: Kaufmann (2008). Und eine ähnliche Kritik von Stiglitz (2011), S. 44 ff.

80 Müller-Armack (1948/1981), S. 100.

81 Vgl. Goldschmidt (2010b), S. 16.

82 Erhard (1957/2009).

auf der Ebene der Wirtschaftsverfassung miteinander."[83] Trotz der Vorrangstellung der Wirtschaftsordnung als beste Sozialpolitik erkennt Eucken in bestimmten Situationen Mängel der Wettbewerbsordnung und infolgedessen Handlungsbedarf für korrigierende Maßnahmen (bspw. bei anormalem Verhalten des Arbeitsangebotes, bei einer ungleichen Einkommensverteilung oder beim Auftreten externer Effekte).[84] Allerdings steht auch hier das Wachstum im Vordergrund, da für die Erfüllung dieser Aufgaben wachstumsinduzierte Steuereinnahmen nötig seien.[85] Oder wie es Erhard 1955 ausdrückt: „Die Lösung liegt nicht in der Division, sondern in der Multiplikation des Sozialproduktes. Diejenigen, die ihre Aufmerksamkeit den Verteilungsproblemen widmen, werden immer wieder zu dem Fehler verleitet, mehr verteilen zu wollen als die Volkswirtschaft nach Maßgabe der Produktivität herzugeben in der Lage ist."[86]

Auch Rüstow verkennt nicht die Bedeutung von Wirtschaftswachstum,[87] bleibt dort jedoch nicht stehen, sondern beschäftigt sich mit dem gesellschaftspolitischen Ordnungsaspekt.[88] Rüstow und Röpke, die sich 1923 kennengelernt hatten und besonders seit ihrer türkischen Exilzeit (1933–1949) miteinander sehr eng verbunden waren,[89] vertraten mit dem „soziologischen Liberalismus" (stellenweise auch Wirtschafts- oder Sozialhumanismus genannt) eine von der Freiburger Schule abweichende Schwerpunktsetzung.[90] Während sich die Vertreter der Freiburger Schule im Wesentlichen auf ökonomische Aspekte wie der Herstellung einer Wettbewerbsordnung konzentrieren, entwickelt der „extended Ordoliberalism"[91] auf Grundlage seiner „kultur-soziologischen Forschungen ein gesellschaftspolitisches Leitbild zur Ergänzung der Wettbewerbsordnung."[92]

Zusammengefasst können zwei Aussagen zu Rüstow getroffen werden. Erstens ist es aufgrund der Übereinstimmung mit den meisten Strukturelementen des

---

83 Goldschmidt (2002), S. 136.

84 Vgl. Eucken (1952/2008), S. 300 ff.

85 Becker (1965), S. 231 schreibt deshalb: „Die Produktivitätssteigerung und Wohlstandshebung gilt deshalb im Neoliberalismus als ein wesentliches ‚soziales Ziel' und als ‚Rechtfertigung' des Wettbewerbs."

86 Erhard (1957/2009), S. 251.

87 „Daraus folgt [aus dem moralischen Anspruch denen zu helfen, die sich nicht selber helfen können, J. D.], dass die beste Wirtschaftspolitik diejenige ist, die es in möglichst seltenen Fällen zu solchen Notlagen kommen lässt, in denen sich der einzelne nicht selber helfen kann. Dass also die Wirtschaftspolitik dafür sorgen muss, den Bereich der sozialen Hilfsbedürftigkeit so weit wie möglich einzuschränken." Rüstow (1955/1963), S. 210.

88 Dazu Maier-Rigaud/Maier-Rigaud (2009), S. 87; Goldschmidt/Wohlgemuth (2008), S. 10. Zur aktuellen Diskussion etwa: Fuchs-Goldschmidt/Goldschmidt (2011), S. 161 f.

89 Vgl. Eisermann (1960), S. 149 und Röpke (1954), S. 13 f.; S. 17.

90 Der Begriff wurde von Röpke geprägt und ist als die politisch-kulturelle Erweiterung eines *wirtschaftlichen Liberalismus* zu verstehen; vgl. Röpke (1944/1949), S. 50 ff. Von Renner (2000) wurde der Begriff wieder in die neuere Diskussion eingebracht.

91 Vgl. Wörsdörfer (2013).

92 Föste (2006), S. 148.

Ordoliberalismus gerechtfertigt, in Alexander Rüstow einen Vertreter des Ordoliberalismus zu sehen. Darüber hinaus ist es zweitens angemessen – nicht zuletzt deswegen, weil es den einheitlichen Ordoliberalismus nicht gibt – sowohl in Rüstow als auch in Röpke die Vertreter einer speziellen Unterströmung des Ordoliberalismus zu sehen. Jedoch wäre es falsch, das Aufkommen des „soziologischen Liberalismus" als eine „kulturelle Wende im Ordoliberalismus" zu bewerten,[93] da es sich beim „soziologischen Liberalismus" vielmehr um eine Ausprägung des Ordoliberalismus und keine eigene Großtheorie handelt, die die soziologisch-kulturelle Ordnungsfrage zum zentralen Thema erhebt.[94] Insbesondere bei Rüstow findet sich mit der Vitalpolitik ein Konzept des „soziologischen Liberalismus", das für die vorzunehmende Analyse der Kohäsionspolitik geeignet erscheint und deshalb folgend beleuchtet werden soll.

2.2 Die Vitalpolitik

Der instrumentelle Charakter der Marktwirtschaft manifestiert sich bei Rüstow in dem Konzept der Vitalpolitik, die in heutiger Terminologie wohl geeignet mit Lebensqualitäts- oder Lebensbedingungspolitik übersetzt werden kann.[95] Ziel dieser Politik solle es sein, die „vitalen" Voraussetzungen für eine menschengerechte Lebenslage zu schaffen, also den Rahmen für ein sinnerfülltes, würdiges und menschlichen Veranlagungen gemäßes Leben. Die Vitalpolitik ist gewissermaßen die Konkretisierung der Forderung nach der Verwirklichung überwirtschaftlicher Ziele: Die Wirtschaft sei Mittel, die Vitalsituation hingegen der Zweck.[96] Rüstow wendete sich von traditionellen Wachstumszielen ab und sah die Vitalpolitik als eine „Wirtschafts- und Sozialpolitik, die bewusst nicht nach irgendwelchen Rekorden und Höchstleistungen strebt, nicht danach strebt, dass irgendwelche Kurven der Lohnentwicklung oder von sonst etwas möglichst steil aufwärts gehen, denn von aufwärtsgehenden Kurven kann man schließlich nicht leben und nicht glücklich werden, sondern die bewusst die Frage stellt, was getan werden kann, um einzelne Menschen glücklich und zufrieden zu machen."[97]

Und an anderer Stelle umschreibt er sein Konzept als eine Politik, „die nicht nur wirtschaftliche Werte, in Ziffern messbare, in Geldsummen ausdrückbare Werte berücksichtigt, sondern die sich bewusst ist, dass viel wichtiger ist, wie der Mensch sich in seiner Situation fühlt. Dieses Sichfühlen des Menschen in seiner Lebenslage

---

93 Dazu Haselbach (1991), S. 71.

94 Vgl. Horn (2010), S. 27; Plickert (2008), S. 11.

95 Vital als Adjektiv der Vitalität (Lebenskraft, Lebensfreude; Wortherkunft vom lateinischen *vitalitas*) besitzt die Bedeutung von „zum Leben gehörend", „Leben enthaltend" und übertragen von „lebenswichtig" oder „von entscheidender Bedeutung"; vgl. Dudenredaktion (2013).

96 Dazu Rüstow (1945/2001), S. 143.

97 Rüstow (1957a/1963), S. 182 f.

hängt zwar als Grundlage ebenfalls von ökonomischen Dingen ab, aber in weit höherem Maße von überökonomischen Dingen."[98]

Wobei der Wortbestandteil „Politik" hier überraschend unglücklich gewählt wirkt, da die Vitalsituation alle Lebensbereiche umfasst, die auf das menschliche Wohlbefinden einen Einfluss haben, der Terminus Vitalpolitik allerdings eher Assoziationen an isolierte Politikfelder wie etwa Industrie- oder Gesundheitspolitik weckt. Vielleicht war diese Unschärfe der Grund dafür, warum Rüstow in seinen späteren Werken oftmals Soziale Marktwirtschaft synonym mit Vitalpolitik, Dritter Weg und Sozialliberalismus verwendet hat.[99]

Um das Konzept der Vitalpolitik in seiner Gänze verstehen zu können, ist es notwendig, das Rüstow'sche Menschenbild zu begreifen. Aufgrund seines breiten Studiums u. a. der Altphilologie und Philosophie setzte sich Rüstow intensiv mit dem Freiheitsgedanken der Antike und dem Prinzip der christlichen Fürsorge auseinander.[100] Beide Motive spielen in seinen Werken eine wichtige Rolle. Der Mensch sei ein vielschichtiges Wesen, das Bedürfnisse hat und über sein Tun frei entscheiden kann. Die Grundkoordinaten menschlicher Bedürfnisse sind jedoch allen Menschen immer und überall gemein.[101] Diese leitet Rüstow aus der „wissenschaftlichen Analyse und Begründung der Menschlichkeit"[102] ab, wie sie die interdisziplinär ausgerichtete Anthropologie eines Adolf Portmann leiste.[103] Der Mensch strebe als höchstes Ziel nach Glück, das sich als subjektives Wohlbefinden äußert (hier wird die Traditionslinie der aristotelischen Eudämonie sichtbar). Das Oberziel Glück lässt sich in Unterbedürfnisse aufteilen (vgl. Tab. 2.1).[104] Die elementar-wirtschaftlichen Bedürfnisse (Existenzminimum) sind materielle Erfordernisse wie Kleider, Essen und sichere Wohnungen und bilden die Voraussetzung, um die außer- und überwirtschaftlichen Ziele zu

---

98 Rüstow (1960a/1963), S. 82 f.

99 Vgl. Rüstow (1957), S. 520, S. 332; Rüstow (1953/1963), S. 222; Rüstow (1951/1963), S. 234 f.

100 Zu seinem Werdegang z. B.: Rüstow (1987), S. 100. Dazu auch der Lebenslauf, den Rüstow seiner Dissertation anhängte: Rüstow (1910).

101 Dazu Rüstow (1957), S. 509; Rüstow (1950), S. 14 f.

102 Rüstow (1957), S. 509.

103 Rüstow (1957a/1963), S. 166 bezieht sich ausdrücklich auf ihn und „die Wissenschaft vom Menschen in der ganzen Fülle seines Wesens, vom Biologischen, Körperlichen angefangen bis zum Geistigen und Seelischen hin, zum Moralischen, zum Religiösen." Exemplarisch für Portmanns anthropologischen Ansatz: Portmann (1955). Auch abgedruckt als Portmann (1973).

104 Hinsichtlich des Glaubens schreibt Rüstow (1957), S. 105 von „angeborenen und unausrottbaren religiösen Bedürfnissen menschlicher Natur." Darüber hinaus hält Rüstow (1961a), S. 70 das Christentum mit dem (deutschen) Neoliberalismus für vereinbar: „Alle christlichen Richtungen, die diese Dinge bejahen [Naturrecht, Erkenntnisfähigkeit der menschlichen Vernunft, Humanität], sind mit unserem Neoliberalismus vereinbar. Deshalb ist es so wichtig zu sehen – gerade angesichts der heutigen Weltlage –, dass jede grundsätzliche Unvereinbarkeit zwischen Christentum und Neoliberalismus fehlt und dass daraus die Möglichkeit entspringt, eine gemeinsame Front bilden zu können". Für kirchliche Vertreter galt dies jedoch nicht, da der Ordoliberalismus bei ihnen auf Ablehnung stieß; vgl. Becker (1965), S. 354; Nawroth (1961), S. 234 f., S. 425 ff.

erreichen,[105] „und je mehr er [der Mensch] der Sorge für seine materielle Existenz enthoben ist, umso deutlicher empfindet er die sonstigen Mängel seiner Situation."[106] Obwohl es eine klare Zielhierarchie gibt, ist doch die gleichzeitige Erfüllung aller Bedürfnisse nötig – nur so lässt sich die optimale Vitalsituation des Menschen erreichen.[107] Hier sei die Gemeinschaft herausgegriffen, da sie für Rüstow und Röpke den Kernbestandteil einer Gesellschaftsordnung darstellte: „Der Mensch ist von Natur ein Gemeinschaftswesen. Gemeinschaft ist die der menschlichen Natur gemäßen Form des Zusammenlebens. In jedem Menschen lebt, unausrottbar, eine Sehnsucht nach Gemeinschaft."[108] Der Mensch brauche für seine physische und psychische Gesundheit einen sozialen Kontext und soziale Interaktion.[109]

Tab. 2.1: Die Lebensbedürfnisse des Menschen und ihre Ursprünge (Quelle: Eigene Darstellung).[110]

Glück
Außer- und überwirtschaftliche Bedürfnisse
Freiheit
Geistige Wesensschicht
Sicherheit
Körperlich-biologische Wesensschicht
Solidarität
Ethische Wesensschicht
Gemeinschaft
Soziale Wesensschicht
Religion
Religiöse Wesensschicht
Elementar-wirtschaftliche Bedürfnisse

So Rüstow: „Ich habe gesagt, und kann es nur wiederholen, dass der Mensch Integration, d. h. Verbundenheit mit seinen Mitbürgern, dringender braucht als das tägliche

105 Vgl. Rüstow (1960a/1963), S. 77 f.; Rüstow (1950), S. 520.

106 Rüstow (1952b/1963), S. 268. Auffallend sind Ähnlichkeiten zur Bedürfnishierarchie von *Maslow* und zum Konzept des Postmaterialismus von Inglehart.

107 Vgl. Rüstow (1963), S. 295.

108 Rüstow (1950), S. 205.

109 Bemerkenswert ist hier die Unterscheidung zwischen Gemeinschaft und Gesellschaft: „Den Verherrlichern der Gemeinschaft wird man zugeben müssen, dass der Mensch zwar ohne Gesellschaft, aber nicht ohne Gemeinschaft leben konnte und also grundsätzlich kann, dass der Mensch früherer Zeiten, soweit er entweder ausschließlich in Gemeinschaft, oder aber, wenn schon im Rahmen von Gesellschaft, doch noch in unersetzter engerer und wärmerer Gemeinschaft lebte, darin glücklicher daran war, und dass unserer moderner Unterintegration ein mehr an Gemeinschaft an den verschiedensten Stellen not täte." Rüstow (1957), S. 158.

110 Eigene Darstellung nach Hotze (2008), S. 76 f.

Brot."[111] Prägend für diese Einschätzung waren wohl für Rüstow, wie für viele zeitgenössische Intellektuelle (z. B. Werner Heisenberg, Edgar Salin und Karl Jaspers), die Erlebnisse in der Jugendbewegung in den Jahren vor dem Ausbruch des Ersten Weltkrieges. Rüstow schreibt in seinem Hauptwerk „Ortsbestimmung der Gegenwart": „Was man an die Stelle der mit gesundem Abscheu abgelehnten Konventionen setzte, das war vor allem eben dieses Gefühl der Gemeinschaft und als ihr Ausdruck das gruppenweise Wandern in der Natur, die ‚Fahrt' mit einer primitiven, naturnahen, auf Selbsthilfe gestellten Lebensweise".[112] Und er schließt den autobiografisch gefärbten Abschnitt ab mit: „Wer die Jugendbewegung nicht erlebt hat, steht in der Regel doch noch irgendwie im 19. Jahrhundert; man kann sich mit ihm in Weltanschauungsfragen meist nur sehr viel schwerer verständigen."[113] Das aus diesen Erfahrungen gespeiste Motiv zieht sich als roter Faden durch die späteren Werke Rüstows: kleine Lebensgemeinschaften, die als natürliche und solidarische Lebensformen individuelle Rechte respektieren.[114] Diese idealtypischen Lebensgemeinschaften grenzen sich durch ihre geringe Größe[115] und eine hierarchische Staffelung[116] von anderen Lebensformen ab. Der Rüstow-Schüler Eisermann sah die Jugendbewegung als „personifizierte[n] Gemeinschaftsdrang" an, in der sich die sozialen Klassen und Stände auflösen.[117] Hayek sah die Jugendbewegung deutlich kritischer, „die nach Herkunft und Einstellung fast völlig sozialistisch war" und in der die Ideen des Kampfes gegen den Liberalismus „begierig aufgenommen wurden und die Verbindung von Sozialismus und Nationalismus vollendet wurde."[118] Rüstow sieht Freiheit als naturrechtliche Menschheitspflicht und hat somit von allen überwirtschaftlichen Bedürfnissen eine hervorgehobene Bedeutung. Jedoch ist Freiheit „zunächst nur ein äußerster Rahmen, der nach Ausfüllung verlangt."[119] Wie bereits erwähnt, hat Freiheit den Zweck, der Vitalsituation, also den anderen Bedürfnissen und dem Wohlbefinden des Menschen, zu dienen.[120] Auf diese Einschätzung der Rolle von Freiheit wird noch zurückzukommen sein, da ihr eine Schlüsselfunktion in der Vitalpolitik zukommt. Rüstow misst der ökonomischen Freiheit mehr

111 Rüstow (1962a/1963), S. 43.
112 Rüstow (1957), S. 238.
113 Rüstow (1957), S. 249.
114 Vgl. Hegner (2000), S. 16 f.
115 „Nur innerhalb einer solchen geringen und überschaubaren Größenordnung seines sozialen Lebenskreises hat der Mensch die Möglichkeit, eine wirklich lebendige Lebensgemeinschaft zu bilden und aufrecht zu erhalten, in der Jeder Jeden kennt und Jeder mit Jedem in irgendeiner realen und lebendigen Beziehung steht." Rüstow (1950), S. 263.
116 „Diese wesensgemäße Gemeinschaftsstruktur ist aber hierarchisch, und die wesenhafte Notwendigkeit hierarchischer Staffelung und ihrer Krönung durch eine einheitliche oberste Spitze ergibt sich umso deutlicher und unabweisbarer, je umfangreicher das Sozialgebilde ist." Rüstow (1950), S. 212.
117 Eisermann (1955), S. 110.
118 Hayek (1944/2011), S. 225.
119 Rüstow (1960c/1963), S. 312.
120 Dazu Rüstow (1960c/1963), S. 312.

Bedeutung bei als der juristischen Freiheit, da sie zur Existenzsicherung unerlässlich sei: „Und umgekehrt ist ein Sklave, der mit seiner Familie als Kleinbauer auf einer seinem Herrn gehörigen Hufe lebt und arbeitet, realiter und seiner Vitalsituation nach unvergleichlich viel besser, ja freier, daran als ein juristisch ‚freier' Landarbeiter auf dem Großgut eines ostelbischen Junkers im 19. Jahrhundert, oder auf einer bolschewistischen Kolchose im 20."[121]

Der entscheidende Schritt in Rüstows Argumentation ist nun die Zuschreibung der Rolle des Staates, der als überparteiliche und unabhängige Verwirklichungsinstanz der anthropologisch fundierten Ordnung fungieren soll. Da Rüstow überzeugt ist, dass die Verwirklichung und die dauerhafte Gewährleistung von Freiheit nicht alleine durch das Individuum möglich ist, müsse der Staat die Aufgabe übernehmen:[122] „[D]as isolierte Individuum kann weder seine Freiheit wahren, noch seine Freiheit wiedergewinnen, sondern beide Probleme sind im höchsten Maße soziale Probleme. Freiheit lässt sich überhaupt nur sozial durch eine freiheitliche Staats- und Gesellschaftsordnung realisieren."[123] Die Rechtfertigung für Staatsintervention liefert Rüstow etwas ausholend in der „Ortsbestimmung der Gegenwart", indem er den Ursprüngen von Herrschaft nachspürt.[124] Die Existenz von Gewalt leitet er aus der damals zeitgemäßen Überlagerungstheorie ab.[125] Demnach sind Staaten durch Prozesse der gewalttätigen Unterwerfung von Bauernvölkern durch Nomadenvölker entstanden, und im Verlauf der Institutionalisierung haben sich aus den Nomaden Herrschaftsklassen herausgebildet, die bis in die heutigen Tage anstatt eigener Arbeit und Tausch zur Bedürfnisbefriedigung Gewalt und Unterdrückung als „politisches Mittel" (wie Oppenheimer formuliert)[126] verwenden.[127] Ein Verfechter und Stellvertreter der Theorie der exogenen Entstehung von Staat und Herrschaft war der Soziologe und Nationalökonom Franz Oppenheimer (1864–1943), zu dessen Schülern sich Rüstow zählte.[128] Anders als Oppenheimer sah Rüstow allerdings nicht nur die Rückkehr zu

---

121 Rüstow (1950), S. 174.

122 Vgl. Haselbach (1985), S. 161.

123 Rüstow (1960c/1963), S. 307 f.

124 Zur knappen Kritik etwa: Friedmann (1955).

125 Zur soziologischen Überlagerungslehre allgemein: Haselbach (1985), S. 68 ff. Generell zur Entstehung von Staaten: Breuer (1998).

126 Vgl. Oppenheimer (1924), S. 557.

127 Vgl. Rüstow (1950), S. 58 ff. „Durch den Vorgang der Überlagerung wurden zum erstenmal in der Weltgeschichte menschliche Sozialgebilde in ihrem *inneren* Aufbau auf Blutvergießen und Gewalt gegründet. Nicht als ob bis dahin die Geschichte der Menschheit stets unblutig und idyllisch verlaufen wäre. Die ungeregelten Kriege der Jäger gegen ihnen fremde Stämme verliefen ganz im Gegenteil noch viel blutiger und grausamer, da Jäger ja nicht, wie überlagernde Nomaden, ein Interesse daran haben, den Feind als künftige Wirtschaftsgrundlage zu schonen." Rüstow (1950), S. 95, Herv. i. O.

128 Und bei dem Ludwig Erhard zwischen 1922 und 1925 promovierte; vgl. Meier-Rust (1993), S. 25 f., S. 107; Rüstow (1950), S. 87. Zur Beziehung Erhards zu Oppenheimer: Wünsche (1996), S. 141 ff.

Zuständen vor der Urüberlagerung als unmöglich an, sondern betonte den positiven „entwickelnde[n] Impuls, der sich mit Überlagerung und Integration von Stämmen zu Staaten verband."[129] Damit meinte er die erst durch Nahrungsmittelüberschuss, Arbeitsteilung und die „Erbsünde" der gewaltrechtlichen Kontamination möglich gewordene Entwicklung zu Hochkulturen (Gesetz der Kulturpyramide).[130] Optimistisch erkennt er transfeudale Triebkräfte der Hochkultur, die Gemeinschaft, Demokratie und Rechtsstaatlichkeit erzeugen können.[131] In einigen grundlegenden Annahmen wird Rüstow durch neuere Forschungen bestätigt, die den Beginn und die Ausbreitung der Landwirtschaft als Voraussetzung für das Ausprägen von Spezialistentum und damit den Aufstieg von Völkern sehen.[132] Rüstow sieht die Notwendigkeit, die Unterwerfungstendenzen und damit Ausbeutung, Grausamkeiten, wirtschaftliche Monopole (v. a. Großgrundbesitz) und die Manifestierung einer Klassenstruktur durch einen starken Staat zu unterbinden. Entsprechend urteilt er: „Demokratischer Rechtsstaat und Soziale Marktwirtschaft (im Maße ihrer Verwirklichung) haben uns dem Ziel schon um einige Schritte näher gebracht."[133] Die Abwendung von Herrschaft und Unfreiheit solle durch Entfeudalisierung mittels Durchbrechung des Besitz- und Bildungsmonopols geschehen.[134] „Kurz: für Rüstow braucht die liberale Gesellschaft den starken neutralen Staat, genau jenen Staat, den auch die ökonomische Analyse der Ordoliberalen als für die Bestandssicherung marktwirtschaftlicher Systeme unverzichtbar erklärt hatte."[135] Ein freiheitlicher und demokratischer Rechtsstaat könne die „soziologische Spannung von Herrschaft

---

129 Haselbach (1987), S. 141.

130 Vgl. Rüstow (1950), S. 40, S. 98 ff.

131 Vgl. Rüstow (1950), S. 205 ff.

132 Diamond (1998/2011) befindet, dass der Reichtum von Gesellschaften von der Mehrproduktion und Vorratshaltung von Lebensmitteln ausgehe. Weiterhin deckungsgleich zu Rüstow analysiert Diamond die Herrschaft bestimmter Eliten und Klassen, sieht jedoch anders als Rüstow kaum Überlagerungsprozesse am Werk und wenn, dann genau in die entgegengesetzte Richtung: „Aufgrund ihrer [Regionen mit bäuerlicher Bevölkerung, J. D.] sehr viel höheren Bevölkerungsdichte konnten Nahrungsproduzenten Jäger- und Sammlerpopulationen schon allein wegen ihrer zahlenmäßigen Übermacht vertreiben oder in einem Gebiet ausrotten, von den anderen Vorteilen im Gefolge der Landwirtschaft (wie Technik, Krankheitserreger, stehende Heere) ganz zu schweigen." Überhaupt wirkte zu vielen Zeiten der Versuch, eine Universalgeschichte (wirtschaftlicher) Entwicklung zu schreiben, stark anziehend auf die Wissenschaft (bspw. Toynbee und „Der Gang der Weltgeschichte", Landes (1999) mit der Frage warum manche Länder reich, andere arm sind oder aktuell die Großtheorie von Acemoglu/Robinson (2012), die sich jedoch monokausal auf die Bedeutung von Institutionen konzentrieren). Auch Robinson/Wiegandt (2008). Ähnlichkeiten zur Erklärung der (gewaltvollen) Staatswerdung sind auch bei Olson (1993) zu finden, der im Niederlassen der *Roving Bandit*s zu *Stationary Bandit*s ein rationales Moment sieht.

133 Rüstow (1957), S. 332.

134 „Es gibt kaum einen Bereich unseres Lebens, vom äußerlichsten bis zum innerlichsten, der von feudalen und überlagerungsbedingten Zügen frei wäre." Rüstow (1950), S. 133.

135 Haselbach (1987), S. 142.

und Kultur" lösen, „indem die Grausamkeit und der Sadismus in der Herrschaft abgebogen oder unschädlich gemacht werden, aber die Kultur erhalten" bliebe, wie Dankwart Rustow die Haltung seines Vaters beschreibt.[136] Rüstow stimmte zwar mit Oppenheimer in der Ursachenforschung überein, nämlich, dass ursprüngliche Zustände durch Gewalt überlagert werden, leitet daraus jedoch nicht die Abschaffung jeglicher Form von Herrschaft (Staat) ab. „Sein [Oppenheimers] altliberaler Optimismus in Bezug auf die Zukunftsgesellschaft baute auf die Überwindung von ‚Politik' schlechthin."[137] Das „Gift der Überlagerung" ist für Rüstow auch die Ursache für eine „die Volksgemeinschaft zersetzende Obrigkeits- und Untertanenmentalität".[138] Entgegen den Kräften der Unterintegration („Beziehungslosigkeit") und der Überintegration („Distanzlosigkeit"), also dem Zustand „atomisierter Einebnung" („Masse"), war es Rüstow ein Anliegen, die Menschen in die Gesellschaft zu integrieren.[139] Die „Hölle der Masse" in Form einer unterintegrierten Massengesellschaft ist ebenso für Röpke das eigentliche Problem der damaligen Zivilisation.[140] Rüstow äußert sich zur Vermassung folgendermaßen: „Der gleiche Vorgang, der sich individuell als Vereinzelung und Vereinsamung darstellt, äußert sich sozial als Vermassung. Denn eine Vielzahl vereinzelter und vereinsamter Individuen, deshalb vereinsamt, weil sie nicht mehr in eine sie tragende und wärmende Gemeinschaft eingebettet sind, weil sie untereinander nicht mehr in organischen Gemeinschaftsbeziehungen, sondern nur in mechanischen Gesellschaftsbeziehungen stehen, bilden eben das, was wir Masse nennen."[141]

Soziale Kohäsion entsteht dann, wenn der optimale Integrationsgrad zwischen dem „Zuviel" und dem „Zuwenig" an Integration erreicht wird und somit das Bedürfnis nach dem den Menschen angeborenen Trieb zur Gemeinschaft befriedigt wird. Denn in der Gemeinschaft sieht Rüstow die natürliche Lebensform, die Gesellschaft als „Gemeinschaftsersatz" hingegen sei die Ursache von Über- und Unterintegration:

> Denn eben dieser Schritt von der Gemeinschaft zur Gesellschaft ist eine der schicksalsvollen Folgen der Überlagerung. Durch sie und ihre großen politischen Herrschaftsgebilde wurden nicht nur viele kleine Gemeinschaften gezwungen, sich fremden Menschen zu unterwerfen, die sie nach den Begriffen ihres bisherigen Lebens nur als Verbrecher oder wilde Tiere betrachten oder behandeln könnten, sondern es wurden zugleich viele, einander fremde, kleine Gemeinschaften durch die über sie alle errichtete Herrschaft zu einer Großgesellschaft auf Gedeih und Verderb miteinander verkettet.[142]

---

136 Rustow (1987), S. 87.
137 Haselbach (1987), S. 141.
138 Rüstow (1987), S. 102.
139 Rüstow (1957); S. 6; S. 522 ff.; Rüstow (1949), S. 42.
140 Röpke (1958/1961), S. 146. Auch Goldschmidt (2009), S. 68 ff.
141 Rüstow (1957), S. 139.
142 Rüstow (1950), S. 109.

Die Beschäftigung mit der Über- und Unterintegration ist es auch, die im Vergleich zu anderen Ordoliberalen ein maßgebliches Alleinstellungsmerkmal ausmacht.[143] Das soziologische Problem der Vermassung stellte bei Röpke und Rüstow den „Dreh- und Angelpunkt ihrer Überlegungen" dar.[144]

Während die Überlagerungstheorie und -soziologie[145] gewissermaßen die Diagnose und Erklärung der gesellschaftlichen Krankheit darstellt,[146] leitet Rüstow aus dem naturrechtlichen Menschenbild einen Idealzustand ab, dessen Erreichung mittels der Vitalpolitik die Heilung darstellt.[147] Erst durch das Verstehen der Krankheit sei eine Behandlung möglich.[148] Um wieder zu einer „vita humana" zurückzukehren, also menschengemäßen Vitalbedingungen, ist es notwendig, die „Wirtschaft als Dienerin der Menschlichkeit" zu gestalten und die Wirtschafts- und Gesellschaftsordnung an dem Menschen und seinen Bedürfnissen auszurichten.[149] Rüstow hatte nun als Heilungsmaßnahmen sehr weitreichende gesellschaftspolitische Vorstellungen, die auf der vom skizzierten Menschenbild ableitbaren „natürlichen Ordnung der Gesellschaft"[150] basieren und Aspekte wie Sozial-, Umweltschutz-, Bildungs- und Vermögenspolitik, sowie ein soziologisch-siedlungspolitisches Leitbild umfassen.[151] Dieses Leitbild Rüstows fordert eine klein- und mittelbetriebliche Betriebsstruktur sowie eine Dezentralisierung der betrieblichen Standorte und verspricht sich davon

---

143 Es ist anzunehmen, dass Ortega y Gasset (1929/1963) gemeinsamer Bezugspunkt für die Überlegung der Vermassung bei Rüstow und Röpke gewesen ist. Röpke (1958/1961), S. 77 schreibt: „Es ist dieser Vorgang der Vermassung als geistig-moralischer Entpersonalisierung, den schon Ortega y Gasset mit seinem bahnbrechenden Buche über den ‚Aufstand der Masse' in erster Linie im Auge gehabt hatte."

144 Zweynert (2007a), S. 10 f.

145 Selbst wenn die Überlagerungstheorie zur Erklärung der Entstehung von Staaten mittlerweile sehr umstritten ist, bleibt jedoch die Beschreibung der Zustände im 20. Jahrhundert und ebenso die Lösungsansätze davon unberührt, „da die Überlagerungshypothese außerdem keine logisch notwendige Grundlage des Rüstowschen Gesamtwerk darstellt, entwertet ihre Widerlegung als universelle Aussage nicht seine Diskussion späterer historischer Entwicklungen bis hin zur Gegenwartslage." Und weiter: „In seiner scharfsichtigen Beurteilung gerade der abendländischen Neuzeit und besonders der jüngsten Geschichte liegt vielleicht Rüstows bleibende Bedeutung." Kammler (1966), S. 91.

146 Röpke (1942/1948), S. 41, Herv. i. O. stellt ebenfalls eine Gesellschaftskrisis fest und fordert: „Wofür uns die Zeit reif zu werden scheint, ist in der Tat ein *neuer Typus der Wirtschaftspolitik*, der in keines der bisher üblichen Schemata hineinpasst und gerade dadurch für sich einnimmt."

147 Vgl. Eisermann (1955). Eucken-Erdsiek (1951), S. 447 nennt Rüstow einen Gelehrten und *Reformer*: „In einem aufwühlenden inneren Kampfe wird ein Ausweg aus dem Dilemma gesucht."

148 „Und nur durch ein solches wirklich radikales, an die Wurzeln reichendes Verstehen lässt sich das Sollenswidrige wirklich entwurzeln, lässt sich die so entstandene Verstrickung wirklich lösen: comprehendendo solvitur." Rüstow (1950), S. 16.

149 Rüstow (1961a), S. 68 f.

150 Becker (1965), S. 237.

151 Vgl. Behlke (1961). Einen Einfluss auf das Leitbild mag Rüstows Tätigkeit im Reichswirtschaftsministerium gehabt haben. Laut dem Geschäftsverteilungsplan war Rüstow dort zeitweilig auch mit den Funktionen „Kommunalisierung und kommunale Angelegenheiten" betraut; Hubatsch (1978), S. 85.

Verbesserung der Wohn- und Siedlungsform.[152] Rüstow bezieht gegen die die Vermassung begünstigenden Großbetriebe Stellung[153] und erkennt den Besitz „eines eigenen Häuschens, mit eigenem Grund und Boden“[154] als das Optimum der Lebenslage.[155] Der negative Gegenpol eines solchen eigenen Besitzes sei das moderne Großstadtleben, bei dem Rüstow insbesondere die proletarische Vitalsituation des großstädtischen Industriearbeiters und anderer schlecht gestellter Schichten vor Augen hat.[156] Der Eigenbesitz fördere nicht nur allgemein das individuelle Wohlbefinden, sondern schaffe insbesondere auch ökonomische Freiheit durch (materielle) Unabhängigkeit sowie Resistenz gegenüber konjunkturbedingter Arbeitslosigkeit und helfe dabei, Nachfragemonopole auf dem Arbeitsmarkt abzuschwächen. Rüstow stellt sich ein regelrechtes Idyll vor:

> Die Leute haben ihr Häuschen, ihren Garten, ihren Acker, sie selbst in ihrer Freizeit und ihre Familienmitglieder können sich auf eine sinnvolle Weise mit einer Arbeit beschäftigen, die ihnen Freude macht, „einer gesunden Arbeit, die ihnen selbst schon Erholung ist“ wie Friedrich Engels schrieb. Die Kinder, die noch nicht auf Arbeit gehen können, die Alten, die nicht mehr zur Arbeit gehen, fühlen sich nicht überflüssig, sie sitzen nicht sinnlos und störend herum. [...] Die Arbeitslosigkeit verliert ihren Schrecken, denn nachdem für das Existenzminimum durch die Arbeitslosenunterstützung gesorgt ist, kann der Mann endlich wieder sein Dach reparieren, den schon lange geplanten Schuppen bauen, sein Land endlich wieder gründlich umgraben. [...] Er ist in der Natur draußen, die Kinder haben eine gesunde, erfreuliche Kindheit, alle pädagogischen Probleme, soweit sie überhaupt entstehen, vereinfachen sich ungeheuer, während sie in der Großstadt unlösbar sind.[157]

Aus der Bedeutung der Familie als Ort der Solidarität und zugleich der Sozialisierung[158] leitet Rüstow ab, der Familie innerhalb des Staates und der Gesellschaft eine

---

152 Vgl. Becker (1965), S. 238 f.

153 „Die Rechtsform der Sklaverei, die in der soziologischen Ausübungsweise der Haussklaverei eine vergleichsweise noch harmlose patriarchalische Angelegenheit darstellte, entfaltete erst in der Ausübungsweise der Herdensklaverei des Großbetriebs jene menschlich empörenden Erscheinungen, die wir formalistischerweise ganz zu Unrecht gewohnt sind, der Rechtsform als solcher zuzuschreiben.“ Rüstow (1950), S. 174. Rüstow (1952a/1963), S. 40f verharmlost die Sklaverei und glorifiziert die Antike, indem er die Meinung vertritt, dass heutige Hausangestellte – obgleich juristisch frei – genauso Sklaven seien wie die früheren Diener bzw. es den damaligen Sklaven sogar besser ging.

154 Rüstow (1951b), S. 455.

155 Rüstow (1960a/1963), S. 86. Auch Rüstow (1963), S. 286 ff.

156 Vgl. Rüstow (1963), S. 287 ff.

157 Rüstow (1951b), S. 455 f.

158 Rüstow (1960c/1963), S. 297 sieht die „Unfertigkeit“ des Menschen tief in der anthropologischen Struktur begründet: „Denn während die Tiere mit fertig ausgebildeten Instinkten zur Welt kommen und diese Instinkte ihnen ihr ganzes Leben hindurch eindeutig ihr artgemäßes Verhalten anweisen, wird der Mensch in einem Stadium geboren, wo diese Verfestigung eingleisiger Instinkte noch nicht stattgefunden hat, wo er noch formbar ist; und die weitere Entwicklung dieses halbfertigen Menschenkindes wird der Familie, der Gesellschaft übertragen.“ Dazu auch Hotze (2008), S. 89; Zweynert (2007a), S. 11.

vorrangige Stellung einzuräumen:[159] „In den schrecklichen Zeiten, die wir heute hinter uns haben, als alles zusammenbrach, hat sich die Familie als das einzige Feste bewährt, das noch hielt, an das man sich noch halten konnte, auf das man noch vertrauen konnte, und zwar nicht nur für die Flüchtlinge, die ja immerhin vierzehn Millionen unter uns darstellen, sondern auch für die anderen.“[160] In der Familie als optimale Lebenseinheit werden die Bedürfnisse nach Sicherheit, Solidarität und Gemeinschaft am besten erfüllt. Da der Mensch den Großteil seiner Zeit an der Arbeitsstelle verbringe, sei die Verbesserung der dortigen Vitalsituation ebenso wichtig wie in anderen Lebensbereichen. Rüstow sieht die Erhöhung der Betriebssolidarität als geeignetes Mittel dafür an. „Ich bin deshalb der Meinung, dass das innerbetriebliche Mitbestimmungsrecht der Belegschaft jede nur mögliche Unterstützung verdient, und dass man alle innerbetrieblichen Regelungen, bei denen dies ohne unmittelbare Schädigung des privaten Betriebszwecks möglich ist, der Selbstverwaltung der Belegschaft überlassen sollte.“[161] Dabei stehe diese „neue Integrationsform“ im Gegensatz zur alten „Form der Befriedigung des Solidaritätsbedürfnis“, womit er die gewerkschaftliche Organisation meint.[162] Deutlich tritt auch hier der Dualismus zwischen der solidarischen,[163] natürlichen Gemeinschaft und der von Rüstow äußerst kritisch gesehenen, nach außen gerichteten, politischen Vertretung von Partikularinteressen hervor. Rüstow wendet das Vitalpolitik-Konzept aber nicht nur auf verschiedene Lebensbereiche an, sondern misst ihm auch eine geopolitische Rolle zu. Für ihn ist die Überintegration und Unfreiheit insbesondere in den sozialistischen Staaten anzutreffen und deshalb gewinne die Vitalpolitik im sich verschärfenden Ost-West-Konflikt zusätzlich an Legitimation:

> Wir halten das alles [Überintegration durch Propaganda, Befehle und Kollektivaktionen,] für krankhaft und unmenschlich, aber wir müssen uns bewusst sein, dass es mit dem bloßen Ablehnen solcher totalitären Rauschgifte nicht getan ist, sondern, dass es darauf ankommt, ihnen eine Lebensform entgegenzustellen, die auf gesunde und würdige Weise menschliche Lebensbedürfnisse in noch höherem Maße befriedigt. Das ist der Sinn dessen, was ich Vitalpolitik genannt habe, und an dem Ausbau dieser Vitalpolitik auf allen Lebensgebieten sollten wir ganz ausdrücklich arbeiten, nicht nur um des Wohles der Menschen willen, denen das unmittelbar zugutekommt, sondern auch in dem Bewusstsein, dass wir nur dadurch den friedlichen Sieg in dem weltweiten Kampf erringen können, in dem sich die Menschheit befindet.[164]

159 Vgl. Rüstow (1957a/1963), S. 181.
160 Rüstow (1961b), S. 16.
161 Rüstow (1951b), S. 457.
162 Dazu Rüstow (1951b), S. 456 f.
163 „Da nun aber das Bedürfnis nach Solidarität eines der grundlegendsten und hochwertigsten Bedürfnisse des Menschen ist, so muss umso mehr dafür gesorgt werden, dass dieses Streben nach Solidarität, nach Kameradschaft anderswo, außerhalb der Konkurrenz und des von ihr beherrschten Marktes, Befriedigung findet.“ Rüstow (1951b), S. 456.
164 Rüstow (1963), S. 294 f.

Für Rüstow zeigen sich die Tauglichkeit und dauerhafte Beständigkeit einer Gesellschaftsordnung genau darin, dass sie dem Wesen des Menschen und seinen Bedürfnissen entspricht, und subsumiert darunter besonders das Verlangen nach Gerechtigkeit. Somit erlangt eine Gesellschaftsordnung dadurch ihre Legitimität, dass sie allen Menschen des Sozialwesens dient.

Die Arbeiten Rüstows und damit auch das Vitalpolitik-Konzept lassen sich grundsätzlich in zweierlei Hinsicht kritisch diskutieren. Erstens mögen aus heutiger Sicht Rüstows Vorstellungen anachronistisch wirken, da sie von einer romantisch-verklärten, antimodernistischen und kulturpessimistischen Grundhaltung zeugen.[165] Auch seine siedlungs-politischen Maßnahmen sind nicht unproblematisch, greifen sie doch sehr weit in die persönlichen Freiheitsrechte ein.[166] Die von Rüstow vertretenen und tatsächlich in gewissen Aspekten romantischen Positionen müssen jedoch auch immer im Zeichen seiner Zeit gesehen und historische Bezüge stets mitgedacht werden.[167] Darüber hinaus hebt sich sein Konzept von denen anderer dadurch ab, dass er konkrete und realisierbare Schritte zur Änderung der Wirtschafts- und Gesellschaftsordnung beschreibt, die allen Beteiligten ein besseres Leben ermöglichen sollen. Dank dieses lösungsperspektivischen Realismus gilt für Rüstow nicht das Urteil, welches Münkler generell über die Sozialromantik fällt: „Das ist das Problem der Sozialromantik: Sie vermag zwar eine Vision zu entwickeln, indem sie der von Verwerfungen gezeichneten Gegenwart die Vorstellung einer ‚heilen Welt' gegenüberstellt, aber sie tut sich schwer damit, Wege aufzuzeigen, auf denen man aus der Gegenwart in diese ‚heile Welt' gelangen kann."[168]

Gegenstand weiterer Ablehnung der Konzeptionen von Rüstow und in Teilen ebenso derjenigen der Ordoliberalen ist zweitens die normative Fundierung und die Rolle des Staates.[169] Wie gezeigt wurde, deduziert Rüstow Bestandteile der Vitalpolitik

---

165 So die Kritik von Lorch (2014), S. 69 ff. Und tatsächlich bedauert Rüstow (1961b), S. 15 f. z. B. den Wandel der sozialen Strukturen: „In den Zwanzigerjahren, in den sogenannten goldenen Zwanzigern – wobei man nur sagen kann, es ist nicht alles Gold, was glänzt – wurde die Familie von den Leuten, die sich vornan dünkten, als etwas Überholtes angesehen, ein letzter Rest des Mittelalters, der im Verschwinden begriffen war. Diese Leute taten auch ihr Möglichstes dazu, um ihm zum Verschwinden zu bringen. Heute ist die Lage völlig anders." Ebenso kritisiert Rüstow (1957), S. 52 den technischen Fortschritt: „Der ‚technische Fortschritt' wird Trumpf, nicht Mittel mehr, sondern Selbstzweck. Die Maschine ist nicht mehr Helferin, sondern Beherrscherin des Menschen. Der eiserne Sklave beherrscht seinen Herrn."

166 Dazu Starbatty (1967), S. 41.

167 So schätzt z. B. Starbatty (2007), S. 420, Herv. i. O. Rüstows Ansatz zeitgebunden ein: „Der Leser spürt, dass dieses Programm [das Rüstow 1949 in der Monografie „Zwischen Kapitalismus und Kommunismus" beschrieb, J. D.] unmittelbar nach Kriegsende verfasst wurde, als die Kriegszerstörungen Deutschland wie eine tabula rasa aussehen ließen, auf die ein ordnungspolitischer Entwurf, der auf die verfassungsmäßige Gleichheit von Vermögen und Bildung ausgerichtet sei, gezeichnet werden könnte."

168 Münkler (2012), S. 20.

169 Dazu Ptak (2004), S. 42 f.; Starbatty (2002), S. 258; Ptak (2000), S. 202.

aus seinem Menschenbild und den dem Menschen angeborenen Bedürfnissen.[170] Die Herstellung der idealen Gesellschaftsordnung impliziert entsprechende staatliche Ordnungsaufgaben, die auch interventionistische Maßnahmen mit einschließen. Diese Legitimierung der Staatstätigkeit ist angreifbar, da sie Rüstow sowohl naturrechtlich herleitet als auch seiner Überlagerungssoziologie entnimmt, bei der dem Staat die zwangsläufige Funktion als Durchführungsinstanz der Ordnung zufällt.[171] Eine solche Begründung staatlicher Tätigkeit ist zeitgebunden und deshalb ist zu fragen, inwiefern sie für die gegenwärtige Zeit noch tragfähig erscheint. Neben diesem Kritikpunkt, dem sich im folgenden Kapitel ausführlich zugewendet wird, wird Rüstow und auch den Ordoliberalen vorgehalten, ein autoritäres Staatverständnis zu besitzen. So wird der von Rüstow eingeforderte starke Staat oft im Sinne einer Staatsallmacht verstanden.[172] Der Vorwurf eines Staatsautoritarismus ist allerdings wenig stichhaltig. Vielmehr soll laut Rüstow ein neutraler, starker Staat, der über den Partikularinteressen steht, die gewünschte Ordnung umsetzen und als deren dauerhafter Garant auftreten. Damit ist der starke Staat ein starker Rechtsstaat, der weder zu einer einseitigen Parteinahme neigt, noch die Freiheit der Bürger besonders in ökonomischer Hinsicht in Übermaßen einschränkt.[173] Ein berechtigter Einwand ist hingegen, dass Rüstow offen lässt, wie genau er einen solchen starken Staat realisieren will. Anstatt sich dieser Frage anzunehmen, konzentriert er sich einseitig auf die Bedeutung von Einzelinteressen und privater Macht. Sein Misstrauen gegen Partikularinteressen erinnert an die staatsrechtliche Diskussion um die Rolle von Parteien in der Weimarer Republik.[174] Der daraus entspringende Reflex der Parteienfeindlichkeit war scheinbar nicht ohne

---

170 Kritikwürdig ist die Zuordnung und Sammlung menschlicher Bedürfnisse und somit die darauf basierenden Ziele der gesellschaftlichen Ordnung. Exemplarisch sei Gier genannt: Für Rüstow (1950), S. 187 ist Gier nicht angeboren, sondern Produkt der Jahrhunderte alten Überlagerung und damit gewissermaßen ererbt. „Die nomadischen Überlagerer und Eroberer waren es, die diese Gesinnung des Mehrhabenswollens und der Unersättlichkeit im höchsten Maße besaßen und von ihr getrieben in die Weltgeschichte eintraten. Sie haben sie auf ihre feudalen Nachfahren vererbt, die sie weiter pflegten und betätigten, solange die politischen und sozialen Umstände ihnen das erlauben." Horn kritisiert bei Röpke genau diese Gewissheit „ausbuchstabieren zu können, was ‚menschengerecht' bedeutet, was der ‚vollen Erfüllung seiner Natur' frommt und was hierfür zu tun ist." Horn (2011), S. 9.

171 Seine Haltung gegenüber einer naturrechtlichen Argumentation wird an folgender Aussage deutlich. Rüstow (1952a/1963), S. 353 schreibt: „All dem gegenüber [Tradition, Herrschaftsanspruch der Kirche und absolutistische Willkür, J. D.] wurde nun eine oberste Appellationsinstanz anerkannt, eine Norm jeder Rechtssetzung, grundsätzlich dazu bestimmt, jedwedes wahrhafte Recht gegenüber jedwedem Missbrauch, jedwedem rechtsförmigen Übergriff, zu wahren."

172 Vgl. Lorch (2014); Amemiya (2008); Ptak (2004); Haselbach (1991), S. 41 ff.

173 Schmitt (1932/1995), S. 71 ff. hingegen, mit dem Rüstow in engem Kontakt stand und von dem auch der Begriff des „starken Staates" herrührt, befürwortete einen ausgreifenden Staat. Ähnlich wie auch Müller-Armack (1933), S. 42 f., der den starken Staat eine Zeit lang im Sinne Schmitts auffasste.

174 Vgl. Alemann (2003), S. 9 f.

Einfluss auf Rüstow.[175] Die Abscheu vor den Versuchen, Einzelinteressen in das politische System einzuspeisen, zieht sich durch seine Werke. 1961 beklagt Rüstow die Logik der repräsentativen Demokratie: „Leider werden jedoch – von Erhard selbst nur widerwillig geduldet – aus reinem politischen Utilitarismus, reiner Wahlarithmetik immer wieder Inkonsequenzen begangen. Jedes Mal in der zweiten Hälfte der vierjährigen Periode des Bundestages fängt man damit an, allen möglichen Gruppen Wahlgeschenke zu versprechen und zu geben, und jedes Mal ist das ein flagranter Verstoß gegen die Prinzipien der Sozialen Marktwirtschaft."[176] Hier zeigt sich eine Haltung, die bei Rüstow bereits 1932 nachzuweisen ist: „Es ist ein Zeichen jämmerlicher Schwäche des Staates, einer Schwäche, die sich des vereinten Ansturms der Interessentenhaufen nicht mehr erwehren kann."[177] Und weiter schreibt er: „Das ist eben ein Beweis dafür, dass bei diesen Vorgängen die Regierung, der Staat, gar nicht Subjekt, sondern leidendes Objekt war, und Subjekt vielmehr die Interessenten. Was hier vorliegt, ist, um wieder einen Terminus von Carl Schmitt zu brauchen, ‚Pluralismus', und zwar Pluralismus schlimmster Sorte."[178] Aufgrund dieser engen Perspektive vernachlässigt Rüstow die Bedrohungen, die infolge von Politikversagen eintreten können. Möschel stellt fest, dass „die wichtigsten Gefährdungen freien Wettbewerbs vom Staate" ausgehen und belegt dies an den Beispielen Protektionismus, Industriepolitik und Subventionszahlungen.[179] Die Annahme Rüstows, der Staat könne problemlos als wohlwollender Gewährleister der Gemeinwohlinteressen konstruiert werden, ist spätestens durch die *Public-Choice* Theorie als zu eindimensional widerlegt.[180] Es wirken nicht nur Interessenvertreter auf staatliche Strukturen ein (wie dies Rüstows ausführlich behandelt), sondern die Politiker und die Bürokratie verfolgen durchaus eigene Agenden, die sich nicht zwingend mit den Absichten der Mehrheit decken müssen.[181] Vanberg weist in dem Zusammenhang darauf hin, dass damit eine Frage in den Vordergrund rückt, die im Ordoliberalismus bislang „eher geringere Beachtung gefunden hat, der aber die besondere Aufmerksamkeit der Constitutional Economics gilt, die Frage nämlich, wie die Spielregeln der Politik gestaltet werden müssen, wenn die größtmögliche Chance bestehen soll, dass die konsensfähigen

---

175 Grossekettler (1997), S. 28 schreibt Rüstow und Röpke eine alte „Sehnsucht nach der Trennung von Staat (als auf das langfristige Wohl bedachter und ausgleichender Potenz oberhalb der Partialinteressen) und Gesellschaft (als Ort von Wettbewerb und Interessenkämpfen)" zu. Auch Haselbach (1991), S. 42.

176 Rüstow (1961b), S. 7 f.

177 Rüstow (1932/1963), S. 255.

178 Rüstow (1932/1963), S. 255.

179 Vgl. Möschel (1990), S. 171 f.

180 Bereits Schumpeter (1947/2005), S. 427 ff. skizzierte sie in Ansätzen.

181 Dies zeigt die empirische Studie von Pitschel (2012) für den Bereich der Kohäsionspolitik, indem sie die Präferenzen subnationaler Verwaltungseliten hinsichtlich der Beteiligung von Regionen an europäischen Entscheidungsprozessen untersucht.

konstitutionellen Interessen der Bürger gegen privilegiensuchende Sonderinteressen zur Geltung kommen."[182]

Der Mangel an einer umfassenden polit-ökonomischen Komponente ist ein blinder Fleck des Ordoliberalismus, entwertet ihn jedoch nicht allzu sehr. Denn – davon abgesehen, dass jede Theorie gezwungenermaßen Schwerpunkte setzen und Vereinfachungen vornehmen muss – verfolgt Rüstow das Ziel, die gewollte Gesellschafts- und Wirtschaftsordnung explizit nicht mit einem omnipotenten Leviathan umzusetzen. Menschliche Freiheit war stets eins seiner Leitmotive. Deshalb ist die Kritik der Vernachlässigung von Staatsversagen in dem Maße zu relativieren, in dem Rüstow dem Staat durch Betonung der Selbstverantwortung des Individuums und des Subsidiaritätsprinzip einer Gesellschaft Grenzen setzt. So verfolgte er das Ziel, einen geeigneten subsidiären Rahmen für ein menschengemäßes Leben zu schaffen: „Aber die öffentliche Hand kann hierbei nur günstige, oder auch ungünstige, Bedingungen schaffen. Was der Einzelne, die einzelne Familie, jede Gruppe von Menschen unter diesen Bedingungen aus ihrem Leben machen, das ist je eigene Sache und je eigene Verantwortung gemäß dem Subsidiaritätsprinzip."[183] Ob das Leben „dann tatsächlich sinnerfüllt ist, ist durchaus der Verantwortung des Einzelnen zu überlassen."[184] Weiterhin revidiert Rüstow in gewisser Weise sein Staatsbild im Laufe der Zeit: Er weicht seine anfängliche Haltung einer Staatsverabsolutierung in den 1930er zu Gunsten einer Art Republikanismus auf, bei dem der aktive Staatsbürger gemeinwohlorientiert und ethisch gebunden sei.[185] Rüstow stellt sich vor, mittels einer Bürgergesellschaft und intermediärer Strukturen die Klassen abzuschaffen und das Proletariat gesellschaftlich zu integrieren.[186] Der strukturpolitische Ansatz einer solchen „bürgerlichen Gesellschaft mittlerer Existenzen" steht ganz in der Tradition der Frühliberalen um die Jahrhundertwende 1800 und nimmt dem Kommunitarismus wichtige Elemente vorweg.[187] Die eingeforderte Zivilgesellschaft solle zudem zur Realisierung des Marktrandes beitragen:

> Bei dem kritischen Verhältnis Röpkes, Rüstows und anderer Neoliberaler zu den gesellschaftlichen Auswirkungen der Industrialisierung und des Übergangs zur Konsumgesellschaft erfüllte die Zivilgesellschaft eine moralische Funktion: in erster Linie die Familie, aber auch die Gemeinde hatten die Aufgabe, die Werte einer freien Gesellschaft zu bewahren, die moralischen Normen und die Regeln gesellschaftlichen Umgangs zu pflegen. Mit dieser moralischen Funktion zusammenhängend, befriedigt die Zivilgesellschaft das Bedürfnis der Menschen nach

---

182 Vanberg (2001/2009), S. 729.

183 Rüstow (1960c/1963), S. 313.

184 Goldschmidt (2011), S. 152.

185 Vgl. Krohn (1981), S. 175.

186 Die „kleinen Regelkreise", wie Renner (2002), S. 53 ff., S. 217 ff. diese dezentralisierten (Lebens-) Einheiten nennt, sollten die marktwirtschaftliche Logik mit der eingeforderten Humanität versöhnen und somit den sozialen Zusammenhalt stärken.

187 Dazu Wegmann (2002), S. 190 ff.

> Gemeinschaft, ohne die Privatautonomie und das Privateigentum, auch jenes an der eigenen Person, in irgendeiner Weise einzuschränken.[188]

Insgesamt betrachtet können, trotz einiger Schwachstellen, die Ausführungen Rüstows heute noch Orientierung und nützliche Anknüpfungspunkte bieten. Ein bleibender Verdienst ist, dass er mit der Vitalsituation ein realistischeres Bild der menschlichen Lebenslage zeichnet als das der Altliberalen und dieses nicht auf das Freiheitsideal reduziert, sondern ebenso humanistische Aspekte einbindet:[189] „Ich bejahe die Freiheit und verneine die Herrschaft, ich bejahe die Menschlichkeit und verneine die Barbarei, ich bejahe den Frieden und verneine die Gewalt."[190] Eine wichtige Leistung ist es auch, diesen Idealzustand nicht mittels eines autoritären Staates herstellen zu wollen, sondern mittels einer Gesellschaftsordnung, die die Spannung zwischen den verschiedenen menschlichen Bedürfnissen nach Sicherheit, Solidarität, Religion, Gemeinschaft sowie Freiheit abbaut und eine Brücke zwischen freiheitlichem Marktprinzip und menschengerechten Lebensbedingungen schlägt.[191]

2.3 Relevante Einflüsse auf Rüstow

Ein wesentlicher Zweck der bisherigen Erörterung der Vitalpolitik war es, die notwendigen Kenntnisse zu vermitteln, um die Übertragung auf die Kohäsionspolitik nachvollziehen zu können. Ebenfalls ist es wichtig, das Konzept in seiner Historizität nachzuzeichnen, da der Rückblick hilft, die Hintergründe der Vitalpolitik besser zu verstehen. Durch die Darlegung der relevanten Einflüsse auf Rüstow und auf sein Konzept kann die Originalität seiner Ideen belegt werden. Diese Darstellung erfolgt auf zwei Ebenen: biografisch-dogmenhistorisch sowie wissenschaftstheoretisch.

Selten entwickeln sich Ideen im luftleeren Raum, sie sind eher Ergebnis einer Vielzahl von wechselseitigen Beeinflussungen. Und natürlich ist es ein schwieriges Unterfangen, sämtliche Einflüsse, die ein Leben lang auf eine Person und sein Werk

---

188 Wegmann (2002), S. 231.

189 Symbolhaft als pars pro toto steht dafür die Bedeutung des Gartens, dem im Rahmen des *Urban Gardening* und des *Urban Farming* wieder zunehmend Aufmerksamkeit geschenkt wird. Das Verlangen nach Grün und der Eigenproduktion von Lebensmittel ist scheinbar so stark ausgeprägt, dass die „wiederentdeckten" Gärten sogar in Großstädten auf Häuserdächern Raum finden; vgl. Wirtschaftswoche (2012).

190 Rüstow (1950), S. 18 f.

191 Anders interpretiert Foucault die Ordoliberalen und insbesondere Rüstow: Er wirft ihnen fälschlicherweise ein grenzenloses Vertrauen in die Steuerungsmöglichkeiten des Wettbewerbsprozesses vor. So habe Rüstow mit der Vitalpolitik eine Gesellschaft für den Markt (und zugleich eine Gesellschaft *gegen* den Markt) konzipieren wollen; vgl. Foucault (1979a/2004), S. 210 f.; Foucault (1979b/2004), S. 335. Auch Senellart (2003). Zu einer Darstellung aus ordoliberaler Perspektive: Goldschmidt/Rauchenschwandtner (2007). Speziell zur „Thesis of Ambiguity" von Foucault: Wörsdörfer (2011a).

gewirkt haben können, retrospektiv zu würdigen. Oder wie Rüstow zitiert: „Jedes Buch hat, wie Lichtenberg einmal schreibt, viele Verfasser."[192] Deshalb beschränkt sich folgender Abschnitt auf die Einwirkungen, die Rüstows Werk wohl am eindrücklichsten geprägt haben.[193] Rüstow sah in Denkkollektiven und Denkstilen eine sichtbare Bestätigung der inhaltlichen Richtigkeit wissenschaftlicher Tätigkeit.[194] Auch kann hier wieder der hohe Stellenwert der Gemeinschaft für Rüstow beobachtet werden. So schreibt er:

> In dieser Tatsache [der Denkkollektive, J. D.] hat man in Perioden des Persönlichkeitskultes oft etwas Beschämendes gesehen, und sie deshalb nach Möglichkeit verdrängt und versteckt. Für mich ist sie ganz im Gegenteil ein höchst erfreulicher und tröstlicher Beweis für den eminent sozialen, kameradschaftlichen, kommutativen Charakter aller Wissenschaft, für den Glauben an die Gemeinschaft der Denkenden. [...] Diese Gemeinschaft der Denkenden, an die ich glaube und der ich mich tief verpflichtet fühle, findet eine besonders beglückende Bekräftigung in dem Erlebnis der Konvergenz, der oft geradezu verblüffenden Übereinstimmung mit Anderen, die von ganz anderen Ausgangspunkten aus und auf ganz verschiedenen Wegen zu genau dem gleichen Ergebnis kamen.[195]

In bisherigen Biografien, Werkszusammenstellungen und sonstigen Auseinandersetzungen mit Rüstow wurden diese Verbindungslinien bislang kaum nachgezeichnet.[196]

In der Gesamtbetrachtung ist es sinnvoll, das Rüstow'sche Lebenswerk in zwei zeitliche Phasen zu unterteilen. Während der ersten Phase, die sein Wirken vor der Emigration 1933 umfasst, beschränkt sich Rüstow zum größten Teil auf den ökonomischen Aspekt der Ordnung und behandelt Fragen der Leistungsgerechtigkeit und der Machtkonzentration. Erst in der zweiten Phase, die mit der Publikation des ersten Teils der „Ortsbestimmung der Gegenwart" 1950 einen Höhepunkt erreichte[197] und die produktivste publizistische Zeit seines Wirkens darstellte,[198] erweitert er seine

192 Rüstow (1950), S. 12 f.

193 Daneben sind zahlreiche andere Einflüsse auszumachen, die indirekt Auswirkungen auf Rüstow hatten. Z. B. ist Alfred Marshall mit der „Study of Man" und seiner Schilderung der Arbeitsbedingungen des Lohnarbeiters anzuführen, oder die sozialen Bewegungen für eine menschengerechte Raumplanung (Gartenstädte) und Architektur zu nennen.

194 Der Begriff des Denkkollektivs stammt von Fleck (1935/1980).

195 Rüstow (1950), S. 12 f.

196 Vgl. Prollius (2007); Hegner (2000); Meier-Rust (1993); Ebinger (1988); Lenel (1986); Behrendt (1964).

197 Die Zäsur bildete die Zeit des Exils von 1933–1949, in der er aufgrund der Abgeschiedenheit, dem unzureichenden Zugriff auf einschlägige Literatur und besonders der verfügbaren Zeit eine hohe Schreibleistung erbringen und nicht zuletzt deswegen den wesentlichen Teil seiner „Ortsbestimmung der Gegenwart" anfertigen konnte; vgl. Hegner (2000), S. 23f und S. 30; Meier-Rust (1993), S. 59 und S. 77 f.

198 „Zusätzlich zur OdG [Ortsbestimmung der Gegenwart, J. D.] veröffentlichte Rüstow in seinem letzten Lebensjahrzehnt eine große Zahl von Aufsätzen und Artikeln in Zeitschriften und Tageszeitungen – von den rund 214 Publikationen des Gesamtverzeichnisses seiner Schriften entfallen rund 130 auf die Zeit nach 1949". Meier-Rust (1993), S. 49 und S. 84.

Ordnungsvorstellungen um den gesamtgesellschaftlichen Kontext und entwirft das Konzept der Vitalpolitik.[199] Sein Sohn Dankwart Rustow erinnert sich an die Istanbuler Zeit, in der Rüstow ein „Elfenbeinturm-Dasein"[200] führte: „Aber bald begann er, seine ökonomischen Interessen mit dem dauerhafteren Interesse an der Soziologie und der Geistesgeschichte zu verbinden."[201]

In der ersten Schaffensphase ist die Ursache für Rüstows Suche nach einem Dritten Weg zwischen Sozialismus und Kapitalismus zu verorten. Aus dem Ersten Weltkrieg kehrte Rüstow noch als „radikaler Sozialist und Marxist" zurück.[202] Es drängte ihn zur Mitarbeit an der politischen und wirtschaftlichen Neuordnung nach dem Krieg, einer Zeit, die „geprägt [war] von einem Pluralismus theoretischer und methodischer Ansätze" in der Sozialwissenschaft.[203] Und so fand sich Rüstow ab etwa 1920 im Kairos-Kreis wieder, einem Diskussionskreis in Berlin mit dem linken Flügel der deutschen Nationalökonomie wie Gerhard Colm (1897–1968), Adolf Löwe (1893–1995) und Eduard Heimann (1889–1967), der mit den „Blätter[n] für religiösen Sozialismus" sein eigenes Sprachrohr hatte.[204] Während seiner Tätigkeit im Reichswirtschaftsministerium vollzog sich jedoch ein Bewusstseinswandel und mit dem beruflichen Wechsel[205] 1924 in den Verein der deutschen Maschinenbauanstalten (VDMA), der v. a. mittelständische und exportorientierte Unternehmen[206] versammelte, wandte er sich schließlich endgültig vom doktrinären Sozialismus

199 So stellt Behrendt (1964), S. 189 fest: „Vor dem Ausbruch des Dritten Reiches, das der Soziologie im nationalsozialistischen Machtbereich vorübergehend das Lebenslicht ausblies, hatte er [Rüstow, J. D.] sich als Soziologe überhaupt noch nicht betätigt."

200 Neumark (1980), S. 76.

201 Rüstow (1981), S. 372.

202 So er selbst in: Rüstow (1957), Anmerkung 64 S. 647. Staudinger (1982), S. 19, der zwischen 1919 und 1927 als Referent im Reichswirtschaftsministerium tätig war, schreibt in seinen Memoiren: „Der Personalreferent, Regierungsrat Nehring, berichtete über einen wirklichen Kommunisten, den Alexander Rüstow, der unter keinen Umständen in das Reichswirtschaftsministerium eingestellt werden dürfe." Für diesen Hinweis bin ich dem dogmenhistorischen Doktorandenseminar in Erfurt von 2012 dankbar. Auch Krohn (1981), S. 133.

203 Wörsdörfer (2011b), S. 16. Auch Staudinger (1982), S. 22.

204 Vgl. Rüstow (1981), S. 370. In den „Blätter[n] für religiösen Sozialismus" und in den „Sozialistische[n] Monatshefte[n]" publizierte Rüstow mehrfach und zeugt damit von einer intensiven Beschäftigung mit dem sozialistischen Gedankengut.

205 Die Begründung des Wechsels sind widersprüchlich: Einerseits wird von einer Kündigung Rüstows berichtet, vgl. Ebinger (1988), S. 45, andererseits auch von einer betriebsbedingten Entlassung, vgl. Eisermann (1968), S. 98, Meier-Rust (1993), S. 30. Für die Version des ehemaligen Rüstow-Assistenten Eisermann spricht die seitdem 1.5.1924 gültige Organisationsreform, bei der der Finanznot des Reiches Rechnung getragen wurde, vgl. Hubatsch (1978), S. 34. Staudinger (1982), S. 35 spricht von einer Verkleinerung im Zuge des Abbaus der Kriegswirtschaft. Maier-Rigaud/Maier-Rigaud (2009), S. 79 sehen bei der Entlassung hingegen einen Zusammenhang mit seiner intern vehement vertretenen Ansicht über von ihm als unzulänglich empfundene Kartellverordnung von 1923.

206 Näheres bei Feldman (1984), S. 152 ff.

ab.[207] Diese Neuorientierung „lässt sich in einem über Jahre andauernden, lebhaften Disput verfolgen".[208] Ein wesentlicher Grund dafür war wohl der Gegensatz der Marx'schen Klassenkampfideologie und dem Ideal einer vollkommenen Gemeinschaft.[209] Rüstows jüngerer Bruder Hanns-Joachim und seit 1919 Student der Nationalökonomie, mit dem er in den prägenden Nachkriegsjahren eine enge Beziehung unterhielt,[210] erinnert sich:

> Unsere gemeinsame Begeisterung für den Sozialismus schlug bald um in entschiedene Ablehnung. Wir erkannten, dass die Behauptung, eine nicht zentral gelenkte Wirtschaft verlaufe anarchisch, ganz und gar nicht stimmte; dass der Marktmechanismus der Privatwirtschaft die Produktion weit besser dem Bedarf des Menschen anpassen und seine ausreichende Versorgung sicherstellen könne als eine staatliche Planwirtschaft. Vor allem aber waren wir überzeugt, dass die Enteignung aller Produktionsmittel zwangsläufig zur völligen Aufgabe der Freiheit des Menschen führen müsse.[211]

An dieser Beschreibung wird offenkundig, dass Rüstow die Freiheit des Menschen gefährdet sah. „So liberal, weltoffen, großzügig und undogmatisch Alexander Rüstow als Forscher und Lehrer war, so kompromisslos war er in seiner unbedingten Ablehnung des Totalitarismus faschistischer oder bolschewistischer Prägung."[212] Von der Zeit, in der Rüstow der sozialistischen Idee nahestand, blieben jedoch sowohl die Kritik am Altliberalismus als auch sein Anliegen, sich für sozial Schwächere einzusetzen, bestehen:[213] „Was ich angesichts des heutigen Zustandes des Kapitalismus will, ist zweierlei: 1. Bekämpfung des Feudalismus in allen seinen Formen und Folgeerscheinungen, wozu ich natürlich vor allem auch die Monopole rechne. [...] 2. Sozialpolitik innerhalb der Möglichkeitsgrenzen der kapitalistischen Marktwirtschaft und bis zur äußersten Ausnutzung dieser Grenze, aber zugleich auch unter ihrer strikten Wahrung."[214]

Er strebt eine „Erneuerung des Liberalismus von Grund auf" an, um allen „berechtigten Einwänden und Forderungen des Sozialismus voll Rechnung" zu tragen.[215] Ein

---

207 An vielen Stellen der „Ortsbestimmung der Gegenwart" flechtet Rüstow autobiografische Anmerkungen ein, so auch folgende: „Man wird es hoffentlich der Darstellung anmerken, dass der Verfasser selbst einmal im Bann dieser Heilslehre stand, und dass es ihm nicht leicht gefallen ist, diesen Bann zu brechen." Rüstow (1957), Anmerkung 66 S. 648. Und Krohn (1981), S. 133 und S. 137.

208 Meier-Rust (1993), S. 31. Auch Nicholls (2000), S. 41.

209 Vgl. Meier-Rust (1993), S. 34.

210 Er folgte dem Werdegang seines Bruders und arbeitete seit 1926 im Reichswirtschaftsministerium; vgl. Johnson (1989), S. 45; Rüstow (1978), S. 43.

211 Rüstow (1987), S. 101.

212 Molt (1987), S. 114.

213 So ergeben sich zwischen Rüstows Kritik am klassischen Liberalismus und der Theorie des staatsmonopolitischen Kapitalismus, vgl. Hilferding (1910/1968), S. 405 ff., stellenweise Parallelen, wie z. B. die Feststellung einer zunehmenden Konzentration hin zur Monopolisierung und dem Versuch von Großunternehmen Einfluss auf das politische System zu nehmen.

214 In einem Brief an Löwe am 23.9.1929; zitiert nach Meier-Rust (1993), S. 37.

215 Vgl. Rüstow (1949), S. 34.

entscheidender Impuls für einen Dritten Weg dürfte zudem die Bekanntschaft mit dem bereits erwähnten Franz Oppenheimer gewesen sein, dessen Seminare Rüstow in Berlin besuchte. Oppenheimer suchte mit dem liberalen Sozialismus eine Alternative zwischen einem kapitalistischen System (deren soziale Missstände er als Arzt in den Berliner Arbeitersiedlungen kennengelernt hatte) und dem totalitären Sozialismus. Zentrales Merkmal des liberalen Sozialismus solle die Beseitigung des Bodenmonopols („Bodensperre") – wie auch jeder anderen Art von Monopolen und Oligopolen – sein, damit die Arbeiter eine Alternative zur Beschäftigung in der Industrie hätten und somit die Großstädte zugunsten des Landes verlassen können.[216] Die von Oppenheimer skizzierte Lösung der forcierten Vermögenbildung, um den Arbeiter weniger abhängig vom Einkommenserwerb zu machen, ist auch Teil der Rüstow'schen Vitalpolitik. Interessanterweise vertauscht Rüstow gewissermaßen mit dem Ausdruck des Sozialliberalismus die Begriffsbestandteile des Oppenheimer'schen liberalen Sozialismus. So Rüstow: „Man könnte unter diesem Gesichtspunkt [der Erneuerung des Liberalismus, J. D.] das, was uns vorschwebt, auch Sozialliberalismus nennen."[217]

Die Schaffensperiode des späten Rüstow kann als soziologische oder geistesgeschichtliche Periode bezeichnet werden und ist der Entstehungskontext des Vitalpolitik-Konzeptes.[218] Der Begriff der Vital*politik* findet sich explizit das erste Mal in dem Vortag „Sozialpolitik oder Vitalpolitik" von 1951.[219] Dort äußert er:

> Und wenn dieser bisher begangene Weg falsch oder, richtiger gesagt, unzulänglich war, wenn er nicht zum Glück geführt und nicht zu einer wirklichen Befriedigung ausgereicht hat, dann ist die Frage, was denn nun positiv als Ergänzung notwendig ist, welche möglichen und zu fördernden Maßnahmen in Betracht kommen, um der üblichen Sozialpolitik diejenige Ergänzungen zu

216 Vgl. Oppenheimer (1924), S. 356, S. 527 ff. Auch Köster (2011), S. 206 ff.; Kalmbach (1996), S. 126 ff.
217 Rüstow (1949), S. 34.
218 Wobei der Begriff des Vitalen und der Vitalität sich häufiger in damaligen Werken findet und so, anders als heutzutage, wohl zum aktiven Wortschatz zählte. Zum Beispiel schreibt Ortega y Gasset (1929/1963), S. 155: „Das vitale Niveau ist im heutigen Europa höher als irgendwann in der menschlichen Vergangenheit; aber es ist zu fürchten, dass es in der Zukunft seinen Stand weder wahren noch steigern, sondern im Gegenteil auf tiefere Zustände zurücksinken wird."
219 Abgedruckt als Rüstow (1951b). Zwar findet sich der Begriff bereits im 3. Band der „Ortsbestimmung der Gegenwart" („Über den Quantitäten stehen die Qualitäten. Daraus ergibt sich die Forderung der Vitalpolitik, einer Politik, die bewusst alles einbezieht, wovon das wirkliche Sichfühlen des Menschen, seine Zufriedenheit und sein Glück, abhängen" Rüstow (1957), S. 520), aber wahrscheinlich hat Rüstow die Textstelle nachträglich kurz vor der Veröffentlichung des Manuskriptes, deren Entstehung auf die Exilzeit datiert werden kann, vgl. Rüstow (1952a/1963), S. 475, eingefügt. An anderer Stelle weist er auf die massive Überarbeitung für den „gegenwartsnahen III." hin, vgl. Rüstow (1957), S. 529. Nach 1951 taucht der Begriff sehr häufig auf, wie bspw.: Rüstow (1957a/1963), S. 181 f.; Rüstow (1953), S. 103; Rüstow (1952b/1963), S. 268 f. Rüstow (1951b), S. 459 bemerkt, dass sein Kollege Bernhard Pfister (der von 1955 bis 1958 Rektor der Hochschule für Politik München war) den Begriff Vitalpolitik unabhängig von ihm selbst „schon seit Jahren in seinen Vorlesungen, und zwar im logischen Gegensatz zu einer ‚Rationalpolitik', die nur die rational erfassbaren und messbaren Faktoren in Betracht zieht" verwendet. Leider lässt sich in den verfügbaren Beiträgen Pfisters der Begriff nicht nachweisen.

geben, die zu einer wirklich befriedigenden Vitalsituation führen, einer Vitalsituation, bei der der Einzelne sich zufrieden und glücklich fühlen kann. Das ist eben das, was ich Vitalpolitik nenne.[220]

Vitalpolitik steht inhaltlich in der Tradition von Ansätzen, die sowohl die materiellen als auch die immateriellen Lebensbedingungen betonen. Hierbei ist das Lebenslagenkonzept von Gerhard Weisser (1898–1989) hervorzuheben.[221] Die Nähe beider Konzepte offenbart folgende Textpassage Weissers: „Als Lebenslage gilt der Spielraum, den die äußeren Umstände dem Menschen für die Erfüllung der Grundanliegen bieten, die ihn bei der Gestaltung seines Lebens leiten oder bei möglichst freier und tiefer Selbstbesinnung und zu konsequentem Verhalten hinreichender Willensstärke leiten würde."[222] Mit Rüstow teilt Weisser die Einsicht, dass das Individuum für ein selbstverantwortliches und gelingendes Leben von gewissen äußeren Bedingungen abhängig ist, die aber nicht von ihm direkt beeinflussbar sind. Weisser, der wie Rüstow Schüler von Leonhard Nelson sowie in der Jugendbewegung aktiv war, hatte den Ausdruck „Lebenslage" 1951 in einer seiner Vorlesungen erstmals erwähnt[223] und orientierte sich zweifellos wiederum an der theoretischen Ausformulierungen von Otto Neurath (1882–1945) und Kurt Grelling (1886–1942).[224] In diesem Zusammenhang prägender als der Mathematiker und Philosoph Grelling kann Neurath eingeschätzt werden, der auch Parallelen zu Rüstow aufweist.[225] Neurath versteht Lebenslage folgendermaßen:

Lebenslage ist der Inbegriff all der Umstände, die verhältnismäßig unmittelbar die Verhaltungsweise eines Menschen, seinen Schmerz, seine Freude bedingen. Wohnung, Nahrung, Kleidung, Gesundheitspflege, Bücher, Theater, freundliche menschliche Umgebung, all das gehört zur Lebenslage, auch die Menge der Malariakeime, die bedrohlich einwirken. Sie ist die Bedingung jenes Verhaltens, das wir als Lebensstimmung kennzeichnen. Wir sprechen von einer schlechteren Lebenslage, wenn die Stimmung eines Menschen durch solche Lebenslage im Allgemeinen herabgedrückt wird.[226]

---

220 Rüstow (1951b), S. 455.

221 Weisser gilt als Begründer der „lebenslagenwissenschaftlichen Sozialpolitikforschung in Deutschland nach 1945". Schulz-Nieswandt (2006), S. 42.

222 Weisser (1978), Fußnote 1 S. 275.

223 Vgl. Leßmann (2005), S. 150.

224 Zu den Einflüssen Grellings auf Weisser: Weisser (1978), Fußnote 1 S. 275 f.

225 Zum Beispiel war Neurath seit 1920 Generalsekretär des Österreichischen Verbandes für Siedlungs- und Kleingartenwesen, der besseren Wohn- und Lebensraum für die Arbeiterklasse anstrebte. Ein Anliegen, das auch Rüstow teilte; vgl. Sandner (2014), S. 165 ff.; Hartmann/Bauer (2002), S. 42 ff.

226 Neurath (1931), S. 125. Neurath (1931), S. 119 unterscheidet: Die Lebens*ordnung* ist die Gesamtheit der tatsächlich ausgeübten Gewohnheiten. Die Lebensordnung basiert und interagiert mit dem Lebens*boden*, der die äußeren Umstände des Menschen beschreibt (Klima, geografische Verhältnisse). Die Lebens*lage* sei die Versorgung der Menschen mit u. a. Wohnung, Nahrung, Kleidung, Gesundheit und Kultur: „[S]o kann man bei gegebenem Lebensboden die Frage stellen, welche Lebenslagenleistung eine Lebensordnung erzeugen kann. Die jeweils erzeugte Lebenslage wird selbst zu einem Stück Lebensboden, mit dem weiterhin gerechnet werden muss. Man kann z. B. zusehen, wie sich die Lebenslagen bestimmter Gruppen unter dem Einfluss einer bestimmten Lebensordnung gestalten."

Neurath betont, dass die Beurteilung wirtschaftlicher Vorgänge anhand ihrer Wirkung auf die Lebenslagen erfolgen und dabei nicht ausschließlich Rentabilität das Kriterium sein soll. Eines seiner Anliegen war die Verbesserung der Lebenslagen aller Bevölkerungsschichten. Darin werden Neuraths aufklärerischer Charakter und sein sozialgerechter Impetus deutlich, die sich auch in seiner Lehrertätigkeit in der Volks- und Arbeiterbildung zeigen.[227] Die Ursprünge dieser Überlegung liegen in Neuraths Konzept der Natural- und Kriegswirtschaft: „Nach Neurath unterscheidet sich ein naturalwirtschaftlicher Wirtschaftsplan von der reinen Marktwirtschaft gerade dadurch, dass ihm eine Beurteilung wirtschaftlicher Prozesse unter dem Gesichtspunkt von deren Wirkungen auf den Wohlstand eines Gesamten zugrunde liegt."[228] Weisser übernimmt also zwar prinzipiell den Begriff von Neurath, sieht die Lebenslage genau wie Grelling allerdings eher als potenzielle denn als eine realisierte Dimension. Zudem leitet Weisser aus dem Konzept (sozial)politische Konsequenzen ab: „Die Verteilungspolitik darf sich also nicht nur auf Bewertung und gegebenenfalls Regelung der Einkommens- und Vermögensverteilung beschränken. Gestützt auf eine ausgebaute Wirtschaftspsychologie und besonders Motivlehren hat sie sich um die *Verteilung der Lebenslagen* schlechthin zu bemühen."[229] Und weiter: „Verteilt wird nicht Geld, *verteilt werden nicht einzelne Güter und Dienste – verteilt werden Lebenslagen mit allen ihren ‚materiellen' und ‚immateriellen' Werten und Unwerten.* Daher sollte der Begriff ‚Lebenslage' zum Zentralbegriff der Verteilungslehre und besonders aller Sozialpolitik werden."[230] Rüstow erwähnt in einer Festschrift für Weisser ohne Umschweife diesen Einfluss: „Die Zufriedenheit, das Sich-Wohlfühlen des Menschen, hängt ohne Zweifel wesentlich von dem ab, was Gerhard Weisser (im Anschluss an Otto Neurath und Kurt Grelling) seine ‚Lebenslage' genannt hat und was ich als seine ‚Vitalsituation' bezeichne (nicht aus Vorliebe für Fremdwörter, sondern weil man zwar ‚Vitalsituation', aber nicht gut ‚Lebenslagenpolitik' sagen kann)."[231] Und Weisser war sich der Wirkung seines Konzepts wohl bewusst: „Bei dem vor Jahrzehnten begonnenen Bemühen darum [die Lebenslage als politisches Richtmaß zu etablieren] steht die Forschung mit sozialistischer Fragestellung nicht allein. Es gibt heute Neuliberale, die sich um Ähnliches bemühen. (Wenn ich unfreundlich wäre, würde ich hier sagen: ‚mit süßsaurer Miene'. Aber warum sollte ich mich nicht lieber über die Tatsachen der Annäherung freuen?)."[232] Trotz dieser direkten Verbindungslinien kopiert Rüstow nicht einfach.[233] Erstens sind seine Schlussfolgerungen aus dem Lebenslagenansatz andere als die von Neurath und Weisser. Während Neurath, der sich – wie erwähnt – dem

227 Vgl. Rauchenschwandtner (2007), S. 168.
228 Nemeth (2005), S. 750.
229 Weisser (1953a/1978), S. 361, Herv. i. O.
230 Weisser (1953b/1978), S. 667, Herv. i. O.
231 Rüstow (1963), S. 275.
232 Weisser (1953b/1978), S. 667 f., Herv. i. O.
233 Dazu ausführlich: Dörr/Goldschmidt (2016).

Thema von der Untersuchung der Kriegswirtschaft nähert, die Lebenslagen technokratisch anhand eines Lebenslagenkatasters verteilen will, stellt Rüstow auf geeignete Rahmenbedingungen ab. Weisser nimmt eine mittlere Position zwischen beiden ein: Er verfolgt eine Umsetzung durch (indirekte) staatliche Planung und ist Verfechter der Lehren von Keynes.[234] Zweitens liegt auch inhaltlich eine Differenzierung vor, da Rüstow sich im Wesentlichen eher mit den tatsächlichen Lebensbedingungen, die gegebenenfalls verbessert werden sollen, als dem von Weisser skizzierten Spielraum beschäftigt.[235] Rüstow selbst hebt den Neuigkeitswert der Vitalpolitik hervor:

> Das entscheidend Wichtige ist mir aber, zu betonen, dass man sich diesen Dingen überhaupt einmal zuwenden muss, dass man sich grundsätzlich überlegen muss, was dabei alles in Frage kommt. Schon die Notwendigkeit, in der ich mich da befand, für diese Dinge einen neuen Terminus, nämlich den der Vitalsituation und der Vitalpolitik zu bilden, ist bezeichnend für die Lage auf diesem Gebiet, dafür, dass man sich erstaunlicherweise um diesen großen Problemkomplex, der für das Schicksal, für das Wohlbefinden jedes Einzelnen so zentral ist, bisher noch gar nicht ausdrücklich gekümmert hat. Woraus doch wohl folgt, dass man dieser Sachlage schleunigst abhelfen sollte.[236]

Der Gedanke, dass der Mensch für sein Lebensglück gewisse Werte wie Gemeinschaft und Freiheit bedarf, begleitete Rüstow sicherlich bereits länger und entstand natürlich nicht plötzlich in der türkischen Abgeschiedenheit.[237] Vielmehr fand diese Idee dort lediglich ihre schriftliche Fixierung.[238] Deswegen kann davon ausgegangen werden, dass sich die Vitalpolitik aus zumindest zwei Quellen speist: Erstens aus dem Lebenslagen-Konzept von Weisser. Zweitens und wichtiger: Aus der Beschäftigung

---

234 Vgl. Nicholls (2000), S. 138 f.

235 So beschäftigt sich Rüstow (1962c/1963), S. 320 bspw. mit der „weiblichen Vitalsituation im Orient". Auch an anderen Stellen wird dies deutlich: „In keiner anderen Hochkultur waren die Unterschiede der Lebenshaltung, der konkreten Vitalsituation, die ja die eigentliche Realität des Lebens ausmacht, so gering, wie im klassischen Griechenland." Rüstow (1952a/1963), S. 104. Auch schreibt er, dass „die gesamte Vitalsituation des arbeitenden Menschen, seine wirkliche, konkrete Lebenslage von früh bis Abend und von Abend bis früh, ins Auge [gefasst werden muss, J. D.], die keineswegs nur von Lohn und Arbeitszeit, sondern von einer Fülle ganz anderer Dinge und Umstände abhängt, wie jeder aus eigener Erfahrung weiß." Rüstow (1953), S. 103 f.

236 Rüstow (1951b), S. 458.

237 „Immer erneut bildete der Begriff der *Gemeinschaft* den eigentlichen Kern seines idealistischen Engagements, an dem Rüstow mit einer ans Religiöse grenzenden Unbeirrbarkeit und Gläubigkeit festhielt und der deshalb auch wissenschaftlicher Kritik letztlich nicht zugänglich war." Meier-Rust (1993), S. 34, Herv. i. O. Ebinger (1988), S. 120 stellt fest, dass bereits in der Zeit vor seiner Emigration Rüstow „erste Aufzeichnungen zu seinem späteren Hauptwerk ‚Ortsbestimmung der Gegenwart' mit dem Untertitel ‚Eine universalgeschichtliche Kulturkritik'" gemacht hatte.

238 Den ersten Teil stellte Rüstow bereits 1937 in einer ersten Fassung fertig; vgl. Rüstow (1981), S. 374. Dazu Rüstow (1952a/1963), S. 475: „Dieser II. Band ist, ebenso wie der I., in der Emigration entstanden; bei meinem Weggang von Istanbul, Mitte 1950, waren alle drei Bände im Manuskript abgeschlossen".

mit den Umständen für ein menschenwürdigen Leben und der sozialen Integration. Rüstow schreibt in der „Ortsbestimmung der Gegenwart“: „Es ist grundlegend wichtig, sich darüber klar zu sein, dass unter den bisher entwickelten und uns heute noch zugänglichen großen menschlichen Lebensformen die bäuerliche die eigentlich menschliche, dem naturhaften Wesen des Menschen gemäße ist.“[239] Rüstow hatte somit eine exakte Vorstellung darüber, welche Lebensbedingungen anzustreben seien. Zur Vorteilhaftigkeit des bäuerlichen Milieus äußert er sich folgendermaßen: „Das Leben und die Lebenslage des Bauern (und des bäuerlichen Handwerkers) ist in sich selber sinnvoll und sozusagen vital autark. Er lebt eingebettet in Familie, Verwandtschaft, Nachbarschaft, in der Natur und den sie beherrschenden Kreislauf der Tages- und Jahreszeiten.“[240] Hier finden die Begriffe Lebenslage, vital, „Vitalität und subjektives Wohlbefinden der Bewohner“[241] sowie Vitalsituation[242] Verwendung, auch wenn sich Rüstow in erster Linie auf individuelle Ebene beschränkt. Ebenso widmet sich Rüstow in dem Beitrag „Das Versagen des Wirtschaftsliberalismus als religionsgeschichtliches Problem“ der Vitalsituation des Menschen:[243] „Der Mensch lebt nicht vom Brot allein. Dabei gilt es zu erkennen, dass auch innerhalb der Wirtschaft selber das unwägbar Vitale und Anthropologische wichtiger ist als das eigentlich Wirtschaftliche, in Mengenzahlen Messbare.“[244] Und weiter: „Die Wirtschaft ist Mittel, die Vitalsituation aber Zweck.“[245]

Die enge Freundschaft zwischen Röpke und Rüstow führte nicht nur im Istanbuler Exil, während außeruniversitärer Zusammenkünfte, sondern auch noch in der Zeit danach als Briefwechsel zu einem regen Gedankenaustausch.[246] Die daraus entspringenden, gemeinsamen Positionen machten sich in den Werken beider Ordoliberaler bemerkbar.[247] Bspw. schreibt Röpke 1942 in der Monografie „Gesellschaftskrisis der Gegenwart“, deren Grundgedanken Röpke laut Matthes Buhbe als auch laut dem Zeitzeugen Fritz Neumark in der Türkei, also in nächster Nähe zu Rüstow entwickelt

239 Rüstow (1950), S. 263.
240 Rüstow (1950), S. 263.
241 Rüstow (1950), S. 265.
242 Vgl. Rüstow (1950), S. 174.
243 Diese 1945 publizierte Monografie basiert auf dem Beitrag für eine, von Röpke vorbereitete Tagung in Genf Anfang September 1939. Der Beitrag erschien 1942 in englischer Übersetzung unter dem Titel „General Sociological Causes of the Economic Desintegration and Possibilities of Reconstruction“ als Appendix zu Röpkes Buch „International Economic Disintegration“.
244 Rüstow (1945/2001), S. 142.
245 Rüstow (1945/2001), S. 143.
246 Vgl. Neumark (1981), S. 454 f., S. 458 f.; Neumark (1980), S. 190 f. Nach der Darstellung von Staudinger (1982), S. 140, wurden Rüstow und Röpke von ihm nach Istanbul vermittelt. Teile des Briefwechsel zwischen beiden ist folgend abgedruckt: Röpke (1976).
247 Rüstow (1950), S. 10 schreibt: „auf der Grundlage uns [Röpke und Rüstow, J. D.] gemeinsamer Überzeugungen und Forschungsergebnisse [...].“ Auch Rüstow (1959); Zweynert (2007a), S. 10.

hat:[248] „Die neue Sicht ergibt sich also hier aus der Erkenntnis, dass die *Arbeiterfrage* eher eine *vitale Frage*, also eine solche der *Gesamtexistenz* und der *gesamten Arbeits- und Lebensbedingungen*, als eine ökonomische Frage im engeren Sinne ist."[249] Und an anderer Stelle: „Nicht minder beklagenswert und verhängnisvoll aber war die Blindheit, ja die Selbstzufriedenheit, mit der man einer industriellen Entwicklung freien Lauf ließ, welche, in souveräner *Missachtung der vitalen Instinkte* des Menschen und seiner elementarsten immateriellen Lebensbedürfnisse, durch die industriell-großstädtischen Arbeits- und Lebensformen zur Denaturierung der Massenexistenz führte."[250]

In Übereinstimmung mit Rüstow strebt er die Überwindung der unterintegrierten Gesellschaft unter Wahrung der menschlichen Freiheit an und erteilt somit eine deutliche Absage an jedwede Form des Sozialismus und der Zentralverwaltungswirtschaft, da diese den Kern des menschlichen Wesens zerstören:[251]

> [E]ine freie, wesentlich auf den Markt, Wettbewerb, Privatinitiative, freier Preisbildung und freier Konsumwahl beruhende Wirtschaftsverfassung ist auf Dauer unmöglich in einer vermassten, kollektivierten, proletarisierten, entwurzelten, vital unbefriedigend und haltlos gewordenen Gesellschaft. Diese freie Marktwirtschaft kann ja in soziologisch-vital-moralischer Hinsicht mit einem Hohlraum verglichen werden, der daher umso stärker Randstützen bedarf, und gerade an der Vermorschung dieser Randstützen ist die liberale Wirtschaft der Vergangenheit mitsamt dem liberalen Gesellschaftssystem zugrunde gegangen.[252]

So ist hinsichtlich der These der wechselseitigen Beeinflussung Johnson zuzustimmen, wenn er schreibt, dass viele von Röpkes Ideen „resurface in Rüstows's *magnum opus*; because the latter took over two decades from conception to publication in full, it is impossible to settle the question of attribution precisely, but it is certain that each man was the most important single influence upon the other and that the four years of their proximity in Istanbul were decisive for both."[253]

Enge Berührungspunkte finden sich ebenfalls zwischen Alexander Rüstow und Alfred Müller-Armack, wie etwa der Befund des Mangels an Integration,[254] die

248 Dazu Buhbe (1997), S. 418; Neumark (1980), S. 74 f. Weitere Angaben zur deutschsprachigen Emigration in der Zeit des Zweiten Weltkrieges: Widmann (1973).

249 Röpke (1942/1948), S. 360, Herv. i. O.

250 Röpke (1942/1948), S. 191, Herv. i. O. In seinem letzten großen Werk bezieht sich Röpke (1958/1961), S. 144 auf den ideellen Austausch mit Rüstow: „Erst dann erkennt man die Aufgabe jener echten Sozialpolitik, die ich vor anderthalb Jahrzehnten in meiner ‚Gesellschaftskrisis der Gegenwart' gefordert hatte und der Alexander Rüstow neuerdings den glücklichen Namen ‚Vitalpolitik' gegeben hat."

251 Vgl. Röpke (1958/1961), S. 116.

252 Röpke (1944/1949), S. 84 f.

253 Johnson (1989), S. 56, Herv. i. O. In anderen Aspekten weist der Beitrag von Johnson allerdings einige Schwächen und Ungenauigkeiten (wie z. B. das falsche Geburtsjahr von Rüstow) auf.

254 Vgl. Müller-Armack (1981). Näher zu den Gemeinsamkeiten und Unterschieden in der sozialen Frage bei Röpke, Rüstow und Müller-Armack: Zweynert (2007a), S. 14 ff.

Forderung nach der Erhaltung von Eigenheimen und Kleinsiedlungen[255] oder die Kritik an immer anonymeren Organisationen, in der der „einzelne seine Persönlichkeit, den menschlich überschaubaren Arbeitskreis und seine Beziehung zu Heimat und Scholle einbüßt".[256] Dennoch hat Müller-Armack, der vor und während des Zweiten Weltkrieges in keinerlei Beziehung zu den Neoliberalen stand und von Sally als der „odd man out in the German neoliberal tradition" bezeichnet wird,[257] einen anderen inhaltlichen Fokus und versteht unter der Sozialen Marktwirtschaft neben den wettbewerbsrechtlichen Erwägungen der Freiburger Schule eine traditionelle Einkommensumverteilungspolitik sowie umfangreiche soziale Sicherungen.[258] Drängendste Aufgabe nach dem Krieg sei die Lösung des Versorgungsproblems, Sicherung von Arbeitsplätzen und der allgemeine Produktivitätsanstieg gewesen. Erst später im Rahmen der „zweiten Phase" der Sozialen Marktwirtschaft macht Müller-Armack eine gewisse „soziale Unruhe" aus und wendet sich „gesellschaftspolitischen Problemen" zu.[259] Er fordert nunmehr eine Gesellschaftspolitik, die mit Rüstows Vitalpolitik sehr verwandt ist, wie Müller-Armack selbst befindet:

> Die hier erhobene Forderung dürfte in etwa dem Wunsche nach einer Vitalpolitik im Sinne von Alexander Rüstow entsprechen, einer Politik, die jenseits des Ökonomischen auf die vitale Einheit des Menschen gerichtet ist. Wir können diese Einheit der menschlichen Umwelt nicht allein in der Familie, in Haus und Garten herstellen. Der Mensch unserer Zeit lebt zwangsläufig in einer viel weiter greifenden Umwelt, aus der seine betriebliche Existenz nicht fortzudenken ist.[260]

Allerdings anders als bei Rüstow und Röpke findet sich bei Müller-Armack deutlich weniger explizit die Rückbindung der (Wirtschafts)Politik an die Marktgesetze herausgestellt.[261]

Zusammenfassend lässt sich festhalten, dass Rüstows Konzeption der Vitalpolitik das Ergebnis eines langen Denkprozesses ist, der durch eine Vielzahl von Einflüssen geformt wurde und dennoch eigene Akzente aufweist. Gerade diese Originalität des Vitalpolitik-Konzepts schafft für eine Untersuchung der Kohäsionspolitik einen neuen Zugangsweg. Ebenfalls ist die Praxistauglichkeit des Ansatzes von hohem Nutzen, die

---

255 Vgl. Müller-Armack (1946/1976), S. 133.
256 Müller-Armack (1948/1976), S. 196.
257 Vgl. Sally (1998), S. 122. Zur neueren Diskussion um Müller-Armack: Plickert (2008), S. 12; Wegmann (2002), S. 65. Es wird auch darauf hingewiesen, dass Müller-Armack – zumindest zunächst – nicht dem „westlichen", modernisierungswilligen Lager angehörte, sondern den „Romantikern", die für Deutschland einen eigenen Entwicklungspfad vorsahen; vgl. Feld/Goldschmidt/Zweynert (2011), S. 9 f.; Zweynert (2008), S. 336 f.; Zweynert (2007a), S. 14 ff.
258 Dazu Müller-Armack (1952/1976), S. 234 ff. Zur Konzeption einer gesteuerten Marktwirtschaft: Müller-Armack (1946/1976), S. 111 ff.
259 Müller-Armack (1960/1976), S. 270 ff.
260 Müller-Armack (1960/1976), S. 280.
261 Dazu Alfred Müller-Armack (1952/1976), S. 234 f.

sich daraus ergibt, dass sich Rüstow auch der konkreten Anwendung der Vitalpolitik widmete. So wendet er sich nach der Publikation des ersten Bandes der „Ortsbestimmung der Gegenwart“ 1950 sowohl auf theoretischer als auch auf praktischer Ebene zunehmend der Umsetzung des Lebenslagen-Konzeptes zu.[262] Hierbei wird Rüstow vermutlich durch Weisser gewissermaßen zu einer Operationalisierung seiner Überlegungen zur Vitalsituation inspiriert. Rüstow stand nach seiner Rückkehr aus dem türkischen Exil 1949 parallel zu seiner Tätigkeit an der Universität Heidelberg (Nachfolger auf dem Lehrstuhl von Alfred Weber) in den Jahren 1955 bis 1962 der „Aktionsgemeinschaft Soziale Marktwirtschaft“ als Vorsitzender vor und versuchte auf diese Weise Einfluss auf die Gesellschaftsordnung der jungen Bundesrepublik Deutschland zu nehmen.[263] Diese wissenschaftliche und politische Tätigkeit beschrieb sein ehemaliger Mitarbeiter Eschenburg treffend: „Rüstow war zu praxisnah, um Dogmatiker zu sein, aber er vertrat seine Prinzipien mit überlegener Argumentation und mit fast missionarischem, doch rational kontrolliertem Eifer.“[264]

2.4 „Liberaler Interventionismus“

Ein wichtiger Baustein Rüstows Vitalpolitik ist sein Verständnis von staatlicher Intervention. Die grundsätzliche Kritik seitens des liberalen und libertären Lagers, dass der „soziologische Liberalismus“ mit Verweis auf überwirtschaftliche Ziele alle denkbaren Staatsinterventionen rechtfertigen könne und somit keine liberale Wirtschaftsordnung mehr konstituiert, ist nachvollziehbar.[265] Wäre dies zutreffend, so ließe sich nun also eine Industriepolitik, die durch Schutz der heimischen Industrien und durch Beihilfen Arbeitsplätze schafft und so letztlich die Vitalsituation des Menschen verbessert, durch die Vitalpolitik legitimieren. Tatsächlich ist die Bestimmung überwirtschaftlicher Ziele zentral, und der Diskurs darüber, was der Marktrand denn alles beinhalten soll, sollte aus ordnungsökonomischer Perspektive gesamtgesellschaftlich geführt werden. Bspw. ließe sich über den Stellenwert des Gartens sicherlich diskutieren, der von Rüstow mit Vehemenz als hoch eingeschätzt wurde: „so spielt darin [der Forderung nach einem menschenwürdigen Leben, J. D.], wie wir sahen, der Garten eine ganz zentrale Rolle. Das ist eine grundlegende, eine weltanschauliche,

---

262 Vgl. Hegner (2000), S. 27.
263 Vgl. Wünsche (2015), S. 74 f.; Hesse (2010), S. 153, S. 172 f. Die enge Verbindung der „Aktionsgemeinschaft Soziale Marktwirtschaft“ (ASM) zur Politik zeigt sich auch darin, dass die ASM zeitweise als „Brigade Erhard“ galt, da ein reger Kontakt zu Erhard bestand; vgl. Menant (2003), S. 233; Haselbach (1991), S. 214.
264 Eschenburg (1977), S. XV.
265 So z. B. Plickert (2008), S. 228: „Übersetzt in konkrete politische Maßnahmen konnte unter dem Rubrum der ‚Vitalpolitik‘ ein schwer begrenzbarer Katalog staatlicher Interventionen und Regulierungen gerechtfertigt werden.“

ja geradezu eine weltpolitische Bedeutung des Gartens."[266] Rüstow selbst bleibt über den genauen Inhalt des Marktrandes eher vage, wie er auch einen geeigneten Mechanismus zu dessen Bestimmung offen lässt. Die Trennlinie zieht er vielmehr auf instrumenteller Ebene: Obgleich der „soziologische Liberalismus" zwar den Markt im Dienste des Menschen sieht, müssen überwirtschaftliche Ziele aber auch immer mit den Marktgesetzen rückgekoppelt werden.[267] Dies sieht auch Röpke so: „Bei jedem Staatseingriff müssen wir uns darüber klar sein, ob er den Grundsätzen unseres marktwirtschaftlichen Systems noch gemäß und von ihm noch verdaut wird, oder ob das nicht der Fall ist."[268] Diese Scheidelinie ist für Rüstow eine ganz entscheidende, denn andernfalls wäre der Weg zu einer staatsgelenkten Marktwirtschaft oder gar einer Zentralverwaltungswirtschaft offen. Wie die vorliegende Arbeit belegt, darf kein Zweifel daran bestehen, dass Rüstow klar für die Ausdifferenzierung und Trennung der Sphären Wirtschaft und Politik eintrat: „Der Vorteil des Marktes besteht gerade darin, dass auf ihm keine Herrschaft ausgeübt wird. Der Markt muss anarchisch sein. Es ist gerade sein Vorteil, dass er anarchisch ist. Und was die ‚ruinöse Konkurrenz' betrifft: eine Konkurrenz, die niemanden ruiniert, ist keine Konkurrenz! Die Konkurrenz hat die Pflicht, schlechte Betriebe zu ruinieren; das ist ihre Aufgabe."[269] Die Skepsis gegenüber Etatismus findet sich bei Rüstow in den Urteilen zu zahlreichen Politikfeldern. Im Bereich der klassischen Sozialpolitik wird dies im Primat der Selbstfürsorge deutlich: „Aus unserer Betrachtungsweise folgt zunächst einmal, dass die noch in erheblichem Umfang unvermeidliche und notwendige Sozialfürsorge nicht die Selbstfürsorge beeinträchtigen darf, dass dieser vielmehr Gelegenheit gegeben, dass ihr der Vortritt gelassen werden muss."[270] Eine wesentliche Begründung der Selbstfürsorge ist für Rüstow, dass er dem Menschen zwar das Bedürfnis nach Sicherheit und damit auch nach einer gewissen sozialen Sicherheit zuschreibe, dem übergeordnet jedoch das Bedürfnis nach Freiheit sei. Aus der Logik heraus, dass „Freiheit ohne Risiko" nicht existiert, schließt er auf die Forderung der Selbstfürsorge.[271] Ebenfalls thematisiert Rüstow die Auswirkungen von Staatstätigkeit in Form hoher Abgaben auf die Einkommen:

> Wenn es so ist, dass die Arbeiter selber die Kosten der Sozialpolitik tragen müssen, dann sieht sich die Sache ganz anders an. Dann kann auch für die Arbeiter die Sozialquote zu hoch werden, und es ist nicht einzusehen, mit welchem Recht man dem Arbeiter einen Teil seiner ehrlich und sauer verdienten Groschen aus der Tasche zieht, um sie sozialen Zwecken zuzuführen, bei denen

---

266 Rüstow (1963), S. 295.
267 Wie bereits erwähnt kritisierte Rüstow (1932/1963) drastisch einen überbordenden Interventionismus.
268 Röpke (1944/1949), S. 78.
269 Rüstow (1962a/1963), S. 48 f.
270 Rüstow (1956a/1963), S. 198.
271 Dazu Rüstow (1949), S. 23.

> gar keine Kontrolle besteht, ob sie sich wirklich auf das notwendige [sic, J. D.] beschränken und ob sie wirklich nur denen zugutekommen, die es dringend notwendig haben.[272]

In gleicher Weise bewertet er die Staatsausgaben allgemein: „Ich muss wiederholen, was ich schon mehrfach vertreten habe, dass dem von Adolph Wagner aufgestellten angeblichen Gesetz der wachsenden Staatsaufgaben und Staatsausgaben ein Gesetz der abnehmenden Staatsaufgaben und Staatsausgaben entgegengestellt werden muss."[273] Weiterhin schreibt er: „Die Staatsausgaben haben bei uns eine Höhe erreicht, der Anteil der öffentlichen Hand an dem Volkseinkommen hat einen derartig beängstigenden Grad erreicht, dass es dringend notwendig ist, sich mit allem Ernst zu überlegen, ob es nicht höchste Zeit wäre, hier eine Umkehr einzuleiten."[274] An anderer Stelle widmet sich Rüstow dem Wohlfahrtsstaat,[275] der Agrarpolitik[276] und der Wettbewerbsneutralität von Steuern,[277] stets mit der Warnung vor überbordender und diskretionärer Staatsintervention verbunden. Die Kritik, dass der Interventionismus die Gefahr birgt, genau in den Zustand zu führen, den Rüstow selbst immer auf das schärfste kritisierte, war den Ordoliberalen in Form der Transformationsthese durchaus gegenwärtig.[278] Aus der Befürchtung heraus, ein „falscher" Interventionismus löse eine nicht endende Dynamik aus und transformiere ein marktwirtschaftliches System schleichend in eine Zentralverwaltungswirtschaft mit immer weiteren (Kompensations-)Eingriffen, wurden strikte Rechtfertigungskriterien für Interventionen aufgestellt.[279] Diese zielen sowohl auf den quantitativen Umfang von Interventionen, also der Dosierung von Interventionen, als auch auf den qualitativen Aspekt von Eingriffen ab.[280] Mit dieser abwägenden Haltung gegenüber Staatseingriffen nehmen Rüstow und Röpke einen Mittelweg zwischen Nachtwächterstaat und Interventionsstaat ein.[281] Dieses bedingte staatliche Eingreifen bezeichnet Rüstow wahlweise

---

272 Rüstow (1959/1963), S. 128 f.

273 Rüstow (1958b/1963), S. 148.

274 Rüstow (1958b/1963), S. 148 f.

275 „Der Name Wohlfahrtsstaat hat aber doch für uns eine ganz bestimmte Bedeutung, nämlich eben die des Versorgungsstaates, und diese Bedeutung ist das Entgegengesetzte dessen, was Wohlfahrt wirklich bedeutet." Rüstow (1957b/1963), S. 164.

276 „Wir sind aber nicht dafür, dass man die Bauern an Subventionen gewöhnt und zu Staatspensionären erzieht." Rüstow (1961/1963), S. 75.

277 Dazu Rüstow (1958b/1963), S. 142 f.

278 So bei Eucken (1952/2008), S. 186 f. Dazu auch Dürr (1954), S. 29 ff.

279 Dazu Giersch/Paqué/Schmieding (1991), S. 27 ff.

280 Rüstow (1945/2001), S. 146 schreibt, dass „Eingriffe sich auf das wirklich unentbehrliche Minimum beschränken, und dass sie nicht entgegen den Marktgesetzen und unter Störung der Marktstruktur [...] erfolgen" sollen. Ebenso fordert Röpke (1942/1948), S. 259, Herv. i. O. „über das bloße Kriterium des Maßes hinauszukommen und die Scheidelinie in der *Qualität* der Intervention selbst zu suchen."

281 Auch bei Heckscher (1932), S.449 findet sich 1932 der Gedanke eines Drittes Weges der Staatsinterventionen, der ihn jedoch nicht ausarbeitet: „Die dritte Alternative wäre gewesen, den Verlauf

als „liberalen Interventionismus"[282] bzw. später auch als „Fortschrittsinterventionismus"[283] und Röpke gibt mit dem Kriterium der Marktkonformität eine praktische Handreichung.[284] Demnach liegt ein konformer Eingriff dann vor, falls von ihm keine Störung des Preissystems ausgeht. Der Preis informiert die Marktteilnehmer über die Knappheit von Gütern.[285] Durch verzerrte Preise wird diese Signalfunktion gestört, die Selbststeuerung des Marktes aufgehoben und es kann zu Fehlallokationen von Waren und Dienstleistungen kommen. In einem solchen Fall liegt ein illegitimer Eingriff vor. Röpke mahnt an, „dass der Mechanismus der Preisbildung ein wesentliches Stück des Gesamtmechanismus unseres Wirtschaftssystems ist und dass man es nicht herausbrechen kann, ohne schließlich auf eine Bahn gedrängt zu werden, die im reinen Kollektivismus endet."[286] Zwar betont Eucken ebenso, dass die Frage „[s]oll der Staat wenig oder viel tun" falsch gestellt sei und es sich vielmehr um ein „qualitatives Problem" handele, aber er will Interventionen auf den Bereich der Rahmenpolitik beschränkt wissen.[287] Während Röpke als auch Rüstow darüber hinaus durchaus auch Marktpolitik gutheißen und in erster Linie das Kriterium der Konformität als Prüfstein sehen (dazu die grafische Gegenüberstellung der Interventionskonzepte in Abb. 2.1). Röpke weicht dabei terminologisch von Rüstow ab, der jedoch später auf die Linie Röpkes einschwenkt:[288] „Er [der Ausdruck ‚liberaler Interventionismus', J. D.] wird hier in einer etwas engeren Bedeutung gebraucht, indem wir die Rahmenpolitik als eine selbstständige Gruppe auffassen und, zwischen der Rahmenpolitik und der Marktpolitik unterscheidend, nur die letzte als liberalen Interventionismus bezeichnen."[289] Am Beispiel staatlicher Beihilfen erklärt Rüstow sein Konzept der „fortschrittlichen" Intervention.[290] So sollen statt marktverzerrende Erhaltungssubventionen zu zahlen, vielmehr Anpassungssubventionen dabei helfen, Härten abzufedern und den notwendigen Strukturwandel zu ermöglichen: „Das wäre ein Eingreifen in genau der entgegengesetzten Richtung, als in der bisher eingegriffen worden ist, nämlich nicht

---

der Ereignisse weder aufzuhalten, noch ihn unreguliert zu lassen, sondern ihn in geordnete Bahnen zu lenken – dieser Ausweg wurde niemals versucht. Unzählige Vorwürfe sind deswegen gegen die Staatsmänner Englands am Beginn des 19. Jahrhunderts gerichtet worden."

282 Erstmals von Rüstow (1932/1963) auf der Tagung des Vereins für Sozialpolitik im Herbst 1932 vorgetragen.

283 Vgl. Rüstow (1956b/1963), S. 208.

284 Vgl. Röpke (1942/1948), S. 259, Herv. i. O.

285 In der Systemtheorie von Luhmann (1994), S. 14 f., S. 230 ff. ist Geld das Kommunikationsmedium und Preise sind Informationen für Kommunikationsprozesse im Teilsystem der Wirtschaft.

286 Röpke (1942/1948), S. 261.

287 Vgl. Eucken (1950/1951), S. 71 f.

288 „Ich akzeptiere die präzisierende Verengung des Begriffs ‚liberaler Interventionismus' auf Maßnahmen nicht der Rahmenpolitik, sondern nur der Marktpolitik, die Röpke vorgenommen hat". Rüstow (1945/2001), Fußnote 2 S. 147.

289 Röpke (1944/1949), Anmerkung 16 S. 97.

290 Dazu Rüstow (1956/1963), S. 208.

entgegen den Marktgesetzen, sondern in Richtung der Marktgesetze, nicht zur Aufrechterhaltung des alten, sondern zur Herbeiführung des neuen Zustandes, nicht zur Verzögerung, sondern zur Beschleunigung des natürlichen Ablaufs. Also sozusagen ein liberaler Interventionismus nach dem Motto: fata volentem ducunt, nolentem trahunt."[291]

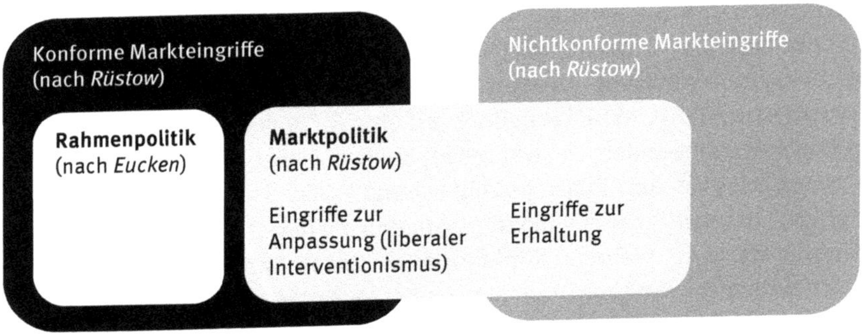

Abb. 2.1: Schnittmengen der unterschiedlichen Interventions-Klassifikationen (Quelle: Eigene Darstellung).

Natürlich lässt sich hier, wie im Falle jeglichen staatlichen Handelns, das Problem des mangelnden Wissens anführen.[292] Staatstätigkeit setze ein umfangreiches Wissen über die Präferenzen der Bürger, über die Wirkungsweise und Konsequenzen der Eingriffsinstrumente und generell über die Entwicklung von Marktprozessen voraus.[293] Der „liberale Interventionismus" ruft entsprechend starke Kritik hervor: Während die Ordoliberalen und insbesondere Rüstow von den einen als zu interventionsfreudig eingeschätzt werden, werden sie von anderen aus gegensätzlichen Gründen angefeindet. Die Kritik zu starker Intervention kann dahingehend entkräftet werden, dass zwar Rüstow Staatseingriffe für notwendig erachtet,[294] zugleich aber klar und unmissverständlich Grenzen der Intervention aufzuzeigen versucht. Außerdem, und dies wird im folgenden Abschnitt ausführlicher erörtert, bildet die Selbstfürsorge, die subsidiären Problemlösungen den Vorzug gibt, ein zentrales Element in Rüstows Konzept.

---

291 Rüstow (1932/1963), S. 252 f.

292 Haselbach (1991), S. 45 kritisiert Rüstow genau in diesem Punkt scharf: „weiß er [der Staat, J. D.] den ‚neuen Zustand' und den ‚natürlichen Ablauf' der Wirtschaft, so fragt sich, warum er dann nicht gleich auf den Markt verzichtet und die wirtschaftliche Entwicklung nach diesen Vorgaben planvoll steuert."

293 Hayek (1969), S. 255 hält eine solche Omniszienz schlicht für unmöglich, da erst das Marktgeschehen dynamisch Informationen aufdeckt und „die Ergebnisse eines Entdeckungsverfahrens notwendig unvoraussagbar" sind.

294 „Im Gegensatz zu dem manchesterlichen laissez faire der Paläoliberalen wollen wir ja auch intervenieren." Rüstow (1956/1963), S. 208.

Und falls eine vollständige staatliche Abstinenz sowieso als Utopie abgetan werden kann,[295] dann haben Rüstows und Röpkes Eingriffskriterien den Verdienst, die Gefahr der Interventionsspirale vergegenwärtigt zu haben und die strikte, dogmatische, aber unterkomplexe Dualität seitens Mises aufzulösen.[296] Hinsichtlich der europäischen Kohäsionspolitik leistet das Interventionsraster einen wichtigen Beitrag, da – falls man der Einsicht in die Notwendigkeit einer solchen Politik folgt – es sinnvoll erscheint, sich grundlegende Gedanken über die Art und Weise der Interventionen zu machen und dazu ein kohärentes Gesamtkonzept zu entwickeln, anstelle punktuelle Eingriffe vorzunehmen. Mises kann dahingehend wenig Hilfestellung bieten, denn er trifft keine Unterscheidung zwischen Interventionsarten. *Jegliche* Form von Interventionismus – wobei er interessanterweise die Eingriffe „zum Zwecke der Aufrechterhaltung und Sicherung des Sondereigentums an den Produktionsmitteln"[297] ausnimmt – löse eine Systemdynamik aus und führe in einen Niedergang des Kapitalismus. Alleinige Alternative sei die „nicht gebundene" Wirtschaft, also der interventionsfreie Kapitalismus.[298] Darüber hinaus gilt gemäß Mises, dass je mehr sich der Staat darauf beschränkt, Bedingungen zu schaffen und den Einzelnen Gestaltungsspielraum zu überlassen, desto geringer ist auch die Gefahr, dass der Staat – in der von Rüstow zugebilligten Rolle – sich in einen allmächtigen verwandelt, und desto geringer die Auswirkungen auf das Marktgeschehen, die ein erfolgreiches Kapern des Staates durch Interessengruppen verursacht. Auch die entgegensetzte Kritik, dass nämlich die Interventionen nicht weit genug gehen, ist zu relativieren. Dörge kritisiert die Dichotomie von Röpke als zu eng: „In seinem Bestreben, einen festen Damm als absolute Grenze gegenüber allen nichtkonformen Staatseingriffen zu errichten, will er keine Ausnahmen und Differenzierungen mehr gelten lassen."[299] Ulrich wirft den Ordoliberalen und Rüstow vor, dass sie das Ziel von Eingriffen hierarchisch nicht den Instrumenten überordnen. Er bemängelt ein fehlendes Primat der Vital- vor der Wettbewerbspolitik und die fehlende Nachrangigkeit des Ordnungskriteriums der Marktkonformität gegenüber der „Vitalkonformität".[300] Mit diesem „vitalpolitischen Sündenfall" finde unbemerkt wieder eine Ökonomisierung statt:[301] „So verpassen die Ordoliberalen die Chance, die von ihnen (wie von den heutigen Neoliberalen) eingeforderte *Wettbewerbspolitik* konsequent als *systematisch nachranging* gegenüber der

295 Bspw. im Falle der Sicherung der Vertragsfreiheit. Eucken (1952/2008), S. 26 f. fragt deshalb rhetorisch, wie man im Falle des laissez faire-Liberalismus überhaupt von einer „staatsfreie[n]" Wirtschaft sprechen kann.

296 Vgl. Mises (1929/1976), S.4 f., S. 53 f.

297 Mises (1929/1976), S. 3.

298 Vgl. Mises (1932), S. 26 ff.

299 Dörge (1953), S. 727. Auch wenn Dörge behauptet, dass Röpke später seine Konformitätshypothese aufgeweicht habe. Ptak (2000). S. 208 kritisiert hingegen die fehlende Trennschärfe des Begriffspaares konform und nicht konform.

300 Dazu Ulrich (1997/2007).

301 Vgl. Ulrich (2009); Ulrich (1997/2007), S. 348 ff. Auch Klump/Wörsdörfer (2009).

von ihnen (im markanten Unterschied zu den heutigen marktradikalen Neoliberalen) ebenso dezidiert postulierten Gesellschafts- oder ,*Vitalpolitik*' zu bestimmen."[302] Zwar ist nach Rüstow der Markt tatsächlich Mittel zum Zweck und der Marktrand Inbegriff der dienenden Funktion der Wirtschaft, jedoch erkennt er in marktwirtschaftlichen Prinzipien das beste Mittel zur Zielerreichung. Insofern ist es schlüssig, dass aus Rüstows Sicht die Instrumente auf ihre Marktkonformität überprüft werden, damit sie nicht gewissermaßen durch die Hintertür zu sozialistischen Mitteln werden und die menschliche Freiheit und die Selbstverantwortung unterlaufen. Rüstow formuliert seine Sorge folgendermaßen: „Es folgt daraus [die Wirtschaft solle überwirtschaftliche Ziele realisieren, J. D.] vor allem, dass die Wirtschaft ihrerseits nicht Formen annehmen darf, die mit jenen überwirtschaftlichen Werten unvereinbar sind. Darauf beruht ganz wesentlich unser Widerspruch gegen die Planwirtschaft."[303] An diesem Zitat wird deutlich, dass Instrumente selbst einen überwirtschaftlichen Beitrag leisten und Werte des Marktrandes sind. Ulrich unterliegt hingegen dem instrumentalistischen Trugschluss, nachdem Mittel wertfrei seien. Seine Gegenvorschläge drohen der Beliebigkeit den Weg zu bereiten. Weiterhin kann Ulrichs Kritik, dass bei Rüstow unklar bleibe, ob er die Marktkonformität höher als jedes überwirtschaftliche Ziel ansiedelt, nicht geteilt werden. Die Frage der finalen Vorrangigkeit wird von Rüstow beantwortet: „Wir sind im Gegenteil der Meinung, dass die Wirtschaft in allen Punkten und durchweg in den Dienst überwirtschaftlicher Werte gestellt werden muss, und dass im Konfliktfall diese überwirtschaftlichen Werte den Vorrang verdienen."[304] Allerdings ist diese simplifizierende Denkweise einer Dichotomisierung (entweder Wettbewerbs- oder Vitalpolitik) in der Art von Ulrich nie im Sinne Rüstows gewesen. Wichtig ist vielmehr eine Gesamtbetrachtung der Kombinationen von Mitteln und Zielen, wie es Rüstow etwa mit dem Befähigungsansatz verfolgt. Die finale Vorrangigkeit stellt in diesem Hinblick lediglich die *Ultima ratio* für den Ausnahmefall dar, wenn keine marktkonformen Steuerungsinstrumente zur Verfügung stehen und der Marktrand mit marktunkonformen Mitteln verwirklicht wird.

2.5 Vitalpolitik als Ansatz der Befähigung

Wie Frank und Remi Maier-Rigaud befinden und auch der Abschnitt über die Einflüsse auf Rüstow verdeutlicht hat, macht die Vitalpolitik als Perspektive der Lebenslage „Rüstow zu einer zentralen Figur beim möglichen Brückenschlag zwischen traditionellem Ordoliberalismus und sozialpolitischem Lebenslageansatz."[305] Dieser

302 Ulrich (2009), S. 360, Herv. i. O.
303 Rüstow (1960a/1963), S. 78.
304 Rüstow (1960a/1963), S. 87.
305 Maier-Rigaud/Maier-Rigaud (2009), S. 72.

Brückenschlag ist neben der Hervorhebung überwirtschaftlicher Ziele das Alleinstellungsmerkmal des „soziologischen Liberalismus“ Rüstows. Dies gilt insbesondere für die konkrete Ausgestaltung einer Politik, die versucht, das Spannungsverhältnis zwischen Gewährleistung der ökonomischen Freiheit und ökonomischer Effizienz und Umsetzung überwirtschaftlicher Ziele, also der Verbesserung der Vitalsituation bzw. der Lebenslage, aufzulösen. Hier nun wird Rüstows Einschätzung der Funktion von Freiheit evident. Er fasst den Freiheitsbegriff weiter auf als die Altliberalen und auch als manche Neoliberalen:[306] Für Rüstow ist nicht nur negative Freiheit entscheidend, sondern zugleich auch die „Freiheit zu etwas“, die positive Freiheit.[307] Die „Freiheit zu etwas“ erfordert immer gewisse Voraussetzungen, nämlich die materielle wie immaterielle Befähigung, sich der Freiheiten und Rechte bedienen zu können.[308] Rüstow spricht von der juristischen Freiheit, die dem Menschen formal gewisse Rechte gibt, aber nichts über die tatsächlichen Handlungsräume aussagt.[309] Neben den „externen sozialen Beschränkungen“[310] lässt sich in Rüstows Beiträgen die Beschäftigung mit internen Beschränkungen erkennen. Jeder soll seinen „wirklichen Fähigkeiten und Neigungen angemessene Ausbildung“ erhalten.[311] Die Vitalpolitik erhebt die Eröffnung von Lebensperspektiven zu ihrem zentralen Credo und ist damit als positive Deutung von Freiheit zu verstehen. „Die Gesetzgebung, die Wirtschaftsgesetzgebung muss in der Richtung tendieren, einen Ausgleich der Chancen zu geben, eine Gleichheit der Chancen so herzustellen, dass endlich jeder wirklich seines Glückes Schmied ist.“[312] So interpretieren Feld/Goldschmidt/Zweynert die Vitalpolitik „als dem ökonomischen System vorgelagert“.[313]

Als Liberaler sieht Rüstow jedoch Grenzen des Staates. Entscheidender Moment ist das Individuum zur Teilnahme am Marktgeschehen zu befähigen, ohne dabei den Entscheidungsspielraum einzuengen und dadurch Leistungsanreize zu schmälern. Die Bedürfnisbefriedung selbst ist die vorrangige Aufgabe der Marktwirtschaft,

---

306 Die Befürchtung, etwa seitens Plickert (2008), S. 37 f., dass mit dem Rekurs auf die positive Freiheit automatisch eine Interventionsspirale ausgelöst würde, ist zu kurz gegriffen. Denn mit der Wahl der positiven Freiheit ist nicht automatisch ein (sozialistischer) Weg oder ein bestimmtes Ausmaß an Interventionen vorgegeben.

307 Dazu Berlin (1969/1995), S. 201 ff.

308 Eine nach wie vor gültige Diskussion: „An den materiellen Voraussetzungen entscheidet sich für viele, ob formale Freiheiten zu realen Freiheiten werden.“ Baumgartner (2010), S. 110. Für Goldschmidt/Lenger (2011b), S. 296 muss eine gerechte Marktordnung nicht nur privilegienfrei, sondern ebenso diskriminierungsfrei sein.

309 Rüstow (1950), S. 174. Er folgt damit der Kritik der Sozialisten, die von Marx pointiert mit dem Bild des „doppelt freien Lohnarbeiters“ zusammengefasst wurde; vgl. Nutzinger (2002), S. 104.

310 Koller (2002), S. 75 f.

311 Vgl. Rüstow (1958a/1963), S. 112. Auch Rüstow (1949), S. 50 f.

312 Rüstow (1951/1963), S. 246.

313 Feld/Goldschmidt/Zweynert (2011), S. 18.

„[d]enn hier gelingt es nach Rüstow am besten, die individuellen Bedürfnisse der Menschen im Einzelnen zu erkennen und so eine bestmögliche Bedürfnisbefriedigung zu erreichen."[314] Das Individuum soll in seinen Fähigkeiten und Ressourcen gestärkt werden, um eigenverantwortlich sein Leben zu bestreiten und um am Markt teilnehmen zu können, also durchaus eine Blickweise, „in deren Mitte der freie, mündige Bürger steht."[315] Ein Bonmot von Rüstow lautet denn auch: „Brauchst Du eine hilfreiche Hand, so suche sie zunächst am Ende Deines rechten Armes."[316] Jeder soll die Chance bekommen, sich entsprechend seinen Fähigkeiten, Talenten und Möglichkeiten einzubringen. Erst falls es einem Individuum aus unverschuldeten Gründen, wie etwa Krankheit, schlicht unmöglich ist, am Marktprozess teilzunehmen, sollen staatliche Leistungen aus der individuellen Notlagen hinaushelfen.[317] Die Logik individueller Lebensbewältigung in Kombination mit bedarfsgerechter Fremdhilfe ist auch unter dem Prinzip der Subsidiarität bekannt.[318] So Rüstow: „Alle diese Überlegungen [Abhängigkeiten und Unfreiheiten, die durch einen Wohlfahrtsstaat entstehen, J. D.] führen, wenn man sie auf ihre grundsätzliche strukturelle Basis reduziert, auf jenes Prinzip, das, so wichtig und so bejahenswert es ist, leider einen schwer aussprechbaren Namen hat: das sogenannte Subsidiaritätsprinzip."[319] Das Prinzip der Subsidiarität beinhaltet dreierlei: Das Recht zu freiheitlichem Handeln (oder negativ formuliert, ein Abwehrrecht gegen fremde Eingriffe), den Anspruch auf Hilfe der nächsthöheren Ebene, aber auch die Pflicht zur Eigenständigkeit. Damit ist es komplementär zur Vitalpolitik, die jedoch darüber hinaus gehend noch zusätzlich das Element der Befähigung betont.[320]

---

314 Hotze (2008), S. 95.

315 Hegner (2000), S. 93.

316 Zitiert nach: Hegner (2000), S. 2.

317 Hotze (2008) beschreibt Rüstows Ansatz so, dass zuerst einmal der Mensch seine Bedürfnisse eigenständig im Wirtschaftsprozess befriedigen solle und falls dies nicht oder nur teilweise gelinge, solle der Staat für eine Bedürfnisbefriedigung sorgen.

318 Der Begriff hat eine lange ideengeschichtliche Entstehung und fand insbesondere durch die katholische Soziallehre Verbreitung. Die soziale Frage des 19. und 20. Jahrhunderts war die Ursache für verschiedene Enzykliken, besonders *Rerum novarum* (1891), *Quadragesimo anno* (1931) und *Mater et Magistra* (1961). So schreibt z. B. Pius XI. (1931), RZ 79 S. 113 „wie dasjenige, was der Einzelmensch aus eigener Initiative und mit seinen eigenen Kräften leisten kann, ihm nicht entzogen und der Gesellschaftstätigkeit zugewiesen werden darf, so verstößt es gegen die Gerechtigkeit, das, was die kleineren und untergeordneten Gemeinwesen leisten und zum guten Ende führen können, für die weitere und übergeordnete Gemeinschaft in Anspruch zu nehmen; zugleich ist es überaus nachteilig und verwirrt die ganze Gesellschaftsordnung. Jedwede Gesellschaftstätigkeit ist ja ihrem Wesen und Begriff nach subsidiär; sie soll die Glieder des Sozialkörpers unterstützen, darf sie aber niemals zerschlagen oder aufsaugen." Zur weiteren Betrachtung des Subsidiaritätsprinzips etwa: Nell-Breuning (1952). Zur Besprechung von Mater et Magistra durch Röpke: Röpke (1962).

319 Rüstow (1957a/1963), S. 180.

320 Es ist umstritten, inwiefern das Subsidiaritätsprinzip auch eine Pflicht zur Befähigung („subsidiäre Assistenz") beinhaltet; vgl. Hense (2002), S. 414 f.

Voraussetzungen für eine solche, gelungene – modern gesprochen – Inklusion sind vielfältig. Bereits erwähnt wurde die Stellung materieller Bedürfnisse im Rüstow'schen Menschenbild. Einkommen und allgemein Geld stellen ein notwendiges Mittel dar, um das Leben in einer Marktgesellschaft in Würde bestreiten zu können.[321] Die Inklusion in den Markt ist aus diesem Grund auch deshalb wichtig, weil sie gleichbedeutend mit der Inklusion in die Gesellschaft ist.[322] „Darüber hinaus appelliert er [Rüstow, J. D.] immer wieder an das Individuum, das eigene Schicksal selbst in die Hand zu nehmen und im jeweiligen Umfeld mit kleinen, aber selbstverantworteten Schritten, für den Erhalt der persönlichen und damit auch der gesellschaftlichen Freiräume zu arbeiten."[323] Damit wird Alimentation und fremdes Planen durch eine auf die Selbstständigkeit des Individuums zielende Unterstützung ersetzt. Hintergrund des Subsidiaritätsprinzips bei Rüstow ist sein Menschenbild, das den Mensch als geistiges und vernunftbegabtes Wesen sieht.[324] Hotze beschreibt das Menschenbild folgendermaßen: „Bei seinem Verhalten *entscheidet* der Mensch *frei* darüber, wie er sich wann verhalten will und wird dadurch für sein Verhalten auch *selbst verantwortlich*. Freiheit und Eigenverantwortung wird zum grundlegenden Kennzeichen menschlichen Verhaltens."[325] Hierbei kann durchaus auf Eucken und das konstituierende Prinzip der Haftung rekurriert werden: Staatliche Hilfen in jedweder Form sollen das Individuum nicht davon entbinden, die Konsequenzen seines Tuns zu tragen.

Mit der Konzeption der Vitalpolitik wendet sich Rüstow vehement von der herkömmlichen Sozialpolitik ab, die seiner Meinung nach lediglich „Linderungspolitik" ist und das Bemühen um Selbsthilfe untergrabe.[326] Denn werde dem Individuum zu viel von seiner Wahl- und Entscheidungsfreiheit genommen, dann wirke Sozialpolitik letztlich sogar kontraproduktiv, da der Mensch so von staatlicher Alimentation abhängig wird und das Gefühl, ein selbstbestimmtes Leben zu führen, verliere. Ebenso lehnt Rüstow die punktuellen Eingriffe der vorherrschenden Sozialpolitik ab, eine klassische ordoliberale Position. Stattdessen will er Vitalpolitik als geschlossenes Gesamtkonzept verstanden wissen, das die Interdependenzen menschlicher Lebensbedingungen berücksichtigt. Konkreten Ausdruck findet dies in einem „Sozialplan", einer Sozialpolitik aus einem Guss als Gegenentwurf zu dem „Wildwuchs" der deutschen Sozialpolitik.[327] Rüstows verlangt, dass die Forderung „nach einem Sozialplan, nach einer Sozialpolitik, die planmäßig aufgebaut ist, [...] endlich einmal

---

321 Vgl. Goldschmidt (2010a), S. 73.
322 Vgl. Phelps (2007), S. 11 ff.
323 Hegner (2000),S. 85.
324 Vgl. Hotze (2008), S. 46; Hegner (2000), S. 45.
325 Hotze (2008), S. 112, Herv. i. O.
326 Vgl. Rüstow (1956a/1963), S. 192 f.
327 Den Begriff Sozialplan übernimmt er von seinem Kollegen Gerhard Mackenroth (1903–1955); vgl. Rüstow (1959/1963), S. 130 f.

erfüllt und durchgeführt werden" muss.[328] Genau der Forderung nach einer einheitlichen Sozialpolitik wird das Rüstow'sche Lebenslagenkonzept gerecht:

> Seine [Rüstows, J. D.] wertvollste Leistung – abgesehen von der universalgeschichtlichen Spannweite seines Denkens – war vielleicht sein steter Hinweis auf die Notwendigkeit, alle Einzelprobleme im Zusammenhang der „Vitalsituation" zu behandeln, das heißt unter dem Gesichtspunkt der verschiedenartigen und teilweise widersprüchlichen Bedürfnisse menschlicher Wohlfahrt, in der materiellen Zielen nur eine relative Bedeutung zugebilligt werden kann, neben den Erfordernissen der Kontinuität, der physischen und psychischen Gesundheit und der gesellschaftlichen Zugehörigkeit.[329]

Zentrale Elemente der Vitalpolitik sind für Rüstow Bildungspolitik sowie Vermögensbildung,[330] wobei die Forderung „nach gerechter Gleichheit der Bildung vielleicht die wichtigste und überdies die am leichtesten zu erfüllende" sei.[331] Ausgangspunkt seiner Überlegungen ist, dass komplementär zur Leistungsgerechtigkeit, bei der nur tatsächliche Leistung belohnt werden soll, die Erfordernis besteht, dass jedes Individuum für diesen Wettbewerb möglichst gleiche bzw. gerechte Startchancen erhält.[332] Hierdurch sei sogar erst die Funktionsfähigkeit für eine echte Leistungskonkurrenz gegeben, da vererbte Vorteile bestimmten Individuen eine unverschuldet bessere Position einräumen.[333] Damit greift er ein Motiv der Überlagerungssoziologie auf, bei der die Schicht der „Überlagerer" von vorneherein bessere Startbedingungen ererben: „Offenbar entspricht es nicht den Grundsätzen eines fairen, allein auf die Leistung abgestellten Wettbewerbs, wenn in ihm ein Wettbewerber nur dadurch einen wesentlichen und vielleicht uneinholbaren Vorsprung hat, dass er bei der Wahl seiner Eltern die nötige Vorsicht walten ließ und als Sohn eines reichen Vaters startete."[334] Rüstows Konzeption des *Equality of Opportunity*-Ansatzes unterscheidet zwar nicht ausdrücklich zwischen Startgleichheit und Startgerechtigkeit.[335] Es liegt jedoch nahe, es nicht als absolutes Gleichheitspostulat zu verstehen, denn er leugnet keineswegs die Unterschiedlichkeit des Menschen. Er will vielmehr allen Menschen gleichwertige Lebenschancen ermöglichen. Dazu wieder Rüstow: „Ich denke hier z. B. an die in ihrer Berechtigung und Dringlichkeit wohl von niemandem bezweifelte Forderung der Startgerechtigkeit, die jedem einzelnen gleiche Chancen gibt, die seine Entwicklung nur von seinen Fähigkeiten, und zwar nicht nur den intellektuellen, sondern auch den charakterlichen und willensmäßigen Fähigkeiten, abhängig

---

328 Rüstow (1959/1963), S. 130.
329 Behrendt (1964), S. 192.
330 Vgl. Rüstow (1949), S. 49.
331 Rüstow (1949), S. 50.
332 Dazu Barth (2011), S. 13. Zur Unterscheidung gleicher und gerechter Startchancen: Goldschmidt (2010), S. 45 f.
333 Vgl. Hegner (2000), S. 58.
334 Rüstow (1949), S. 49.
335 Vgl. Rüstow (1958a/1963), S. 112.

macht, und nicht dem Zufall des Geldbeutels seiner Eltern überlässt."[336] Selbst wenn Rüstow mit seiner Startgerechtigkeit eine statische, einmalige Verteilung beschrieben hat, so ist jedoch seine weitere Forderung nach Bildungsgerechtigkeit durchaus als Chancengerechtigkeit und somit als dynamisches Konzept zu interpretieren. Er hat sehr umwälzende Vorstellungen über die Realisierung der Startgerechtigkeit, indem er bspw. eine starke progressive Erbschaftssteuer vorschlägt, die allerdings bei den meisten anderen Ordoliberalen auf Ablehnung stieß[337] und „[u]nüberhörbar war dies ein Echo seiner früheren sozialistischen Überzeugungen."[338] Röpke ist hierin anderer Meinung als Rüstow und verwirft die Idee der Startgerechtigkeit als „subtilere und daher besonders verführerische Form" des Gleichheitspostulats mit dem Argument, dass es diese nur geben könne, wenn der Staat die materiellen sowie immateriellen Startbedingungen (die ihm aber entzogen seien) so ausgleiche, dass eine „wirkliche" Gerechtigkeit entstehe.[339] Die starke Erbschaftsbesteuerung, die im Übrigen bereits vor Rüstow von liberalen Intellektuellen thematisiert wurde und seit jeher umstritten war,[340] ist, wie erwähnt, nur vor dem Hintergrund der von ihm vertretenen Überlagerungsthese zu verstehen. Danach sei die „erbliche Startungleichheit" das Resultat der Jahrhunderte alten Unterdrückung der Mehrheit durch eine Minderheit, die sich durch Monopole ihre feudalen Privilegien zu sichern versuche. Die Lösung zur Beseitigung dieser Ungleichheit liege in staatlicher Tätigkeit, wie etwa einer geeigneten Erbrechtsregelung:[341]

> Wie ererbter Reichtum ursprünglich erworben wurde, ist im einzelnen zwar nicht immer festzustellen, selten jedenfalls ohne mehr oder minder starke Beteiligung des „politischen Mittels" (Franz Oppenheimer), und am Ende aller Enden natürlich durch Überlagerung. Omnis dives aut iniquus aut iniqui heres. Trotz aller plutokratischer Interferenzen sind die heutigen Reichen im Ganzen immer noch die Erben der einstigen Eroberer, ihres Besitzes, wie übrigens auch ihrer Gesinnung, und auch die wenigen Selfmademen unter ihnen haben meist aus der gleichen Gesinnung und mit entsprechenden Methoden gearbeitet.[342]

Der hohe Stellenwert von Gerechtigkeit, der sich im Konzept der Vitalpolitik bemerkbar macht, ist aus der Biografie Rüstows zu erklären: Seine persönlichen Erlebnisse in der Weimarer Republik führten ihm die rechtliche Bevorzugung großer Unternehmen zulasten des Mittelstandes vor Augen.[343] Zudem hielt Rüstow die

---

336 Rüstow (1958a/1963), S. 112; dazu auch Preller (1962), S. 220, S. 303.
337 Vgl. Hegner (2000), S. 170.
338 Plickert (2008), S. 226.
339 Dazu Röpke (1958/1961), Anmerkung 6 S. 292 f.
340 „Der vermutlich einflussreichste Befürworter der Begrenzung des Privaterbrechts war John Stuart Mill, der vorschlug, die Vermögensumme, die eine Person erben kann, auf einen Betrag zu begrenzen, der einen bescheidenen Lebensstandard ermöglicht." Beckert (2004), S. 199.
341 Vgl. Rüstow (1950), S. 58 ff.
342 Rüstow (1949), S. 25.
343 Vgl. Hegner (2000), S. 73.

Gerechtigkeitsforderungen des Sozialismus „Jedem das Seine" und nicht „Jedem das Gleiche" prinzipiell für begründet:[344]

> Übrigens bin ich in vielem anderen mit Hayek nicht einverstanden, ganz besonders nicht darin, dass er nicht nur den Weg, den der Sozialismus zur Erreichung seines Zieles einschlägt, negiert, sondern auch das Ziel selbst, während ich das Ziel der sozialen Gerechtigkeit, der lebendigen Beteiligung aller an der Wirtschaft, der Erzeugung eines Wirgefühls innerhalb der Wirtschaft bejahe, wie Sie noch sehen werden, und nur glaube, dass man ganz andere Wege einschlagen muss, um dieses Ziel zu erreichen.[345]

Die Forderung nach Startgleichheit geht mit seinen bereits erläuterten Vorstellungen einer bestimmten gesellschaftlichen Mikrostruktur einher: „Bei Familienbetrieben der Bauernwirtschaft, des Handwerks und des Kleinhandels (und bei gleichbleibender Bevölkerung) ergibt sich die Startgleichheit fast automatisch und bedarf nur geringer gesetzlicher Nachhilfe: Niemand erbt mehr als eine Hufe, einen Betrieb, und dadurch überzählig werdende Betriebe sind an Vermögenslose auszuteilen."[346] In Rüstows Einstellung zur Startgerechtigkeit und zur positiven Freiheit liegt ein wesentlicher Unterschied zu den Positionen anderer Ordoliberaler, die sich auf die Verteilungsgerechtigkeit im Sinne des Leistungsprinzips konzentrierten, die sich im Leistungswettbewerb auch ohne vollkommene Startgleichheit einstelle.[347] So sah die Freiburger Schule eine wettbewerbliche Ordnung deshalb als sozial an, da sie jedem Wirtschaftssubjekt die Möglichkeit biete, sich auf dem Markt zu bewähren.[348] Anders eben als in Gesellschaftsformen, in denen nicht die Leistung über Erfolg entscheidet, sondern Geburtsrechte, persönliche Beziehungen oder Zugang zu Staatsgeldern.

Der Befähigungsgedanke des Lebenslagen-Konzepts bietet sich als ein Ausgangspunkt für die Analyse der europäischen Kohäsionspolitik an, da er helfen kann die Lebensqualität der Bürger zu heben, ohne jedoch die Selbstbestimmung der Mitgliedstaaten einzuschränken.

2.6 Jenseits nationalstaatlicher Gesellschaftspolitik: „Vitalpolitik für Staaten"

In der Gesamtschau und nach kritischer Würdigung von Rüstows Werken ist trotz berechtigter Kritikpunkte dem harten Urteil von Jürgen von Kempski nicht zuzustimmen, dass Rüstow „immer wieder einmal an einen geschichteschreibenden alten

344 Dazu Rüstow (1951/1963), S. 239, S. 246.
345 Rüstow (1951/1963), S. 239.
346 Rüstow (1945/2001), S. 149.
347 Vgl. Goldschmidt/Lenger (2011b); Becker (1965).
348 Dazu Hegner (2000), S. 10.

Achtundvierziger wie Johannes Scherr, an einen Mann mit Idealen, mit Prinzipien und mit einem Hang zum Räsonieren" erinnert.[349] Vielmehr gelang es Rüstow, die Notwendigkeit einer überwirtschaftlichen Verankerung der Wirtschaftsordnung hervorzuheben und den Menschen (wieder) in den Vordergrund zu rücken. Angesichts der derzeitigen Bestrebungen, die Volkswirtschaftliche Gesamtrechnung (VGR) und damit das Bruttoinlandsprodukt (BIP) zu reformieren und neue Indikatoren zur Messung des Wohlstandes eines Volkes zu etablieren, klingt Rüstow keineswegs veraltet.[350] Dem umtriebigen Reformer und Idealisten Rüstow ging es stets darum, nicht nur positiv-erklärend zu arbeiten,[351] sondern auch Lösungswege aufzuzeigen und zu gestalten.[352] Oder wie es Lenel formulierte: „[A]ußergewöhnlich war bei ihm auch die Verbindung des Strebens nach Erkenntnis mit dem von Verantwortungsbewusstsein geleiteten Willen zur Verwirklichung des als richtigen Erkannten beizutragen."[353] Ausgangspunkt hierfür waren die sozioökonomischen Umstände seiner Zeit infolge der Umgestaltung der sozialen Welt durch die Industrielle Revolution. Rüstows Suche nach einer anderen Wirtschafts- und Gesellschaftsordnung war durch seine Kritik am enthemmten Kapitalismus (das „Versagen des Wirtschaftsliberalismus", wie er es formulierte)[354] und den daraus entstehenden unmenschlichen Arbeits- und Lebensbedingungen sowie sein ausgeprägtes Gerechtigkeitsempfinden, welches wiederum durch die Überlagerungssoziologie eine theoretische Fundierung erfuhr, bestimmt. Dabei griff Rüstow bewusst und unbewusst auf zahlreiche Traditionsquellen zurück. Die Ideale der Jugendbewegung hielt Rüstow immer wach und er verstand die natürliche Gemeinschaft, die er dort vorfand, als Gegengift gegen die Unter- und Überintegration der Vermassung. Folgerichtig sah er die Rahmensetzung in Kombination mit überwirtschaftlichen Zielen als Reaktion auf den in seinen Augen

---

349 Kempski (1960/1992), S. 84.

350 Dazu z. B. die *Enquete*-Kommission „Wachstum, Wohlstand, Lebensqualität" des Deutschen Bundestages, vgl. Auftragsbeschreibung bei Deutscher Bundestag (2010); der 2008 von Präsident Nicolas Sarkozy eingesetzte Arbeitskreis „Commission sur la Mesure de la Performance Économique et du Progrès Social" unter Vorsitz von Joseph Stiglitz, vgl. Stiglitz/Sen/Fitoussi (2009); der Sachverständigenrat zur Begutachtung der gesamtwirtschaftlichen Entwicklung (2011) und die EU-Kommission (2009d).

351 Vielleicht diente ihm sein Großonkel als Beispiel: Wilhelm Rüstow, hoher preußischer Offizier, floh nach der gescheiterten Revolution von 1848 aus Deutschland und stellte sich in die Dienste des Freiheitskämpfers Giuseppe Garibaldis; vgl. Prollius (2007), S. 250.

352 Rüstow waren auch machtpolitische Ziele nicht fremd, so etablierte er z. B. die Gruppe der sog. „deutschen Ricardianer", um den Theoretikern zu mehr Einfluss zu verhelfen und gründete später den „Deutschen Bund für freie Wirtschaftspolitik" mit; vgl. Köster (2011), S. 84, S. 226 f.; Janssen (2009), S. 7 ff., der allerdings im Vergleich zu Krohn inhaltlich wenig Neues beiträgt; Krohn (1981), S. 71 f., S. 133 ff., S. 138, S. 173. Für eine Charakterisierung dieser Facette Rüstows auch Eschenburg (1977), S. XV.

353 Lenel (1986), S. 45.

354 Rüstow (1945/2001).

gescheiterten *laissez faire*-Kapitalismus. Diese Konzeption mündete schließlich in der Vitalpolitik, die diese losen Enden zu einem Konzept verband. Sein Weg für die Erneuerung des Liberalismus kreiste um das thematische Gravitationszentrum der gelungenen Integration des Individuums, zu dem er immer wieder zurück kam und dem er eine bestimmte Lebensweise und Siedlungsstruktur zuwies. Darüber hinaus hielt er Maßnahmen für notwendig, die die sozialen Ungleichheiten beseitigen und Lebenschancen schaffen sollten. Dabei war Rüstow stets ein (Ordo)Liberaler, der dem Markt eine zentrale, wenn auch instrumentelle Stellung zuwies. Diese knappe Zusammenfassung benennt die wesentlichen Merkmale des Gesamtwerkes Rüstows, die Ausgangspunkt für die in vorliegender Arbeit vorzunehmende Übertragung auf die europäische Ebene sind. Es wird darum gehen, den Vitalpolitik-Ansatz, der eine nationalstaatliche Gesellschaftspolitik begründet, zu einer EU-Politik zu erweitern. Dies erscheint insbesondere deshalb als sinnvoll, da der integrative Ansatz der Vitalpolitik auf eine breite Förderung der Lebensbedingungen einer Gesellschaft abstellt, die gerade in Transformationsländern mit gravierender sozialer Ungleichheit wichtiger erscheint als die bloße Konzentration auf makroökonomische Indikatoren. Der Weg ist jedoch keine Rückkehr zu interventionistischen Maßnahmen für die mittel- und osteuropäischen Volkswirtschaften, sondern ein von Rüstow aufgezeigter marktwirtschaftlich gangbarer Weg. Zum Zweck der Übertragung auf eine „Vitalpolitik für Staaten" ist die Einsicht zentral, dass Rüstow und seine Konzepte für die gegenwärtige Bedingungslage nutzbar gemacht werden können. Anders als etwa Wörsdörfer, der dem Ordoliberalismus lediglich einzelne Aktualitätsgesichtspunkte zuspricht, Haselbach, der die ordoliberale Lehre als völlig veraltet bezeichnet und Lorch, der in Rüstow keinen wahren Vertreter des von ihm stark kritisierten Ordoliberalismus sieht (und darüber hinaus die Vitalpolitik wenig präzise und stark verkürzt darstellt), wird hier der Standpunkt vertreten, dass der Ordoliberalismus und insbesondere das Vitalpolitik-Konzept in hilfreicher Weise fortzuentwickeln und übertragbar ist.[355] Deshalb wurde bislang die These der Anschlussfähigkeit als auch die Grenzen des Vitalpolitikkonzeptes vertieft diskutiert. Ein weiteres Motiv für die Beschäftigung mit Rüstow ist die Paradoxie, dass trotz der Vorteile für den heutigen politischen und ökonomischen Diskurs seine Ausführungen in Vergessenheit gerieten.[356] Hayek schreibt in einem

355 Dazu Lorch (2014); Wörsdörfer (2011b), S. 310; Haselbach (1991), S. 17. Hingegen für die Möglichkeit der Verbindung zwischen den Freiburger Ideen und der Konstitutionenökonomik: Goldschmidt/Berndt (2003).

356 Gründe dafür sind wohl neben der Tendenz zur Mathematisierung der Disziplin, vgl. Groß (2010), S. 77, auch die eher geringe internationale Bekanntheit – nicht zuletzt durch die Sprachhürde bedingt. So erschien, neben vereinzelten Aufsätzen, lediglich eine Monografie von Rüstow in englischer Sprache, nämlich die von seinem in die USA emigrierten Sohn Dankwart Rüstow redigierte Kurzfassung des dritten Teils der „Ortsbestimmung der Gegenwart", publiziert als: Rüstow (1980) und in deutscher Rückübersetzung als Rüstow (2006). Sally (1998), S. 105 merkt kritisch an, dass generell sehr wenige Werke der Ordoliberalen auf Englisch erschienen seien. Zudem wirkte Rüstow, ähnlich wie etwa Schumpeter, nie schulbildend; vgl. Behrendt (1964), S. 190.

anderen Zusammenhang: „Wenn alte Wahrheiten ihren Einfluss auf das Denken der Menschen behalten sollen, müssen sie von Zeit zu Zeit in der Sprache und den Begriffen der nachfolgenden Generationen neu formuliert werden."[357] Folgt man Hayek, dann gilt es also, die Vitalpolitik neu zu erschließen; auch, um Fehldeutungen zu korrigieren. Aus diesen Gründen soll im Folgenden das Vitalpolitik-Konzept revitalisiert werden und als Anknüpfungspunkt für eine europäische Kohäsionspolitik dienen.

357 Hayek (1960/2005), S. 1.

3 Von der Vitalpolitik zur modernen Ordnungsökonomik

> Die Europäer müssen allgemein davon überzeugt sein, dass die Errichtung einer durch Verfassung begrenzten föderativen Union für alle Beteiligten eine insgesamt positive Entwicklung ist.
> James Buchanan 1991, S. 135

Wie bislang erörtert wurde, bildete der Ordoliberalismus ein prinzipiengeleitetes Ordnungssystem für die Wirtschaft aus. Alexander Rüstow bereicherte als ein Vertreter des Ordoliberalismus dabei mit der Vitalpolitik die Theorie um einige wichtige Aspekte, wie etwa die Forderung nach Chancengerechtigkeit. Rüstows Konzept weist jedoch auch Blindstellen und Defizite auf, die sich angesichts der Erkenntnis neuer Forschungen (über die er noch nicht verfügen konnte) und ganzer Forschungsrichtungen, wie bspw. der *Public Choice*-Theorie, umso deutlicher bemerkbar machen.[1] Vor diesem Hintergrund neuerer Theorieentwicklungen sowie veränderter realer Bedingungen, die neue und ungelöste Problemlagen hervorbringen, erscheint es notwendig, die klassischen Konzepte anzupassen.[2] Deshalb gilt es im Folgenden, die Überlegungen des Ordoliberalismus und speziell den Ansatz Rüstows zu modernisieren. Damit wird nicht nur ein Beitrag zur Weiterentwicklung der Vitalpolitik geleistet, sondern zugleich ein Analyserahmen zur Untersuchung der europäischen Kohäsionspolitik und die Grundlage für eine Reformidee für dieses Politikfeld geschaffen. Während im nachfolgenden Kapitel der Fokus auf die Beiträge der modernen Ordnungsökonomik zur Erweiterung des Vitalpolitik-Konzeptes gelegt wird, werden die Merkmale einer „Vitalpolitik für Staaten" im Laufe der weiteren Arbeit noch vertiefter behandelt.

Für die Erneuerung bietet sich die moderne Ordnungsökonomik an, die in der Tradition der Freiburger Schule steht und somit ordoliberale Ideen, ergänzt um eigene Schwerpunkte, fortführt.[3] Vorwiegend wird dabei auf die Arbeiten von Viktor Vanberg abgestellt, der die vertragstheoretische Ökonomik von James Buchanan (*Constitutional Political Economy*) mit der Ordnungstheorie der Freiburger Schule und den Ideen Friedrich von Hayeks zu einem systematischen Ansatz verknüpft. Wird im Folgenden von (moderner) Ordnungsökonomik gesprochen, so wird stets diese Denkrichtung gemeint sein. Einige zentrale Grundaussagen, die in Freiburg in den 1930er-Jahren

---

1 So gilt für Rüstow wie bereits für Eucken, dass dieser zur Überbetonung des Missbrauchs der privaten Macht neigt und ein polit-ökonomisches Konzept zur Begrenzung staatlicher Macht fehlt: „The concern of modern constitutional economics with the question of how to impose constitutional constraints on government and other public institutions seems to be a necessary complement to Eucken's concern with the imposition of deliberate constraints on private economic activities." Leipold (1990), S. 60.

2 Dazu Goldschmidt/Lenger (2011b).

3 Vgl. Goldschmidt/Wohlgemuth (2008).

DOI 10.1515/9783110482768-003

formuliert wurden und insgesamt innerhalb der Epoche des Ordoliberalismus wirkungsmächtig waren, fungieren in der modernen Ordnungsökonomik unverändert als Leitideen und können als „Freiburger Denkstil" gelten.[4] So sind es die Institutionen, denen eine Schlüsselstellung in der wirtschaftlichen und sozialen Ordnung zuerkannt wird.[5] Das Erkenntnisinteresse richtet sich dementsprechend auf die Erforschung der Regelsysteme. Als Bewertungskriterium institutioneller Qualität dient der modernen Ordnungsökonomik Buchananscher und Vanbergscher Prägung die Erfüllung gemeinsamer Interessen der Individuen einer Gesellschaft, also inwiefern die Bürger mit ihren unterschiedlichen Präferenzen und Vorstellungen Regeln zustimmen könnten. Ergänzt man diese vertragstheoretische Überlegung um die Einsicht des Vorliegens faktischer Zustimmungshindernisse, dann rückt die Bedeutung tatsächlicher Ergebnismuster in den Vordergrund. Mit Hilfe dieses Arguments lässt sich die Forderung Rüstows und der Vitalpolitik nach Chancengerechtigkeit und Befähigung legitimieren: Regeln, die dazu führen, dass Einzelne als Teil der Gesellschaft von den Errungenschaften der Gesellschaft ausgeschlossen werden, indem ihnen die notwendigen *de facto*-Teilhabechancen nicht eingeräumt werden, können wohl kaum im konsensfähigen Interesse aller Akteure liegen. In Ergänzung zur Sicht Vanbergs sollte die Suche nach zustimmungsfähigen Regeln auch auf die faktisch bestehenden Unterschiede von Individuen sowie auf die Identifikation konfligierender Regelinteressen abstellen. Ein solches ordnungsökonomisches Vorgehen verspricht in vielerlei Hinsicht Vorteile gegenüber bisherigen wirtschaftswissenschaftlichen Herangehensweisen bei der Analyse der Kohäsionspolitik. So hebt die Vitalpolitik die Bedeutung der Chancengerechtigkeit hervor, die somit als grundlegendes, gemeinsames Interesse aller Bürger einzuschätzen ist und im Zusammenhang mit der Ermöglichung der EU-Binnenmarktteilnahme eine wichtige Rolle spielt. Ein weiterer Vorteil ist, dass sich die Perspektive der Ordnungsökonomik durch ihre kulturelle Offenheit auszeichnet, weil es gelingt informelle Verhaltensnormen und gesellschaftliche Wertemuster in die Analyse einzubeziehen. Gerade mit Blick auf die Transformationsprozesse in Mittel- und Osteuropa ist die Notwendigkeit der Berücksichtigung kultureller Faktoren weitgehend unbestritten und wird als wesentliche Determinante der unterschiedlichen Entwicklungspfade dieser Länder ausgemacht.[6] Auf diese Bedingungslage wird im folgenden Kapitel 4 eingegangen.

Das vorliegende Kapitel gliedert sich wie folgt: Zunächst wird das Forschungsprogramm der Ordnungsökonomik skizziert (Abschnitt 3.1), um anschließend speziell auf die Anwendungsmöglichkeit für die transnationale Ebene einzugehen (Abschnitt

---

4 Goldschmidt/Wohlgemuth (2008), S. 13 benennen insgesamt zehn Grundthemen des Denkstils.

5 Für einen Vergleich des Ordoliberalismus mit der Neuen Institutionenökonomik: Starbatty (2002), S. 264 ff. Zur Geschichte der Bedeutung von Institutionen in der Wirtschaftswissenschaft: Kimenyi (2011); Frey (1990); Leipold (1990).

6 Vgl. Zweynert (2010); Zweynert/Goldschmidt (2006); Leipold (2006).

3.2). Dazu wird zum einen die Rolle der Regeln herausgearbeitet, zum anderen Bedingungen für die Erfüllung des Zustimmungspostulats beleuchtet. Danach werden in Abschnitt 3.3 Aspekte zur Erneuerung des Ordoliberalismus thematisiert. Zweck der Erweiterung der ordoliberalen Vitalpolitik um Einsichten der modernen Ordnungsökonomik ist es, Rüstows Konzept auf die Kohäsionspolitik der EU zu übertragen und somit eine „Vitalpolitik für Staaten" zu skizzieren. Aus einer solchen Anwendung des Zustimmungskriteriums kann das Ziel einer privilegien- und diskriminierungsfreien Ordnung des europäischen Binnenmarktes sowie eine Befähigungspolitik für Staaten mit einem relativ niedrigen Wohlstandsniveau abgeleitet werden. Denn ohne Rücksichtnahme auf Teilhabebarrieren besteht die Gefahr, dass europäische Volkswirtschaften und ihre Bevölkerungen vom Wettbewerb des gemeinsamen Marktes ausgeschlossen werden. Entsprechend lautet die Forschungsfrage, wie die Institutionen der europäischen Regional- und Strukturpolitik gestaltet werden können, sodass die Unterstützung der *Catch Up*-Prozesse der rückständigen EU-Mitglieder im Interesse aller Staaten liegt, also ein für alle wünschenswertes Ergebnis ermöglicht werden kann. Die Perspektive einer „Vitalpolitik für Staaten" soll als Suchanweisung für wirtschaftspolitische Maßnahmen verstanden werden, die aus der Einsicht resultiert, dass ohne entsprechende Unterstützungsleistung die EU als Ganzes hinter ihren Möglichkeiten zurück bleibt.

3.1 Die Ordnungsökonomik als Ökonomik von Regeln

In der Ordnungsökonomik sind Regeln für das individuelle Verhalten und für das gesellschaftliche Zusammenleben von zentraler Bedeutung. Während sich die neoklassische Ökonomik wesentlich mit Fragen der Wahlhandlung *innerhalb* eines gegebenen Regelrahmens beschäftigt, sind für die Ordnungsökonomik Regeln nicht exogen gegeben. Die Ordnungsökonomik lenkt die Aufmerksamkeit auf Entscheidungen *über* Regeln („choice of constraints") und nicht auf Entscheidungen, die unter gewissen Rahmenbedingungen stattfinden („choice within constraints").[7] Damit wird ein zweifaches Handlungsfeld aufgezeigt: Menschen handeln innerhalb gegebener Regeln nach ihren Interessen und sie handeln mit der Absicht, diese Regeln zu beeinflussen. In den Kategorien von Hayeks gesprochen, handelt es sich um den Zusammenhang von „Handelnsordnung" und „Regelordnung". Die Interaktion der Menschen innerhalb eines Regelrahmens (Regelordnung) bildet die Handelnsordnung. Hayek erachtet die Differenzierung als theoretisch und wirtschaftspolitisch notwendig, da es angesichts der Vielzahl von Entscheidungsoptionen einer staatlichen Instanz unmöglich sei, alle diese Wahlmöglichkeiten auf Ebene der Handelnsordnung zu kennen und deren Implikationen abzuschätzen. Steuerungsbemühungen

7 Vgl. Buchanan (1990), S. 2 f.; Buchanan (1987).

können damit einzig auf der Ebene der Regelordnung stattfinden. Als politische Konsequenz der Beschränktheit des Wissens erkennt Hayek, dass „diese Regeln [der Regelordnung, J. D.] im Wesentlichen negativ sind, d. h. nur Verbote aussprechen und damit einen Bereich abstecken, innerhalb dessen der handelnde Mensch nach seinem Wissen und im Dienst seiner Zwecke entscheidet, und dass die Regeln, wie schon Kant so klar gesehen hat, selbst von konkreten Zwecken unabhängig ist."[8] Die Wichtigkeit der Regelgestaltung, die Hayek hervorhebt, ist keine neue Einsicht. Sie weist eine lange theoriegeschichtliche Tradition auf und die fundamentale Unterscheidung beider Handlungsebenen findet sich bereits bei Adam Smith als Spielmetapher wieder.[9] Die Spielregeln (Regelordnung) gelten für alle Teilnehmer gleichermaßen und sind der Rahmen für den Spielverlauf (Handelnsordnung). Der Spielverlauf und vor allem das Spielergebnis sind von den Spielregeln abhängig.[10] Auch Vanberg unterscheidet das doppelte Handlungsfeld in Anlehnung an Buchanan als die konstitutionelle (Regelordnung) und die subkonstitutionelle Ebene (Handelnsordnung).[11] Die folgenden Ausführungen sollen die Wechselwirkung beider Ordnungen im Detail darstellen und stützen sich im Wesentlichen auf die umfangreichen Überlegungen von Vanberg und Buchanan.[12]

Je nach Aktionsfeld sind verschiedene Interessenstrukturen vorzufinden. Das Regelinteresse (oder das konstitutionelle Interesse) bezieht sich auf die Präferenzen Einzelner, Regeln auf eine bestimmte Weise zu gestalten, während das Handlungsinteresse (oder das subkonstitutionelle Interesse) die Präferenzen Einzelner im Spielverlauf darstellt. Die Regelinteressen sind ein konstituierendes Element, da die Regelordnung als Gesamtheit aller geltenden Regeln, die das Zusammenleben der Individuen bestimmen, aus der Regelwahl hervorgeht. Die Handelnsordnung hingegen ist das Ergebnis der individuell gewählten Strategien und charakterisiert sich als spontane Ordnung (Handlungsergebnis) und weniger als expliziter Wahlakt. Die Handlungsinteressen sind notwendigerweise sehr verschiedenen. Es besteht jedoch ein Zusammenhang zwischen den Ebenen der Handlung und denen der Regeln. Die Ergebnisse der Handelnsordnung determinieren die Regelinteressen und dadurch

8 Hayek (1967/2003), S. 52.

9 "He does not consider that the pieces upon the chess-board have no other principle of motion besides that which the hand impresses upon them; but that, in the great chess-board of human society, every single piece has a principle of motion of its own, altogether different from that which the legislature might choose to impress upon it. If those two principles coincide and act in the same direction, the game of human society will go on easily and harmoniously, and is very likely to be happy and successful. If they are opposite or different, the game will go on miserably, and the society must be at all times in the highest degree of disorder." Smith (1759/1979), Part VI Section II Chapter 2, S. 234.

10 Vgl. Vanberg (2007), S. 224 f.; Vanberg (2005), S. 25 f.

11 Vgl. Vanberg (1996), S. 9 ff.

12 Zum Forschungsprogramm der Konstitutionenökonomik: Vanberg (2005); Vanberg (2001); Vanberg (1994); Buchanan (1987); Buchanan (1975/1984).

die Regelwahl.[13] Somit bilden die Ergebnismuster der Handelnsordnung die Bewertungsgrundlage für die Regelwahl. Will man also Regelsysteme verstehen und ggf. reformieren, ist es notwendig, ihre Entstehung vor dem Hintergrund der einzelnen Handlungsinteressen nachzuvollziehen.

Anders als etwa in der Wohlfahrtsökonomik wird aus Sicht der Ordnungsökonomik allein den betroffenen Individuen überlassen, was sie als sozial wünschenswert erachten. Individuen werden nicht als „Stationen der Nutzenmessung" betrachtet.[14] Vanberg bemerkt zur Abgrenzung der Ordnungs- zur Wohlfahrtsökonomik:

> Diese Vorstellung [von der Effizienz marktlicher Prozesse, J. D.] stellt nicht auf die Maximierung irgendwelcher gesellschaftlichen Nutzenaggregate, sondern letztlich allein darauf ab, dass der Markt ein institutionell gesicherter Rechtsbereich ist (bzw. sein soll), in dem Menschen Möglichkeiten gemeinsamer Besserstellung durch freiwilligen Tausch nutzen können, wobei sie durch ihre eigenen freiwilligen Entscheidungen darüber befinden, was sie für sich selbst als „Besserstellung" betrachten. Es sind die freiwillig vorgenommenen Tauschakte und nicht irgendwelche unabhängig davon zu bestimmende Kriterien, die uns erlauben davon zu sprechen, dass die Ergebnisse marktlicher Prozesse „effizient" sind.[15]

Der normative Individualismus ist die Grundlage für die Bewertung von Regeln. Die Quelle normativer Entscheidungen sind nicht allgemeine von der Gesellschaft geteilte und als positiv besetze Werte und Normen, sondern einzig die Überzeugungen des jeweiligen Individuums. Der normative Individualismus ist somit eine Abkehr vom Naturrecht. Kollektives Handeln wird anhand der Präferenzen jedes einzelnen Betroffenen beurteilt. Die Fragestellung lautet folglich nicht mehr danach, welche Maßnahmen von der politischen Elite (oder dem wohlwollenden Diktator) ergriffen werden sollten, um die (vermutete) Wohlfahrt der Gesellschaft zu maximieren, sondern welche institutionellen Änderungen im Interesse jedes Einzelnen liegen.[16] Das normative Kriterium zur Entscheidung über wünschenswerte Funktionseigenschaften ist deshalb ein endogenes Merkmal, das im Kontrast zu Kriterien steht, die „von den Wertungen der betroffenen Personen selbst völlig losgelöst sind, und die man in diesem Sinne als *externe*, als ‚von außen' an die in Frage stehenden sozialen Sachverhalte herangetragene Kriterien bezeichnen könnte."[17] Verbesserungen im wirtschaftlichen und sozialen Bereich können nur durch Veränderungen der Regeln erzielt werden und nicht durch Prozesseingriffe. Die Entscheidung über Regeln (genauer über die Regelordnung bzw. die konstitutionelle Ebene) wird in der Konstitutionenökonomik durch eine vertragstheoretische Argumentation begründet, die eine Verwandtschaft mit den klassischen und modernen Gesellschaftsvertragstheorien von Thomas

---

13 Vgl. Vanberg (1994).
14 Dazu Vanberg (2000), S. 257.
15 Vanberg (2008c), S. 28.
16 Vgl. Vanberg (2008c).
17 Vanberg (2003), S. 48, Herv. i. O. Auch Buchanan (1999), S. 288 ff.

Hobbes und John Rawls aufweisen.[18] Dieser Gedanke der Legitimierung durch Zustimmung ist wohl der politischen Theorie entliehen und findet sich in der neueren Politikwissenschaft bspw. als affektive, grundlegende Unterstützung des politischen Systems.[19] Auf der Ebene der Regelordnung ist es möglich, durch gewisse Vereinbarungen abzustimmen, unter welchen Bedingungen das Spiel gespielt werden soll, da die Befolgung und Respektierung dieser allgemeingültigen Spielregeln im gemeinsamen Handlungsinteresse liegt. Folgt man der Argumentation Vanbergs, dann ist die Suche nach allgemeingültigen Regelungen keine Suche nach konstitutionellen Interessen schlechthin, sondern nach zustimmungsfähigen Interessen in „Abgrenzung gegenüber nicht-konsensfähigen *Privilegien*-Interessen."[20] Die Suche nach diesem Regelarrangement ist als ein hypothetischer Konsens auf der Ebene der Regelwahl zu verstehen, als eine Suche nach der Zustimmungsfähigkeit der Bürgerschaft insgesamt. Laut Vanberg geht es nicht darum, die tatsächlichen Interessen als Ausgangspunkt zu nehmen, da die Konstitutionenökonomik kein Anspruch auf „any superior knowledge of what people's factual interests are or what their interests should be" erhebt.[21] Vielmehr versucht sie Reformmöglichkeiten des Regelarrangements zu identifizieren, die im gemeinsamen Interesse aller sind, weil sie alle Betroffenen besserstellen können. In diesem Sinne sind Regeln dann gut, wenn alle sich darauf einigen und Beschränkungen der individuellen Handlungsmöglichkeiten akzeptieren können. Entsprechend werden aus konstitutionenökonomischer Perspektive sowohl das Vorgehen der Wohlfahrtsökonomik als auch deren (wirtschafts-)politische Folgerungen abgelehnt: „So wie das ökonomische Verhaltensmodell das Individuum in seiner Nutzenfunktion repräsentiert sieht und unter rationalem Verhalten versteht, dass das Individuum unter möglichen Handlungsalternativen diejenige auswählt, die seinen Nutzen maximiert, so sieht die Wohlfahrtsökonomik ein Gemeinwesen in einer sozialen Wohlfahrtsfunktion repräsentiert und versteht unter rationalem Handeln, dass unter möglichen politischen Handlungsalternativen diejenige gewählt wird, die die gesellschaftliche Wohlfahrt maximiert."[22]

Insbesondere James Buchanan und Gordon Tullock kritisieren den kollektivistischen Ansatz der Wohlfahrtsökonomik und plädieren als alternatives Erklärungskonzept für das Postulat des normativen sowie methodologischen Individualismus und des hypothetischen Vertrags.[23] Ausgangspunkt ist für Buchanan die Tauschlogik des Marktes. Tauschakte zwischen Marktteilnehmern beruhen auf der freiwilligen Zustimmung der Tauschpartner, da sich beide von der Transaktion eine Besserstellung

---

18 Vgl. Vanberg (2008c), S. 35 f.; Rawls (1971/2012).

19 Zum Beispiel heben Linz/Stepan (1996) die Bedeutung der Systemunterstützung insbesondere für Transformationsprozesse hervor. Grundlegend auch Easton (1965).

20 Vanberg (1996), S. 16, Herv. i. O. Auch ausführlich: Vanberg (1994); S. 208 ff.

21 Vanberg (2004), S. 155.

22 Vanberg (2007), S. 225.

23 Vgl. Buchanan/Tullock (1962/1974).

erhoffen. Der entscheidende Schritt ist nun die Übertragung und damit Generalisierung der Logik des marktlichen Effizienzkriteriums auf den Bereich der Politik. Dazu Buchanan: „[T]he economist's task is simply that of repeating in various ways the admonition, ‚there exist mutual gains from trade', emphasizing the word *mutual* and forever keeping in mind that ‚trade' need not be confined to the exchange of goods and services in the marketplace."[24] Die Ordnungsökonomik sieht den Markt und die Politik als soziale Arrangements, die der Realisierung gemeinsamer Vorteile dienen.[25] Menschen können sich durch wechselseitige Bindungen an Regeln gemeinsam besserstellen, da es z. B. erlaubt, Gefangenen-Dilemma-Situationen aufzulösen. Die Analyseebene liegt auf dem Handeln des einzelnen Individuums (methodologischer Individualismus). Deshalb spielen die jeweiligen individuellen Ziele und Anreize die entscheidende Rolle für das resultierende Gruppenverhalten.[26] Bei der Interpretation der Markt-Analogie ist jedoch Vorsicht geboten, da sie nicht ohne Schwierigkeiten auf andere gesellschaftliche Bereiche übertragen werden kann. In der Marktlogik liegt grundsätzlich eine systemische Übereinstimmung aller direkt am Tausch Beteiligten vor. Im politischen Subsystem kann die Zustimmung zu einzelnen Maßnahmen aufgrund der inhärenten Konflikte natürlich nicht handlungsleitend sein.[27] Deshalb ist nicht der Konsens bei jeglichen konkreten Handlungen herzustellen (wie er auf dem Markt zwischen den Tauschpartner vorliegt), sondern das Verfahren steht im Vordergrund und die Zustimmung wird als Verfahrenskriterium verstanden. Entscheidend ist für Buchanan somit nicht die Bewertung der Ergebnisse, wie es bei der Wohlfahrtsmaximierung der Fall ist, sondern das Verfahren, welches vorteilhafte Transaktionen für alle Betroffenen zu realisieren erlaubt.[28] Sind im Markt alle diejenigen Regelungen zustimmungsfähig, die dem Markt die Eigenschaft als Tauscharena sichern und ermöglichen, so sind in der Wirtschaftspolitik alle diejenigen Regeln zustimmungsfähig, die nach anerkannten Entscheidungsregeln zu Stande kamen und mittelfristig für alle ein „besseres Spiel" erwarten lassen. Vanberg hebt den prozessualen Charakter hervor:„Zwischen der freiwilligen Zustimmung zu Transaktionen *im Rahmen des Marktes* und der freiwilligen Zustimmung *zum Markt als konstitutioneller Ordnung* muss also deutlich unterschieden werden. Die Freiwilligkeit der im Rahmen der marktlichen Ordnung stattfindenden Transaktionen legitimiert diese Transaktionen, nicht die marktliche Ordnung selbst."[29]

Mit der Marktanalogie verengt die Verfassungsökonomik jedoch ihr Blickfeld. Wie noch auszuführen sein wird, täuscht die Übertragung des Marktprinzips *mutual*

---

24 Buchanan (1977), S. 234, Herv. i. O.
25 Vgl. Vanberg (2008c), S. 226; Vanberg (2007).
26 Vgl. Opper (2001). S. 602 ff.
27 Vgl. Vanberg (2008c).
28 Dazu Vanberg (2008c).
29 Vanberg (2003), S. 57, Herv. i. O.

gains from trade auf die gesellschaftliche Ebene des Zusammenlebens (*mutual gains from joint commitment*) darüber hinweg, dass zwar jeder von Austauschbeziehungen profitiert und auch jeder Beteiligte die formalen Voraussetzungen für die Marktteilnahme zugesichert bekommt, jedoch das System des Marktes keinerlei Aussagen über positive Zugangsbedingungen macht. Goldschmidt und Lenger weisen auf diesen Punkt hin, indem sie schreiben: „Es [die Ergänzungsbedürftigkeit des Marktes, J. D.] verdeutlicht lediglich, dass das ökonomische System nicht unmittelbar für die sorgt, die – aus welchen Gründen auch immer – nicht Teil des Marktsystems sind.“[30]

Die Regelgestaltungsinteressen treten in zwei Ausprägungen auf. Einerseits die Interessen der Akteure, die darauf gerichtet sind, durch Änderung der Regeln sich selbst besser, die anderen jedoch schlechter zu stellen (z. B. Legalisierung von Kartellen oder Streben nach Subventionen). Interessen solcher Art sind offenkundig nicht zustimmungsfähig, da sie nicht im Interesse aller sind. Im Gegensatz zu diesen „Privilegieninteressen“ stehen die konsensfähigen konstitutionellen Interessen, also diejenigen Interessen an bestimmten Regeländerungen, denen alle Akteure gleichermaßen zustimmen können, da sie insgesamt erlauben, ein „besseres Spiel“ zu spielen.[31] Grundannahme für diese freiwillige Zustimmung ist der Gedanke, dass die Beteiligten in einem vertragstheoretischen Urzustand wenig über ihre eigene Ausgangssituation und die zukünftige Entwicklung wissen. Während bei Rawls der „Schleier des Nichtwissens“ sehr weitreichend ist und keiner sein Geschlecht, seine Rasse, seinen sozialen Status oder seine Generation kenne, so gestehen Buchanan und Tullock den Individuen mit dem „partiellen Schleier der Unsicherheit“ (den Ausdruck prägten Brennan und Buchanan erst später) deutlich mehr Informationen zu.[32] Trotz einiger gewichtiger konzeptueller Unterschiede ist beiden Ansätzen die Folgerung gemeinsam, dass die Individuen infolge des Nichtwissens bzw. der Unsicherheit (von Müller als „Schleier der Unkenntnis“ zusammengefasst, von Buchanan als empirische Situationsannahme und von Rawls als normative Denkfigur aufgefasst) Regeln wählen werden, die alle als fair empfinden und deshalb einstimmig beschlossen werden können.[33] Denn weiß der Einzelne nicht, welche Stellung er einnehmen wird, welche Bedürfnisse sich daraus entwickeln und wie sich Kollektiventscheidungen auf den eignen Wohlstand auswirken werden, dann wird er Partikularinteressen berücksichtigende Regelungen ablehnen. Vanberg geht von diesem Urzustand aus und wendet die Annahme als Wissensproblem in Hayekscher Tradition praktisch an.[34] Sind bei einem Spiel die Auswirkungen der Regeländerungen regelmäßig noch gut abzuschätzen, so sind die Effekte in gesellschaftlichen Belangen sehr komplex

30 Goldschmidt/Lenger (2011b), S. 308.

31 Dazu Vanberg (2008c).

32 Vgl. Rawls (1971/2012), S. 159 f.; Brennan/Buchanan (1985/1993), S. 37 ff.; Buchanan/Tullock (1962/1974).

33 Für eine tiefergehende Darstellung und kritische Überprüfung: Müller (1999; 1998).

34 Etwa Vanberg (2007), S. 229 ff.

und schwer zu prognostizieren. Die Akteure haben einen Anreiz nach fairen Regeln zu suchen, da sie nicht (sicher) wissen können, wie sich die zu wählenden Regeln auf sie persönlich auswirken werden. Reale Fragen werden aufgrund eines Gedankenexperiments beantwortet, bei dem so getan wird, als ob sich die Bürger in einem fiktiven Urzustand befinden. Problematisch ist dabei jedoch, dass die Prämisse nicht nur unrealistisch ist, sondern auch zu erwarten ist, dass aus diesem Grund die Ergebnismuster oft den Vorstellungen der Beteiligten widersprechen. Falls „die realen Verteilungsmuster *systematisch* und *dauerhaft* den Erwartungen einer großen Zahl von Personen nicht entsprechen, so ist vernünftigerweise davon auszugehen, dass sie einer solchen Regelordnung nicht zustimmen würden" und den Regeln ihre Legitimationsquelle entzogen ist („faktische Legitimität").[35] Wird also normativ mit dem Schleier der Unkenntnis argumentiert, dann finden faktische Ergebnismuster keine Berücksichtigung und eine andauernde Benachteiligung Einzelner ist theoretisch auf der Ergebnisebene denkbar. Selbst dann, wenn sich eine Gesellschaft im Vorfeld auf als von allen gerecht empfundene Regeln einigt, kann der Fall eintreten, dass diese Regelwahl im Verlauf des Gebrauchs systematisch bestimmte Einzelne oder bestimmte Gruppen fortwährend diskriminiert und von der sozialen Teilhabe ausschließt – ein Aspekt der insbesondere im Rahmen der Kohäsionspolitik evident wird. Aufgrund dessen erscheint es sinnvoll, auf eine fortdauernd freiwillige Zustimmung abzustellen.[36] Dies erscheint auch aus dem Grund nötig, da die reale Ordnung durch die tatsächliche und nicht die theoretische Akzeptanz der Bürger getragen wird: „Wer glaubt, eine wohlstandsfördernde Verfassungsregel identifiziert zu haben und deren Implementation anstrebt, benötigt faktische Mehrheiten und keinen hypothetischen Konsens."[37]

Will man die Akzeptanz der Bürger dauerhaft sichern, so müssen Vorkehrungen gegen die Diskriminierung einzelner ergriffen werden. Aus diesem Grund legt der Ansatz der Vitalpolitik den Fokus auf positive Freiheitsrechte. Eine entscheidende Folgerung aus dem Vorhandensein von faktischen Beteiligungshindernissen ist aus dieser Sicht die Ermöglichung tatsächlicher Beteiligung durch Maßnahmen der Befähigung. Wendet man die Perspektive auf die EU an, dann lautet die Frage nicht nur, auf welche Regeln sich EU-Bürger im Vorfeld einigen *könnten*, sondern auch ob es faktische Verletzungen der Interessen Einzelner gibt, die systematischer und dauerhafter Art sind. Insbesondere den Ergebnismustern, die einen regelmäßigen Ausschluss vom EU-Binnenmarkt anzeigen, gilt die Aufmerksamkeit. Denn nicht alleine die Errichtung eines privilegienfreien Binnenmarktes ist im zustimmungsfähigen Interesse, sondern ebenfalls die Ermöglichung zur Teilhabe jeden Bürgers. Somit ist der Frage nachzugehen, woran konsensfähige Interessen in der EU *de facto* scheitern. Es gilt Hindernisse

---

35 Vgl. Goldschmidt/Lenger (2011b), S. 301, Herv. i. O. Auch Eith/Goldschmidt (2005).
36 Vgl. Vanberg (2004); Vanberg (2003), S. 53.
37 Voigt (1998), S. 310. Auch Voigt (1997).

zu identifizieren, die Beteiligte dazu verleiten, ihre Zustimmung zu eigentlich in ihrem Interesse liegende Regelungen zu verweigern. Jedoch sind nicht alle faktischen Interessen, die sich aus dem Ergebnismuster ergeben, auch konsensfähig. Deutlich wird dies an gängigen Interessenkonstellationen, die sich im Rahmen der europäischen Integration finden lassen. Oft waren Reformen der EU erst dann durchsetzungsfähig, wenn zugleich durch Kompensationszahlungen die „Verlierer" der geplanten Änderungen entschädigt wurden. Die Entschädigungen wurden nicht selten in Bereichen geleistet, die mit der eigentlichen Reform nichts zu tun hatten. Obgleich solche Verhandlungspakete im Interesse aller Beteiligten erscheinen – die Reformbefürworter können die Reform durchführen, die Reformverweigerer erhalten eine Kompensation – fallen solche Kopplungsgeschäfte nicht in die Kategorie zustimmungsfähiger Regeln, da die Kompensationen entweder nicht auf eine Beseitigung faktischer Beteiligungshindernisse abzielen oder aber die zu Grunde liegende Reformverweigerung einzelner nicht auf einer systematischen und dauerhaften Verletzung der Interessen basiert, sondern lediglich politischen Opportunitätserwägungen entspringt. Dies wäre bspw. erst dann gegeben, wenn die geplante Reform bestimmte Nationalitäten durch Beschneidung der Freizügigkeit in der EU der Zugang zum Binnenmarkt erschwert oder wenn durch eine fehlende Infrastruktur die formale Teilhabe verhindert werden würde.

Als Grundbedingungen zur Erfüllung des Kriteriums der Zustimmung sind für Regeln die Allgemeingültigkeit sowie die Durchsetzung der Gleichheit der Individuen vor den Regeln festzustellen. Die Regelbindung ist ein zentrales Merkmal der Ordnungsökonomik. Findet nicht nur eine Verständigung über Regeln statt, sondern werden sie im Anschluss auch dauerhaft respektiert, dann herrscht Vertrauen in das einmal beschlossene Regelarrangement. Um widerstreitende Handlungs- und Regelinteressen aufzulösen, sind Sanktionsmöglichkeiten notwendig. Denn das Interesse, in einer bestimmten Regelordnung zu leben, kann gleichzeitig bedeuten, sich selbst nicht an die Regeln halten zu wollen – und dadurch, dass es die Anderen jedoch praktizieren, davon zu profitieren (z. B. der Dieb in einer Gesellschaft mit klaren Eigentumsrechten im Gegensatz zu einem Dieb in einer anarchischen Gesellschaft).[38]

3.2 Ordnungsökonomik auf Ebene der Europäischen Union

Die bisherigen theoretischen Grundüberlegungen sollen nun auf die Ebene der EU übertragen werden. Zur Realisierung der Tauschgewinne ist eine freiwillige Bindung

---

38 Ein in diesem Kontext stehendes weiteres Merkmal der Ordnungsökonomik ist die anreizkompatible Regelgestaltung. Um politische Opportunitäten möglichst mit dem Regelinteresse zu harmonisieren, sollte die Suche nach geeigneten Regeln so erfolgen, dass individuelles menschliches Handeln in einer solchen Weise gelenkt wird, dass das langfristige Eigeninteresse mit dem Gemeinwohlinteresse zusammen fällt; vgl. Vanberg (2008c); Vanberg (2007), S. 228 f.

an eine übergeordnete Instanz nötig. Der Grund hierfür besteht nach Buchanan in dem Willen zur Überwindung des anarchischen Gleichgewichts, der der Etablierung einer Rechtsordnung und einer Durchsetzungsinstanz bedarf.[39] Die Überwindung erlaubt, Raum für produktive Tätigkeiten zu schaffen und Tauschgewinne zu realisieren, indem nicht wünschenswerte Verhaltensweisen wie Raub unterlassen werden. Ohne eine solche Durchsetzungsinstanz wäre zudem die Konstellation des Gefangenen-Dilemmas nicht dauerhaft und generell lösbar. Die Bindung erfolgt klassischerweise auf Ebene des Nationalstaates. Aber auch auf supranationaler Ebene sind Bindungsvorteile denkbar, oder, wie Vanberg argumentiert, „[ü]berall dort, wo territorial abgrenzbare Gruppen von Menschen bestimmte Interessen teilen, können wechselseitige Vorteile durch gemeinsame Bindung im Rahmen staatlicher [...] Organisation realisiert werden."[40] Konkret auf die EU als Staatenverbund bezogen, können die Bürger gemeinsam dadurch Vorteile erhalten, dass die Mitgliedschaft die jeweiligen nationalen Regierungen zur Umsetzung des Binnenmarktes mit seinen vier Grundfreiheiten zwingt und die Privilegiensuche in den Mitgliedstaaten eindämmt. Darüber hinaus, so die hier vertretene These, erlaubt die EU Unterstützungsleistungen für aufholende Regionen und Länder, die wiederum erst Teilhabechancen am gemeinsamen Markt ermöglichen.

Auf den ersten Blick erweist sich bei der Übertragbarkeit der ordnungsökonomischen Perspektive auf die EU der methodologische Individualismus, der sowohl für das klassische ökonomische Paradigma als auch die Ordnungsökonomik die zentrale Prämisse darstellt, als schwierig. Gemäß dem methodologischen Individualismus sind allein Individuen die handelnden Einheiten.[41] Die Handlungen von Kollektiven ergeben sich also aus der Summe der Aktivitäten ihrer einzelnen Mitglieder.[42] Dementsprechend sind kollektive Systeme wie Unternehmungen, Staaten oder eben auch die EU keine handelnden Einheiten in diesem Sinne, sondern entstehen aus der Interaktion zwischen den Individuen. Folglich kann die Willensäußerung der EU-Mitgliedstaaten nicht *per se* als Aggregat aller in ihr lebenden Individuen gesehen werden. Ebenfalls ist aus der Interpretation des normativen Individualismus stets auf die Präferenzen der EU-Bürger abzustellen. Auflösbar ist der scheinbare Widerspruch jedoch damit, dass angenommen wird, die EU sei ein mitgliederbestimmter Verband, der den Mitgliedern eine Zusammenarbeit zum gegenseitigen Vorteil ermöglicht und deren Mitglieder durch ihre Intermediäre wie Regierungen, Parteien, u. Ä. handeln.[43] Eine solche Delegation von Entscheidungskompetenz an Agenten ist so lange möglich „so long as it remains understood that individuals remain as

39 Vgl. Buchanan (1975/1984), S. 82 ff.
40 Vanberg (2008a), S. 122.
41 Dazu Vanberg (1994), S. 81, S. 208 ff., S. 228 ff.
42 Vgl. Opper (2001), S. 602 f.
43 Dazu Buchanan (1991; 1990).

principals."[44] Im Umkehrschluss bedeutet das, dass von einem Arrangement, welches die Rolle des Individuums auf nationaler und auf europäischer Ebene als Prinzipal verneint, nicht erwartet werden kann, zustimmungsfähige Regeln zu produzieren. Kennzeichen mitgliederbestimmter Verbände aber ist, dass die Ergebnisse der Meinungsbildung im Interesse aller liegen oder zumindest die diesen Entscheidungen zu Grunde liegenden Verfahrensnormen die Zustimmung aller finden. Für Vanberg stellt das Verfahrenskriterium der Bürgersouveränität den vornehmlichen Prüfstein für die Güte von Regelarrangements dar. Bürgersouveränität zeichnet sich dadurch aus, dass jeder Einzelne seine Präferenzen frei äußern kann, das Gemeinwesen bestrebt ist, gemeinsame Interessen zu befördern und zudem wirksame Mechanismen zur Vermeidung der Verletzung von Interessen einzelner Bürger existieren. In einer Bürgergenossenschaft ist genau dieser Auftrag nach Suche und Realisierung gemeinsamer Interessen zum wechselseitigen Vorteil verwirklicht.[45] Die Bürgersouveränität herzustellen bedeutet somit, „ein demokratisches Gemeinwesen so zu organisieren bzw. ihm eine solche Verfassung zu geben, dass die betreffende Regierung so gut wie möglich befähigt ist, Projekte durchzuführen, die allen Bürgern zum Vorteil gereichen, sie gleichzeitig aber so weit wie möglich davon abgehalten wird, Maßnahmen zu ergreifen, die den Interessen einiger oder gar aller Bürger zuwiderlaufen."[46] Damit ist für die Anwendbarkeit des ordnungsökonomischen Ansatzes auf Ebene des Staates und der EU die Bürgersouveränität eine zwingende Voraussetzung. Darüber hinaus beschäftigt sich Vanberg damit, wie politische Kompetenzen in föderalen Strukturen zugeordnet und kontrolliert werden sollen, falls diese Ausübung möglichst wirksam im Sinne aller Beteiligten sein sollte. Als Absicherung für den Fall, dass Bürger sich dauerhaft in der Gebietskörperschaft benachteiligt und in ihren Interessen verletzt fühlen, sollte ihnen die realistische Möglichkeit der Abwanderung gegeben sein. Die Entscheidung zur Mitgliedschaft oder eben die Entscheidung zur Nichtmitgliedschaft ist im Wesentlichen von der Größe und der Zugänglichkeit der Gebietskörperschaften sowie den Wechselkosten abhängig. Die optimale Umsetzung sieht Vanberg in einem Wettbewerbsföderalismus garantiert.[47]

Mit diesen grundlegenden Einsichten wendet sich vorliegende Arbeit der EU zu. Konstitutiv für moderne Gesellschaften sind verschiedene Ebenen der Regelsetzung. Auf diese Weise sind die konstitutionellen Wahlhandlungen im Verhältnis zur nächsthöheren Ebene wiederum subkonstitutionelle Aktionen.[48] Für Handlungen auf der subkonstitutionellen Ebene stellen die Regeln des übergeordneten Levels „relatively absolute absolutes" dar, indem sie für die Wahlhandlungen als exogene

44 Buchanan (1999), S. 288, Herv. i. O.
45 Vgl. Vanberg (2008a); Vanberg (2003), S. 57 ff.
46 Vanberg (2008c), S. 40.
47 Vgl. Vanberg (2008a; 2000); Frey/Eichenberger (2004); Frey (1997). Und bereits Hirschman (1964/1970).
48 Dazu Vanberg (2001/2009), S. 738.

Parameter gelten und das Set an Möglichkeiten determinieren. Relativ absolut sind sie deshalb, da sie auf konstitutioneller Ebene geändert werden können.[49] Abb. 3.1 erklärt zunächst dieses Mehrebensystem im Bezug zur Kohäsionspolitik. Mit dem einfachen Modell wird verdeutlicht welche Ebenen die relevanten Regelordnungen im Kontext der Kohäsionspolitik und des europäischen Institutionengefüge sind.

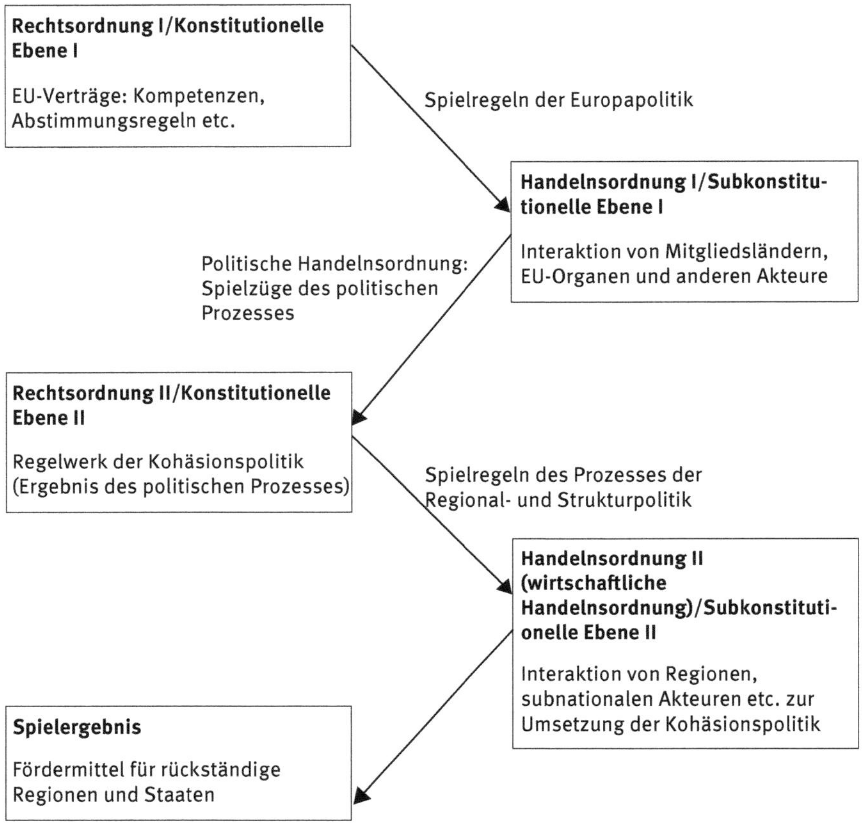

Abb. 3.1: Zusammenhang verschiedener Regelebenen (Quelle: Eigene Darstellung).

Die Rechtsordnung I oder konstitutionelle Ebene I bezeichnet die rechtlich-institutionelle Ausgestaltung des völkerrechtlichen Zusammenschlusses europäischer Staaten zur EU in Form der EU-Verträge. Bestandteile der Verträge sind, neben der Festlegung der Geltungsbereiche der Kooperation (EU-Politikfelder) und der supranationalen Kompetenzen, vor allem die Abstimmungsregeln. Diese oberste Regelebene produziert die Regeln für die Europapolitik, bei der die einzelnen Akteure der EU-Organe,

49 Vgl. Vanberg (1994), S. 178.

der Mitgliedsländer und der subnationalen Spieler miteinander agieren, um ihre jeweiligen Interessen zu verfolgen. Ergebnis dieser Interaktion auf subkonstitutioneller Ebene I (Handelnsordnung I) ist die Regelebene zwei, die für die verschiedenen EU-Politikfelder die konstitutionelle Ebene darstellt. In unserem Fall ist diese Rechtsordnung II (konstitutionelle Ebene II) das Regelwerk der Kohäsionspolitik. Oder anders formuliert: Das Resultat des Strebens der verschiedenen Akteure, die beste Strategie im Bereich der Regional- und Strukturpolitik zu wählen, wie bspw. die Kriterien der Förderfähigkeit auf die eigenen Regionen anzupassen, um den Mitteltransfer in das eigene Land zu maximieren, führt zum Regelsetting der Kohäsionspolitik. Obwohl die Vorgaben der konstitutionellen Ebene I die Ausgestaltung der Kohäsionspolitik strukturieren (z. B. welche Finanzierungsinstrumente für die Kohäsionspolitik zur Verfügung stehen), bleibt Spielraum für das konkrete Design, wie etwa die angesprochene Bestimmung der Förderkriterien. Mit den Spielregeln des Prozesses der Regional- und Strukturpolitik wird wiederum die Handelnsordnung II (subkonstitutionelle Ebene II) beeinflusst, bei der die Beteiligten das Spiel der Umsetzung der Kohäsionspolitik spielen. Schlussendlich ergibt sich das Ergebnis, nämlich die tatsächliche Förderung von Regionen und Volkswirtschaften.

Der Vorteil einer solchen Mehrebenen-Betrachtung liegt im besseren Verständnis der Mechanismen, die das reale „Spielergebnis" herbeiführen. Denn es werden nicht nur Regeln identifiziert, denen nicht alle zustimmen können, sondern zugleich die systematischen Ursachen des Zustandekommens solcher Regelordnungen aufgedeckt. Das ist dann der Fall, falls die Regelordnung zu einem Auseinanderfallen von Erfolgsinteressen der Politiker und Bürokraten und den gemeinsamen Bürgerinteressen führt. An dieser differenzierten Betrachtungsweise werden die zwei Dimensionen des Erkenntnisinteresses der Ordnungsökonomik gut sichtbar. Zum einen stellt sich die Frage, welche Regeln für die Ordnung der europäischen Kooperation für alle Europäer vorteilhaft sind und zum anderen ergibt sich die Frage, welche Entscheidungsverfahren geeignet sind, Regeln zu beschließen, die genau zu dieser Vorteilhaftigkeit für alle Beteiligten führen. Mit anderen Worten geht es im ersten Fall um die Rechtsordnung II auf den verschiedenen europäischen Politikfeldern und im letzteren Fall um die Rechtsordnung I. Hinsichtlich der konstitutionellen Ebene I gilt, dass eine EU-Verfassung dann konsensfähig wäre, falls sie einmal beschlossene Verfassungsregeln auch durchsetzen würde. Nicht zustimmungsfähig wären Abstimmungsegeln, die dazu führen, dass sich Ergebnismuster einstellen, die systematisch und andauernd sowohl gegen die Intention der Verfassung als auch gegen Interessen Einzelner verstoßen.[50] Die „doppelte Rolle des Konsenskriteriums" und dessen Konsequenz für die Forschung beschreibt Vanberg wie folgt:

---

50 Somit wäre z. B. eine EU-Kommission, die die Verfassung willkürlich interpretiert und auf diese Weise den Interessen des Ministerrats und damit den EU-Bürgern widersprechen würde, kaum zustimmungsfähig.

> Anders gesagt, darüber, welche Regelungen in ihrem gemeinsamen Interesse liegen, können letztlich nur die Betroffenen selbst Auskunft geben. Die Frage jedoch, welche Verfahren der Regelwahl am ehesten die Gewähr bieten, dass die konsensfähigen konstitutionellen Interessen der Betroffenen zum Tragen kommen, ist keine Frage, für die die konstitutionellen Präferenzen der betroffenen Akteure die relevanten Beurteilungsinstanz abgegeben könnten. Es ist eine Frage, die anhand relevanter Sachargumente und empirischer Evidenz zu beurteilen ist.[51]

In vorliegender Arbeit wird im Wesentlichen nicht der Frage nach der Rechtsordnung I nachgegangen, sondern vorrangig steht der Aspekt der besseren, konkreten Regelordnung der Kohäsionspolitik (die konstitutionelle Ebene II) im Mittelpunkt.

Insbesondere hinsichtlich der Kohäsionspolitik erscheint eine solche Legitimierung mittels der erweiterten Zustimmungsfähigkeit eine sinnvolle Analyseperspektive, da dieses Politikfeld weitreichende Umverteilungsprozesse beinhaltet. Indessen bedeutet die dargelegte Argumentation von Regel- und Handelnsordnung für das Politikportfolio der EU, dass die Vereinbarungen auf der Regelordnungsebene auch im Zweifel gegen Handlungsinteressen auf subkonstitutioneller Ebene durchgesetzt werden müssen und folglich Sanktionsmöglichkeiten notwendig sind. Um die Vorteile der EU (insbesondere die eines gemeinsamen Binnenmarktes) zu realisieren, müssen die Staaten bestimmte Souveränitätsrechte an die zentrale politische Gewalt der EU übertragen. Die Bereitschaft solche Rechte zu übertragen ist häufig nicht gegeben. Jedoch müssen ebenfalls die Grenzen der Machtbefugnis der EU festgelegt werden. Dies kann bspw. im Rahmen von Garantieklauseln im EU-Vertrag erfolgen. Die Forderung Vanbergs für die nationale Ebene kann auf die EU übertragen werden: „Soweit dieses Risiko durch die Gestaltung der Regelungen politischer Entscheidungsfindung und Machtausübung gemindert werden kann, ohne dass ein zu hoher Preis im Sinne der verminderten Eignung des Gemeinwesens als Instrument gemeinsamer Vorteilsrealisierung gezahlt werden muss, liegen entsprechende institutionelle Reformen offenkundig im gemeinsamen Interesse der Bürger."[52]

3.3 „Vitalpolitik für Staaten"

Die Arbeit will nicht eine umfassende Gesamtkonzeption zur Weiterentwicklung der europäischen Integration aus ökonomischer Sicht entwerfen, sondern vielmehr dazu beitragen, ein einzelnes EU-Politikportfolio, nämlich die Kohäsionspolitik, zu analysieren.[53] Deshalb soll nun, nachdem wesentliche Elemente des

---

51 Vanberg (2008c), S. 43.

52 Vanberg (2003), S. 62.

53 Für die Ambition eines umfassenden Integrationskonzepts existieren zahlreiche vielversprechende Ansätze aus dem Bereich der ökonomischen Theorie des Föderalismus; vgl. z. B. Vanberg (2008a; 2000); Frey/Eichenberger (2004); Kerber (2003); Apolte (1999); Frey (1997).

Forschungsprogramms der Ordnungsökonomik skizziert und auf die Ebene der EU übertragen wurde, in einem letzten Schritt der Anschluss an das Konzept Alexander Rüstows geleistet werden. Die Ausweitung des Ansatzes der Vitalpolitik hin zur einer „Vitalpolitik für Staaten" basiert auf dem Zustimmungskriterium, das eine überzeugende Legitimierungsbasis schafft.[54] Wie diskutiert, greift die Argumentation einer *hypothetischen* Zustimmungsfähigkeit zu kurz.[55] Vielmehr muss die Frage gestellt werden, wie faktisch bestehende Nachteile die Einbeziehung von Individuen, also die Inklusion, behindern. Ausgangspunkt sollte deshalb die Feststellung faktischer Unterschiede und dessen Bedeutung und Wirkung sein. Nur falls die Regelordnung wirklich mit den Interessen der Betroffenen übereinstimmen, ist sie in diesem Sinne legitim.[56] Ausgehend von dieser Legitimierungslogik lassen sich die beiden Prinzipien der Chancengerechtigkeit und Befähigung begründen. Die normative Grundlegung unterscheidet sich von der des Ordoliberalismus in der Hinsicht, dass sie nicht auf naturrechtliche Argumente zurückgreift, sondern auf die faktischen Interessen der Betroffenen abstellt und auf diese Weise einen unabhängigeren Begründungszusammenhang schafft. Eine Ordnung ist nicht aus dem Grund wünschenswert, weil sie den angenommenen menschlichen Bedürfnissen gerecht wird, wie etwa Rüstow argumentierte, sondern, weil sie den tatsächlichen Interessen der Menschen entspricht und daraus Funktionseigenschaften ableitet.[57] Rüstow verfolgt hingegen eine bestimmte Ordnungsvorstellung, weil er davon ausgeht, dass genau diese kompatibel mit seinem Menschenbild und entsprechend menschengemäß ist (vgl. Kapitel 2) und deswegen auch die Zustimmung der Betroffenen finden wird.[58]

Eine Integration von europäischen Volkswirtschaften in den Binnenmarkt ohne Betrachtung ihrer *faktischen Zugangsmöglichkeiten* ist also unzureichend. Das bedeutet, dass die faktischen Hindernisse für die Teilnahme am Binnenmarkt wahrgenommen und bewertet werden müssen. Hierzu sind Untersuchungen notwendig, ob die Handlungsmuster, die sich aus der Regelwahl ergeben, *systematisch* und *dauerhaft* einzelne Mitglieder der EU und ihre Bürger diskriminieren und von der Teilhabe am Binnenmarkt ausschließen. Zentrale Hindernisse können unter den Kategorien Mobilität und Bildung gefasst werden. Obgleich in der EU weitestgehend *de jure* Freizügigkeit und Niederlassungsfreiheit herrscht, ist die tatsächliche Möglichkeit der EU-Bürger zur Arbeitsmigration oder zur Abwanderung aus ihren ursprünglichen Gebietskörperschaften fraglich.[59] Faktoren, die Mobilität bedingen, sind bspw. eine

54 Hierzu auch Dörr (2016b).
55 Vgl. Fuchs-Goldschmidt/Goldschmidt (2013).
56 Vgl. Goldschmidt/Lenger (2011b); Eith/Goldschmidt (2005).
57 Vgl. Vanberg (2001/2009), S. 727 f.
58 Aus diesem Grund würde Rüstow, als Vertreter der Überlagerungssoziologie, auch den Gedanken einer vertragstheoretischen Konstruktion ablehnen.
59 So schlussfolgert die OECD (2014a), dass weitere politische Maßnahmen zum Abbau von Mobilitätshindernisse in der EU notwendig sind.

ausgebaute Verkehrsinfrastruktur, sinnvolle Regelungen, um Ansprüche aus der Sozialversicherung zu erhalten, oder die gegenseitige Anerkennung nationaler Qualifikationsabschlüsse. Mobilitätsbarrieren existieren gleichermaßen für Individuen, Unternehmen und Produktionsfaktoren. Bildung ist ein bedeutsames Mittel, um Aufstiegschancen unabhängig vom soziokulturellen Milieu zu ermöglichen, den Individuen mittels der Teilnahme am Arbeitsmarkt Lebensperspektiven zu eröffnen und um wiederum die Mobilität zu garantieren. Insbesondere wirtschaftsschwache Gebietskörperschaften weisen Hinderungsgründe für die Teilnahme am Binnenmarkt auf, da ihnen für entsprechende Befähigungsmaßnahmen weniger Finanzressourcen zur Verfügung stehen. Folgt man der Einsicht, dass faktische Barrieren bestehen, dann erscheint die Forderung sinnvoll, Chancen zur Binnenmarktteilhabe zu ermöglichen. Rüstow forderte stets die positive als die die negative Freiheit ergänzende Freiheit ein. Als nützlich erweist sich bei dieser Betrachtung wiederum die Arbeit von Buchanan, der 1975 mit „Grenzen der Freiheit“ die Vertragstheorie aus seinem vorherigen Werk „Calculus of Consent“ erweitert und die Ergänzung des Rechtsstaates („protective state“) um einen Leistungsstaat („productive state“) betont. Die erste Rolle des Staates als Rechtsstaat verknüpft er mit dem konstitutionellen Stadium. Im konstitutionellen Vertrag wird der Kollektivinstanz die Funktion einer Durchsetzungsinstitution übertragen. Der Staat garantiert die Umsetzung und Respektierung freiwilliger, zwischen Individuen vereinbarter Verträge. So einigen sich die Bürger auf eine Ordnung individueller Rechte und Ansprüche, die von der Kollektivinstanz gewissermaßen wie programmiert und ohne Entscheidungsspielraum durchgesetzt werden. Eine Rechtsverletzung zieht eine automatische Sanktionierung nach sich. Anders als der Rechtsstaat, der kein Verfahren zur kollektiven Entscheidung beinhaltet, umfasst der Leistungsstaat eine legislative Funktion, die ihm wiederum im Grundvertrag zugerechnet wird. Mit Hilfe der Entscheidungsmechanismen können sich Individuen im postkonstitutionellen Vertrag auf die Bereitstellung öffentlicher Güter einigen.[60] Analog kann die EU als ein Leistungsstaat interpretiert werden, die durch einen Ordnungsrahmen die Arena des Tauschs in Form des gemeinsamen Marktes gewährleistet und darüber hinaus öffentliche Güter bereitstellt, die sonst nicht, zu wenig oder in schlechter Qualität produziert würden. Die Hilfeleistung zur Selbsthilfe rückständiger Gebietskörperschaften kann dem Leistungsstaat zugeordnet werden. Die gleiche Argumentation, die auf nationaler Ebene gilt, ist auf die internationale Ebene übertragbar: Es liegt wohl kaum im zustimmungsfähigen Interesse aller Beteiligten, einzelne Länder mittelfristig in ihrem Zustand der sozioökonomischen Rückständigkeit zu belassen und ihrer Bevölkerung somit die Teilhabe am Binnenmarkt zu erschweren. Eine EU mit einer Unterstützungspolitik für die rückständigen Staaten ist im konsensfähigen

---

60 Buchanan (1975/1984), S. 97 ff. betont jedoch ausdrücklich, dass der konstitutionelle Vertrag auch den zulässigen Bereich kollektiver Entscheidungen absteckt, also es Einschränkungen über die Art an öffentlichen Gütern gibt, die produziert werden.

konstitutionellen Interesse der europäischen Bürger, weil sie allen Beteiligten bessere Lebenschancen eröffnet als eine EU, die den historisch begründeten Aufholbedarf der postsozialistischen Mitglieder ignoriert und dadurch Gefahr läuft, Potenzial des Binnenmarktes nicht voll auszuschöpfen. Rüstow betonte stets, dass der Fokus auf dem überwirtschaftlichen Ziel der Verbesserung der Lebensqualität liegen müsse, das dem Menschen ein zuträgliches Leben sichere. Die Vitalpolitik versucht diese Inklusion durch Befähigung der Individuen umzusetzen. Bezogen auf die Kohäsionspolitik bedeutet das, Befähigungsmaßnahmen für rückständige Volkswirtschaften zu finden, die im konsensfähigen Interesse aller Bürger der EU liegen. Eine „Vitalpolitik für Staaten" zielt also auf zwei Ebenen ab. So werden Staaten durch die Unterstützung der Kohäsionspolitik dazu befähigt (erste Ebene), ihren Bevölkerungen eine privilegien- und diskriminierungsfreie Marktteilnahme zu ermöglichen (zweite Ebene). Hierfür sind neben formalen Beteiligungsrechten aktive Maßnahmen notwendig, die darauf abzielen, gerechte Strukturen zu schaffen. Eine „Vitalpolitik für Staaten" muss deshalb aus einer Kombination von negativen und positiven Freiheitsrechten bestehen, die für alle akzeptable Ergebnismuster produziert.[61] Die zwei kurz skizzierten Typen von Teilhabebarrieren geben erste Hinweise darauf, wie die Kohäsionspolitik tätig werden könnte, nämlich v. a. Investitionen in die Bildungssysteme und die Infrastruktur sowie Reform dysfunktionaler institutioneller Arrangements.

Es lässt sich festhalten, dass sich aus der Verknüpfung der modernen Ordnungsökonomik als „science of rules" mit dem Teilhabegedanken des Vitalpolitik-Konzepts eine Argumentation ableitet, die eine diskriminierungs- und priviliegienfreie Ordnung konstituiert.[62] Denn zustimmungsfähig ist nicht allein eine Wettbewerbsordnung, die keinen bevorzugt, sondern darüber hinaus auch niemanden vom Wettbewerb exkludiert. Die Ausführungen zu einer „Vitalpolitik für Staaten" wurden an dieser Stelle auf die wesentlichsten Grundsätze beschränkt, da auf sie in den Abschnitten zur Analyse der Kohäsionspolitik (Kapitel 5) sowie zum Plädoyer für ein Reformkonzept (Kapitel 6) zurückgegriffen werden wird. Für die Analyse der europäischen Regional- und Strukturpolitik werden ordnungsökonomische Kriterien erarbeitet, die darauf abzielen, die verschiedenen Regelebenen der EU zu untersuchen, inwiefern sie für die Betroffenen wünschenswerte Regelarrangements darstellen und helfen können, alle besserzustellen. Damit ist der gemeinsame Bezugspunkt der Kohäsionspolitik und der „Vitalpolitik für Staaten" angesprochen, nämlich das Ziel, die tatsächlichen Lebensbedingungen der Menschen zu verbessern und ihnen den Rahmen für ein gutes und gelingendes Leben zu schaffen. Es ist diese Parallelität, die einen neuen Zugang zur Kohäsionspolitik erlaubt, der notwendig erscheint: Trotz der bisherigen Anstrengungen der Kohäsionspolitik ist der Abstand des Wohlstandsniveaus in Teilen

---

61 Dazu grundlegend: Goldschmidt/Lenger (2011b), S. 302, Herv. i. O.
62 Vgl. Buchanan (1977), S. 83.

der EU weiterhin immens und der Mittelbedarf scheint bleibend groß zu sein. Eine wichtige Schlussfolgerung daraus ist, dass entweder der Aufholbedarf enorm ist oder jedoch die Wirkung der Kohäsionspolitik eher gering. Letzteres monieren zumindest die Kritiker: Obwohl jeder Europäer für die Hilfspolitik in Form nationaler Beiträge zum EU-Haushalt einen Beitrag leistet (statistisch betrachtet circa 106 EUR pro EU-Bürger im Jahr 2012 für die Kohäsionspolitik), stellen sich kaum Erfolge ein. Zudem werden immer wieder Fälle von Missbrauch und Verschwendung der Finanzressourcen bekannt.[63] Es gibt Erfolgsgeschichten des Aufholprozesses, wie das Beispiel des Aufstieg Irlands zeigt, aber ebenso ernüchternde Resultate, wie z. B. Süditalien und Sizilien.[64] Darüber hinaus ist zu beobachten, wie versucht wird, immer weitere Regelkompetenzen an supranationale Organe zu verlagern und Finanzressourcen umzuverteilen, ohne dies jedoch rational begründen zu können.[65] Gerade hinsichtlich der Absicht der EU, die mittel- und osteuropäischen Mitgliedstaaten zu integrieren und die Lebensbedingungen dort zu verbessern, ist somit die Beantwortung der Frage nach der Wirksamkeit der Kohäsionspolitik von grundlegender Bedeutung. Eine zentrale These vorliegender Arbeit ist, dass für die Erhöhung der Wirksamkeit sowie die erfolgreiche Unterstützung und Gestaltung der Aufholprozesse eine vertiefte Kenntnis der Bedingungslage in den Empfängerstaaten notwendig ist. Dieser neue Zugang kann durch das erweiterte Konzept von Rüstow geleistet werden. Sein breiter Fokus erfasst die Prozesse gesamtgesellschaftlicher Entwicklung besser als es eine rein ökonomische Betrachtung kann. Der Perspektivenwechsel, den das Konzept im Vergleich zu sonst gebräuchlichen Ansätzen zur Untersuchung der Kohäsionspolitik einbringt, soll im folgenden Kapitel anhand der Untersuchungsobjekte der postsozialistischen Länder Mittel- und Osteuropas anschaulich gemacht werden.

---

63 Durch die Medien werden solche Fälle regemäßig der breiteren Öffentlichkeit präsentiert; z. B. Süddeutsche Zeitung (2013), S. 11; Urban (2012), S. 14.

64 Vgl. Adshead (2005), S. 159 ff.; Bull/Baudner (2004), S. 1058 ff.

65 Exemplarisch sei lediglich auf das jüngste Vorhaben der EU-Kommission verwiesen, angesichts des niedrigen Beschäftigungsstandes in vielen EU-Staaten im Rahmen des Europäischen Sozialfonds mehr Geld für junge Arbeitslose vorzusehen; vgl. EU-Kommission (2013e).

4 Gegenstand der Analyse und die Bedingungslage in den Staaten Mittel- und Osteuropas

> Polen hat im 20. Jahrhundert einiges mitgemacht. Vielleicht sind meine Landsleute etwas müde, sich schon wieder mit Veränderungen abzufinden. Aber wir werden auch das schaffen, denn wir wollen zurück nach Europa.
> Adam Krzemiński, zit. nach: Fischer (2002)

Aus Sicht einer „Vitalpolitik für Staaten" ist die Kenntnis, unter welcher Bedingungslage die Kohäsionspolitik in den jeweiligen Ländern stattfindet, zentral. Im folgenden Kapitel soll es deshalb darum gehen, die postsozialistischen mittel- und osteuropäischen Länder (im Folgenden als MOEL abgekürzt) näher zu beschreiben. Im Zusammenhang mit der europäischen Kohäsionspolitik ist diese Ländergruppe insbesondere aus zwei Gründe als Untersuchungsobjekt geeignet.

Erstens veränderte ihr Beitritt die sozioökonomische Situation in der EU dramatisch. Durch die bislang größte Erweiterung ihrer Geschichte wuchs die EU zwischen 2004 und 2007 sprunghaft von 15 auf 27 Länder an, wovon zehn der Neumitglieder ehemalige sozialistische Staaten sind. Insbesondere das Wohlstandsgefälle zwischen den Mitgliedsländern vergrößerte sich infolge der *big bang*-Integration. Obwohl die Bevölkerung der gesamten EU durch die Erweiterung um 20 % anstieg, verzeichnete das Bruttoinlandsprodukt der EU lediglich einen Zuwachs von 5 %.[1] Die Ost-Integration war nach Maßgabe des durchschnittlichen EU-BIP-Pro-Kopf mit dem erheblich stärksten Rückgang der Wirtschaftskraft aller bisherigen Erweiterungsrunden verbunden.[2] Angesichts des Wohlstandsunterschiedes zwischen den postsozialistischen Staaten und den anderen EU-Ländern lautet ein wesentliches Politikziel der EU, den relativ schwachen Ländern und deren Regionen aktiv bei ihrem ökonomischen Aufholprozess zu unterstützen. Neben dem Motiv der gegenseitigen Hilfe, das bereits vor dem Fall des Eisernen Vorhangs als Rechtfertigung der Kohäsionspolitik diente, ist nun außerdem die Fragilität der Transformationsprozesse – die Etablierung marktwirtschaftlicher Demokratien – ein entscheidendes Argument. Mit der Verringerung des Wohlstandsgefälles solle der Zusammenhalt, sowohl zwischen den EU-Ländern als auch der jeweiligen Bevölkerungsgruppen innerhalb der Transformationsstaaten gefördert werden und somit letztlich zur Stabilisierung der erreichten Reformerfolge beitragen. Ein wesentliches Instrument der EU dafür stellt die Kohäsionspolitik dar.

Zweitens ist diese Kohäsionspolitik für die MOEL faktisch von hoher Bedeutung. Zur Integration der neuen Mitgliedstaaten sind bis Ende 2013 insgesamt ungefähr 222,8 Mrd. EUR allein aus den Kohäsionsmitteln als Hilfen in diese Länder geflossen, sodass die Gemeinschaftsmittel einen erheblichen Anteil an den den Beitrittsländern

---

1 Vgl. Allen (2010), S. 245.
2 Vgl. Drevet (2000), S. 345 ff.

DOI 10.1515/9783110482768-004

insgesamt zur Verfügung stehenden Entwicklungsbudgets haben (Abb. 4.1).[3] Hauptsächlich für die Staaten Mittel- und Osteuropas spielt die Kohäsionspolitik eine bedeutende Rolle. Hingegen haben die Gemeinschaftsmittel für die Länder der EU-15 eine geringe Relevanz. Eine Ausnahme davon bilden Spanien, Portugal und Griechenland, die 1986 und 1981 mit einem relativ niedrigen Wohlstandsniveau beigetreten sind. Die überdurchschnittliche finanzielle Bedeutung der Gemeinschaftspolitik in diesen Ländern könnte auf die Persistenz von regionalen Disparitäten und den langen Zeithorizont von Aufholprozessen hindeuten. Die zeitgleich mit den postsozialistischen Ländern beigetretenen Mittelmeerländer Malta und Zypern haben zwar mit knapp 13 % bzw. 9,4 % einen höheren Anteil der Kohäsionsmittel am nationalen Entwicklungsbudget als die EU-15 (8,5 %), liegen aber deutlich unter dem Mittelwert der postsozialistischen mittel- und osteuropäischen Länder ohne Bulgarien und Rumänien (49 %). Entsprechend dem Zweck des Kapitels, die MOEL im Zusammenhang mit der Kohäsionspolitik zu charakterisieren, sollen zunächst neben dem Weg der ehemaligen sozialistischen Staaten in die EU auch die Integrationsgründe erläutert werden (4.1). Von den Staaten des Ostblocks wurden lediglich einige EU-Mitglied (und jüngst auch Kroatien aus dem vormals sozialistischen, aber blockfreien Jugoslawien), während andere, nämlich mit Ausnahme des Baltikums sämtliche Republiken der Sowjetunion, sich nicht in Richtung Demokratie, Rechtsstaat und Marktwirtschaft entwickelten. Ein maßgeblicher Grund für diese Entwicklung dürfte in den kulturellen Einflussgrößen liegen, die die Verhaltensweisen der politischen und ökonomischen Akteure in den MOEL determinieren und somit Teil der Bedingungslage sind. Argumentiert wird, dass die EU-Integration der MOEL eine „Rückkehr nach Europa" darstellt, da die MOEL historisch und kulturell größtenteils der Ländergruppe der EU angehören. Trotz gemeinsamer Grundmuster weisen die MOEL allerdings auch länderspezifische Merkmale auf. Diese kulturelle Varietät der postsozialistischen Länder macht ebenfalls sichtbar, wie komplex und vielschichtig der Transformationsprozess in Mittel- und Osteuropa verlaufen ist. Die Forschungsliteratur zu Systemwechseln, insbesondere zur Transformation ab 1990, ist umfangreich, sodass der Fokus vorliegender Arbeit auf der Zeit der Mitgliedschaft in der EU liegt und nur so weit wie nötig auf die Phase vor dem EU-Beitritt eingeht, und wie es zum Verständnis notwendig ist.[4] Neben den Beitrittsmotiven der MOEL wird darüber hinaus beleuchtet, welche Gründe der Aufnahmeentscheidung seitens der EU-15 zu Grunde lagen. Dabei war die Konditionalität seit Beginn des Integrationsprozesses wichtiges Heranführungsinstrument

---

3 Vgl. EU-Kommission (2007d), S. 25; Leonardi (2005), S. 62.

4 Z. B. zur Diagnose der Ländersituationen sowie dem Verlauf, der Geschwindigkeit und der Erklärung der Transformationen: Aslund/Djankov (2014); Bohle/Greskovits (2012); Leonardi (2005); Hedegaard/Lindström (Hg.) (2003); Bachtler et al. (Hg.) (2000); Bradshaw/Stenning (2000). Für Polens Transformation aus einem ordnungstheoretischem Blickwinkel Leschke/Sauerland (1993).

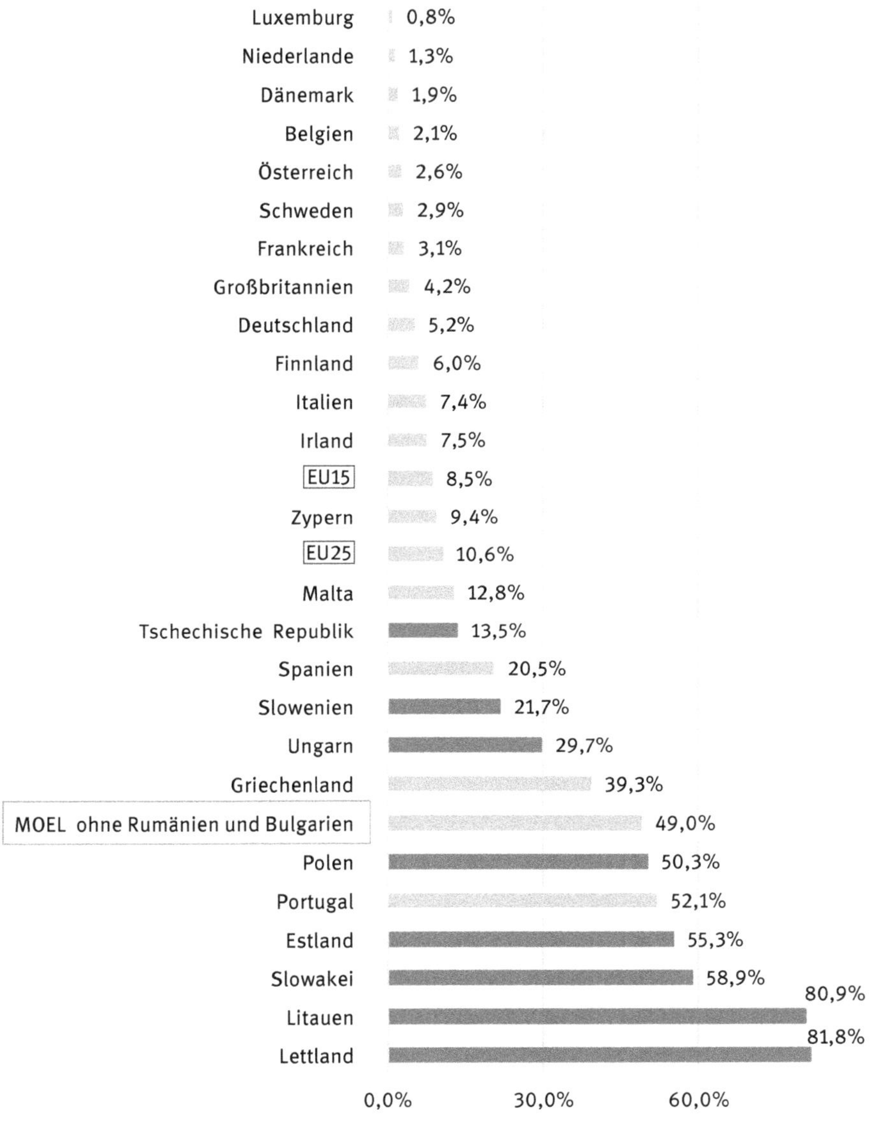

Abb. 4.1: Bedeutung der Mittel aus der Kohäsionspolitik für die EU-Mitgliedstaaten (Quelle: Eigene Darstellung).[5]

5 Ressourcen (ohne den ESF) gemessen an den nationalen öffentlichen Ausgaben für Entwicklung (nach den *Classification of the Functions of Government*-Kategorien) 2000–2006 bzw. 2004–2006 für die Neumitglieder. Eigene Darstellung basierend auf: ISMERI Europa/Applica (2010), S. 185 ff. Dort auch zur Methodologie der Erfassung von Entwicklungsausgaben.

und zugleich ein wichtiger Antrieb des institutionellen Wandels in den MOEL. Der Transfer von Institutionen fand im kleineren Maßstab bereits im Rahmen der vor dem Beitritt gewährten Unterstützungsleistungen (4.2) statt, die den Beitrittskandidaten beim Aufbau notwendiger Institutionen und der Umsetzung des EU-Regelwerkes behilflich sein sollten. Die teilweise geringen Wirkungen der Vorbeitrittshilfen können Anhaltspunkte für die Anwendung der Kohäsionspolitik geben, indem als Konsequenz die Bedeutung der informellen Institutionen und kultureller Dispositionen als Bestandteile der Bedingungslage deutlicher berücksichtigt werden. Anschließend wird in Abschnitt 4.3 diese Perspektive in einer knappen Bestandsaufnahme der Länder umgesetzt. Zentrale Fragen lauten, inwiefern die ehemaligen sozialistischen Länder tatsächlich rückständig sind und somit ihrer jeweiligen Bevölkerung lediglich eingeschränkte Teilhabechancen am europäischen Binnenmarkt ermöglichen. Auch werden erste Hinweise darauf gegeben, welche Rückschlüsse sich für den geeigneten Einsatz der Kohäsionsmittel ziehen lassen. Dabei wird der Begriff der Rückständigkeit, der primär als Fortschritt des *Catch Up*-Prozesses gemessen am Bruttoinlandsprodukt definiert wird, um die institutionelle Dimension erweitert.

4.1 Rückkehr nach Europa?

Der Weg der ehemaligen sozialistischen Länder Estland, Lettland, Litauen, Polen, der Tschechischen Republik, Slowakei, Ungarn, Slowenien und Kroatien in die EU wird oft als ein „Zurück nach Europa“ beschrieben, also eine Rückkehr der Länder zur europäischen Wertegemeinschaft, der sie eine Zeit lang künstlich ausgeschlossen waren.[6] Dieser Auffassung entgegen steht allerdings die bei den Bewohnern der EU-15 häufig vorzufindende Einstellung, die die Transformationsstaaten Mittel- und Osteuropas mit dem Ostblock gleichsetzt; ein Begriff, der eine pejorative Konnotation besitzt. Zumindest implizit wird damit unterstellt, dass die MOEL kein eigentlicher Teil Europas seien und Europa an der ehemaligen Grenze des Eisernen Vorhangs endet – zweifellos eine Nachwirkung der politischen Trennung im Kalten Krieg.[7] Aus der Diskrepanz zwischen einer solchen Wahrnehmung und der realiter erfolgten EU-Erweiterung erwächst die Gefahr einer mangelnden Akzeptanz der Rolle der mittel- und osteuropäischen Neumitglieder in der EU und vor allem auch für die Notwendigkeit sowie die Rechtfertigung einer europäische Regional- und Strukturpolitik. Obgleich die „Vitalpolitik für Staaten“ auf eine andere Begründung abstellt (wie noch zu zeigen sein wird), so hat diese verbreitete Einstellung Auswirkung auf die Handlungsmuster im Rahmen der Kohäsionspolitik. Schlögel merkt zu den

6 Der Ausdruck wurde erstmals vom polnischen Publizisten Adam Krzemiński erwähnt in: Fischer (2002).

7 Vgl. Jäger-Dabek (2006), S. 11.

Einstellungen der Deutschen gegenüber den Transformationsländern an: „Die Deutschen, die Westdeutschen vor allem, haben in der Regel dem östlichen Europa den Rücken zugewandt. Sie können daran nichts Besonderes finden, schon deshalb, weil sie nie da gewesen sind. Die Langzeitwirkung dieser Entfremdung macht sich jetzt, wo sie historisch obsolet geworden ist, erst bemerkbar. Man kennt Mallorca besser als Prag und Miami besser als Warschau oder Budapest.“[8]

Ein Beleg für diese Feststellung ist die Unschärfe und Erklärungsbedürftigkeit des Begriffspaars Mittel- und Osteuropa. Mit der klaren Ost-West-Trennung im Kalten Krieg gab es auch keinen Platz für eine Dimension der Mitte, sodass der Begriff Mitteleuropa verblasste. Während die sozialistischen Länder zusammen den Ostblock bildeten, war der „Westen“ gleichbedeutend mit der demokratischen Staatenwelt in Europa.[9] Dass dabei jedoch etwa Deutschland nicht zwingend Westeuropa zuzuordnen ist, zeigt – von den zahlreichen und teils älteren Definitionen – der verbreitete Klärungsversuch des liberalen Pastors Friedrich Naumann (1860–1919), der mit Mitteleuropa den Raum des Deutschen Reichs und der österreichisch-ungarischen Monarchie bezeichnete.[10] Kriterien für die Einteilung waren für Naumann geografische, politische wie kulturelle Faktoren. In vorliegender Arbeit soll an diese Konvention anlehnend Mitteleuropa als das Gebiet der Länder Deutschland, Österreich, Estland, Lettland, Litauen, Polen, Ungarn, der Tschechische Republik, Slowakei, Slowenien, Kroatien sowie Bosnien-Herzegowina, Osteuropa als die Länder Rumänien, Bulgarien, Moldawien, Ukraine, Belarus sowie Russland und Südosteuropa als die Länder Griechenland, Zypern, Serbien, Montenegro, Kosovo, Mazedonien und Albanien verstanden werden. Wird in Folge von den mittel- und osteuropäischen Ländern (MOEL) gesprochen, sind damit jedoch lediglich die postsozialistischen EU-*Neu*mitgliedsstaaten in dem definierten Raum gemeint; also Mitteleuropa ohne Deutschland, Österreich und Bosnien-Herzegowina und Osteuropa ohne Russland, die Ukraine, Belarus und Moldawien. Dieser Definitionsversuch leugnet keineswegs die Schwierigkeit einer eindeutigen und allgemeingültigen kulturgeografische Abgrenzung, ist allerdings als Arbeitsdefinition für vorliegende Arbeit sinnvoll. Obwohl im Sprachgebrauch regelmäßig auch Ostmitteleuropa (als östlicher Teil von Mitteleuropa) für diese Region zu finden ist, wird hier am umfassenderen Begriff der MOEL festgehalten, da Ostmitteleuropa oftmals einige Länder wie die des Baltikums oder die des Balkans nicht abdeckt, bzw. Staaten wie Österreich oder Finnland hinzuzählt und zudem nicht kompatibel zum englischen Gebrauch des *Central and Eastern Europe (CEEC)* ist.[11] Vergleicht man den Zeitraum der sowjetischen Einflussnahme von 1945 bis 1989 mit der gesamten geschichtlichen Entwicklung der Region, relativiert sich

8 Schlögel (2002), S. 244.
9 Dazu Schlögel (2002), S. 14 ff.
10 So in seiner Kriegszielschrift Mitteleuropa; vgl. Naumann (1915).
11 Zur geografischen und ethnografischen Einteilung Ostmitteleuropas: Halecki (1964; 1956).

der Blickwinkel der dichotomen Europadefinition in Ost und West schnell. Geografisch wie kulturraumspezifisch gehören die MOEL zu Europa, selbst wenn nochmals zwischen den einzelnen Ländern des *Clusters* zu unterscheiden sein wird.[12] So waren bspw. Teile Polens über lange Zeiträume integraler Bestandteil des Deutschen Reichs und Österreich-Ungarn bildete mit den Gebieten Böhmen, Mähren, Kroatien und Westrumänien eine Monarchie. Geburtsorte bekannter Ökonomen wie derjenige von Joseph Schumpeter (Triesch), von Leonhard Miksch (Teplitz-Schönau), von Eugen von Böhm-Bawerk (Brünn), von Emil Lederer (Pilsen, wie alle bisher genannten Orte in der heutigen Tschechischen Republik) und von Ludwig von Mises (Lemberg in der heutigen Ukraine) liegen in den heutigen MOEL. Jäger-Dabek bemerkt zur Kulturraumzuordnung:

> Für uns in der Bundesrepublik Geborene begann Osteuropa an der Oder, und spätestens dort endete die bekannte Welt. Tatsächlich aber waren Oder und Neiße nie die Grenze zu Osteuropa, weder kulturell noch sprachlich oder historisch. [...] Eine Mitte konnte es nicht geben zwischen den beiden Extremen. Der Eiserne Vorhang rückte im Empfinden des Westens die Grenze Europas plötzlich vom Ural westwärts bis an die Oder.[13]

Die Transformationsländer Mittel- und Osteuropas waren zivilisatorisch prägend für den heutigen europäischen Kulturraum und wurden zugleich durch ihn geformt. Insofern war es nach knapp 45 Jahren Trennung ein Weg zurück; eine „Auflösung des Entweder/Oder" des Europabegriffs.[14] Wie bereits angesprochen, muss jedoch hinsichtlich der kulturellen Verortung Osteuropas eine gewisse Einschränkung vorgenommen werden: Zwar standen Rumänien und Bulgarien im regen Austausch mit West- und Mitteleuropa, jedoch dominiert in beiden Ländern die Ostkirche, deren Gesellschaftsverständnis weitreichende Folgen für die Werte, Einstellungen und Verhaltensweisen (etwa mit Blick auf die Rolle des Staates) der Individuen hatte. Außerdem wird die vergangene Integration beider Staaten in das Reich der Osmanen und der Zaren als Scheidelinie gesehen.[15] Die Aufnahme Bulgariens und Rumäniens zu einem späteren Zeitpunkt als dem der mitteleuropäischen Transformationsstaaten kann möglicherweise mit den Nachwirkungen dieser Tatsache erklärt werden.[16] Dass die „Westbindung" und das EU-Beitrittsgesuch weitgehend Eliten- und Bevölkerungskonsens in den MOEL war, ist wohl wesentlich damit zu begründen, dass das Spannungsverhältnis zwischen der Kulturraumzugehörigkeit zu Europa und der

---

12 Zur Demarkation des Großraums Europa: McCormick (2011), S. 42 ff.; Gehler (2010), S. 13 ff.; Immerfall (2006), S. 13 ff.

13 Jäger-Dabek (2006), S. 11.

14 Vgl. Schlögel (2002), S. 188 f.

15 Vgl. Delhey (2001), S. 67 ff. Zur Bedeutung von Religion in der (ökonomischen) Entwicklung: Landes (1999), S. 174 ff.

16 Vgl. Winiecki (2004).

politischen Trennung bis zum Ende der Sowjetunion Bestand hatte. Die Aufnahme in die EU stand für die Wiederintegration in Europa. Entsprechend opponierten lediglich Minderheiten gegen einen EU-Beitritt; meist aus Angst der ökonomischen Schlechterstellung: Bspw. existierte in Polen nur eine wenn auch einflussreiche Minderheit, bestehend aus Landwirten und der ländlichen Bevölkerung, die gegen den Beitritt votierten, deren Widerstand nach 2004 jedoch schwand.[17] Klimczaks begründet die unterschiedliche Zustimmung zum EU-Beitritt in Polen mit der kulturellen Teilung Polens. Während die Zugehörigkeit des westlichen Landesteils zu Preußen im 19. Jh. bis heute nachwirke, zeichne sich der östliche Teil Polens durch das kulturelle Erbe Russlands aus. Folge davon sei ein agrarisch ausgerichteter und weniger unternehmerisch geprägter sowie wirtschaftlich rückständigerer Ostteils Polens, in dem sich die Ablehnung des EU-Beitritts konzentrierte.[18] Die in Tab. 4.1 dargestellten Referenden über den EU-Beitritt in den MOEL sowie den Ländern der vorhergehenden Erweiterungsrunde zeigen zum einen die durchgehend niedrigere Wahlbeteiligung in den MOEL und zum anderen jedoch auch die durchgehend höhere Zustimmung zu einem Beitritt; ein Befund, der das Argument des Beitrittskonsens in allen Beitrittsländern Mittel- und Osteuropas stützt. Während die norwegische Bevölkerung zum zweiten Mal einen Beitritt ablehnte, war die Zustimmung in Schweden und Finnland knapp. Der Anteil der Ja-Stimmen ist in Österreich war ähnlich hoch wie der schwächste Zustimmungswert in den MOEL. Bei den postsozialistischen Ländern wiesen die Slowakei, Litauen, Slowenien und Ungarn die größte, Estland und Lettland die niedrigste Zustimmung auf. Zu erklären ist das Muster wahrscheinlich mit der Tatsache, dass in Estland und Lettland starke russische Bevölkerungsminderheiten existieren. Auffällig ist zudem die sehr geringe Wahlbeteiligung in Ungarn. Die Ursache der niedrigeren Partizipation kann in dem weniger eingeübten sozialen Muster der Wahlnorm und der weniger ausgeprägten Zivilgesellschaft vermutet werden, die beide wiederum Ergebnis kultureller Pfadabhängigkeiten des realisierten Sozialismus sind.[19] In Bulgarien erfolgte die Ratifizierung einzig im Parlament, eine Volksbefragung wurde nicht abgehalten. Einen Hinweis für die Zustimmungsrate gibt eine Umfrageerhebung des bulgarischen *Institute for Marketing and Social Surveys* 2004 bei der 71 % der Bevölkerung den Beitritt unterstützten.[20] Ebenso wie in Bulgarien lehnte die parlamentarische Mehrheit in Rumänien eine fakultative Volksbefragung ab, sodass der Beitritt alleinig im Parlament entschieden wurde. Während in Zypern kein Referendum

---

17 Vgl. Gorzelak/Kozak (2008), S. 141.
18 Vgl. Klimczak/Klimczak (2009).
19 Hölscher untersucht Einstellungen und Werte in den MOEL anhand Umfragedaten der *European Values Study* von 1999/2000 und kommt zu dem Ergebnis, dass die MOEL (ohne Slowenien) durch ihre sozialistische Vergangenheit so geprägt zu sein scheinen, dass alle Bevölkerungen etwa gleich stark auf staatliche Eingriffe setzen und ein geringes Maß an Vertrauen in den Staat zu besitzen scheinen; vgl. Hölscher (2006), S. 177 ff.; auch Buzogány (2014).
20 Vgl. Institute for Marketing and Social Surveys (2004).

abgehalten wurde, ergab die Volksabstimmung 2003 in Malta mit 53,6 % Ja-Stimmen eine knappe Mehrheit.[21]

Tab. 4.1: Ergebnis der Referenden in den MOEL und den Beitrittsländern der vorhergehenden Erweiterung (Quelle: Eigene Darstellung).[22]

Land	Datum	Ja-Stimmen	Nein-Stimmen	Wahlbeteiligung
Slowenien	April 2003	89,6 %	10,4 %	60,3 %
Ungarn	April 2003	84,0 %	16,0 %	45,6 %
Litauen	Mai 2003	91,0 %	9,0 %	63,4 %
Slowakei	Mai 2003	92,5 %	6,2 %	52,1 %
Polen	Juni 2003	77,5 %	22,5 %	58,8 %
Tschechische Republik	Juni 2003	77,3 %	23,7 %	55,2 %
Estland	September 2003	66,8 %	32,2 %	64,0 %
Lettland	September 2003	67,0 %	32,3 %	72,5 %
Finnland	Oktober 1994	56,9 %	43,1 %	74,0 %
Schweden	November 1994	52,3 %	46,8 %	83,3 %
Österreich	Juni 1994	66,6 %	33,4 %	82,4 %
Norwegen	November 1994	47,8 %	52,2 %	88,8 %

Im Gegensatz zur der eindeutigen EU-Orientierung der MOEL standen die Beziehungen zwischen den weiter östlich liegenden Staaten und der EU, wie Aslund feststellt: „The EU has meant little to the post-Soviet countries. For many years, their experiences with the EU were not happy."[23] Die Bruchlinie zwischen EU-Anwärtern (und später Mitgliedstaaten) und den Ländern jenseits jeglicher Beitrittswünsche ist zum großen Teil identisch mit der Kulturraumgrenze der vorsozialistischen Ära. Eine gewisse Ausnahme bildete Kroatien als jüngstes Mitglied, das anders als sein Nachbar Slowenien (beides ehemalige Teilrepubliken der sozialistischen föderativen Republik Jugoslawien), trotz „Westorientierung" erst deutlich später der Union beitreten konnte.[24] Ebenso kann der Beitritt von Rumänien und Bulgarien als Abschwächung der Argumentation der Kulturraumzugehörigkeit gesehen werden. Wie erläutert werden beide Länder oftmals durch ihre orthodoxe religiöse Prägung vom lateinischen Kulturraum abgegrenzt gesehen und daraus die weniger erfolgreich verlaufende Transformation beider Staaten erklärt.[25] Dabei war natürlich die Kulturraumzugehörigkeit nicht die einzige Triebkraft der Beitrittsbestrebungen. Die Ablehnung des oftmals als Besatzer

---

21 Gehler (2010), S. 409 f.

22 Eigene Zusammenstellung basierend auf: McCormick (2011), S. 45, S. 460; Nugent (2010), S. 458 ff.; Kaiser et al. (1995).

23 Aslund (2013), S. 323.

24 Kušić (2013) zu den genauen Gründen.

25 Z. B. dazu Panther (1998), S. 211 ff.

empfundenen russischen Hegemons und die Hoffnung, die EU fungiere als Garant für die neuerlangte Unabhängigkeit, spielte eine Rolle. Darüber hinaus waren die innenpolitische Stabilisierung der Transformation und nicht zuletzt die ökonomischen Aussichten wichtige Argumente.[26] Denn eine Mitgliedschaft bedeutet Zugang zu einem großen Binnenmarkt, Modernisierungsmöglichkeiten durch (erleichterte) Direktinvestitionen und Strukturhilfen durch die EU. Obwohl es auch seitens einiger EU-Staaten starkes Interesse an einer schnellen Integration gab (aus ökonomischen wie außen- und sicherheitspolitischen Erwägungen), so waren es doch vorwiegend die MOEL, die auf eine rasche Mitgliedschaft drängten.[27]

Bereits in den 1980er-Jahren kam es zu wirtschaftlichen Annäherungen. 1988 nahmen die Europäische Gemeinschaften (EG)[28] diplomatische Beziehungen mit dem Rat für Gegenseitige Wirtschaftshilfe (RGW) auf, die in einem Kooperationsabkommen mündeten und schlossen mit Ungarn 1989, mit Polen, der Tschechoslowakei und Bulgarien 1990 und mit Rumänien 1991 Handels- und Kooperationsabkommen. Mit den Abkommen zeigte sich eine Paradoxie, der sich durch spätere Vereinbarungen zog: Die EU verfolgte zwar grundsätzlich den Gedanken des Freihandels, schützte jedoch weiterhin bestimmte Bereiche der eigenen Volkswirtschaften wie die Agrar- und Textilproduktion. Die Ambivalenz der europäischen Integrationsschritte – einerseits der Wille zur Integration, andererseits Ausnahme- und Übergangsregelungen – kann während der gesamten Integrationsrunde von 2004 und 2006 beobachtet werden: Die Arbeitnehmerfreizügigkeit für die Bewohner der MOEL wurde in bestimmten Ländern der EU-15 (darunter Deutschland) erst nach einer Übergangszeit von sieben Jahren im Jahr 2011 (Polen, Tschechische Republik, Slowenien, Slowakei, Ungarn, Lettland, Litauen und Estland) bzw. 2014 (Rumänien, Bulgarien) vollständig realisiert.[29] Nach 1990 intensivierten sich schließlich die Kontakte weiter und wenig später wurden die bisherigen Vereinbarungen durch die Europaabkommen (Assoziierungsabkommen)

---

26 Vgl. Leonardi (2005), S. 140 ff. Für eine polnische Perspektive: Stawarska (1999), S. 822.

27 Schimmelfennig (2001), S. 55 befindet, dass die Zustimmung der Bestandsmitglieder zur Osterweiterung lediglich als Folge einer „Rhetorical Entrapment" zu sehen ist, in die sich die „Bremser" der Ostintegration gebracht haben. Demnach konnten die „Bremser" ihr Veto gegen einen Beitritt rhetorisch nicht legitimieren, da nach dem Selbstverständnis der EU sich die Gemeinschaft der Aufnahme liberaler Demokratien nicht verschließen dürfe: „Since the Central and Eastern European countries and their supporters in the Community did not possess sufficient material bargaining power to attain enlargement, they based their claims on the constitutive values and norms of the EU and exposed inconsistencies between, on the one hand, the EU's standard of legitimacy, its past rhetoric, and its past treatment of applicant states and, on the other hand, its policy toward Central and Eastern Europe." Schimmelfennig (2001), S. 48.

28 Sofern nicht ausdrücklich angemerkt, trifft die vorliegende Arbeit keine Unterscheidung zwischen EG und EU, sondern verwendet beide Begriffe synonym für den europäischen Staatenverbund.

29 Eine konstitutionenökonomische Analyse der Migrationspolitik in der EU zeigt die Nachteile einer solchen Beschränkung der Freizügigkeit für Angehörige der neuen Mitgliedstaaten auf; vgl. Borella (2008).

ersetzt; jedoch zu unterschiedlichen Zeitpunkten (dazu Tab. 4.2). Danach kann unterschieden werden in die Vorreiter Ungarn und Polen (1991 unterzeichnet), in die anderen Länder Bulgarien, Rumänien und die beiden aus der (Ende 1992 aufgelösten) Tschechoslowakei hervorgehenden Staaten (1993 unterzeichnet) sowie in die Länder des Baltikums Estland, Lettland und Litauen (1995 unterzeichnet). Slowenien stellte den Nachzügler bei der Unterzeichnung der Assoziierungsabkommen dar. Als einziges Balkanland mit einer frühen EG-Bindung bildete Slowenien von allen Teilrepubliken Jugoslawiens die Ausnahme, denn die Staatswerdung erfolgte relativ gewaltfrei und Slowenien war auch nicht in die jugoslawischen Bürgerkriege verwickelt.

Tab. 4.2: Liste der Europaabkommen (Quelle: Eigene Darstellung).[30]

Land	Unterzeichnung	Inkrafttreten
Estland	Juni 1995	Februar 1998
Lettland	Juni 1995	Februar 1998
Litauen	Juni 1995	Februar 1998
Polen	Dezember 1991	Februar 1994
Ungarn	Dezember 1991	Februar 1994
Slowakei	Oktober 1993	Februar 1995
Tschechische Republik	Oktober 1993	Februar 1995
Rumänien	Februar 1993	Februar 1995
Bulgarien	März 1993	Februar 1995
Slowenien	Juni 1996	Februar 1999

Die Abkommen sahen die schrittweise Einführung einer Freihandelszone zwischen der EU und den MOEL vor. Finanzielle Hilfen, ein automatischer EU-Beitritt, Personenfreizügigkeit oder Partizipation am Entscheidungsprozess in Brüssel wurden dadurch nicht festgelegt. Lediglich in der Präambel findet sich das Fernziel des Beitritts. Die Freihandelszone beinhaltet die Liberalisierung des Waren-, Dienstleistungs- und Kapitalverkehrs. Dies sollte durch den Abbau protektionistischer Praktiken seitens der EG innerhalb von fünf Jahren und seitens der Transformationsländer innerhalb von 10 Jahren geschehen. Trotz der Bevorzugung der MOEL mittels des asymmetrischen Zeitplans, führte dies nicht in allen Bereichen zu einer leichteren Absetzbarkeit von Gütern auf dem westlichen Markt und dem Aufbau einer konkurrenzfähigen heimischen Industrie. Grund hierfür war, dass die Abkommen bestimmte Sektoren wie Kohle, Stahl und Textilien – Bereiche, die die Hälfte der Exporte aus dem Osten

30 Eigene Zusammenstellung basierend auf: Aslund (2013), S. 284; Schrader/Laaser (2012), S. 306 f. Für die Daten des Inkrafttretens finden sich in der Literatur und den EG/EU-Dokumenten allerdings voneinander abweichende Angaben.

ausmachten – ausklammerten. Dort galten weiterhin die Quoten und Zölle.[31] Die Motivation für die Annäherungsschritte der EU (insbesondere die frühen wirtschaftsorientierten Europaabkommen) war die Unterstützung der Systemtransformation und die Konsolidierung der Demokratien.[32] Ein Argument für die Annäherung mittels Wirtschaftsabkommen mag möglicherweise die Rezeption der Modernisierungstheorie unter den Entscheidungsträgern der EU-15 gewesen sein, die einen positiven Zusammenhang zwischen der Höhe des ökonomischen Modernisierungsniveaus und der Stabilität von Demokratien feststellt, da Wirtschaftswachstum stets legitimierend auf die politischen Strukturen wirke.[33] Neben der Grundsatzentscheidung, den MOEL eine Perspektive der Integration zu eröffnen, war die Frage nach der Art und Weise der Heranführung eine wesentliche. Hilfreich für die Charakterisierung des Vorgehens der EU ist die Unterscheidung von Ethier, die für Demokratisierungsstrategien zwischen Konditionalität, Anreiz und Herrschaft (militärische Besetzung) differenziert.[34] Während im Rahmen der Konditionalität Leistungen nur gegen Gegenleistungen erbracht werden, gibt es bei der Anreizsetzung bereits im Vorfeld von intendierten Verhaltensänderungen Leistungen. Ethiers definiert dies folgendermaßen: „In brief, conditionality implies that reward is uncertain and the sanction (the loss of promised reward) very probable and credible, whereas the incentives approach implies that the reward is certain and the sanction very unlikely and non credible."[35] Spielte Herrschaft im EU-Integrationsprozess keinerlei Rolle (anders als etwa nach dem Zweiten Weltkrieg bei der Aufnahme der MOEL in den sowjetischen Machtbereich), ist die Konditionalität schon seit Beginn der europäischen Unterstützungen ein zentrales Element. Dies wird angesichts der reziproken Regeln der erwähnten Kooperations- und Assoziierungsabkommen deutlich. Jedoch ist auch der Mechanismus des Anreizes vorzufinden, wie bspw. die asymmetrische Umsetzung der Freihandelszone zeigt, da den Transformationsländern vor deren eigener Marktöffnung der Zugang zu einigen Märkten der EG/EU gewährt wurde. Im späteren Prozess der „Osterweiterung", als die Beitrittsperspektive Konturen gewann, nahm die Bedeutung der Konditionalität weiter zu und die der Anreizsetzung eher ab.[36] Beschränkte sich die Konditionalität anfangs noch auf Menschenrechte, beinhaltete sie später auch Garantien für Freiheit, Demokratie und Rechtsstaatlichkeit. Eine Zäsur hierfür war

31 Dazu Stawarska (1999), S. 824 ff.; Leschke/Sauerland (1993), S. 86 f.; Langhammer (1992).

32 Für einen Überblick über die Osterweiterungsdebatte: Bodenstein/Kemmerling (2008), S. 29 ff.

33 Vgl. Merkel (2010), S. 70 ff. Die Einbindung in den intra-europäischen Handel versprach eine solche Entwicklung. So betont Aslund (2013) die Rolle der frühen Marktöffnung der MOEL für die ökonomische Entwicklung.

34 Vgl. Ethier (2003), S. 100 f.

35 Ethier (2003), S. 100. Außerdem kommt sie zu dem Schluss, das Konditionalität die effizientere Demokratisierungsstrategie sei.

36 Vgl. Schimmelfennig/Schwellnus (2011), S. 283; Schimmelfennig/Engert/Knobel (2003); Grabbe (2002), S. 262.

der Gipfel von Kopenhagen im Frühjahr 1993, auf dem die Entscheidung zur Osterweiterung fiel, die die erste Erweiterungsrunde mit expliziten Beitrittsbedingungen darstellte. Im Wortlaut der Gipfel-Abschlusserklärung liest sich die Konditionalität folgend: „Der Europäische Rat hat heute beschlossen, dass die assoziierten mittel- und osteuropäischen Länder, die dies wünschen, Mitglieder der Europäischen Union werden können. Der Beitritt kann erfolgen, sobald ein assoziiertes Land in der Lage ist, den mit einer Mitgliedschaft verbundenen Verpflichtungen nachzukommen und die erforderlichen wirtschaftlichen und politischen Bedingungen zu erfüllen.“[37] Ein Beitrittskandidat muss also spätestens mit Ende der Verhandlungen die Bedingungen erfüllen, ansonsten erfolgt keine Aufnahme. Und weiter heißt es: „Als Voraussetzung für die Mitgliedschaft muss der Beitrittskandidat eine institutionelle Stabilität als Garantie für demokratische und rechtsstaatliche Ordnung, für die Wahrung der Menschenrechte sowie die Achtung und den Schutz von Minderheiten verwirklicht haben; sie erfordert ferner eine funktionsfähige Marktwirtschaft sowie die Fähigkeit, dem Wettbewerbsdruck und den Marktkräften innerhalb der Union standzuhalten. Die Mitgliedschaft setzt außerdem voraus, dass die einzelnen Beitrittskandidaten die aus einer Mitgliedschaft erwachsenden Verpflichtungen übernehmen und sich auch die Ziele der politischen Union sowie der Wirtschafts- und Währungsunion zu eigen machen können.“[38] Neben den demokratischen und rechtsstaatlichen Kriterien sowie der Verpflichtung, den *acquis communautaire* (gemeinschaftlichen Besitzstand) zu übernehmen, sind also ökonomische Aspekte von Belang.

Auf dem Kopenhagener Gipfel fand eine systematische Institutionalisierung der Konditionalität statt, wie sie in den bisherigen Aufnahmen von Mitgliedern noch nie beobachtet werden konnte. Die Beitrittskonditionalität ist als Belohnung für konformes Verhalten ausgelegt, direkter Zwang wurde kaum ausgeübt. Bspw. hat direkte Demokratieförderung in der EU-Politik gegenüber den MOEL eine geringe Rolle gespielt.[39] Sanktionen sind dementsprechend das Vorenthalten der Gegenleistung. Diese Konditionalitätspolitik funktionierte aufgrund ihres starken Hebels des Beitrittswunsches der Kandidatenstaaten sehr gut. Allerdings gibt es Hinweise, dass die tatsächliche Wirkung der Beitrittskonditionalität unterschiedlich war: Bei den Vorreitern der Transformation (z. B. Ungarn, Polen) waren die Kriterien bereits weitgehend erfüllt und deshalb der EU-Einfluss auf deren Entwicklung gering, anders hingegen in Staaten mit Nachholbedarf (bspw. die baltischen Länder). Dort war die Konditionalitätspolitik als „transformative Macht“ der EU entscheidender Faktor des Institutionenwandels.[40] Je nach dem jeweiligen Politikfeld fiel der Einfluss dieses von der Politikwissenschaft „Europäisierung“ genannten Vorgangs schwächer oder stärker

37 EU-Rat (1993), S. 13.
38 EU-Rat (1993), S. 13.
39 Vgl. Schimmelfennig/Schwellnus (2011), S. 283 f.
40 Schimmelfennig/Schwellnus (2011), S. 286 f. Auch Schimmelfennig/Sedelmeier (2005).

aus, darauf wird für den Bereich der staatlichen Dezentralisierung und der Regionalpolitik an späterer Stelle noch zurückzukommen sein. Außerdem wird die mangelnde Konsequenz der Konditionalität oft kritisiert. Die Beitrittsprozesse von Rumänien, Bulgarien und Kroatien zeigen, dass Fragen der Rechtsstaatlichkeit nur unzureichend behandelt und oberflächlich geregelt wurden.[41] Paradoxerweise bedeutet die Übernahme des gemeinsamen Besitzstandes, dass die MOEL die eigenen teilweise liberaleren Regelungen durch interventionistische Arrangements wieder rückgängig machen mussten (z. B. Importzölle).[42] Nachdem die EU sich für eine Erweiterung entschieden hatte, dauerte es nicht mehr lange, bis die MOEL ihre Anträge auf Vollmitgliedschaft einreichten: 1994 (Ungarn, Polen), 1995 (Slowakei, Rumänien, Lettland, Estland, Litauen, Bulgarien), 1996 (Slowenien, die Tschechische Republik) und 2003 (Kroatien).[43] Die jeweiligen bilateralen Verhandlungen wurden jedoch nicht sofort eröffnet, sondern erst, nachdem die EU sich intern über den genauen Prozess in einer Reihe von Regierungskonferenzen klar geworden war (beginnend mit dem Gipfel von Madrid 1995) und eine erste Prüfung der potenziellen Kandidaten durch die EU-Kommission stattgefunden hatte (*Screening*). Den Kandidatenstatus (und damit annähernd auch der jeweilige individuelle Verhandlungsbeginn) erhielten Ungarn, Polen, Tschechische Republik, Slowenien, Estland und Zypern im Jahr 1998 (sogenannte Luxemburg-Gruppe), Lettland, Litauen, Bulgarien, Slowakei, Rumänien und Malta im Jahr 2000 (Helsinki-Gruppe) und Kroatien 2005. Gründe für die unterschiedlichen Zeitpunkte sind auf das Prinzip der Differenzierung zurückzuführen, das jedes Land nach seinen jeweiligen Leistungen bewertet und infolge divergierender ökonomischer und politischer Transformationsfortschritte zu verschiedenen Empfehlungen führte (bspw. litt Bulgarien um das Jahr 1996 an einer tiefen wirtschaftlichen und die Slowakei 1997 an einer politischen Krise).[44] Im Dezember 1999 wurden zur weiteren Heranführung an die EU sogenannte Beitrittspartnerschaften (*accession partnerships*) geschlossen. In zweijährigen Verhandlungen sollten die verschiedenen Verhandlungskapitel geschlossen werden, wobei nicht der Zeitpunkt der Eröffnung als wichtig angesehen wurden, sondern der Fortschritt der Verhandlungen.[45] Alle Verhandlungen (außer

---

41 Die EU hat aus dieser Kritik Lehren gezogen: „Als Reaktion darauf [auf die bisherigen Beitrittsprozesse, J. D.] hat die EU mit ihrer Erweiterungsstrategie von 2011 das Beitrittsverfahren reformiert. Die Kapitel 23 (Judikative und Grundrechte) und 24 (Justiz, Freiheit und Sicherheit) des acquis communautaire sollen in künftigen Verhandlungen mit Beitrittskandidaten die Schlüsselrolle spielen." Richter (2012), S. 3. Auch Kušić (2013).

42 Schrader/Laaser (2012), S. 306 f nennen dafür die Agrar- und Regionalpolitik sowie das Außenwirtschaftsrecht. Auch Laaser/Schrader (2003), S. 23 f.

43 Vgl. Nugent (2010), S. 122.

44 Dazu Gehler (2010), S. 310 ff.; EU-Kommission (2000), S. 29 ff.

45 Aus dem *acquis communautaire* wurde ein Katalog mit 31 Kapiteln (wie etwa Wettbewerbsrecht und -politik oder Finanzkontrolle) gebildet. Näheres zum Prozedere der Beitrittsverhandlungen und dem Fortschritt der Verhandlungen aus damaliger Sicht: EU-Kommission (2000), S. 29 ff und S. 40 ff.

denen mit Bulgarien und Rumänien) wurden im Dezember 2002 auf dem Kopenhagener Gipfel für abgeschlossen erklärt, die Beitrittsbedingungen für erfüllt betrachtet und im April 2003 in Athen die Beitrittsverträge unterschrieben.[46] Nachdem die Volksbefragungen und Ratifizierungsprozesse abgeschlossen waren, wurde am 1. Mai 2004 offiziell der Beitritt vollzogen. Obwohl zu den Beitrittszeitpunkten noch einige Mängel am Sollzustand der zukünftigen Mitglieder hinsichtlich der Umsetzung des EU-Rechts und der EU-Standards konstatiert wurden, urteilt Leonardi rückblickend: „accession of the ten new member states has gone rather smoothly given the increased need to comply with a much more detailed and extensive acquis than had been the case in previous enlargement exercises."[47] Angesichts der unterschiedlichen Zeitpunkte der Verhandlungseröffnungen bedeutet die gemeinsame Aufnahme also, dass die Bewerberländer Lettland, Litauen, Slowakei und Malta auf die bereits länger verhandelnden Länder aufschlossen und schneller Fortschritte erzielten. Die restlichen beiden Staaten der Helsinki-Gruppe Rumänien und Bulgarien benötigen hingegen länger. Die Verhandlungen mit den Nachzüglern dauerten bis Ende 2006, die Aufnahme erfolgte dann im Januar 2007, trotz schwerer Bedenken.[48] Die aktuell letzte Aufnahme war die von Kroatien im Juli 2013.[49] Von den mittel- und osteuropäischen Transformationsstaaten wurde zuerst Slowenien im Jahr 2007 in die Eurozone aufgenommen, gefolgt von der Slowakei (2009), Estland (2011), Lettland (2014) und Litauen (2015). Zwischen Antrag auf EU-Mitgliedschaft und Aufnahme lagen also ungefähr zwischen neun (bspw. Tschechien) und circa 12 Jahren (z. B. Rumänien). Die eigentlichen Beitrittsverhandlungen variierten ebenfalls: Während sich die Slowakei lediglich circa zwei Jahre in der Verhandlungsphase befand, benötigte Kroatien circa sieben Jahre. An der verschiedenen Dauer und den verschiedenen Integrationspfaden wird sichtbar, dass der Prozess der „Rückkehr nach Europa" der MOEL nicht einem allgemeingültigen Muster folgte, sondern abhängig von der jeweiligen Bedingungslage in den Staaten und den spezifischen Reaktionen auf die Erfordernisse der Konditionalität war.

Kulturhistorisch betrachtet war diese, die Trennung des Kalten Krieges überwindende, Erweiterungsrunde eine Komplettierung der friedlichen Vereinigung der europäischen Länder, sodass sich die EU für der Rechtfertigung gegenseitiger Hilfen wie etwa der Kohäsionspolitik wesentlich auf das Solidaritätsmotiv bezieht. So urteilt der Brite John McCormick:

> The symbolism of this latest round of enlargement was unmistakable: as well as sealing the end of the Cold War division of Europe, it was a dramatic step in the transformation of former

46 Dazu McCormick (2011), S. 120 ff.
47 Leonardi (2005), S. 172.
48 Vgl. Yanakiev (2011), S. 46 f.
49 Wird im Folgenden stellenweise von Altmitgliedern gesprochen, dann sind damit die Staaten der EU vor dem Jahr 2004 gemeint, also die Länder der EU-15.

Soviet bloc states from communism to liberal democracy, and gave new meaning to the word *European*. Until 2004 the „European“ Union had ultimately been a western European league, and the absence of its eastern neighbours reflected the political, economic and social division of the continent.[50]

4.2 Annäherung an die EU: Umfang, Rolle und Wirkung der Vorbeitrittshilfen

Bevor die MOEL durch ihre Mitgliedschaft Anspruch auf die Förderung durch die gemeinschaftliche Regional- und Strukturpolitik erhielten, wurden ihnen Vorbeitrittshilfen gewährt. Parallel zu den beschriebenen Abkommen begann die EU, die MOEL mit finanziellen und technischen Mitteln zu unterstützen, um sie an die EU heranzuführen und ihnen die Erfüllung der aus dem Kandidatenstatus erwachsenden Pflichten zu ermöglichen. Diese Hilfen waren an Bedingungen geknüpft, sodass sie ursächlich für einen gewissen institutionellen Wandel waren. In dieser Hinsicht ist deshalb für die Bedingungslage als auch für die Anwendung der Kohäsionspolitik die Wirkungsweise der Vorbeitrittshilfen aufschlussreich. Von den Heranführungshilfen war PHARE die wohl prägendste. Das Programm PHARE (*Poland and Hungary Assistance for the Restructuring of their Economy*), 1989 auf Initiative des Pariser Weltwirtschaftsgipfels für Polen und Ungarn geschaffen, ab 1992 auf das Baltikum und ab 1994 auf alle potenzielle Kandidaten ausgeweitet, diente zur Unterstützung des Reformprozesses.[51] Geberländer der Beihilfen waren die G24 und internationale Organisationen, die EG-Kommission koordinierte die Anstrengungen. Die Projekte mit einem Gesamtvolumen von 7,5 Mrd. EUR für den Zeitraum von 1990–1997 wurden zwischen der EU-Kommission und den jeweiligen nationalen Regierungen vereinbart. Das PHARE-Programm fand unter den Vorzeichen der Demokratisierungsprozesse der MOEL statt. Entsprechend wurden Einzelprojekte zur Stärkung der öffentlichen Verwaltung und zum Aufbau weiterer Institutionen wie bspw. der Finanzierung von Schulungszentren für neu gewählte lokale Repräsentanten gefördert.[52] Daneben waren auch Wissenstransfer und Erfahrungsaustausch über das EU-Prozedere das Ziel. So wurden die nationalen Verwaltungsstellen beim Umgang mit der EU-Bürokratie und dem europäischen Besitzstand v. a. durch das sog. *Twinning* geschult (Zusammenarbeit der Verwaltung zwischen den EU-Staaten und den Beitrittsländern).

---

50 McCormick (2011), S. 121 f., Herv. i. O.

51 Vgl. Verordnung (EWG) Nr. 3906/89 des Rates vom 18. Dezember 1989, in: ABl. Nr. L 375, 23 Dezember 1989. Für die vorliegende Arbeit gilt die Konvention, dass die Rechtsakte der Verordnungen, Entscheidungen, Beschlüsse und Vereinbarungen der EU Organe vollständig mit ihrer Fundstelle im Amtsblatt der EU (ABl.) zitiert werden, falls nicht ausdrücklich anders angemerkt.

52 Dazu Gorzelak/Kozak (2008), S. 151; Leonardi (2005), S. 166.

Insgesamt flossen ab dem Jahr 2000 ein Drittel der PHARE-Mittel für den Institutionenaufbau, ein Drittel für den Betrieb dieser Institutionen und ein weiteres Drittel für „sozialen und wirtschaftlichen Zusammenhalt“ (d. h. Aufbau von Mechanismen, die für die Durchführung in Zusammenhang mit den Strukturfonds benötigt wurden).[53] Im Unterschied zur Kohäsionspolitik, die primär an der Förderung des materiellen Wohlstandes ansetzt, hatten die Vorbeitrittshilfen die Aufgabe, die MOEL auf ein Mindestniveau heben und bei der Implementierung des *acquis communautaire* zu helfen. Bemerkenswert ist auch, dass die EG/EU früh eine Unterscheidung der ehemaligen sozialistischen Staaten traf, denn die anderen Transformationsländer wurden durch das TACIS-Programm (*Technical Assistance of the Commonwealth of Independent States*) gefördert (vor 1992 erhielten die Länder des Baltikums in diesem Rahmen ihre Förderung). In Abb. 4.2 sind die Finanzhilfen aus den PHARE-Länderprogrammen aufgeschlüsselt nach Land, Zeitraum sowie Pro-Kopf-Förderquote. Die Pro-Kopf-Förderung unter den Staaten ist sehr unterschiedlich: Während Estland und Bulgarien nach dieser Maßgabe die meisten Mittel erhielten (circa 236 bzw. 243 EUR/Kopf), wurde in die Tschechische Republik, Polen und Slowakei deutlich weniger transferiert (circa 79, 96 und 105 EUR/Kopf). Kroatien erhielt aufgrund seiner späten EU-Orientierung (Antrag auf Mitgliedschaft 2003 und Beginn der Verhandlungen 2005) relativ wenig Mittel und ist somit in der Betrachtung nicht zum Vergleich geeignet.[54] Ein Muster dieser unterschiedlichen Verteilung ist nicht zu erkennen.

Nachdem der Abschluss der Beitrittsprozesse absehbar war, wandelte sich die EU-Hilfe. Ab 2000 wurde zusätzlich für die Landwirtschaft der Fonds SAPARD (*Special Accession Programme for Agricultural and Rural Development*) und für den Transport- und Umweltbereich der Fonds ISPA (*Instrument for Pre-Accession Assistance*) aufgelegt, damit die MOEL die Verpflichtungen der *accession partnerships* erfüllen konnten.[55] Während SAPARD mit einem jährlichen Fördervolumen von circa 500 Mio. EUR direkt in den Empfängerstaaten abgewickelt wurde, war bei der ISPA mit jährlich rund 1 Mrd. EUR die EU-Kommission bei dem Management der Einzelprojekte in den MOEL involviert. Oftmals liefen Entwicklungslinien dieser Vorbeitrittsphasen in der Phase der Mitgliedschaft nicht einfach aus, sondern man versuchte sie durch Übertragung im Rahmen der Kohäsionspolitik und der GAP fortzuführen.

Neben den Heranführungshilfen existierten zahlreiche bilaterale Vereinbarungen und Gemeinschaftsprogramme (z. B. Socrates II, Leonardo da Vinci II, Ida II etc.),

---

53 EU-Kommission (2000), S. 12 f. Auch Leonardi (2005), S. 166; Drevet (2000), S. 349 ff.; Cameron (1995).

54 Die für Kroatien ursprünglich vorgesehenen PHARE-Mittel wurden aufgrund der fehlenden Beitrittsperspektive gesperrt und erst 2004 freigegeben. Stattdessen erhielt Kroatien und die anderen Balkanländer insgesamt 4,65 Mrd. EUR aus dem CARDS-Hilfsprogramm; vgl. Kušić (2013).

55 Dazu EU-Kommission (2000), S. 12 ff.

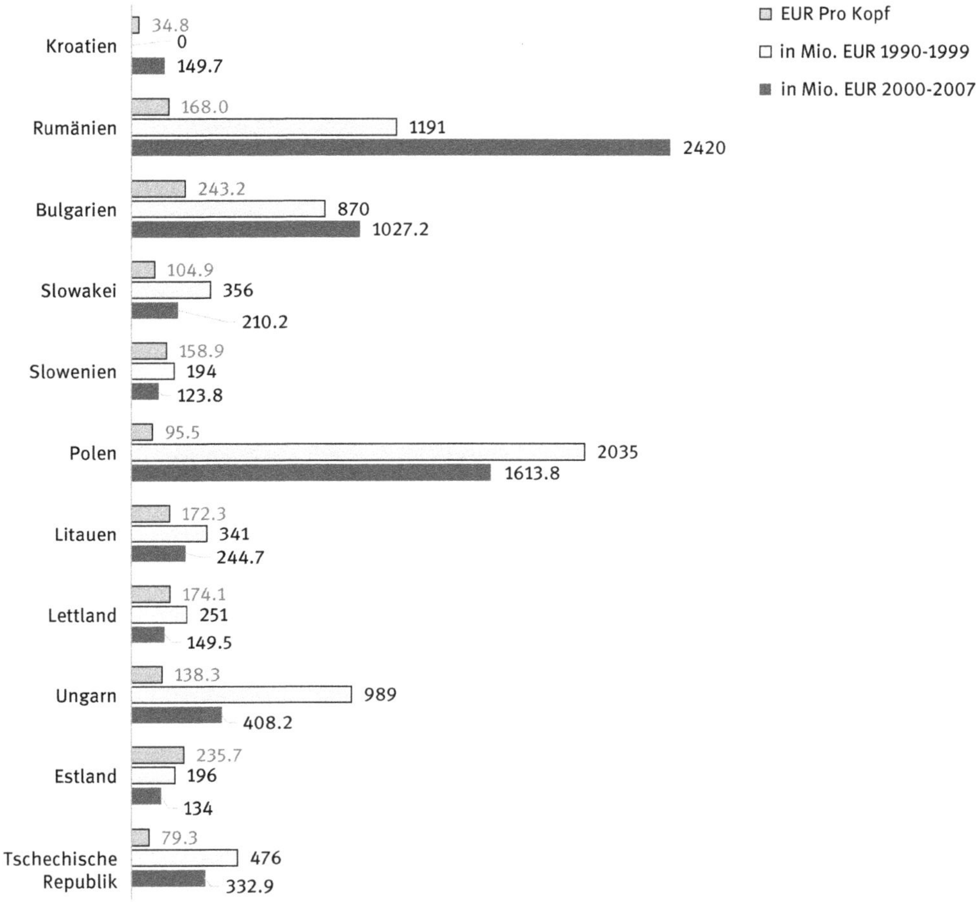

Abb. 4.2: Finanzhilfen für die MOEL aus den PHARE-Länderprogrammen und Übergangsfazilitäten 1990–2007 (Quelle: Eigene Darstellung).[56]

Mittel der Entwicklungsbank EBRD (*European Bank for Reconstruction and Development*) und der Europäischen Investitionsbank (EIB) sowie andere Ressourcen wie von der Weltbank (SAMTID), des UNDP und UNEP. Seit 2007 sind sämtliche Vorbeitrittshilfen PHARE, ISPA und SAPARD in der IPA (Instrument für Heranführungshilfe) gebündelt. Kroatien als damals einzig verbleibender Beitrittskandidat der MOEL erhielt in Rahmen des IPA von 2007 bis 2012 insgesamt 156 Mio. EUR. Fokus des IPA

56 Angaben in Mio. EUR. Die Pro-Kopf-Berechnung erfolgte auf Basis der Einwohnerzahlen 2004. Eigene Berechnung nach: EU-Kommission (2008g; 2007a; 2007b; 2005a; 2005d; 2003a; 2003b; 2003c); Höffner (2001).

sind Institutionenaufbau und Vorbereitungen für den Umgang mit der GAP sowie der Kohäsionspolitik.[57]

In ähnlicher Weise wie aktuell die Kohäsionspolitik wurden bereits die Wirksamkeit der Vorbeitrittshilfen beanstandet. Auf technischer Ebene werden die Mitsprache und der Gestaltungsraum der PHARE-Empfängerstaaten als gering bewertet, als auch die Fragmentierung der zahlreichen Einzelprogramme kritisiert. Darüber hinaus konnten die Verwaltungsroutinen von PHARE nicht direkt auf die der Kohäsionspolitik übertragen werden, da das PHARE-Programm trotz Bemühungen der Angleichung einer grundlegend anderen Funktionslogik als die der Kohäsionsfonds folgte. Hauptkritikpunkt ist jedoch das mangelhafte *institution-building*. Trotz einer Reform des Programms im Jahr 1997 hat PHARE lediglich zum Teil dazu beigetragen, notwendige Strukturen für einen demokratischen und marktwirtschaftlichen Staat zu schaffen.[58] Insbesondere mit Hinblick auf die Entwicklung einer modernen Regionalpolitik machte sich dieses Defizit bemerkbar, wie ein Blick auf das Fallbeispiel Tschechien in der Transformationsphase zeigt:

> To the extent that it existed, Czech regional policy in the initial period after independence lacked many of the key elements of EU cohesion policy, including its integrated, multi-sector approach, multiannual programming and decentralized planning in partnership with subnational and nongovernmental actors. The Czech Republic also lacked the institutional capacity for programme monitoring and evaluation, financial management and mechanisms for co-financing that EU cohesion policy required.[59]

Ebenso gab es bei den Anpassungsprozessen der informellen Institutionen Defizite. Wie im nächsten Abschnitt deutlich werden wird, zeichnen sich die MOEL durch eine schwache Zivilgesellschaft aus, deren Auf- und Ausbau erklärtes Ziel von PHARE war.

4.3 Spezifische Problemlage in den neuen EU-Länder Mittel- und Osteuropas

Wurden bislang die kulturellen Einflussfaktoren und die Wirkung der Vorbeitrittshilfen auf die Entwicklung der MOEL behandelt, so soll abschließend eine Bestandsaufnahme der allgemeinen Bedingungslage vorgenommen werden. Hierbei soll der Rückstand der MOEL differenziert aufgezeigt werden. Es kann angenommen werden, dass die Art der Messung der Rückständigkeit die Schlussfolgerungen und Handlungsempfehlungen für die Kohäsionspolitik beeinflusst. Nötig ist ein breiter Ansatz, der auch die institutionelle Dimension berücksichtigt und zwar hinsichtlich

57 Vgl. EU-Kommission (2012b), S. 21.
58 Vgl. Allen (2008), S. 31; Gorzelak/Kozak (2008), S. 151; Bailey/Propris (2004).
59 Baun/Marek (2008b), S. 166. Auch Gorzelak/Kozak (2008), S. 151 f.

formeller sowie informeller Muster. Die Ursache des Rückstandes der mittel- und osteuropäischen Neumitgliedsländer und zugleich prägender Unterschied zu den Altmitgliedsländern liegt in der sozialistischen Vergangenheit und der damit verbundenen Notwendigkeit der Transformation begründet, die „sich kategorial von allen Systemwechseln“[60] der ersten und zweiten Demokratisierungswelle nach der Definition von Huntington unterscheidet,[61] da sie sich durch das „Dilemma der Gleichzeitigkeit“[62] auszeichnete. Im postkommunistischen Mittel- und Osteuropa liefen mehrere Transformationsprozesse gleichzeitig ab: der Übergang von Diktaturen zu Demokratien, die wirtschaftliche Transformation sowie in einigen Fällen eine staatliche Transformation, also die Gründung neuer Nationalstaaten. Diese historisch einzigartige Situation erzeugte erheblichen Handlungsbedarf und machte eine Reihe von Grundsatzentscheidungen über die neue Ordnung notwendig. Entsprechend vielfältig waren die individuellen Übergänge und Transformationspfade zur Errichtung von Demokratien und Marktwirtschaften, wie Merkel etwa anhand von Polen (der „ausgehandelte Systemwechsel“), der Tschechoslowakei („Regimekollaps“) oder den baltischen Ländern (Neugründung von Staaten) zeigt.[63] Erklärungsbemühungen für die daraus entstandene „capitalist diversity“ bilden einen zentralen Bereich der Transformationsforschung und werden im Rahmen verschiedener Theorien, wie etwa die der *Varieties of Capitalism*, aufgegriffen.[64] Einen allgemeingültigen Weg zu einer konsolidierten Marktwirtschaft gibt es nicht, wie der Diskurs über die Strategien der Schocktherapie und des Gradualismus zeigt.[65] Eine wichtige Ursache für unterschiedliche Reformerfolge liegt in der Schaffung von funktionsfähigen Institutionen. Konnten Länder an vorsozialistische Erfahrungen anknüpfen (wie bspw. Lettland auf die alte Verfassung von 1922 und das Bürgerliche Gesetzbuch von 1937 zurückgriff), auf informelle Gegebenheiten Bezug nehmen (bspw. die starke korporatistische Tradition in Slowenien) oder wurden Institutionen durch Transfer von außen übernommen?[66] Während das „westliche“ Europa nach dem Zweiten Weltkrieg eine lange Such- und Entwicklungsphase für geeignete marktwirtschaftliche Institutionen aufwies, blieben die MOEL im sozialistischen System verhaftet und dementsprechend fehlten ihnen nach der Wende teilweise adäquate Anknüpfungspunkte für die Übernahme „westlicher“ Werte und Normen.[67] Die Forschung der institutionellen Perspektive findet zunehmend Beachtung. So beschäftigen sich Zweynert u. a. mit dem Import

60 Merkel (2010), S. 324.
61 Vgl. Huntington (1991), S. 23 ff.
62 Offe (1991).
63 Merkel (2010), S. 340 ff. Auch Aslund/Djankov (2014).
64 Vgl. Bohle/Greskovits (2012). Grundlegend zum *Varieties of Capitalism*-Ansatz: Hall/Soskice (2001).
65 Vgl. Aslund (2013).
66 Vgl. Bohle/Greskovits (2012), S. 17 ff.; Schrader/Laaser (2012), S. 300; Andreou/Bache (2011); Merkel (2010), S. 384 ff.
67 Vgl. Zweynert/Goldschmidt (2006).

von erfolgreichen Institutionen, der Transition der Regelarrangements in Russland und Goldschmidt u. a. generell mit der Bedeutung von kulturellen Faktoren.[68] Zentrale Aussage ist die Differenzierung in formelle und informelle Institutionen und die Auswirkung des Zusammenspiels beider Normenarten.[69] Obwohl der Transformationsprozess unter Beteiligung westlicher Experten und Strategien stattfand, gab die EU keine genauen institutionellen Designs und kein konkretes Demokratiemodell vor, sondern skizzierte grundlegende Normen und Prinzipien: „Eher tritt die EU als Exporteur von demokratischen Normen bzw. als ‚Agentur forcierten Normentransfers' auf", wie Kneuer befindet.[70] Wichtig erscheint die institutionelle Perspektive auch im Rahmen der Feststellung eines Entwicklungsrückstandes in den MOEL. Denn die Begrifflichkeit des Rückstandes bedarf einer näheren Definition. Der Begriff des *Aufholens* erlangt nur dann eine sinnvolle Bedeutung, wenn zugleich der Zielpunkt und das Bezugssystem eindeutig klar sind. Falls eine Volkswirtschaft auf eine andere Volkswirtschaft aufholt oder sie sogar überholt, so verringert das eine Land den Abstand auf das andere Land gemessen in der Leistungsfähigkeit der Ökonomie (durch das BIP oder durch das Bruttonationaleinkommen, kurz BNE) und kehrt ihn nach dem Einholen um. Die engere Bedeutung des *Catch Up*-Terms ist ein solcher Aufholprozess, bei dem Volkswirtschaften den Abstand der anderen, bereits „weiteren" Volkswirtschaften verkleinern, indem ihre Wachstumsraten höher sind als diejenigen Raten der einzuholenden Länder.[71] Ökonomisches Wachstum bedeutet einen langfristigen Anstieg des Pro-Kopf-Einkommens. Für diese Arbeit wird die Definition weiter gefasst: Von einem Aufholen wird dann gesprochen, wenn sich nicht nur die Indikatoren des allgemeinen Wohlstandes eines Landes insgesamt im Zeitverlauf deutlich verbessern, sondern zudem die Institutionen eines Landes und seine Ökonomie dergestalt sind, dass sie der gesamten Bevölkerung einen höheren Lebensstandard als in der Ausgangssituation bieten. Rückständigkeit ist damit nicht allein eine Frage makroökonomischer Indikatoren, denn der Blick wird auf die Funktionsfähigkeit der Institutionen eines Landes gerichtet. Dies ist eine Argumentation, die an North anschließt, der die Auswirkungen ineffizienter Institutionen auf die Gesamtwohlfahrt untersuchte. Demnach haben leistungsfähige Volkswirtschaften vorwiegend solche

---

68 Vgl. Goldschmidt/Lenger/Spranz (2012); Herrmann-Pillath/Zweynert (2010); Zweynert (2010; 2009), S. 482 ff.; Zweynert/Wyszynski (2009).

69 Zum Beispiel zeigt Shleifer (1997), dass bestimmte formale Reformprozesse (Privatisierung, Freigabe von Preisen, Liberalisierung und demokratische Regeln) in Russland nicht zu einer tatsächlichen Beseitigung staatlicher Kontrollen über die wirtschaftlichen Aktivitäten geführt haben.

70 Kneuer (2012), S. 127.

71 Dieses Bezugssystem wird von Kritikern der traditionellen *Catch Up*-Theorien bemängelt: „The development process is generally reduced to technological advance mainly in and through the accumulation of physical capital; all human-social phenomena are evaluated in terms of their contribution to, or hindrance of, physical capital accumulation and technological progress." Burkett/Hart-Landsberg (2003), S. 156.

Institutionen, die Anreize für produktivitätssteigernde Aktivitäten bieten und „that create an incentive to channel individual economic effort into activities that bring private rate of return close to the social rate of return".[72] Für das politische System bedeutet eine institutionelle Effizienz, dass politische Entscheidungen unter Einbeziehung der Mitglieder der Gemeinschaft – also dem Volk – (*Input*-Legitimität oder Responsivität) zügig und sinnvoll getroffen werden (*Output*-Legitimität oder Effektivität) und somit insgesamt das allgemeine Wohl fördern.[73] Durch das objektive Erfassen der sozioökonomischen Lebenswirklichkeiten, also des Zustandes eines guten und gelingenden Lebens der Bewohner eines Landes, wird eine normative Aufladung des Begriffs vermieden. In diesem Sinne ist Konvergenz dann als Angleichung der Lebensverhältnisse zwischen mindestens zwei Staaten oder Regionen zu verstehen, da sie „einen Prozess des Annäherns eines einzelnen Merkmals an seinen individuellen Grenzwert oder einer Gruppe von Merkmalen an seinen für alle Gruppenmitglieder gleichen (Grenz-)Wert" beschreibt.[74] Je näher der Aufholprozess Länder oder Regionen aneinander gebracht hat, desto größer die Konvergenz.

Wichtigstes relevantes Merkmal der mittel- und osteuropäischen Länder im Vergleich zu den Ländern der EU-15 ist der in der Fläche vorhandene Entwicklungsrückstand, und zwar im Hinblick auf das BIP-Pro-Kopf als Indikator der materiellen Versorgung, als auch bei der Ergänzung um weitere Kennzahlen. Gemessen am BIP haben sich die MOEL an den EU-27-Durchschnitt angenähert, jedoch ist das Gefälle weiterhin enorm, außerhalb wie innerhalb des MOE-Länderclusters. Deutlich sind die relativ höheren BIP-Wachstumsraten zu erkennen (Abb. 4.3). Auf weitere makroökonomische Kennzahlen und eine detaillierte Analyse der wirtschaftlichen Lage, die bspw. einen Mangel an Infrastruktur, eine geringe Tätigkeit im Bereich der Forschung und Entwicklung (F&E) sowie eine niedrige Exportquote aufzeigen, kann hier nicht eingegangen werden.[75]

Nicht alleine zwischen den EU-Mitgliedstaaten sind erhebliche Divergenzen im BIP-Pro-Kopf auszumachen, sondern auch innerhalb der jeweiligen MOEL. Ein Befund, auf den auch der *Gini*-Koeffizient hindeutet und der nun eine räumliche Deutung erhalten soll. In den meisten Ländern der Welt existieren regionale Ungleichheiten, so auch in der EU:[76] „Regional inequalities in the EU are significantly higher than those found in the USA, but also significantly lower than those found in most countries in the developing world, including China, India, Russia, Brazil and Mexiko."[77] Die durchschnittliche

---

72 North/Thomas (1973), S. 1. Auch North (2005), S. 155 ff.

73 Zu den binominalen Legitimationsargumenten: Scharpf (1999), S. 16 ff. Zur Operationalisierung der Messung der Leistungsfähigkeiten von Institutionen („Institutional Success") durch Putnam et al. (1993), S. 63 ff.

74 Bode (1998), S. 165. Der Begriff der Konvergenz wird jedoch auch anders interpretiert, so wie z. B. Straubhaar (1998), der die Konvergenz als die totale Angleichung aller Güter- und Faktorenpreise versteht.

75 Vgl. Aslund (2013); EU-Kommission (2010b).

76 Vgl. OECD (2014b); Rodríguez-Pose/Gill (2004), S. 2100.

77 Farole et al. (2011), S. 108.

Quote der wirtschaftsstärksten zu den wirtschaftsschwächsten Regionen gemessen am BIP-Pro-Kopf beträgt in Polen 2,2:1, in Frankreich und Spanien 2:1 und in Italien 2,4:1.[78] Insbesondere für die MOEL lassen sich große Gefälle beobachten,[79] wobei die Reichtumsverteilung einer Stadt-Land-Logik folgt.[80] Während Budapest im Jahr 2004 139 % des BIP-Pro-Kopf des EU-27-Durchschnitts (in KKP) besitzt, waren es in *Dél Alföld* (südliche große Tiefebene) lediglich 44 %. Bratislava verzeichnete 1997 ungefähr 122 % des EU-27-Durchschnitts und die ärmste Region der Slowakei (Ost-Slowakei) lediglich 29 %.[81] Ebenso befinden sich in der Tschechischen Republik sämtliche Regionen mit Ausnahme Prags unter dem nationalen BIP-Durchschnitt.[82] Es liegen Befunde vor, die auf einen Zusammenhang zwischen der Transformation und dem Ansteigen der Disparitäten der Regionen in den MOEL hindeuten. Demnach profitierten nur einige Regionen von der EU-Integration, während andere Regionen zurückblieben.

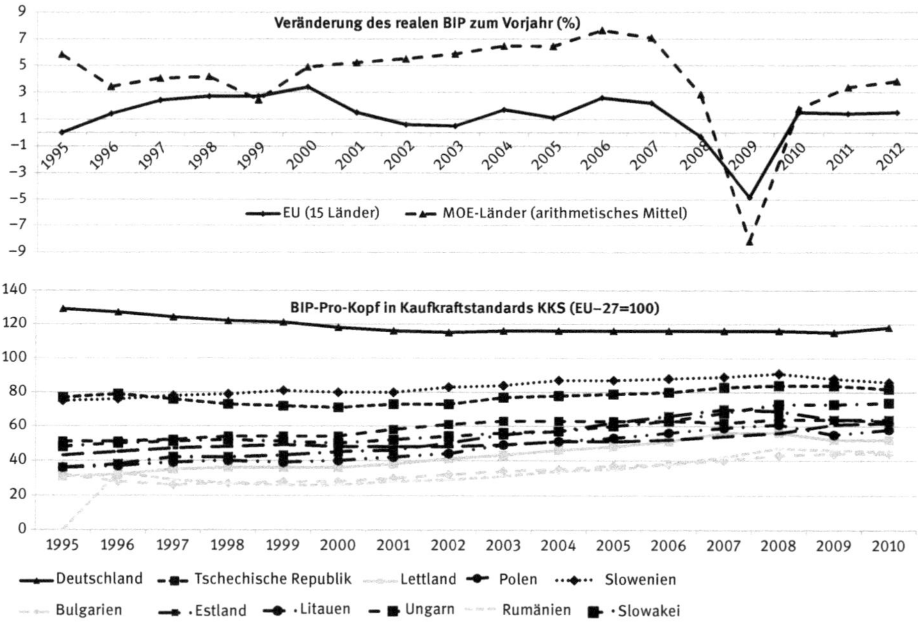

Abb. 4.3: Zeitreihe des standardisierten BIP-Pro-Kopf und des Wachstums des BIP nach Ländern (Quelle: Eigene Darstellung).[83]

78 Nach der EU-Klassifikation handelt es sich hierbei um NUTS-2-Regionen, also die mittleren Regionen; vgl. Gorzelak/Kozak (2008), S. 142 f.

79 Vgl. Ryszkiewicz (2015), S. 150 ff.; Molle (2007).

80 Vgl. Bachtler/Gorzelak (2007), S. 311 f.; Molle (2007), S. 31 ff.

81 Dazu Horváth (2008), S. 189; Silvan (2000), S. 183.

82 Vgl. Gripaios et al. (2008); Jacoby (2005).

83 Eigene Berechnung und Darstellung nach Daten von Eurostat (2012a).

Der EU-Beitritt verstärkte die Polarisierung zwischen den Regionen: „However, economic integration has favoured only a limited number of the most dynamic and innovative regions. As a result, convergence has increased at national level, driven only by a few regions, while levels of GDP per capita have diverged within countries."[84] Für den Zusammenhalt einer Gesellschaft, der Kohäsion, können solche ausgeprägten materiellen Disparitäten zu einem Problem werden.

Basierend auf kurzfristigen Betrachtungen von selektiven Aggregatdaten wie dem BIP oder der Beschäftigungsquote werden regelmäßig „Musterschüler" sowie „Wendegewinner und -verlierer" gekürt. So galten die Länder des Baltikums (insbesondere Estland als „baltischer Tiger") und Slowenien bis zur Wirtschafts- und Finanzmarktkrise als Vorbilder und nach der Krise wurde Polen, das als einziges europäisches Land 2009 ein BIP-Wachstum aufwies, als auch Litauen aufgrund seiner erfolgreichen Austeritätspolitik zu Beispielen guter Politik erhoben.[85] Ob die Auswahl einiger weniger makroökonomischen Indikatoren jedoch eine ordnungstheoretisch fundierte Volkswirtschaft abbilden kann, die den einzelnen Individuen möglichst große Verwirklichungschancen ermöglicht oder lediglich eine kurzfristige Momentaufnahme der Erfolge punktueller Maßnahmen (z. B. Liberalisierungsstrategien) darstellt, sei bezweifelt, wie bspw. die schlechten Werte Polens bei anderen Indikatoren (siehe unten) nahelegen. Trotz aller Bedenken und Einschränkungen ist das BIP ein gutes und objektives Maß, um materiellen Wohlstand einer Gesellschaft zu messen. Darüber hinaus existiert zwischen dem Pro-Kopf-Einkommen und anderen Entwicklungsindikatoren wie etwa der Lebenserwartung eine positive Korrelation. Die Relevanz der BIP-Betrachtung kann also darin liegen, dass das BIP-Wachstum eine Voraussetzung und zugleich Bestandteil einer gelungenen gesamtgesellschaftlichen Entwicklung ist. Wie bereits argumentiert wurde, folgt daraus jedoch auch, dass erfolgreiches Aufholen sich nicht allein in einem hohen BIP-Wachstum, sondern auch in einer guten Bewertung seiner politischen und ökonomischen Institutionen, der Möglichkeit, sich wirtschaftlich frei betätigen zu können und der Gerechtigkeit einer Gesellschaft manifestieren. Anhand des Status-Indexes als Teil des *Bertelsmann Transformation*-Index (folgend kurz als BTI bezeichnet), des *Doing Business*-Index (DBI) der Weltbank, des *Economic Freedom of the World*-Index (EFW) des *Fraser Instituts* und des *Gini*-Koeffizienten werden diese Aspekte abgebildet (dazu Abb. 4.4).

Der zweijährig erscheinende BTI setzt sich aus einer qualitativen Bewertung einer Vielzahl von Kriterien anhand standardisierter Einzelfragen durch Länderexperten zusammen. Die Operationalisierung der Transformationserfolge erfolgt entlang der

84 Ferry (2013), S. 2 ff.
85 Vgl. Schrader/Laaser (2012); Aslund (2013), S. 333.

beiden Dimensionen politischer und wirtschaftlicher Transformation.[86] Der *Doing Business*-Index misst in 185 Ländern die Kosten für Unternehmen, wirtschaftlich tätig zu werden. Die quantitative Erfassung berücksichtigt im Wesentlichen die Leichtigkeit der Anstellung von Arbeitskräften und der Anmeldung von Unternehmungen, die Steuerhöhe, den Kreditzugang sowie den Schutz der Eigentumsrechte. Der Freiheitsindex des *Fraser Instituts* bewertet in den Bereichen Rechtssystem sowie Eigentumsrechte, Ausmaß der Regierungstätigkeit, Preisniveau- und Währungsstabilität, Außenhandel sowie Gesetzgebung den Umfang der ökonomischen Freiheiten der Bürger und Wirtschaftsakteure bzw. die Voraussetzungen und notwendigen Rahmenbedingungen für diese Freiheiten in 152 Ländern; die politische Freiheit bleibt dabei jedoch unberücksichtigt. Für die drei Indices BTI, DBI und EFW bedeutet eine niedrigere Zahl eine bessere Platzierung im weltweiten Ranking. Der *Gini*-Koeffizient stellt an dieser Stelle die Einkommensungleichverteilung nach Steuern und Transfers dar, wobei niedrigere Werte für mehr Gleichverteilung stehen. Er zeigt deutliche Einkommensungleichheiten in einigen Ländern (Polen, die baltischen Staaten, Kroatien und Litauen, das den gleichen Wert wie die USA erreicht), aber jedoch auch Werte, die denen Deutschlands nahe kommen (Tschechien, Slowakei, Bulgarien). Unterstellt man, dass die Einkommensverteilungen aufgrund der sozialistischen Doktrin der Egalität und sozialen Gerechtigkeit im Sozialismus annähernd gleich waren, so müssen die differenzierten Sozialstrukturen der postsozialistischen Zeit die Ergebnisse der individuellen Transformationspfade sein. Aktuell festgestellte Disparitäten innerhalb der Gesellschaft können auf eine ungleiche Beteiligung der Bevölkerungsgruppen am Wirtschaftswachstum hindeuten. So ging die wachsende Einkommensungleichheit in der Transformationsphase tendenziell zu Lasten der Arbeiterschaft und den Erwerbspersonen mit niedrigem Bildungsstand.[87]

Der *Economic Freedom*-Index zeigt für die MOEL eine deutliche Streuung: Während Estland (Rang 16), Litauen (25), Ungarn (27) und die Slowakei (36) in der Gesamtwertung von 152 Staaten vordere Platzierungen einnehmen (zum Vergleich: Deutschland belegt Rang 19, USA Rang 17, Schweiz Rang 4, Großbritannien Platz 12, Frankreich Rang 40), liegen Slowenien (Rang 97), Kroatien (75), Polen (59) und Tschechien (52) weiter hinten in der Platzierung. Obgleich bei einer solchen generellen Messung von Freiheit die Interpretation mit einiger Vorsicht vorgenommen werden sollte, da hierbei Freiheit verabsolutiert wird, wie bspw. die Abwertung im EFW-Ranking im Falle des Vorliegens von Arbeitsmarktregulierungen oder der Wehrpflicht als staatliche Zwangsmaßnahme offenbart.

86 Untersuchungsobjekte sind folglich ausschließlich Transformationsländer, die sich in Ermangelung einer klaren Transformationsschwelle durch die Nichtmitgliedschaft in der OECD vor dem Jahr 1989 definieren. Der Status-Index bildet sich als Mittelwert aus den beiden Dimensionen politischer und wirtschaftlicher Transformation, die in der Abbildung getrennt aufgeschlüsselt dargestellt werden. Zu einer näheren Beschreibung der Methodik: Bertelsmann Stiftung (2012a).

87 Zu einer detaillierten Analyse der Entwicklung der sozialen Ungleichheit durch den Systemwechsel und dessen Wahrnehmung und Bewertung in den postsozialistischen Ländern: Delhey (2001), S. 47 ff.

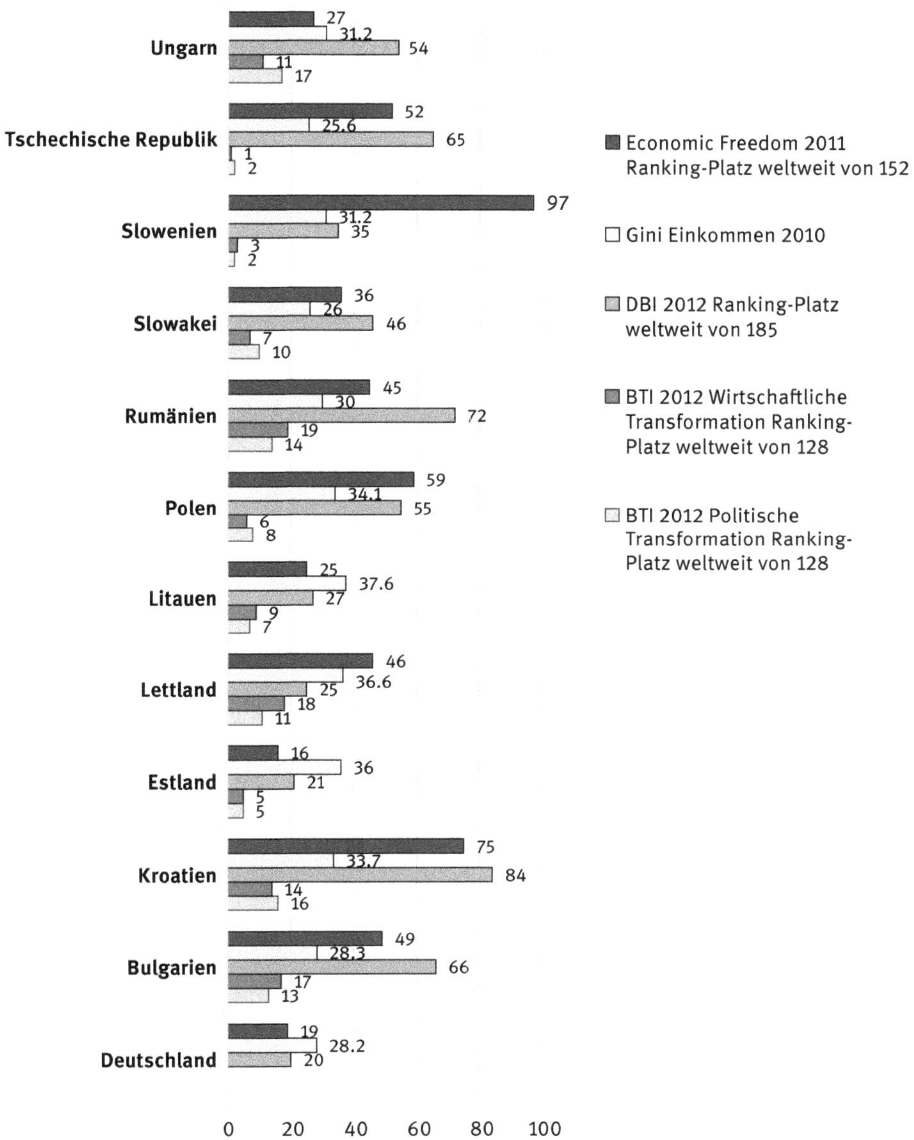

Abb. 4.4: Zusammenstellung verschiedener Kennzahlen für die MOEL und Deutschland (Quelle: Eigene Darstellung).[88]

88 Eigene Darstellung basierend auf: Gwartney et al. (2013); OECD (2013); Bertelsmann Stiftung (2012b); Weltbank (2012).

Der *Doing Business*-Index zeigt eine klare Trennung zwischen Ländern, in denen der Markteintritt relativ leicht funktioniert (die drei baltischen Republiken liegen wie auch Deutschland unter den ersten 30 Plätzen) und denen, in welchen es erhebliche Schwierigkeiten gibt (Kroatien auf Platz 84 ordnet sich zwischen die Länder Moldawien mit Platz 83 und Albanien mit Rang 85 ein). Auch der BTI attestiert den MOEL verschiedene Reifegrade an politischer und ökonomischer Transformation: Während die Tschechische Republik, Slowenien oder Estland die vorderen Plätze weltweit aller Länder im Transformationsstatus belegt, zeugen die Platzierungen von Rumänien (Platz 14 in der politischen Dimension und Platz 19 in der ökonomischen Dimension), Bulgarien (13 und 17) und Kroatien (16 und 14) von Nachholbedarf. Zum Vergleich: Costa Rica (Rang 6 und 13), Uruguay (Platz 1 und 10) und Chile (Rang 8 und 12) liegen vor diesen Mitgliedern der EU. Insgesamt jedoch zeigen die Platzierungen der Länder Mittel- und Osteuropas eine tendenziell gelungene Transformation, die der BRICS-Staaten werden weniger weit eingeschätzt: Brasilien (Platz 22 auf der politischen Skala/Platz 16 in der ökonomischen Dimension), Russland (71/52), Indien (21/39), China (113/38) und Südafrika (24/33). Gleiches gilt für die ehemaligen Sowjetrepubliken (z. B. Ukraine 60/60 oder Belarus 96/87), bei diesen ist der Rückstand sehr viel höher.

Auffallend ist die teilweise konträre Aussage der Indikatoren, obwohl sie der zentralen Kategorie Freiheit eine ähnliche Bedeutung beimessen: Während der BTI Slowenien als sehr gut platziert ausweist und auch der DBI-Rang relativ gut ist, bewertet der EFW das Land lediglich auf Platz 97 von 152 (insbesondere aufgrund der schlechten Bewertung in der Kategorie „size of government“). Unter umgekehrten Vorzeichen verhält es sich im Falle Rumäniens, bei dem der EFW den Staat deutlich besser bewertet als der DBI. Bei den beiden Indices EFW und DBI wiederum belegen die MOEL durchgehend relativ schlechtere Plätze als im BTI (den hintersten Rang aller dieser Länder im BTI nimmt Rumänien mit Platz 19 von 128 der wirtschaftlichen Transformation ein). Aus dieser kursorischen Gegenüberstellung wird ersichtlich, wie komplex es ist, sozialen Strukturen zu aggregieren um sie greifbar zu machen. Bei diesen Betrachtungen müssen stets die methodischen Unzulänglichkeiten und Probleme mitgedacht werden, die die Aussagekraft schmälern. Als objektive Hinweise auf die vielschichtigen zu Grunde liegenden gesellschaftlichen Realitäten jenseits von subjektiven Wahrnehmungen und Stimmungslagen sind sie jedoch durchaus nützlich.

Werden die beiden Dimensionen des BTI disaggregiert, können die Defizite der MOEL spezifiziert werden (dabei gilt: 1 = schlechteste Bewertung und 10 = beste Bewertung). Abb. 4.5 stellt die arithmetischen Mittel der jeweiligen Kriterien der beiden Dimensionen der politischen Transformation (Staatlichkeit, politische Partizipation, Rechtsstaatlichkeit, Stabilität demokratischer Strukturen sowie politische und gesellschaftliche Integration) und der wirtschaftlichen Transformation (sozioökonomisches Entwicklungsniveau, Markt- und Wettbewerbsordnung, Währungs- und Preisstabilität, Privateigentum, Sozialordnung, wirtschaftliche Leistungskraft und Nachhaltigkeit) für die MOEL dar. Die ökonomische Transformation wird dabei im Durchschnitt bei allen MOEL als weniger fortgeschritten bewertet als die politische. Dies ist insofern überraschend, als dass in anderen Transformationsländern wie Singapur, Malaysia, China oder etwa Vietnam ein genau umgekehrtes Muster vorliegt; dort haben wirtschaftliche Reformen scheinbar Priorität und folglich ist der Demokratie-Status schlechter als der Marktwirtschaftsstatus. Eine mögliche Erklärung könnte in der Konditionalitätspolitik der EU liegen. Die Staatlichkeit, die politische Partizipation (die vorwiegend die Partizipations*möglichkeiten* abbildet, nicht jedoch die tatsächliche Beteiligung), die Stabilität demokratischer Institutionen und die Rechtsstaatlichkeit weisen (vom Ausreißer Ungarn abgesehen, der in den letzten beiden Kategorien sowie Kroatien, das bei der Rechtsstaatlichkeit deutlich schlechter als die anderen Staaten abschneidet und auf diese Weise die Mittelwerte senken) durchgehend hohe Werte auf. Die Staatlichkeit („Klarheit über die nationale Staatlichkeit mit hinreichend etablierten und differenzierten Machtstrukturen") erreicht mit durchschnittlich 9,7 Bewertungen den höchsten Wert. Einzig die politische und gesellschaftliche Integration (Bestehen stabiler Repräsentationsmuster zur Vermittlung zwischen Gesellschaft und Staat sowie eine gefestigte Bürgerkultur) hat eine vergleichsweise größere Varianz und einen niedrigeren Mittelwert als die anderen Kriterien der politischen Transformation. Von den Einzelkriterien der ökonomischen Transformation werden die Markt- und Wettbewerbsordnung (im Mittel 9,4) und das Privateigentum (9,5) als gelungen gefestigt bewertet. Insbesondere scheint die Gewährleistung sicherer Eigentumsrechte kein wirkliches Problem in den Ländern Mittel- und Osteuropas zu sein, da fünf Staaten die Höchstbewertung erhalten (Estland, Litauen, Polen, Slowakei und die Tschechische Republik). Auch die Währungs- und Preisstabilität ist mit Abstrichen allgemein als gut bewertet; lediglich Ungarn und Lettland erhalten von den Bertelsmann-Länderexperten relativ schlechte Wertungen. Hingegen wird die sozioökonomische Entwicklung (Bevölkerungsgruppen erleben soziale Ausgrenzung aufgrund von Armut), die wirtschaftliche Leistungskraft (gemessen an makroökonomischen Indikatoren), die Nachhaltigkeit (Berücksichtigung von Umweltbelangen sowie ein funktionierendes Bildungssystem und ausgebauter Forschungs- und Entwicklungskapazitäten) und die Sozialordnung (Chancengleichheit und Sozialversicherungen) als eher unterentwickelt bewertet. Auch die Unterschiede zwischen den Ländern in diesen Kategorien sind erheblich. Bspw. werden Rumänien und Bulgarien in der sozioökonomischen Wertung mit 7 eingestuft, Slowenien und die Tschechische Republik mit 10. Die schlechten Werte in der Kategorie wirtschaftlicher Leistungskraft sind nach der vorhergehenden Betrachtung der Entwicklung des Bruttoinlandsproduktes der MOEL nicht überraschend.

Natürlich ist die Liste an Indikatoren erweiterbar, etwa um den Korruptionsindex CPI von *Transparency International* oder den Index der Humanentwicklung HDI der Vereinten Nationen. Die hier angestellte Betrachtung der Bedingungslage der mittel- und osteuropäischen Staaten hat jedoch den Entwicklungsstand hinreichend klar dargestellt: Obwohl der EU-Beitritt bei den MOEL zwar zu hoher makroökonomischer Stabilität, einem stabilen politischen Umfeld und zu Marktwirtschaften mit

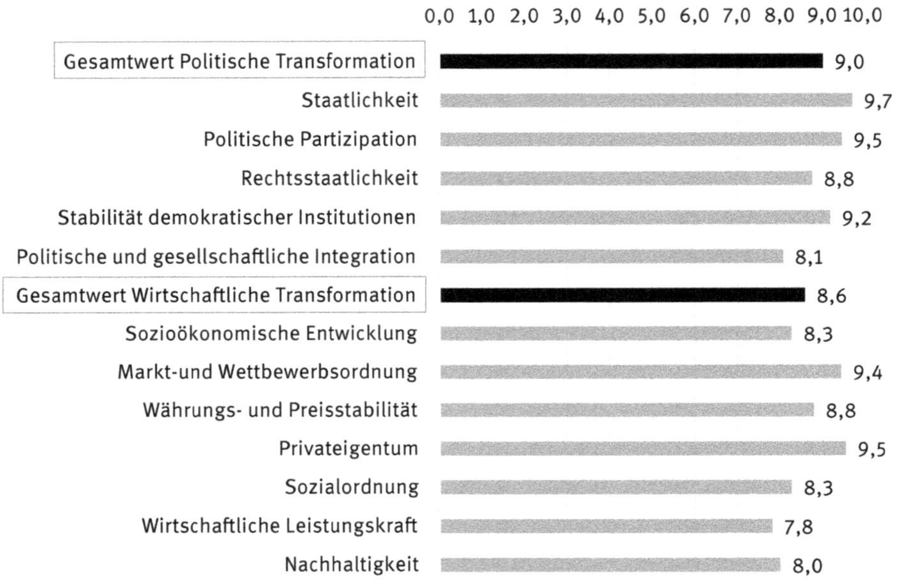

Abb. 4.5: Mittelwerte der Kriterien des BTI für die MOEL (Quelle: Eigene Darstellung).[89]

Privateigentum führte – im Gegensatz zu den weltweit vielen schlechter verlaufenden Transformationen –, belegen die Indikatoren aber auch noch deutliche Rückstände in der wirtschaftlichen Leistungskraft, der Nachhaltigkeit sowie der Zivilgesellschaft (Kategorie „politische und gesellschaftliche Integration"). Während das Kriterium der politischen Partizipation des BTI die *de jure* Freiheit zur politischen Betätigung darstellt (und für die MOEL als gut umgesetzt bewertet wird), bildet die politische und gesellschaftliche Integration die *de facto* Beteiligung ab. Das Hauptaugenmerk richtet sich dabei auf die Zivilgesellschaft, deren Schwäche wohl auf den Mangel der Bildungsmöglichkeiten freier Assoziationen und das generelle Misstrauen, ausgelöst durch staatliche Überwachung und Unterdrückung aus den Zeiten der sozialistischen Gesellschaftsordnung, zurückzuführen ist.[90] Die erwähnten niedrigen Partizipationsraten bei den EU-Beitrittsreferenden können hierfür als Indiz gelten.

Obwohl die Begriffe des Entwicklungsrückstandes, des *Catching Up*, *Falling Behind* und *Staying Ahead* meist in Zusammenhang mit der Entwicklungsökonomie und -politik vorzufinden sind, weicht die Situation und Ausgangslage der ehemaligen sozialistischen Staaten doch von denen der Entwicklungs- und Schwellenländer

89 Eigene Berechnung und Darstellung nach: Bertelsmann Stiftung (2012b).

90 Vgl. Howard (2002; 2008), S. 121 ff. Auch Hölscher (2006) attestiert zum Zeitpunkt 1999/2000 einen Mangel an Vertrauen.

erheblich ab. Zum einen unterscheidet sich die nachholende Entwicklung mittel- und osteuropäischer *Latecomers* darin, dass es sich nicht um Industrialisierungs- und Armutsbekämpfungsmaßnahmen, sondern im Wesentlichen um Modernisierungsprozesse handelt und zum anderen zeichnen sich die MOEL neben einem gewissen Niveau von demokratischen und rechtsstaatlichen Strukturen[91] ebenso durch die Zugehörigkeit zum abendländischen Kulturkreis aus (der ihnen Vorbeitrittshilfen der EU ermöglichte).[92] Da nur ein geringer Zusammenhang zwischen den Aufholprozessen beider Ländergruppen besteht, können auch die Erkenntnisse der Entwicklungsökonomik nur bedingt übertragen werden. Für alle Länder in der *Catching Up*-Phase gilt jedoch, dass für ein umfassendes Verständnis und Erklärung des Rückstandes nicht nur ökonomische Prozesse allein, sondern stets ihr gesamtgesellschaftlicher Kontext mitgedacht werden muss.[93] Eine Verbesserung der Wirksamkeit der Kohäsionspolitik erfordert somit die Kenntnis der jeweiligen Bedingungslagen in den MOEL, die in diesem Kapitel in groben Zügen skizziert wurde. Hinsichtlich der europäischen Regional- und Strukturpolitik sind dabei zwei Aspekte relevant. Erstens weisen die MOEL viele Gemeinsamkeiten auf, die sie in ihrer Problemlage von den Ländern der „alten" EU unterscheidet, sodass eine Zusammenfassung zu einem Untersuchungs*cluster* gerechtfertigt erscheint. Neben dem sozialistischen Erbe und der dadurch bedingten Grundprägung formeller und informeller Institutionen, der Transformationsphase, dem in der Fläche vorhandenen Entwicklungsrückstand und dem niedrigeren Lebensstandard zählt hierzu der Konsens der Eliten und der Bevölkerungen, mit dem EU-Beitritt die Integration in die europäische Gemeinschaft zu vollziehen. Die „Rückkehr nach Europa" als Chiffre für die EU-Orientierung hat maßgeblich die Integration beeinflusst. Zweitens wurde innerhalb der Ländergruppe der MOEL allerdings ebenfalls eine Heterogenität in soziökonomischer und kultureller Hinsicht deutlich.[94] Die Unterschiedlichkeit zeigt sich nicht alleine in den divergierenden Transformationspfaden und der Asynchronität der Annäherungsprozesse als Reaktion auf

91 Ein Beitritt zur EU erfordert nach EUV, Art. 49 die Erfüllung der Kopenhagener Kriterien, die in EUV, Art. 2 niedergelegt sind: „Die Werte, auf die sich die Union gründet, sind die Achtung der Menschenwürde, Freiheit, Demokratie, Gleichheit, Rechtsstaatlichkeit und die Wahrung der Menschenrechte einschließlich der Rechte der Personen, die Minderheiten angehören. Diese Werte sind allen Mitgliedstaaten in einer Gesellschaft gemeinsam, die sich durch Pluralismus, Nichtdiskriminierung, Toleranz, Gerechtigkeit, Solidarität und die Gleichheit von Frauen und Männern auszeichnet."

92 Beitrittsbedingung zur EU ist weiterhin, ein europäischer Staat zu sein: „Jeder europäische Staat kann beantragen, Mitglied der Union zu werden. Er richtet seinen Antrag an den Rat; dieser beschließt einstimmig nach Anhörung der Kommission und nach Zustimmung des Europäischen Parlaments, das mit der absoluten Mehrheit seiner Mitglieder beschließt." EUV, Art. 49. Der Versuch Marokkos, 1987 der EG beizutreten scheiterte und auch der Fall der Türkei ist umstritten. Zur Diskussion zum Beitritt der Türkei siehe: Gehler (2010), S. 383 ff.

93 Vgl. Acemoglu/Robinson (2012; 2000).

94 Für eine vertiefte Analyse der Wirtschaftskulturen in der erweiterten EU: Hölscher (2006).

die Konditionalitätspolitik, sondern insbesondere ebenso in der Varietät von Institutionen. Für die Kohäsionspolitik lässt sich aus diesen Betrachtungen folgern, dass Reformen und Modernisierungsmaßnahmen mit einer langfristigen Perspektive durchzuführen sind, da informelle Institutionen anders als formelle Institutionen nicht auf kurze Sicht verändert werden können und ebenso für Steuerungsbemühungen weniger zugänglich sind.[95] Weiterhin ergibt sich aus dem Befund der Länderspezifika die Notwendigkeit, dass die Kohäsionspolitik einer individuellen und an Institutionen orientierten Herangehensweise folgen muss. Hier kann die Theorieperspektive der Ordnungsökonomik einen Beitrag leisten. Sie bietet neue Zugangswege an, wie etwa die Fragestellung, inwiefern in den MOE-Ländern überhaupt die notwendigen institutionellen Voraussetzungen zur effektiven Mittelverwendung vorliegen, wenn das *Institution Building* aufgrund der Vorbeitrittshilfen nicht hinreichend genug war. Im Bezug zur Regional- und Strukturpolitik bedeutet dies, dass die zentrale Frage nicht lauten muss, ob die Kohäsionspolitik mehr Finanzmittel erhalten sollte, sondern, wie und wofür die Mittel verwendet werden, es geht also um eine qualitative Frage. Das folgende Kapitel der Analyse der bestehenden Kohäsionspolitik wendet sich einem solchen Blickwinkel zu und prüft die bestehende Politik auch auf die Fähigkeit länderspezifische Entwicklungspfade zu unterstützen.

---

95 Vgl. Roland (2004).

5 Analyse der europäischen Kohäsionspolitik

> Die Gegend, für die unsere Planer augenblicklich besonders gern solche Pläne aufstellen, ist der Donauraum und Südosteuropa. Eine Verbesserung der Wirtschaftslage in diesem Gebiet ist zweifellos eine dringende Notwendigkeit, und zwar aus humanitären und wirtschaftlichen Erwägungen wie auch im Interesse des europäischen Friedens, und es ist ebenso unzweifelhaft, dass dies nur innerhalb eines neuen politischen Rahmens möglich ist. Aber das ist nicht gleichbedeutend mit dem Wunsch, das Wirtschaftsleben in diesem Gebiet nach einem einzigen großzügigen Plan geregelt zu sehen und die Entwicklung der verschiedenen Industrien nach einem vorher festgelegten Schema so zu fördern, dass die lokale Initiative von der Genehmigung durch die Zentralinstanz und von der Eingliederung in ihren Plan abhängt. [...] Wenn man die bewusste Angleichung des Lebensstandards plant, so bedeutet dies, dass die verschiedenen Ansprüche gegeneinander abgewogen werden müssen, dass einige vor anderen bevorzugt werden und dass die letzten warten müssen, bis sie an die Reihe kommen – selbst wenn diejenigen, deren Interessen so zurückgestellt werden, nicht nur von ihrem besseren Recht überzeugt sind, sondern auch davon, dass sie ihr Ziel schneller erreichen könnten, wenn sie nur nach ihren eigenen Plänen handeln dürften. Es gibt kein Kriterium, das uns zu entscheiden erlaubt, ob die Forderungen des armen rumänischen Bauern dringlicher oder weniger dringlich sind als die des noch ärmeren Albaners oder ob die Notlage des slowakischen Berghirten größer ist als die seines slowenischen Kollegen.
> Friedrich August von Hayek 1944/2011, S. 279

Die Ordnungsökonomik bietet den konzeptuellen Rahmen, um verstärkt auch die qualitativen Aspekte wirtschaftspolitischer Maßnahmen zu untersuchen. Die Dringlichkeit eines solchen Schrittes machte vorhergehender Abschnitt mit der Darstellung eines umfassenden Verständnisses von Rückständigkeit deutlich, der neben der Notwendigkeit einer langfristigen Entwicklungsperspektive und von Investitionen in den Aufbau von adäquaten Institutionen auch den Bedarf an länderspezifischen Förderstrategien betonte. Ebenso zeigt die Auswertung der Literatur zur Kohäsionspolitik, dass die objektive Bestandaufnahme aus einer ordnungsökonomischen Sicht dazu beitragen kann, eine Lücke in der Forschungsliteratur zu schließen. Zwar liegt ein großes Angebot an Untersuchungen der Kohäsionspolitik vor, diese Untersuchungen greifen jedoch aus Perspektive der Ordnungsökonomik zu kurz, da sie sich zumeist auf ökonomische Effizienzkriterien beziehen und den institutionellen Bedingungen, unter denen Kohäsionspolitik in den Empfängergebieten stattfindet, zu wenig Beachtung entgegenbringen. Mit dem Perspektivenwechsel kann eine neue Herangehensweise für die Beantwortung der Frage nach der Plausibilität der massiven Kritik an der Gemeinschaftspolitik aufgezeigt werden. Für die Analyse kann auf die bereits vorgestellte „Vitalpolitik für Staaten" zurückgegriffen werden, die das Ziel verfolgt, die rückständigen Mitgliedstaaten dahingehend zu unterstützen, ihren Bevölkerungen die Teilnahme am Binnenmarkt zu ermöglichen und zwar auf eine Weise, die im zustimmungsfähigen Interesse aller EU-Bürger liegt. Erst falls eine solche Eröffnung und Gewährleistung von Teilhabechancen erfolgreich ist, kann von einem wünschenswerten Arrangement gesprochen werden. Um ein praktikables Prüfschema nutzen zu können, sollen Analysekriterien entwickelt werden, die auf

DOI 10.1515/9783110482768-005

den Erkenntnissen der bisherigen Arbeit basieren. Darüber hinaus soll die qualitative Analyse Hinweise darauf liefern, wo genau die Gründe für die geringe Wirksamkeit der Kohäsionspolitik liegen, indem der Frage nachgegangen wird, wie die Kohäsionspolitik im Detail funktioniert. Der ordnungsökonomische Perspektivenwechsel geht zudem mit einer anderen methodischen Ausrichtung einher. Denn bewusst wird auf qualitative Wirtschaftsforschung zurückgegriffen, um die konkreten Funktionsabläufe der Förderperiode 2007–2013 erfassen zu können. Aus diesem Grund ordnet sich die Untersuchung der Kohäsionspolitik entlang der beiden eingeführten Regelebenen der EU (vgl. Kapitel 3).

Der Aufbau des Kapitels ist auf dieses argumentative Vorgehen abgestimmt. Eingangs wird ein Überblick über den Sachstand zur europäischen Regional- und Strukturpolitik gegeben (5.1). Dabei stehen zwei zusammenhängende Fragekomplexe im Vordergrund: Erstens, welche Aussagen die Forschungsliteratur über die Konvergenzdiskussion trifft, also inwiefern eine generelle Angleichung makroökonomischer Größen verschiedener Volkswirtschaften zu beobachten ist. Zweitens, welche Rolle die Kohäsionspolitik bei den Konvergenz- und Divergenzprozessen in der EU spielt – mit anderen Worten: wie wirksam die Kohäsionspolitik ist. Im Anschluss wird in Abschnitt 5.2 die Unschärfe der Begriffe Kohäsions- sowie Regional- und Strukturpolitik erörtert. Abschnitt 5.3 arbeitet die Problemstellung sowie den Analyserahmen des ordnungsökonomischen Perspektivenwechsels heraus. Anschließend wird die Kohäsionspolitik inhaltlich analysiert. Hierbei wird auf die vorgenommene Unterteilung in die konstitutionellen Ebene I und die Handelnsordnung I sowie die konstitutionelle Ebene II und die Handelnsordnung II (dazu Kapitel 3) zurückgegriffen. Begonnen wird dabei mit der Begründung und der Zielsetzung des Politikfeldes, also der konstitutionellen Ebene I (5.4). Denn will man die Interaktion auf der Ebene der konkreten Fördererergebnisse betrachten, so ist zunächst zu berücksichtigen, wie die Rechtsordnung II durch die Rechtsordnung I beeinflusst wird. Es werden nicht nur der Kontext der Kohäsionspolitik und die Entstehungsgeschichte, sondern zudem die Grundstruktur dargestellt. Während sich dieser Abschnitt mit den Geschehnissen auf der obersten Regelebene befasst, also vorrangig der grundsätzlichen Frage, ob eine Kohäsionspolitik Bestandteil des EU-Politikportfolios sein sollte, welche Instrumente eingerichtet und wie viel Mittel diese verschiedenen Förderinstrumente erhalten sollten, wendet sich der folgende Abschnitt der Rechts- und Handelnsordnung II zu. Hierbei wird danach gefragt, was genau auf Ebene der Programmförderung geschieht (5.5). Für die Untersuchung der partnerschaftlichen Zusammenarbeit zwischen EU-Kommission, den Mitgliedsländern und den subnationalen Akteuren sind wiederum die Regeln der Rechtsordnung II relevant. Im Mittelpunkt stehen bei der Betrachtung der Ebene u. a. die Verteilung der Finanzmittel, die Funktionsweise der geteilten Mittelverwaltung, die Absorptionskapazität, die Planungsinstrumente und das Kontrollsystem der Kohäsionspolitik. Nach einem knappen Fazit der Ergebnisse werden im abschließenden Abschnitt (5.6) Hinweise auf die zugrundliegenden Ursachen des gegenwärtigen Zustandes der Kohäsionspolitik gegeben.

5.1 Konvergenzdiskussion und Forschungsstand

Die Berechtigung für den umfangreichen Mitteltransfer im Rahmen der Kohäsionspolitik ergibt sich auch aus der Nachweisbarkeit von Erfolgen – genau diese Wirksamkeit der Kohäsionspolitik wird jedoch häufig in Frage gestellt. Betrachtet man die Rechtfertigungsargumente der EU-Kommission, so scheint das dominierende Gütekriterium für einen Erfolgsnachweis die Effizienz der Maßnahmen zu sein. Dabei werden die eingesetzten Mittel in Relation zu den gemeldeten *Output*-Zahlen der Mitgliedstaaten – wie geschaffene Arbeitsplätze, Anzahl an Unternehmensneugründungen und Straßenkilometer oder geförderte F&E-Projekte – gesetzt. Falls die Indikatoren höher ausfallen als im Vorjahr, spricht die EU-Kommission von einem „Mehrwert" und wertet den kohäsionspolitischen Mitteleinsatz als erfolgreich.[1] So seien durch die Kohäsionspolitik in der Periode 2007–2010 insgesamt 189 000 Vollzeit-Arbeitsplätze, 280km Autobahn und 285km Eisenbahn geschaffen, sowie 19 000 Forschungsprojekte und fast 24 000 Unternehmensgründungen unterstützt worden.[2] Insgesamt bewirke die Kohäsionspolitik eine Verbesserung der makroökonomischen Daten: Für die Förderperiode 2014–2020 erwartet die EU-Kommission durch den Einsatz der Gemeinschaftspolitik, „dass in den Ländern, die am meisten von der Kohäsionspolitik profitieren, während des Umsetzungszeitraums das BIP um durchschnittlich 2% und die Beschäftigungsquote um durchschnittlich 1% ansteigen wird."[3] Aus dieser Sicht erscheint die Folgerung konsequent, verstärkt quantitative Kennzahlen zur Feststellung des Erfolges der Regionalpolitik zu fordern. So stellt die EU-Kommission zum System der Evaluation fest: „Ausgangspunkt für einen ergebnisorientierten Ansatz ist die *ex ante*-Festlegung klarer und *messbarer Ziele und Ergebnisindikatoren.* Die Indikatoren müssen eindeutig interpretierbar, statistisch validiert und auf die politischen Maßnahmen abgestimmt und direkt mit diesen verknüpft sein, sowie zeitnah erhoben und veröffentlicht werden."[4] Allerdings wird nicht nur auf der politischen Ebene die Wirksamkeit mit der Quantifizierbarkeit gleichgesetzt. Aus Sichtweise der traditionellen Wirtschaftswissenschaft muss sich die Gemeinschaftspolitik daran messen lassen,

---

1 EU-Kommission (2013b).

2 Vgl. Ferry (2013), S. 7. Als Erfolgsindikatoren werden sogar ungewöhnliche Quantifizierungen, wie bspw. die Installation zusätzlicher Stromerzeugungskapazitäten in MW herangezogen; vgl. EU-Kommission (2013b), S. 7 f.

3 EU-Kommission (2014b), S. 23.

4 EU-Kommission (2010b).

wie ökonomisch effektiv und ökonomisch effizient sie ist. Jedoch scheint bereits auch nur die Erfassung der ökonomischen Effektivität große Schwierigkeiten zu bereiten. Maßstab dieser Prüfkriterien ist das Ausmaß des ökonomischen *Catch Up*-Prozesses: Wächst die Wirtschaftskraft der MOE-Länder im Zeitverlauf kontinuierlich stärker als die der alten EU, so befinden sich die MOEL in einem Aufholprozess. Es ist wenig erstaunlich, dass sich der Großteil der kritischen Literatur, die sich mit der europäischen Regional- und Strukturpolitik beschäftigt, an der Dimension der Konvergenz makroökonomischer Größen orientiert. Demnach ist die Kohäsionspolitik zu befürworten, wenn durch sie der Aufholprozess beschleunigt oder gar erst ausgelöst wird und dies zu einer Angleichung ökonomischer Kerndaten wie dem BIP führt. Strittig ist in der Forschung aber zum einen, inwiefern Konvergenz-Phänomene überhaupt existieren – also Aufholprozesse empirisch nachzuweisen sind – und zum anderen die Kausalität der Kohäsionspolitik bei den Konvergenzprozessen. Ist die europäische Regional- und Strukturpolitik Ursache der Konvergenz oder ist Konvergenz *trotz* der Kohäsionspolitik festzustellen und die Politik nutzlos und somit im schlimmsten Fall sogar schädlich? Mit anderen Worten: Was würde bei Abwesenheit der Kapitalhilfen passieren? Würden die Regionen dennoch wachsen und die Mittel sind folglich bloß ein Mitnahmeeffekt? Der Forschungsstand ist diesbezüglich trotz mehr als 30-jähriger Analyse sehr uneins und widersprüchlich:[5] „There is no general agreement on how successful Cohesion Policy has been in reducing disparities in the Union. A major cause for no agreement is the inexistence to date of an evaluation method that could isolate the impact of Structural and Cohesion Funds from other factors and therefore allow for a just assessment of the policy."[6] Ein Ziel der ordnungsökonomischen Perspektive ist es auch, einige Hinweise zur Ermöglichung einer besseren Erklärungsleistung zu geben.

Tab. 5.1: Klassifizierungsmatrix von Ansätzen zur Erklärung von Konvergenzprozessen (Quelle: Eigene Darstellung).

		Eintreten von Konvergenzprozessen?	
		Ja	Nein
Konvergenz/ Divergenz als autonomer Prozess?	Ja	A1: Konvergenzoptimismus v. a. (neo-)klassische Wachstumstheorie	A2: Konvergenzpessimismus
	Nein	A3: Realistische Konvergenzerwartung v. a. endogene Wachstumstheorie	A4: Fehlerhafte Politik

5 Vgl. Allen (2008), S. 23 f., S. 32; Begg (2008), S. 298 ff.; Bachtler/Gorzelak (2007); Baslé (2006); Molle (2007), S. 223 ff.
6 Ujupan (2009), S. 14.

Eingebettet ist die Kohäsionspolitik in den größeren Zusammenhang der Frage nach den Mechanismen der Konvergenz zwischen Volkswirtschaften weltweit: Ist allgemein eine automatische Konvergenz festzustellen, bedarf die Angleichung wirtschaftspolitischer Eingriffe oder lässt sich überhaupt keine Konvergenz zwischen Ländern feststellen? Tab. 5.1 stellt den Versuch einer Systematisierung der wirtschaftswissenschaftlichen Beschäftigung mit Konvergenz- und Divergenzprozessen dar. Zur Einordnung werden die Überlegungen daraufhin geprüft, inwiefern sie das Eintreten von Konvergenzprozessen erwarten und was sie als Ursache dessen (Konvergenz/Divergenz als autonomer oder gesteuerter Prozess) sehen. Daraus ergeben sich die vier Felder A1 bis A4.

Die Konvergenzdiskussion (hinsichtlich der Matrix also die Frage, in welchem der Felder wir uns bewegen) wird bereits seit langem und im Besonderen seit Beginn der europäischen Integration geführt. Wurden zeitweise die Möglichkeiten der Aufholprozesse sehr euphorisch gesehen, sodass von einem Konvergenzoptimismus gesprochen werden kann (Feld A1), so setzte seit den 1960er-Jahren ein Wandel zu einer nüchternen Betrachtung ein, Klemmer attestiert Ende der 1990er-Jahre sogar einen Konvergenzpessimismus.[7] Wird das Ausbleiben von Konvergenzprozessen als autonomer Vorgang, gewissermaßen als eine unverrückbare Konstante gesehen, bewegen wir uns im Feld A2. In diesem Fall erübrigt sich jeder weitere Gedanke über das Ausbleiben der Angleichung der Lebensbedingungen. Aus empirischer Sicht bestätigt sich verschiedentlich der Befund, dass keine Konvergenzprozesse vorliegen:[8] Long kritisiert zudem die Annahmen der (neo-)klassischen Wachstumstheorie:

> The absence of convergence pushes us away from a belief that in the long-run technology transfer both is inevitable and is the key factor in economic growth. It pushes us away from the belief that even the nations of the now industrial West will have roughly equal standards of living in 2090 or 2190. And the absence of convergence even among nations relatively rich in 1870 forces us to take seriously arguments like Romer's (1986) that the relative income gap between rich and poor may tend to widen.[9]

Der Eintritt von Konvergenz kann in zweierlei Hinsicht gedeutet werden. Die (neo-)klassische Theorie sieht die ökonomische Entwicklung vorwiegend durch die Entfaltung eines möglichst ungestörten Marktes bestimmt, sodass die Konvergenz generell als autonomer Prozess gewertet wird, der zwar durch die Politik verhindert, aber nicht aktiv herbeigeführt werden kann (Feld A1). Die Deutungshoheit der (neo-)klassischen Theorie schwächte sich jedoch in Theorie und Praxis ab: Anstelle dieses

---

7 Dazu Klemmer (1998), S. 488. Für die Darstellung der Entwicklungsgeschichte der Wachstumstheorien auch Frenkel/Hemmer (1999).

8 Vgl. Pritchett (1997); Grossman/Helpman (1993), S. 3 ff.; Long (1988).

9 Long (1988), S. 1148.

„Konvergenz-Determinismus" dominiert nun vielmehr die endogene Wachstumstheorie als ein Hauptvertreter des Feldes A3, die „eine Einflussnahme der Wirtschaftspolitik auf die Wachstumsrate impliziert. ‚Konvergenz' und ‚Divergenz' sind nicht ‚gottgegeben', sondern ‚man-made'."[10] Gemeinsam ist beiden Perspektiven, dass sie ein Ausbleiben von Konvergenz durch eine verfehlte Politik (Feld A4) erklären: Aus Sicht der (neo-)klassischen Theorie wäre dies ein Resultat zu vieler Eingriffe und zu vieler Markthemmnisse, die den autonomen Prozess behindern. Die Ansätze des Feldes A3 würden dies hingegen durch falsche oder zu wenige Steuerungsbemühungen erklären. Aufgrund der Dominanz in der Wissenschaft sowie der Zugänglichkeit für (wirtschafts)politische Gestaltung wird sich folgend verstärkt dem Feld A3 bzw. *ex negativo* dem Feld A4 und dessen verschiedenen Anwendungsbereichen und Ansätzen zugewendet. Die Konvergenzforschung wurde besonders durch Barro und Sala-i-Martin geprägt. Sie unterscheidet zwischen einer ß-Konvergenz (je schneller sich eine Stichprobe von Regionen dem Durchschnitt nähert, desto höher diese Konvergenz) und einer σ-Konvergenz (Abnahme der Varianz der regionalen Pro-Kopf-Einkommen im Zeitablauf): „Convergence of the first kind (poor countries tending to grow faster than rich ones) tends to generate convergence of the second kind (reduced dispersion of per capita income or product), but this process is offset by new disturbances that tend to increase dispersion."[11] Ergebnis ihrer Arbeiten ist, dass Konvergenz zwischen Industrieländern zwar möglich ist, jedoch eines langen Zeithorizonts und bestimmter Wachstumsparameter bedarf.[12] Sowohl Abramovitz als auch Baumol bestätigen im Rahmen der Konvergenzdiskussion die *Catch Up-Hypothese*.[13] Darüber hinaus gibt es Hinweise, dass Konvergenzprozesse in Zusammenhang mit dem Ausgangsniveau stehen: In Ländern mit einem höheren Ausgangsniveau sind *Catch Up-Prozesse* realistischer als in Entwicklungsländern. Die Aufholprozesse von Entwicklungsländern sind auch für die Institutionenökonomik von hohem Interesse. Allerdings spielen dort Institutionen die zentrale Rolle für die ökonomische Entwicklung und deshalb ist Konvergenz vorrangig von der Implementation von geeigneten Institutionen und nicht so sehr vom ökonomischen Ausgangsniveau abhängig.[14] Ferner finden sich im Kontext der Konvergenzdiskussion solche Theorien, die sich speziell mit der regional-räumlichen Dimension beschäftigen:[15] Wie lassen sich unterschiedliche Wachstumsraten und Wohlstandsniveaus verschiedener Regionen

---

10 Straubhaar (1998), S. 18.

11 Barro/Sala-i-Martin (2004), S. 462.

12 Vgl. Barro/Sala-i-Martin (2004; 1992a; 1992b; 1991).

13 Vgl. Abramovitz (1986); Baumol (1986).

14 Allgemein dazu z. B. Fink/Boettke (2011), S. 499 ff.; Acemoglu/Robinson (2010), S. 1 ff. Wie noch zu zeigen sein wird, wird diese Einsicht von vorliegender Arbeit geteilt und versucht werden, die Bedeutung institutioneller Rahmenbedingungen hervorzuheben.

15 Bspw. für Europa: Puga (2002).

und Großstädte eines oder mehrerer Länder erklären? Nicht zuletzt ist unabhängig von den empirischen Tatsachen ebenso die Wünschbarkeit der Angleichungsbemühungen zu begründen.[16]

Die sehr unterschiedlichen Befunde und Theorieansätze im Rahmen der Konvergenzdiskussion gelten nicht allein für die Untersuchung auf globaler Ebene, sondern ebenso für das Gebiet der EU.[17] In diesem Kontext ist die Kohäsionspolitik zu sehen: Sie verfolgt das Ziel der Angleichung der Lebensstandards der EU-Staaten durch eine angemessene Politik. Annahme ist also, dass eine bislang nicht zufriedenstellende und nicht automatisch verlaufende Konvergenz durch staatliche Intervention steuerbar ist. Die Kohäsionspolitik lässt sich somit dem Feld A3 zuordnen. Bei der (wissenschaftlichen) Diskussion über die Wirksamkeit der europäischen Regional- und Strukturpolitik stehen sich diejenigen gegenüber, die von einem starken Einfluss der Gemeinschaftspolitik auf Wachstum ausgehen und diejenigen, die jeglichen Effekt abstreiten.[18] Apologeten führen gerne erfolgreiche Regionen an. Leonardi bspw. erkennt einen Erfolg im Sinne der Erhöhung des sozioökonomischen Wohlstandes in den am wenigsten entwickelten Regionen wie etwa den Abruzzen, Kantrabien, dem Südosten Irlands, den Highlands und Korsika und somit einer Reduzierung der *Cohesion Gap*.[19] Gegner der Kohäsionspolitik sehen hingegen mittelfristig eine automatische Angleichung des Wohlstandsniveaus und vertrauen den Marktkräften (sie ließen sich in Feld A1 einordnen):

> Auch die bisherige wirtschaftliche Entwicklung der europäischen Regionen bestätigt nicht die Befürchtungen derjenigen, die eine verschärfte Polarisierung durch Marktkräfte erwarten. [...] Die regionalen Disparitäten haben sich im Zeitraum 1970–1985 jedenfalls nicht verstärkt. Dies kann nicht als Ergebnis der europäischen Regionalpolitik gewertet werden; denn deren Interventionen sind erst Anfang der achtziger Jahre ausgedehnt worden und können damit für den untersuchten Zeitraum nahezu vernachlässigt werden.[20]

Um eine Einordnung dieser wissenschaftlichen Diskussion über die Kohäsionspolitik zu ermöglichen, soll im Folgenden ein Überblick über den Forschungsstand gegeben

---

16 Vgl. Straubhaar (1998).
17 Für einen Literaturüberblick über die Konvergenz in der EU: Eckey/Türk (2006).
18 Und dies nicht allein in der Wissenschaft, sondern ebenso in der Tagespresse. Zum Beispiel: „Richtig und kontrolliert eingesetzt, hätte man schon mit dem bisherigen Budget mehr erreichen können. Anstatt also nach noch mehr Geld zu rufen, sollte die Kommission ihre Energie darauf konzentrieren, das Geld effektiver zu verwenden. Allein die Tatsache, dass die EU eine sich seit Jahren aufbauende Bugwelle von mittlerweile rund 200 Milliarden Euro nicht abgerufener oder nicht zugewiesener Mittel vor sich her schiebt, spricht für eine gründliche Revision der Art und Weise, wie Brüssel mit seinen Mitteln umgeht." Winter (2012), S. 4.
19 Vgl. Leonardi (2005), S. 89 ff. Leonardi (1995), S. 86 ff. versucht aufzuzeigen, dass es in dem Zeitraum von 1950–1991 zwischen den Regionen der EU zu BIP-Konvergenz gekommen ist.
20 Krieger-Boden (1987), S. 94.

und damit der Frage nach der Wirksamkeit der Kohäsionspolitik vertiefter nachgegangen werden, ohne aufgrund der Vielzahl an Analysen jedoch den Anspruch auf Vollständigkeit zu erheben. Zwar fokussiert der Überblick auf die ökonomische Forschung, jedoch werden aufgrund der hier vertretenen Einsicht in die Notwendigkeit der Interdisziplinarität und Offenheit auch Resultate anderer sozialwissenschaftlicher Analysen der Kohäsionspolitik berücksichtigt. Methodisch wurde von einer Metaanalyse Abstand genommen, da sie im Hinblick auf die qualitative Ausrichtung der Arbeit wenig zielführend wäre und auch angesichts des Uniformitätsproblems für die Vielzahl der verschiedenen Studien zur Kohäsionspolitik als nicht praktikabel erscheint.[21] Eine solche, an anderer Stelle unternommene Analyse bestätigt die Nachteilhaftigkeit des Vorgehens. Der Versuch von Ederveen et al., eine Metaanalyse anhand einer „Impact Elasticity“ $\frac{d\widehat{y}}{\left(\frac{CS}{BIP}\right)}$ (wobei $d\widehat{y}$ für den Zuwachs der jährlichen durch die Kohäsionspolitik ausgelöste BIP-Pro-Kopf-Wachstumsrate steht, CS „Cohesion Support“ für den Umfang der Kohäsionsmittel und BIP für das Bruttoinlandsprodukt der jeweiligen Untersuchungseinheit) durchzuführen, ergab „a wide variation of results“.[22] Stattdessen soll der *Research Review* durch ein qualitatives Vorgehen differenziert darlegen können, zu welchen Resultaten die vorhandenen Untersuchungen über die Wirksamkeit der Kohäsionspolitik kommen.[23] Um die Gefahren, die aus einem narrativen *Review* erwachsen können (z. B. *Publication Bias*), zu minimieren, geht der Überblick systematisch vor: Er stellt eine repräsentative Auswahl ohne Wertung oder Ausschluss von bestimmten Beiträgen dar, die mittels des Gebrauchs von Übersichtsartikeln, Datenbanksuchen und der Methode der konzentrischen Kreise erreicht wird.[24] Die Auswahlkriterien für die Aufnahme in die Übersicht sind eine reflektierende Auseinandersetzung mit der europäischen Kohäsionspolitik aus sozialwissenschaftlicher Sicht, die Relevanz für die Fragestellung nach der Wirksamkeit der Gemeinschaftspolitik sowie die zeitliche Relevanz (d. h. neuere Beiträge). Zudem begründet sich die Auswahl mit ihrer Bedeutung in der *Scientific Community*. Eine Einschränkung wird dennoch unternommen. So gibt es z. B. Studien, die von der EU-Kommission selbst oder in Zusammenarbeit mit externen Partnern durchgeführt oder aber von der EU-Kommission in Auftrag gegeben wurden.[25] Die eigenen Analysen und Reformvorschläge der EU-Kommission stellen in der Regel nicht die generelle Systemfrage, sondern belassen es bei einzelnen Kritikpunkten. Meist sind

---

21 Zur Methode und zur Kritik an der Metaanalyse: Z. B. Beelmann/Bliesener (1994); Hakim (1987), S. 19 ff.; Glass (1976), S. 3 ff.

22 Ederveen et al. (2003), S. 42 ff.

23 Zu einer Diskussion dieser verschiedenen Methoden: Green/Hall (1984), S. 37 ff.

24 Vgl. Hakim (1987), S. 18; Glass (1976), S. 4. Der *Language Bias* wird als gering eingeschätzt, da die wichtigsten Resultate mittelfristig in den bedeutenden deutsch- und englischsprachigen Fachzeitschriften und Fachforen publiziert werden.

25 Für die letzte Kategorie sei hier exemplarisch Bachtler et al. (2013) genannt.

diese allgemein gehalten, wie z. B. die Forderung nach Steigerung der Effektivität.[26] Obgleich die Partner der EU-Kommission meist (universitäre) Forschungseinrichtungen sind, so könnten die Ergebnisse aufgrund der Auftragsbeziehung durch mangelnde Objektivität gekennzeichnet sein. Deshalb finden sie hier lediglich am Rande Erwähnung und der Fokus liegt weiterhin auf solchen wissenschaftlichen Beiträgen, die ohne bewusste Beeinflussungen erstellt wurden.

Bei Sichtung des Forschungsstandes fällt die Heterogenität der Methoden, der gewählten Untersuchungszeiträume, der Ausrichtung (*ex post* oder *ex ante* Analysen), als auch der Ergebnisse auf. So finden sich neben ökonometrischen Studien und Simulationsmodellen (bspw. die HERMIN-, QUEST II- oder ECOMOD-Modelle)[27] auch zahlreiche Evaluationen. Es erscheint sinnvoll, zur Systematisierung des Forschungsstandes neben dem Untersuchungszeitraum der Studien, den Kernergebnissen und der Einbeziehung qualitativer Faktoren auch zu berücksichtigen, ob sie zu eindeutigen Ergebnissen kommen. Verbindet man das Kriterium der Eindeutigkeit der Analysen mit dem Kriterium, ob die Kohäsionspolitik eine positive Wirkung entfaltet, dann können vier mögliche Szenarien festgestellt werden (Tab. 5.2). Das Feld A1 beschreibt eine Wirksamkeit der Gemeinschaftspolitik, die sich eindeutig nachweisen lässt, während Feld A2 ausdrücklich eine ausbleibende kohäsionspolitische Wirksamkeit festhält. Kombination A1 würde die Rechtfertigung der Kohäsionspolitik stärken und A2 würde diese in das Gegenteil verkehren. Falls die Studie zu keiner klaren Aussage kommt, die Wirkung dabei entweder positiv oder negativ ist, dann liegt entweder eine optimistische Ungewissheit (A3) bzw. eine pessimistische Ungewissheit (A4) vor. In diesen Fällen kann vermutet werden, dass die Schlussfolgerungen für die Kohäsionspolitik und deren Legitimität weniger deutlich ausfallen, da keine Empfehlung für eine Reform oder die Beibehaltung des Status quo der Kohäsionspolitik abgeleitet werden kann. Fallen die Fazits der Analysen hingegen ausschließlich in eines der beiden Felder A1 oder A2, dann haben die Untersuchungen offensichtlich einen wichtigen Beitrag zur Konvergenzdiskussion geleistet, da der Grad an Gewissheit konkrete Aussagen ermöglicht.

Tab. 5.2: Matrix der möglichen Ergebniskombinationen der Studien zur Kohäsionspolitik (Quelle: Eigene Darstellung).

		Positive Auswirkung der Kohäsionspolitik	
		Ja	Nein
Eindeutiges Ergebnis der Studie	Ja	A1: Erfolg	A2: Misserfolg
	Nein	A3: Optimistische Ungewissheit	A4: Pessimistische Ungewissheit

26 Dies stellt auch Samland (1997) fest.
27 Dazu etwa der Vergleich der verschiedenen Modelle von Bradley/Untiedt (2007).

Tab. 5.3: Synopse ausgewählter Studien über europäische und nationale Regional- und Strukturpolitik (Quelle: Eigene Darstellung).

Studie	**Untersuchungszeitraum**	**Eindeutiges Ergebnis über die Wirkung der Kohäsionspolitik**	**Wesentliche Einbeziehung qualitativer Faktoren**	**Kernergebnisse**
Gripaios/Bishop/Hart/McVittie (2008)	1988 bis 2006	Nein	Teilweise	Mittels der Auswertung anderer empirischer Untersuchungen über die Kohäsionspolitik kommen die Autoren zu dem Ergebnis, dass „it is very difficult to establish impact effects because it is hard to establish the counterfactual." Und: „Even so, the balance of evidence suggests that Objective 1 funding has had remarkably little demonstrable impact and there is, therefore, a strong case for reform."
Dallerba (2005)	1989 bis 1999	Ja	Nein	Die europäischen Regionen neigen zu einer Clusterbildung und einem Zentrum-Peripherie-*Cleavage*. „A positive relationship between regional growth and structural funds is also identified among the significant results." Weiter: „However, the results also indicate that structural funds are clearly not the only variable to control for the various growth rates among European regions."
Martin (1998)	1950 bis 1992	Nein	Nein	Um dem *Trade-Off* zwischen hohen Wachstumsraten auf nationaler Ebene und Divergenzen zwischen den Regionen zu belegen, sind komplexere Modelle notwendig: „We believe that a conceptual framework to understand the trade, growth and location effects of regional policies is urgently needed. For the moment, the huge sums that finance infrastructure in poor regions are based on the ad-hoc reasoning that any transfer must be good for the receiving poor region and therefore for the country."
Armstrong (2001)	1972 bis 2001	Ja	Teilweise	Analyse britischer und europäischer Regionalpolitik. Eine Renationalisierung bestimmter Bereiche der Kohäsionspolitik sei sinnvoll.
Ederveen/Gorter (2002)	1981 bis 1996	Nein	Nein	Es bleibt unklar, inwiefern Kohäsionspolitik Wirtschaftswachstum fördert. „In particular, the more independent convergence one presupposes, the less well cohesion support appears to work."
Rodriguez-Pose/Fratesi (2004)	1989 bis 1999	Ja	Nein	Die Kohäsionspolitik hat einen geringen Effekt auf den Konvergenzprozess. „We find that, despite the concentration of development funds on infrastructure and, to a lesser extent, on business support, the returns to commitments on these axes [Entwicklungsachsen, J. D.] are not significant."

Tab. 5.3: (fortgesetzt)

Studie	Untersuchungs-zeitraum	Eindeutiges Ergebnis über die Wirkung der Kohäsionspolitik	Wesentliche Einbeziehung qualitativer Faktoren	Kernergebnisse
Beugelsdijk/Eijffinger (2005)	1995 bis 2001	Ja	Teilweise	Die EU-15 weisen Konvergenz auf und die Konvergenzraten werden durch die Strukturfonds positiv beeinflusst. Ausmaß der Korruption spielt dabei keine Rolle.
Rodriguez-Pose (1999)	1977 bis 1993	Ja	Nein	„Despite the large number of studies on regional convergence in Western Europe, our perception of the evaluation of disparities is often influenced by factors such as the unit in which growth is measured, as well as by the significant distortions provoked by the national dimension.“ Deshalb sei Konvergenz kein mechanischer Prozess, der überall und immer stattfindet. „In sum, empirical evidence suggests that the aggregated trends towards convergence and/or divergence hide, at the micro level, a complex pattern of regional change; a pattern to a large extent shaped by the structural type of each region, as well as by national factors and geographical proximity.“
Midelfart-Knarvik/ Overman (2002)	1970 bis 1997	Ja	Nein	Während nationale Entwicklungspolitik wenig Auswirkung hat, gelingt es der europäischen Strukturpolitik ökonomische Aktivitäten zu fördern, insbesondere im Bereich der F&E. „However, this effect has mostly been acting counter to states‘ comparative advantage – R&D-intensive industries have been encouraged by these aids to locate in countries and regions that have low endowments of skilled labour.“
Puigcerver-Penalver (2004)	1989 bis 2000	Ja	Nein	Die Strukturfonds hatten in Ziel-1-Regionen während der Jahre 1989–2000 einen positiven Wachstumseffekt (gemessen als Anstieg des BIPs), der jedoch in der zweiten Programmperiode schwächer ausfiel.
Ederveen/Groot/ Nahuis (2006)	1960 bis 1995	Ja	Teilweise	„Building on a standard neoclassical growth framework, we find that European support as such did not improve the countries‘ growth performance. However, we find evidence that it enhances growth in countries with the ‚right‘ institutions.“
Santos (2008)	2000 bis 2006	Ja	Nein	„SF [Structural Funds, J. D.] resources are not spent in a way that optimizes their potential to generate EU-wide growth; and Regions themselves pay for much of the SF they receive, limiting the extent of interregional redistribution.“

Tab. 5.3: (fortgesetzt)

Studie	Untersuchungs-zeitraum	Eindeutiges Ergebnis über die Wirkung der Kohäsionspolitik	Wesentliche Einbeziehung qualitativer Faktoren	Kernergebnisse
Boldrin/Canova (2001)	1980 bis 1996	Ja	Nein	Die Kohäsionspolitik hat kaum einen Effekt. „Our conclusion is that regional and structural policies serve mostly a redistributional purpose, motivated by the nature of the political equilibria upon which the European Union is built. They have little relationship with forstering economic growth."
Cappelen/Castellacci/Fagerberg/Verspagen (2003)	1980 bis 1997	Ja	Nein	Die Kohäsionspolitik hat einen positiven Effekt auf das BIP-Wachstum der Regionen. Dieser Effekt ist in den starken Regionen ausgeprägter. Entscheidend sind somit die Bedingungen, die in den Empfängerregionen vorgefunden werden. „Hence, it seems that support is least efficient where it is most needed."
Boldrin/Canova (2003)	1991 bis 2001	Ja	Nein	„Further, regional transfers taking place under the structural and cohesion policies are unlikely to become the growth engines of the CEEC10." Es gibt keinen Beleg, dass die Kohäsionspolitik zum langfristigen Wachstum in den MOEL beiträgt.
Ederveen/Gorter/Mooij/Nahuis (2003)	1960 bis 1996	Nein	Teilweise	Ärmere Regionen holten teilweise auf die reicheren Regionen auf. „In particular, the welfare levels between both EU member states and regions within the majority of member states have converged." Die eigene Studie sowie die Literaturanalyse ergeben gemischte und unklare Ergebnisse über die Auswirkungen der Kohäsionspolitik auf den Konvergenzprozess. Einen Grund sehen die Autoren in der institutionellen Gestaltung: „A third reason for the underperformance of cohesion support may be rent-seeking and moral hazard. Regional and national authorities may deliberately use funds for relatively low-productive projects. Case studies provide evidence that indeed point to rent-seeking and moral hazard."

In Tab. 5.3 ist nun die Diskussion wichtiger Studien über europäische und nationale Regional- und Strukturpolitik dargestellt. Dabei wird gezeigt, welchen Untersuchungszeitraum sie umfassen und ob die Ergebnisse eindeutig ausfallen. Die Kategorie „wesentliche Einbeziehung qualitativer Faktoren" spiegelt die Berücksichtigung von nicht quantitativen Variablen bei der Erfolgsbewertung der Kohäsionspolitik wieder. Darunter fallen Institutionen oder eine weite Perspektive der Verbesserung der Lebensbedingungen (z. B. Verbesserung des allgemeinen Bildungsniveaus). Die Kernergebnisse der Studien werden insbesondere hinsichtlich ihrer Aussage über die Wirksamkeit der Kohäsionspolitik in der letzten Spalte dargelegt.

Wie aus der Synopse ersichtlich ist, bezieht sich ein Großteil der verfügbaren Untersuchungen auf die Situation vor der Osterweiterung. Dementsprechend existieren im Hinblick auf die MOEL wenige verlässliche Studien über die Auswirkungen der Strukturpolitik.[28] Allgemein kann nach Auswertung des Forschungsstandes attestiert werden, dass nicht nur die Ergebnisse der Untersuchungen sehr gemischt sind, sondern auch, dass es keine eindeutigen Beweise für eine positive Gesamtauswirkung der Kohäsionspolitik auf die europäischen Volkswirtschaften gibt. Zum Beleg der Ergebnisvarietät sind einzelne Studien in die oben eingeführte Matrix übertragen worden (Tab. 5.4). Dadurch wird sichtbar, dass sich für jede der möglichen Kombinationen Analysen finden lassen. Mehrere wesentliche Faktoren lassen sich als Ursachen dieses Sachverhaltes identifizieren: Erstens liegen den Untersuchungen diverse theoretische Fundierungen mit unterschiedlichen Modellprämissen (wie bspw. der neoklassischen Wachstumstheorie) zu Grunde,[29] zweitens wird eine klare Isolierung der Effekte und der Analyse der Wirkungsrichtung durch die vielen Variablen und die hohe Interdependenz der verschiedenen wirtschaftlichen und politischen Ebenen erschwert,[30] drittens ist die Verfügbarkeit valider Datensätze sehr heterogen und viertens weisen die Studien unterschiedliche Untersuchungszeiträume, Länderauswahlen und Analysebereiche der Kohäsionspolitik auf.[31]

Ein weiteres Strukturierungsmerkmal bezieht sich auf die Art der Variablen. Zwar werden als Erklärungsvariablen stellenweise auch nicht quantitative Faktoren einbezogen (z. B. Grad der Korruption), jedoch kaum als Erfolgsfaktor (unabhängige Variable). Vielmehr dominieren makroökonomische Größen, hauptsächlich das BIP oder das Einkommen. Zu einem gewissen Grade sind die Resultate von bspw. Ederveen

---

28 Vgl. Hesse et al. (2012), S. 10.

29 Vgl. Ribhegge (2011), S. 135. Insbesondere macht sich dies bei den Simulationsmodellen bemerkbar.

30 Spiekermann et al. (1988), S. 18 bemerken: „Die Entwicklung von Regionen wird von einer Vielzahl verschiedenartigster Faktoren beeinflusst. Die Feststellung, in welcher Weise regionalpolitische Förderinstrumente oder Förderverbote die Entwicklung von Regionen beeinflusst haben, ist schon auf nationaler Ebene äußerst schwierig." Auch Ferry (2013), S. 5 f. und S. 29 f.

31 Vgl. Molle (2007), S. 223 ff.; EU-Kommission (2010b), S. XXVIIf. Zum Beispiel zeigt Molle, dass die Wirkung der Kohäsionspolitik in den jeweiligen Zielen unterschiedlich ist.

et al. (2006) Ausnahmen unter den diskutierten Studien. Die Autoren gehen davon aus, dass die Kohäsionspolitik nicht effektiv sei – es sei denn, es existiert in den Regionen und Ländern ein funktionierender institutioneller Rahmen. Deshalb fordern sie, dass „funding should first of all be earmarked for institution building; only when the institutions are of a sufficient quality can the promotion of growth be effective."[32] Und weiter:

> So, the European policy to promote regional growth is only conditionally effective. This findings bears considerable consequences for the (re-)design of the EU cohesion policy in light of the enlargement of the EU: the funds are to be allocated toward institution building in the first instance. Once the institutions are of a sufficient quality, the funds may be effective in stimulating (catching-up) growth.[33]

Tab. 5.4: Matrix der Ergebniskombinationen ausgewählter Studien zur Kohäsionspolitik (Quelle: Eigene Darstellung).

		Positive Auswirkung der Kohäsionspolitik	
		Ja	Nein
Eindeutiges Ergebnis der Studie	Ja	Dallerba (2005) Midelfart-Knarvik/Overman (2002)	Rodriguez-Pose/Fratesi (2004) Santos (2008)
	Nein	Beugelsdijk/Eijffinger (2005) Ederveen et al. (2003)	Boldrin/Canova (2001) Gripaios et al. (2008) Ederveen/Gorter (2002)

Wenn also die Kohäsionspolitik erst im Falle des Vorliegens geeigneter Institutionen einen positiven Beitrag für die Entwicklung der wirtschaftsschwachen Regionen leisten kann, dann ist es notwendig, sich näher mit der institutionellen Dimension zu beschäftigen. Hierfür bietet die „Vitalpolitik für Staaten" entsprechende Anknüpfungspunkte. Obgleich Ansätze vorhanden sind, die das institutionelle *Setting* mit einbeziehen, stellen die allermeisten Studien in der Regel auf Allokationseffizienz ab. Dies gilt für quantitative Studien stärker als für Evaluationen. Letztere analysieren durchaus vertieft qualitative Komponenten der Kohäsionspolitik. Gegenstand der Kritik ist z. B. die Anzahl verschiedener Förderziele, der Stellenwert des Subsidiaritätsprinzips, der Umfang der Fördermittel und der Verwaltungskosten, die Anwendung und Höhe der Kofinanzierungssätze, die Förderung von Regionen und die Mittelkonzentration. Häufig werden insbesondere der Mechanismus des Mittelabrufes und die Absorptionsprobleme thematisiert.[34] Jedoch haben die Evaluationen – selbst wenn

32 Ederveen et al. (2006), S. 32.
33 Ederveen et al. (2006), S. 32.
34 Vgl. Ribhegge (2011), S. 147 ff.; Heinemann et al. (2010), S. 133 ff.

sie nicht eine fallbezogene ökonomische Effizienzanalyse durchführen – Nachteile. Sie untersuchen einzelne Eigenschaften und Instrumente oder allgemeine Mechanismen der Kohäsionspolitik auf ihre Sinnhaftigkeit, allerdings meist ohne einen kohärenten Theorierahmen aufzuweisen.[35] So analysiert Ferry z. B. zahlreiche Aspekte wie die administrative Kapazität und den territorialen Fokus, dies jedoch nicht aus einer einheitlichen Theorieperspektive, die es erlauben würde, ein in sich logisches und zusammenhängendes Konzept mit konkreten Empfehlungen zur Verbesserung der Politik abzuleiten.[36] Insgesamt gilt also, dass die quantitativen Studien und Evaluationen zweifellos wertvolle Beiträge zur Diskussion leisten, jedoch ebenfalls Defizite aufweisen, die ihre Aussagekraft begrenzen. Zwar finden sich in der Literatur vereinzelt Untersuchungsansätze, die auf alternative Erklärungsmuster abstellen, doch deren Anteil an der Forschung zur Kohäsionspolitik ist relativ gering. So kritisiert z. B. *Klaphake* die Kohäsionspolitik aus einer ordnungspolitischen Sicht und sieht sie als „grundsätzlich verfehlt" an.[37] Maßgeblich Schuld daran seien die komplizierten Wirkungsketten infolge vielschichtiger Regelungen und Kofinanzierungsvorgaben.[38] Der Ausgangspunkt der Studie von Hesse et al. ist eine ordnungsökonomische Fragestellung und ihr gelingt es, auf diese Weise die effizienzorientierten Untersuchungen sinnvoll zu ergänzen.[39]

Wie noch zu zeigen ist, ist der heutige Zustand der europäischen Regional- und Strukturpolitik nicht das Resultat eines kohärenten Plans, sondern vielmehr das Ergebnis europäischer Evolutionslogiken: „Over the years the policy was adjusted rather reformed following the various enlargements of the Union and side-payments given to certain Member States in exchange for their agreement to further integration."[40] Zu beobachten ist, dass die Wissenschaft sich desto zahlreicher möglicher Reformvorschläge widmete, je weniger grundlegend und umfassende Reformen in der Realität stattfanden. Folgend sollen solche unabhängigen Reformmodelle thematisiert werden, die – anders als die bisher diskutierten Analysen – nicht nur eine kritische Untersuchung vornehmen, sondern darüber hinaus alternative Gestaltungen der Kohäsionspolitik vorschlagen. Ähnlich ausdifferenziert wie die Kritik sind auch die Reformen. In vorliegender Arbeit kann jedoch lediglich um ein grober Überblick und weniger eine erschöpfende Detailbesprechung geleistet werden.[41] Nach einer Unterteilung der Reformvorschläge von Gabrisch und Ragnitz gibt es solche, die eine fundamentale Umgestaltung verfolgen, die nach ihrer Einschätzung allerdings kaum

35 Grundlegend zu weiteren methodischen Schwierigkeiten der Evaluation: Baslé (2006), S. 225 ff.
36 Vgl. Ferry (2013).
37 Klaphake (2000).
38 Vgl. Klaphake (2000).
39 Vgl. Hesse et al. (2012).
40 Ujupan (2009), S. 2.
41 Für weitere Ansätze siehe der umfassende Überblick von Swidlicki et al. (2012), S. 34 ff.; Heinemann et al. (2010), S. 183 ff. geben einen Literaturüberblick über mögliche Reformoptionen.

realisierbar sind, sowie solche, die eher pragmatische und kleinteilige Änderungen zeigen. Sie selbst schlagen eine Konzentration der Mittel auf das Ziel der Förderung der schwächsten Regionen unter Beibehaltung des 75%-BIP-Pro-Kopf-Kriteriums vor.[42] Der *Sapir*-Bericht, benannt nach dem den Report federführenden belgischen Ökonom André Sapir, wurde stark rezipiert, da er die Gemeinschaftspolitik fundamental kritisierte und grundsätzliche Änderungen anregte. Er schlägt bspw. eine Förderung auf Länder- anstelle auf Regionalebene, die Beschränkung auf die Unterstützung der wirtschaftsschwächsten Länder, mehr Spielraum für die Förderempfänger bei gleichzeitigem Einsatz von Verwendungsauflagen, die Fokussierung auf den Bereich der Innovationsinvestition und eine höhere Konstanz der Politik vor.[43] Die EU-Kommission, die diesen Bericht in Auftrag gegeben hatte, behandelte die Resultate sehr ablehnend. Drevet beurteilt die Wirkung des Berichts, der durch den Auftraggeber einen offiziösen Charakter erhält, folgendermaßen: „Zum ersten Mal ist die Struktur- und Regionalpolitik innerhalb der EU-Bürokratie offen in Frage gestellt, etwas, was bei früheren Reformen nicht der Fall war, bei denen fast die gesamte EU-Kommission zu Gunsten der Kohäsionspolitik Stellung bezog."[44] Ujupan beschäftigt sich explizit mit einem realisierbaren Reformansatz und fordert, dass „the reform should lead to a balance that is better adjusted to the new range of national and European interests."[45] Andere, wie etwa *Rodriguez-Pose,* betonen die Wichtigkeit der stärkeren Berücksichtigung von Institutionen: „The role of local institutions is crucial for economic development and as a means of determining the returns of European regional development policies, generating an institution-based general regional development strategy is likely to be undermined by the lack of definition of what are adequate, solid, and efficient institutions across regions in the EU."[46]

Reformmodelle aus einer expliziten, ordnungsökonomischen Sicht sind weniger zahlreich. Bohnet-Joschko zeigt anhand einer konstitutionenökonomischen Analyse Vorschläge zu einer konstitutionellen Reform der gesamten EU.[47] Auch *Witte* listet konkrete Verfassungsänderungen für die gesamte EU auf, nähert sich der Empfehlung hingegen aus einer institutionenökonomischen Sicht.[48] Spiekermann behandelt in einem älteren Konzept die Ausgestaltung einer künftigen EG-Regionalpolitik nach einer föderalistischen Konzeption.[49] Weise schlägt in seinem Reformkonzept

---

42 Vgl. Gabrisch/Ragnitz (2001).

43 Vgl. Sapir (2003).

44 „Pour la première fois, la politique régionale (et structurelle) est ouvertement contestée à l'intérieur de l'institution, ce qui ne s'était pas produit à l'occasion des révisions précédentes (où presque tous le Commissaires faisaient bloc en sa faveur)." Drevet (2008), S. 243, Übersetzung des Autors.

45 Ujupan (2009).

46 Rodríguez-Pose (2010).

47 Dazu Bohnet-Joschko (1996).

48 Vgl. Witte (1995).

49 Dazu Spiekermann et al. (1988).

vor, dass dezidiert die *Principal-Agent*-Probleme der Kohäsionspolitik zu lösen sind. Denn einerseits hätten Nettozahler (als *Principals*) keine Kontrolle über die Verwendung ihrer Beiträge und andererseits sei die EU-Kommission aber als *Agent* für die Durchführung der Kohäsionspolitik auf die Mitgliedstaaten angewiesen. Zur Lösung schlägt er höhere Kofinanzierungsraten vor, damit Länder mehr Anreiz haben, die Mittel sorgfältiger einzusetzen. Zudem sollten statt Zuschüssen besser Darlehen (eventuell auch in Verbindung mit einer strikten Konditionalität) vergeben werden. Der Charakter der Kohäsionspolitik müsse es sein „to concentrate support on the needy".[50] Ausgedehnt werden kann die Suche nach Ideengebern für Verbesserungen auf die Forschungsliteratur über benachbarte Politikfelder, andere Länder und frühere Zeiträume. Zum Beispiel kritisiert Suntum die deutsche Regionalpolitik der 1980er aus Sicht der Vereinbarkeit mit marktwirtschaftlichen Prinzipien und stellt insbesondere auf Markt- und Staatsversagen ab.[51] Starbatty geht der Frage nach der Stellung von regionaler Strukturpolitik in der Sozialen Marktwirtschaft nach und schließt mit der Feststellung, dass eine „Förderung des regionalen Wohlstandes bei Hinnahme [möglichst zu minimierender, J. D.] gesamtwirtschaftlicher Wohlstandsverluste" nötig sei.[52] Obwohl die Entwicklungszusammenarbeit nur eingeschränkt auf die gemeinschaftliche Regionalpolitik übertragen werden kann, bietet die theoretische Perspektive der Entwicklungsökonomik jedoch Impulse für jegliche Art von exogener Verhaltenssteuerung.[53] Zwar sehen einige, wie Easterly, keinen Zusammenhang zwischen Entwicklungshilfe und Wirtschaftswachstum, da er beobachtete, dass Länder, die viel Kapitalhilfe erhalten haben, kaum Wachstum und Länder mit wenig Hilfe dagegen hohes Wachstum aufweisen,[54] jedoch sind Zweifel an solchen einfachen Folgerungen angebracht. Zunehmend mehr Untersuchungen bestätigen empirisch, dass die wachstumsfördernden Wirkungen der Kapitalhilfe im Rahmen der Entwicklungszusammenarbeit von der Qualität der Politik in den Empfängerländern abhängen. Im eingeführten Raster lässt sich dieser Befund wiederum in das Feld A3

50 Weise (2003).
51 Vgl. Suntum (1981).
52 Starbatty (1967), S. 164. Auch Starbatty (1966).
53 Gemeinsam sind beiden Politiken ebenfalls die Versprechungen und Verheißungen eines besseren Lebens durch wirtschaftliche Entwicklung, die sich die Bevölkerungen von aufholenden Volkswirtschaften erhoffen. Unter anderem deshalb sieht Gerschenkron in einer moderaten wirtschaftlichen Rückständigkeit sogar einen Vorteil für aufholende Länder: „The typical situation in a backward country prior to the initiation of considerable industrialization process may be described as characterized by the tension between the actual state of economic activities in the country and the existing obstacles to industrial development, on the one hand, and the great promise inherent in such a development, on the other." Gerschenkron (1962), S. 8. Gerschenkron hebt auch hervor, dass rückständige Länder auf mehr als einem Pfade zu einer erfolgreichen Entwicklung gelangen können. Für einen guten Überblick über Entwicklungstheorien: Szirmai (2005), S. 68 ff.
54 Vgl. Easterly (2002).

einordnen. Aus der Einsicht der Interdependenz ökonomischer Entwicklung leiten Burnside und Dollar die Empfehlung ab, die Verteilung der finanziellen Mittel stärker an politische Rahmenbedingungen der Nehmerländer (sowie an das relative Einkommen-Pro-Kopf) auszurichten und sie sogar systematisch anhand der Qualität zu konditionieren.[55] Im Zusammenhang mit der Konditionalität steht die Frage nach der zweckmäßigsten Form der Kapitalhilfe, also entweder ungebundene oder gebundene Transfers. Einige Studien auf Mikroebene legen nahe, dass die Entscheidung über die Form der Transfers von den konkreten Zielen abhängen sollte und nicht generell zu beantworten ist.[56] Einerseits haben für die Förderung der Ausbildung von Kindern in Entwicklungsländern Programme mit strengen Auflagen einen höheren Erfolg,[57] anderseits zeigen Belege, dass ungebundene Zahlungen deutlich besser zu Zielerreichung geeignet sind.[58] Wockenfuss hingegen beschäftigt sich mit der Makroebene und schlägt vor, Entwicklungsgelder an die weltweite Ausschreibung von Entwicklungszielen (wie die der Demokratisierung) zu koppeln, damit die Entwicklungsländer in einen Wettbewerb um diese Mittel treten (Entwicklungskonkurrenz).[59] Er baut auf den Arbeiten von Wintrobe auf, der sich mit den Handlungsmotiven von Eliten in Autokratien beschäftigt, und daraus Perspektiven für die Entwicklungshilfe ableitet. Wintrobe postuliert eine Entwicklungspolitik, die Finanzhilfen von der Gewährung von Menschenrechten und Beseitigung repressiver Maßnahmen abhängig machen sollte. Die Entwicklungsländer sollen die Transfers zwar eigenständig für Einzelmaßnahmen einsetzen dürfen, die Mittel sind jedoch durch freiwillig geschlossene Verträge an umzusetzende Reformen geknüpft.[60]

Der kursorische Überblick über die verschiedenen Reformvorschläge hatte zwei Funktionen: Erstens hat er veranschaulicht, dass bereits zahlreiche, sehr konkrete, aber auch heterogene Ideen zur Verbesserung der Funktionsfähigkeit aus unterschiedlichen Theorieperspektiven existieren und zweitens liefert die Zusammenstellung wertvolle Impulse und Anregungen für die Eckpunkte eines Reformkonzeptes (vgl. Kapitel 6).

---

55 Vgl. Burnside/Dollar (2000).

56 Das Erkenntnisinteresse von mikroökonomisch- und experimental-orientierten Entwicklungsökonomen wie Duflo richtet sich auf solche Zusammenhänge zwischen exogenen Anreizen und individuellen Verhaltensänderungen. Attestiert wird ein gravierender Mangel an Wissen über das Leben und die alltäglichen Entscheidungsmuster der Armen in den Entwicklungsländern. Diesen Konzepten fehlt allerdings die Einbettung in einen Begründungsrahmen, der eine Rückbindung in die allgemeinen institutionellen Bedingungen des Landes ermöglicht; vgl. z. B. Duflo/Banerjee (2012; 2009).

57 Dazu die Auswertung bestehender Studien durch Baird et al. (2013).

58 Agüero et al. (2007) zeigen am Beispiel des südafrikanischen *Child Support*-Programms die Verbesserung der Ernährungssituation der Empfänger.

59 Vgl. Wockenfuß (2010).

60 Vgl. Wintrobe (2001; 1998; 1990).

5.2 Zu den Begrifflichkeiten

Die wissenschaftliche Auseinandersetzung mit der Kohäsionspolitik kann auf den drei Ebenen der systematischen, inhaltlichen und begrifflichen Kritik geführt werden. Während bislang die systematische Kritik durch die Sichtung der Forschungsliteratur und die Darstellung der Forschungsresultate aufgezeigt wurde sowie die inhaltliche Kritik Gegenstand der zentralen Abschnitte 5.4, 5.5 und 5.6 sein wird, wird nun zunächst die begriffliche Kritik vertieft. Ein wesentliches Grundproblem ist die Begriffsunschärfe der Bezeichnungen Kohäsions- sowie Regional- und Strukturpolitik. Eine Konsequenz daraus – die für die Leitfrage vorliegender Arbeit nach der qualitativen Gestaltung der Kohäsionspolitik sehr relevant erscheint – ist, dass sich jeder politische und gesellschaftliche Akteur mit seinen Zielen und Eigeninteressen sowie jeder Theorieansatz mit seinen Schlussfolgerungen auf eine Konformität mit der Kohäsionspolitik berufen kann, da die begriffliche Unbestimmtheit weiten Deutungsraum erlaubt. Letztendlich kann dies zu einer Entleerung des Begriffs führen, sodass er für eine vernünftige Verwendung unbrauchbar wird.

Für Kohäsionspolitik wird oft Regional- und Strukturpolitik als Synonym verwendet, so auch in vorliegender Arbeit. Allerdings ist dieser Gebrauch nicht ganz präzise. Zwei Gründe sind hauptsächlich dafür verantwortlich. Der eine Grund ist, dass sowohl *Regionalpolitik* als auch *Region* sehr unbestimmte und zudem uneinheitlich verwendete Begriffe sind.[61] Es gibt keinen allgemein anerkannten Maßstab, der aus bestimmten geografischen Räumen Regionen macht. Zum einen wird die Auffassung vertreten, dass Region ein Funktionsbegriff für jedes Gebiet ist, das sich entweder mindestens durch eine Besonderheit von den anderen Gebieten unterscheidet (oder anders formuliert, dass Elemente eines Gebietes aufgrund von homogenen Eigenschaften nach dem Ähnlichkeitsprinzip zusammengehören), oder das gemäß dem Verflochtenheitsprinzip funktionale Gemeinsamkeiten aufweist (wie etwa Pendlerströme eine Arbeitsmarktregion bilden), während andere Regionen als unabhängige, historisch gewachsene, objektive Realitäten betrachten.[62] Ersterer Standpunkt zeichnet sich durch Regionalisierungsverfahren aus und bezeichnet die theoretische Konstruktion geografischer Gegebenheiten (bspw. Stadt- und Landregionen), letzterer setzt die Region mit Landschaften gleich. *Nass* hingegen zeigt darüber hinaus eine Unterscheidung zwischen dem funktionalen und dem administrativ-politischen Begriff von Region auf.[63] Innerhalb der europäischen Verwaltung herrscht der administrativ-politische Begriff in Form der Systematik der Gebietseinheiten für die Statistik (gängig als *NUTS: Nomenclature des Unités territoriales statistiques*) vor, die jedes

---

61 Vgl. Störmann (2009), S. 3. Dies beklagt bereits Starbatty (1967), S. 4 ff.
62 Dazu Stormann (2009), S. 3 f.; Schulz (1994), S. 5 ff.; Kuropka (1994).
63 Dazu Nass (1996), S. 204 f.

EU-Land in drei Ebenen einteilt und weitgehend den nationalen Verwaltungseinheiten entspricht,[64] wobei die daraus ergebenden Einheiten sehr große Unterschiede bezüglich Fläche und Bevölkerung aufweisen. Angesichts der Vielgestaltigkeit regionaler Strukturen in den damaligen EG-Staaten und der Unmöglichkeit, eine Veränderung dieser Strukturen direkt herbeizuführen, blieb der EU nur übrig, jeweils die vorgefundenen Verwaltungseinheiten als Regionen zu bezeichnen, die eine adäquate Größe besaßen und messbare Daten für statistische Zwecke liefern konnten.[65] Die Förderung findet hauptsächlich in den Grenzen der NUTS-Ebenen (speziell der NUTS-2-Ebene) statt und richtet sich nach der Erfüllung ökonomischer Bedingungen in diesen Gebietskörperschaften. Falls die Bedingungen erfüllt sind, zählt die Kommission diese Verwaltungseinheiten (und zwar vollständig und nicht nur kleingliedrige Teile davon) zum Fördergebiet. Kleinste Einheiten der Kohäsionspolitik sind also nicht funktionale, sondern tatsächlich administrativ-politische Regionen, die erst künstlich durch Aggregatdaten, wie durchschnittliches Pro-Kopf-Einkommen, eine funktionale Zuschreibung erhalten. So gilt eine administrativ-politische Region als relativ arm und damit bedürftig genug für eine Förderung, falls sie im Durchschnitt eine bestimmte sozioökonomische Schwelle unterschreitet. Bspw. fällt auf diese Art ein gesamter Kreis in die Förderkategorie, obwohl lediglich einige Städte mit einem sehr niedrigen BIP-Pro-Kopf der Intention nach rückständig sind. Auf die Zweckmäßigkeit der NUTS-Einteilung wird später nochmals zurückzukommen sein. Spiekermann et al. befinden die NUTS-2-Ebene als zu groß[66] und Samland, aufgrund funktionsräumlicher Verflechtungsbereiche, als ungeeignet.[67] Allgemein gilt, dass sich je nach Einteilung eines Gebietes unterschiedliche Grade der Disparität ergeben: „Es darf jedoch nicht übersehen werden, dass das Ausmaß der Unterschiede in starkem Maße von der regionalen Abgrenzung abhängt. Je differenzierter z. B. die Regionalisierung betrieben wird, desto größer sind *ceteris paribus* die Unterschiede."[68] Somit leidet auch der Begriff der europäischen Regionalpolitik unter einer Unschärfe, da die räumliche Bezugsgröße zu oberflächlich erscheint.

Die Raumwirtschaftstheorie definiert Regionalpolitik umfassend als Raumordnungspolitik: „Raumordnung [als Synonym für Regionalpolitik, J. D.] stellt das Gesamtkonzept für raumwirksame Fachplanungen, die den Städtebau, das Wohnungswesen, die Verkehrsplanung, die Landschaftsplanung, die Wasserwirtschaft

---

64 In Deutschland sind dies die Bundesländer (NUTS-1-Ebene), die Regierungsbezirke (NUTS-2-Ebene) – wobei einige Bundesländer auf dieser Ebene nicht weiter aufgeteilt und somit zugleich NUTS-1- und NUTS-2-Ebenen sind – und die Kreise (NUTS-3-Ebene); vgl. Eurostat (2012b), S. 12 f. Zu den Gründen einer solchen Einteilung Spiekermann et al. (1988).

65 Vgl. Schulz (1993), S. 227.

66 Spiekermann et al. (1988), S. 47.

67 Vgl. Samland (1997), S. 9 f.

68 Suntum (1981), S. 36.

und die Regionale Strukturpolitik betreffen."[69] Regionale Strukturpolitik als genuin ökonomische Facette der Raumordnungspolitik ist also lediglich eine Teilmenge, wobei der Begriff Struktur für die grundlegenden und permanenten Beziehungen in einer Wirtschaft steht.[70] „Regionale Strukturpolitik zielt darauf ab, die volkswirtschaftliche Struktur anders zu gestalten, als der Marktprozess sie ergeben hätte. Diese bewusste Beeinflussung der Marktergebnisse durch staatliche Institutionen ist zugleich das Merkmal jeder Wirtschaftspolitik, es handelt sich um Wirtschaftspolitik mit räumlicher Ausrichtung. Zugleich soll regionale Strukturpolitik ein Leitbild der räumlichen Ordnung verwirklichen, sie umfasst also die volkswirtschaftliche Seite der Raumordnungspolitik."[71]

Sie soll vorwiegend die Bedingungen für ein (regionales) Wachstum des Bruttoinlandsproduktes schaffen und kann deshalb auch als Wachstumspolitik oder schlicht als regionale Wirtschaftspolitik bezeichnet werden. Da nicht die kurze Frist im Fokus steht, ist regionale Wirtschaftspolitik keine Konjunkturpolitik. Das Kernprinzip der Kohäsionspolitik ist, dass der Staat aus ökonomischen und sozialen Motiven in den Markt interveniert, um *räumliche* wirtschaftliche Disparitäten zu verringern. Sie soll Entwicklungsrückstände wirtschaftsschwacher Regionen über eine mittelbare oder unmittelbare Beeinflussung des Regionalgefüges, auch im Hinblick auf eine bessere Durchsetzung gesamtwirtschaftlicher und gesamtgesellschaftlicher Anliegen, vermindern.[72] Da die europäische Kohäsionspolitik jedoch keine Raumordnungselemente i. e. S. (wie z. B. Siedlungsstruktur) enthält, müsste konsequenterweise anstelle einer Regionalpolitik von einer *europäischen regionalen Strukturpolitik* oder einer *europäischen regionalen Wirtschaftspolitik* gesprochen werden. Aufgrund der verbreiteten Bezeichnung und dem verankerten Verständnis wird die Kohäsionspolitik hingegen in dieser Arbeit als europäische Regional- und Strukturpolitik bezeichnet. Dies scheint auch deshalb gerechtfertigt, da sie im Gegensatz zur bspw. deutschen Regionalpolitik, die sich primär als regionale Strukturpolitik versteht, breiter angelegt ist und auch den Ausbau der öffentlichen Infrastruktur vorsieht, obgleich sie von einer vollwertigen Raumordnungspolitik noch entfernt ist. Der Zusatz Strukturpolitik leitet sich aus der Erkenntnis ab, dass die Kohäsionspolitik neben der Einflussnahme auf die ökonomische Entwicklung von Regionen auch bewusste Wirkung auf die *Gesamtwirtschaft* eines Staates entfaltet, etwa durch die Kohäsions- und den Sozialfonds. Angesichts der engen politischen und ökonomischen Interdependenzen zwischen Regionen und den übergeordneten Ebenen erscheint die Einbeziehung gerechtfertigt. Zielpunkt von Strukturpolitik ist die Herstellung einer zukunftsfähigen Wirtschaftsstruktur, da sie eine wesentliche Determinante für Wachstum und

69 Störmann (2009), S. 11.
70 Vgl. Störmann (2009), S. 11 ff.
71 Störmann (2009), S. 12.
72 Vgl. Bache (1998), S. 13 ff.; Spiekermann et al. (1988), S. 1.

Lebensqualität ist.[73] Zur Zielerreichung müssen gegebenenfalls strukturelle Wandlungsprozesse durchgeführt werden, die – je nach Theorieperspektive – interventionistisch gestaltet werden (z. B. Förderung von Schlüsseltechnologien) oder sich auf Rahmenbedingungen beschränken. Diese Feststellung ist zentral und bestätigt die eingangs geäußerte These der Unbestimmtheit: Begrifflich ist eine Regional- und Strukturpolitik keine Politik, die sich *per se* durch eine Vielzahl interventionistischer Maßnahmen auszeichnet. Vielmehr ist der Begriff durchaus offen und mit anderen inhaltlichen Vorstellungen kompatibel. In dieser Hinsicht sind somit verschiedene Ausgestaltungen der europäischen Regional- und Strukturpolitik denkbar.

Zusammenfassend betrachtet ist Kohäsionspolitik also einerseits enger gefasst als das herkömmliche Verständnis von Regionalpolitik, andererseits aber auch in dem Sinne weiter angelegt, als dass sie überregionale und transnationale Züge annimmt.[74] Dieser breitere Ansatz macht sich bei der Problematik der Abgrenzung zu anderen europäischen Politikfeldern bemerkbar. Die Mittel der Kohäsionspolitik sind nicht immer trennscharf von anderen Politiken abzugrenzen, wie etwa der Industriepolitik oder der Forschungsförderung: „Cohesion policy is a spatial combination of a variety of sectoral policies, each of which is organized according to particular boundary and decision rules. The goal of cohesion policy is to select and co-ordinate sectoral policy initiatives that are instrumental in developing a given territorial space – region, subregion, or local area."[75]

5.3 Problemstellung und Analysekriterien

Das Urteil über die bisherige Kohäsionspolitik fällt nach Sichtung der Forschungsliteratur ambivalent aus. Einerseits werden der Kohäsionspolitik positive Auswirkungen zugeschrieben, andererseits lediglich beschränkte oder keinerlei Effekte. Wie sich zeigt, hat ein Großteil der Forschung zur Kohäsionspolitik den Nachteil, entweder lediglich Einzelaspekte ohne einen kohärenten Betrachtungsrahmen zu analysieren, oder aber einen zu engen Fokus anzulegen, da sie zu sehr auf ökonomische Effizienz-Kriterien (wie die BIP-Konvergenz) abstellt und institutionelle Variablen nur am Rande berücksichtigt. Eine reine Orientierung an der Allokationseffizienz kann weder positiv noch normativ für die Forschung als auch für die Wirtschaftspolitik handlungsleitend sein. Grund der eingeschränkten positiven Erklärungskraft ist, dass eine europäische Kohäsionspolitik wünschenswerte *Outcomes* erzeugen könnte, die jedoch nicht als unabhängige Variable erfasst und somit würde die Politik aus der theoretischen Überlegung heraus als unsachgemäß abgelehnt werden. Selbst wenn,

73 Vgl. Peters (1996), S. 11 ff.
74 Vgl. Begg (2008), S. 292.
75 Hooghe (1996a), S. 10.

wie etwa eine Hauptströmung des Neoinstitutionalismus dies ausführt, Normen als zentrale Erklärungsfaktoren analysiert werden, verstellt doch die Effizienzfixierung den Blick auf relevante gesellschaftliche Ziele. Die Komplexität und Vielschichtigkeit der Transformationsprozesse in den mittel- und osteuropäischen Staaten hat jedoch genau die Notwendigkeit breiterer Analyseansätze gezeigt: Eine breiter angelegte Untersuchung der MOEL mittels verschiedener Indikatoren eröffnet ein Gesamtbild, das neben einem ökonomischen auch von einem institutionellen Nachholbedarf zeugt. Für einen stetigen *Catch Up*-Prozess müssen somit nicht allein u. a. Kapital und Wissen akkumuliert werden, sondern voranging sind funktionsfähige institutionellen Rahmenbedingungen zu schaffen. Somit wird sichtbar, dass Wege aus der Rückständigkeit und insbesondere die konkrete Entwicklungs- und Wirtschaftspolitik aufgrund dieser Varietät immer die spezifische Bedingungslage berücksichtigen müssen. Die vorliegende Arbeit mit der Perspektive der „Vitalpolitik für Staaten" will anstelle eines Beitrages zum Methodenstreit um Konvergenz und Divergenz eine andere Herangehensweise verfolgen.[76] Das Erkenntnisinteresse ist folglich nicht auf eine weitere (neo-)klassische Effizienzanalyse gerichtet, sondern stellt vielmehr auf die Folgerungen eines ordnungsökonomischen Blickwinkels ab. Dabei ist die Frage nach der ökonomischen Effizienz zwar wichtig, spiegelt jedoch nur einen von mehreren Faktoren wieder. Lässt man sich auf ein breiteres Set an Erfolgskriterien ein, dann vergrößert sich auch der Erklärungsraum, also die Frage nach Bedingungen für eine höhere Lebensqualität. Dem ökonomischen Effizienzbegriff wird ein *gesellschaftlicher* Effizienzbegriff zur Seite gestellt, der Lebensqualität als Zielgröße hat. Eine wirksame Kohäsionspolitik ist eine Politik, der es gelingt, die Staaten Mittel- und Osteuropas dazu in die Lage zu versetzen, ihren Bevölkerungen größere individuelle Lebenschancen zu ermöglichen. Nicht die ökonomische Effizienz wird als Bewertungsmaßstab herangezogen, sondern die Wirksamkeit im Sinne einer Verbesserung der Lebensbedingungen der gesamten Bevölkerung in den Ländern Mittel- und Osteuropas. Die Frage lautet nicht, ob die Einzelmaßnahmen der Kohäsionspolitik ein effizientes Instrumentarium aus Sicht der EU-Kommission und der Staaten darstellt, sondern, ob das Regelarrangement als Ganzes für die Betroffenen ein zustimmungsfähiges ist.

Dass eine gezielte Förderpolitik erfolgreich sein kann, belegen reale Fälle. Es gibt Entwicklungsmuster, die als Exempel für einen richtigen Einsatz nationaler und lokaler Politikmaßnahmen gelten können. Als Beispiel kann etwa der Aufstieg der peripheren Gebiete Bayern oder Irland – letztere (auch) dank der Kohäsionspolitik – dienen:[77] „Ungleiche Beziehungen zwischen Zentren und Peripherien sind stabil, aber

---

76 Davon abgesehen dürften weitere Beiträge zu dieser Frage wenig zusätzliches Erkenntnispotenzial aufweisen; vgl. Heidenreich (2003); Freitas et al. (2003); Straubhaar (1998); Sell (1998); Fuente (1997); Sala-i-Martin (1996); Barro/Sala-i-Martin (1992a).

77 Farole et al. (2011), S. 102.

nicht etwa ‚ewig' – eine Peripherie kann zum Zentrum werden, wenn neue Konjunkturen die Voraussetzungen ändern und vor allem, wenn regionale Eliten mit guten Konzepten Politik machen."[78] Eine zentrale Frage einer „Vitalpolitik für Staaten" zielt darauf ab, zu beantworten, was diese „guten Konzepte" sind, welche Kombinationen von Fördermaßnahmen und institutionellen Reformen in der jeweiligen, spezifischen Umgebung funktionieren und welche Aufgaben übergeordneten Hierarchien und insbesondere der EU bei einer solchen Politik zukommen können. Die folgende Analyse will hierfür einen Beitrag leisten. Zunächst ist zum Zwecke der konkreten Anwendung der abstrakten Prinzipien der Ordnungsökonomik eine Operationalisierung notwendig. Für einen solchen Analyserahmen werden, ausgehend von den bisherigen Ausführungen, Analysekriterien erstellt. Der Kriterienkatalog ist nicht als erschöpfende Liste zu verstehen, sondern als allgemeiner Bewertungsmaßstab, inwiefern Sachverhalte den ordnungsökonomischen Prinzipien entsprechen.

Da die Ordnungsökonomik eine Ökonomik der Regeln ist, erfasst das erste Kriterium, inwieweit die Kohäsionspolitik auf die Veränderung der Spielregeln abzielt, anstatt dem Muster diskretionärer Interventionen zu folgen (*Kriterium 1: Regelorientierung und Regelgebundenheit*). Im Vordergrund stehen somit nicht der Umfang und die Anzahl staatlicher Eingriffe, sondern der qualitativen Aspekt von Wirtschaftspolitik und inwieweit die Regeln auch an marktwirtschaftliche Prinzipien rückgekoppelt sind. Das zweite Element des Kriteriums ist die Bindung der Akteure (die europäischen Organe und die Mitgliedstaaten) an die im Vorfeld im gegenseitigen Einvernehmen festgelegten Regeln. Aus dem Argument, dass eine Ordnung dann wünschenswert ist, wenn in ihr alle unter den gleichen Bedingungen leben und handeln können, ist eine Regelordnung abzuleiten, die die Beteiligten an bestimmte, für alle gleiche Regeln bindet.[79] Im Zentrum der Analyse wird somit auch Fragen stehen, ob die konkreten Maßnahmen und die resultierenden Ergebnismuster im ursprünglichen Sinne des Regelwerk sind oder aber Ergebnis von Verselbstständigungsprozessen auf subkonstitutioneller Ebene. Dazu wird überprüft, wie Regeln eingehalten und sanktioniert werden und ob die Regeln allgemeinverbindlich sind, es also keine Ausnahmen für bestimmte Gruppen gibt (Nichtprivilegierung). Konkret bedeutet dies, dass Regeln, wie etwa die Förderbedingungen, klar und unmissverständlich sein müssen, um Handlungsspielräume für willkürliche *ad hoc* Entscheidungen zu minimieren. Falls staatliche Planung infolge der Regelbindung für private Marktakteure transparent und vorhersehbar ist, wird Erwartungs- und Planungssicherheit hergestellt, die wiederum eine wichtige Bedingung für Investitionen und ökonomische Tätigkeit

---

78 Nolte (2013), S. 37. Dort findet sich auch als Beleg für die Wandelbarkeit von Strukturen eine kurze Betrachtung europäischer Peripheriegebieten und die Entwicklung randständiger Regionen zu Zentren.

79 Vgl. Hayek (1960/2005).

darstellt.[80] Zudem ist zu klären, in wieweit Kompetenzen in Deckung zu Haftung und Risiko stehen. Denn ohne die Kongruenz der Befugnisse zur Mittelvergabe im Rahmen der Kohäsionspolitik mit der Rechenschaftspflicht bestehen Anreize zu kostspieligen oder ineffizienten Lösungen, da Entscheidungsträger losgelöst von der Verantwortlichkeit für den Erfolg der Projekte und für die Finanzmittel über Projektgenehmigungen befinden können.

Das zweite Kriterium stellt auf die Teilhabemöglichkeiten der Individuen und die Befähigung für die Teilnahme am europäischen Binnenmarkt ab (*Kriterium 2: Befähigung und Teilhabegerechtigkeit*): Erstens sollen die MOEL in ihren *Catch Up*-Prozessen unterstützt werden („Vitalpolitik für Staaten") und zweitens sollen den Bewohnern der MOEL dadurch Chancen für die eigenverantwortliche Gestaltung eines gelingenden Lebens ermöglicht werden („Vitalpolitik für Bürger"). Mittels des Analyserasters wird deshalb die Fähigkeit der Kohäsionspolitik daraufhin untersucht, ob sie den Bevölkerungen der Mitgliedsländer die Teilnahme am Binnenmarkt ermöglichen kann, ohne ihnen jedoch zugleich eine Alimentations- und *Rent-Seeking*-Quelle zu eröffnen. Es gilt, faktische Hindernisse zu identifizieren und zu beseitigen, die EU-Bürger von der Binnenmarkt-Teilhabe ausschließen. Aus der Forderung der Selbsthilfe lässt sich ableiten, dass eine Befähigungspolitik lediglich diejenigen Staaten und Regionen fördern sollte, die diese Teilhabechancen nicht selbst im ausreichenden Umfang ermöglichen können. Damit gilt es die Verteilung der Kohäsionsmittel kritisch auf die diesen Aspekt zu testen. Da eine „Vitalpolitik für Staaten" ausreichend Handlungsspielraum verlangt, wird weiterhin überprüft, ob die Zusammenarbeit zwischen EU-Kommission und Mitgliedsländern genügend Freiheitsgrade enthält und somit die Eigenverantwortlichkeit fördert oder ob sich eine zentralistische und einseitige Unterstützungspolitik etabliert. Die ordnungsökonomische Perspektive hebt die Berücksichtigung der institutionellen Rahmenbedingungen sowohl des wirtschaftlichen als auch des gesamtgesellschaftlichen Systems hervor: Nur falls alle gesellschaftlichen Bereiche in den Blick genommen werden, können ökonomische Prozesse erklärt und verstanden werden. Dies gilt insbesondere auch für die Regional- und Strukturpolitik, bei der die politische und wirtschaftliche Sphäre in einer engen Wechselwirkung stehen und eine erfolgreiche Politik des ökonomischen Aufholens stets auch adäquater gesellschaftlicher Rahmenbedingungen bedarf. Auch hinsichtlich der Ermöglichung der Teilhabechancen sind politische Voraussetzungen zu erfüllen. Die Gewährleistung der Bürgersouveränität, die die Bürgerinteressen und die Rechtsstaatlichkeit in den Mittelpunkt stellt, ist als Vorbedingung für eine effektive und effiziente Mittelverwendung notwendig. Nur so können Vorstellungen und Präferenzen der Mitglieder einer

---

80 Dazu bereits Hayek (1944/2011), S.111: „Wichtig ist vielmehr allein, ob das Individuum die Aktion des Staates voraussehen und diese Voraussicht als Gegebenheit in seine eigenen Pläne einsetzen kann, so dass der Staat keinen Einfluss darauf hat, wie man sich seines Apparates bedient, und das Individuum genau weiß, wie weit es vor Übergriffen anderer geschützt wird, oder aber, ob der Staat in der Lage ist, die Aktionen der Individuen zu durchkreuzen."

Gesellschaft auch in das politische System eingespeist werden und der Einsatz der Kapitalhilfen auf ihre Zielerfüllung hin kontrolliert werden. Von den Voraussetzungen und der Rolle der kulturellen Faktoren war bereits die Rede. Insgesamt muss der Prüfmaßstab erweitert werden und ein Denken in Ordnungen stattfinden (*Kriterium 3: Interdependenz der Ordnungen und Bürgersouveränität*).

Schlussendlich wird die Kohärenz bewertet: Inwiefern ist die Kohäsionspolitik ein in sich logisches und geschlossenes Regelarrangement? Als übergreifender Aspekt wird zusätzlich die Zustimmungsfähigkeit zur Gesamtwirkung der Politik geprüft (*Kriterium 4: Kohärenz und Zustimmungsfähigkeit*): Erzeugt die Kohäsionspolitik ökonomisch sinnvolle und zustimmungsfähige Ergebnismuster?

Wie bereits diskutiert wurde, ist der Vorteil einer ordnungsökonomischen Analyseperspektive die Berücksichtigung von Institutionen. Alle Prüfkriterien beziehen sich mittel- oder unmittelbar auf diese institutionelle Perspektive: Das Kriterium 1 stellt explizit die Frage nach der Funktionsfähigkeit der Institutionen der Kohäsionspolitik, insbesondere auch vor dem Hintergrund möglicher Konflikte zwischen den kodifizierten Regeln und informellen Normen. Die einzelnen Elemente des Regelsystems sollten kohärent sein und dem Willen der Beteiligten entsprechen, sich mittels der gemeinsamen Bindung an die Institutionen besser zu stellen (Kriterium 4). Der Gedanke der Befähigung und der Teilhabegerechtigkeit (Kriterium 2) impliziert eine systematische Gestaltung der Rahmenordnung, sodass jedem Einzelnen dauerhaft möglichst faire Teilhabechancen eingeräumt werden. Das Kriterium 3 lenkt die Aufmerksamkeit auf das Zusammenspiel der politischen mit der ökonomischen Ordnung, es stellt also ausdrücklich auf die Wirkung politischer Institutionen ab.

Zusammenfassend wird also anhand der folgenden Kriterien die Kohäsionspolitik der Periode 2007–2013 analysiert:

- Kriterium 1: Regelorientierung und Regelgebundenheit
- Kriterium 2: Befähigung und Teilhabegerechtigkeit
- Kriterium 3: Interdependenz der Ordnungen und Bürgersouveränität
- Kriterium 4: Kohärenz und Zustimmungsfähigkeit

Das methodisch-analytische Vorgehen vorliegender Arbeit ergibt sich aus der Fragestellung: Will man analysieren, wie sich die Eigenarten der Spielregeln auf die Charakteristika des Spielverlaufs auswirken, so muss man neben den formalen Regelungen auch die informellen Normen berücksichtigen. Ein qualitatives Vorgehen als Forschungsmethode ist aus dem Grund sinnvoll, da es nicht nur helfen kann, die Spielergebnisse zu verstehen, sondern auch zu erklären. Deshalb wird in dieser Arbeit eine qualitative Methode der Wirtschafts- und Sozialforschung gewählt.[81] Neben theoretischen Überlegungen stützt sich die Sekundäranalyse vorwiegend auf

---

81 Zur qualitativen Methode allgemein: Strübing (2013); Przyborski/Wohlrab-Sahr (2010); Bauer/Gaskell (2001).

qualitative Textuntersuchungen von Dokumenten der EU-Organe und der staatlichen Stellen der MOEL. Hierbei findet eine Auswertung des Europarechts (*acquis communautaire*) sowie von Sekundärquellen statt. Darüber hinaus basiert die Studie auf der Diskussion und Auswertung der sozialwissenschaftlichen Literatur zur Kohäsionspolitik. Auf diese Weise werden auch die Befunde anderer Untersuchungen, die regelmäßig empirisch-quantitativ ausgerichtet sind, und Resultate von Studien mit länderübergreifenden Quer- und Längsschnittdaten berücksichtigt. Damit werden den Ergebnissen über die Funktionsweise der Kohäsionspolitik in den Mittel- und Osteuropäischen Ländern im Zeitraum 2007–2013 Einblicke über die Befunde in anderen EU-Staaten sowie vorhergehender Zeitpunkte zur Seite gestellt. Statt die Textexegese an einzelnen Dokumenten zu orientieren, richtet sich die empirische Untersuchung nach funktionalen Gesichtspunkten. Infolge dieses Vorgehens entsteht ein Analyseschema, das in Tab. 5.5 dargestellt ist. Die Dokumenten- und Datenauswertung erfolgt anhand der vier Kriterien und den beiden Regelebenen. Während die Kriterien der inhaltlichen Prüfung dienen, spiegelt die Differenzierung in Regelebenen die ordnungsökonomische Einsicht der Interdependenz von gesellschaftlichen Handlungen wieder, bei denen Abhängigkeiten der konstitutionellen und subkonstitutionellen Interessen vorliegen. Mittels dieses Analyseschemas wird eine funktionalen Auswertung der empirischen Fakten und eine qualitative Bewertung der Kohäsionspolitik möglich.

Tab. 5.5: Analyseschema (Quelle: Eigene Darstellung).

	Kriterium 1 Regelorientierung und Regelgebundenheit	**Kriterium 2 Befähigung und Teilhabegerechtigkeit**	**Kriterium 3 Interdependenz der Ordnungen und Bürgersouveränität**	**Kriterium 4 Kohärenz und Zustimmungsfähigkeit**	**Wesentliche Analysedokumente**
Konstitutionelle Ebene I und Handelnsordnung I					Primärrecht (Verträge); Verhandlungsergebnisse auf höchster zwischenstaatlicher Ebene, die Relevanz für die Kohäsionspolitik aufweisen (z. B. Lissabon-Agenda, Europa 2020-Strategie, Haushalt)
Konstitutionelle Ebene II und Handelnsordnung II					Sekundärrecht (z. B. Verordnungen zur Kohäsionspolitik); Ergebnis der Partnerschaft zwischen EU-Kommission und Mitgliedstaaten (NSRF, OP etc.)

Die diversen Verträge der europäischen Gemeinschaft (EWG, EG, AEUV, EUV) werden im Kontext von Fragestellungen der konstitutionellen Ebene I analysiert. Auf der Ebene werden allerdings nicht nur Regelungen untersucht, die primärrechtlich fixiert sind, sondern ebenso die Ergebnisse der Verhandlungen über die Kohäsionspolitik auf höchstem zwischenstaatlichem Level. Deshalb werden sowohl die Haushaltsmittel für die Kohäsionspolitik als auch die Existenz und die Ziele der verschiedenen Instrumente (Fonds) an dieser Stelle analysiert. Auch die einflussreiche Lissabon-Agenda wird thematisiert. Die konkreten Inhalte der Fondsregeln und ihre Wirkungen auf die beteiligten Akteure sind hingegen Gegenstand der Analyseebene II. Auf der konstitutionellen Ebene II stehen insbesondere sekundärrechtliche Dokumente[82] und aus ihr resultierende Akte (wie etwa die Planungsinstrumente der Mitgliedstaaten) im Zentrum. Mit dem Schema (Tab. 5.5) lassen sich die Ergebnisse der Untersuchung aus ordnungsökonomischer Sicht am Ende des Kapitels gebündelt zusammenfassen.

5.4 Grundzüge der Kohäsionspolitik (Rechts- und Handelnsordnung I)

Folgender Abschnitt legt die Grundzüge der europäischen Kohäsionspolitik dar, die ihre Verankerung auf der konstitutionellen Ebene I und der Handelnsordnung I der EU haben. Dazu wird zunächst die Grundentscheidung und die Begründung, ein solches Politikfeld zu betreiben, sowie die Ziele der Kohäsionspolitik (5.4.1) thematisiert. Weiterhin wird die finanzielle Ausstattung und die Grundstruktur, wie z. B. die Einrichtung der Finanzierungsinstrumente der Fonds (5.4.2) beschrieben.[83] Entsprechend der Verortung auf der konstitutionellen Ebene finden sich die meisten formellen Normen im Primärrecht der EU, aber auch in den ungeschriebenen Verhaltensmustern der Verhandlungs- und Interaktionsprozesse der EU-Regierungen und den

---

82 Für die Periode 2007–2013 sind diese Rechtsquellen im Wesentlichen: die allgemeine Verordnung, die für alle kohäsionspolitischen Instrumente dieselben Bestimmungen bezüglich Programmplanung und Verwaltung vorsieht (Verordnung (EG) Nr. 1083/2006 des Rates vom 11. Juli 2006, in: ABl. Nr. L 210, 17.7.2006) und die jeweiligen Einzelverordnungen für die spezifischen Fonds (*EFRE*: Verordnung (EG) Nr. 1080/2006 des Rates vom 5. Juli 2006, in: ABl. Nr. L 210, 31.7.2006; *ESF*: Verordnung (EG) Nr. 1081/2006 des Rates vom 5. Juli 2006, in: ABl. Nr. L 210, 31.7.2006; *KF*: Verordnung (EG) Nr. 1084/2006 des Rates vom 11. Juli 2006, in: ABl. Nr. L 210, 31 Juli 2006; *EVTZ*: Verordnung (EG) Nr. 1082/2006 des Rates vom 5. Juli 2006, in: ABl. Nr. L 210, 31.7.2006). Im weiteren Verlauf werden die Verordnungen gekürzt angegeben als (in obiger Reihenfolge): VO (EG) Nr. 1083/2006 des Rates vom 11. Juli 2006, VO (EG) Nr. 1080/2006 des Rates vom 5. Juli 2006, VO (EG) Nr. 1081/2006 des Rates vom 5. Juli 2006, VO (EG) Nr. 1084/2006 des Rates vom 11. Juli 2006 und VO (EG) Nr. 1082/2006 des Rates vom 5. Juli 2006.

83 Zudem liefert die Betrachtung Hinweise für das Plädoyer einer „Vitalpolitik für Staaten“, denn die primärrechtliche Bedingungslage bildet für ein alternatives Konzept der Kohäsionspolitik ein entscheidendes Datum, da aus politökonomischer Sicht davon ausgegangen werden kann, dass diese Festlegungen nicht vollständig zu verändern sind.

EU-Organen.[84] Nicht zuletzt die Darstellung der Entwicklungsgeschichte der Kohäsionspolitik seit Beginn des Integrationsprozesses schärft hierfür den Blick. So wird der Überblick über die konstitutionelle Ebene um eine kurze geschichtliche Betrachtung ergänzt (5.4.3). Aufmerksamkeit gilt dabei den zu großen Teilen leerformelartigen Strategien der Lissabon- und der Europa 2020-Agenden, die zwar oberflächlich betrachtet sinnvoll erscheinen, allerdings in ihrer Substanz zu unbestimmt sind, um konkret angewendet und damit überprüfbar zu werden. Insbesondere widmet sich dieser Teil dem Paradigmenwechsel hin zu einer „Ersatzwirtschaftspolitik“, den die Kohäsionspolitik seit der Förderperiode ab 2007 kennzeichnet (5.4.4). Die hier diskutierten konstituierenden Merkmale der Kohäsionspolitik werden anhand der herausgestellten Kriterien der Prüfung unterzogen, inwiefern das Politikfeld aus einer ordnungsökonomischen Perspektive zu bewerten ist. Zum Abschluss dieser Überlegungen wird ein Zwischenfazit gezogen (5.4.5).

5.4.1 Begründung und Zielsetzung

Die Erkenntnis, dass in jeder politischen Einheit Gebiete existieren, die wirtschaftlich schwächer sind als andere, gilt nicht nur hinsichtlich verschiedener Stadtbezirke und verschiedener Regionen eines Landes, sondern ebenfalls hinsichtlich der verschiedenen Staaten der EU. Die relevante Frage für staatliches Handeln lautet nun, ob, in welchem Ausmaß und wie wirtschaftliche Disparitäten beseitigt werden sollen. Die Antworten darauf fallen in Abhängigkeit der verwendeten theoretischen Fundierung unterschiedlich aus. Da die Legitimation der Ausgangspunkt einer jeden (wirtschafts-)politischen Maßnahme sein muss, sollen im Folgenden die unterschiedlichen Begründungsstrukturen einer (europäischen) Regional- und Strukturpolitik behandelt werden. Dazu wird zunächst versucht, die verschiedenen, generell existierenden Rechtfertigungen zu systematisieren, um im Anschluss zu fragen, auf welches Begründungsmuster die europäische Kohäsionspolitik rekurriert und welche Zielsetzung primärrechtlich verankert ist. Dieser Begründung wird zuletzt die Argumentation einer „Vitalpolitik für Staaten“ gegenübergestellt.

---

84 Da jedoch eine sinnvolle trennscharfe Differenzierung beider konstitutioneller Ebenen schwer fällt, sind bereits auf Ebene der Rechts- und Handelnsordnung I Bezüge zum Sekundärrecht der Kohäsionspolitik zu finden. Dies liegt im Wesentlichen darin begründet, dass im Zuge der intergouvernementalen Verhandlungen über die mittelfristige Finanzplanung ebenfalls die Ausgabenschwerpunkte mitverhandelt werden und damit einher eine Strukturveränderung der Kohäsionspolitik für die folgende Förderperiode geht, wie noch zu zeigen sein wird. Deshalb können z. B. die sekundärrechtlich fixierten Ziele und Anwendungsgebiete der Fonds nicht losgelöst von diesen Verhandlungsprozessen auf der konstitutionellen Ebene I betrachtet werden.

Ansätze zur Regionalpolitik existieren in unterschiedlichen wissenschaftlichen Disziplinen und entsprechend in verschiedenen Begründungszusammenhängen. Tab. 5.6 klassifiziert die Rechtfertigungen in die drei Kategorien „ökonomisch fundiert", „institutionell-orientiert" und „außerökonomisch begründet". In die erste Kategorie fallen Überlegungen, die als Entscheidungsgrundlage für oder gegen eine Regional- und Strukturpolitik primär ökonomische Parameter verwenden, während in der dritten Kategorie außerökonomische Begründungen maßgeblich sind. Die Kategorie der institutionell-orientierten Gründe umfasst Ideen, die die Bedeutung von Institutionen in den Mittelpunkt politischer Entscheidungen stellen.

Die ökonomischen Begründungen können zumeist entweder der Subdisziplin der Regionalökonomik zugeordnet werden, oder aber entspringen den allgemeinen Überlegungen zur Wirtschaftspolitik. Da regionale Wirtschaftspolitik als eine Teilmenge wirtschaftspolitischer Eingriffe gesehen werden kann, gelten auch hier die generellen Argumente über die Angemessenheit staatlicher Interventionen. Speziell für die Regionalebene gibt es einige theoretische Ansätze zur Erklärung räumlicher Disparitäten und teilweise zur Begründung von ökonomischen und politischen Maßnahmen in räumlicher Hinsicht (Raumwirtschaftstheorie oder Regionalökonomik), die regelmäßig in die Unterkategorien der statischen und dynamischen Theorien gegliedert werden.[85] Die statischen Raumwirtschaftstheorien, die mikroökonomisch fundiert an den Wahlhandlungen einzelner Akteure ansetzen, umfassen im Wesentlichen neben den Konzepten von Stadtsystemen, den Standorttheorien, den Bodennutzungstheorien und den Theorien des räumlichen Wettbewerbs auch die Theorien zentraler Orte.[86] Große Städte sind oft der Kristallisationspunkt für wirtschaftliche Entwicklung. Ursachen räumlicher Ballung müssen nicht rein inhärenter Natur sein (Ressourcen, Klima, Zugang zu Wasserwegen, u. Ä.), sondern ergeben sich durch die Konzentration des industriellen Sektors und sorgen durch dichte Märkte, Marktgrößeneffekte (z. B. Transportkostenersparnis) und positive Externalitäten für eine weitere Ballung (*Urban Primacy*). Infolge dieser Agglomerationsvorteile ziehen Großstädte immer weitere Unternehmen und Haushalte an. Schwerpunkt einer Regionalpolitik muss es demnach sein, die Städte in strukturschwachen Gebieten zu fördern, um eine Anhebung des allgemeinen Wohlstandsniveaus zu erreichen. Die gegenwärtige Kohäsionspolitik orientiert sich zunehmend an Ballungsgebieten und setzt dort Kapitalhilfen ein, wo Wachstumspotenzial identifiziert wird. Eine solche Hinwendung zur Stärkung der Zentren könnte jedoch zugleich die Abkehr von einer flächendeckenden Förderung („Gießkannen-Prinzip") bedeuten. Die Bodennutzungstheorien

---

85 Auch andere plausible Einteilungen sind möglich, wie Farhauer/Kröll (2014), S. 13 ff. zeigen.
86 Vgl. Störmann (2009), S. 39 ff.

Tab. 5.6: Begründungsmuster für eine (europäische) Regional- und Strukturpolitik (Quelle: Eigene Darstellung).

Ökonomisch fundierte Gründe		Institutionell-orientierte Gründe	Außerökonomische Gründe
Regionalökonomik	Generelle ökonomische Argumente		
Statische und dynamische Raumwirtschaftstheorien	Marktversagen: Externalitäten, öffentliche Güter (z. B. Forschung) und Markthemmnisse	Institutionelle Absicherung für funktionierende Märkte	Keine automatische Konvergenz bzw. lange Zeithorizonte
	Enge Außenhandelsverflechtung der EU-Staaten und starke Interdependenz der Volkswirtschaften (EWWU)	Fehlende Ressourcen und Fachwissen der Verwaltung in strukturschwachen Regionen	Europäische Solidarität (Streben nach gleichwertigen Lebensverhältnissen), soziale und territoriale Kohäsion (starke Wanderungsbewegungen und Verödung von Regionen)
		Lange Suchphase für geeignete Institutionen	
			Politökonomische Gründe

stellen ebenfalls Städte in den Mittelpunkt.[87] Standorttheorien beschäftigen sich hingegen generell mit den räumlichen Rahmenbedingungen für Akteure. Der Hebel der Standorttheorien ist die Beeinflussung der Standortwahl von Unternehmen sowie von Haushalten; insbesondere spielen dabei die Kostenfaktoren für Unternehmen eine wichtige Rolle (Zugang zu den Produktionsmitteln Boden, Kapital, Arbeit sowie die Transportbedingungen etc.).[88] In diesen Kontext lassen sich wirtschaftspolitische Anstrengungen zum Ausbau der Infrastruktur einordnen wie sie auch die Kohäsionspolitik unternimmt.[89] Die schwächeren Regionen befinden sich in einem sich selbst verstärkenden Kreislauf: Sie sind aufgrund ihrer Schwäche in den Bereichen Infrastruktur, Humankapital und Technologie weniger geeignet, Investitionen anzulocken, was wiederum zu einer Schwächung der ohnehin schon niedrigen staatlichen

---

87 Johann Heinrich von Thünen gilt mit seinem Werk „Der isolierte Staat" von 1826, indem er sich mit der optimalen Bodennutzung der landwirtschaftlichen Produktion auseinandersetzte, als erster Theoretiker räumlicher Wirtschaftsbeziehungen und als Begründer der Bodennutzungstheorie. Unter der Berücksichtigung von Landrenten (Differenz zwischen Erlösen und Kosten pro Flächeneinheit) und Transportkosten (abhängig von der Entfernung der Anbaufläche zur Stadt sowie vom Gewicht des Gutes) ergeben sich Thünen'sche Kreise um eine zentrale Stadt, in denen jeweils verschiedene gewinnmaximierende Landnutzungen stattfinden und somit die Raumstruktur formen; vgl. Thünen (1990).

88 Vgl. Störmann (2009), S. 39 ff.; Thisse (1987).

89 Ein Literaturüberblick zu Standortfaktoren findet sich bei Mazzarol/Choo (2003).

Investitionen und Ausgaben führt. Dadurch wird die Wanderungsbewegung von Arbeit und Kapital weiter eingeschränkt und im Endeffekt überwiegen die Polarisationseffekte – es kommt zu räumlichen Ballungen. Werden solche zirkulären Effekte als Erklärung für eine vorgefundene Ballung ausgemacht, ist der natürliche Aufstieg von Peripherien mittelfristig unwahrscheinlich und Handlungsbedarf im Sinne regionalpolitischer Intervention gegeben. Die politische Bedeutung der Polarisationstheorien, die in diese Kategorie der Regionalökonomik eingeordnet werden können, wurde bereits im Rahmen der Entstehungsgeschichte der Kohäsionspolitik diskutiert. Im Gegensatz zu den statischen Modellen berücksichtigen die dynamischen Raumwirtschaftstheorien die Veränderungen der Umweltbedingungen und Restriktionen, die infolge der Handlungsentscheidungen der Akteure auftreten. Die Herkunft der Modelle liegt in der (neo-)klassischen Außenhandelstheorie, gemäß der die Verteilung komparativer Kostenvorteile die räumliche Wirtschaftsstruktur prägt. Kritisiert und ergänzt wurde die ursprüngliche Theorie durch das *keynesianische* Konzept des Außenhandels (bspw. fordert die Exportbasistheorie die Förderung exportierender Industriezweige), die neue Außenhandelstheorie und die Neue Ökonomische Geografie.[90] Letzterer Ansatz wurde durch Fujita, Krugman und Venables 1999 begründet und rechtfertigt unter bestimmten Umständen unilaterale Handelsprotektion und Regionalpolitik aus Marktversagensgründen.[91]

Während ausdifferenzierte, theoretische und empirische Gründe für das Betreiben einer Regionalpolitik vorzufinden sind, so gibt es auch gegenteilige Vorstellungen, die vorwiegend auf die Funktionsweise des Marktmechanismus abstellen. Aus (neo-)klassischer, aber auch neoinstitutioneller Sicht ist Marktversagen, das in räumlicher Hinsicht als Effizienzdefizit des wettbewerbsbestimmten Raumaufbaus auftritt, der zentrale Prüfstein.[92] Modellgemäß werden die Produktionsfaktoren durch den Preismechanismus so gelenkt, dass sich ein räumliches Gleichgewicht durch den Ausgleich der Faktorpreise einstellt. Bedingt wird dies durch die Wanderung von Arbeitskräften in Räume mit höherem Lohnniveau und dem Zufluss von Kapital in Räume mit niedrigeren Lohnkosten. Langfristig wird in den Abwanderungsgebieten das Lohnniveau steigen und in den Zuwanderungsgebieten sinken. Räumliche Ungleichheiten ergeben sich demnach entweder aus natürlichen Standortvorteilen oder durch Marktversagen, also bei Versagen der marktlichen Selbstregulierung als

90 Vgl. Störmann (2009), S. 125 ff.

91 Vgl. Fujita et al. (1999); Krugman (1991). Auch Pflüger (2007), S. 2.

92 So stellte Suntum (1981), S. 31 im Rahmen der (wieder) aufkeimenden Diskussion über die Funktion von Regionalpolitik in den 1980er-Jahren fest: „Eine auf die Steigerung der gesamtwirtschaftlichen Effizienz gerichtete Regionalpolitik kann nur sinnvoll sein, wenn angenommen wird, der Marktmechanismus führe zu einer in räumlicher Hinsicht ineffizienten Allokation der Produktionsfaktoren, d. h. bei einer anderen als der marktmäßigen regionalen Allokation einer gegebenen Menge von Produktionsfaktoren könnten zumindest einige Wirtschaftssubjekte insgesamt besser gestellt werden, ohne gleichzeitig andere schlechter zu stellen."

Folge von künstlichen Hemmnissen. Weitere Marktversagensgründe sind ruinöse Wettbewerbsprozesse (Subventionswettläufe), Externalitäten und öffentliche Güter. Suntum stellt fest: „Gleichwohl ist durchaus zu konzedieren, dass der marktmäßigen räumlichen Allokation Mängel anhaften, die primär mit der Existenz von externen Effekten zusammenhängen und tatsächlich eine effiziente Allokation tendenziell verhindern".[93] Folgt man dieser Argumentation, sind politische Interventionen lediglich in einem sehr engen Rahmen notwendig, „um die Voraussetzungen für eine ökonomisch optimale regionale Wirtschaftsstruktur und -entwicklung zu schaffen."[94] Und da Marktversagen tendenziell selten auftritt, sind auch staatliche Eingriffe weniger häufig erforderlich. Hinsichtlich eines systematischen, regionalen Marktversagens äußert sich Klemmer, dass die Diskussion „inwieweit es im Rahmen der Marktwirtschaft in räumlicher Hinsicht zu einem Markt- und Wettbewerbsversagen kommt, welches staatliches Eingreifen sinnvoll erscheinen lässt" weitgehend abgeschlossen und zu verneinen sei.[95]

Ein weiterer Argumentationsstrang der Unterkategorie genereller wirtschaftlicher Überlegungen mit besonderer Betonung auf der Begründung einer europäischen Regional- und Strukturpolitik ist die reziproke Abhängigkeit von Volkswirtschaften. Die Tatsache enger Außenhandelsverflechtung europäischer Staaten spricht für eine hohe Relevanz der Regionalpolitik, da durch diese Interdependenzen zwischen den EU-Staaten der jeweilige nationale Entwicklungsstand Rückwirkung auf die anderen Mitgliedsländer entfaltet. Der wirtschaftliche Erfolg der MOEL kann auf diese Weise Nutzen für die Länder der sonstigen EU erzeugen. Die EU-Staaten sind zueinander die wichtigsten Handelspartner, wobei insbesondere die Bedeutung des europäischen Marktes für die MOEL auffallend hoch ist.[96] Von den zahlreichen Versuchen, die ökonomische Verflechtung über Landesgrenzen hinweg zu messen (wie z. B. die Exportquote oder die Offenheit einer Volkswirtschaft), sei hier der Subindex Binnenmarktverflechtung des Integrationsindexes von Ohr und König hervorgehoben, der zeigt, dass die osteuropäischen EU-Länder deutlich stärker integriert sind als bspw. die südlichen Krisenländer.[97] Sollte also der *Catch Up*-Prozess in den MOEL ausbleiben, so würde das Potenzial des Binnenmarktes nicht vollends ausgeschöpft werden und der intraeuropäische Handel stagnieren. Von allen ökonomisch fundierten Argumenten findet dieses vermutlich am leichtesten Resonanz im politischen Diskurs. Denn es ist der Öffentlichkeit nicht nur gut vermittelbar, sondern es zeigt auch die Verbindung aus nationalen Eigeninteressen und der Kohäsionspolitik relativ deutlich auf: So könnte das Betreiben der Gemeinschaftspolitik selbst für Nettozahler vorteilhaft

93 Suntum (1981), S. 31.
94 Karl (1997), S. 3.
95 Klemmer (1998), S. 476.
96 Vgl. Aslund (2013), S. 323 f.
97 Vgl. Ohr/König (2013; 2012).

sein, da sie mittels der sich potenziell intensivierenden wirtschaftlichen Beziehungen Wohlstand im Inland erzeugt.[98] Mit der Wahrnehmung der gegenseitigen Abhängigkeit erwächst somit generell die Einsicht gemeinsamer Interessen bei den Aufholprozessen der MOEL. Jedoch ist aus der Tatsache, dass die ökonomische Verflechtung für eine Kohäsionspolitik spricht, wenig über die konkrete Form der Gemeinschaftspolitik abzuleiten. Neben der aktiven Wirtschaftsförderung ist auch die Beschränkung auf rudimentäre Maßnahmen denkbar – das Argument ist somit für verschiedene wirtschaftspolitische Maßnahmen anschlussfähig.

Die vorgestellte Typologisierung in Tab. 5.6 ist weder als erschöpfende Auflistung sämtlicher Begründungsargumente, noch als gänzlich trennscharf zu verstehen (da gewisse Überschneidungen vorliegen). Wie gezeigt wurde, basieren bspw. einige (dynamische) Raumwirtschaftsansätze auf (neo-)klassischen Modellen oder weisen eine enge Verwandtschaft zu gängigen Wachstumstheorien auf, die selbst wiederum territoriale Aspekte berücksichtigen. Dennoch erscheint eine Systematisierung sinnvoll, da sie erstens hilft, das Spektrum an Begründungen zu ordnen und zweitens den Blick dafür schärft, zu erkennen, durch welche Argumente in der öffentlichen und wissenschaftlichen Diskussion regional- und strukturpolitische Maßnahmen legitimiert werden. So kann bei der (neo-)klassischen Sicht eine tendenziell ablehnende Haltung gegenüber regionalpolitischen Eingriffen beobachtet werden, die sich daraus speist, dass Staatsversagen als die größere Gefahr für die Funktionsweise von Märkten als Marktversagen selbst eingeschätzt wird. Hierfür stellvertretend urteilte Krieger bereits in den 1990er-Jahren: „Mangelt es daran [an dem detaillierten Wissen über ökonomische Prozesse vor Ort und über externe Effekte, J. D.], ist die Gefahr groß, dass Steuergelder fehlgeleitet und vergeudet werden. Insofern dürfte die europäische Regionalpolitik die Wachstumschancen der Gesamtwirtschaft eher beeinträchtigen als fördern; ökonomischen Zielen dient sie nicht."[99] Wie gezeigt, sieht hingegen die Vielzahl an regionalökonomischen Ansätzen in der europäischen Regional- und Strukturpolitik ein legitimes wirtschaftspolitisches Betätigungsfeld, auch wenn nicht zwingend in der gegenwärtigen Form.

Konzepte, die sich nicht alleine mit wirtschaftlichen Aspekten auseinandersetzen, sondern auch die institutionellen Bedingungen berücksichtigen, sehen die Notwendigkeit einer Kohäsionspolitik differenzierter. Ausgangspunkt ist, dass Märkte gewisse Funktionsbedingungen benötigen, die in strukturschwachen Gebieten – insbesondere in den Transformationsstaaten – nicht ohne Weiteres gegeben sind.

98 Ein Sonderfall des Arguments stellt der Rückfluss der Kapitalhilfen (*Direct* und *Indirect Returns*) dar. Viele der Kohäsionsmittel fließen durch die Auftragsvergabe an ausländische Unternehmen oder durch den Import zur Binnennachfragedeckung in die Geberländer zurück (*Indirect Returns*). Nach einer Studie der polnischen Regierung gilt für den Zeitraum 2004–2009, dass 27% der Mittel für Polen in die EU-15 zurückflossen. Dabei erhalten für 2004–2015 deutsche Unternehmen für jeden von Deutschland eingezahlten Euro 72 Cent zurück; vgl. Jouen (2012), S. 9 f.

99 Krieger-Boden (1987), S. 93.

Entsprechend wäre es Aufgabe der Wirtschaftspolitik, solche Rahmenbedingungen zu schaffen. Im Hinblick auf die Kohäsionspolitik lautet die Folgerung, dass die Kapitalhilfen vorrangig für den Aufbau marktwirtschaftlicher Strukturen durch Schaffung geeigneter Institutionen und Schulung der Verwaltungsbeamten verwendet werden sollten.[100] Die europäische Komponente der Unterstützung ist in diesem Zusammenhang nötig, da die Förderempfänger entweder aus finanziellen Gründen oder aus Gründen fehlenden Wissens und der schwierigen Suchphase nach geeigneten Institutionen auf eine externe Hilfestellung angewiesen sind. Institutionell-orientierte Gründe stellen zwar, wie die ökonomisch fundierten Argumente, den Markt in den Mittelpunkt der Betrachtung, gehen jedoch bei der Suche nach den notwendigen Voraussetzungen über die enge ökonomische Sicht hinaus und berücksichtigen zusätzlich das gesellschaftliche Umfeld.

In die letzte Kategorie des Systematisierungsschemas fallen Begründungsmuster, die im außerökonomischen Raum anzusiedeln sind. Von den zahlreichen Motiven, die aus dieser Perspektive für eine Kohäsionspolitik sprechen, sollen zwei skizziert werden (auf die Dimension des langen Zeithorizonts der Konvergenz wird noch einzugehen sein). Das erste Motiv ergibt sich aus der Tatsache, dass die EU häufig vorrangig nicht als Zusammenschluss zur Realisierung gemeinsamer Vorteile gesehen wird, sondern sich vielmehr durch eine moralische Argumentation begründet: „Since its beginnings, European integration has been legitimated by the ideology of a pan-European community of liberal-democratic states. This ideology is reflected in the membership rules of the EU."[101] Die *Liberal Community Hypothesis*, die auf die EU anwendbar ist, beschreibt die Beobachtung, dass internationale Organisationen Werte- und Normengemeinschaften sind und dass die Mitglieder aus der gemeinsamen Wertebasis politischen Handlungsbedarf ableiten. So veranlasst die Wertegemeinschaft der EU ihre Mitglieder einer Zustimmung der Erweiterung, falls die Kandidatenländer die gemeinsamen Werte teilen.[102] Wie bereits mehrfach angeklungen, ist darüber hinaus aus dem Ideal der europäischen Identität und Zusammengehörigkeit eine Pflicht zur Solidarität zu folgern, die sich als Forderungen nach sozialer und territorialer Kohäsion sowie gegenseitiger Hilfe äußert.[103] Den älteren EU-Ländern sei eine Verantwortung für die Transformationsstaaten zuzuschreiben,

---

100 Dazu Ederveen et al. (2006).

101 Schimmelfennig (2001), S. 48.

102 Vgl. Schimmelfennig (2002; 2001). Zu einem Überblick über die Literatur der Erweiterungsforschung: Nugent (2010), S. 440 ff. Mit der Betonung des konstruktivistischen Ansatzes soll jedoch dem *Rationalist Approach* (insbesondere hinsichtlich der Ausbildung der nationalen Präferenzen und dem Ausgangspunkt der zwischenstaatlichen Verhandlungen) nicht eine gewisse Gültigkeit abgesprochen werden.

103 Vgl. Immerfall (2006).

die sich nicht allein im Beitrittsakt erschöpft.[104] Insbesondere für die Kohäsionspolitik identifiziert *Ujupan* eine „logic of solidarity", die neben die „logic of equity" als Motivation der Mitgliedstaaten zum gemeinschaftlichen Handeln tritt und Ausdruck des Willens zur harmonischen Entwicklung aller Regionen ist. Während die „logic of equity" das Abwägen der Kosten und des Nutzens der Mitgliedschaft und jeder Maßnahme beschreibt, rechtfertigt die Solidarität die Umverteilungsprozesse der Kohäsionspolitik.[105] Das zweite Motiv bezieht sich auf den Fakt, dass die Kohäsionspolitik als europäisches Politikfeld etabliert ist. Angesichts der historischen Entwicklung der europäischen Integration und der damit eng verknüpften politökonomischen Logik ist nicht anzunehmen, dass die europäische Regional- und Strukturpolitik auf mittlere Sicht aufgegeben werden wird. Die Mittel, die im Rahmen der Kohäsionspolitik vergeben werden, stellen gewissermaßen die politischen Kosten des weiteren Integrationsprozesses dar.[106] Diese Begründung hat eine andere Qualität als die bisher genannten Gründe, da sie mehr eine Tatsachenbeschreibung der Verhaltensweisen relevanter Akteure als ein normativer Standpunkt oder eine kohärentes wissenschaftliche Theorie ist. Aus ihr lässt sich allerdings schlussfolgern, dass graduelle Reformen der Kohäsionspolitik wohl höhere Erfolgsaussichten haben, als der Versuch der Abschaffung oder der radikalen Umgestaltung.

Nachdem versucht wurde, anhand der Kategorisierung von Begründungsmustern einen Überblick über Argumente für regionalpolitische Eingriffe im Allgemeinen und für die Kohäsionspolitik im Speziellen zu geben, wird nun die Legitimierung der Gemeinschaftspolitik aus Sicht der EU erörtert. Es gilt zu analysieren, inwiefern die EU dabei auf die vorgestellten Begründungsmuster zurückgreift und welche Zielsetzung primärrechtlich verankert ist. Eine systematische Begründung ist für die Kohäsionspolitik zentral, da dadurch die Voraussetzungen für eine in sich schlüssige Politik mit einem Set an kohärenten Maßnahmen gegeben ist und eine schleichende Umwidmung und Tätigkeitsausweitung erschwert wird. Zu diesem Zweck wird zunächst das Primärrecht nach relevanten Begründungsbezügen durchsucht, um anschließend auch weitere Quellen hinzuzuziehen.

Die Kohäsionspolitik ist an verschiedenen Stellen des Primärrechts erwähnt und erhält durch die Nennung als Ziel der EU in Art. 3 des EU-Vertrages einen hohen Stellenwert.[107] Dort findet die Kohäsionspolitik Eingang bei der Aufzählung der

---

104 Dazu etwa der Beitrag von Weidenfeld (1995), S. 17 ff. im Rahmen der Diskussion nach dem Umbruch der 1990er.

105 Ujupan (2009), 9 ff.

106 Ujupan (2009), S. 10 geht sogar so weit zu sagen: „Nonetheless, bridging differences among Member States' interests is indispensable to securing agreement on the EU budget, and in that sense Cohesion Policy has forstered European integration."

107 Falls nicht anders angemerkt, bezieht sich die Arbeit stets auf die aktuell gültige, primärrechtliche Situation nach dem Inkrafttreten des Lissabon-Vertrages im Jahr 2009. Dies ist für den Untersuchungszeitraum 2007–2013 deshalb problemlos, da die hier relevanten Sachverhalte der Förderperiode

grundsätzlichen Aufgaben und Werte der EU: „Die Union errichtet einen Binnenmarkt. Sie wirkt auf die nachhaltige Entwicklung Europas auf der Grundlage eines ausgewogenen Wirtschaftswachstums und von Preisstabilität, eine in hohem Maße wettbewerbsfähige soziale Marktwirtschaft, die auf Vollbeschäftigung und sozialen Fortschritt abzielt, sowie ein hohes Maß an Umweltschutz und Verbesserung der Umweltqualität hin. Sie fördert den wissenschaftlichen und technischen Fortschritt. [...] Sie fördert den wirtschaftlichen, sozialen und territorialen Zusammenhalt und die Solidarität zwischen den Mitgliedstaaten."[108] Das Kohäsionsziel steht gleichberechtigt mit den anderen Zielen der EU, ein Vorrang anderer ist nicht zu erkennen. Trotz dieser Nennungen im EUV sind die meisten Regelungen jedoch im „Vertrag über die Arbeitsweise der Europäischen Union" (AEUV) zu finden. In der Präambel des AEUV, der allerdings lediglich die unverbindliche Wirkung von Fernzielen zukommt,[109] ist hinsichtlich des Ziels der Integration zu lesen: „in dem Bestreben, ihre Volkswirtschaften zu einigen und deren harmonische Entwicklung zu fördern, indem sie den Abstand zwischen einzelnen Gebieten und den Rückstand weniger begünstigter Gebiete verringern." Die Aufgabe, den Zusammenhalt, also die *Kohäsion*, zu fördern, wird in Art. 174 AEUV weiter ausgeführt: „Die Union entwickelt und verfolgt weiterhin ihre Politik zur Stärkung ihres wirtschaftlichen, sozialen und territorialen Zusammenhalts, um eine harmonische Entwicklung der Union als Ganzes zu fördern. Die Union setzt sich insbesondere zum Ziel, die Unterschiede im Entwicklungsstand der verschiedenen Regionen und den Rückstand der am stärksten benachteiligten Gebiete zu verringern. Unter den betreffenden Gebieten gilt besondere Aufmerksamkeit den ländlichen Gebieten, den vom industriellen Wandel betroffenen Gebieten und den Gebieten mit schweren und dauerhaften natürlichen oder demografischen Nachteilen, wie den nördlichsten Regionen mit sehr geringer Bevölkerungsdichte sowie den Insel-, Grenz- und Bergregionen." Auffallend ist die explizite Aufzählung bestimmter Gebiete, die das Kriterium Entwicklungsrückstand *a priori* mit geografischen Angaben verknüpft. Es handelt sich also nicht alleine um eine sachliche Konzentration auf ein Ziel (Verringerung des Entwicklungsrückstandes), sondern es finden sich gleichermaßen bereits auf der konstitutionellen Ebene Vorgaben für die räumliche Verteilung. In Art. 175 AEUV wird die Ausgestaltung einer Politik zum gemeinschaftlichen Zusammenhalt näher bestimmt: „Die Mitgliedstaaten führen und koordinieren ihre Wirtschaftspolitik in der Weise, dass auch die in Art. 174 genannten Ziele erreicht werden. Die Festlegung und Durchführung der Politiken und Aktionen der Union sowie die Errichtung des Binnenmarkts berücksichtigen die Ziele des Art.

2007–2013 bereits zu Beginn im Jahr 2007 in ähnlicher Weise europarechtlich geregelt waren. Der Rekurs zur aktuellen EU-Verfassung erscheint jedoch aus perspektivischer Sicht sinnvoller als der Verweis auf die Situation vor dem Lissabon-Vertrag.

108 EUV, Art. 3 (3).

109 Vgl. Falkenkötter (2002), S. 49.

174 und tragen zu deren Verwirklichung bei. Die Union unterstützt auch diese Bemühungen durch die Politik, die sie mit Hilfe der Strukturfonds (Europäischer Ausrichtungs- und Garantiefonds für die Landwirtschaft – Abteilung Ausrichtung, Europäischer Sozialfonds, Europäischer Fonds für regionale Entwicklung), der Europäischen Investitionsbank und der sonstigen vorhandenen Finanzierungsinstrumente führt." Art. 121 (1) AEUV erkennt die Koordinierung der nationalen Wirtschaftspolitiken „als eine Angelegenheit von gemeinsamem Interesse" und bindet die Abstimmung inhaltlich an die Ziele der Union, die im erwähnten Art. 3 EUV niedergelegt sind. Damit werden die Mitgliedstaaten erstens angehalten, durch nationale Maßnahmen rückständige Regionen in ihrem Land zu unterstützen, also Regionalpolitik zu betreiben, und zweitens wird festgestellt, dass der gemeinsame europäische Markt zur Verringerung des Wohlstandsgefälles beiträgt. Weiter heißt es in Art. 176 AEUV: „Aufgabe des Europäischen Fonds für regionale Entwicklung ist es, durch Beteiligung an der Entwicklung und an der strukturellen Anpassung der rückständigen Gebiete und an der Umstellung der Industriegebiete mit rückläufiger Entwicklung zum Ausgleich der wichtigsten regionalen Ungleichgewichte in der Union beizutragen." Des Weiteren wird in Art. 177 AEUV der Kohäsionsfonds und in Art. 162 AEUV der Europäische Sozialfonds errichtet.[110]

Trotz zahlreicher Bestimmungen in den Verträgen ist festzuhalten, dass eine gewisse wirtschaftspolitische Neutralität vorliegt und damit die primärrechtliche Lage offen für alternative Modelle einer Politik ist, die den Zweck verfolgt, aufholende Regionen zu fördern sowie die anderen genannten Ziele der EU zu realisieren. Auch wird nicht präzise bestimmt, wann das Ziel der Verringerung des Abstandes erreicht ist. Zumindest nach wörtlicher Auslegung ist eine vollständige Nivellierung der Unterschiede ausgeschlossen, da nicht von einer Beseitigung des Abstandes gesprochen, sondern eben lediglich eine Verringerung gefordert wird. Art. 177 AEUV bestimmt den Gestaltungsraum der europäischen Organe im Bezug auf die Kohäsionspolitik, der theoretisch erlauben würde, die in Art. 175 bis Art. 177 AEUV erwähnten Instrumente der Kohäsionspolitik inhaltlich zu verändern. Die Neutralität wird erst durch Regelungen des Sekundärrechts aufgehoben.

Mit Blick auf die Frage nach der Begründung ist zu attestieren, dass, obgleich im Primärrecht keine explizite Begründung kodifiziert ist, sich verschiedentlich Rechtfertigungsversuche seitens der EU finden lassen. Häufig wird mit der moralischen Verantwortung einer Werte- und Solidargemeinschaft argumentiert, welches insbesondere für die Osterweiterung Bedeutung erlangte. Demnach sollten die Mitglieder der EU-15 den Transformationsländern in Mittel- und Osteuropa bei ihrem

110 Neben diesen Hauptfundstellen gibt es noch zahlreiche andere Quellen im primären Europarecht, die Bezug zur Regional- und Strukturpolitik haben (z. B. Transeuropäische Netze, Art. 170 AEUV), auf die an dieser Stelle jedoch nicht weiter eingegangen werden soll.

Übergang zu Demokratie und Marktwirtschaft unterstützen. Im Zusammenhang mit dem Zugehörigkeitsgefühl zu einer Wertegemeinschaft steht die Wahrnehmung enger ökonomischer Interdependenzen und Abhängigkeiten. Wie die EU-Kommission im Zuge der Beitrittsverhandlungen im Jahr 2000 hervorhob, war die alte EU der wichtigste Handelspartner der 13 Bewerberländer (inzwischen die Neumitglieder sowie die Türkei) und auch für die EU-Mitglieder waren die Beitrittskandidaten mit 13,7% Anteil am Gesamtexport der zweitwichtigste Handelspartner.[111] Die massive Kritik an der Kohäsionspolitik bewirkte, dass die EU-Kommission außerdem das Konzept des „europäischen Mehrwertes" entwickelte.[112] Der „Mehrwert" ist nach Ansicht der EU-Kommission der „value resulting from the Community assistance that is additional to that which would have been secured by national and regional authorities and the private sector".[113] Die Kohäsionspolitik verdrängt nach dieser Lesart also nicht die nationalen und regionalen Anstrengungen zur wirtschaftlichen Entwicklung, sondern schafft dort, wo die unteren Ebenen an Grenzen stoßen durch ihre Intervention einen „europäischen Mehrwert" – die Parallelität zum Subsidiaritätsprinzip ist offenkundig.[114] Die Idee des „europäischen Mehrwertes" entspricht der Generierung positiver bzw. der Vermeidung negativer externer Effekte. Im Rahmen der Bilanzierung des Mitteleinsatzes in der Förderperiode 2007–2013 schreibt die EU der Kohäsionspolitik einen „erheblichen Beitrag zu Wachstum und Beschäftigung" zu: Aus den Kohäsionsmitteln unterstützte Investitionen in Lettland, Litauen und Polen haben im Vergleich zu einer Situation ohne Förderung ein durchschnittliches jährliches BIP-Wachstum von 2,1%, 1,8% und 1,7% bewirkt.[115] Auch die ordnungsökonomische Perspektive der Teilhabemöglichkeiten am Binnenmarkt kann – wenn auch nur in Fragmenten – in den Begründungen der EU wiedergefunden werden. Die Kopenhagener Kriterien umfassen sowohl die Forderung nach offenen Marktwirtschaften als auch die Aufforderung an die Staaten die Marktwirtschaften so zu gestalten, dass sie dem „Wettbewerbsdruck und den Marktkräften auf dem Binnenmarkt" standhalten zu können. Weiterhin wird die Bedeutung von Infrastruktur, von exportorientierten Industrien und nicht zuletzt von Spezialisierungsprozessen hervorgehoben (entsprechend den allgemeinen Ansätzen der Standorttheorien bzw. den dynamischen

---

111 Dazu EU-Kommission (2000), S. 23.
112 Vgl. Ferry (2013), S. 90 ff.
113 EU-Kommission (2001), S. 4.
114 Nach Argumentation der EU-Kommission sind die Akzeptanz der Bevölkerungen und die Wahrnehmung des „Mehrwertes" umso ausgeprägter, je höher die Sichtbarkeit der Kohäsionspolitik ist. Verbessert sich bspw. der ÖPNV spürbar, nimmt die breite Öffentlichkeit dies deutlich war. So seien die vielen Projekte überall in Europa sichtbarer Beweis dafür, dass die EU nicht (nur) im fernen Brüssel sitzt, sondern auch vor Ort etwas für sie tut; vgl. *Jacques* Delors in einem Interview, in: EU-Kommission (2012c). Aus dieser Sicht ist die Kohäsionspolitik für strukturschwache Mitgliedsstaaten eingängiger zu begründen als für wohlhabende Länder.
115 Vgl. EU-Kommission (2014b), S. 9.

Raumwirtschaftstheorien).[116] Ebenso wird die Stadtentwicklung betont (entspricht dem Stellenwert, den die Theorie der Stadtsysteme ihnen beimisst). Diese Schwerpunktsetzung auf die Städte und Ballungsgebiete, in denen zwei Drittel der EU-Bevölkerung lebt, wird – zumindest rhetorisch – in der aktuellen Periode 2014–2020 verstärkt hervorgehoben und wird gegenwärtig in der Erarbeitung einer „EU-Städteagenda" gebündelt.[117]

Insgesamt kann festgehalten werden, dass die EU sich bei der Rechtfertigung der Kohäsionspolitik direkt oder indirekt bei einer Vielzahl theoretischer Konzepte bedient, ohne jedoch einen kohärenten Begründungsrahmen zu errichten. Dies hat eine entscheidende Wirkung auf die konkrete Ausgestaltung der Gemeinschaftspolitik, deren einzelne Komponenten das Bild einer erratischen Politik ergeben, wie noch darzulegen sein wird. Die Ursache hierfür liegt in der evolutorischen Entwicklungsgeschichte des Politikfeldes.

Sowohl der Rechtfertigung der EU als auch den Begründungsmustern des Klassifikationsschemas wird nun die Perspektive einer „Vitalpolitik für Staaten" gegenübergestellt. Würde man die Argumente einer „Vitalpolitik für Staaten" in das Klassifikationsmuster aus Tab. 5.6 einordnen wollen, so wären sie in der Teilmenge der institutionell-orientierten und der außerökonomischen Gründen zu finden. Mit den institutionell-orientierten Ansätzen teilt eine „Vitalpolitik für Staaten" die Hervorhebung der Bedeutung von Institutionen. Mit den Konzepten der außerökonomischen Kategorie teilt die ordnungsökonomische Begründung, dass es in der Kohäsionspolitik nicht alleine um eine ökonomische Effizienzorientierung gehen und dass die Entscheidung für oder gegen eine europäische Regional- und Strukturpolitik nicht alleine auf einer einfachen und operationalisierbaren Kosten-Nutzen-Kalkulation basieren sollte, sondern es ebenso auf die Einbeziehung überwirtschaftlicher Zielsetzungen ankommt. Anders als in der traditionellen Regionalökonomik lautet die Kernfrage eben nicht, „ob ohne wirtschaftspolitische Eingriffe Konvergenz zu erwarten ist"[118], sondern, wie sich die Lebensqualität aller Individuen verbessern lässt. Obwohl in der regionalökonomischen Perspektive mit der Dichotomie aus Effizienz- und Ausgleichsziel (manchmal auch als Verteilungsziel bezeichnet und zudem zusätzlich um das Stabilitätsziel ergänzt) überökonomische Aspekte Eingang finden, ist das distributive Ziel dort mit dem Makel der Marktinkonformität behaftet und wird meist abgelehnt.[119] Zudem findet sich oft das Argument, dass es einen Zielkonflikt zwischen

116 Insbesondere im Rahmen der Europa 2020-Strategie wendet sich die EU-Kommission dem Konzept der „intelligenten Spezialisierung" zu; vgl. EU-Kommission (2013d).

117 EU-Kommission (2014c), S. 13 f. So sollen circa 50% der EFRE-Kapitalhilfen in städtische Gebiete transferiert werden; vgl. EU-Kommission (2014b).

118 Störmann (2009), S. 151.

119 Die Argumentation geht so, dass die Wirtschaftsstruktur zwar prinzipiell ökonomisch-effizient sei, jedoch nicht zwingend den politischen Vorstellungen entspricht und infolgedessen regionalpolitisch interveniert wird; vgl. Puga (2002).

regionalem Ausgleich und gesamtwirtschaftlicher Effizienz gibt und die Notwendigkeit besteht, diesen *Trade Off* einseitig aufzulösen. Falls nun regionale Disparitäten vorliegen – und Hirschman befindet, dass „international und regional ungleichmäßiges Wachstum unvermeidliche Begleiterscheinungen und Bedingung des Wachstums selbst ist“[120]–, dann legt der (neo-)klassische Ansatz regionale Staatsinterventionen nur in Ausnahmefällen, wie regionalem Marktversagen, nahe. Die Ordnungsökonomik hingegen lenkt den Blick auf die Frage, wie dem Menschen ein gelingendes Leben im Rahmen einer funktionierenden Marktwirtschaft ermöglicht werden kann. Aus dieser Sicht ist zwar Konvergenz weiterhin ein wichtiges Ziel, jedoch wird ebenfalls der Zeitaspekt berücksichtigt. Gelingt eine Verbesserung der allgemeinen Lebensbedingungen erst mit einem sehr langen Zeithorizont, so wird offensichtlich der Zweck der Wirtschafts- und Sozialordnung verfehlt.[121] Die Überlegungen von Goldschmidt lassen sich auf die Begründung für eine Regional- und Strukturpolitik übertragen. Wenn er schreibt, dass der „Verweis auf die (langfristige) Effizienz von Wettbewerbsprozessen [...] mit Blick auf eine tragfähige, am Lebensglück der einzelnen Menschen orientierten Vorstellung von Gesellschaft sozial unterkomplex und gerechtigkeitstheoretisch unzureichend“[122] ist, dann gilt auch, dass die Hoffnung auf eine Entwicklung rückständiger Regionen in der langen Frist oder die Akzeptanz natürlicher Rückständigkeit peripherer Gebiete nicht handlungsleitend sein kann. Darüber hinaus wird nicht zwingend von einer automatischen Konvergenz ausgegangen, sondern die Erkenntnis, dass bestimmte Regionen und Länder in der *Catch Up*-Phase nicht alleine in der Lage sind, kurz- und mittelfristig aufzuholen, hervorgehoben. Der Großteil der aufgezeigten regionalökonomischen Ansätze veranschaulicht, dass es unrealistisch ist, sowohl eine regionale Gleichheit als auch einen automatischen Ausgleich der regionalen Unterschiede zu erwarten. Das Vorhandensein von Polarisationseffekten haben gravierende Auswirkungen auf das Leben der Menschen, sodass es sinnvoll erscheint, sich über eine Regionalpolitik Gedanken zu machen. Anders als etwa Schlecht wird hier die Auffassung vertreten, dass die Vollendung des europäischen Binnenmarktes alleine nicht ausreicht, sondern vielmehr die Hebung der Lebensqualität in den MOEL externer Hilfestellung bedarf.[123] Die Vollendung des europäischen Binnenmarktes sowie der faktische Zugang werden als unabdingbare Voraussetzung für die Entwicklung der mittel- und osteuropäischen Länder gesehen. Dabei gilt der

---

120 Hirschman (1958/1967), S. 67.

121 Ein Aspekt, auf den Keynes in einem anderen Zusammenhang stieß und den er pointiert beschrieb: „Now ‚in the long run‘ this is probably true.“ Und weiter: „But this Long *run* is a misleading guide to current affairs. *In the* Long *run* we are all dead. Economists set themselves too easy, to useless a task if in tempestuous seasons they can only tell us that when the storm is long past the ocean is flat again.“ Keynes (1924), S. 80, Herv. i. O.

122 Goldschmidt (2011), S. 160.

123 Vgl. Schlecht (1995), S. 49 ff.

theoretische Gedanke, den Starbatty bereits für eine deutsche Regionalpolitik formulierte:

> Eine Wirtschaftsordnung, die auf dem Marktmechanismus aufbaut, wie die Soziale Marktwirtschaft, muss zunächst die künstlichen Barrieren beseitigen, was mitunter wirkungsvoller für die Sanierung armer Gebiete sein kann als spezielle Maßnahmen zu ihren Gunsten. Darum sollte diese Aufgabe noch den Vorrang haben vor strukturpolitischen Aktionen. Doch werden, wenn die Raumaufteilung allein dem Marktmechanismus überlassen bleibt, auf die Dauer wohl die Polarisationseffekte überwiegen.[124]

Von den Ansätzen der Raumökonomik unterscheidet sich die ordnungsökonomische Sicht auch darin, dass sie in erster Linie auf grundlegende staatliche Ordnungsaufgaben abzielt und sich mit der grundsätzlichen Ausgestaltung der Regelebene auseinandersetzt, anstatt sich mit singulären Interventionsentscheidungen zu beschäftigen.[125]

Die Argumente gegen eine europäische Regionalpolitik, die ihre Ablehnung daraus schöpfen, dass eine solche Politik interventionistisch sei, die Marktlogik störe und für die Akteure falsche Verhaltensanreize setze, können durch den Ansatz einer „Vitalpolitik für Staaten" entkräftet werden. Das Konzept erkennt die Schwächen der bisherigen Kohäsionspolitik, bejaht jedoch die grundsätzliche Notwendigkeit einer Politik zur Unterstützung der rückständigen Volkswirtschaften in Mittel- und Osteuropa. Eine „Vitalpolitik für Staaten" erlaubt die Ableitung einer ganz spezifischen Regional- und Strukturpolitik und stellt keine pauschale Rechtfertigung der gegenwärtigen Politikgestaltung dar. Durch diesen Perspektivenwechsel verlieren zwar die skizzierten Ansätze der traditionellen Ökonomik nicht ihren Wert, haben jedoch nicht länger das Primat die einzige Begründungsquelle zu sein.

Da die Ordnungsökonomik die Zustimmungsfähigkeit von gesellschaftlichen Entscheidungen und von den ihnen zu Grunde liegenden Abstimmungsmodalitäten in den Vordergrund rückt, sollen abschließend die Entscheidungsregeln der EU hinsichtlich der Kohäsionspolitik skizziert werden. Dies erfolgt auch mit Blick darauf, dass diese für das Zustandekommen der im weiteren Verlauf zu behandelnden Regelarrangements eine wichtige Rolle spielen. Auf konstitutioneller Ebene beschließen die Mitgliedsländer einstimmig den Haushalt (und somit das Finanzvolumen für die Kohäsionspolitik) und treffen im Konsens Vereinbarungen über die zwischenstaatliche Zusammenarbeit, die sich in den europäischen Verträgen niederschlägt. Das Primärrecht bestimmt die Abstimmungsregeln für die nachgelagerte Ebene, so auch für die Regional- und Strukturpolitik. Im Bereich der Kohäsionspolitik werden

---

124 Starbatty (1967), S. 36.

125 Als Entscheidungskriterium für konkrete Maßnahmen kann auf den bereits erläuterten Rüstow'schen Ansatz der Marktkonformität zurückgegriffen werden (2.4). Der liberale Interventionismus erkennt sowohl die Notwendigkeit staatlicher Eingriffe als auch die Notwendigkeit, Interventionen stets an die Marktgesetze rückzukoppeln.

Verordnungen, die „die Aufgaben, die vorrangigen Ziele und die Organisation der Strukturfonds“ festlegen, durch das „ordentliche Gesetzgebungsverfahren“ und nach Anhörung des Wirtschafts- und Sozialausschusses sowie des Ausschusses der Regionen beschlossen.[126] Ferner werden auf gleiche Weise „die für die Fonds geltenden allgemeinen Regeln sowie die Bestimmungen festgelegt, die zur Gewährleistung einer wirksamen Arbeitsweise und zur Koordinierung der Fonds sowohl untereinander als auch mit den anderen vorhandenen Finanzierungsinstrumenten erforderlich sind.“[127] Entsprechend wurden bspw. die Verordnungen des EFRE der Periode 2007–2013 (VO EG Nr. 1080/2006) und der aktuellen Periode 2014–2020 (VO EG Nr.1301) mit diesem Verfahren bzw. seiner Vorgängerversion des Mitentscheidungsverfahren (wobei die Prozeduren identisch sind) verabschiedet. Gemäß des ordentlichen Gesetzgebungsverfahrens (Art. 294 AEUV) werden Rechtsakte durch Zusammenarbeit der EU-Kommission, des Europaparlaments und des Rates der EU erlassen, wobei im Rat die qualifizierte Mehrheit erforderlich ist.[128] Hauptakteur ist neben den Vertretern der nationalen Exekutiven und der EU-Kommission das Europäische Parlament (in Form seines Ausschusses für Kohäsionspolitik, kurz REGI-Ausschuss, und des Ausschusses für Beschäftigung und soziale Angelegenheiten, kurz EMPL). Obgleich die Bedeutung des Ausschusses der Regionen (AdR) zugenommen hat, ist er für die Regelsetzung ein eher weniger wichtiger Faktor. Um der Aufgabe nachzukommen, lokale und regionale Belange in die EU-Gesetzgebung einzubringen, nimmt er zu den Vorschlägen der EU-Kommission in Belangen der Kohäsionspolitik Stellung, die jedoch lediglich informativen Charakter haben (Art. 13 EUV sieht für beide explizit eine unterstützende und beratende Funktion zu). Im AdR, der aus 353 regional gewählten Vertretern der Mitgliedstaaten besteht, ist die Fachkommission für Kohäsionspolitik (COTER) für die Regional- und Strukturpolitik zuständig. Da der AdR und der Wirtschafts- und Sozialausschuss (EWSA) eine kleine Rolle im Institutionengefüge spielen, werden sie hier nicht weiter berücksichtigt.

5.4.2 Finanzielle Ausstattung und Grundstruktur

Generell stehen europäischen Politikfeldern neben finanziellen Ressourcen auch die Instrumente der zwischenstaatlichen Koordination sowie der europäischen

---

126 AEUV, Art. 177.

127 AEUV, Art. 177.

128 Mehrheitsentscheidungen im Ministerrat wurden mit der EEA 1986 eingeführt und mit den Verträgen von Maastricht, Amsterdam und Nizza auf immer weitere thematische Gegenstandsbereiche ausgedehnt. Die qualifizierte Mehrheit erfordert eine „doppelte Mehrheit“, die spätestens ab 2017 als Mehrheit der EU-Staaten sowie als Mehrheit der EU-Bevölkerung zu verstehen ist. Für eine Liste der themenspezifischen Anwendungen der verschiedenen Abstimmungsmodalitäten: Nugent (2010), S. 307 ff. Auch McCormick (2011), S. 195 ff.

Normensetzung zur Verfügung. Für die Kohäsionspolitik spielen die letzten beiden Mittel jedoch nur eine untergeordnete Rolle, da die Wirtschafts- und Sozialpolitik weitgehend im Souveränitätsbereich der Nationalstaaten liegt und eine Koordination (noch) nicht sehr intensiv stattfindet. Somit stellt die Kohäsionspolitik – anders etwa als die europäische Wettbewerbspolitik oder die Beihilfepolitik,[129] bei denen die EU-Kommission wirkungsmächtige Möglichkeiten hat – ein *Non-Regulatory* Politikfeld dar.[130] Die Kohäsionspolitik kann die verschiedenen nationalen Regional- und Strukturpolitiken nicht harmonisieren, sondern beschränkt sich darauf, über die Rahmensetzung indirekt Einfluss auf nationale Politik zu nehmen. Statt über regulative Maßnahmen zu steuern, zeichnen sich die (re)distributiven Politikfelder durch hohe Finanztransfers aus. Die Gestaltungsmacht der Politik erwächst somit aus dem Mechanismus, Finanzressourcen zwischen Akteuren (hier Mitgliedsländer, Regionen etc.) umzuverteilen. Trotz der begrenzten Kompetenz der EU-Kommission ist die Gemeinschaftspolitik jedoch kein Finanzausgleichsystem, das sich durch einen hohen Anteil an ungebundenen Transfers auszeichnet, da an die Verteilung der Kapitalhilfen durchaus auch Bedingungen und Vorgaben geknüpft werden. Diese Tatsachen bedeuten für die Analyse, dass das Augenmerk sowohl auf den Regeln, die für die Verteilung maßgeblich sind, als auch auf der Dimension der Finanzressourcen liegen muss.

Der jährlich aufzustellende Haushaltsplan der EU muss sich in den Grenzen des mehrjährigen Finanzrahmens (MFR) bewegen, mit dem „die jährlichen Obergrenzen der Mittel für Verpflichtungen je Ausgabenkategorie und die jährliche Obergrenze der Mittel für Zahlungen festgelegt" werden.[131] Der MFR gibt den verbindlichen Rahmen für die maximal zur Verfügung stehenden EU-Mittel für eine Laufzeit von mindestens fünf Jahren vor und legt deren Aufteilung auf einzelne Haushaltsjahre und die Ausgabenrubriken fest. Damit soll eine gewisse Haushaltsdisziplin über mehrere

---

129 Die europäischen Vorschriften über die Kontrolle nationaler Beihilfen werden in vorliegender Arbeit außen vor gelassen. Beihilfen nationaler Stellen zu Gunsten einzelner Akteure sind nur dann zulässig, wenn dadurch der Wettbewerb nicht verfälscht wird oder eine Verfälschung droht. Jedoch wird das Verbot durch zahlreiche Ausnahmen wie etwa Beihilfen zur Förderung der wirtschaftlichen Entwicklung von Gebieten mit niedrigem BIP-Pro-Kopf oder hoher Arbeitslosigkeit durchbrochen. Die Neuregelung der Leitlinien für Regionalbeihilfen aus dem Jahr 2014 unterstellt in den Fördergebieten der Kohäsionspolitik ein generelles Marktversagen, das Fördermittel legitimiert. Somit ist keine zusätzliche Prüfung nötig, falls die Beihilfe Bestandteil eines Programms der Kohäsionspolitik ist; vgl. Ebertsein (2008), S. 19; EU-Kommission (2013c); EU-Kommission (2006c), S. 13 ff.

130 Grundlegend zur erstmaligen Klassifikation von Politikmaßnahmen in *Redistributive*, *Distributive* und *Regulatory Policies*: Lowi (1979).

131 AEUV, Art. 312 (3). *Mittel für Verpflichtungen* stellt die Möglichkeit dar, die ausführenden Behörden zu bestimmten, mehrjährigen Ausgaben zu ermächtigen, bei den *Mitteln für Zahlungen* hingegen ist die Ermächtigung zu tatsächlich zu leistenden jährlichen Transfers erfasst. Die Ausgabenkategorien des Haushaltes sollen den Haupttätigkeitsbereichen der EU entsprechen.

Jahre hinweg sichergestellt werden (insbesondere eine Ausgabendeckung mit den Einnahmen aus dem Eigenmittelbeschluss) und auf diese Weise Planungssicherheit geben. Der mehrjährige Finanzrahmen, der keinen echten Mehrjahreshaushalt darstellt und somit die jährlichen Budgetverhandlungen nicht überflüssig macht, wird in der Interinstitutionellen Vereinbarung über die Haushaltsdisziplin und die wirtschaftliche Haushaltsführung (IIV) einstimmig im Trilogverfahren zwischen dem Rat, der Europäischen Kommission und dem Europäischen Parlaments festgelegt.[132] Seit dem Vertrag von Lissabon ist das grundlegende Instrument der europäischen Finanzverfassung MFR im Primärrecht in Art. 312 AEUV verankert und durch eine europarechtliche Verordnung ergänzt, die durch einstimmigen Beschluss der Minister der Mitgliedstaaten im Rat der EU und durch die Zustimmung der absoluten Mehrheit der Abgeordneten des EP zustande kommt. Für die Förderperiode 2007–2013 sind allerdings noch die Regelungen vor dem Inkrafttreten des Vertrages von Lissabon und somit die IIV maßgebend.[133] Für die untersuchte Förderperiode 2007–2013 gilt die Interinstitutionelle Vereinbarung von 2006.[134] Trotz festgelegter Obergrenzen ist eine gewisse Flexibilität durch Anpassungsmechanismen gewährleitest. Neben technischen Anpassungen (bspw. Inflationsentwicklung, Übertragung nicht abgerufener Mittel) beinhaltet diese auch politisch bedingte Änderungen.[135] Es finden auch (technische) Anpassungen für die Ausgaben der Kohäsionspolitik statt. Da die Zuteilung von Kohäsionsmitteln u. a. aufgrund des Bruttoinlandsprodukts erfolgt und die bei der Aufstellung des MFR verwendeten Prognosen des BIP-Wachstum vom tatsächlich

132 Vgl. Becker (2014), S. 10 ff.; Blankart (2011) S. 681 f.

133 Historisch entstanden ist das Instrument der IIV dadurch, dass es zu Beginn des Mitentscheidungsrechts des Europäischen Parlaments (EP) in Haushaltsfragen 1975 zu Verzögerungen und sogar ernsthaften Störungen des jährlichen Budgetzyklus kam. Da zwar das EP bei der Ausgabenverwendung, nicht jedoch über die Einnahmengenerierung, die in alleiniger Verantwortung der Regierungen und Parlamente der Mitgliedstaaten lag, mitwirken durfte und die verschiedenen Ausgabenprioritäten der unterschiedlichen Akteure die Verhandlungen prägten, war eine Übereinstimmung der Einnahmen- und Ausgabenseite oft nicht gegeben. Abhilfe schaffte der mehrjährige Finanzrahmen, der verbindliche Ausgabengrenzen festlegte. Damit konnten beide Haushaltsseiten in Deckung gebracht werden. Die EU-Kommission (2010a), S. 3 urteilt in einer Bewertung der IIV: „Reibungsloser Ablauf des Haushaltsverfahrens und wirksame Zusammenarbeit zwischen den Organen dank der in der IIV vereinbarten Verfahrensregeln. Es sei nachdrücklich darauf hingewiesen, dass der Haushalt seit 1988 stets rechtzeitig angenommen wurde."

134 Vgl. Interinstitutionelle Vereinbarung über die Haushaltsdisziplin und die wirtschaftliche Haushaltsführung 2006/C 139/01 zwischen dem Europäischen Parlament, dem Rat und der Europäischen Kommission, in: ABl. Nr. C 139/1, 14 Juni 2006.

135 Dazu EU-Kommission (2010a), S. 3 ff. Eine wichtige politische Änderung war der Beschluss des Europäischen Parlaments und des Rates vom 17 Dezember 2009 zur haushaltsneutralen Anhebung eines Budgettitels, um im Rahmen des europäischen Konjunkturprogramms Energievorhaben zu finanzieren; vgl. Beschluss 2009/1005/EU des Europäischen Parlaments und des Rates vom 17 Dezember 2009, in: ABl. Nr. L 347/26, 24 Dezember 2009.

eingetretenen Wert abweichen können, sieht die IIV vor, den Finanzrahmen dann anzupassen, falls das kumulierte BIP über die Schwelle von +/-5% der Vorausschau tritt. Insgesamt kann der mehrjährige Finanzrahmen, mit dem auch die Ausgaben der Kohäsionspolitik fixiert werden, als ein positiver Beitrag zu einer Regelbindung der Strukturhilfen gesehen werden. Durch den hohen Grad an Verbindlichkeit, zeitlicher Perspektive und Vorhersehbarkeit erhalten die Beteiligten günstige Voraussetzungen für Investitionsentscheidungen.

In Abb. 5.1 ist die (historische) Entwicklung der Ausgabenseite verschiedener Finanzrahmen nach Ausgabenkategorien dargestellt. Daraus geht hervor, dass die Rubrik („Ausgabengruppe") „1. Nachhaltiges Wachstum" zusammen mit der Rubrik „2. Bewahrung und Bewirtschaftung der natürlichen Ressourcen" den Großteil der Mittel der Verpflichtungen bildet; sowohl in den mehrjährigen Finanzrahmen 2007–2013 sowie 2014–2020, als auch in den vergangenen seit der ersten langfristigen Finanzplanung 1988 (infolge der ersten IIV von 1988). Hinter der Rubrik „Bewahrung und Bewirtschaftung der natürlichen Ressourcen" verbirgt sich insbesondere die Gemeinsame Fischereipolitik und die Gemeinsame Agrarpolitik (GAP). Letztere setzt sich trotz zahlreicher Reformen weiterhin zu einem großen Teil aus Direktzahlungen an die Landwirte und marktbezogenen Ausgaben zusammen (circa 34% der gesamten EU-Mittel 2007–2013 und 80% der zweiten Rubrik) und behält somit den Charakter eines Wohlfahrtsprogramms für Landwirte.[136] Die zweite Säule der GAP besteht aus dem Europäischen Landwirtschaftsfonds für die Entwicklung des ländlichen Raums (ELER), deren Absicht es ist, die Wettbewerbsfähigkeit der Land- und Forstwirtschaft zu verbessern und die Lebensqualität durch Diversifizierung der ländlichen Wirtschaft und bessere Rücksichtnahme auf Umwelt und Landschaft zu erhöhen.[137] Sie (und in ähnlicher Weise der Fischereifonds) hat einen Bezug zur Regionalpolitik:

> Diese Politik [des ELER, J. D.] sollte auch den im Vertrag festgehaltenen allgemeinen Zielen der Politik zur Stärkung des wirtschaftlichen und sozialen Zusammenhalts Rechnung tragen, sowie zu ihrer Verwirklichung beitragen, und darüber hinaus sollten weitere politische Prioritäten einbezogen werden, die der Europäische Rat in seinen Schlussfolgerungen der Tagungen in Lissabon und Göteborg zur Wettbewerbsfähigkeit und zur nachhaltigen Entwicklung formuliert hat.[138]

---

136 Auch wenn mittlerweile zumindest teilweise die Zahlungen durch den *Cross Compliance*-Mechanismus an die Erfüllung zahlreicher Umweltstandards geknüpft werden; vgl. EU-Kommission (2011b; 2011e); Bureau et al. (2012); Dinan (2010), S. 329 ff.

137 Vgl. Verordnung (EG) Nr. 1698/2005 des Rates vom 20. September 2005, in ABl. Nr. L 277, 21 Oktober 2005.

138 Verordnung (EG) Nr. 1698/2005 des Rates vom 20. September 2005, in ABl. Nr. L 277, 21 Oktober 2005.

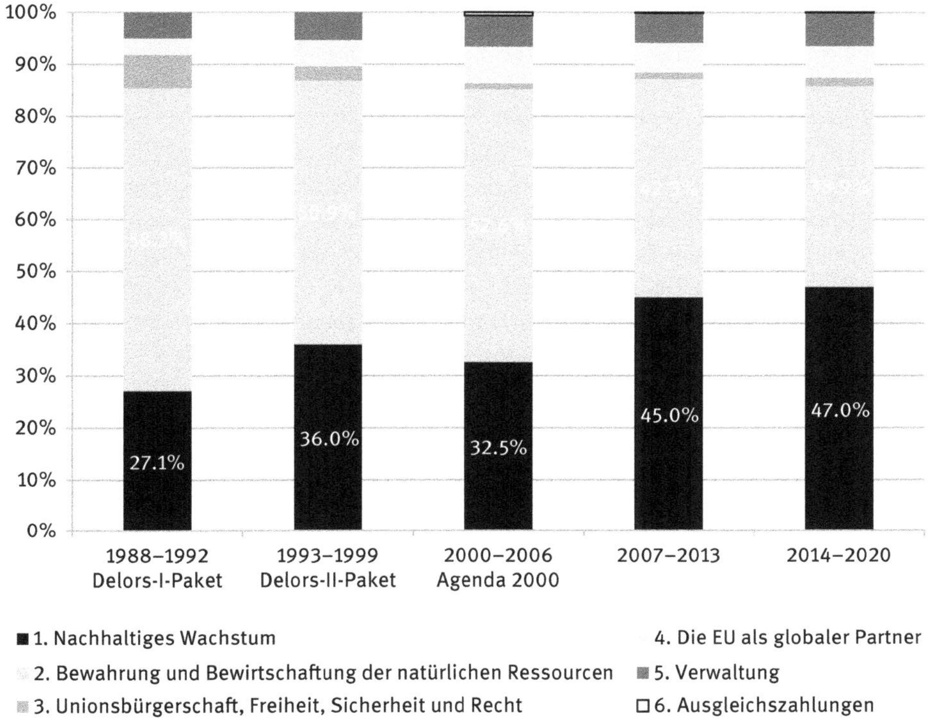

Abb. 5.1: Entwicklung der Ausgabenseite nach Ausgabenkategorien verschiedener Finanzrahmen (Quelle: Eigene Darstellung).[139]

Auch andere Ausgaben der EU, die bspw. im Rahmen der Forschungsförderung oder der Industriepolitik getätigt werden, haben regionalökonomische Wirkungen. Aufgrund ihrer Spezifität (z. B. ist der ELER *de facto* Sektorpolitik, da die Landwirtschaft die meisten Flächen im ländlichen Raum nutzt), aufgrund dessen, dass sie in ihren eigenen Zielsystem betrieben werden, sollen sie hier nicht weiter behandelt werden.

---

139 Darstellung der Mittel für Verpflichtungen. Datengrundlagen sind die jeweils angepassten Preise und Ausgaben im letzten Jahr der Planungsperiode (technische Änderungen). Die Darstellung anhand der Ausgabengruppen entspricht der Struktur der Haushalte 2007–2013. Da vor (und teilweise nach) dem Finanzrahmen 2007–2013 abweichende Kategorien gebildet wurden, mussten die Daten zurückliegender Perioden aus den einzeln addierten Haushaltstiteln rekonstruiert werden, um somit eine Vergleichbarkeit herzustellen. Deshalb ist die *ex post* Aufschlüsselung nach aktuellen Rubriken nicht vollständig valide und dient vielmehr zur Veranschaulichung der Entwicklungstendenz. Eigene Berechnung und Darstellung nach: EU-Kommission (2014d; 2011b; 2008e); Internetpräsenz der EU-Kommission http://ec.europa.eu/budget/ (22 August 2012).

Im Zusammenhang mit vorliegender Arbeit ist die erste Hauptrubrik relevant. Sie beinhaltet die beiden Teilrubriken 1a „Wettbewerbsfähigkeit für Wachstum und Beschäftigung" sowie 1b „Kohäsion für Wachstum und Beschäftigung". Insbesondere die Teilrubrik 1b bündelt die Ausgaben für die Strukturfonds und hat mit rund 308 Mrd. EUR (in Preisen von 2004) einen Anteil an den Gesamtausgaben 2007–2013 von circa 36% (bzw. circa 80% des Volumens der ersten Rubrik). Unterrubrik 1a umfasst Ausgaben für Innovationen, Bildung und Ausbildung, Sozialpolitik und setzt sich im Einzelnen u. a. aus dem 7. Forschungsrahmenprogramm, den Programmen für Lebenslanges Lernen, Galileo, Transeuropäische Netze (TEN), als auch den Fonds zur Anpassung an die Globalisierung zusammen.[140] In absoluten Zahlen stand im Zeitraum 2007–2013 vom Gesamtetat von rund 926 Mrd. EUR für die Rubrik 1b insgesamt 347 Mrd. EUR zur Verfügung.

Anhand der in Abb. 5.2 illustrierten Ausgabenkategorien der EU-Haushalte der Jahre 2012 (exemplarisch für die Periode 2007–2013) und 2014 (stellvertretend für den MFR 2014–2020) wird ersichtlich, dass die jährlichen Haushalte die Mittelverteilung der MFR grundsätzlich widerspiegeln, obgleich die Mittel nicht exakt auf die sieben Jahre gleichverteilt sind.[141] Diese einleitende Einordnung der Regional- und Strukturpolitik soll deutlich machen, dass in der Periode 2007–2013 mit einem Anteil von ungefähr drei Achteln des Gesamtbudgets die Kohäsionspolitik der zweitgrößte EU-Haushaltstitel ist und zusammen mit den finanziellen Ressourcen der anderen Teilkategorie 1a sogar ein Ausgabevolumen entsteht, das zum ersten Mal dasjenige der Gemeinsamen Agrarpolitik übersteigt. Diese haushaltsmäßige Relevanz untermauert das Forschungsinteresse an der Kohäsionspolitik.

Da mit dem Finanzrahmen „die Struktur und die Gewichtung der EU-Ausgaben für einen Zeitraum von mehreren Jahren festgelegt werden"[142] und sich darin die politische Prioritätensetzung von Aus- und Aufgaben der EU spiegelt, ist der Übergang von einem Finanzrahmen zum nächsten stets durch langwierige Verhandlungen und Verteilungskämpfe gekennzeichnet. Die Festlegung des MFR ist somit ein politisierter Akt. Meist geht eine neue Programmperiode mit deutlichen strukturellen Änderungen der EU-Politiken einher, da ihr ein politisches Leitmotiv zu Grunde gelegt wird. Bspw. stand angesichts der damals bevorstehenden EU-Erweiterungen der MFR im Zeichen der Agenda 2000 und einer Reform zur Vereinfachung der GAP und der Regional- und Strukturpolitik. Für den seit 2007 beschrittenen Pfad ist zu konstatieren, dass die EU sich von einem durch die Agrarpolitik dominierten Budget entfernt und

---

140 Dazu EU-Kommission (2011b), S. 12 ff.; EU-Kommission (2007g), S. 6 f., S. 16 f.

141 Dies sieht man bspw. daran, dass im Haushalt 2014 die Ausgaben für „Nachhaltiges Wachstum" anteilmäßig geringer sind als im Haushalt 2012, obwohl sie insgesamt im MFR 2014–2020 im Vergleich relativ höher sind. Die Ausgaben der Kategorie steigen in späteren Haushaltsjahren absolut an, während sie für die Kategorie „Natürliche Ressourcen" absolut sinken.

142 Becker (2014), S. 10.

Der EU-Haushalt 2012: Insgesamt 147,2 Mrd. EUR Mittel für Verpflichtungen

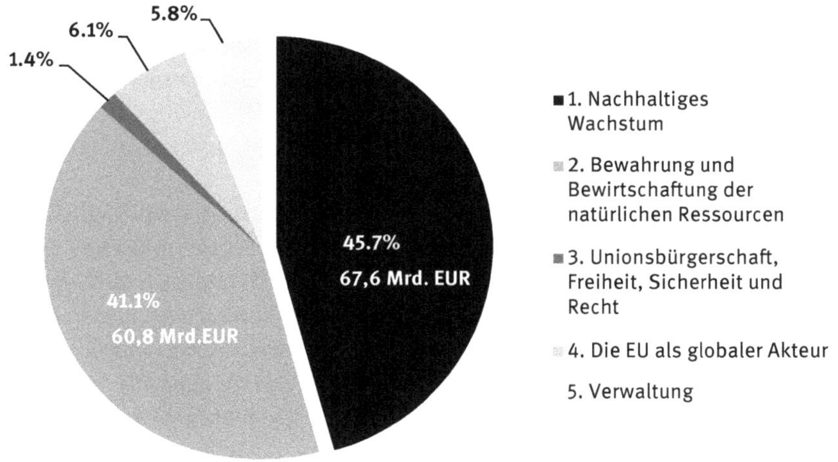

Der EU-Haushalt 2014: Insgesamt 142, 6 Mrd. EUR Mittel für Verpflichtungen

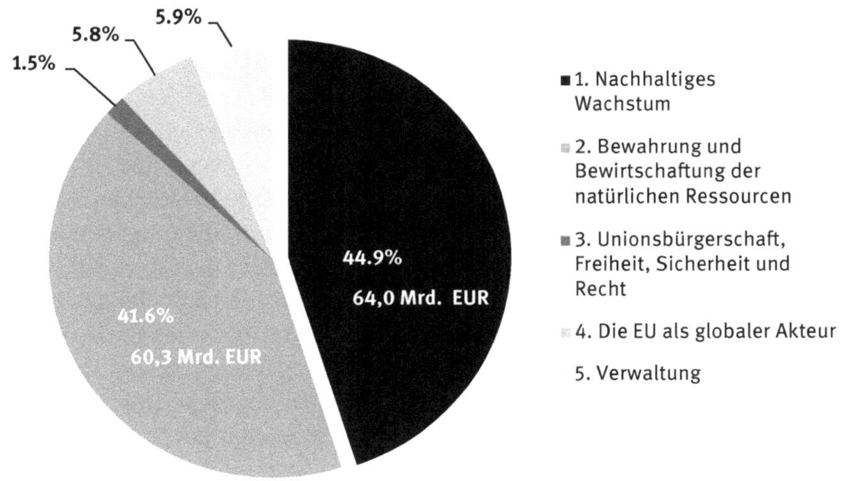

Abb. 5.2: Die Aufschlüsselung des EU-Haushaltes 2012 und 2014 (Quelle: Eigene Darstellung).[143]

143 Datengrundlagen sind die jeweils angepassten Preise und Ausgaben im letzten Jahr der Planungsperiode (technische Änderungen). Die Darstellung anhand der Ausgabengruppen entspricht der Struktur der Haushalte 2007–2013. Da nach dem Finanzrahmen 2007–2013 abweichende Kategorien gebildet wurden, mussten die Daten der aktuellen Periode aus den einzeln addierten Haushaltstiteln rekonstruiert werden. Eigene Darstellung nach: EU-Kommission (2014d; 2011b); EU-Kommission (2008e), S. 83; Internetpräsenz der EU-Kommission http://ec.europa.eu/budget/ (22 August 2012).

das Augenmerk zunehmend auf der ökonomischen Entwicklung und der Erhöhung der Wettbewerbsfähigkeit liegt (auf die Rolle der Lissabon-Agenda und der Europa 2020-Strategie wird noch zu sprechen sein). Parallel zu den sich wandelnden Schwerpunktsetzungen der gesamten Agenda war auch die Kohäsionspolitik Änderungen unterworfen. Insbesondere gilt dies für die spezifischen Zielsetzungen der Kohäsionspolitik. Tab. 5.7 gibt einen ersten Überblick über die Entwicklung der Ziele und Unterziele, die im Laufe der Zeit teilweise zusammengefasst, umbenannt oder gestrichen wurden.

Eng verbunden mit den Zielen sind die verschiedenen Fonds. Ursprünglich diente ein Fonds jeweils einer bestimmten Aufgabe (z. B. förderte der Europäische Fonds für regionale Entwicklung EFRE die Regionalentwicklung durch räumlich differenzierten Mitteleinsatz, während der ESF sozialpolitischen Zielen diente). Unschärfen ergaben sich ab dem Jahr 1988, als im Zuge der Bemühungen, die Strukturpolitik besser zu koordinieren und die Mittel besser zu konzentrieren, *Ziele* eingeführt wurden. Ein Fonds war nun nicht mehr für einen einzigen Zweck gedacht, sondern konnte verschiedene Ziele verfolgen. In der Periode 1989–1993 bspw. stellte der EFRE die Mittel für die Ziele 1,2 und 5b, der ESF die Mittel für Ziel 3 und 4 und der Europäische Ausrichtungs- und Garantiefonds für Landwirtschaft (EAGFL) die Mittel für das Ziel 5a zur Verfügung. Inhaltlich entsprachen die Ziele eher Problemlagen, da das Oberziel der Verringerung der Disparitäten sich nicht veränderte.

Die Veränderung der Ziele zeigt folgendes Beispiel: Für den Zeitraum 1994 bis 1999 wurde das Ziel 6 „Entwicklung sehr schwach besiedelter Gebiete" im Zusammenhang mit der Aufnahme Schwedens, Finnlands, Norwegens und Österreichs geschaffen. Ziel 6 ging jedoch im der darauffolgenden MFR 2000–2006 im Ziel 1 auf, die ehemaligen Ziele 2 und 5b im Ziel 2 und Ziel 3 stellte nun die Interventionen im Rahmen des ESF dar (ehemaligen Ziel 3 und 4).[144] Die Anzahl der Gemeinschaftsinitiativen (wie INTEREG, EQUAL, URBAN)[145] verringerte sich im Laufe der Zeit und sie gingen schließlich für die Periode 2007–2013 in drei Zielen auf. Auch im Agrarsektor wandelte sich viel: Die Abteilung Ausrichtung des Europäischen Ausrichtungs- und Garantiefonds für die Landwirtschaft (EAGFL) und das Programm Leader+ wurden durch den ELER ersetzt und waren bis 2013 kein Bestandteil der Kohäsionspolitik mehr, sondern wurden zusammen mit dem Europäischen Fischereifonds (EEF) der GAP zugeordnet (Haushaltstechnisch der Rubrik 2).[146] Die Periode 2014–2020 integriert den ELER sowie den Meeres- und Fischereifonds EMFF wieder in die Kohäsionspolitik.

144 Dazu Drevet (2008), S. 201.

145 Für eine umfassende Liste: Wishlade (1996), S. 39, S. 52.

146 Dazu EU-Kommission (2007d), S. 10 f.

Tab. 5.7: Überblick über die Zielentwicklung (Quelle: Eigene Darstellung).[147]

Programmperiode 1989–1993	**Programmperiode 1994–1999**	**Programmperiode 2000–2006**	**Programmperiode 2007–2013**	**Programmperiode 2014–2020**
Ziel 1: Entwicklung rückständiger Regionen **Ziel 2:** Umgestaltung von Regionen im Strukturwandel **Ziel 3:** Bekämpfung der Langzeitarbeitslosigkeit **Ziel 4:** Berufliche Integration von Jugendlichen **Ziel 5a:** Anpassung landwirtschaftlicher Strukturen **Ziel 5b:** Entwicklung ländlicher Gebiete **16 Gemeinschaftsprogramme**	**Ziel 1:** Entwicklung rückständiger Regionen **Ziel 2:** Umgestaltung von Regionen im Strukturwandel **Ziel 3:** Integration in den Arbeitsmarkt (langanhaltende Arbeitslosigkeit und Integration von Jugendlichen) **Ziel 4:** Anpassung von Beschäftigten an industrielle Veränderungen **Ziel 5a:** Strukturverbesserungen im Landwirtschafts- und Fischereisektor **Ziel 5b:** Entwicklung städtischer Gebiete **Ziel 6:** Entwicklung sehr schwach besiedelter Regionen **13 Gemeinschaftsprogramme**	**Ziel 1:** Entwicklung und Anpassung rückständiger Regionen **Ziel 2:** Umstellung von Regionen mit strukturellen Schwierigkeiten **Ziel 3:** Anpassung und Modernisierung der Beschäftigungs- und Bildungspolitik **4 Gemeinschaftsprogramme**	Konvergenz Regionale Wettbewerbsfähigkeit und Beschäftigung Europäische Territoriale Zusammenarbeit	Investitionen in Wachstum und Beschäftigung Europäische Territoriale Zusammenarbeit
EFRE, ESF, EAGFL	EFRE, ESF, EAGFL, Kohäsionsfond	EFRE, ESF, EAGFL, Kohäsionsfond	EFRE, ESF, Kohäsionsfond	EFRE, ESF, Kohäsionsfond
69 Mrd. Ecu	168 Mrd. Ecu	213 Mrd. Euro (+22 Mrd. Euro Reserve)	347 Mrd. Euro	376 Mrd. EUR

147 Eigene Darstellung nach: Jouen (2011), S. 175.

Über den Zeitverlauf ist somit eine Tendenz zur Verringerung der Anzahl der Ziele zu beobachten, die der sachlichen Konzentration dienen soll.[148] Inwiefern die Umbenennung ebenso eine inhaltliche Verbesserung darstellt, ist fragwürdig – so ist etwa die Förderung schwach besiedelter Gebiete weiterhin im Rahmen der Ziele 2 und 3 gegeben oder die Ziele 2 und 3 der Periode 2000–2006 sind jetzt im Ziel 2 angesiedelt.

Da im Zentrum der Arbeit die Periode 2007–2013 steht, soll entsprechend der Fokus auf deren Struktur gelegt werden: Das Ziel, Regionen mit Entwicklungsrückstand zu fördern, ist im Ziel „Konvergenz" aufgegangen, was semantisch impliziert, dass eine Angleichung (Konvergenz) bestimmter makroökonomischer Indikatoren stattfinden soll. Die EU beschreibt dieses Ziel als „Beschleunigung der Konvergenz der Mitgliedstaaten und Regionen mit dem größten Entwicklungsrückstand durch Verbesserung der Voraussetzungen für Wachstum und Beschäftigung", welches erreicht werden soll „durch die Steigerung und qualitative Verbesserung der Investitionen in physische und Humanressourcen, die Entwicklung der Innovation und der Wissensgesellschaft, die Förderung der Fähigkeit zur Anpassung an den Wandel in Wirtschaft und Gesellschaft, den Schutz und die Verbesserung der Umwelt sowie eine effiziente Verwaltung."[149] Das Ziel, „regionale Wettbewerbsfähigkeit und Beschäftigung" (im Folgenden meist abgekürzt mit RWuB), verfolgt die „Stärkung der Wettbewerbsfähigkeit und Attraktivität der Regionen sowie der Beschäftigung durch Antizipation des Wandels in Wirtschaft und Gesellschaft, einschließlich der Veränderung im Zusammenhang mit der Öffnung des Handels" mittels „Steigerung und qualitative[r] Verbesserung der Investitionen in das Humankapital, durch Innovation und Förderung der Wissensgesellschaft, Förderung des Unternehmergeistes, Schutz und Verbesserung der Umwelt, Verbesserung der Zugänglichkeit, Förderung der Anpassungsfähigkeit von Arbeitnehmern und Unternehmern sowie Entwicklung von integrativen Arbeitsmärkten".[150] Das Ziel der „Europäischen Territorialen Zusammenarbeit" (im Folgenden meist abgekürzt mit ETZ) ist als die „Stärkung der grenzübergreifenden Zusammenarbeit durch gemeinsame lokale und regionale Initiativen, der Stärkung der transnationalen Zusammenarbeit in Gestalt der Prioritäten der Gemeinschaft entsprechenden Aktionen zur integrierten Raumentwicklung und dem Ausbau der interregionalen Zusammenarbeit und dem Ausbau des Erfahrungsaustausches auf der geeigneten territorialen Ebene" beschrieben.[151] Anders als bei den beiden anderen Zielen, die auf meist nationale Vorhaben abstellen, soll durch die länderüberschreitende Kooperation eine europäische Identität geschaffen und

---

148 Dazu VO (EG) Nr. 1083/2006 des Rates vom 11. Juli 2006, (9): „Zur Erhöhung des Nutzeffekts der gemeinschaftlichen Kohäsionspolitik sollte die Tätigkeit der Strukturfonds und des Kohäsionsfonds konzentriert und vereinfacht und dementsprechend die Ziele [...] neu definiert werden".

149 VO (EG) Nr. 1083/2006 des Rates vom 11. Juli 2006, Art. 3 (2a).

150 VO (EG) Nr. 1083/2006 des Rates vom 11. Juli 2006, Art. 3 (2b).

151 VO (EG) Nr. 1083/2006 des Rates vom 11. Juli 2006, Art. 3 (2c).

die Integration des Gebietes der EU befördert werden.[152] Die ETZ ging aus spezifischen Gemeinschaftsinitiativen wie etwa ESPON, INTERACT und INTERREG hervor, die nun gebündelt auftreten und als eigenes Ziel eine politische Aufwertung erfahren, da sie eine „‚higher visibility' and a ‚firmer legal base' than in the past" aufweisen.[153] Hingegen schmälern die geringen Finanzmittel – auf die ETZ entfallen lediglich 2,5% der gesamten Strukturmittel – dessen Bedeutung.[154] Im Ziel der ETZ sind diejenigen Regionen förderfähig, die in folgende drei Kategorien einzuordnen sind: „Grenzüberschreitende Zusammenarbeit" für alle Grenzregionen, „transnationale Zusammenarbeit" für bestimmt abgegrenzte Gebiete (bspw. Ostseeraum, Südwesteuropa oder Alpenraum), die jedoch zusammengenommen *de facto* das gesamte Unionsgebiet abdecken, und drittens „interregionale Zusammenarbeit, Kooperationsnetze und Erfahrungsaustausch" ebenfalls für das gesamte EU-Gebiet (dazu die Darstellung der geografischen Abdeckung der „grenzüberschreitenden" und „transnationalen Zusammenarbeit" in Anhang 1).[155] In der Gesamtbetrachtung zeigt sich also, dass im Ziel ETZ sämtliche Regionen der EU förderfähig sind und diese Regionen darüber hinaus auch zusätzlich noch Förderung entweder im Rahmen des Ziels „Konvergenz" oder des Ziels RWuB erhalten können. Als Querschnittsaufgabe soll in allen drei Zielen besondere Rücksicht auf die Stadtentwicklung wie auf die Wiederbelebung der ländlichen Gebiete genommen werden, wobei nochmals die im Primärrecht genannten Gebiete (geografische und natürliche Benachteiligung) bestätigt werden.[156] Insgesamt sind alle Gebietskörperschaften der EU in mindestens einem Förderziel empfangsberechtigt (Abb. 5.3 veranschaulicht die geografische Verteilung der beiden Ziele „Konvergenz" und RWuB).

Der Übergang zur aktuellen Förderperiode 2014–2020 brachte erneut Änderungen der Grundstruktur mit sich. Es fand eine weitere (allerdings oberflächliche) Konzentration statt, da nunmehr nur noch die zwei Ziele „Investitionen in Wachstum und Beschäftigung" und „Europäische Territoriale Zusammenarbeit" existieren. Während die ETZ weiterhin mit relativ geringen Mitteln ausgestattet ist, bildet das erste Ziel den Förderschwerpunkt. Anstelle der bisherigen Unterteilung in „Konvergenz" und RWuB tritt nun im Rahmen des Förderziels „Investitionen in Wachstum und Beschäftigung" die Förderung für drei Kategorien von Gebietskörperschaften, nämlich Regionen, deren BIP-Pro-Kopf unter 75% des EU-27-Durchschnitts liegt („less developed regions" sind identisch mit dem bisherigen Ziel „Konvergenz"), Regionen, deren BIP-Pro-Kopf zwischen 75% und 90% des Mittels liegt (ersetzt als neue Kategorie „transition regions" die bisherige *Phasing-Out* und *Phasing-In*-Gebiete),

---

152 Zur einer Auswahl von Projekten: EU-Kommission (2011c).
153 Mirwaldt et al. (2009), S. 25.
154 Zur Entwicklungsgeschichte: Mirwaldt et al. (2009), S. 2 ff.
155 Mirwaldt et al. (2009), S. 24 ff.
156 Vgl. VO (EG) Nr. 1083/2006 des Rates vom 11. Juli 2006, Art. 3 (3)

sowie die sonstigen Regionen, die über der Schwelle von 90% liegen („developed regions"). Aus dem Kohäsionsfonds erhalten Länder mit weniger als 90% des EU-27-BNE-Pro-Kopf Unterstützungen. Weiterhin bleiben somit alle Gebiete förderfähig.[157] Die gemeinsame Verordnung für alle Fonds beschreibt 11 „thematische Ziele" (wie bspw. „Stärkung von Forschung, technologischer Entwicklung und Innovation" oder „Förderung der sozialen Inklusion und Bekämpfung von Armut und jeglicher Diskriminierung"), die wiederum in den fondspezifischen Verordnungen für die verschiedenen Fonds präzisiert und in denen für die Ziele „Investitionsprioritäten" festgelegt werden. Für die drei Fördergebietstypen sieht das Sekundärrecht jeweils Rahmenvorgaben vor, welche der Investitionsprioritäten dort getätigt werden können. Dabei können wirtschaftsstarke Regionen weniger Förderthemen auswählen als wirtschaftsschwache Regionen.[158] Die Strukturfonds bleiben erhalten und werden durch die Aufnahme der neuen Infrastrukturfazilität *Connecting Europe* in die Kohäsionspolitik, die von einer Agentur der EU-Kommission zentral verwaltet wird und zur Förderung von Verkehrs-, Energie- und IKT-Infrastruktur bestimmt ist, noch zahlreicher.[159]

Für die Umsetzung der Ziele des Förderzeitraums 2007–2013 existieren zahlreiche Instrumente:[160] der Europäische Fonds für regionale Entwicklung (EFRE), der Europäische Sozialfonds (ESF) sowie der Kohäsionsfonds (KF).[161] Für die gesamte Periode 2007–2013 ist der EFRE mit 201 Mrd. EUR, der ESF mit 79 Mrd. EUR und der

---

157 Dazu die sekundärrechtlichen Regelungen: Verordnung (EU) Nr. 1301/2013 des Europäischen Parlaments und des Rates vom 17. Dezember 2013, in: ABl. Nr. L 347/289, 20 Dezember 2013; Verordnung (EU) Nr. 1303/2013 des Europäischen Parlaments und des Rates vom 17. Dezember 2013, in: ABl. Nr. L 347/320, 20 Dezember 2013; Verordnung (EU) Nr. 1304/2013 des Europäischen Parlaments und des Rates vom 17. Dezember 2013, in: ABl. Nr. L 347/470, 20 Dezember 2013.

158 Zum Beispiel sollen wirtschaftsstarke Regionen ihre gesamten EFRE-Mittel für die Bereiche Energieeffizienz und Erneuerbare Energie, Wettbewerbsfähigkeit der kleinen und mittleren Unternehmen sowie Innovation einsetzen. Konvergenzregionen könnten dagegen weitere Förderthemen auswählen; vgl. EU-Kommission (2011d).

159 Ausgestattet ist er mit circa 50 Mrd. EUR für die gesamte Förderperiode; vgl. EU-Kommission (2011f); EU-Kommission (2011e), S. 7; EU-Kommission (2011d), S. 6.

160 Nicht behandelt, aber der Vollständigkeit halber erwähnt, sind zwei weitere Fonds, die jedoch kein Bestandteil der Kohäsionspolitik sind: der Solidaritätsfonds EUSF für die Anwendung bei Naturkatastrophen (seit der Schaffung 2002 bis 2014 wurde Beihilfen in Höhe von 3,6 Mrd. EUR hauptsächlich für die Finanzierung der Einsätze der öffentlichen Behörden ausgezahlt) und der Globalisierungsanpassungsfonds EGF (seit der Schaffung 2007 waren jährlich bis zu 500 Mio. EUR verfügbar). Bereits erwähnt wurden der Europäische Fischereifonds EFF und der Landwirtschaftsfonds ELER (beide seit 2007 in Kraft). Darüber hinaus existieren mit JEREMIE und JESSICA zwei weitere Instrumente, die das Ziel haben, eine stärkere Beteiligung privater und öffentlicher Finanzinstitute an der Strukturpolitik zu erreichen.

161 Zur Benennung gilt nach Maßgabe der EU: EFRE und ESF werden zusammen Strukturfonds genannt und wiederum zusammen mit dem Kohäsionsfonds schlicht „die Fonds".

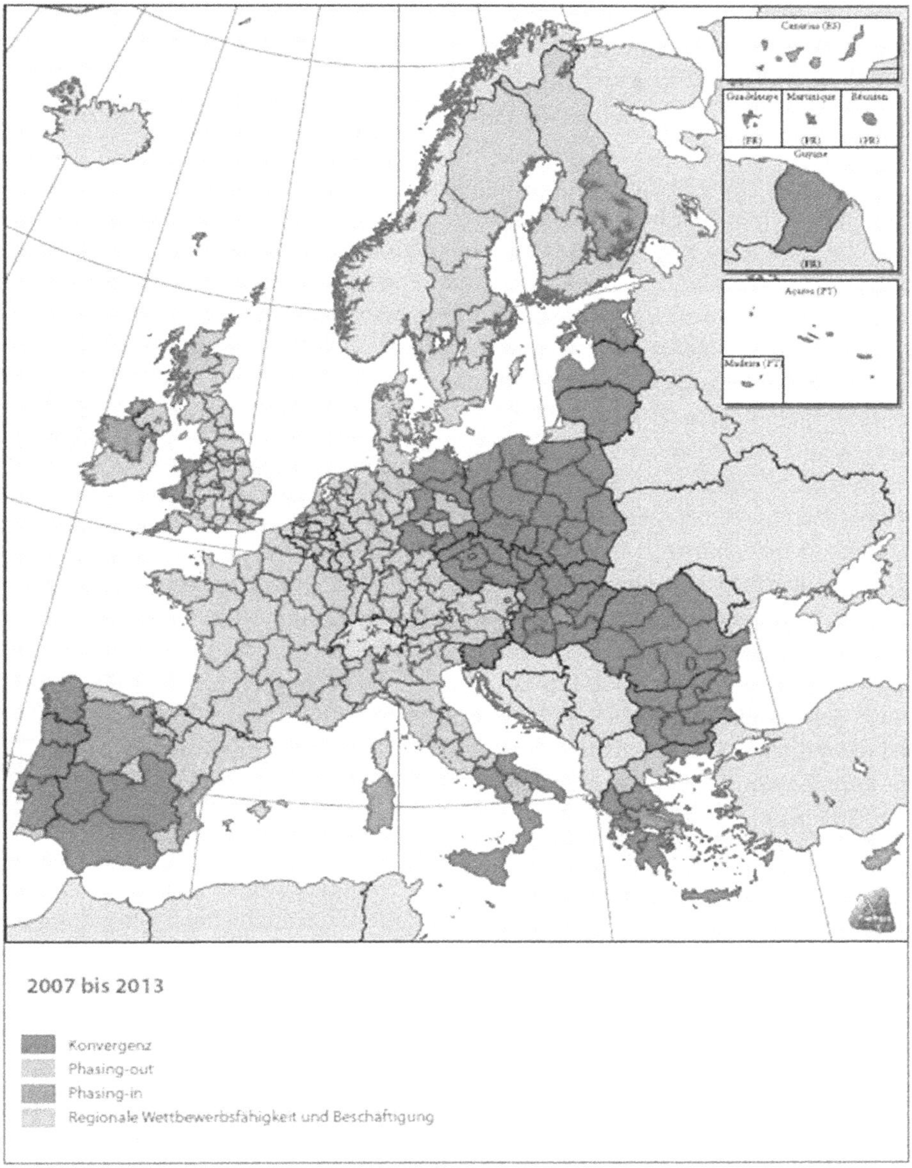

Abb. 5.3: Geografische Förderverteilung in den Zielen „Konvergenz“ und RWuB (Quelle: EU-Kommission 2007d, S. 38).

KF mit 70 Mrd. EUR ausgestattet.[162] Den Zusammenhang der Fonds mit den Zielen der Kohäsionspolitik verdeutlicht Tab. 5.8, die zugleich die jeweiligen Förderbedingungen darstellt. Daraus wird ersichtlich, dass z. B. Regionen der NUTS-2-Ebene, die im Ziel „Konvergenz“ förderfähig sind, sowohl durch den EFRE als auch durch den ESF Kapitalhilfen erhalten.

Der *EFRE* ist das genuine regionalpolitische Instrument der Kohäsionspolitik und dient dem Abbau räumlicher Disparitäten. Neben öffentlichen Körperschaften zählen auch Unternehmen zu dem Empfängerkreis. Aus dem EFRE werden Gelder direkt an Unternehmen gezahlt, falls diese zum Erhalt und zur Schaffung dauerhafter Arbeitsplätze beitragen. Diese Investitionsbeihilfen gehören zum klassischen Instrumentenkasten der Regionalökonomik und sollen über die Reduzierung der Kostenfaktoren die Standortwahl von Unternehmen positiv beeinflussen.[163] Weiterhin werden Infrastruktur im Bereich u. a. Verkehr, Telekommunikation und Energie gefördert. Zudem wird eine Unterstützung über Finanzierungsinstrumente, wie Risikokapital und zinsverbilligte Darlehensfonds, geleistet. Hinzu kommt die technische Hilfe, die den Mitgliedstaaten dabei assistiert, die administrative Umsetzung der Kohäsionspolitik bewältigen zu können.[164] In Abhängigkeit des zielspezifischen Einsatzgebietes des Fonds ist der Schwerpunkt der EFRE-Ausgaben ein anderer, die verwendeten Investitionsinstrumente (wie z. B. Unternehmensbeihilfen) ändern sich hingegen nicht: Während die Maßnahmen in den Konvergenz-Gebieten „auf die Modernisierung und Diversifizierung der Wirtschaftsstrukturen und die Schaffung und Erhaltung dauerhafter Arbeitsplätze abzielen [...],[165] fokussiert sich der EFRE beim Einsatz im Zielgebiet der „Regionalen Wettbewerbsfähigkeit und Beschäftigung“ auf eine „Unterstützung im Rahmen von Strategien zur nachhaltigen Entwicklung, unter Berücksichtigung der Förderung der Beschäftigung“, d. h. auf Projekte im Umfeld von „Innovation und wissensbasierte Wirtschaft“, „Umwelt und Risikovermeidung“ sowie „Zugang zu Verkehrs- und Telekommunikationsdiensten“.[166] Vergleicht man die sekundärrechtlichen Ausführungen des EFRE hinsichtlich der unterschiedlichen Anwendungsgebiete jedoch näher, können wenig substanzielle Unterschiede ausgemacht werden. Die Einsatzgebiete in den Bereichen Innovation, F&E, Umweltschutz („Investitionen in NATURA-2000-Gebiete“) und Infrastrukturförderung (z. B. „Verbindung zu den

---

162 Insbesondere wurde der Anteil des KF an der Gesamtsumme der Strukturförderung von 8,5% der Vorperiode auf 20% der Periode 2007–2013 erhöht; vgl. Heinemann et al. (2010). Die Fonds besitzen keine Rechtspersönlichkeit, da sie unselbständige Einrichtungen der EU sind. Jeder Fonds hat verschiedene Konditionalitäten und besitzt bestimmte Aufgaben. Es gilt i. d. R. das Monofunding, d. h. ein Förderprojekt wird ausschließlich aus einem Fonds gefördert.

163 Dazu Störmann (2009), S. 39 ff.

164 Vgl. VO (EG) Nr. 1080/2006 des Rates vom 5. Juli 2006, Art. 3.

165 VO (EG) Nr. 1080/2006 des Rates vom 5. Juli 2006, Art. 4

166 VO (EG) Nr. 1080/2006 des Rates vom 5. Juli 2006, Art. 5.

Tab. 5.8: Ziel-Mittel-Struktur (Quelle: Eigene Darstellung).[167]

Ziele	Förderfähigkeit	Fonds
„Konvergenz"	– Regionen (NUTS-2-Ebene) mit einem BIP von weniger als 75% des durchschnittl. EU-27-BIP	EFRE,ESF
	– EU-15-Regionen, die vor der Erweiterung unter die 75%-Regel fielen (*Phasing-Out*), d. h. weniger als 75% des durchschnittl. EU-15-BIP aufweisen	EFRE, ESF
	– Länder mit einem BIP unter 90% des EU-27-Durchschnitts (inkl. Übergangsförderungen: weniger als 90% des durchschnittl. EU-15-BNE)	Kohäsionsfonds
„Regionale Wettbewerbsfähigkeit und Beschäftigung"	Alle Regionen außerhalb der Ziel-1-Förderung (darunter Regionen, die sich vor der Periode 2007–2013 im Ziel „Konvergenz" befanden. Sie erhalten eine *Phasing-In*-Förderung)	EFRE, ESF
„Europäische Territoriale Zusammenarbeit"	– Grenzregionen – Regionen in ausgewiesenen Großräumen – Alle Regionen (Aufbau von Kooperationsnetzen)	EFRE

transeuropäischen Verkehrsnetzen") sind gleichermaßen für beide Zielgebiete vorgesehen.[168] Lediglich Investitionen im Kulturbereich, im Tourismus und im Gesundheitswesen werden explizit nur für das Ziel „Konvergenz" genannt. Aber selbst diese Interventionsbereiche könnten anhand von vage formulierten Querschnittszielsetzungen (z. B. regelt Art. 8 „Nachhaltige Stadtentwicklung", dass EFRE-Mittel zur Förderung der „Erhaltung und Aufwertung des Natur- und Kulturerbes" in allen Regionen eingesetzt werden kann)[169] auf das Ziel RWuB ausgedehnt werden und somit für alle europäischen Regionen gelten. Eine weitgehende Übereinstimmung der Anwendungsbereiche mit denen der gerade genannten Ziele herrscht ebenfalls beim Einsatz des EFRE im Ziel ETZ, wenn auch räumlich begrenzt auf Grenzgebiete bzw. begrenzt auf grenzübergreifende Tätigkeiten.[170]

---

167 Eigene Darstellung auf Basis von: VO (EG) Nr. 1083/2006 des Rates vom 11. Juli 2006, Art. 4.
168 Die in Klammern gesetzten Zitate stehen exemplarisch für eine identische sekundärrechtliche Nennung in den Abschnitten zu beiden Zielgebiete der „Konvergenz" und der „Regionalen Wettbewerbsfähigkeit und Beschäftigung"; vgl. VO (EG) Nr. 1080/2006 des Rates vom 5. Juli 2006, Art. 4 und Art. 5.
169 Die Unbestimmtheit wird durch folgenden Abschnitt deutlich: „Zusätzlich zu den in den Artikeln 4 und 5 der vorliegenden Verordnung aufgeführten Tätigkeiten [die oben diskutierten Einsatzgebiete in den Zielen, J. D.] unterstützt der EFRE im Fall von Maßnahmen zur nachhaltigen Stadtentwicklung [...] gegebenenfalls die Förderung der Entwicklung partizipativer, integrativer und nachhaltiger Strategien, mit denen der starken Konzentration von wirtschaftlichen, ökologischen und sozialen Problemen in den städtischen Gebieten begegnet werden soll." VO (EG) Nr. 1080/2006 des Rates vom 5. Juli 2006, Art. 8. In ähnlicher Weise ist Art. 10 „Gebiete mit geografischen oder natürlichen Benachteiligungen" offen für vielfältige Interventionsbereiche.
170 Dazu VO (EG) Nr. 1080/2006 des Rates vom 5. Juli 2006, Art. 6.

Der *Kohäsionsfonds* fällt seit der Integration in die Systematik der Kohäsionspolitik 2007 unter die gleichen Prinzipien wie die anderen Fonds (deshalb existiert neben den jeweils spezifischen Verordnungen für den EFRE, den ESF und den KF auch eine für alle gültige allgemeine Verordnung).[171] Er beteiligt sich an Investitionen in den Bereichen Umwelt und transeuropäische Verkehrsnetze.[172] Der Fonds findet Anwendung auf Mitgliedstaaten mit einem Bruttonationaleinkommen (BNE) von weniger als 90% des Gemeinschaftsdurchschnitts und steht somit außerhalb der allgemeinen Förderlogik. Er deckt die zehn neuen Mitgliedstaaten sowie Griechenland und Portugal ab (Spanien befindet sich in der Übergangsphase der auslaufenden Förderung).

Der *ESF* hat keine regionale Ausrichtung. In der Funktion als arbeitsmarktpolitischer Fonds zielt seine Förderung auf die Verbesserung der Anpassungsfähigkeit von Beschäftigten und Unternehmern, der Verbesserung von Zugangsmöglichkeiten zum Arbeitsmarkt und der Verbesserung der Eingliederung für benachteiligte Personengruppen:[173] „Zu diesem Zweck unterstützt er [der ESF, J. D.] die Maßnahmen der Mitgliedstaaten im Hinblick auf Vollbeschäftigung, Arbeitsplatzqualität und Arbeitsproduktivität sowie die Maßnahmen zur Förderung der sozialen Eingliederung, insbesondere auch durch einen Zugang benachteiligter Menschen zur Beschäftigung, und die Maßnahmen zur Verringerung nationaler, regionaler und lokaler Disparitäten bei der Beschäftigung."[174]

Im Einzelnen bedeutet das bspw. die Unterstützung von Qualifizierungsprojekten wie „Lebenslanges Lernen", der Lehrlingsausbildung, der Entwicklung und Verbreitung von Dienstleistungen im Bereich Gesundheit und Sicherheit am Arbeitsplatz, der Bekämpfung von Langzeit- und Jugendarbeitslosigkeit, der Modernisierung der Arbeitsmarktverwaltung, der Verbesserung der beruflichen Bildung und der Weiterbildung.[175] Genau wie im Falle des EFRE werden je nach Zielgebiet (der ESF kommt in den Zielen „Konvergenz" und RWuB zum Einsatz), unterschiedliche Interventionsbereiche definiert, die jedoch auch hier weitgehend deckungsgleich sind.[176] Analog zum EFRE sind die Adressaten der Fördermittel (Finanzzuweisungen, rückzahlbare

---

171 Vgl. VO (EG) Nr. 1083/2006 des Rates vom 11. Juli 2006.

172 Vgl. VO (EG) Nr. 1084/2006 des Rates vom 11. Juli 2006, Art. 2.

173 Im Laufe seiner Geschichte hat sich der ESF von einem reinen Instrument für die berufliche Bildung zu einem Instrument der aktiven Arbeitsmarktpolitik gewandelt.

174 VO (EG) Nr. 1081/2006 des Rates vom 5. Juli 2006, Art. 2.

175 Eine umfangreiche Liste findet sich in Artikel 3 VO (EG) Nr. 1081/2006 des europäischen Parlaments und des Rates vom 5 Juli 2006.

176 Beispielsweise ist in Art. 3 (1 d), der für die Ziele „Konvergenz" und RWuB gilt, zu lesen, dass die Stärkung des Humankapitals u. a. „in den Systemen der allgemeinen und beruflichen Bildung" stattfinden soll. Art. 3 (2 a), der alleine für das Ziel „Konvergenz" gilt, beschreibt eine „Verbesserung der Investitionen in das Humankapital" durch die „Förderung der Umsetzung von Reformen der Systeme der allgemeinen und beruflichen Bildung." VO (EG) Nr. 1081/2006 des Rates vom 5. Juli 2006, Art. 3.

Zuschüsse, Kreditvergünstigungen etc.) neben staatlichen Stellen auch Unternehmen.[177] Während der EFRE, der KF und die Maßnahmen der ETZ durch die „Generaldirektion Regionalpolitik" verwaltet werden, ist für den ESF die „Generaldirektion Beschäftigung, Soziales und Chancengleichheit" zuständig. Diese Trennung ist zwar vor dem Hintergrund verständlich, dass der ESF kaum eine räumliche Ausrichtung besitzt.[178] Jedoch wären angesichts der Tatsache, dass der ESF im Rahmen von regional ausgerichteten Maßnahmen zum Einsatz kommt, eine Zusammenfassung unter eine einheitliche Verwaltungsbehörde sinnvoll.

Zu den Grundzügen der Kohäsionspolitik kann festgehalten werden, dass die Entwicklung der Fokussierung auf drei Ziele grundsätzlich begrüßenswert ist, da dahinter eine Konzentration auf tatsächlich hilfsbedürftige Gebiete zu vermuten ist. Allerdings liegt lediglich eine oberflächliche Konzentration vor. Denn erstens handelt es sich um eine Zusammenfassung alter Ziele, sodass bisherige Fördertatbestände nicht eingestellt wurden, sondern vielmehr eine neue Benennung erhielten. Und zweitens überschneiden sich die Ziele, da sie ihren Anwenderkreis einmal funktional (Ziele „Konvergenz" und RWuB) und einmal räumlich (Ziel ETZ) ermitteln. Sinnvoll ist eine solche Ziel-Kategorisierung nur dann, wenn durch sie unterschiedliche Bedingungen und Notwendigkeiten abgebildet und daraus Schlüsse für den adäquaten Instrumentengebrauch gezogen werden würden. Von raumspezifischen Problemlagen kann im Falle der ETZ jedoch nur mit Abstrichen gesprochen werden, weil im Prinzip alle Regionen förderberechtigt sind. Gebiete, die unter das Ziel ETZ fallen, sind nicht nur ohnehin in den beiden anderen Problemlagen „Konvergenz" und RWuB enthalten, sondern erhalten ihre Finanzierung aus den identischen Fonds. Erklärungsbedürftig bleibt weiterhin, wieso gerade die ETZ als Querschnittsaufgabe herausgegriffen wird und nicht etwa z. B. die Förderung dünnbesiedelter Gebiete. Insofern ist es fraglich, weshalb die Bindegliedfunktion, die die ETZ übernehmen soll, nicht durch eine angemessene Koordination von grenzüberschreitenden Projekten im Rahmen der anderen Ziele verwirklicht wird. Für ein solches Vorgehen würde auch sprechen, dass – wie gezeigt wurde – die EU-Kommission selbst die Kohäsionspolitik gerne mit dem Argument des „europäischen Mehrwertes" legitimiert, der dadurch entstehe, dass nur eine auf Gemeinschaftsebene angesiedelte Politik externe Effekte internalisieren könne. Gerade mit Hinblick auf die Berücksichtigung grenzüberschreitender Probleme im Bereich Umwelt, Infrastruktur und Arbeitnehmermobilität scheint die Argumentation plausibel zu sein. Unübersichtlich wird die Förderkulisse darüber hinaus durch die

177 Dazu VO (EG) Nr. 1081/2006 des Rates vom 5. Juli 2006, Art. 11.

178 Allerdings sollte der ESF nicht mit einer europäischen Sozialpolitik oder dem europäischen Sozialmodell verwechselt werden, da er ein Finanzierungsinstrument ist und keine unmittelbaren Änderungen an der nationalen Sozialpolitik, d. h. Änderungen des Reglements für Sozialversicherungen u. Ä., veranlasst. Vielmehr beschränkt er sich darauf, kleinere und mittlere Projekte im Sozial- und Arbeitsmarktbereich zu finanzieren; vgl. Lampert/Althammer (2007), S. 465 ff.

Möglichkeit der Gründung von EVTZ (Europäischer Verbund für territoriale Zusammenarbeit) und der Auflegung von makroregionalen Strategien (z. B. EU-Strategie für den Donauraum), die weitere Beziehungsebenen einführen. Die Einteilung entlang von Problemlagen impliziert ferner die Anwendung problemlagenspezifischer Mittel. Dies ist allerdings nicht zu erkennen. Aufgrund dessen, dass die Fonds eine spezifische Funktion haben, als auch in verschiedenen Zielregionen eingesetzt werden, entsteht eine doppelte Logik. Es ist unklar, wie sich die Interventionsbereiche der Fonds innerhalb der Ziele „Konvergenz" und RWuB inhaltlich unterscheiden. Lediglich von einer anderen Schwerpunktsetzung kann gesprochen werden. Wenn also *de facto* die Fördermittel in allen Zielregionen die gleichen Einsatzgebiete haben, dann erscheint die ausführliche formelle Darlegung verschiedener Interventionsfelder der Fonds im Sekundärrecht wenig zweckmäßig. Die umfassenden Regeln führen lediglich dazu, dass mit dem Nebeneinander von Vorschriften eine intransparente Förderkulisse entsteht. Neben dieser grundsätzlichen Zielkritik ist zudem vor allem auch die Parallelität von Kohäsionspolitik und den Fonds für Landwirtschaft und Fischerei, die beide einen regionalpolitischen Charakter haben und darüber hinaus eine Sektorausrichtung (z. B. die Fischfangindustrie) aufweisen, zu bemängeln, da die Schnittmengen dieser Instrumente groß sind. Insgesamt ist der Überbau der Kohäsionspolitik damit wenig kohärent und objektiv unnötig kompliziert. Eine rationale Begründung für die Anzahl der verschiedenen Fonds fehlt. Die Förderkulisse ist komplex und verändert sich stets zwischen den einzelnen Finanzperioden (Zielverschiebung), sodass die Erwartungssicherheit gering ist. Auf diese Weise werden zentrale Elemente eines Prüfkriteriums, nämlich die der Regelklarheit und Regelverlässlichkeit, verletzt (*Kriterium 1*). Zu erklären ist dies im Wesentlichen mit der Entstehungsgeschichte, die im Folgenden beleuchtet werden soll.

5.4.3 Kurze Geschichte der Kohäsionspolitik: Regionale Probleme werden europäisch

Der folgende Abschnitt widmet sich der Entstehung und Entwicklung der europäischen Regional- und Strukturpolitik. Leitfrage hierbei ist, ob der Schaffung der Kohäsionspolitik einzig eine politische Absicht zu Grunde lag, oder ob auch ökonomische Erwägungen eine Rolle gespielt haben. Es gilt folglich zu prüfen, inwiefern die Kohäsionspolitik eine zwingende Notwendigkeit der europäischen Integration war. Eine solche Zwangsläufigkeit würde die Vermutung stützen, dass die Kohäsionspolitik primär nicht als eine in sich schlüssige und rational begründete Politik zur Förderung der schwächsten Region konstruiert wurde, sondern Ergebnis einer Reihe von kleinteiligen Aushandlungsprozessen war. Die Beantwortung der Frage, wie es zu der Kohäsionspolitik gekommen und wie sie heute ausgestaltet ist, hat Konsequenzen für die ordnungsökonomische Analyse, da so die historisch-kulturellen Entstehungsbedingungen deutlich werden, aus denen die faktische Regelordnung hervorgegangen ist. Zudem ist eine historische Einordnung auch deshalb sinnvoll, da der Zusammenhang zwischen Handlungsinteressen und Regelinteressen im Verlauf der Integrationsgeschichte klarer wird. Es gilt nachzuzeichnen, wie erfolgreich die Absichten der Mitgliedstaaten und der EU-Kommission hinsichtlich Regeländerungen waren, die sich wiederum aus früheren Prozessen auf der Ebene der Handelnsordnung ableiten lassen.

Gewisse Grundkenntnisse der Geschichte des Politikfeldes sind unverzichtbar, um die Komplexität der heutigen Ausgestaltung verstehen zu können. Der historische Rückblick zeigt neben der stetig wachsenden Bedeutung und der stetigen Verselbstständigung der Kohäsionspolitik zugleich einen Paradigmenwechsel des Politikfeldes. Schwerpunkte der folgenden Überlegungen sind somit zum einen die kurze Darstellung der Geschichte, insbesondere der wichtigen Anfangsjahre, und zum anderen die neueren Förderperioden mit ihrer Hinwendung zur Lissabon-Agenda sowie zur Europa 2020-Strategie. Zu diesem Zweck werden die großen Entwicklungslinien und die grundlegenden Änderungen der Förderprinzipien beleuchtet. Diese analytisch-erklärende Vorgehensweise unterscheidet sich so von der erzählend-deskriptiven Art anderer Überblicke der Entstehungsgeschichte der Kohäsionspolitik, wie sie sich sonst in der Literatur finden.[179]

5.4.3.1 Die Ursprünge

Grundlegendes Kennzeichen der Gründerjahre der Europäischen Wirtschaftsgemeinschaft (EWG) war die Existenz zweier widerstreitender Konvergenz-Strategien. Auf der einen Seite vertraten (neo)klassische Ökonomen und politische Entscheidungsträger den Standpunkt, dass sich die sozioökonomischen Bedingungen der europäischen Regionen mittels marktwirtschaftlicher Prozesse durch Ausnutzung komparativer Kostenvorteile im Rahmen des europäischen Binnenmarktes mit der Zeit automatisch angleichen würden. Aus diesem Grund wäre ein aktives Eingreifen nicht notwendig.[180] Eine Bestätigung fand dieser Konvergenzoptimismus durch das in den 1950er-Jahren populäre Wachstumsmodell von Solow, bei dem die exogene Variable des technischen Fortschritts die maßgebende Determinante des Wirtschaftswachstums ist und bei dem die Annahme herrscht, der technische Fortschritt diffundiere auf sämtliche Länder. Bedingt durch den abnehmenden Grenzertrag des (Sach-)Kapitals haben gerade unterentwickelte Länder bzw. Regionen durch den Abbau der Barrieren für Güter und Kapital eine realistische Perspektive, in einen raschen Aufholprozess zu gelangen und einen gleichgewichtigen Wachstumspfad zu erreichen. Somit findet ohne Weiteres politisches Zutun eine Konvergenz statt.[181] Auf der anderen Seite, und

---

179 Zum Beispiel Heinemann et al. (2010), S. 47 ff.; Drevet (2008); Mawson et al. (1985), S. 20 ff.
180 Vgl. Drevet (2008), S. 38.
181 Dazu Solow in Reaktion auf die postkeynesianische Wachstumstheorie von Harrod und Domar; vgl. Solow (1956), S. 65 ff. Die empirische Überprüfung lieferte er in: Solow (1957).

dies war insbesondere in Frankreich das vorherrschende Denkmuster, wurde argumentiert, dass für eine Entwicklung der Wirtschaft allgemein sowie speziell von wirtschaftlich schwachen Gebieten staatliche Interventionen nötig wären. Diese Sicht steht in Tradition der *postkeynesianischen* Wachstumstheorie, die als erste moderne wachstumstheoretische Konzeption gelten kann und Teile der wachstumstheoretischen Literatur der 1950er und 1960er dominierte.[182] Obgleich sich diese Dominanz nicht vollständig in der Wirtschaftspolitik der damaligen Zeit widerspiegelte, sind mittelbare Wirkungen der wissenschaftlichen Konzeptionen für die Realität der europäischen Integration und der Kohäsionspolitik nachzuweisen. So fanden die regionalpolitischen Ansätze, die bei ihren Prämissen auf Keynes und die *postkeynesianischen* Wachstumstheorien rekurrieren, Eingang in die Überlegungen über eine Regional- und Strukturpolitik auf europäischer Ebene. Bedeutend sind hierbei vor allem die sektoralen und regionalen Polarisationstheorien, die davon ausgehen, dass Produktionsfaktoren (anders als in der neoklassischen Sicht) nicht mobil sind. Auch deshalb sind die wesentlichen Bestimmungsgründe wirtschaftlicher Prosperität die Wachstumspole, die in der Regel wirtschaftlich starke Städte sind. Sie ziehen durch ihre günstigen Standortbedingungen Produktionsfaktoren (insbesondere den Faktor Arbeit) an und schaffen somit die Voraussetzungen für weitere Zuwanderungen und Ansiedlungen, sodass von ihnen auch Wachstumseffekte auf benachbarte Gebiete ausgehen. Aus raumwirtschaftlicher Perspektive bedeutet dieser Prozess, dass bevorzugt die Regionen wachsen, die Wachstumspole aufweisen, da sich dieser zirkuläre Effekt immer wieder selbst verstärkt, während wirtschaftlich schwache Regionen weiterhin rückständig bleiben und sich sogar ein Kreislauf nach unten entwickelt.[183] Auf diese Weise wachsen die Divergenzen zwischen verschiedenen Regionen und es kann eine territoriale Polarisierung beobachtet werden, die sich nicht automatisch aufhebt. Dieser Argumentationsstrang geht auf die Arbeiten von Perroux, der sich 1955 mit sektoralen Wachstumspolen (der Ursprung von Wachstumspolen sind dominierende Unternehmen in einem Wirtschaftssektor) beschäftigte und Hirschman sowie Myrdal zurück, die beide die regionale Ausprägung der Polarisation erarbeiteten.[184] Im Speziellen diagnostizierte Hirschman 1958 das Herausbilden eines regionalen Dualismus innerhalb von Staaten und untersucht die Auswirkungen von Zentren eines Staates auf seine Peripherie (*Polarization* und *Trickling Down-Effects*).[185] Myrdal, der Fundamentalkritik an der (neo)klassischen Wachstumstheorie übt, stellt aufgrund der Tatsache der Wachstumspole die These auf, dass einer Marktwirtschaft der Trend zu ungleicher regionaler Entwicklung inhärent sei.[186] Allen

182 Vgl. Frenkel/Hemmer (1999), S. 9 ff.
183 Vgl. Farhauer/Kröll (2014), S. 245 ff.; Capello (2007).
184 Vgl. Perroux (1955; 1964); Perroux (1973/1983), S. 158 ff.
185 Dazu Hirschman (1967/1958), S. 171 ff.
186 Vgl. Myrdal (1957).

Ansätzen der Polarisationstheorien sind deren Schlussfolgerung und Relevanz für die Politik gemein. Sie leiten die Forderung nach ergänzenden Maßnahmen zur Liberalisierung von Märkten aus der Skepsis gegenüber (neo-)klassischen Gleichgewichtstheorien und automatischen Ausgleichsprozessen ab. Dieses Argumentationsmuster zeigte seine Auswirkungen bei der Diskussion um die Errichtung eines gemeinsamen Binnenmarktes in Europa.[187] Die Haltung des damaligen französischen Ministerpräsidenten Mendès-France kann exemplarisch für die Grundhaltung einer Vielzahl politischer Eliten gegenüber dem Abbau von Handelshemmnissen und einem europäischen Binnenmarkt gesehen werden:

> Wenn in wenigen Monaten, Anfang 1958, die neue Ordnung in Kraft tritt [der EWG-Vertrag, J. D.], werden wir uns wahrscheinlich in schweren Devisenschwierigkeiten befinden, jeder hier weiß es. Wir werden sofort einen Importüberschuss akzeptieren müssen, ohne die geringste Möglichkeit, ihn zu bezahlen. Wir werden ebenso eine Wechselkursänderung hinnehmen müssen, die manche für unvermeidbar halten, die wir aber besser, wenn wir sie wirklich vornehmen müssen, frei nach unserer eigenen Entscheidung umsetzen sollten, und nicht unter Bedingungen, die uns von einer internationalen Technokratie auferlegt werden, bei der wir bis heute niemals viel Verständnis oder Unterstützung gefunden haben.[188]

Obwohl Befürchtungen von Nachteilen durch einen gemeinsamen Binnenmarkt verbreitet waren, konnte sich die Forderung nach einer Ausgleichspolitik mit distributiver Zielsetzung nicht von Anfang an durchsetzen. Zum einen überdeckte der allgemeine Wirtschaftsaufschwung in den 1950er- und 1960er-Jahren die Disparitäten der Regionen und bekräftigte den vorherrschenden Konvergenzoptimismus auf politischer Ebene.[189] Zum anderen hatten die sechs Mitgliedstaaten der europäischen Gemeinschaft unterschiedliche Interessen, sodass ein Konsens über eine Ausgleichspolitik nicht zustande kam. So fand Italien als potenzieller Hauptempfänger einer Regionalpolitik wenig Zustimmung für eine Gemeinschaftspolitik: „Trotz der Anstrengungen der EU-Kommission und des Drängens der parlamentarischen Versammlung sowie regionaler Verbände war der Rat nach wie vor nicht bereit, einen Fonds einzurichten, der eigentlich nur von einem einzigen Mitgliedsland erwünscht war.“[190]

---

187 Die Diskussion wurde außerdem durch weitere wissenschaftliche Konzepte beeinflusst, wie bspw. durch das von Rostow, der mit dem mechanischen Stufenmodell 1960 eine Anleitung und einen Ablaufplan zur erfolgreichen wirtschaftlichen Entwicklung vorlegte oder durch die Überlegungen von Prebisch, der sich mit den Ungleichgewichten des Welthandels auseinander setzte (Zentrum-Peripherie-Konzept); vgl. Rostow (1960); Prebisch (1950).

188 Rede von Pierre Mendès-France vor der französischen Nationalversammlung am 18 Januar 1957, abgedruckt in: Brunn (2004).

189 Vgl. Drevet (2008), S. 42.

190 „Malgré les efforts de la Commission et des poussées convergentes de l'Assemblée parlamentaire et des associations de régions, la Conseil reste hostile à la mise en place d'un fonds qui n'est vraiment souhaité que par un seul Etat membre.“ Drevet (2008), S. 48, Übersetzung des Autors. Auch Ujupan (2009), S. 4.

Die Dominanz der (neo-)klassischen Konvergenzannahme zum Zeitpunkt der Anfangsjahre der EWG schwächte sich jedoch ab und im Laufe der Zeit gewann der Gedanke einer aktiven Regionalpolitik die Deutungshoheit.[191] Dazu beigetragen hat die jeweilige national betriebene Regionalpolitik.[192] Diese Politik zur Minderung regionaler Ungleichheiten war, im Gegensatz zur Wahrnehmung und Bekämpfung sozialer Ungerechtigkeit, eine relativ junge Ausprägung von Wirtschaftspolitik, die sich verstärkt erst nach dem Zweiten Weltkrieg entwickelte.[193] Dies galt insbesondere auch für einen wichtigen Teilbereich der Regionalpolitik, der kommunalen Wirtschaftsförderung.[194] Sichtbar wurde diese veränderte Wahrnehmung regionaler Unterschiede und Bedürfnisse auch in Deutschland, wo die Forderung nach der „Herstellung gleichwertiger Lebensverhältnisse im Bundesgebiet" Eingang in das Grundgesetz fand.[195] Allerdings stellte sich in Deutschland die Regionalpolitik anfangs auch als punktuelle Reaktion auf kriegsbedingte Zerstörungen dar und ihre Zielsetzung erschöpfte sich „im Wesentlichen in der Minderung der Arbeitslosigkeit in den Notstandsgebieten [...]",[196] die vorwiegend die ländlichen Gebiete in Bayern, Niedersachsen und Schleswig-Holstein waren, welche die Hauptlast des Flüchtlingsstroms zu tragen hatten.[197] Deshalb konnte in den 1950er-Jahren auf nationaler und europäischer Ebene noch nicht von einer ausgeprägten Regionalpolitik im heutigen Sinne gesprochen werden.

Der langsame Wandel der Konvergenzvorstellungen der Entscheidungsträger hin zur Notwendigkeit einer regional ausgerichteten Wirtschaftspolitik spiegelt sich in der Entwicklung der europäischen Einigung wider. Erste Manifestationen einer europäischen Regionalpolitik können in der Resolution der Konferenz von Messina 1955 gefunden werden, in der die Gründung zweier Fonds empfohlen wird, einem „Anpassungsfonds" zur Unterstützung derjenigen Wirtschaftsakteure, die negativ von der Errichtung eines gemeinsames Marktes betroffen sind, und einem europäischen Investitionsfonds, der die „weniger begünstigten Gebiete der beteiligten Staaten"

191 Vgl. Bohnet-Joschko (1996), S. 96; Nanetti (1996), S. 63.

192 Vgl. Drevet (2008), S. 21, S. 27 ff.; Schulz (1993), S. 187. Einen Überblick über die Entstehung und Charakteristika der Regionalpolitiken der EG-Mitgliedstaaten: EU-Kommission (1973), S. 213 ff.

193 Drevet (2008), S. 27 f nennt als Gründe hierfür die Ausweitung (lokaler) Demokratiemechanismen und die Verbreitung des Konzepts der Gleichbehandlung. Darüber hinaus wurden regionale Disparitäten und soziale Missstände zunehmend durch die Medien und auch durch die Belletristik in breiten Bevölkerungsschichten wahrgenommen (wie etwa der Roman von Carlo Levi von 1945 „Christus kam nur bis Eboli" oder das 1947 erschienene Buch „Paris et le désert français" von Jean-François Gravier). Bereits früher existierten jedoch vereinzelt Ansätze einer Art Regionalpolitik, so bspw. in den 1930er-Jahren in Großbritannien und Polen; vgl. Gorzelak (2000), S. 145.

194 Vgl. Dallmann/Richter (2012), S. 17.

195 Art. 72 (2) GG.

196 Ebertsein (2008), S. 6. Auch Karl (1997), S. 15 ff.

197 Vgl. Suntum (1981), S. 74.

entwickeln sollte.[198] Der Vertrag von Rom zur Gründung der EWG 1957, der von einem Regierungsausschuss unter der Leitung von Paul-Henri Spaak vorbereitet wurde, setzte diese Empfehlungen jedoch lediglich in der Hinsicht um, als er die Europäische Investitionsbank (EIB) und den europäischen Sozialfonds (ESF) schuf.[199] Während der ESF dazu diente, die Arbeitsmarktmobilität zu erhöhen, stellte die EIB Finanzierungsquellen für den Restrukturierungsprozess zur Verfügung.[200] Die sozialpolitische Komponente wurde deutlich stärker hervorgehoben als eine regionalpolitische; dies geschah auch dadurch, dass durch Adressierung der nationalen Arbeitsmarktpolitik die Mitgliedstaaten die Förderebene bildeten. Der damalige Staatssekretär im Auswärtigen Amt, Walter Hallstein, betont in einer Rede vor dem Deutschen Bundestag 1957 anlässlich der Unterzeichnung der Römischen Verträge:

> Wichtig ist schließlich, dass der Vertrag Grundsätze der Sozialpolitik formuliert und einen europäischen Sozialfonds vorsieht. Eine Verbesserung und Angleichung der Lebens- und Arbeitsbedingungen der Arbeitnehmer wird sowohl als eine natürliche Wirkung des Gemeinsamen Marktes wie auch als Folge der Angleichung der Rechtsvorschriften erwartet. [...] Der Sozialfonds dient dazu, die Beschäftigungsmöglichkeiten der Arbeitnehmer zu verbessern und auch damit zur Hebung der Lebenshaltung beizutragen. Er fördert die Arbeitsmöglichkeiten und die örtliche und berufliche Beweglichkeit der Arbeitskräfte.[201]

Obgleich in der Präambel des EWG-Vertrages sich die Bekräftigung findet, „den Abstand zwischen einzelnen Gebieten und den Rückstand weniger begünstigter Gebiete“ zu verringern, wurde daraus jedoch keine regionalpolitische Verpflichtung abgeleitet und somit existierte zu diesem Zeitpunkt auch noch keine originäre gemeinschaftliche Regionalpolitik.[202] Eine potenzielle Regionalpolitik wurde insbesondere durch die gemeinsame Agrarpolitik, die v. a. durch die Gründung des Europäische Ausrichtungs- und Garantiefonds für Landwirtschaft (EAGFL) 1961 etabliert wurde, von der politischen Agenda verdrängt.[203] Der EAGFL war eine treibende Kraft der *sektoralen* Intervention und hatte eine Angleichung des Pro-Kopf-Einkommens der europäischen Landwirte zum Ziel.

Auch wenn so zu diesem Zeitpunkt noch keine Kohäsionspolitik existierte, kann mit Klemmer *von* einer *informellen* Regionalpolitik gesprochen werden, da der ESF

---

198 Vgl. Schlussresolution der Außenministerkonferenz von Messina, 2.6.1955. Zu finden in: Siegler (1961), S. 89 ff.

199 Vgl. Nugent (2010), S. 22 f.; Haas (2004/1958), S. 307.

200 Bache (1998), S. 31 ff.

201 Rede von Walter Hallstein vor dem Deutschen Bundestag am 21 März 1957, abgedruckt in: Brunn (2004).

202 Zur Präambel des Vertrags und des Vertrages zur Gründung der EWG selbst: http://eur-lex.europa.eu/de/treaties/dat/11957E/tif/11957E.html (5 September 2012). Auch Klemmer (1998), S. 466; Bohnet-Joschko (1996), S. 134.

203 Vgl. Dinan (2010), S. 35 ff.; Groeben (1995), S. 357 ff., S. 373.

und der EAGFL gewisse räumliche Aspekte hatten.[204] Jedoch waren der ESF, der EAGFL und die EIB nur mit geringen finanziellen Mitteln ausgestattet. Außerdem hatte der EAGFL eine der Regionalpolitik gegenteilige Wirkung. Das Garantiepreissystem der GAP, bei dem den Landwirten unabhängig von regionalen Bedingungen oder Entwicklungsmöglichkeiten ein garantierter Abnahmepreis gewährleistet wurde, förderte eher das Wohlstandsgefälle als dass es dieses minderte.[205]

5.4.3.2 Die frühen Ordoliberalen und die europäische Kohäsionspolitik

Aufschlussreich ist die Haltung der Ordoliberalen zur europäischen Idee, in deren Tradition die dieser Arbeit zu Grunde liegende Perspektive steht. Schon früh nahmen die Ordoliberalen Stellung zur europäischen Integration und zu vielen Aspekten ihrer praktischen Umsetzung. Diese Zuordnung ist gut dokumentiert und deshalb soll nur ein Überblick gegeben werden, indem die Grundgedanken von Erhard, Röpke, Müller-Armack und Rüstow skizziert werden. Ein gewisser Mangel herrscht allerdings bei der Frage nach den Vorstellungen hinsichtlich einer Angleichung der Lebensstandards im Rahmen einer europäischen Einigung und einer europäischen Kohäsionspolitik. Aus diesem Grund soll hier geklärt werden, ob sich aus der Analyse relevanter Werke der Ordoliberalen eine Rechtfertigung für eine Unterstützungspolitik ableiten lässt.

Die Ordoliberalen waren gegenüber der europäischen Integration nicht grundsätzlich ablehnend eingestellt. Jedoch gab es unter ihnen unterschiedliche Bewertungen der Art und Weise der Einigung. So war bspw. der geplante Binnenmarkt in Form der EWG als Kernelement des Projekts Europa alles andere als unumstritten, obwohl sich die Ordoliberalen doch in ihrer grundsätzlichen Ausrichtung einig waren. Wie unterschiedlich die Bewertung der EWG in den Anfangsjahren selbst unter den Ordoliberalen war, kann bei Rüstow nachgelesen werden: „Ich komme nun auf einen Punkt, der in dem engeren Kreise unserer Aktionsgemeinschaft [Soziale Marktwirtschaft, J. D.] nicht immer einhellig beurteilt worden ist, nämlich die Frage der EWG, und was sich daran im Laufe der letzten Zeit angesetzt hat."[206] In der Literatur wurde bereits auf die unterschiedlichen Haltungen und Visionen von Liberalen im Bezug auf den wirtschaftspolitischen Zusammenschlusses in Europa hingewiesen.[207] Erhard lehnte die EWG aufgrund der befürchteten negativen Effekte auf den Wettbewerb und das Wirtschaftswachstum ab.[208] Anstatt einer regionalen und zudem erwartet dirigistischen Lösung zielte er auf eine weltweite Liberalisierung im Rahmen des GATT und

204 Dazu Klemmer (1998).
205 Vgl. Nass (1996), S. 212 ff.
206 Rüstow (1962a/1963), S. 39.
207 Zum Beispiel Wohlgemuth (2008); Warneke (2013), S. 167 ff.
208 Entsprechend gering war auch seine Bereitschaft, für eine europäische Regionalpolitik. Erst in späteren Jahren gewann eine solche Politik im Zusammenhang mit interventionsfreundlicheren Wirtschaftsministerin in Deutschland an Akzeptanz; vgl. Sturm (2008), S. 52 f.

der OEEC (später OECD) ab und befürwortete die britischen Pläne einer Freihandelszone. So begründete Erhard 1957 seine Kritik an der EWG vor dem Bundestag (auch wenn er dann aus politischen Erwägungen doch für den EWG-Vertrag stimmte) wie folgt:

> Aus der Wirtschaftsgemeinschaft [der EWG, J. D.] kann die Gefahr erwachsen – und dem habe ich Ausdruck gegeben –, dass sich zwischen den sechs Ländern ein besonderer, ein bedenklicher Geist entwickelt, der zwar nach innen Freiheit setzt und setzen muss, der aber bemüht ist, sich nach außen abzuschirmen. Das habe ich unter der Gefahr einer möglichen europäischen Inzucht verstanden. Sie wird indessen wesentlich gemindert und schließlich behoben, wenn es uns gelingt, das System der Freihandelszone zu errichten.[209]

Zu einer Regionalpolitik äußerte sich Erhard nicht direkt. Jedoch lässt sich aus zwei Grundpositionen Erhards mittelbar auf eine Haltung dazu schließen. Erstes äußerte er seine Bedenken gegen jegliche Form der Harmonisierung- und Zentralisierung auf europäischer Ebene.[210] Dazu zählt er auch die Herstellung gleicher Startbedingungen, wie etwa gleiche steuerliche und soziale Lasten sowie die Einheitlichkeit des Lohns und der Arbeitsbedingungen.[211] So schreibt er:

> Gerade die unterschiedlichen Umwelts- [sic, J. D.], Produktions-, Arbeits- und Kostenbedingungen sind es, die den Güter- und Leistungsaustausch zwischen den Nationalwirtschaften erst begründen. Der Glaube, dass integrationswillige Volkswirtschaften zum Gelingen ihres Vorhabens von einem gleichen sozialen Standard ausgehen müssten, wäre von einer geradezu zerstörerischen Wirkung; denn das würde dem Starken die absolute Macht einräumen, während die Schwächeren dem Untergang preisgeben wären.[212]

Gerade in einer gewissen Ungleichheit erkennt er also ein Kennzeichen ökonomischer Tätigkeit und eine notwendige Bedingung für ökonomische Aufholprozesse. Auf europäischer Ebene befürchtet er eine Politik, die auf die Nivellierung solcher Unterschiede abzielt. Aus Erhards Sicht muss

> ein solcher Wahn [zur Harmonisierung der Produktions- und Lebensbedingungen, J. D.] naturnotwendig zur Begründung sogenannter „Töpfchen" führen, d. h. von Fonds, aus denen alle diejenigen, die im Nachteil sind oder es zu sein glauben, entweder entschädigt oder künstlich hochgepäppelt werden. Das aber sind Prinzipien, die mit einer *Marktwirtschaft nicht in Einklang* stehen. Hier wird nicht die Leistung prämiert, sondern das Gegenteil getan, es wird der Leistungsschwächere – aus welchen Gründen auch immer – subventioniert. Das scheint mir nicht das Prinzip zu sein, welches geeignet ist, echten Fortschritt zu bringen, jenen schnellen

209 Rede von Ludwig Erhard vor dem Deutschen Bundestag am 21 März 1957, abgedruckt in: Brunn (2004).
210 Vgl. Warneke (2013), S. 168 ff.
211 Vgl. Erhard (1959), S. 15 f.; Erhard (1959a/1962), S. 462.
212 Erhard (1959a/1962), S. 462.

> Fortschritt, den wir in Europa so notwendig brauchen. So lässt sich auch nicht das Ziel erreichen, die Lebensmöglichkeiten unseres Volkes und diejenigen aller europäischen Völker zu verbessern.[213]

Erstens ist aufgrund des Entstehungsdatums des Zitates zu vermuten, dass Erhard mit dem Ausdruck der Fonds auf die Anfänge einer europäischen Kohäsionspolitik abzielte (wie den ESF). Zweitens lassen Aussagen über eine, aus überwirtschaftlichen Gründen verfolgten Raumordnungspolitik,[214] über die Notwendigkeit des Betreibens einer Entwicklungspolitik[215] und über die Interdependenz der Volkswirtschaften[216] die Schlussfolgerung zu, dass Erhard eine Kohäsionspolitik befürwortet hätte, die die Lebensbedingungen der Menschen verbessern würde, ohne aber zugleich zu einer „Gleichmacherei“[217] und einem europäischen Interventionsstaat zu führen. Ein Beleg für diese Einschätzung ist, dass er „Institute, wie eine Investitionsbank oder ein[en] ‚gegenseitige[n] Beistand‘“ nicht ausschließt, aber diese müssen „immer nur subsidiär neben der privaten Initiative wirksam sein, die immer den Vorrang haben sollte.“[218] Daraus lässt sich eine Unterstützungspolitik ableiten, die sich nach Auffassung Erhards durch die beiden Elemente „Subsidiarität“ und „Selbsthilfe“ kennzeichnen müsse. Damit die Kohäsionspolitik nicht zu den angesprochenen „Töpfchen“ verkommt, sollte sie deshalb natürliche Gegebenheiten und strukturelle Bedingungen nicht zu nivellieren versuchen.

Erhards Befürchtungen einer europäischen Planwirtschaft teilte Röpke, der ausführlich und deutlich kritischer zu Fragen der europäischen Einigung Stellung nahm.[219] Die Zollunion des Gemeinsamen Marktes führe zu einer Abschottung der EWG, die er aufgrund seiner geringen Größe „Sextettmarkt“ nannte, gegenüber der restlichen Welt. Gerade durch diese „geschlossene Form der europäischen Wirtschaftsintegration“ müsse es zu einer Desintegration der Weltwirtschaft kommen.[220] Weiterhin warnte Röpke vor einem europäischen, zentralistischen „Kolossstaat“, in

---

213 Erhard (2009/1957), S. 328, Herv. i. O.

214 Erhard (1962/1960), S. 489 schreibt: „Die Gliederung der Städte in Geschäfts- und Verwaltungszentren, in Mittelpunkte der Bildung und der Kunst, in Wohngebiete und Verkehrslinien, kann nicht von den örtlichen Instanzen her allein gelöst werden, sondern bedarf einer Gesamtanstrengung, für deren Bewältigung auch zentrale Finanzmittel nicht zu entbehren sein werden.“

215 „Gerade unter der Last der materiell zu bewältigenden Aufgabe sollten wir die Kraft und den Mut zum Gelingen aus einer elementaren humanitären Gesinnung schöpfen. Das wirtschaftliche Kalkül reicht nicht aus, wenn es darum geht, so vielen notleidenden Menschen zu helfen. Das ist unsere Verpflichtung.“ Erhard (1959b/1962), S. 449. Auch Erhard (1953/1962; 1955/1962; 1957/1962).

216 Die wirtschaftliche Verflechtung der Staaten habe eine „schicksalhafte Bedeutung“. Erhard (1960/1962), S. 489.

217 Erhard (1959a/1962), S. 462.

218 Erhard (1959a/1962), S. 463.

219 Dazu ausführlich: Warneke (2013); Petersen/Wohlgemuth (2009).

220 Röpke (1958a), S. 46.

dem der Marktwirtschaft ein geringer Stellenwert zukomme:[221] „Europa darf nicht zu einem Altar werden, auf dem die Marktwirtschaft geopfert wird."[222] Trotz der Betonung der Marktwirtschaft könne nach Röpke die wirtschaftliche Integration erst nach einer politisch-geistigen Integration vollzogen werden.[223] Damit widerspricht er der, in heutiger Benennung, Grundsteintheorie, die die wirtschaftliche Zusammenarbeit als Impuls zu einer weiteren politischen Vertiefung sieht.[224] Röpke war also durchaus kein Anti-Europäer, sondern er hatte lediglich sehr spezifische Vorstellungen über eine europäische Integration. Er verfolgte einen föderalistischen Ansatz in Anlehnung an die Staatsorganisation der Schweiz, wo er lange Zeit lebte und die er zum Vorbild nahm.[225] Ein weiterer Grundsatz seiner europapolitischen Überzeugung war, dass die europäische Wirtschaftsintegration „zu Hause" zu beginnen habe und zwar in Form einer „gewachsenen" nationalen Ordnungspolitik, also von „unten nach oben".[226] An die Stelle einer die Vielfalt einebnenden Politik „von oben" müsse eine liberale Politik entlang des Subsidiaritätsprinzips treten, die strukturbildend eine Einheit freier europäischer Länder schaffe.[227] Bezüglich einer gemeinschaftlichen Regionalpolitik kann Röpke eine ablehnende Haltung zugeschrieben werden, da er bereits die Wirtschaftshilfe des*Marshall*-Plans negativ bewertete – anders als Erhard:[228] „Diesen Maßnahmen [des Marshall-Plans, J. D.] gegenüber ist Röpke skeptisch. Denn sie widersprechen seinem Postulat, dass eine nationale Ordnungspolitik den Kern der Europapolitik bilden müsse."[229] Vorrang müsse zunächst die Revision der nationalen Politik haben.[230] Ein weiterer Beleg für die wahrscheinliche Ablehnung eines solchen Politikportfolios (auf nationaler wie auf europäischer Ebene) ist, dass Röpke in seiner Darlegung über den Wesensgehalt der Sozialen Marktwirtschaft und die konkreten wirtschaftspolitische Ziele und Instrumente eine Regionalpolitik nicht erwähnt, sehr wohl jedoch eine Reihe anderer Aufgaben, wie z. B. Lohn-, Siedlungs- und Agrarpolitik.[231] Vielmehr schließt er sie mittelbar aus: „*Internationale Integration auf marktwirtschaftlichem Wege*, nicht durch überstaatlichen Dirigismus;

221 Röpke (1958a). Auch Röpke (1959); Feld (2012); Petersen/Wohlgemuth (2009), S. 186 f.
222 Röpke (1958a), S. 46.
223 Vgl. Hegner (2000), S. 79 f.; Röpke (1979/1945; 1956).
224 Von der Aktualität dieser Position zeugt die im Vorfeld der Euro-Einführung heftig geführte Diskussion zwischen den Befürwortern der Grundstein- sowie der gegenteiligen Krönungstheorie.
225 Vgl. Feld (2012).
226 Röpke (1958a), S. 37.
227 Röpke (1958a), S. 37 ff. Auch Wohlgemuth (2012), S. 5 f.; Sally (1998), S. 131 ff.
228 Vgl. Erhard (1966/1963), S. 232 ff.
229 Petersen/Wohlgemuth (2009), S. 179 f. Und tatsächlich ist die Wirkung des *European Recovery Progam* ERP wohl bei weitem überschätzt worden; vgl. Hitchcock (2004), S. 133 ff.
230 Vgl. Röpke (1958a).
231 Dazu Röpke (1958b), S. 36 ff.; Röpke (1964/1950).

[...] [sondern durch, J. D.] Beseitigung der quantitativen Handelsbeschränkungen, Abbau des Zollprotektionismus; Freizügigkeit für Menschen, Geld, Kapital, Waren und Dienstleistungen. Den aus dem Vertragsobjekt des *Gemeinsamen Marktes* drohenden protektionistischen, dirigistischen und inflationistischen Gefahren muss mit allen geeigneten Mitteln, vor allem durch Erweiterung des Gemeinsamen Marktes zu einer umfassenden, marktwirtschaftlich ausgerichteten Freihandelszone, entgegengetreten werden."[232]

Anders argumentierte Müller-Armack, der der ökonomischen Einigung deutlich weniger stark misstraute als Erhard oder Röpke und der mit der EWG eine Verbesserung des Handels in Europa erwartete.[233] Die politische Bedeutung Müller-Armacks für Europa ist als hoch einzuschätzen, da er ab 1952 als Leiter der Grundsatzabteilung und schließlich ab 1958 als Staatssekretär mit der Zuständigkeit für die europäische Integration im Wirtschaftsministerium eine Schlüsselposition einnahm. Dies auch deshalb, weil ihm Ludwig Erhard einen großen Handlungsspielraum überließ.[234] Vielleicht auch aus diesem Grund ist sein Schrifttum zur Fragestellung regionaler Ungleichgewichte reichhaltiger. Sowohl den Binnenmarkt als auch die grundsätzliche Konzeption sieht Müller-Armack durchweg positiv:

> Der Gemeinsame Markt entspringt einer ordnungspolitischen Konzeption. Das war schon bei der Gründung der Montanunion der Fall, wenn auch damals rein politische Gründe den Anstoß gegeben haben. Aber bei der europäischen politischen Gemeinschaft, jener Vorform, die dann 1955 in die Europäische Wirtschaftsgemeinschaft einmündete, war der ordnungspolitische Hintergrund letztlich die klassische Grundanschauung vom freien Welthandel als einem wesentlichen Mittel zur Förderung wirtschaftlichen Wohlstandes.[235]

Und weiter schreibt er: „Die Ordnung des Gemeinsamen Marktes ist so als ein streng wettbewerblicher Markt im Innern definiert. Es ist ein Markt mit binnenmarktähnlichen Verhältnissen. Ein sehr strikter Antiinterventionismus bestimmt den Vertrag."[236] Rückschlüsse auf seine Haltung gegenüber einer Kohäsionspolitik lassen sich aus direkten sowie aus indirekten Äußerungen ableiten. Müller-Armack fordert, dass seine konzeptionelle Sicht der Sozialen Marktwirtschaft auf Europa übertragen werden sollte: „Es ist an der Zeit, diesen Charakter der Sozialen Marktwirtschaft [sozialer Fortschritt durch freie marktwirtschaftliche Zusammenarbeit

232 Röpke (1958b), S. 38 f., Herv. i. O.
233 Vgl. Müller-Armack (1976/1957; 1962a/1976). Auch Brunn (2004), S. 103 ff.
234 Dazu Biskup (2002), S. 90 f.; Warneke (2013), S. 167 ff. Hentschel (1998), S. 429 nennt Müller-Armack den „Denker und Konzeptor im Ministerium". Für eine Beschreibung der realpolitischen Verhandlungen zur europäischen Integration aus Sicht Müller-Armacks: Müller-Armack (1971).
235 Müller-Armack (1964a/1976), S.402. Darüber hinaus widerspricht er den Befürchtungen, dass einzelne Länder (wie etwa Frankreich mit der Politik der *Planification*) in den Verhandlungen ihre Vorstellungen durchsetzen konnten.
236 Müller-Armack (1964a/1976), S. 405.

und ein staatswirtschaftlicher Infrastrukturapparat, J. D.] als eines zukunftsfähigen Grundmodells für die Ausgestaltung unserer Wirtschafts- und Gesellschaftsordnung in Europa herauszustellen."[237] Als wichtiges Kennzeichen dieser Wirtschafts- und Gesellschaftsordnung können Vorkehrungen zur Konvergenz der regionalen Lebensverhältnisse gesehen werden. Auf diese Weise kann indirekt die Begründung für eine europäische Angleichungspolitik geleistet werden, sodass die Kohäsionspolitik im Sinne Müller-Armacks sein könnte. Die Bedeutung des Referenzmodells Soziale Marktwirtschaft für Europa machen Müller-Armack und Erhard in einem gemeinsamen Beitrag deutlich und betonen insbesondere auch die „soziale Ausgestaltung" des gemeinschaftlichen Wettbewerbsmarktes. Gleichzeitig warnen sie vor einer zu interventionistischen Politik:

> Er [der EWG-Vertrag, J. D.] hat finanzielle Mechanismen geschaffen zum Ausgleich sozialer Unterschiede, insbesondere in Bezug auf das Nord-Süd-Gefalle, z. B. durch die Europäische Investitionspolitik. Wenn auch nach dem Vertragsansatz die Führung der Sozialpolitik weitgehend der einzelstaatlichen Verantwortung überlassen blieb, so drängen doch heute viele Kräfte, insbesondere bei den Gewerkschaften und in der Regionalpolitik, zu einer Verstärkung der gemeinschaftlichen Sozialmaßnahmen.[238]

Außerdem sieht Müller-Armack durchaus den Bedarf einer europäischen Abstimmung nationaler Politikfelder, da er die Interdependenzen der Volkswirtschaften als ausgeprägt wertet. So kommt seine Idee einer „europäischen Konjunkturpolitik", einer Kohäsionspolitik sehr nahe, wenn er sie wie folgt beschreibt: „Zollsenkung, Liberalisierung und Herausgabe bilateraler Kredite könnten als Mittel einer solchen solidarischen Konjunkturpolitik eingesetzt werden. Das Ziel wäre dabei, durch die Erhaltung und Hebung des Wachstumsniveaus in Europa den zurückbleibenden Ländern eine wirksame Hilfe zu bieten."[239] Ähnlich wie Erhard betont er dabei die Eigenverantwortlichkeit. Einerseits will er einen Markt ohne Regelrahmen vermeiden und andererseits einer sozialen Planifikation vorbeugen.[240] Eine, nach seinen Maßstäben gelungene Europapolitik muss dieses Spannungsverhältnis auflösen. Dabei mache die europäische Kommission Fortschritte: „Ich sehe in den Bemühungen der Kommission um die Regionalpolitik, um die soziale Koordinierung, um die Wettbewerbspolitik und um die Ausgestaltung einer konstruktiven Konjunkturpolitik wesentliche Ansatzpunkte in dieser Richtung, die gefördert werden müssen. Die Integration Europas ist im Endergebnis nicht nur eine politische Integration. Sie setzt auch die Integration der Wirtschaftsordnungen voraus."[241]

---

237 Müller-Armack (1981/1972), S. 145.
238 Erhard/Müller-Armack (1972), S. 349.
239 Müller-Armack (1958/1976), S. 341. Auch Müller-Armack (1964/1966).
240 Vgl. Müller-Armack (1962b/1976), S. 313 ff.
241 Müller-Armack (1962b/1976), S. 315.

In seinem Katalog zur verstärkten politischen Kooperation fordert Müller-Armack explizit eine Regionalpolitik: „Entsprechend der von der Kommission vorgeschlagenen *Regionalpolitik* sollten gemeinsame Vereinbarungen über Maßnahmen zugunsten der benachteiligten Grenzzonen des Gemeinsamen Marktes wie auch bezüglich der sich mit dem Wegfall der inneren Zollgrenzen erheblich umstrukturierenden Nahtzonen im Gemeinsamen Markt getroffen werden.“[242] Weiter fordert er: „Erforderlich wäre ein *Programm für gemeinsame europäische Investitionen* im grenzüberschreitenden Bereich. In erster Linie käme ein gemeinsames Vorgehen in Bezug auf Erdöl, Erdgas, Gas, Wasser, Energie- und Verkehrseinrichtungen usw. in Betracht.“[243] Demnach ist eine Kohäsionspolitik also denkbar, diese muss allerdings sehr spezifisch gestaltet sein und gewisse Bedingungen erfüllen, wie Müller-Armack zusammen mit Erhard formuliert:[244] „Man kann soziale und gesellschaftspolitische Ziele innerhalb der Gemeinschaft zum Gegenstand gemeinsamer Politik machen. Aber man wird sich dabei bewusst sein müssen, dass das entscheidende Regulativ in jedem Falle das wirtschaftliche Wachstum in der Gesellschaft sein wird. Was an finanziellen Aufwendungen aus solch einer begleitenden Politik erforderlich ist, ist nur durch die Erhaltung der marktwirtschaftlichen Funktionen zu sichern.“[245]

Während Röpke sich aus einer eher theoretischen Perspektive zu Europa äußerte, ist bei Erhard und noch viel mehr bei Müller-Armack auch der Realpolitiker zu erkennen, der konkrete Verhandlungen zur europäischen Integration führte und sich deutlicher über die politische Bedeutung der Gesamtentwicklung bewusst war. Insbesondere Müller-Armack bemühte sich, Kompromisse zwischen den europäischen Partnern zu finden.[246]

Von Rüstow sind weniger Ausführungen zum Thema Europa überliefert als von Müller-Armack und Röpke, und es sind wenig Hinweise auf eine Kohäsionspolitik zu finden. Aus den verfügbaren Werken lassen sich jedoch folgende Aussagen und Schlüsse darlegen: Rüstow befürwortete eine europäische Integration (unter Einschluss Großbritanniens), da diese durch einen gemeinsamen Markt Handelsvorteile erlaube. Dieser Binnenmarkt beseitige die Handelshemmnisse und schaffe damit Wohlstand. Denn „[a]lle künstlichen administrativen Änderungen internationaler Preisrelationen im grenzüberschreitenden Wirtschaftsverkehr, nicht nur Verteuerung durch Zölle usw., sondern ebenso auch künstliche Verbilligung durch

---

242 Müller-Armack (1964b/1976), S. 438, Herv. i. O.
243 Müller-Armack (1964b/1976), S. 438, Herv. i. O.
244 Auch Müller-Armack (1981/1972), S. 145 befürwortet eine Entwicklungspolitik: „Das gilt auch für die Entwicklungsländer, die auf Dauer nach diesem Modell ihren Weg zur Annäherung an die Verhältnisse der großen Industriestaaten beschreiten müssen.“ Aus dieser Einsicht lassen sich Hilfen für wirtschaftsschwache Gebiete ableiten.
245 Erhard/Müller-Armack (1972), S. 353.
246 Dazu Warneke (2013), S. 168 f.

Dumping, Ausfuhrprämien usw., sind an für sich marktwirtschaftswidrig und verschlechtern die optimale Standortsverteilung und Gesamtversorgung."[247] Er hatte jedoch darüber hinaus auch außerökonomische Ziele im Blick. Die Frage der EWG versteht Rüstow als eine „Frage der Zielsetzung, und zwar der überwirtschaftlichen Zielsetzung wirtschaftspolitischer Maßnahmen."[248] Ein solches Ziel war für ihn vor allem der Zusammenhalt der westlichen Welt gegen den, vom ihm auf schärfste abgelehnten, Totalitarismus jenseits des Eisernen Vorhangs.[249] Aus seiner Betonung außerökonomischer Ziele (zu denen der Abbau regionaler Disparitäten zu zählen ist, wie in Kapitel zwei gezeigt wurde) und der Befürwortung der Hilfe für Entwicklungsländer kann auf eine positive Haltung zu einer Kohäsionspolitik gefolgert werden. Rüstows Position wird an seiner Auffassung zur Entwicklungspolitik deutlich:

> Ich darf vielleicht in diesem Zusammenhang betonen, dass an dem Problem der Hilfe für die Entwicklungsländer sich die Wichtigkeit, das Wirtschaftliche den überwirtschaftlichen Werten unterzuordnen, in ganz besonders deutlicher Weise zeigt. Die Hilfe für die Entwicklungsländer, die schon bisher in sehr erheblichem Umfang stattgefunden hat, insbesondere von Seiten der Vereinigten Staaten, hat vielfach zu ganz entgegengesetzten Ergebnissen geführt als denen, die bezweckt und erwartet waren. Man hat sich gutwilliger-, aber kurzsichtigerweise eingebildet, mit der wirtschaftlichen Hilfe sei schon alles getan, und wenn das nicht genüge, müsse man eben die Summe noch steigern.[250]

Denn die Verfolgung rein wirtschaftlicher Ziele kann aus seiner Sicht höheren Werten schaden, wie etwa die Zerstörung traditioneller Gesellschaftsstrukturen. Er schreibt: „Also auch beim Problem der Hilfe für Entwicklungsländer handelt es sich in allererster Linie und in übergeordneter Weise um wirtschaftliche Werte. Die wirtschaftliche Hilfe kann viel mehr schaden als nützen und viel mehr den feindlichen Kräften in die Arme arbeiten, wenn diese überwirtschaftlichen Werte nicht gebührend vorangestellt werden."[251] Allerdings ist auch für Rüstow zu vermuten, dass er einer Regional- und Strukturpolitik klare Grenzen gesetzt hätte. Er hätte wohl eine Politik abgelehnt, die das Individuum entmündigen und durch Zahlungen von Beihilfen zu einem reinen Empfänger von Kapitalhilfen machen würde. Stattdessen müsse man auf Strukturverbesserungen abzielen, sodass die Bedingungen der Individuen, um ein eigenverantwortliches Leben zu führen, verbessert werden. Bspw. schreibt er 1962 im Zusammenhang mit der landwirtschaftlichen Marktordnung in der EWG:

---

247 Rüstow (1962b/1963), S. 17. Auch Rüstow (1957b/1963). In der Bewertung der tatsächlich realisierten EWG ist er ähnlich wie Müller-Armack deutlich positiver als Röpke.

248 Rüstow (1962a/1963), S. 39. Auch Rüstow (1962b/1963), S. 22 f., S. 27 f.; Hegner (2000), S. 77 ff.

249 Vgl. Rüstow (1962a/1963; 1960c/1963; 1958a/1963).

250 Rüstow (1960a/1963), S. 81.

251 Rüstow (1960a/1963), S. 82.

> Sie wissen, dass der Grüne Plan zwei Abteilungen hat [er meint damit die zwei Aufgaben der Gemeinsamen Agrarpolitik, J. D.], eine betrifft die Strukturverbesserung, die andere die Subventionen, oder wie man es nennen will. Für die Strukturverbesserung sind wir durchaus, und wir sind der Meinung, dass allmählich die Aufwendungen für die Strukturverbesserungen immer mehr anwachsen und entsprechend die Aufwendungen für die Subventionen immer mehr abnehmen sollten.[252]

Insgesamt lässt sich die Vermutung anstellen, dass Rüstow eine bestimmte Art von Kohäsionspolitik vertreten hätte und zwar eine Unterstützungspolitik, die als Hilfe zur Selbsthilfe ausgestaltet wäre. Deutlich wird diese Einstellung wieder an seiner Meinung zur europäischen Agrarpolitik, zu der er schreibt: „Wir sind nicht der Meinung, dass man überhaupt nichts machen sollte, aber man sollte das Richtige und nicht das Falsche tun."[253]

Für die Positionen der Ordoliberalen zur Konvergenzdiskussion der 1950er gilt zusammenfassend, dass die Thematik einer Regional- und Strukturpolitik, oder generell einer Ausgleichspolitik, auf europäischer Ebene in den Beiträgen der Ordoliberalen weder durchgängig präsent war, noch einen zentralen Leitgedanken darstellte. Das Verständnis für eine solche Kohäsionspolitik war nicht sehr stark ausgeprägt. Dafür ursächlich könnte gewesen sein, dass die Ordoliberalen nicht nur hinsichtlich der europäischen Integration heterogene Haltungen aufwiesen, sondern auch mit Blick auf eine mögliche Regional- und Strukturpolitik unterschiedliche Meinungen vertraten. Erhard, Müller-Armack und Rüstow bezogen nicht *per se* gegen europäische Politikfelder Stellung, aber argumentierten deutlich gegen eine klar interventionistische Ausgestaltung und solche Politiken, die ohne rationale Begründung nationale und subnationale Handlungsräume einschränken würden. Folglich wäre eine interventionistisch ausgerichtete Kohäsionspolitik damit prinzipiell auch auf Ablehnung bei diesen Ordoliberalen gestoßen. Röpke hingegen ist eine grundlegend ablehnende Haltung jeder Form von Ausgleichspolitik zuzuschreiben.[254] Möglicherweise waren die geringfügige Bedeutung und die große Heterogenität im ordoliberalen Denken bezüglich einer Ausgleichspolitik, die Gründe dafür, warum die Ordoliberalen in der Konvergenzdiskussion kaum wahrgenommen wurden und wenig Einfluss auf die konkrete Gestaltung in den Anfängen der Kohäsionspolitik nahmen.

---

252 Rüstow (1962b/1963), S. 26.

253 Rüstow (1962b/1963), S. 26.

254 Auch Hayek, der sich am wenigsten mit einer europäischen Regional- und Strukturpolitik beschäftigte, könnte zu den Kritikern einer Unterstützungspolitik gezählt werden. So spricht er sich gegen einen staatlich betriebenen Ausgleich der Lebensstandards aus und äußert Bedenken gegen die zentrale Planung wirtschaftspolitischer Maßnahmen. Sein Hauptbeitrag zur europäischen Integration war der Entwurf einer europäischen Föderation; vgl. Hayek (1944/2011), S. 271 ff.; Hayek (1939/1952). Auch Warneke (2013), S. 191 ff.

5.4.3.3 Die Weichenstellung

Die Art und der Umfang der ordoliberalen Beschäftigung mit einer europäischen Regional- und Strukturpolitik steht im Gegensatz zur Entwicklung, die im Laufe der späten 1960er- und frühen 1970er-Jahre begann. Zu diesem Zeitpunkt setzte sich die Rechtfertigung für eine gemeinsame Politik im Bereich der Regionalförderung endgültig durch. Wie Drevet bemerkt, kam ein starker Impuls für eine gemeinsame Regionalpolitik aus der Einsicht, dass nach zwölf Jahren Gemeinsamen Marktes die regionalen Disparitäten nicht verschwunden seien und sich sogar verstärkt hätten.[255] So urteilt auch Nass:

> Die Väter des Vertrages [des EGV, der durch den Fusionsvertrag 1969 entstand, J. D.] haben nicht darauf vertraut, dass eine gewisse regionale Homogenität der EWG allein durch die sogenannten selbstheilenden Kräfte des Marktes zustande kommen könnte, indem das Kapital mehr oder weniger von alleine in die Niedriglohngebiete und die Arbeit in die Gebiete „fließt", in denen höhere Löhne gezahlt werden.[256]

Weitere Triebkräfte waren die Schaffung der Zollunion (1969) und die exogenen Angebotsschocks der Ölpreiskrisen.[257] Zudem intensivierte sich die Debatte um den Abbau von regionalen Disparitäten mittels einer europäischen Politik maßgeblich durch regionalistische Bewegungen mit der Forderung eines „Europas der Regionen".[258] Im Programm dieser Bewegungen kommt den Regionen eine zentrale Stellung zu, da sie ein wesentliches Element der Demokratisierung des europäischen Entscheidungsprozesses darstellen würden.[259] Auf diese Weise erlangen Regionen eine politische Bedeutung über die Rolle als technische Empfangseinheiten von Fördermitteln hinaus. Zur Repräsentation regionaler Interessen im europäischen Gesetzgebungsverfahren wurde 1985 der Rat der Regionen Europas (1987 in Versammlung der Regionen Europas umbenannt) und 1992 der Ausschuss der Regionen (nach Vorbild des Wirtschafts- und Sozialausschusses) etabliert.[260] Insgesamt veränderten sich also die herrschenden Einstellungen und das Europabild: „Ebenso wie der Regionalismus drückten die Bemühungen um die Europäische Integration 1969 die Abkehr von nationalstaatlichen Leitbildern aus. So wurde nun auch die Regionalisierung der EG möglich. Die Europäisierung der Regionalismusdiskussion und die organisatorische Zusammenarbeit der Regionalisten auf europäischer Ebene waren die Folge der wachsenden Regionalbewegungen."[261]

---

255 Dazu Drevet (2008), S. 41; Nass (1996), S. 206.
256 Nass (1996), S. 204.
257 Vgl. Leonardi (2005), S. 34 f.
258 Pujol (1995).
259 Vgl. Ruge (2003), S. 289.
260 Einen Überblick über den Forschungsstand des Einflusses des Ausschusses der Regionen gibt Allen (2010), S. 240 f.
261 Schulz (1993), S. 205.

Die Idee einer gemeinschaftlichen Regionalpolitik fand nun zunehmend Unterstützung und wurde durch das europäische Parlament und den Großteil der europäischen Kommission (1968 wurde die „Generaldirektion XVI Regionalpolitik" geschaffen) befördert.[262] Jedoch sind innerhalb der europäischen Kommission generell verschiedene Positionen und Interessen festzuhalten.[263] Deutliches Zeichen des Bewusstseinswandels war der, auf einem Gipfeltreffen 1972 in Paris bei der europäischen Kommission in Auftrag gegebene, *Thomson*-Report, benannt nach George Thomson, britisches Mitglied der EG-Kommission 1972–1977 und späteren Regionalpolitik-Kommissar. Das erschöpfende Statistik- und Zahlenwerk stellt in Teilen der neun Mitgliedstaaten erhebliche BIP-Pro-Kopf-Unterschiede, hohe Arbeitslosigkeit und beträchtliche Abwanderungsbewegungen fest. Der Bericht schlussfolgert, dass „man nicht von einer gleichmäßigen Entwicklung der Wirtschaft innerhalb der Gemeinschaft oder von einer geografisch ausgewogenen Ausweitung sprechen" kann. Und weiter: „Trotz konkreter Maßnahmen der Regierungen der Mitgliedstaaten hat sich der Abstand der vergleichbaren Einkommen in den Regionen nicht merklich verändert."[264] Bezugnehmend auf die Präambel der Römischen Verträge fordert der Bericht, dass eine „globale Regionalpolitik" geschaffen werden muss. Begründet wird dies nicht nur durch wirtschaftliche, sondern zugleich auch aus moralischen und umweltbezogenen Erwägungen:

> Zu einer Zeit, da man erklärt, dass wirtschaftliches Wachstum nicht Selbstzweck ist, sondern mit Vorrang zur Annäherung der Lebensbedingungen beitragen muss, ist es undenkbar, dass die Gemeinschaft dazu beitragen sollte, den Prozess zu verstärken, durch den Wohlstand vornehmlich von Gebieten angezogen wird, in denen er bereits vorhanden ist. [...] das Versagen der Gemeinschaft, die Ressourcen der Gemeinschaft zu den Menschen zu bringen und damit lebendige örtliche Gemeinwesen zu erhalten, würde die Begeisterung der Menschen für die Ideen eines vereinten Europas zunichte machen.[265]

---

262 Schulz (1993), S. 189 urteilt: „Das Problempotenzial regionaler Disparitäten wurde von der EG-Kommission im Sinne des EWG-Vertrags erkannt und aufgegriffen. Praktisch seit Beginn der EWG arbeitete die Kommission an Studien über regionale Probleme und die verschiedenen Regionalpolitiken der Mitgliedstaaten. Seit 1959 trafen sich die für die Regionalpolitik der Staaten verantwortlichen Vertreter der Staatsregierungen regelmäßig zum Austausch über ihre Regionalpolitiken in Brüssel." Auch McCormick (2011), S. 377; Bache (1998), S. 36; Groeben (1995), S. 362 ff. Zur Entwicklung der Generaldirektion: Hooghe (1996a), S. 103 ff.

263 Die Innenansicht des *Sociological Institutionalism* wird durch Hooghe (2001; 2000) anhand der Reformen der Kohäsionspolitik 1988 aufgezeigt oder durch Cini (2000) am Zielkonflikt von Wettbewerb und Umweltschutz verdeutlicht. Grundlegend zu den kulturellen Hintergründen der verschiedenen Verwaltungsstellen: Bellier (1997).

264 EU-Kommission (1973), S. 2.

265 EU-Kommission (1973), S. 4. Der Abschnitt des *Thomson*-Reports über die Auflockerung der Ballungsräume weckt außerdem Reminiszenzen an Rüstow und Röpke: „Die sich immer weiter ausdehnende Vorstadtwüste, die Wohnungsnot, das Elende des Pendelverkehrs auf überlasteten Straßen oder in überfüllten Zügen, die Verschmutzung von Luft und Wasser, alle diese Entwicklungen

In der Folge wurde nun das Motiv nach einer notwenigen Ergänzung des Binnenmarktes durch eine Ausgleichspolitik erneut aufgegriffen und entwickelt. So argumentierte die europäische Kommission, dass es zu einer Aushöhlung des Freizügigkeitsprinzips komme, wenn beträchtliche Abwanderungsbewegungen aus schwachen Regionen stattfänden. Ärmere Gebiete müssten also für die Teilnahme am Binnenmarkt gestärkt werden: „[S]eine [des Fonds für regionale Entwicklung, J. D.] mit nationalen Hilfsmaßnahmen koordinierte Intervention soll ermöglichen, im Zuge der Verwirklichung der Wirtschafts- und Währungsunion die hauptsächlichsten regionalen Unausgewogenheiten in der erweiterten Gemeinschaft zu korrigieren, insbesondere solche, die sich aus überwiegend landwirtschaftlicher Struktur, industriellen Wandlungen und struktureller Unterbeschäftigung ergeben.“[266]

Betrachtet man den historischen Kontext, so scheint zu dieser Zeit ein *Window of Opportunity* bestanden zu haben: Erstens befürwortete Deutschland unter der Kanzlerschaft von Brandt – obwohl Nettozahler – eine europäische Regionalpolitik, da diese Ballungszentren zu entlasten und die Peripherie zu stärken versprach.[267] Zweitens wurde durch den Willen zur Vollendung des Gemeinsamen Marktes (exemplarisch stehen hierzu die Überlegungen des *Werner*-Plans 1970 zur Wirtschafts- und Währungsunion) eine flankierende Regional- und Strukturpolitik eingestanden. Entscheidenden Ausschlag gab jedoch wohl der EG-Beitritt Großbritanniens 1973: „Von allen guten, verstärkt thematisierten Gründen, eine Regionalpolitik einzuführen, war keiner so dominant wie die Notwendigkeit, die Beitrittsverhandlungen abzuschließen.“[268] Denn Großbritannien drängte auf einen Finanzausgleich, da es aufgrund seines kleinen landwirtschaftlichen Sektors wenig von der Agrarpolitik profitieren würde und die Rückflüsse im Verhältnis zu den Beiträgen maximieren wollte.[269] Eine solche Stellungnahme für eine Interventionspolitik erscheint paradox, da der liberale Gedanke der Wohlstandssteigerung durch Freihandel die innerbritische Debatte

---

bedeuten, dass die umweltbezogenen Argumente für die Beseitigung des geografischen Abstandes für die Bewohner der sogenannten Wohlstandsgebiete in der Gemeinschaft ebenso stichhaltig sind wie für die Bewohner ärmerer Regionen.“ EU-Kommission (1973), S. 5.

266 EU-Kommission (1973), S. 1.

267 Vgl. Schulz (1993), S. 224.

268 „De toutes les bonnes raisons évoquées plus haut pour créer une politique régionale, aucune n'a d'effet aussi déterminant que le besoin de conclure une négociation d'adhésion.“ Drevet (2008), S. 52, Übersetzung des Autors.

269 „The UK could not profit from the Common Agricultural Policy (CAP) in proportion to its contribution, but it could do with assistance for its declining industrial areas. So to compensate the UK, a regional policy of sorts was introduced, which Drevet (2008) mocks for being neither regional nor communitarian, but a mere financial transfer to national governments to support whatever regional policy they wished to pursue.“ Faludi (2011), S. 88. Auch Allen (2010), S. 231; Dinan (2010), S. 348 f.; Klemmer (1998), S. 467; Schulz (1993) S. 222 f.; Krieger-Boden (1987), S. 86 f.

dominierte und das Hauptmotiv des britischen Beitrittsgesuches darstellte.[270] Aufgrund großer regionaler Disparitäten, die dem Strukturwandel geschuldet waren, versprach eine auf ökonomisch schwache Gebiete ausgerichtete europäische Regionalpolitik jedoch reichlich Transferleistungen in Richtung Großbritannien. Dieses Kalkül hat sich mit Blick auf die Förderquoten, nach der die Finanzmittel aufgeteilt wurden, bewahrheitet (Tab. 5.9), insbesondere auch bei der Pro-Kopf-Betrachtung.[271] Großbritannien erhielt im Zeitraum nach Italien die meisten Kapitalhilfen. Valide Aussagen zu den absoluten Fördersummen können kaum getroffen werden, da im Wesentlichen aufgrund der verschiedenen Währungseinheiten ein Vergleich schwer fällt.

Tab. 5.9: Aufschlüsselung der Quoten für die Jahre 1975–1977 (Quelle: Eigene Darstellung).[272]

Italien	Großbritannien	Frankreich	BRD	Irland	Niederlande	Belgien	Dänemark	Luxemburg
40,0%	28,0%	15,0%	6,4%	6,0%	1,7%	1,5%	1,3%	0,1%

Nach längeren Verhandlungen wurde 1975 auf Grundlage von Art. 308 EGV (jetzt Art. 352 AEUV)[273] mittels der Verordnung Nr. 724/75 die Errichtung eines Europäischen Fonds für regionale Entwicklung (EFRE) beschlossen, der die „wichtigsten regionalen Ungleichgewichte in der Gemeinschaft zu berichtigen habe".[274] Weiter heißt es in der Verordnung:

> Regionale Entwicklung bedingt einerseits, dass in der Industrie und im Dienstleistungsbereich neu investiert wird, um Arbeitsplätze zu schaffen oder zu erhalten. Sie erfordert andererseits den Bau und Ausbau von Infrastrukturen, die unmittelbar mit der Entwicklung von Industrie- und Dienstleistungsbetrieben verbunden sind. In einigen benachteiligten landwirtschaftlichen Gebieten ist ein Beitrag zur Schaffung einer ausreichenden kollektiven Ausrüstung zu leisten,

270 Dazu Diez (1999), S. 164 ff.

271 Vgl. Krieger-Boden (1987), S. 88.

272 Darstellung des Durchschnitts der jährlichen Quoten. Die genaue Aufstellung der Quoten 1975–1985 findet sich bei: Krieger-Boden (1987), S. 88. Eigene Darstellung nach: Verordnung (EWG) Nr. 724/75 des Rates vom 18 März 1975, in: ABl. Nr. L 73, 21 März 1975.

273 Dort heißt es: „Erscheint ein Tätigwerden der Union im Rahmen der in den Verträgen festgelegten Politikbereiche erforderlich, um eines der Ziele der Verträge zu verwirklichen, und sind in den Verträgen die hierfür erforderlichen Befugnisse nicht vorgesehen, so erlässt der Rat einstimmig auf Vorschlag der Kommission und nach Zustimmung des Europäischen Parlaments die geeigneten Vorschriften. Werden diese Vorschriften vom Rat gemäß einem besonderen Gesetzgebungsverfahren erlassen, so beschließt er ebenfalls einstimmig auf Vorschlag der Kommission und nach Zustimmung des Europäischen Parlaments."

274 Verordnung (EWG) Nr. 724/75 des Rates vom 18 März 1975, in: ABl. Nr. L 73, 21 März 1975. Für Details der Verhandlungen: Bache (1998), S. 35 ff.

um sicherzustellen, dass die landwirtschaftliche Tätigkeit fortgesetzt wird und eine Mindestbevölkerung erhalten bleibt.[275]

Neben der Investition in Infrastruktur sind laut Art. 4 VO (EWG) 724/75 auch direkte Investitionen möglich in „wirtschaftlich gesunde Industrie-, Handwerks- oder Dienstleistungsbetriebe, die staatliche Beihilfen mit regionaler Zweckbestimmung erhalten, sofern mindestens zehn Arbeitsplätze geschaffen oder Arbeitsplätze erhalten werden".[276] Um als Region förderfähig zu sein, musste sie einen überdurchschnittlichen Anteil an landwirtschaftlicher Bevölkerung oder eine hohe, strukturbedingte Unterbeschäftigung aufweisen oder aber sich in Strukturwandlungsprozessen befinden. Konkrete quantitative Schwellen für diese Förderbedingungen gab es nicht (die auch noch heute gültige Regel, dass Regionen mit weniger als 75% des durchschnittlichen BIP-Pro-Kopf förderberechtigt sind, wurde erst 1988 verankert), jedoch eine Begrenzung des Mittelzuflusses.[277] Waren diese Förderbedingungen erfüllt, so konnten die Mitgliedsländer – nicht die jeweiligen Regionen – aufgrund regionaler Entwicklungsprogramme einzelne Projekte in den Fördergebieten der europäischen Kommission vorschlagen, die dann die Mittel *ergänzend* zu den einzelstaatlichen Maßnahmen auszahlte (Prinzip der Additionalität).[278] Trotz formaler Beteiligung der europäischen Kommission und bestimmter Anforderungen an die Anträge erfolgte die Mittelzuweisung fast ausschließlich anhand nationaler Förderkriterien.[279] Um einen möglichst hohen Finanztransfer zu erhalten, wurden entsprechend viele Projektvorschläge eingereicht, was wiederum zu einem „Gießkannen-Effekt" der Förderung führte. Da die Verteilung der drei Jahre laufenden EFRE-Hilfen nach Länderquoten erfolgte, die wiederum keinen gemeinschaftsweiten ökonomischen Kriterien folgten, war die Regional- und Strukturpolitik der ersten Stunde keine originär vergemeinschaftete Politik, sondern wurde von den Mitgliedstaaten meist als Rabatte auf nationale Beitragszahlungen eingestuft.[280] Der EFRE löste keine zusätzlichen Fördermaßnahmen regionaler Entwicklungspolitik aus, sondern entlastete lediglich die Haushalte der Mitgliedstaaten. Die erste Generation der Regionalpolitik diente so bestenfalls als

275 Verordnung (EWG) Nr. 724/75 des Rates vom 18 März 1975, in: ABl. Nr. L 73, 21 März 1975, Art. 4 (1).

276 Verordnung (EWG) Nr. 724/75 des Rates vom 18 März 1975 über die Errichtung eines Europäischen Fonds für regionale Entwicklung, in: ABl. Nr. L 73, 21 März 1975.

277 Vgl. Bache (1998), S. 70 ff.; Mawson (1985).

278 Der Gemeinschaftsanteil machte bis zu 50% aus; vgl. Drevet (2008), S. 52 ff.; Verordnung (EWG) Nr. 724/75 des Rates vom 18 März 1975, in: ABl. Nr. L 73, 21 März 1975.

279 Vgl. EU-Kommission (1973), S. 15 f.; Bache (1998), S. 48 ff. Davon abgesehen gewann die EU-Kommission jedoch über die Beihilfekontrollverfahren an Einfluss; vgl. Blauberger (2009).

280 Die EU-Kommission forderte im Vorfeld hingegen vergeblich objektive Förderkriterien. Bache (1998), S. 42 bemerkt dazu: „Moreover, all governments insisted on a quota, even though this meant some regions in richer Member States were eligible despite having a greater per capita GDP than some ineligible regions in poorer Member States."

Stütze nationaler Regionalpolitik, unterstützte also die national ausgesuchten Fördergebiete und trat somit lediglich an die Stelle nationaler Gelder.[281]

5.4.3.4 Auf dem Weg zu einer selbständigen Kohäsionspolitik

Ab 1979 folgte eine Abkopplungsphase der gemeinschaftlichen Regionalpolitik von den jeweiligen nationalen Maßnahmen, die wesentlich dadurch charakterisiert war, dass der EFRE in eine quotengebundene und eine nicht quotengebundene Abteilung gegliedert wurde.[282] Mit dem nicht quotierten Anteil (5% der gesamten EFRE-Mittel) konnte die europäische Kommission eigene Vorstellungen umsetzen, indem sie – wenn auch in Zusammenarbeit mit den Mitgliedstaaten – autonom Projekte förderte (in der Sprachregelung der europäischen Kommission sog. „spezifische Gemeinschaftsmaßnahmen" oder auch „gemeinschaftliche Sondermaßnahmen"). Dabei lag der Fokus auf dem Ausbau von grenzüberschreitender Infrastruktur und allgemein in der Betonung von Grenzregionen.[283] Der quotierte Anteil folgte weiterhin den Länderquoten, die kaum verändert wurden. Zum Jahreswechsel 1984/1985 – zwischenzeitlich war 1981 Griechenland der EG beigetreten – kam es im Rahmen der Neufassung der EFRE-Verordnung zu bedeutenden Regeländerungen,[284] die beweisen sollten, dass die europäische Kommission kein reiner „Kassenwart" einer quotenorientierten Regionalpolitik sei.[285] Das System der Quoten, also des sogenannten „Juste-retour", wurde aufgegeben. Die europäische Kommission stellt rückblickend fest: „Um dieses ‚Juste-retour'-System zu überwinden, begann die Kommission mit der Entwicklung und Finanzierung von Regionalprojekten auf einer verstärkt autonomen und experimentellen Grundlage, die sich zur Blaupause für die Methode zur Umsetzung der Kohäsionspolitik entwickelte."[286] Ähnlich bewertet Delors diese entscheidende Phase: „Der EFRE, der 1975 als passives System zur quotengebundenen Erstattung der Ausrüstungsinvestitionskosten der Mitgliedstaaten geschaffen wurde, hat zunächst durch die Einführung gemeinschaftlicher Sondermaßnahmen (1978) und schließlich durch eine erste Überarbeitung seiner Verordnungen im Jahre 1984 eine mehr und mehr regionale und gemeinschaftliche Ausrichtung erfahren."[287] Anstelle der Quoten trat das Beteiligungsspannen-System mit Ober- und Untergrenzen für die Mittelverteilung in einem dreijährigen Förderzeitraum. Die Untergrenze markiert denjenigen Anteil, der den jeweiligen Mitgliedsländern garantiert zusteht.

---

281 Vgl. Klemmer (1998), S. 467; Nass (1996), S. 206; Spiekermann et al. (1988), S. 12.
282 Vgl. Verordnung (EWG) Nr. 214/79 des Rates vom 6.2.1979, in: ABl. Nr. L 1979/35, 9.2.1979. Auch Klemmer (1998), S. 468.
283 Dazu Schulz, M. (1993), S. 226; Spiekermann et al. (1988), S. 12 f.
284 Vgl. Verordnung (EWG) Nr. 1787/84 des Rates vom 19 Juni 1984, in: ABl. Nr. L 169/1, 28 Juni 1984.
285 Klemmer (1998), S. 469. Auch Spiekermann et al. (1988), S. 13 f.
286 EU-Kommission (2008a), S. 10.
287 Delors (1995), S. 19.

Für die europäische Kommission stand nun ein Volumen von 11% der gesamten Kapitalhilfen für die Verteilung nach eigenem Ermessen zur Verfügung. Diese Zuteilung durfte jedoch die länderspezifischen Obergrenzen nicht überschreiten. Auf den ersten Blick scheint sich die Logik nur wenig vom bisherigen Quotensystem zu unterscheiden, Krieger-Boden sieht dennoch einen Zugewinn an Einfluss für die Gemeinschaftsebene:

> Die Spannenregelung gibt der Kommission aber noch weitere Einflussmöglichkeiten: Da jedes Land möglichst viele Anträge einreicht, um die Chance zu haben, die Mittel bis zur jeweiligen Obergrenze auszuschöpfen, kann die Kommission eine Auswahl treffen. Alle Anträge werden in einem aufwendigen Verfahren von der Kommission geprüft; zum einen auf ihre Zulässigkeit entsprechend den Vorschriften der Verordnung, zum anderen daraufhin, ob sie dem Gemeinschaftsinteresse, so wie es von der Kommission interpretiert wird, Rechnung tragen.[288]

Ein weiteres Merkmal war die zunehmende Programmfinanzierung anstelle der bisherigen Projektorientierung: „Mehr als bei der Beteiligung an einzelnen Investitionsvorhaben wird mit den (oft mehrjährigen) Programmen versucht, die Wirtschaftsstruktur einzelner Regionen umzuformen und deren wirtschaftliche Entwicklung zu beeinflussen."[289]

Die Abkopplungsphase seit 1979 ist hauptsächlich auf die Initiative der europäischen Kommission zurückzuführen, obwohl die Mitgliedstaaten den wenigsten Vorschlägen uneingeschränkt folgten und stattdessen ihre nationalen Interessen durchzusetzen wussten.[290] Zwei Entwicklungen prägten die Periode Ende der 1980er-Jahre, nämlich die dritte Erweiterung der EG sowie die Vollendung des Binnenmarktes bis 1992 im Gefolge der Einheitlichen Europäischen Akte (EEA). Dies fiel in die Amtszeit von Jacques Delors (1985–1995), oftmals als einer der prägendsten Kommissionspräsidenten bezeichnet[291] und Verfechter einer starken europäischen Regionalpolitik. Diese Zäsur markiert den Beginn der Verselbstständigungsphase, denn die europäische Kommission wurde nun endgültig zum gleichberechtigten Akteur und Mitfinanzierer.[292] Delors formulierte seinen Anspruch damals unmissverständlich: „To put

---

288 Krieger-Boden (1987), S. 90. Auch Spiekermann et al. (1988), S. 13 f.

289 Krieger-Boden (1987), S. 90.

290 So bestand z. B. Frankreich auf maximal 5% nicht quotierten Mitteln anstelle der von der europäischen Kommission geforderten 13%; vgl. Bache (1998), S. 54 ff. Dazu weiter Bache (1998), S. 58: „In contrast, a Commission proposal that representatives of the regions should be consulted on regional policy matters was not even considered by the Council. The acceptance of a non-quota section by the Council was typical compromise between the likely beneficiary governments (of Italy and Ireland), together with the more Community-spirited and marginally affected goverments (Luxembourg and the Netherlands), and those governments most strongly opposed to expanding Commissions competencies (France and the UK)."

291 Vgl. Nugent (2010), S. 135.

292 Dazu Klemmer (1998), S. 470 f.

it plainly, Community instruments must cease to be seen as mere elements in a system of offsetting payments. Their role is the central one of bringing about the convergence of national economies alongside and in harmony with national and regional policies.“[293] 1986 wurde die EEA verabschiedet und bildete eine entscheidende Etappe in der Geschichte der Europäischen Integration, da sie neben dem Willen zur Einführung eines tatsächlichen Binnenmarktes auch wichtige institutionelle Änderungen wie etwa die Erweiterung der Gemeinschaftskompetenzen auf Bereiche der Technologie, Umwelt, Forschung etc. mit sich brachte.[294] Ebenso hatte die EEA für die Regional- und Strukturpolitik weitreichende Auswirkungen. Die in der europäischen Gemeinschaft regelmäßig thematisierte Frage nach den regionalen Effekten wirtschaftlicher Integration wurde wieder aktuell. Da Delors befürchtete, dass der Binnenmarkt allein wirtschaftlich starken Regionen Vorteile bringen würde, plädierte er für eine „begleitende Politik, die imstande wäre, die Solidarität unter den Mitgliedstaaten zu stärken.“[295] Die theoretische Rechtfertigung lieferten zwei Untersuchungen: Einmal der Bericht von Cecchini (1986 von der europäischen Kommission in Auftrag gegeben) und zweitens die Studie von *Padoa-Schioppa*. Während ersterer grundlegend den Stellenwert eines europäischen Binnenmarktes betonte, indem er dessen niedrige Opportunitätskosten aufzeigte,[296] untersuchte der Report *Padoa-Schioppa* insbesondere dessen Nachteile. Wichtiger von beiden ist in diesem Zusammenhang der stark rezipierte Bericht von *Padoa-Schioppa*, den die europäische Kommission bereits 1985 in Auftrag gegeben hatte, um die Folgen der Erweiterung und des Binnenmarktes zu untersuchen. Er sprach von „serious risks of aggravated *regional imbalance* in the course of market liberalization. This is because different economic processes will be at work as market integrate, some tending towards convergence, others towards divergence.“[297] Darüber hinaus forderte er

293 Delors im Jahr 1987, zitiert nach: Jouen (2012), S. 1.

294 Bis dahin beschränkte sich der *Common Market* weitgehend auf den Handel im Industriesektor und wies in einigen Bereichen erhebliche Beschränkungen auf (Landwirtschaft, Transportsektor, Finanzdienstleistungen und Telekommunikation); vgl. Dinan (2010), S. 73 ff.

295 „politique d'accompagnement, susceptible de renforcer la solidarité entre Etats membres.“ Drevet (2008), S. 13, Übersetzung des Autors.

296 „This book profiles the European Community home market in the 1990s, the costs of its absence today, and the gains on offer for the EC economy as a whole once the costs are converted into benefits.“ Cecchini (1988), S. 5.

297 Padoa-Schioppa (1987), S. 5, Herv. i. O. Als Grund wird angesehen: „Regions tend towards an equalization of incomes per head as a result of the mobility of capital and labour only under severe and unrealistic conditions, such as the absence of economies of scale or of specific locational factors influencing the investment decision. When these and other conditions are not satisfied, the outcome in terms of regional convergence or divergence becomes uncertain. Any easy extrapolation of ‚invisible hand‘ ideas to the real world of regional economics in the presence of market-opening measures would be unwarranted in the light of economic history and theory.“ Padoa-Schioppa (1987), S. 93.

geeignete Begleitmaßnahmen zur Entschädigung der „Verlierer“ der ökonomischen Integration wie bspw. die Verbesserung des Transport- und Telekommunikationsnetzes in den peripheren Regionen und Hilfen für berufliche Fortbildung.[298] Die Studie *Padoa-Schioppa* stützte so den Gedanken der Eindämmung der möglichen negativen Effekte der Binnenmarkt-Integration.[299] So wurde eine Verschärfung der regionalen Disparitäten infolge der nächsten Erweiterungsrunde erwartet, insbesondere da Spanien und Portugal enorme Entwicklungsrückstände aufwiesen.[300] Verbunden mit der Forderung nach regionalpolitischen Begleitmaßnahmen war der Glaube, dass die europäische Kommission mittels entsprechender Politik hohe Wachstumsraten in den aufholenden Gebieten generieren könne.[301] Diesen Gedanken vertreten auch noch heute zahlreiche Entscheidungsträger, wie z. B. Graham Meadows, Generaldirektor der „Generaldirektion Regionalpolitik“ von 2003–2006, der der Auffassung ist, dass die Grundlage der Kohäsionspolitik die „immer gültige Wahrheit“ sein muss, nämlich das Streben nach einem ausgeglichenen Wirtschaftswachstum für die Union.[302] Tatsächlich kann bei der Regional- und Strukturpolitik der Verselbstständigungsphase die Anwendung eines interventionistischen Ansatzes beobachtet werden.[303]

Im Laufe der darauffolgenden Jahre wurden die von Delors angestoßenen Reformvorhaben innerhalb der EEA durch verschiedene Rechtsakte umgesetzt (beschlossen 1988, in Kraft ab 1989). Die Rolle der EG beim Abbau regionaler Disparitäten wurde explizit anerkannt und ein gemeinsamer Rahmen für die Einzelmaßnahmen geschaffen (Art. 130 a–e EUV). Weiterhin wurde eine regionalpolitische Gemeinschaftszuständigkeit geschaffen und vertraglich abgesichert sowie sechs verschiedene Kohäsionsziele festgelegt. Mit der Einführung dieser Zielkriterien wendete sich die Regionalpolitik endgültig von einer nationalen Kontingentierung ab und einer einheitlichen und regelgebundenen Förderkulisse zu. Falls eine Gebietskörperschaft die Förderkriterien nicht mehr erfüllt, wird sie automatisch – zumindest in diesem Ziel – nicht länger förderfähig. Auffallend ist die Bandbreite der Aufgaben,

298 Dazu Padoa-Schioppa (1987), S. 94 ff.
299 Vgl. Dinan (2010), S. 349.
300 „Die Einheitliche Europäische Akte leistet einen wesentlichen Beitrag zur Verbesserung des institutionellen Systems und schafft neue Ziele für die Gemeinschaft, insbesondere die Vollendung des Binnenmarktes bis 1992 und die Stärkung des wirtschaftlichen und sozialen Zusammenhaltes. Die Verwirklichung dieser beiden Ziele wird zudem die Hoffnung und Bedürfnisse der vor kurzem beigetretenen Ländern erfüllen, die zu recht erwarten, dass ihre Beteiligung an der Gemeinschaft durch eine Kombination aus eigenen Anstrengungen und Unterstützung durch ihre Partner ihre Entwicklung fördern und zur Verbesserung ihres Lebensstandards beitragen sollte.“ EU-Kommission (1987), S. 1. Auch Wishlade (1996), S. 29.
301 Dazu Hooghe (1996b), S. 5.
302 Meadows in: EU-Kommission (2008a), S. 35.
303 Vgl. Jouen (2011), S. 16.

die den verschiedenen Fonds nunmehr zugewiesen wird. Bspw. wurde der ESF, der anfangs lediglich Umschulungen für Arbeitslose aus Industriezweigen im Strukturwandel sowie Hilfsprogramme für jugendliche Arbeitslose umfasste, fortan umgewidmet, um generell die Arbeitslosigkeit in wirtschaftlich schwachen Regionen zu verringern. Besonders sichtbar wird der neue, umfassende Ansatz im *Wording*. Der Überbau erhielt den noch heutig gültigen Namen *Kohäsionspolitik* und die drei Instrumente EFRE, ESF und EAGLF wurden zusammen als *Strukturfonds* benannt.[304] Mit der Verwendung des Begriffs Kohäsion (lat. *cohaerere*: zusammenhängen) soll wohl impliziert werden, dass ohne eine solche Politik der Zusammenhalt der europäischen Staaten nicht mehr gegeben ist. Erstmals findet auch der EFRE im Primärrecht ausdrücklich namentlich Eingang und zwar als Hauptinstrument der Regionalpolitik.[305] Standen bislang die diversen Finanzierungsinstrumente EFRE, ESF und EAGFL weitgehend isoliert nebeneinander, so wurde begonnen, sie unter dem gemeinsamen Dach zu koordinieren und miteinander zu kombinieren.[306] Obwohl sich die grundlegende Zielsetzung der Fonds voneinander unterschied (der ESF war, wie gesehen, ein arbeitsmarktpolitisches Instrument, der EFRE war ein regionalpolitisches und der EAGFL auf die Landwirtschaft ausgerichtet), hatten auch der ESF und der EAGLE weiterhin indirekt regionale Effekte. Mit der EEA sollten, diese Tatsache berücksichtigend, ESF und EAGLE in das Gesamtkonzept zum Abbau regionaler Disparitäten eingebunden werden. Aus dieser Sicht ist Kohäsionspolitik also umfassender als konventionelle Regionalpolitik. Auf technischer Ebene wurden vier Prinzipien verankert, die teilweise bereits in vorhergehenden Perioden angewendet wurden: Konzentration (in räumlicher Hinsicht als auch durch die Fixierung von Zielprioritäten),[307] Partnerschaft, Programmierung (Einführung des *Community Support Framework* CSF) und Additionalität.[308] Der Grundsatz der Programmierung ist Ausdruck einer längeren Entwicklung, die bereits Mitte der 1980er einsetzte: Die Förderung solle auf mehrjährigen strategischen Planungen beruhen anstatt auf kurzfristigen und isolierten Einzelprojekten. Die Programmsteuerung im Zusammenspiel mit dem Prinzip der Partnerschaft steht im engen Zusammenhang mit

---

304 Laut dem ehemaligen Kabinettschef des EU-Kommissars für Regionalpolitik und ehemaliger Generaldirektor der „Generaldirektion Wettbewerb" Philip Lowe stammt der Begriff wirtschaftlicher und sozialer Kohäsion in diesem Kontext von Jacques Delors aus dem Jahr 1985. *Lowe* in: EU-Kommission (2008a), S. 27. Zu den Strukturfonds: Bache (1998), S. 14.

305 Dazu Klemmer (1998), S. 470.

306 Vgl. Falkenkötter (2002), S. 47; Bohnet-Joschko (1996), S. 137.

307 „Following the principle of concentration, structural fund expenditure was focused on five objectives, three with an explicit regional dimension (Objectives 1,2 and 5b). The bulk of spending was focused on the most disadvantaged regions eligible under Objective 1 (approximately 65% of total structural fund allocations)." Bache (2011), S. 6.

308 Vgl. Dinan (2010), S. 350 f.

der Kompetenzausweitung der europäischen Kommission.[309] Es wurde fortan nicht mehr einzig von den nationalen Behörden festgelegt, welche Regionen förderwürdig waren, sondern mit der Definition von wirtschaftsschwachen Gebietskörperschaften durch das BIP-Pro-Kopf galt ein objektives Kriterium. Förderfähig waren NUTS-2-Regionen, die ein geringeres BIP-Pro-Kopf als 75% des EU-Durchschnitts aufwiesen.[310] Der Bedeutungszuwachs der Regionen in der Kohäsionspolitik fand seinen generellen Ausdruck somit in der Schaffung des NUTS-Systems, da „*Regionalization* requires that funds be administered at regional level within states, usually at the NUTS 2 level. This focus led to both the adaption of the NUTS classification of territorial unity below the national level in each member state and the involvement of subnational actors in the policy-making process through regional programming undertaken by regional partnerships."[311]

Dennoch bestand daneben weiterhin die Förderfähigkeit von Regionen, die sich im Strukturwandel befanden sowie von ländlichen Gebieten mit strukturellen Problemen.[312] Demnach waren alle Regionen in Griechenland, Portugal, Irland, viele Gebiete Spaniens, der italienische Süden, Nordirland und die französischen Überseedépartements sowie Korsika förderfähig, sodass knapp 22% der EG-Bevölkerung in förderfähigen Gebieten wohnten.[313] Die Schaffung von 16 sogenannten Gemeinschaftsinitiativen (die jedoch lediglich circa 8% der gesamten Strukturmittel ausmachten) ist ein weiterer Beleg für die Ambitionen der europäischen Kommission. Gemeinschaftsinitiativen wurden eigenverantwortlich von der Kommission konzipiert und sind zusätzliche Förderlinien zu den sonstigen Fonds.[314] Programmierung als auch Partnerschaft haben ihren Ursprung in den integrierten Mittelmeerprogrammen (IMP) von 1985/1986, bei denen erstmalig die Förderregionen mit den nationalen Stellen und der europäischen Kommission auf Basis mehrjähriger Finanzzuweisungen eng kooperierten und rechtlich-bindende Verträge über diese eingingen.[315] Das Hauptmerkmal dieser Reform war somit die Einbeziehung der Empfänger und das Einräumen von Mitbestimmungsmöglichkeiten: „The partnership principle meant EC

309 Bei Padoa-Schioppa (1987), S. 102 ist als Empfehlung zu lesen: „2. An emphasis on programme rather than project financing, with wider and more flexible eligibility criteria, decentralized incentive features in the design of funds, and avoidance of rigid quota allocations."

310 Vgl. Jouen (2012), S. 8 f.

311 Bache (2011), S. 7.

312 Kennzeichen solcher Gebiete waren im Wesentlichen eine überdurchschnittliche Arbeitslosenquote der vergangenen drei Jahre, mindestens einem Anteil an Industriebeschäftigten, der dem Gemeinschaftsdurchschnitts entsprach, ein starker Abfall der Industriebeschäftigung, geringes Einkommensniveau der Landwirte und/oder ein hoher Beschäftigungsanteil im Agrarbereich; vgl. Wishlade (1996), S. 35 ff.

313 Vgl. Wishlade (1996), S. 34.

314 Vgl. Bache (2011); EU-Kommission (2008a), S. 12.

315 Vgl. Faludi (2011), S. 88; Leonardi (2005), S. 18, S. 45 f.

regional policy, for the first time, would be a policy not just *for* the regions, but also *by* the regions."[316] Die Reform wurde auch durch die Überzeugung Delors befördert, dass die „intégration européenne par en bas" zu erfolgen habe und nicht als „intégration européenne par en haut", also die europäische Integration „von unten" anstatt „von oben" zu bewerkstelligen sei.[317] Er betonte stets die Bedeutung von Regionen, da nur dort das notwendige Wissen zur effizienten Mittelverwendung versammelt sei.[318] Mit diesen Änderungen der Regional- und Strukturpolitik ging auch eine deutliche Ausweitung der Finanzmittel sämtlicher Strukturfonds einher. So verdoppelte sich bspw., absolut betrachtet, zwischen 1988 und 1992 das Budget des EFRE. Ebenso wuchs die anteilige Bedeutung an den Gesamtausgaben der Gemeinschaft (Abb. 5.4). Der Anteil des EFRE, der in den Anfangsjahren noch bei lediglich 5% lag, stieg in den 1990er-Jahren auf ungefähr 15% an. Insgesamt war die europäische Regional- und Strukturpolitik also durch ein kontinuierliches Wachstum der zur Verfügung stehenden Mittel geprägt.[319]

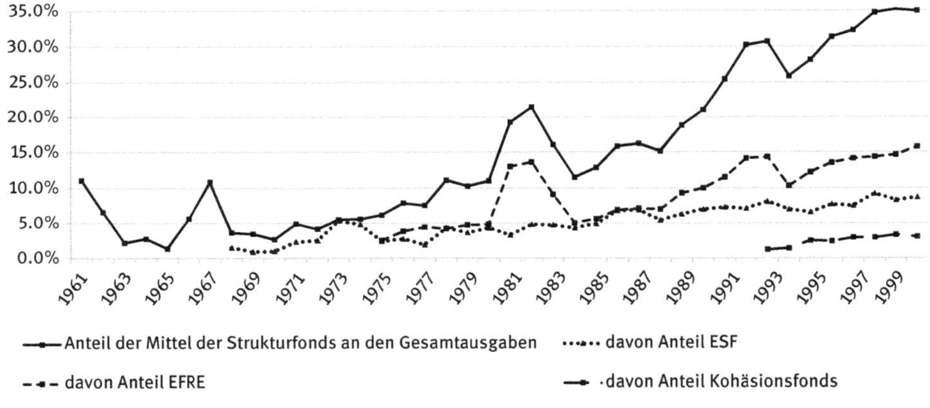

Abb. 5.4: Anteil der Mittel der einzelnen Strukturfonds an den Gesamtausgaben im Zeitverlauf (Quelle: Eigene Darstellung).[320]

316 Bache (1998), S. 75, Herv. i. O.

317 Drevet (2008), S. 111.

318 Vgl. Jouen (2011), S. 34 f.

319 Vgl. Jouen (2012), S. 7 f.; Allen (2010), S. 230; Blümich (1999), S. 63; Spiekermann et al. (1988), S. 17 f.

320 Eigene Berechnung und Darstellung nach: EU-Kommission (1999), S. 27 ff. Die aggregierten Strukturfonds beinhalten EFRE, ESF, KF und EAGFL; das Gesamtbudget enthält Euratom, EGKS und EDF.

Wie ist diese Ausweitung der Kohäsionspolitik zu erklären? Zweifelsohne spielt die Intensivierung der europäischen Integration eine zentrale Rolle. Als Gegenleistung für die Zustimmung zur Erweiterung und Vertiefung musste den Alt- und/oder Neumitgliedern Finanztransfers in Form der Fonds zugesichert werden. So forderten bspw. die Beitrittskandidaten Spanien und Portugal mit Unterstützung Griechenlands und Irlands Kompensationen für ihre Zustimmung zu einer vertieften wirtschaftlichen Integration: „The single market might never be implemented if poorer countries, resentful of their situation, blocked legislation in the Council of Ministers necessary to complete the 1992 program."[321] Auch die Auflegung der IMP folgte einer solchen Logik.[322] Die bereits angesprochene besondere Bedeutung des damaligen Kommissionspräsidenten tat sein Übriges. So nutzte Delors nicht nur die günstige Gelegenheit, seine Vorstellungen umzusetzen, sondern er hatte wohl auch einen bedeutenden Anteil bei neuen Integrationsbemühungen, die als Reaktion auf die „Eurosklerose" folgten.[323] Im Licht der anhaltend schlechten ökonomischen Lage der europäischen Staaten erschien die Vollendung des Binnenmarktes als gangbare Lösung aus der Stagnation und wurde deshalb zumeist euphorisch begrüßt, sodass selbst Zugeständnisse an die „Bremser" dieses Integrationsschrittes als hinnehmbar erschienen. In dieser Hoffnung betrieb Delors seine Europapolitik. Er schreibt: „This large market without frontiers, because of its size and because of the possibilities that it offers for scientific, technical and commercial cooperation, gives a unique opportunity to our industry to improve its competitivity. It will also increase growth and employment and contribute to a better balance in the world economy."[324] In der Rolle als Agenda-Setter bestimmte er die Richtung der Diskussion maßgeblich. Damit ist es wohl gerechtfertigt, von einer Wechselwirkung zwischen europäischer Kommission und europäischen Staats- und Regierungschefs zu sprechen, wie Dinan zusammenfasst:

> Yet Delors's role should not be exaggerated. Undoubtedly he was ambitious, competent, and resourceful. But Delors could not possibly have succeeded had the economic, political, and international circumstances been unfavorable. It was his good fortune to have become Commission president at precisely the time when internal developments (resolution of the British budgetary question, agitation for institutional reform, and pressure to complete the internal market) and external factors (the acceleration of globalization) made a dramatic improvement in the EC's fortunes almost inevitable. Without Delors, the single market program and the acceleration of

---

321 Dinan (2010), S. 349.

322 Dazu Dinan (2010), S. 8; Ujupan (2009), S. 6; Leonardi (2005), S. 46; Bache (1998), S. 67; Hooghe (1996a), S. 96 ff.; Spiekermann et al. (1988), S. 20 f.

323 Der Begriff „Eurosklerose" wurde von Giersch (1985) eingebracht und bezeichnete ursprünglich die institutionelle Verkrustung nationaler europäischer Volkswirtschaften, insbesondere hinsichtlich des Arbeitsmarktes. Erst später erlangte der Begriff seine heute gängige Bedeutung. Zu Delors: McCormick (2011), S. 97 f.

324 Delors im Vowort zu: Cecchini (1988), S. XI.

> European integration might not have happened exactly as they did, but this is not to say that they would not have happened at all.[325]

5.4.3.5 Konsolidierung und Osterweiterung: „Ever closer Union"?

Geprägt war die Kohäsionspolitik in den frühen 1990er-Jahre weitestgehend durch Kontinuität. Anlässlich des Delors-Pakets II des EU-Budgets erhöhte sich nicht nur der Gesamthaushalt für die Jahre 1992–1999 gegenüber der Vorperiode um 12%, sondern es gab auch eine erneute Ausweitung des Fördervolumens der Strukturfonds. Die eingeführten Prinzipien der Kohäsionspolitik konsolidierten sich zusammen mit kleineren Veränderungen zur Verwaltungsvereinfachung. Neue Elemente wurden lediglich infolge des Vertrages von Maastricht und der Aufnahme weiterer Mitglieder hinzugefügt.[326] Denn die Zustimmung der vier wirtschaftsschwächsten Länder zum Maastrichter Vertrag und zum Europäischen Wirtschaftsraum (EWR) wurde erst durch die Errichtung eines neuen Fonds ermöglicht.[327] Der Kohäsionsfonds wurde Anfang 1994 mit dem Ziel der Förderung der Verkehrsinfrastruktur und von Umweltvorhaben in den rückständigsten Mitgliedsländern etabliert (auf beide Bereiche entfallen jeweils die Hälfte der Mittel) und war gewissermaßen der Nachfolger der IMP, die 1992 ausliefen. Förderfähig unter dem Kohäsionsfonds waren dementsprechend lediglich vier Staaten (< 90% des durchschnittlichen EU-BIPs): Spanien (55% Anteil am KF in der Zeit 1994–1999), Portugal (18%), Griechenland (18%) und Irland (9%).[328] Der Kohäsionsfonds stand außerhalb der Logik der anderen Strukturfonds und es galten nicht dieselben Prinzipien wie etwa die Programmierung, die Partnerschaft und die Additionalität.[329] Offizielle Rechtfertigung war die Hilfe bei der Haushaltskonsolidierung, die mit Hinblick auf die Maastricht-Kriterien (ökonomische Konvergenz als Voraussetzung der Währungsunion) notwendig erschienen:

> The purpose of the fund was to help poorer countries reconcile the apparent contradiction in the treaty between the budgetary rigor necessary to archive economic convergence (a prerequisite for monetary union) and the budgetary flexibility necessary to promote cohesion (a key EU objective). [...] The Delors II package was a good way to show that redistribitional solidarity had survived the year's setbacks.[330]

Obwohl der Kohäsionsfonds offiziell lediglich bis zur dritten Stufe der europäischen Währungsunion (der Einführung des Euro) existieren sollte, ist den Kohäsionsländern eine dauerhafte Etablierung des Fonds gelungen. Auffallend ist, dass der

---

325 Dinan (2010), S. 73.
326 Vgl. Wishlade (1996), S. 48 ff.
327 Vgl. Faludi (2011), S. 90; Ujupan (2009), S. 7; Vaubel (2001), S. 14 f.
328 Vgl. Bache (1998), S. 88 f.
329 Dazu Bache (1998), S.89 f.
330 Dinan (2010), S. 352.

Kohäsionsfonds weder Regionalbezug hat noch programm-, sondern vor allem projektbezogen ist. Die vierte Erweiterung 1994 vergrößerte die EU von 12 auf 15 Mitgliedstaaten mit nunmehr Österreich, Schweden und Finnland. Ein Zugeständnis an die beiden skandinavischen Staaten mit dünnbesiedelten Regionen war das neue Ziel 6, das genau auf deren Unterstützung abzielte.[331] Es waren wieder die zwei Anlässe der Vertiefung und der Erweiterung, die bei der Kohäsionspolitik Neuerungen bewirkte. Ujupan urteilt:

> The supporting position of Germany due to unification, the creation of the Cohesion Fund especially for four Member States, and the creation of the Objective 6 especially for the Northern States are all evidence of the „political" dimension of Cohesion Policy in the EU and of the particular role that the policy has played in fostering integration. The results of the negotiations on the Package Delors II prove the lock-in impact that the logic of equity has had for the reform of the policy.[332]

Obwohl der Vertrag von Maastricht die ausdrückliche Anerkennung des Subsidiaritätsprinzips festschrieb, wurden die supranationalen Befugnisse erweitert.[333] Ebenfalls scheiterte der Versuch der Renationalisierung der Regional- und Strukturpolitik.[334] Dieses Muster der zunehmenden Europäisierung nationaler Politikfelder setzte sich im Laufe der späten 1990er-Jahre fort. Eine Vielzahl von Konferenzen zur Vertragsänderung zielte auf eine Vertiefung der europäischen Integration sowie der erneuten Erweiterung der EU ab.[335] Mit der im März 1999 in Berlin beschlossenen Agenda 2000 wurde versucht, die Osterweiterung sowohl institutionell als auch finanziell vorzubereiten. Aus Sorge vor einer abrupten Vergrößerung des EU-Budgets infolge erhöhter Agrar- und Strukturzahlungen und der damit notwendigen Erhöhung der Einzahlungen erfolgte eine Begrenzung des Gesamtbudgets für die Periode 2000–2006 auf maximal 1,27% des BIP der EU sowie vor allem eine Deckelung der Kohäsionspolitik-Ausgaben, sodass die Mitteltransfers auf maximal 4% des jeweiligen nationalen BIP der Mitgliedstaaten begrenzt wurden. Insbesondere die Kapitalhilfen im Rahmen des Ziels 2 (Umstellung von Regionen mit strukturellen Schwierigkeiten) sollten konzentriert und priorisiert werden, sodass etwa höchstens 18% der

---

331 Als dünnbesiedelt gelten Gebiete (NUTS-2-Ebene), die eine geringere Bevölkerungsdichte als acht Einwohner pro km^2 aufweisen.

332 Ujupan (2009), S. 8.

333 Der Befund von Witte (1995), S. 80 ff. nach eingehender Analyse des EUV lautet, dass neben einer Akzentverschiebung von nationalstaatlichen Kompetenzen in Richtung Gemeinschaftskompetenzen auch eine Zentralisierung zu beobachten sei.

334 Vgl. Hooghe (1996a), S. 117 f.; Wishlade (1996), S. 55 f.

335 Bspw. wurde mit dem Vertrag von Amsterdam 1997 die Europäische Beschäftigungsstrategie ins Leben gerufen, die eine jährliche Analyse der Beschäftigungslage der EU sowie beschäftigungspolitische Leitlinien (die von den Mitgliedstaaten bei ihrer Arbeitsmarktpolitik berücksichtigt werden sollen) vorsieht.

Bevölkerung darunter fallen sollten. Darüber hinaus wurden auch die Förderregeln im Ziel 1 (Konvergenz) strikter angewendet.[336] Das führte zu einem Verlust für bisherig geförderte Gebiete, die jedoch mittels einer Übergangsphase und dem Kohäsionsfonds Kompensationen erhielten.[337]

5.4.3.6 Analyse der Entstehungsgründe

Vor den einschneidenden Reformen der 1980er war die Kohäsionspolitik in zweierlei Hinsicht ein wenig relevantes Politikfeld. Erstens war das Finanzvolumen im Vergleich zu anderen Haushaltsposten der EG (wie etwa den Agrarausgaben) und im Vergleich zum heutigem Niveau gering. Zweitens handelte es sich nicht um eine echte Gemeinschaftspolitik, die sich durch supranationale Kompetenzübertragungen auszeichnet. Jouen beschreibt diesen Zustand: „Vor der Einheitlichen Europäischen Akte von 1986 ist die Kohäsion nirgendwo auf Gemeinschaftsebene als vorrangiges politisches Ziel angesehen worden. 20 Jahre lang blieb der 5. Absatz der Präambel der Römischen Verträge [das Bestreben, die harmonische Entwicklung zu fördern, indem der Abstand zwischen einzelnen Gebieten und der Rückstand weniger begünstigter Gebiete verringern wird, J. D.] quasi unbeachtet."[338] Erst durch die Veränderungen der 1980er-Jahre gewann die Regional- und Strukturpolitik an Bedeutung. Sie wandelte sich von einer informellen Regionalpolitik, die sich lediglich auf Instrumente des Sozial- und des Landwirtschaftsfonds stützen konnte, zu einer vertraglich abgesicherten Kohäsionspolitik. Da zum Verständnis der heutigen Kohäsionspolitik die Entwicklungsumstände und -bedingungen wichtig sind, ist nach den Entstehungsgründen zu fragen. Die bisherige Betrachtung der Genese der Kohäsionspolitik bestärkt die Annahme, dass diese Entwicklung in erster Linie Resultat der *Vertiefung* und *Erweiterung* der europäischen Gemeinschaft war. Damit verbunden ist die Frage nach den relevanten Akteuren dieser beiden Mechanismen. Denn falls der EU-Kommission die Schlüsselrolle zukommt, dann ist sorgsam zu prüfen, inwiefern deren Handeln und damit die Ausgestaltung der Kohäsionspolitik im zustimmungsfähigen Interesse der EU-Bürger liegt.

Die Haupterklärungsansätze der Integrationstheorien sind im Wesentlichen der (liberale) Intergouvernementalismus, gemäß dem die Regierungen mittels

---

336 Weil das Gemeinschafts-BIP gleichzeitig jedoch wuchs, fiel der Anteil der Kohäsionsausgaben am EU-Durchschnitts-BIP von 0,46% (1999) auf 0,35% (2013); vgl. EU-Kommission (2007e), S. 173 f. Auch Ebertsein (2008), S.20; Allen (2008), S. 20.

337 Aufgrund der verschiedenen Kompensationszahlungen, die keiner ökonomischen Rationalität folgten, sprach Apel (1994), S. 61 ff. von einem „kaschierten Finanzausgleich".

338 „Avant l'Acte unique européen de 1986, la‚cohésion' n'est présentée nulle part au niveau communautaire comme un objectif politique de premier plan. Pendant vingt ans, le cinquième alinéa du Préambule du traité de Rome demeure donc quasiment lettre morte." Jouen (2011), S. 12, Übersetzung des Autors.

zwischenstaatlicher Verhandlungen die Entwicklung dominieren und der Neofunktionalismus, bei dem dynamische *Spillover*-Effekte eine Rolle spielen und der die supranationalen Organe als einflussreichste Akteure sieht.[339] Während laut dem Intergouvernementalismus fundamentale Entscheidungen über die Gestaltung der EU durch den Europäischen Rat, zusammengesetzt aus den Mitgliedstaaten, getroffen werden, ist aus Sicht des Neofunktionalismus die Frage nach der „commission's ability to advance integrative measures that conflicted with the policy preferences of national governments" maßgeblich.[340] Hinsichtlich der Kohäsionspolitik ist beiden konkurrierenden Ansätzen im unterschiedlichen Maße Erklärungspotenzial zuzugestehen. Dadurch, dass die positive Integration stets von den Regierungen der Mitgliedsländer in Form des europäischen Rates vorangetrieben wurde, fällt der EU-Kommission lediglich die Rolle des Ausgestalters zu – und dies auch nur dann, wenn die Bedingungen günstig sind. Deutlich wird das an den bislang nachgezeichneten Entwicklungsetappen der Kohäsionspolitik. Trotz des Willens supranationaler Akteure dauerte es bis 1975, bis eine gemeinschaftliche Regionalpolitik installiert werden konnte. Bevor Großbritannien die finanziellen Auswirkungen eines Regionalfonds zum entscheidenden Kriterium seines Beitritts machte, fand sich keine Einstimmigkeit unter den Mitgliedstaaten für eine gemeinschaftliche Regional- und Strukturpolitik. Die Einigung kann als Ergebnis der Verhandlungen gedeutet werden, bei denen eigeninteressierte Regierungen Kosten und Nutzen abwägten. Zum Beispiel brachte die Aufnahme Großbritanniens Deutschland einen größeren Binnenmarkt und die Markterschließung des attraktiven britischen Marktes. Im Gegenzug erhielt Großbritannien Finanzmittel für seine im Strukturwandel befindliche Industrie: „For Germany the enlargement was an opportunity to extend its export market to the economically weak UK, preventing US dominance over the British market."[341] Die großen Reformen der Kohäsionspolitik waren Folge geplanter ökonomischer Vertiefungen, da die Zustimmung zum Binnenmarkt durch Gegenleistungen hergestellt werden musste. Finanzzuweisungen mittels der Strukturfonds stellten dabei die Kompensation dar. Belege dafür sind die Verdopplung der Haushaltsmittel nach der EEA 1988, die Gründung des Kohäsionsfonds 1994 sowie die Erweiterung der Förderziele

---

339 Insbesonders der „Cultivated Spillover" schreibt der EU-Kommission und anderen supranationalen Akteuren durch Allianzbildung mit Interessengruppen einen Einflussgewinn zu; vgl. Pollack (2010); Allen (2010), S. 235 ff.; Bache (1998), S. 16 ff.; Hooghe (1996a). Zu den originären Theorien: Für den Neofunktionalismus etwa Haas (2004/1958; 1970). Marks (1992) entwickelte in den später 80er den Neofunktionalismus weiter zum Multi-Level-Governance. Moravcsik (1993; 1991) und Pollack (2005) bauen auf den Arbeiten von Hoffmann (1966) auf und betonen mit dem Ansatz des Intergovernementalismus weiterhin die Rolle der Nationalstaaten. Die Theorie sieht die EU primär als internationale Organisation. Zur geschichtlichen Entwicklung der Integrationstheorien: McCormick (2011), S. 18 ff.

340 Bache (1998), S. 22.

341 Ujupan (2009), S. 5.

1994. Die Fonds der Kohäsionspolitik waren Teil der Paketlösungen, die in „series of intergouvernemental bargains" die europäische Integration ermöglichten.[342] Eine Ausweitung der Regionalpolitik stellt demnach – wie im Übrigen auch die GAP – die politischen Kosten der Integration da.[343]

Jedoch sind nicht alle Merkmale und Eigenschaften mit diesem Ansatz zu erklären, wie auch Bache bemerkt: „The history of regional policy has illustrated that an essentially intergovernmentalist interpretation of events has some merit, but fails to capture the complexity of the policy process. In particular, the Commission has advanced objectives of regional policy with political connotations which have met with some success."[344] Vielmehr zeigt sich, dass die europäische Kommission stets die Gelegenheitsfenster nutzte, die sich in Konstellationen mit größeren Entscheidungen ergaben, um bestimmte Weichenstellungen nach ihren Vorstellungen vorzunehmen.[345] Die EU-Kommission besitzt im Rahmen der „großen" Vorgaben des Rates (Entscheidung über die Schaffung von Fonds und deren Volumen) durchaus Gestaltungsspielraum, der insbesondere dann genutzt werden kann, wenn der Kommissionspräsident eine starke Figur darstellt, wie es etwa Delors war.[346] Beweis hierfür ist die latente Ausweitung supranationaler Kompetenzen auf dem Feld der Regionalpolitik. Kontrafaktisch kann vermutet werden, dass die Regionalpolitik ohne die Bemühungen des politischen Unternehmers EU-Kommission deutlich länger oder ganz bei dem anfangs verwendeten (re)distributiven System geblieben wäre.[347] Seit den Reformen von 1988 wurden Projekte nicht mehr jährlich punktuell ausgewählt, sondern es wurde mittels Mehrjahresprogrammen, die sich auf die Wachstumsbedingungen in den einzelnen Regionen bezogen, eine gewisse strategische Ausrichtung erzielt.[348] Dadurch und durch die Einführung relativ konstanter Förderregeln konnte die EU-Kommission ihre Stellung ausbauen, da sie nun die Erfüllung der Regeln überwachte.

---

342 Allen (2010), S. 230.

343 Dazu Dascălu/Bârgăoanu (2011), S. 52. Die Gemeinsame Agrarpolitik folgt nach Dinan (2010), S. 29 derselben Logik: „More important, without the CAP [Common Agricultural Policy, J. D.] there would not have been a European Community (EC). Just as France had successfully insisted on agricultural provisions in the Rome Treaty, so too de Gaulle demanded implementation of those provisions as a precondition for completing the customs union, the core of the new community."

344 Bache (1998), S. 156 f.

345 Das Gelegenheitsfenster ist Bestanteil des *Multiple Streams*-Ansatzes, der aussagt, dass ein Politikwandel dann möglich wird, wenn sich ein *Window of Opportunity* öffnet, also sich die drei Ströme aus Problemwahrnehmung, Policies zur Problemlösung und Politics, die durch das politische System fließen, koppeln; vgl. Kingdon (1984/2011), S. 165 ff.

346 Vgl. Jouen (2011), S. 13 f.

347 „but the Commission played a key role in keeping the regional policy alive throughout the 1960s and 1970s when many factors appeared to conspire against it. That a Community regional policy of any kind emerged by 1975 owed no small part to Commission persistence, and particularly that of DG XVI." Bache (1998), S. 51.

348 Vgl. Klemmer (1998), S. 465 ff.; Krieger-Boden (1987), S. 92.

Bis zur Übertragung der Methode der IMP auf die Kohäsionspolitik 1988 war die Rolle der europäischen Kommission darauf beschränkt „providing the money concerned, and the implementation of the development projects was left to the national governments through their administrative departments and agencies."[349] Damit einher ging der Übergang von zunehmend mehr Befugnissen an supranationale Organe – die Europäisierung der Politik: Angefangen bei dem nichtquotierten Anteil an Kohäsionsmitteln über die Anwendung des Spannensystems bis zu den Gemeinschaftsinitiativen, dem Prinzip der Partnerschaft und der Rechenschaftspflicht der Mitgliedstaaten gegenüber der EU-Kommission über die Mittelverwendung.[350] Der EFRE hat sich von einer Ergänzungsförderung zu nationalen Regionalpolitiken zu einer eigenständigen Institution fortentwickelt.[351] Geholfen hat der EU-Kommission die Bindung der Vergabe von Fördermittel an klare Regeln, die einen willkürlichen Mittelabruf sowie Mittelverwendung erschwerte. Die Tendenz der Europäisierung ist bis heute nachzuweisen. So versucht die EU-Kommission zunehmend, die Kohäsionspolitik sukzessiv in Richtung eines *Multi-Level-Governance* voranzutreiben, um mittels Zusammenarbeit mit den Regionen und durch Umgehung der Nationalregierungen ihre Position zu stärken. Knodt urteilt sogar: „Die inhaltliche Dimension der europäischen Strukturpolitik ist gleichzeitig Ausdruck der Entwicklung der Gemeinschaft von einer weitgehend von den Mitgliedstaaten bestimmten Politik, wie sie in der Unterstützung der nationalen Fördertätigkeiten ihren Ausdruck fand, hin zu einem großen Teil von der Kommission sowie dem Rat bestimmten Strukturpolitik."[352]

Ergänzend zu beiden Integrationstheorien beeinflusste auch die veränderte wissenschaftliche Akzentsetzung die Kohäsionspolitik. Die wirtschaftswissenschaftliche Auseinandersetzung, ob gesellschaftlicher Wohlstand durch Liberalisierungsbestrebungen und Marktöffnungen (EU-Binnenmarkt) alleine oder durch Planung und Strukturpolitik erzeugt werden könne, begleitete stets die europäische Integration.[353]

349 Leonardi (2005), S. 47.

350 Vgl. Leonardi (2005), S. 18 ff.; Hooghe (1996a).

351 Vgl. Krieger-Boden (1987), S. 91.

352 Knodt (1996), S. 169.

353 Diese Konfliktlinie ist grundlegend und tritt in verschiedenen Ausprägungen auf, wie bspw. bezogen auf die Gesamtkonzeption eines Europas nach der klassisch-liberalen Vision oder nach einer sozialistisch-zentralistische Vorstellung. So kann in der europapolitischen Grundsatzrede des britischen Außenministers William Hague die liberale außenpolitische Konstante der britischen Regierungen erkannt werden, wonach sich die EU auf ihre Kernkompetenzen konzentrieren solle: „Manchmal ist weniger mehr, manchmal ist weniger besser." Zitiert nach: Brössler (2012), S. 4. Weiter „Ich verstehe, was der Euro seinen Mitgliedern bedeutet, aber die größten Errungenschaften der EU, die den Menschen am meisten gebracht haben, sind der gemeinsame Markt und die Erweiterung." Weiter: „Der gemeinsame Markt hat Hunderten Millionen Menschen Möglichkeiten und Wohlstand eröffnet. Wir müssen sicherstellen, dass Lösungen, die wir für die derzeitige Krise beschließen, nicht den Zusammenhalt und die Errungenschaften der EU als Ganzes gefährden." Er ist gegen die geplante Bankenunion, für mehr Wettbewerbsfähigkeit der europäischen Volkswirtschaften, mehr Wachstum und für Mitspracherecht nationaler Parlamente.

Herrschte in den Gründerjahren der EWG in der Politik noch ein Konvergenzoptimismus, sodass es keine Mehrheiten für eine europäische Regionalpolitik gab, so konnte sich später jedoch der theoretische Unterbau für eine solche Politik in Folge der Entscheidungen des europäischen Rates für eine Kohäsionspolitik mehr und mehr entfalten. Sicherlich sind auch Wechselwirkungen zwischen der wissenschaftlichen und der politischen Sphäre in die entgegengesetzte Richtung zu beobachten: Wie wäre die Kompensationsleistung für Großbritannien ausgefallen, wenn nicht Ideen für eine interventionistische Strukturpolitik zirkuliert hätten? Denkbar wäre ja auch eine Art Rabattsystem auf die britischen Beiträge gewesen.[354]

Zusammenfassend betrachtet, ist die Kohäsionspolitik also weder ein historischer Zufall, noch ein grundlegend theoretisch geplantes Konzept. Ausgehend von dem politischen Willen zur europäischen Integration und, im Zeitverlauf, zur Vertiefung und Erweiterung entsteht ein Entwicklungspfad, der zukünftige Verhaltensweisen und Politikmöglichkeiten beschränkt und auf diese Weise die weiteren Etappen beeinflusst.[355] Mit Hilfe des Konzepts des *Historical Institutionalist Approach* lassen sich intergouvernementale und neofunktionalistische Erklärungsversuche schlüssig verbinden. Hierbei stellen die Erweiterung und die vertiefte wirtschaftliche Integration *Critical Junctures*, kritische Ereignisse, dar, die einen Entwicklungspfad schaffen und zu einem Institutionenwandel führen, der wiederum durch nationale wie supranationale Akteure gleichermaßen geformt wird.[356] Die gemeinschaftliche Regionalpolitik schlug durch die Erbringung von Kompensationsleistungen an Großbritannien im Zuge des britischen Beitritts einen Pfad ein, der die zukünftigen Handlungsmöglichkeiten begrenzte. Kontrafaktisch kann vermutet werden, dass es aufgrund dieses Pfades schwer gewesen wäre, den späteren Neumitgliedern ähnliche Leistungen aus den Strukturfonds zu verweigern oder die Kohäsionspolitik überhaupt wieder rückgängig zu machen (hohe Wechselkosten durch Einstimmigkeit). Anders als im Intergouvernementalismus haben hierbei Institutionen keinen instrumentellen Charakter, sondern beeinflussen selbst die Umweltbedingungen. Die Existenz der Institution Regionalpolitik zusammen mit der entsprechenden Organisation der EU-Kommission veränderte die Handlungschancen der Akteure innerhalb der Folgeverhandlungen nach 1975: Die Nutznießer des Status quo – verstärkt durch die Eigeninteressen der supranationalen Organisation – waren gegenüber denjenigen im Vorteil, die eine Revision der Kohäsionspolitik wollten. So schaffte die Errichtung des Kohäsionsfonds zusätzlich zur herkömmlichen Strukturpolitik neue Profiteure, ohne jedoch andere

---

354 Nach Darstellung von Brunn (2004), S. 259 ging die Idee eines regionalen Entwicklungsfonds von Großbritannien aus.

355 Ein solcher Pfad beruht auf kritischen Ereignissen und kann auch anders verlaufen; vgl. Pierson (2000).

356 Vgl. Ujupan (2009), S. 4 f. Grundlegend: Pierson (1996). Und kritisch dazu: Thelen (1999). Zur Stabilität von Institutionen: Richter/Furubotn (2010), S. 32 ff.

Empfänger zu schädigen. Auf diese Weise entwickelte sich eine spezifisch geprägte Politik, die man nicht als Resultat von ökonomischen Notwendigkeiten ansehen kann, sondern als Ergebnis politischer *Lock-in*-Situationen. Dazu passt die institutionenökonomische Einsicht, dass die Stabilität von Institutionen nicht gleichbedeutend mit deren Effizienz sein muss.[357] Es kann also nicht schon deshalb von einer sinnvollen Kohäsionspolitik gesprochen werden, nur weil das Regelwerk eine zeitliche Kontinuität aufweist. Stattdessen kann eine Diskrepanz zwischen ökonomischer sowie institutioneller Effizienz und politischer Notwendigkeit festgestellt werden. Historisch ergab sich eine bestimmte Entwicklungsrichtung der Kohäsionspolitik, die als *politische* Notwendigkeit der Integration auf diesem eingeschlagenen Pfad verstanden werden kann. Je weiter sich die Kohäsionspolitik auf dieser Art und Weise entwickelt, desto höher werden die Wechselkosten.[358]

Aus der Untersuchung der Entstehung der Kohäsionspolitik ergeben sich für eine ordnungsökonomische Analyse zwei Konsequenzen. Erstens hat die Betrachtung der intergouvernementalen Verhandlungen gezeigt, dass die Regional- und Strukturpolitik den Charakter einer (re)distributiven Politik als Folge der Kompromisssuche hat und erst im Laufe der Zeit Elemente eines Instrumentes erhielt, das eigene Ziele auf vergemeinschaftete Weise verfolgt.[359] Im Zustand der heutigen Kohäsionspolitik sind noch die Erbschaften beider Aspekte abzulesen. Damit im Zusammenhang steht, zweitens, die Europäisierung der Kohäsionspolitik, bei der der Kommission die Rolle des Regelmitgestalters sowie des Regelanwenders und -auslegers zukommt. Diese Entwicklung führt dazu, dass der Gestaltung der Kohäsionspolitik insgesamt kein kohärenter Ansatz zu Grunde liegt, sondern dass sie Ergebnis einer komplexen Interaktion aus zwischenstaatlicher Europapolitik (subkonstitutionelle Ebene I), aus supranationalen Eigendynamiken und aus Pfadabhängigkeiten ist. Ökonomische Erwägungen haben bei der Gestaltung der Kohäsionspolitik durch die EU-Kommission oft lediglich eine begrenzte Rolle gespielt. Obgleich häufig der Eindruck entsteht, der Konzeption läge eine theoretische Fundierung zu Grunde, ist diese tatsächlich teilweise nicht vorhanden, teilweise nur unzulänglich umgesetzt (wie bereits bei den Begründungsmustern deutlich wurde) oder stellt sich teilweise aus ordnungsökonomischer Perspektive als zu Interventionstisch ausgerichtet dar. Denn die Vorgaben des Primärrechts nach der Verbesserung der Lebensbedingungen im gesamten Gemeinschaftsraum ließen sich instrumentell auch anders verfolgen. Somit kann man ein Primat politischer Intentionen über ein institutionell effizientes Regelwerk, das langfristig für die einzelnen Gesellschaftsmitglieder der EU sinnvoller ist, konstatieren.

---

357 Dazu grundlegend: Richter/Furubotn (2010), S. 32 ff.; North (1992/1990), S. 87 ff.
358 Vgl. Pierson (2000), S. 252 f.
359 Vgl. Faludi (2011), S. 88.

5.4.3.7 Die Lissabon-Agenda und die Strategie Europa 2020

Eine Zäsur für die Kohäsionspolitik in der jüngeren Geschichte erfolgte durch die Lissabon-Agenda und die Strategie Europa 2020, da beide entscheidende Veränderung des Regelwerkes und der Schwerpunkte der Gemeinschaftspolitik bewirkten. Die Beeinflussung wird als so prägend wahrgenommen, dass von einer „Lissabonisierung" der Kohäsionspolitik gesprochen wird.[360] Zum Verständnis und zur Einordnung dieses Wandels, der als Paradigmenwechsel im darauf folgenden Abschnitt weiter thematisiert wird, ist eine knappe Darstellung der Entstehung und der inhaltlichen Komponenten notwendig. Zunächst wird deshalb die allgemeine Entwicklung beider Strategien beschrieben, um im Anschluss die Bedeutung für die Kohäsionspolitik zu beleuchten. Da die EU-Kommission häufig den Neuigkeitswert der durch beide Strategien verursachten Politik hervorhebt, wird zudem untersucht, inwiefern die Zielsetzung und die Konzepte tatsächlich neue Aspekte beinhalten.

Im Wesentlichen beinhaltet die Programmatik der Strategien die Aufforderung an die Mitgliedsländer und die supranationalen Organe, die Wettbewerbsfähigkeit der EU als Ganzes zu erhöhen. Die EU-Kommission formuliert den Anspruch der Lissabon-Agenda folgendermaßen: „Ein Leitmotiv für die nächsten Jahre drängte sich geradezu auf: Das Wirtschaftswachstum muss erhöht, neue Arbeitsplätze müssen geschaffen werden, und Investitionen in Forschung, Innovation und Bildung der EU-Bürger sind dringend notwendig, um Europa in der globalisierten Welt stark zu machen. Die Wettbewerbsfähigkeit Europas muss wieder in den Mittelpunkt rücken."[361] Begründet wird die Notwendigkeit, die Wettbewerbsfähigkeit zu erhöhen, hauptsächlich mit dem vermeintlich großen Nachholbedarf im Vergleich zu den USA und dem asiatischen Wirtschaftsraum, wie ein Sachverständigenbericht für die EU feststellt: „Europe has lost ground to both the US and Asia and its societies are under strain."[362] Diese Argumentation zur Rechtfertigung erscheint bei historischer Betrachtung nicht neu. Versatzstücke sind im Lauf der Geschichte der europäischen Integration immer wieder vorzufinden. Bereits die Schaffung des Binnenmarktes und der europäischen Forschungsprogramme in den frühen 1980er erfolgten „in response to an increasing recognition that Western European states must pool their scientific and technological resources and knowledge if they were to be able to compete successfully in world market against the Americans, the Japanese and other competitiors".[363] So sind dann auch Vorläufer der Lissabon-Agenda zu erkennen, wie das Strategiepapier „Europa 2000 – Perspektiven für die Raumordnung des Gemeinschaftsgebietes", welches 1991

---

360 Becker (2009).
361 EU-Kommission (2007g), S. 3.
362 Kok (2004), S. 11.
363 Nugent (2010), S. 14.

in Den Haag vorgestellt wurde und in dem Aspekte von Umweltschutz, der Bedeutung von F&E und Bildung eine Rolle spielen. Im Weißbuch „Wachstum, Wettbewerbsfähigkeit und Beschäftigung" von 1993 setzt sich diese Schwerpunktsetzung fort.[364] Im Laufe der 1990er festigte sich diese Vorstellung immer weiter, nicht zuletzt unter dem Eindruck der ökonomischen Schwierigkeiten in Europa sowie der Perzeption einer zunehmenden Globalisierung, und spielten auf dem Frühjahrsgipfel in Lissabon im März 2000 eine wichtige Rolle. Die Schlussfolgerungen des Rates auf diesem Gipfel, die den Kontext für die Lissabon-Strategie und den Auftakt für eine Vielzahl von Konferenzen und Beschlüssen darstellten, folgten dem Zweck, wirtschaftlich wieder aufzuholen:

> By contrast, productivity and employment surged in the United States in the 1990s. Eager to move in the same direction, EU leaders made a bold – some would say rash – commitment at a summit in Lisbon in March 2000: within ten years they would transform the EU into, the most competitive and dynamic knowledge-based economy in the world, capable of sustainable economic growth and more and better jobs.[365]

In Göteborg wurde 2001 zusätzlich die Umweltdimension integriert (Nachhaltigkeitsziele von Göteborg). Inhaltlich war das Lissabon-Programm der Gemeinschaft keine wirkliche Neuerung, sondern vielmehr ein Stückwerk aus bereits existierenden Vereinbarungen in verschiedenen Politikfeldern und das Ergebnis der vielfältigen, länger andauernden Überlegungen.[366] Das Ergebnis der Halbzeitbilanz im Jahr 2005 ist die Feststellung weiterhin hoher Arbeitslosigkeit, eines geringen Produktivitätswachstums und eines geringen technologischen Fortschritts sowie ein Mangel an Innovation. Der *Kok*-Report, ein Sachverständigenbericht, benannt nach dem Vorsitzenden der Sachverständigen, dem ehemaligen niederländischen Premierminister Wim Kok, der von der EU-Kommission in Auftrag gegeben wurde, bestätigte diese Bilanz und beklagte einen fehlenden politischen Willen bei der Umsetzung der Agenda. Die von ihm eingeforderten verstärkten Anstrengungen in den fünf zentralen Tätigkeitsbereichen Wissensgesellschaft, Binnenmarkt, Geschäftsklima, Arbeitsmarkt und nachhaltige Entwicklung sind allerdings keine neuen Ideen, da sie sich bereits in den Dokumenten der Lissabon-Agenda finden und somit eher als Erinnerung und Mahnung verstanden werden können.[367] Die vom Rat Mitte des Jahres 2005 angenommenen „Integrierten Leitlinien für Wachstum und Beschäftigung" stellen den Versuch dar, die Lissabon-Strategie nach der ernüchternden Halbzeit-Bilanz doch noch erfolgreich

---

364 Vgl. Jouen (2011), S. 60.
365 Dinan (2010), S. 415.
366 Vgl. Dinan (2010), S. 417.
367 Vgl. Kok (2004), S. 6.

umzusetzen und der Forderung aus dem *Kok*-Bericht nachzukommen „more coherence and consistency between policies and participants" herzustellen.[368] Mit dem Neustart der Agenda mittels der Leitlinien sollen Wachstum und Beschäftigung gefördert werden, ohne hierbei das Ziel der nachhaltigen Entwicklung zu vernachlässigen.[369] Geschehen soll dies durch den Auf- und Ausbau einer Wissensgesellschaft: „Die Verwirklichung einer Wissensgesellschaft mit den sie tragenden Säulen Humankapital, Bildung, Forschung und Innovation ist der Schlüssel zur Steigerung unseres Wachstumspotenzials und zur Zukunftssicherung."[370] Die Leitlinien im Einzelnen gliedern sich in makroökonomische (stabiles Wirtschaftsumfeld), mikroökonomische (z. B. Vollendung des Binnenmarktes und Verbesserung des Unternehmensumfeldes sowie der Infrastruktur) und in beschäftigungspolitische Leitlinien (bspw. bessere Integration von Arbeitssuchenden in den Arbeitsmarkt und Verbesserung des Aus- und Weiterbildungssystems).[371] Die EU-Kommission macht Innovationen (in verschiedenen Sektoren) als den Treiber von Wachstum aus. Wachstum soll demnach für eine geringere Arbeitslosigkeit sorgen und Wohlstand schaffen. Dem Oberziel „Innovationen" werden die Teilkomponenten günstige Standortbedingungen (F&E, Infrastruktur, Finanzierungsquellen, Starts-Ups und kleinere und mittlere Unternehmen, nationale und europäische Rechtsvorschriften etc.), Investitionen und Humankapital untergeordnet. Als Zielmarken verordneten sich die Mitgliedstaaten die beiden *Headline Targets* einer Beschäftigungsrate von 70% und von F&E-Ausgaben von 3% des BIP.[372]

Die zentralen Neuausrichtungen der Kohäsionspolitik sind im konzeptuellen Zusammenhang mit der Lissabon-Agenda zu sehen.[373] Die Zielsetzung dieser Ausrichtung war „identifying specific areas of investment that directly strengthen competitiveness and job creation – in research and innovation, human capital, business services, major European infrastructures and improvement of energy efficiency."[374]

---

368 Kok (2004), S. 7. Weiter heißt es dort: „The task is to develop national policies in each Member State, supported by an appropriate European-wide framework, that address a particular Member State's concerns and then to act in a more concerted and determined way."

369 Vgl. EU-Kommission (2005c).

370 EU-Kommission (2005c), S. 5 f.

371 Vgl. EU-Kommission (2005c), S. 18.

372 Vgl. Dinan (2010), S. 419.

373 Die Auswirkungen der Traditionslinie von Bemühungen für mehr Wachstum und höherer Wettbewerbsfähigkeit sind bereits in den 1990er-Jahren zu beobachten. So zeigt Klemmer (1998) die Unterordnung der Kohäsionspolitik unter EU-weite Ziele für diesen Zeitraum auf: „Neben dem klassischen Anliegen des Abbaus regionaler Entwicklungsdisparitäten rückten in diesem Papier [das angesprochene Strategiepapier Europa 2000, J. D.] die Rolle der Infrastruktur als Integrationsinstrument sowie der Schutz der Umwelt bzw. der natürliche Ressourcen in den Vordergrund."

374 Bachtler et al. (2006), S. 8.

Obgleich zahlreiche Politikbereiche von der Agenda betroffen sind,[375] wird die Kohäsionspolitik als das wichtigste Mittel zur Umsetzung der Strategie hervorgehoben, wie die ehemalige Regionalpolitik-Kommissarin Hübner feststellt: „Die europäische Kohäsionspolitik wird das entscheidende Gemeinschaftsinstrument zur wirtschaftlichen Modernisierung der Union in den kommenden Jahren sein."[376] Nachdem die Halbzeit-Evaluation der Regionalpolitik in Form des dritten Kohäsionsberichts Ende 2003 zu dem Ergebnis kam, dass die gesetzten Ziele nicht ausreichend erreicht wurden, wurde ab 2005 versucht, die Regionalpolitik verstärkt auf die Kernelemente der Lissabon-Agenda auszurichten.[377] Aufgrund der Asynchronität der Förderperioden und der Lissabon-Strategie wurden die Anstrengungen allerdings erst ab dem ersten Jahr der Periode 2007–2013 vollständig umgesetzt.[378] Die Konkretisierung sieht hauptsächlich zwei Durchsetzungsinstrumente vor. Erstens sollen die Strukturfondsmittel zur Erreichung der Lissabon-Ziele verwendet werden, indem ein bestimmter Anteil der Kohäsionsausgaben für die Prioritäten der Lissabon-Agenda zweckgebunden eingesetzt werden müssen (im EU-Jargon *Earmarking* genannt): im Ziel „Konvergenz" 60% sowie im Ziel RWuB 75% der Kapitalhilfen.[379] Für die EU-15 war das *Earmarking* obligatorisch (ohne jedoch direkte Sanktionen vorzusehen). Mit dieser Fokussierung sollte der Schwerpunkt in den EU-15 weg von der Förderung von Infrastruktur-Projekten hin zum Ausbau der Förderung von Bildung, F&E, Maßnahmen zur Förderung der Informationsgesellschaft sowie eine Verbesserung des Unternehmensumfeldes erfolgen. Obwohl für die EU10 und somit die MOEL das *Earmarking* hingegen lediglich fakultativ war, wurden sie jedoch zu einer entsprechenden Mittelbindung ermuntert.[380] Tatsächlich wurden in der Periode 2007–2013 insgesamt 65% der Mittel des Ziels „Konvergenz" und 82% der Mittel des Ziels RWuB auf die Lissabon-Agenda ausgerichtet.[381] Aus einer interventionistischen Politikperspektive ist die Bedeutung des *Earmarkings*

375 „Diese Aufgaben [Umsetzung der Lissabon-Agenda, J. D.] betreffen zahlreiche Politikbereiche. Sie verlangt nach einem partnerschaftlichen Vorgehen von EU, Mitgliedstaaten und Regionen und einer genauen Zielausrichtung der betreffenden Maßnahmen, damit Anstrengungen sich dort konzentrieren, wo sie am effektivsten wirken." EU-Kommission (2007d), S. 3.

376 EU-Kommission (2012c), S. 13.

377 „the relevance of the strategic choices made in 2000 is largely confirmed, particularly the emphasis on the Lisbon priorities (innovation, information society and networks), expenditure on which amounted to around EUR 60 billion or 30% of the Structural Funds. There is scope, however, for even greater focus on these priorities, particularly in relation to innovation and missing links in networks". EU-Kommission (2004), S. 167. Die vorhergehenden Berichte weisen in diesem Zusammenhang keine besondere Relevanz auf. Auch VO (EG) Nr. 1083/2006 des Rates vom 11. Juli 2006; EU-Kommission (2005c; 2007c); Bachtler et al. (2006), S. 3 ff.

378 Vgl. Becker/Zaun (2007), S. 47.

379 Dazu VO (EG) Nr. 1083/2006 des Rates vom 11. Juli 2006, Art. 9.

380 Vgl. Bachtler et al. (2006), S. 8.

381 Vgl. EU-Kommission (2007c), S. 4.

nachzuvollziehen, da nicht über eine Regelrahmensetzung, sondern schwerpunktmäßig über haushaltspolitische Instrumente steuernd eingegriffen werden soll. Als zweitgrößter Haushaltstitel fällt der Kohäsionspolitik hierbei eine entscheidende Funktion zu. Zweitens werden spezifische Vorgaben für die Kohäsionspolitik mittels der Etablierung der Kohäsionsleitlinien (*Community Strategic Guidelines on Cohesion*, kurz CSG) gemacht, die – zeitlich versetzt zu den integrierten Leitlinien – für die Programmperiode 2007–2013 Anwendung finden.[382] Mittels Leitlinien soll ein strategischer Rahmen gestaltet werden, indem sich die Kohäsionspolitik bewegt. Die Mitgliedstaaten legen auf dieser Grundlage ihre nationale Entwicklungsstrategie und Reformprogramme vor. Auch bei dieser Art der strategischen Ausrichtung ist die Politikinnovation nicht hoch. Bereits 1988 legte die europäische Kommission „Leitlinien und Prioritäten" fest und prüfte die Regionalentwicklungsprogramme hinsichtlich ihrer Kohärenz mit den Programmen und Zielen der Gemeinschaft.[383]

Nach dem Auslaufen der Lissabon-Strategie 2010 wurde im gleichen Jahr die Nachfolgestrategie „Europa 2020" aufgelegt, die sich jedoch erst in der Förderperiode 2014–2020 vollständig in der Kohäsionspolitik wiederfinden wird. Die Strategie weist viele Kontinuitäten auf, da keine substanziellen Neuerungen im Vergleich zur Lissabon-Strategie zu erkennen sind, wie Nugent prognostizierte: „However, as deliberations got underway in 2009–2010 about the Lisbon Strategy's successor and a ten-year plan taking the EU through to 2020, there were few indications that the new plan – labelled *Europe 2020* – would be radically different from its predecessor."[384] Nicht nur ein Großteil der Zielvorgaben ist identisch mit denen der Lissabon-Agenda, ebenfalls ist die Rolle der Kohäsionspolitik als Hauptinstrument unverändert.[385] Schwerpunkt der Strategie „Europa 2020" ist „intelligentes, nachhaltiges und integratives Wachstum".[386] Mit dem intelligenten Wachstum verknüpft die EU vorwiegend Wachstumsmöglichkeiten durch Innovationen, das nachhaltige Wachstum zielt auf Wachstum ohne Schädigung des Klimas und der Umwelt ab und mit dem integrativen Wachstum soll die Einbeziehung möglichst aller Bürger erreicht werden.[387] Die

---

382 Darüber hinaus wurde die GAP in Form der „strategischen Leitlinien der Gemeinschaft für die Entwicklung des ländlichen Raums", einbezogen, die die Kohärenz mit den anderen EU-Politiken hinsichtlich der erneuerten Lissabon-Strategie herstellen will. Prinzipiell gelten dieselben Schwerpunkte wie in den Kohäsionsleitlinien, also Erhöhung der Wettbewerbsfähigkeit und Verbesserung des Umwelt- und Klimaschutzes sowie der Lebensqualität, nur sektorspezifisch mit Ausrichtung auf die Forst- und Landwirtschaft; vgl. Beschluss 2006/144/EG des Rates vom 20 Februar 2006, in: ABl. Nr. L 55/20, 25 Februar 2006.

383 Vgl. Spiekermann et al. (1988), S. 14.

384 Nugent (2010), S. 342, Herv. i. O.

385 Vgl. EU-Kommission (2010e), S. 14.

386 EU-Kommission (2010e), S. 14.

387 Vgl. EU-Kommission (2010d).

Strategie versucht, die beiden konfligierende Ziele Wachstum und Umweltschutz zu vereinen, indem sie die europäischen Volkswirtschaften anhält, mittels neuer Technologien und Dienstleistungen den Strukturwandel zu Wirtschaftssektoren zu forcieren, die eine ressourcen- und energieeffiziente Produktion anstreben (*Green Technology*).[388] Zu diesem Zweck wurden genaue Zielmarken verabschiedet, die bis zum Jahr 2020 erreicht werden sollen.[389] Insbesondere Konvergenzregionen, die sich auf die MOEL konzentrieren, zeichnen sich durch ein geringes F&E-Niveau, einen niedrigen Anteil an Hochschulabsolventen und eine schwache Produktivität aus. Sie werden damit zum Hauptadressaten entsprechender Maßnahmen.[390]

2004 forderte der damalige EU-Kommissionspräsident Prodi eine Kohäsionspolitik, die „more clearly at the service of competitiveness and employment than was previously the case" ausgerichtet werden müsse.[391] In einer gewissen Hinsicht konnte die Lissabon-Agenda zur Zielerreichung beitragen, wie Dinan anmerkt:

> Was the Lisbon strategy therefore a wasted effort? On the surface, the strategy was a caricature of how the EU works: endless meetings, studies, reviews, declarations, and exhortations, with few results. However, the process was relatively cost-free and probably politically worthwhile. It engaged EU and national officials in a continuous dialogue about best practices, benchmarks, goals, and targets; it applied peer pressure on poor performers to improve and adopt better procedures and processes; it drew attention to the gap between member states' economic potential and achievement; and it highlighted the need for higher productivity in the face of a shrinking population and a rising dependence ratio.[392]

Allerdings blieb die Lissabon-Agenda insgesamt deutlich hinter den Erwartung zurück. Weder konnten die konzeptuellen Vorgaben vollständig erfüllt werden (wie bspw. das Ziel, bis 2010 „die Union zum wettbewerbsfähigsten und dynamischsten wissensbasierten Wirtschaftsraum in der Welt zu machen")[393] noch überzeugten die eingesetzten Mittel.[394] Angesichts dieses Befundes ist auch fraglich, welche tatsächlichen Auswirkungen die Strategie „Europa 2020" haben wird. Deshalb stellt sich die

---

388 Dazu EU-Kommission (2010e), S. 11.

389 Dazu zählen im Wesentlichen: mindestens eine Beschäftigungsquote von 75% (der Bevölkerung im Alter zwischen 20 und 64 Jahren), Ausgaben für F&E in Hohe von 3% des jeweiligen nationalen BIP, Erreichung des 20-20-20-Klimaschutzziels (Verringerung der Treibhausgasemission um mindestens 20% gegenüber 1990, Ausbau des Anteils der erneuerbarer Energien auf 20% und Erhöhung der Energieeffizienz um 20%), Verringerung der Schulabbrecherquote auf 10% sowie Erhöhung der Hochschulabschlüsse auf einen Anteil von mindestens 40% und Verringerung der unter den nationalen Armutsgrenzen lebenden Europäer um 25%; vgl. EU-Kommission (2010d).

390 Dazu Dascălu/Bârgăoanu (2011), S. 56.

391 Prodi (2004).

392 Dinan (2010), S. 421.

393 EU-Rat (2000).

394 Vgl. Allen (2010), S. 242.

berechtigte Frage nach der Existenzberechtigung beider Strategien. Die Erfolge der Strategien stehen im Gegensatz zur deren Publizität, die wohl auf den unverbindlichen sowie vagen Zielen, den vielfältigen rhetorischen Phrasen und der Vielzahl an Leerformeln beruht. Dadurch ist es möglich, dass sich die verschiedenen Akteure mit ihren jeweiligen Interessen auf die Strategien berufen und auf diese Weise ihren Handlungen eine höhere Legitimität verleihen können. Außerdem zeigte sich, dass die als Innovationen verkündeten Elemente bereits eine längere Traditionslinie haben und teilweise ein Rückgriff auf Bewährtes sind (z. B. das Instrument der Leitlinien oder die inhaltliche Forderung nach Erhöhung der Wettbewerbsfähigkeit). Wenige Elemente können als wirklich neu eingeschätzt werden, sondern meist handelt es sich lediglich um eine Erneuerung. Trotz des geringen Neuigkeitswertes und der geringen Zielerreichung stellen beide Strategien für die Kohäsionspolitik einen Wendepunkt dar, wie nun zu diskutieren sein wird.

5.4.4 Paradigmenwechsel: Auf dem Weg zu einer „Ersatzwirtschaftspolitik"?

Angesichts der Entwicklung der Kohäsionspolitik der vergangenen Dekaden wird offenkundig, dass eine grundlegende Veränderung des Politikfeldes in quantitativer und qualitativer Art stattgefunden hat. So wuchs nicht nur die Relevanz hinsichtlich des Anteils an den EU-Ausgaben, sondern auch hinsichtlich der Regelintensität. Die These, dass sich die Kohäsionspolitik von einer Regional- und Strukturpolitik für die ökonomisch schwächsten Regionen und Staaten zu einem umfassenden Instrument der Wirtschaftspolitik wandelt und auf diese Weise zu einer europäischen „Ersatzwirtschaftspolitik" (so der hier geprägte Begriff) werden könnte, soll im Folgenden skizziert und im weiteren Kapitel vertieft ausgeführt werden.

Die Kohäsionspolitik unterliegt einem bereits länger andauernden doppelten Wandel. Wie im historischen Abriss nachgezeichnet wurde, entwickelte sich die Gemeinschaftspolitik von einer reinen Ausgleichs- und Umverteilungspolitik in den Anfangsjahren zu einer teilweise vergemeinschafteten Politik, bei der die EU-Kommission eine entscheidende Rolle bei Planung, Durchführung und Evaluation der Verteilung der Kapitalhilfen spielt. Darüber hinaus – jedoch im Zusammenhang mit der ersten Entwicklungstendenz – dehnt sich die Kohäsionspolitik ebenfalls von einer Regional- und Strukturpolitik für rückständige Gebiete zu einer umfassenden Politik für den gesamten Raum der EU aus. Anders als in den früheren Förderperioden wird sie explizit seit 2007 in einen allgemeineren Kontext, nämlich den der Steigerung der Wettbewerbsfähigkeit, eingebettet. Zeitgleich fand auch eine Erweiterung der Ziele statt. Während in den vorhergehenden Perioden generell davon gesprochen wurde, die Kohäsionspolitik solle Konvergenz durch Unterstützung der Wachstumsprozesse bezwecken, ist nun – zumindest verbal – die Priorität auf Konvergenz durch Steigerung der Wettbewerbsfähigkeit sowie auf Schutz und Verbesserung der Umweltbedingungen gelegt. Die Absicht der Lissabon-Agenda und der Europa

2020-Strategie ist die Umsetzung eines umfangreichen Programms zur Wachstumssteigerung und zum Strukturwandel europäischer Volkswirtschaften. Dies kann als Antwort auf den wahrgenommen Handlungsbedarf angesichts der Globalisierung und der ökonomischen Schwierigkeiten gesehen werden. Als zentrales Werkzeug zur Umsetzung der Vorgaben wird, neben einer Industrie- und Forschungspolitik, insbesondere auch die Kohäsionspolitik als maßgebliches Mittel betrachtet. Die deutliche Erweiterung des Zielkanons der Gemeinschaftspolitik um bspw. Aspekte des Umwelt- und Klimaschutzes weist auf eine zunehmende Abkehr von einer liberalen Integrationsstrategie mit Fokus auf den europäischen Binnenmarkt und stattdessen auf eine Hinwendung zu einer umfassenden europäischen Wirtschaftspolitik hin. Der Kohäsionspolitik werden immer weitere Aufgaben übertragen, wie etwa die Umsetzung des „digitalen Binnenmarktes“ und der „Strategie für die Energieunion“.[395] Aufgrund der Erweiterung des Tätigkeitsbereichs der EU-Kommission geht der Zielverschiebung zugleich ein wirtschaftspolitischer Interventionismus einher. Von einer „Ersatzwirtschaftspolitik“ wird gesprochen, da sich eine *quasi* Wirtschaftspolitik auf europäischer Ebene etabliert, die von den Mitgliedstaaten nicht explizit gewünscht ist und vielmehr als „Ersatz“ für ein solches Politikfeld durch die „Hintertür“ und relativ unbemerkt eingeführt wird.[396] Die gewandelte Intention der Kohäsionspolitik ist sehr deutlich und umfassend: Sie soll zu einem generellen Mittel werden, um wirtschaftlich-gesellschaftliche Belange durchzusetzen. Dieser Trend, den die EU-Kommission verschiedentlich selbst klar benennt („die Kohäsionspolitik [hat sich, J. D.] aus einem Programm zur Förderung der Regionalentwicklung in ein Instrument zur Steigerung von Investitionen, Innovation und umweltfreundlichem Wachstum in der Europäischen Union entwickelt“),[397] setzt sich in der aktuellen Förderperiode 2014–2020 fort, in der sich das *Wording* der Fonds geändert hat. Die fünf Fonds EFRE, ESF, KF, ELER und EMFF werden nunmehr unter dem Oberbegriff der Europäischen Struktur- und Investitionsfonds (ESIF) zusammengefasst. Des Weiteren wurden die

395 Vgl. EU-Kommission (2015d; 2015e).

396 Für den Befund einer „Ersatzwirtschaftspolitik“ ist es zunächst zweitranging, inwiefern eine solche Politik vergemeinschaftet ist, da erstens die Kohäsionspolitik in jedem Fall ihren ursprünglichen Charakter (Förderung wirtschaftsschwacher Regionen) verliert und zweitens plausibel vermutet werden kann, dass eine Supranationalisierung mit einer gewissen Verzögerung noch erfolgen wird.

397 So der Generaldirektor für Regionalpolitik und Stadtentwicklung Walter Deffaa in: EU-Kommission (2014), S. 3. Auch der damalige EU-Kommissar für Regionalpolitik Johannes Hahn nimmt zum Ansatz der Kohäsionspolitik Stellung: „Bisher konzentrierte sich die Kohäsionspolitik auf die ärmeren Regionen und auf die Verbesserung der Chancengleichheit. Wir haben diese traditionelle Rolle nicht aufgegeben. Allerdings haben wir sie nun radikal in eine EU-weite Investitionsstrategie umgewandelt. Heute ist sie ein leistungsfähiges Instrument, das für wirtschaftliche Entwicklung und Transformation auf regionaler Ebene neu konfiguriert wurde.“ Hahn in: EU-Kommission (2014a), S. 4.

ehemaligen Ziele „Konvergenz" und RWuB zu einem gemeinsamen Ziel zusammengefasst.

Die Veränderung des Regelarrangements zur Förderperiode 2007–2013 bewirkte, dass nunmehr erstmalig nicht einzig rückständige Gebiete, sondern sämtliche Gebietskörperschaften der EU förderberechtigt sind.[398] Zwar waren bereits vorher Regionen bzw. deren Teilgebiete förderfähig, die nicht rückständig im Sinne des 75%-BIP-Pro-Kopf-Kriteriums waren,[399] jedoch ist nun eine generelle Förderberechtigung ohne besondere Nachweispflichten und Einschränkungen gegeben.[400] So ist im Sekundärrecht fixiert, dass „[f]örderfähig aus den Strukturfonds im Rahmen des Ziels ‚Regionale Wettbewerbsfähigkeit und Beschäftigung' sind die Regionen, die nicht unter Art. 5 Absatz 1 [Ziel der „Konvergenz", J. D.] und Art. 8 Absatz 1 und 2 [Übergangsunterstützung des Ziels „Konvergenz", J. D.] fallen".[401] Das Argument der EU-Kommission, dass wirtschaftsschwache Regionen und die sonstigen, relativ wirtschaftsstarken Regionen voneinander abweichende wirtschaftspolitische Ziele und Strategien haben, überzeugt nicht ganz. Vielmehr dürften beide Wirtschaftswachstum und eine Verbesserung der Lebensqualität anstreben. So wird ein scheinbarer Zielkonflikt konstruiert: Zum einen soll die Kohäsionspolitik die Wettbewerbsfähigkeit und den Beschäftigungsstand erhöhen und zum anderen soll sie die Konvergenzregionen bei ihrem *Catch Up*-Prozess unterstützen, wobei diese Zieldichotomie impliziert, dass beide sich eher ausschließen als ergänzen. Umso überraschender ist es, dass die EU-Kommission befindet, dass beide Strategien (die Ziele „Konvergenz" und RWuB) uneingeschränkt miteinander vereinbar sind, da die „Weiterverfolgung der Europa 2020-Ziele [...] als Mittel betrachtet werden [kann], regionale Entwicklungsziele voranzubringen".[402] Insofern ist aus ökonomischer Perspektive fraglich, wieso diese Doppelung vorgenommen wird.

Der Paradigmenwechsels kann durch eine politökonomische Argumentation erklärt werden. Die EU-Kommission als supranationales Organ mit Eigeninteressen neigt dazu, ihre Kompetenzen und ihren Tätigkeitsbereich auszudehnen. Diese Tendenz wird durch das Verhaltensmuster der Mitgliedstaaten begünstigt und maßgeblich erst ermöglicht: Der eingeschlagene Pfad der Kohäsionspolitik lässt Ausgabenkürzungen nur sehr schwer durchsetzen, da die jeweiligen Interessenkonstellationen

---

398 Vgl. Drevet (2008), S. 250.

399 Zum Beispiel waren in der Periode 2000–2006 relativ wirtschaftsstarke Gebiete im Rahmen des Ziels 2 „Umstellung von Regionen mit strukturellen Schwierigkeiten" und des Ziels 3 „Anpassung und Modernisierung der Beschäftigungs- und Bildungspolitik" förderberechtigt.

400 Dazu Leonardi (2005), S. 158: „Regional competitiveness will redefine the old Objective 2 at the regional level and will no longer be limited to subregional micro zones particularly hit by unemployment and industrial decline but will be focussed on regional level responses."

401 VO (EG) Nr. 1083/2006 des Rates vom 11. Juli 2006, Art. 6.

402 EU-Kommission (2014b), S. 10.

der Staaten keinen Verzicht auf Transferleistungen vorsehen. Folgt man dieser Argumentation, dann ist die Ausweitung der Fördergebiete und der Förderbedingungen logische Folge: Neben der Kürzung der jeweiligen Einzahlungen – die jedoch schwer durchzuführen sind, wie die vergangenen Haushaltsverhandlungen stets belegten –, stehen den Ländern keine anderen Möglichkeiten offen, um sich finanziell besserzustellen: „With no major European project in the horizon, that could bring additional economic gains to EU members, and to the net contributors in particular, the essence of the logic of equity shrinks to direct returns to national net balances."[403] Einerseits steht dem Argument jedoch die Tatsache entgegen, dass die Förderberechtigung im Ziel „Konvergenz" zeitlich begrenzt ist – anders etwa als im Falle der GAP –, denn sie endet, wenn eine gewisse BIP-Pro-Kopf-Schwelle überschritten wird. Auf diese Weise sind die Möglichkeiten, den Mittelrückfluss zu maximieren, beschränkt. Andererseits kann genau diese *Sunset*-Klausel als Motiv der Mitgliedstaaten zur Unterstützung des Paradigmenwechsels ausgemacht werden, da für die – von der „Ersatzwirtschaftspolitik" forcierte – Förderung der Gebiete, die nicht in das Ziel „Konvergenz" fallen, keinerlei quantitativen Schwellen gelten, die Förderung also zeitlich unbegrenzt gilt. An dieser Logik wird die Funktion der Regelbindung zur Schaffung von Erwartungssicherheit und zur Verhinderung politischer Opportunitäten, wie sie etwa die 75%-BIP-Pro-Kopf-Regelung erfüllt, deutlich. Somit kann vermutet werden, dass der Paradigmenwechsel hin zu einer „Ersatzwirtschaftspolitik" im Interesse der meisten Mitgliedstaaten liegt, zumindest so lange, bis die Ausweitung auf die Instrumente übergreift und eine weitergehende Supranationalisierung droht. Für die EU-Kommission hat die Zielverschiebung eine weitere Bedeutung. Eine Kohäsionspolitik, die sich auf die Förderung der wirtschaftsschwächsten Gebietskörperschaften konzentriert, wäre eine Politik, die sich langfristig selbst abschaffen würde. Denn je erfolgreicher die Kohäsionspolitik wirkt, desto schneller würden die Aufholprozesse verlaufen und desto schneller wäre eine Gemeinschaftspolitik überflüssig. Die Beispiele Irlands und der neuen Bundesländer deuten die Dimension eines solchen Rückzugs aus dem Ziel „Konvergenz" an. Will die EU-Kommission auf lange Sicht das Politikfeld der Kohäsionspolitik mit seinen Haushaltsmitteln behalten, so muss sie alternative Betätigungsfelder erschließen.

5.4.5 Zwischenfazit

Tab. 5.10 fasst die bisherigen Ergebnisse der ordnungsökonomischen Analyse gebündelt zusammen. Beginnend mit Kriterium 1 kann von einer teilweisen Erfüllung der ordnungsökonomischen Anforderungen gesprochen werden. Die Festlegung und

403 Ujupan (2009), S. 15.

Verteilung der kohäsionspolitischen Ausgaben durch den mittelfristigen Finanzrahmen ist positiv zu werten, da sie den Beteiligten einen Planungshorizont von sieben Jahren ermöglicht und die (politischen) Akteure in diesem Zeitraum an die getroffenen Etat-Vereinbarungen bindet. Dies ist auch deshalb wichtig, weil Reformen und Modernisierungsmaßnahmen in den MOEL einer langfristigen Perspektive bedürfen (vgl. Kapitel 4). Sinnvoll erscheint außerdem die Aufnahme der Kohäsionspolitik in das Primärrecht. Auf diese Weise erhalten das Politikportfolio und das Ziel der Unterstützung wirtschaftsschwacher Gebiete einen hohen Stellenwert in der EU. Negativ sind jedoch die mangelnde Transparenz und die hohe Komplexität durch die Vielzahl an Förderinstrumenten, die nebeneinander koexistieren und starke Überschneidungen hinsichtlich ihres Interventionsbereiches aufweisen. Des Weiteren tragen die regelmäßigen.

Tab. 5.10: Zwischenfazit der ordnungsökonomischen Analyse (Quelle: Eigene Darstellung).

	Kriterium 1 Regelrorientierung und Regelgebundenheit	**Kriterium 2 Befähigung und Teilhabegerechtigkeit**	**Kriterium 3 Interdependenz der Ordnungen und Bürgersouveränität**	**Kriterium 4 Kohärenz und Zustimmungsfähigkeit**
Konstitutionelle Ebene I und Handelnsordnung I	Teilweise erfüllt	Nicht erfüllt	Offen, da abhängig von der genaueren Gestaltung	Teilweise erfüllt
Konstitutionelle Ebene II und Handelnsordnung II	Offen (Abschnitt 5.5)			

Strukturveränderungen der Kohäsionspolitik in aufeinanderfolgenden Förderperioden nicht begünstigend zur Verständlichkeit und Klarheit der Regeln bei. Analysiert man das Primärrecht und die zwischenstaatlichen Vereinbarungen im Zusammenhang mit dem Merkmal der Befähigung und der Teilhabegerechtigkeit (*Kriterium 2*), so lassen sich kaum Bezüge attestieren. Zwar findet sich dort das Motiv der gegenseitigen Hilfe (Kohäsion als europäisches Ziel), allerdings bleibt die Ausgestaltung hinreichend offen, sodass nachgelagerte Stellen einen weiten Interpretationsspielraum erlangen und – der Befähigungsintention zuwiderlaufende – Maßnahmen implementieren können. Gerade um eine solche willkürliche Deutung zu verhindern, müssten die Fördergrundsätze und die Förderbedingungen sowie insbesondere auch die Grenzen einer Unterstützungspolitik europarechtlich präziser verankert werden. Aus Sicht einer „Vitalpolitik für Staaten" wäre es erforderlich, dass die Kohäsionspolitik auf Ebene des Primärrechts einen kohärenteren Begründungsrahmen erhalten würde. Der Vorteil einer solchen Fundierung ist, dass sich auf subkonstitutioneller Ebene spezifische Instrumente der Förderung ableiten und hingegen andere

Maßnahmen missbilligen ließen, wie z. B. wettbewerbsverzerrende Begünstigungen einzelner Unternehmen. Anstatt das Politikfeld als Möglichkeit zur Realisierung gegenseitiger Vorteile stringent zu begründen, bezieht sich die EU jedoch vorwiegend auf vage Motive wie das der europäischen Solidarität. Durch das Fehlen der Begrenzung mittels einer in sich logischen Begründung, die ihre Ursache in der Entstehungsgeschichte hat, und infolge der europäischen Verhandlungslogik konnten Partikularinteressen Einfluss auf die Kohäsionspolitik gewinnen. Dies äußert sich darin, dass zahlreiche Aspekte (z. B. Nennung dünnbesiedelter Gebietskörperschaften als Fördergebiete) Aufnahme in das Primärrecht gefunden haben, die besser auf nachrangiger Ebene behandelt werden würden. Auch die Errichtung des Kohäsionsfonds und dessen primärrechtliche Verankerung ist Ausdruck der Dominanz politischer Faktoren und Zeichen des Zurückdrängens rationaler ökonomischer Erwägungen. Des Weiteren ermöglichte die defizitäre Begründungsstruktur einen Paradigmenwechsel der Kohäsionspolitik, der sich durch einen Rückzug aus einer alleinigen Förderung rückständiger Gebiete hin zu einer „Ersatzwirtschaftspolitik" für die gesamte EU kennzeichnet. Obgleich der Umfang des Instrumentariums der „Ersatzwirtschaftspolitik" (noch) nicht die Qualität einer Wirtschaftspolitik erreicht, liegen zahlreiche Merkmale einer Wirtschaftspolitik vor, insbesondere durch den konzeptuellen Anspruch, überall im Gemeinschaftsgebiet und in allen wirtschaftspolitisch relevanten Bereichen angewendet zu werden. Insgesamt ist also kein kohärenter Politikansatz zu erkennen. Zu dem Bild der geringen Kohärenz fügt sich die mangelnde Zustimmungsfähigkeit. Anders als eine Verfassung, die sich auf Zuteilung grundsätzlicher Tätigkeitsbereiche und Kompetenzen der Gemeinschaftsebene sowie auf die Befähigung der europäischen Bürger zur Teilhabe am Binnenmarkt konzentriert, sind die europäischen Verträge nur in den allerwenigsten Belangen zustimmungsfähig. Angesichts dieser zahlreichen Mängel gilt insgesamt, dass aus dieser Sicht Kriterium 4 lediglich als teilweise erfüllt betrachtet werden kann. Allerdings kann prinzipiell davon ausgegangen werden, dass es zwischen den EU-Bürgern den Grundkonsens zu einer Kohäsionspolitik gibt: Es liegt wohl nicht im Interesse der EU-Bürger, die Bevölkerungen einzelner Mitgliedsländer systematisch und dauerhaft von der Teilhabe am Geschehen des EU-Binnenmarktes auszuschließen. Daraus kann gefolgert werden, dass eine europäische Kohäsionspolitik mit dem Argument der geringen Wirksamkeit nicht *per se* abzulehnen ist. Vielmehr scheint die Sinnhaftigkeit aus ordnungsökonomischer Perspektive von der konkreten Ausgestaltung abzuhängen. Die Betrachtung des Primärrechts hat ergeben, dass die derzeitige konstitutionelle Struktur auch eine andere Kohäsionspolitik erlauben würde, die Verträge also offen für Reformkonzepte sind.

Notwendigerweise ist das Zwischenfazit vorläufiger Art, da bislang weder die konstitutionelle Ebene II und die Handelnsordnung II umfänglich einbezogen wurden, noch alle Kriterien zur Anwendung kommen konnten, da dazu Aspekte der nachgelagerten Ebenen analysiert werden müssen. Deshalb bleibt an dieser Stelle Kriterium der Interdependenz der Ordnungen und der Bürgersouveränität (*Kriterium 3*) noch offen.

5.5 Konkrete Auswirkung der Kohäsionspolitik (Rechts- und Handelnsordnung II)

Nachdem bislang die oberste Regelordnung (konstitutionelle Ebene I) und die Interaktionen der Beteiligten in der Handelnsordnung I behandelt wurden, steht nun die genauere Ausgestaltung der Kohäsionspolitik im Fokus. Während die Hauptquelle der Regelungen auf konstitutioneller Ebene durch das Primärrecht der EU gebildet wird, ist dies auf dem Level der Rechtsordnung II das Sekundärrecht, betrifft also im Wesentlich die Verordnungen und Richtlinien. Darüber hinaus gilt es, die Handelnsordnung II als Ergebnis der Interaktionen der relevanten Beteiligten innerhalb dieses Rechtsrahmens zu untersuchen. Oder um mit der Spielemetapher zu sprechen, lautet im Folgenden das Erkenntnisinteresse erstens, die Spielregeln und Funktionsweisen der Kohäsionspolitik zu verstehen und zweitens, zu beleuchten, welche Auswirkungen diese spezifischen Regeln auf die beteiligten Akteure haben und wie sie das Handeln der Akteure strukturieren. Ein Schwerpunkt ist deshalb die Charakterisierung der Wechselwirkungen und der Beziehungen zwischen der EU-Kommission und den Mitgliedstaaten. Die sich daraus ergebenden Ergebnismuster werden daraufhin analysiert, wie wirksam die Kohäsionspolitik die ökonomischen sowie gesellschaftlichen Aufholprozesse befördern kann und ob es der Politik gelingt, die faktischen Hindernisse, die die EU-Bürger von einer Binnenmarkt-Teilnahme abhalten könnten, abzubauen. Auch hier werden die Kriterien der Regelorientierung und -gebundenheit (*Kriterium 1*), der Befähigung und Teilhabegerechtigkeit (*Kriterium 2*), der Interdependenz der Ordnungen und Bürgersouveränität (*Kriterium 3*) sowie der Kohärenz und Zustimmungsfähigkeit (*Kriterium 4*) angelegt.

Dazu wird zunächst in Abschnitt 5.5.1 der Frage nachgegangen, welche Verteilung der Kapitalhilfen in der EU und v. a. in den MOEL vorliegt. Hierbei wird die Aufmerksamkeit insbesondere auf das *Kriterium 2* der Teilhabegerechtigkeit gerichtet: Inwiefern werden die rückständigen Gebietskörperschaften gefördert, die sich nicht aus eigener Kraft helfen können? Der anschließende Abschnitt 5.5.2 der geteilten Mittelverwaltung erklärt, wie der Zyklus der Kohäsionspolitik funktioniert, an dessen drei Phasen sich die Gliederung der folgenden Abschnitte orientiert. Der Zyklus umfasst die Problemwahrnehmung sowie die Erstellung geeigneter Strategien (Planungsphase), die Implementation (Durchführungsphase) und die Kontrolle sowie Bewertung (Evaluationsphase). Bei der Analyse steht die Frage im Vordergrund, wie zweckmäßig sich dieses Regelarrangement für die Beteiligten zeigt, also inwieweit die Regeln klar, eindeutig und untereinander kohärent sind. Während bei der Behandlung des kohäsionspolitischen Zyklus der formale Ablauf im Vordergrund steht, finden im Abschnitt über das Partnerschaftsprinzip (Abschnitt 5.5.3) auch informelle Mechanismen Berücksichtigung. Zudem wird untersucht, ob eine Konvergenz der Regionalpolitik in den unterschiedlichen Ländern Mittel- und Osteuropas vorliegt. Dabei wird die Rolle der Konditionalität bewertet: Wie konnte die EU-Kommission im Rahmen des Beitrittsprozesses die Institutionen der MOEL auf regionalpolitischer

Ebene beeinflussen? Da Kohäsionspolitik in Kooperation der EU-Kommission mit den Mitgliedstaaten (geteilte Zuständigkeit) stattfindet, ist es aus ordnungsökonomischer Perspektive entscheidend, wie die Zuständigkeiten und Verantwortlichkeiten aufgeteilt sind, das Haftungsprinzip verankert ist und welche Freiheitsgrade den Gebietskörperschaften bei der Regional- und Strukturpolitik verbleiben. Der Abschnitt 5.5.4 (Analyse der Planungsinstrumente NSRP und OP) befasst sich mit der konkreten Planungsphase der Gemeinschaftspolitik. Wie bereits in den Teilen 5.5.2 (Geteilte Mittelverwaltung) und 5.5.3 (Partnerschaftsprinzip) steht hier das *Kriterium 2* mit der Frage nach der Befähigung im Zentrum: Inwiefern gelingt es der Kohäsionspolitik, die Förderempfänger zu einer sinnvollen Mittelverwendung zu befähigen? Aus Perspektive einer „Vitalpolitik für Staaten" erfordert ein sachgerechter Kapitaleinsatz Handlungsspielräume für die Betroffenen. Deshalb wird an dieser Stelle auf die Machtverteilung eingegangen, die sich im Rahmen der Partnerschaft zwischen EU-Kommission und den jeweiligen nationalen Regierungen ergibt. Anschließend wird in Abschnitt 5.5.5 aus der Einsicht heraus, dass das institutionelle *Setting* maßgeblich Einfluss auf die Funktionsfähigkeit der Kohäsionspolitik hat, die Fähigkeit der Länder, die Mittelzuflüsse sinnvoll einzusetzen, betrachtet. Im Zentrum steht somit die Durchführungsphase (Phase 2) des kohäsionspolitischen Zyklus. Hinsichtlich dieser Absorptionskapazität der MOEL wird das Förderinstrumentarium der Kohäsionspolitik auf seine Tauglichkeit, *Catch Up*-Prozesse zu fördern, bewertet. Im Anschluss werden in Abschnitt 5.5.6 die Auswirkungen der Instrumente der Kontrolle und der Sanktionen (Phase 3 des Politikzyklus) geprüft. Angesichts der Bedeutung von Regeln sind die Mechanismen, die eine Regeleinhaltung gewährleisten, von zentralem Interesse für eine „Vitalpolitik für Staaten". Ein Fazit fasst die Befunde in Hinsicht auf die ordnungsökonomischen Kriterien zusammen (5.5.7).

5.5.1 Verteilung der Finanzmittel: Bedarfsgerechte Förderung?

Der Paradigmenwechsel in der Ausrichtung der Kohäsionspolitik hin zu einer „Ersatzwirtschaftspolitik" bewirkt, dass nunmehr nicht mehr der Schwerpunkt alleine auf rückständigen Regionen und Ländern liegt, sondern ab der Finanzperiode 2007–2013 generell alle Gebietskörperschaften die Förderberechtigung erlangen und dies zu einem grundsätzlichen Wandel im Charakter der Kohäsionspolitik führt. Im Folgenden gilt es, die These weiter zu beleuchten: Bestätigt sich diese theoretisch abgeleitete Annahme auch empirisch oder spielt die Förderung relativ wirtschaftsstarker Regionen lediglich eine untergeordnete Rolle und ist zu vernachlässigen? Die Analyse erfolgt auf zwei Ebenen: Zunächst wird eine Momentaufnahme der Verteilung der Kapitalhilfen in der Periode 2007–2013 vorgenommen, sowie durch einen Vergleich zur Vorperiode die dynamische Entwicklung gezeigt. Auf der zweiten Ebene geht es um die sekundärrechtlichen Förderbestimmungen. Hierzu wird die Definition der Förderkriterien untersucht und auf das Kriterium der Befähigung hin geprüft. Zur

Übersicht über die empirische Verteilung der Kohäsionsmittel werden die Kapitalhilfen nach Zielen und EU-Staaten aufgeschlüsselt (Tab. 5.11). Dabei werden die MOEL zum Länder-*Cluster* der MOEL, sowie die übrigen EU-Länder zur Gruppe der sonstigen EU zusammengefasst. Die ersten beiden der insgesamt drei Ziele der Kohäsionspolitik werden wiederum nochmals untergliedert. Das Ziel „Konvergenz" wird unterteilt in die Mittel aus dem Kohäsionsfonds, aus den anderen Fonds (Konvergenz) und aus der neu geschaffenen Übergangsunterstützung, die Gebietskörperschaften zufließt, die in der gegenwärtigen Periode nicht mehr im Rahmen des Konvergenzziels förderfähig wären, da sie zwar rechnerisch über dem EU-Schnitt liegen (der sich infolge der Osterweiterung gesenkt hat), deren Lage sich jedoch *de facto* sozioökonomisch kaum oder nicht verbessert hat (*PhasingOut*).[404] Auch das Ziel RWuB wird in die eigentliche Hauptförderung und die Übergangsunterstützung – diesmal für Gebiete, die auch nach Maßgabe der Werte der Vor-Beitrittszeit im Konvergenzziel nicht förderwürdig wären und stattdessen im Ziel RWuB die Förderberechtigung erlangen (*Phasing-In*) – gegliedert.[405]

Für die grundlegende Zuteilung der in Tab. 5.11 gezeigten Ressourcen gilt: Durch Festlegung von nationalen Transferobergrenzen (die EU spricht von der Absorptionsgrenze) wird eine Begrenzung der Zahlungsströme an die Staaten erreicht. Die Kappungsgrenze sieht einen gewissen Prozentanteil der Wirtschaftsleistung (zwischen 3,24 % und 3,79 % des nationalen BIP) als Obergrenze für die Zahlungen aus dem Fonds vor.[406] Ohne solche Plafonds wäre ein Überschreiten der *ex ante* ausgehandelten und im MFR festgelegten Förderbeträge möglich. Mit einer im Anschluss noch zu erläuternden und in der allgemeinen Verordnung stehenden Methode errechnet die EU-Kommission schließlich die indikative Mittelaufteilung nach Ländern. Die Aufteilung stellt jedoch kein Quotensystem dar, da zwar die Summe der möglichen Mittel für jeden Staat von vornhinein feststeht, die Vergabe jedoch nach festgelegten objektiven Kriterien stattfindet und die Mittel programmgebunden abgerufen werden müssen. Obwohl der Bestimmung der den Regionen zur Verfügung stehenden Kohäsionsmittel stets die gleiche Logik zu Grunde liegt und somit eine Gleichbehandlung stattfindet, sind im Sekundärrecht umfangreiche Zusatzbeträge aufgelistet. Die dort

---

404 Der statistische Effekt sei an einem Beispiel illustriert: Die Region Leipzig hatte im Jahr 2001 ein BIP-Pro-Kopf, das bei 70,6 % des EU-15-Durchschnitts lag und in Folge der Erweiterung im Jahr 2005 77,4 % des EU25-BIP-Pro-Kopf aufweist und somit über der 75 %-Schwelle gelangt ist; vgl. Begg (2005), S. 696. Die Übergangsunterstützung der EFRE und ESF weist anfangs 80 % der individuellen Förderhöhe der Vorperiode auf und wird sukzessiv linear gesenkt. Hinzu können darüber hinaus Zulagen treten. Für die Übergangsunterstützung des Kohäsionsfonds gilt hingegen eine degressive Absenkung der Unterstützung.

405 Vgl. VO (EG) Nr. 1083/2006 des Rates vom 11. Juli 2006, Art. 8.

406 Die prozentuale Abstufung ist wiederum vom relativen Wohlstand des Mitgliedslandes abhängig: Je wohlhabender es ist, desto niedriger die Transferobergrenze; vgl. VO (EG) Nr. 1083/2006 des Rates vom 11. Juli 2006, Anhang II.

aufgeführten 20 Ausnahmen stehen in keinerlei systematischem Zusammenhang mit der Ausrichtung der Kohäsionspolitik. Diese außerhalb der eigentlichen Zuteilungsstruktur stehenden Mittel sind vielmehr als Zugeständnisse und *Sidepayments* des intergouvernementalen Verhandlungsprozesses zu sehen – werden jedoch aufgrund ihrer Geringfügigkeit nicht weiter betrachtet.[407]

Tab. 5.11: Indikative Mittelzuweisungen für den Zeitraum 2007–2013 (Quelle: Eigene Darstellung).[408]

	Konvergenz			**Regionale Wettbewerbsfähigkeit und Beschäftigung**		**Europäische Territoriale Zusammenarbeit**	**Insgesamt**
	Kohäsionsfonds	**Konvergenz**	**Phasing-Out**	**Phasing-In**	**Regionale Wettbewerbsfähigkeit und Beschäftigung**		
MOEL (BG, CS, ET, HU, LT, LV, PL, RO, SK, SL)	58.780 (84,5 %)	112.156 (56,3 %)	–	2.031 (17,8 %)	868 (2 %)	2.722 (32,9 %)	175.826 (50,8 %)
Übrige EU	10.798 (15,5 %)	87.166 (43,7 %)	13.955 (100 %)	9.378 (82,2 %)	42.688 (98 %)	5.554 (67,1 %)	170.717 (49,2 %)
Gesamt	69.578 (100 %)	199.322 (100 %)	13.955 (100 %)	11.409 (100 %)	43.556 (100 %)	8.276 (100 %)	346.543 (100 %)

Die Verteilung in Tab. 5.11 zeigt, dass ungefähr die Hälfte der Kohäsionsmittel in die Staaten Mittel- und Osteuropas fließt, davon entfallen rund 97 % auf das Ziel „Konvergenz" (zusammengesetzt aus den Mitteln aus dem Kohäsionsfonds mit einem Anteil von 33,4 % und den restlichen Fonds mit 63,8 %). Für die übrigen Länder (darunter auch die Neumitglieder Malta und Zypern, die zusammen mit den MOEL beigetreten

407 Z. B. „Frankreich erhält eine zusätzliche Zuweisung von 100 Mio. EUR im Zeitraum 2007–2013 im Rahmen des Ziels ‚Regionale Wettbewerbsfähigkeit und Beschäftigung' in Anerkennung der besonderen Gegebenheiten im Falle Korsikas (30 Mio. EUR) und des Französischen Hainaut (70 Mio. EUR)." VO (EG) Nr. 1083/2006 des Rates vom 11. Juli 2006, Anhang II.

408 Darstellung in Mio. € (laufende Preise) sowie anteilig als Spaltenprozente in Klammern und ohne die Mittel für technische Unterstützung und Interregionale Zusammenarbeit sowie Kooperationsnetze. Eigene Berechnung und Darstellung nach: EU-Kommission (2007d), S. 25.

sind) gilt:[409] Sie erhalten lediglich einen geringen Mittelanteil des Kohäsionsfonds (15,5 %), jedoch rund 44 % der Konvergenzmittel aus dem EFRE und dem ESF (inkl. *Phasing-Out* sind dies knapp 47,5 %). Im Ziel „Konvergenz" werden auch der Großteil der kohäsionspolitischen Mittel insgesamt (rund 57 %; mit *Phasing-Out-Phase* circa 61,5 % und mit dem Kohäsionsfonds rund 81,6 %) verausgabt, die restlichen 18,3 % entfallen auf die Ziele RWuB und ETZ. Die Kapitalhilfen im Rahmen des Ziels ETZ sind anteilig sehr gering (2,4 %) und entfallen zu circa zwei Dritteln auf die übrigen EU-Staaten. Insgesamt ist festzuhalten, dass der Großteil der Unterstützungszahlungen im Rahmen des Konvergenzziels transferiert wird. Diese Tatsache kann darauf hindeuten, dass der Fokus auf den bedürftigen Gebietskörperschaften liegt, da die Förderfähigkeit im Konvergenzziel schließlich durch eine relative Armutsbestimmung im Sinne des BIP-Pro-Kopf und des BNE-Pro-Kopf vorgenommen wird. Auch die Betrachtung der Dynamik der Mittelverwendung spricht für eine Konzentration und somit gegen die These, dass die Kohäsionspolitik nicht dem Bedürftigkeitskriterium gerecht wird. Denn bei der Analyse der Mittelverwendung im Zeitverlauf kann ein Trend hin zu einem verstärkten Transfer nach Mittel- und Osteuropa festgestellt werden, der infolge der Agenda 2000 seit 2002 die Kohäsionspolitik kennzeichnet. Die MOEL erhielten von 260 Mrd. EUR der Strukturfonds und des Kohäsionsfonds, die für die Förderperiode 2000–2006 zu Verfügung standen, insgesamt 47 Mrd. EUR für die verbleibende Laufzeit des Finanzrahmens (wovon 7 Mrd. EUR außerhalb der Kohäsionspolitik in Form des ISPA und SAPARD finanziert wurde).[410] Aufgrund des Zeitpunktes des Beitritts der MOEL, der 2004 bzw. 2007 stattfand und somit mitten in die laufende Förderperiode fiel, müssen die absoluten Beträge in Relation gesetzt werden. Bei einer hypothetischen Gleichverteilung der Kapitalhilfen (die insgesamt für die jeweilige Ländergruppe bestimmt waren) über die sieben Jahre der Förderperiode erhielt die EU–15 für den Zeitraum 2004–2006 rund 94 Mrd. EUR (jährlich circa 31 Mrd. EUR) und die Neumitglieder ungefähr 40 Mrd. EUR, ein Anteil von rund einem Drittel der Mittel dieses Zeitraums. In der darauffolgenden Förderperiode 2007–2013 betrug der Anteil der MOEL, wie bereits erwähnt, knapp 51 % aller Mittel und dies bei lediglich einem Bevölkerungsanteil von einem Drittel der EU-Bevölkerung. Anstatt das EU-Budget angesichts der Osterweiterung übermäßig aufzustocken, wurde eine Umschichtung vorgenommen. Zum Tragen kam zudem der beschriebene statistische Effekt: Da der Beitritt der MOEL das durchschnittliche EU-BIP gesenkt hat und somit die Förderregionen der alten EU relativ „reicher" erscheinen (obwohl sie es absolut betrachtet nicht sind) und nunmehr über dem Schwellenwert für eine Förderung

---

409 Malta, das 0,3 % der Gesamtmittel erhält, wird im Rahmen des Ziels „Konvergenz" (0,3 % der Konvergenz-Mittel) und des Ziels ETZ (0,2 % der ETZ-Mittel) gefördert. Zypern, das 0,2 % der Gesamtmittel erhält, ist im Rahmen des Kohäsionsfonds (0,3 % der Mittel des KF), der *Phasing-In*-Übergangsphase des Ziels RWuB (3,5 % der entsprechenden Mittel) sowie des Ziels ETZ (0,3 % der Mittel) förderberechtigt; vgl. EU-Kommission (2007d), S. 25.

410 Auch Leonardi (2005), S. 62.

liegen, verloren die EU-15 mittelfristig Fördergelder. Entsprechend geringer wurden die Transferzahlungen der Periode 2007–2013 an die Länder der EU-15, wie etwa Irland (80 % weniger Mittel als 2000–2006), Großbritannien (46 % weniger als 2000–2006), Deutschland (19 % weniger als 2000–2006), Spanien (42 % weniger als 2000–2006) und Griechenland (26 % weniger als 2000–2006) belegen.[411] Gemäß den Berechnungen von *Allen* erhalten in der Periode 2007–2013 die neuen Mitgliedsländer insgesamt 166 % mehr und die alten Mitglieder insgesamt 30 % weniger Kohäsionsmittel als in der Vorperiode 2000–2006.[412] Tab. 5.12 schlüsselt die Zuteilung der Kapitalhilfen nach Ländern, die im Konvergenzziel förderfähig sind, auf. Auf Polen entfielen mit 66,5 Mrd. EUR absolut betrachtet deutlich die höchsten Zahlungen. Weiterhin hohe Fördersummen erhalten die Tschechische Republik (25,9 Mrd. EUR), Ungarn (22,9 Mrd. EUR) und Rumänien (19,2 Mrd. EUR). Auch bei Berücksichtigung der MOEL-Beiträge zum EU-Haushalt bestätigt sich der Trend: Pro-Kopf betrachtet erhalten sämtliche MOEL mehr Finanzmittel aus den Strukturfonds, als sie einzahlen.[413]

Im Konvergenzziel ohne den Kohäsionsfonds (also nur die EFRE- und ESF-Mittel betreffend) wurden 84 Regionen in 18 Mitgliedstaaten mit einer Bevölkerung von 154 Mio. gefördert und zudem 16 Regionen mit 16,4 Mio. Einwohnern, die sich in der Übergangsphase befanden. Im Ziel RWuB wurden in 27 Staaten insgesamt 168 Regionen mit 314 Mio. Einwohnern gefördert (darunter 13 *Phasing-In-Regionen* mit 19 Mio. Einwohnern). Für das Ziel ETZ galt, dass in grenzübergreifenden Regionen 181,7 Mio. Einwohner lebten (37,5 % der gesamten EU-Bevölkerung) und alle EU-Regionen und Bürger von den 13 transnationalen Kooperationsgebieten erfasst wurden. Die insgesamt 8,7 Mrd. EUR zur Verfügung gestandenen Mittel (2,5 % des Gesamtbetrags) teilten sich wie folgt auf: 6,44 Mrd. EUR wurden für die grenzübergreifende, 1,83 Mrd. EUR für die transnationale und 445 Mio. EUR für die interregionale Zusammenarbeit verausgabt.[414]

In der Gesamtbetrachtung erhärtet lediglich der erste Blick auf die Mittelverteilung der Kohäsionspolitik – die herausragende Bedeutung der Konvergenz-Kapitalhilfen sowie der Bedeutungszuwachs der MOEL in dieser Hinsicht – die These einer Fokussierung der Kohäsionspolitik auf die Förderung rückständiger Gebietskörperschaften. Denn zum einen entfielen dann doch knapp 16 % der kohäsionspolitischen Mittel auf das Ziel RWuB und zum anderen – und dies wiegt wesentlich stärker – ist Zweifel an der Definition der Bedürftigkeit, wie sie die EU vornimmt, angebracht.

---

411 Vgl. Baun/Marek (2008a), S. 4.

412 Vgl. Allen (2008), S. 27 f.

413 Dazu zählen weiterhin auch Malta und Portugal mit großen Nettozuweisungen sowie Zypern und Spanien mit knapp positiven Pro-Kopf-Nettozuweisungen; vgl. Hesse et al. (2012), S. 6. Auch Swidlicki et al. (2012), S. 7 ff.

414 Berechnungen nach den Angaben der EU-Kommission; vgl. Internetpräsenz der EU-Kommission http://ec.europa.eu/index_de.htm (13 September 2014).

Tab. 5.12: Die Verteilung der Fördermittel der Periode 2007–2013 nach Ländern (Quelle: Eigene Darstellung).[415]

Länder	Kohäsionsfonds	Konvergenz	Phasing-Out	Summe aller
EU-15				
Belgien	–	–	638 (0,3 %)	638 (0,3 %)
Deutschland[416]	–	11.864 (4,2 %)	4.215 (1,5 %)	16.079 (5,7 %)
Frankreich	–	3.191 (1,1 %)	–	3.191 (1,1 %)
Griechenland	3.697 (1,3 %)	9.420 (3,3 %)	6.458 (2,3 %)	19.575 (6,9 %)
Großbritannien	–	2.738 (1,0 %)	174 (0,06 %)	2.912 (1,06 %)
Italien	–	21.211 (7,5 %)	430 (0,2 %)	21.641 (7,7 %)
Malta	284 (0,1 %)	556 (0,2 %)	–	840 (0,3 %)
Österreich	–	–	177 (0,06 %)	177 (0,06 %)
Portugal	3.060 (1,1 %)	17.133 (6,1 %)	280 (0,1 %)	20.473 (7,3 %)
Spanien	3.543 (1,3 %)	21.054 (7,4 %)	1.583 (0,6 %)	26.180 (9,3 %)
Zypern	213 (0,08 %)	–	–	213 (0,08 %)
				111.919 (39,6 %)
MOEL				
Bulgarien	2.283 (0,8 %)	4.391 (1,6 %)	–	6.674 (2,4 %)
Estland	1.152 (0,4 %)	2.252 (0,8 %)	–	3.704 (1,2 %)
Lettland	1.540 (0,5 %)	2.991 (1,0 %)	–	4.531 (1,5 %)
Litauen	2.305 (0,8 %)	4.470 (1,6 %)	–	6.775 (2,4 %)
Polen	22.176 (7,8 %)	44.377 (15,7 %)	–	66.553 (23,5 %)
Rumänien	6.552 (2,3 %)	12.661 (4,5 %)	–	19.213 (6,8 %)
Slowakei	3.899 (1,4 %)	7.013 (2,5 %)	–	10.912 (3,9 %)
Slowenien	1.412 (0,5 %)	2.689 (1,0 %)	–	4.101 (1,5 %)
Tschechische Republik	8.819 (3,1 %)	17.064 (6,0 %)	–	25.883 (9,1 %)
Ungarn	8.642 (3,1 %)	14.248 (5,0 %)	–	22.890 (8,1 %)
				171.236 (60,5 %)
				283.155 (100 %)

Kernidee der Befähigung und Teilhabegerechtigkeit ist die Unterstützung derjenigen, die es aus eigener Kraft nicht vermögen, sich zu entwickeln. Folgt man diesem Argument und überträgt es auf die Gemeinschaftspolitik, dann müssten Kapitalhilfen auch auf Gebietskörperschaften mit diesen Eigenschaften beschränkt bleiben, also Regionen, die nicht nur selbst, sondern auch deren übergeordnete Einheiten einen Aufholbedarf aufweisen. Nur dann können in diesem Sinne Gebiete als bedürftig gelten. Eine bedarfsgerechte Förderung muss sich folglich an dieser Fähigkeit zur Selbsthilfe orientieren. Daran gemessen liegt allerdings keineswegs eine Mittelkonzentration der Kohäsionspolitik nach Maßgabe des Prinzips der Bedürftigkeit vor,

415 In Mio. EUR und in Klammern als Anteil an den Gesamtmitteln für Ziel Konvergenz inkl. dem Kohäsionsfonds. Eigene Berechnung und Darstellung nach: EU-Kommission (2007d), S. 25.

416 Ab 2014 fiel die Förderfähigkeit deutscher Gebiete im Ziel „Konvergenz“ weg, da die neuen Bundesländer ein höheres BIP-Pro-Kopf als 75 % des EU-Durchschnitts aufweisen.

denn die Förderberechtigung im Konvergenzziel ist nicht mit Bedürftigkeit gleichzusetzen. Angesichts dessen, dass im Rahmen der Beschreibung der Bedingungslage (vgl. Kapitel 4) die rückständigen Gebiete der EU größtenteils in den MOEL verortet wurden, jedoch hingegen knapp die Hälfte der Kapitalhilfen des Konvergenzziels in die Staaten der restlichen EU flossen, muss von einer Fehllenkung ausgegangen werden. So gibt es zahlreiche Konvergenzregionen in den relativ wirtschaftsstarken Mitgliedsländern, die für sich allein betrachtet zwar die Armutsschwelle im Sinne der EU-Definition unterschreiten, nicht hingegen in ihrem gesamtstaatlichen Kontext als rückständig gelten können. Ein großer Teil der Konvergenzmittel wurde in die Gebiete der sonstigen EU gelenkt, dessen Staaten deutlich wirtschaftsstärker sind als die der MOEL. Aus Tab. 5.13 wird ersichtlich, dass die Gruppe der sonstigen EU-Staaten national betrachtet ein allgemein höheres Pro-Kopf-Niveau des BIP aufweisen, jedoch deren Förderleistungen verhältnismäßig hoch im Vergleich zu den Neumitgliedern waren. Hierzu wurden die Kapitalhilfen nach der Einwohnerzahl standardisiert, um einen direkten Vergleich zu ermöglichen. Bspw. erhielt Griechenland mit 92 % des durchschnittlichen EU-BIP-Pro-Kopf eine Unterstützung von 1757 EUR pro Einwohner, während Polen, das annähernd die gleiche Förderung erhielt, lediglich 54 % des Durchschnitts aufwies. Malta erhielt eine Pro-Kopf-Förderung von rund 2071 EUR, ähnlich wie Litauen mit 2085 EUR, Malta zeichnete sich allerdings durch ein höheres Wohlstandsniveau aus als Litauen (76 % und 59 % des durchschnittlichen EU-BIP-Pro-Kopf). Auch der Vergleich zwischen Portugal und Lettland zeigt, dass Regionen in relativ wirtschaftsstarken Ländern der EU-15 hohe Konvergenzmittel erhalten: Obgleich Lettland mit circa 2051 EUR pro Einwohner geringfügig mehr Förderung zugewiesen bekommen hat als Portugal, so war der Wohlstandsabstand mit 56 % und 79 % (gemessen anhand des BIP) verhältnismäßig viel größer. Besonders gering waren die Mittel im Falle Rumäniens mit 42 % des EU-Durchschnitts (909 EUR/Kopf) oder Bulgariens mit 40 % des Durchschnitts (881 EUR/Kopf). Eine mögliche Erklärung für die relativ geringeren Fördersummen könnte darin liegen, dass beide Staaten erhebliche Defizite bei den Transformationsfortschritten hatten und somit die geringe Zuteilung von der mangelnden Fähigkeit des adäquaten Mitteleinsatzes herrührt.

Angesicht der Tatsache, dass eine Förderung von wirtschaftsschwachen Gebietskörperschaften in relativ wirtschaftsstarken EU-Länder stattfindet, wie dies z. B. im Falle Griechenlands geschieht, ist nicht nur zu fragen, inwiefern es das Aufgabenfeld der Kohäsionspolitik ist, in relativ schwache Regionen wohlhabender Länder zu intervenieren,[417] sondern auch, was die Ursachen einer solchen Förderung sind. Im Anschluss an die Darstellung der materiellen Verteilungsdimension soll nun deshalb die Förderfähigkeit mit Hinblick auf die Frage der Bedürftigkeit ausführlicher

---

417 Wie ökonomisch zweifelhaft diese Praxis ist, zeigt ein anderes Beispiel: So erhielten Länder mit einem überdurchschnittlichen nationalen BIP-Pro-Kopf Kapitalhilfen aus dem Konvergenzziel: Deutschland etwa 195 EUR pro Bewohner (116 % des EU-Mittelwertes des BIP-Pro-Kopf), Spanien circa 585 EUR pro Kopf (105 %) und Italien rund 372 EUR (104 %).

beleuchtet werden: Nach welchen Eigenschaften definiert die EU die Förderkriterien? Das Hauptaugenmerk liegt auf dem Konvergenzziel, da man, wenn man bei der Kohäsionspolitik versucht, eine Umsetzung der Norm Bedürftigkeit zu finden, zwangsläufig auf diese Förderkategorie stößt.

Tab. 5.13: Gegenüberstellung der jeweiligen BIP und der Fördermittel pro Kopf der EU-Staaten im Ziel Konvergenz (Quelle: Eigene Darstellung).[418]

Länder	BIP-Pro-Kopf in KKS im Jahr 2007 indexiert: EU-27=100	Mittel der Periode 2007–2013 des Konvergenzziels in Mio. EUR	Mittel der Periode 2007–2013 pro Einwohner in EUR
Sonstige EU			
Belgien	116	638 (0,3 %)	60
Dänemark	123	–	–
Deutschland	116	16 079 (5,7 %)	195
Finnland	118	–	–
Frankreich	108	3 191 (1,1 %)	50
Griechenland	92	19 575 (6,9 %)	1757
Großbritannien	116	2 912 (1,1 %)	48
Irland	148	–	–
Italien	104	21 641 (7,7 %)	372
Luxemburg	275	–	–
Malta	76	840 (0,3 %)	2071
Niederlande	132	–	–
Österreich	124	177 (0,1 %)	21
Portugal	79	20 473 (7,3 %)	1944
Schweden	125	–	–
Spanien	105	26 180 (9,3 %)	585
Zypern	92	213 (0,01 %)	281
		111 919 (39,6 %)	
MOEL			
Bulgarien	40	6 674 (2,4 %)	881
Estland	70	3 704 (1,2 %)	2758
Lettland	56	4 531 (1,5 %)	2051
Litauen	59	6 775 (2,4 %)	2085
Polen	54	66 553 (23,5 %)	1746
Rumänien	42	19 213 (6,8 %)	909
Slowakei	68	10 912 (3,9 %)	2031
Slowenien	89	4 101 (1,5 %)	2040
Tschechische Republik	83	25 883 (9,1 %)	2524
Ungarn	62	22 890 (8,1 %)	2274
		171 236 (60,5 %)	

418 Die Fördermittel umfassen den Kohäsionsfonds, den EFRE, den ESF und die Übergangsregelungen. In Klammern ist der Anteil an den Gesamtmitteln des Konvergenzziels angegeben;

Die Methode zur Festlegung der Gesamtfördersumme, die Verteilung auf die drei Förderziele sowie die jährliche Aufteilung auf die Länder sind im Sekundärrecht verankert und dort wird dem Ziel „Konvergenz" eine hervorgehobene Stellung zuerkannt: „Die Aufteilung der Haushaltsmittel auf die in Art. 3 Absatz 2 festgelegten Ziele [die Ziele „Konvergenz", RWuB sowie ETZ, J. D.] erfolgt so, dass eine bedeutende Konzentration auf die unter das Ziel „Konvergenz" fallenden Regionen erreicht wird."[419] Primär wird die Bedürftigkeit mit einem Unterschreiten des Schwellenwertes von 75 % des durchschnittlichen BIP-Pro-Kopf der EU bestimmt. Wie bereits kurz erwähnt, weist ebenso der Kohäsionsfonds eine Förderschwelle auf: Er richtet sich an Staaten, die weniger als 90 % des BNE-Pro-Kopf des Gemeinschaftsdurchschnitts besitzen. Die anderen beiden Förderkategorien besitzen keine quantitative Förderbedingung. Im Ziel RWuB sind all diejenigen bezugsberechtigt, die *nicht* unter das Ziel „Konvergenz" fallen. Alle Regionen, die an Land- und Seegrenzen liegen, fallen unter das Ziel „Europäische Territoriale Zusammenarbeit".[420]

Aus ordnungsökonomischer Perspektive stellt sich die Frage, inwiefern das BIP als adäquater Indikator gelten kann. Die Indikatorkritik des BIP-Pro-Kopf richtet sich im Wesentlichen auf zwei Aspekte. Erstens kann mit Hinweis auf Rüstow der Zielpunkt einer Befähigungspolitik darin gesehen werden, die Lebensbedingungen und somit ganz entscheidend die Teilhabechancen jedes Einzelnen zu befördern und nicht primär auf eine Erhöhung des Bruttoinlandsprodukt abzuzielen.[421] So hat bspw. zwar Griechenland von 74 % des durchschnittlichen BIP-Pro-Kopf der EU im Jahr 1995 auf 88 % im Jahr 1998 aufgeholt, allerdings sind Zweifel an der Aussagekraft über die Verbesserung der Lebensqualität und der Verwirklichungschancen (dazu zählen z. B. die Möglichkeit des sozialen Aufstiegs) angebracht.[422] Sinnvoller erscheint es, die Messung um andere Indikatoren zu ergänzen und auch die Entwicklung der institutionellen Qualität zu berücksichtigen. Zweitens ist der methodische Aspekt zu nennen, der jeder Schwellenregel inhärent ist, nämlich, dass sie beliebig wirkt und Empfänger bei Überschreitung der Schwelle schlagartig jeglicher Förderung entzieht (Sprungstellenproblematik), selbst wenn sich *de facto* sozioökonomisch wenig oder sogar nichts verändert hat, da ein statistischer Effekt (wie etwa nach der Osterweiterung) vorliegt.[423]

Bevölkerungsstand im Jahr 2007. Eigene Berechnung und Darstellung nach: EU-Kommission (2007d), S. 25; Eurostat (2012a); Horváth (2008), S. 195; Baun/Marek (2008b), S. 177.

419 VO (EG) Nr. 1083/2006 des Rates vom 11. Juli 2006, Art. 18 (1).

420 VO (EG) Nr. 1083/2006 des Rates vom 11. Juli 2006, (17), (18), (19).

421 Deshalb ist diese Indikatorenkritik Ansatzpunkt von Reformkonzepten. So schlagen Hesse et al. (2012), S. 13 bspw. vor, anstelle des BIPs oder des BNEs das verfügbare Pro-Kopf-Einkommen heranzuziehen, da dieses den relativen Wohlstand von Personen besser abbilden.

422 Der Zeitraum wurde gewählt, um darzulegen welche Bedeutung das Überschreiten der 75 %-Schwelle des EU-BIP-Pro-Kopf auf nationaler Ebene hat; vgl. Eurostat (2012a).

423 Dadurch wird ein Anreiz geschaffen, das BIP einer Region unterhalb des Wertes zu halten. Mit der *Phasing-Out*-Regelung wird versucht dies zu berücksichtigen.

Zudem ist zu fragen, inwiefern eine Region, die 74 % des EU-BIP-Pro-Kopf ausweist, förderbedürftiger ist als eine Gebietskörperschaft mit einem Wert von 76 %.

Ausgangslage: Bevölkerungszahl der Region *multipliziert mit* der Differenz aus dem BIP-Pro-Kopf der Region und dem durchschnittlichen BIP-Pro-Kopf der EU

Darauf wird ein Prozentsatz in Abhängigkeit des BNE-Pro-Kopf des Mitgliedslandes angewendet.
Falls dieser ...

< 82% des EU-Schnitts	zwischen 82% und 99%	>99%

... liegt, ergibt sich ein Satz von ...

4,25%	3,36%	2,67%

... und dessen reale Auswirkung (regionale Fördersumme) bei einer z. B. angenommen Ausgangssituation von 100 Mio. EUR ...

4,25 Mio. EUR	3,36 Mio. EUR	2,67 Mio. EUR

Abb. 5.5: Eigene Schematisierung zur Berechnung der Fördersumme im Ziel „Konvergenz“ (Quelle: Eigene Darstellung).[424]

Bedürftigkeit findet in der Kohäsionspolitik zwar Berücksichtigung, jedoch nicht passgenau und konsequent genug, wie im Folgenden erörtert wird. Die Methode zur Bestimmung des absoluten Betrages, der den Empfängern im Kontext des Konvergenzziels zusteht (sogenannte modifizierte Berlin-Formel, die in Abb. 5.5 dargestellt ist),[425] orientiert sich an objektiven Kriterien und ihr liegen die Bevölkerungszahl, die relative Höhe des BIP/BNE-Pro-Kopf und die relative Arbeitslosigkeit der förderfähigen Regionen (in Relation zum EU-Durchschnitt) sowie der relative nationale Wohlstand eines Landes zu Grunde. Die Bevölkerungszahl wird mit der Differenz aus dem BIP-Pro-Kopf der Region und dem durchschnittlichen EU-Wert (gemessen in Kaufkraftstandards) multipliziert, darauf wird ein bestimmter Prozentsatz (in Abhängigkeit des relativen Wohlstandes eines Landes) angewendet und im Anschluss ein Betrag von 700 EUR pro arbeitsloser Person (falls die Arbeitslosenquote über dem

424 Eigene Darstellung nach den Angaben in: VO (EG) Nr. 1083/2006 des Rates vom 11. Juli 2006, Art. 18 ff., Anhang II.

425 Der Name geht auf den Gipfel der EU in Berlin im Jahr 1999 zurück, auf dem die ursprüngliche Formel im Rahmen der Agenda 2000 beschlossen wurde. Die Berlin-Formel wurde für die Förderperiode 2007–2013 geringfügig verändert übernommen (modifizierte Berlin-Formel); vgl. Bachtler et al. (2007).

Durchschnittswert aller Konvergenzregionen liegt) addiert. Da die letzte Komponente, die zusätzliche Unterstützung für Regionen mit hoher Arbeitslosigkeit, quantitativ unbedeutend ist (z. B. betrug der Anteil in der Periode 2000–2006 0,5 % der gesamten Mittel des Ziels „Konvergenz"), wird sie nicht weiter thematisiert und fehlt in der Darstellung der Abb. 5.5.[426] Die Summe der so errechneten Finanzmittel der einzelnen Regionen ergibt insgesamt den absoluten nationalen Förderbetrag. Allerdings gilt es, die bereits beschriebene Transferobergrenze zu berücksichtigen: Falls die, nach der modifizierten Berlin-Formel errechneten, Kohäsionsmittel die jeweiligen Obergrenzen überschreiten, werden sie gekappt. Dies ist für die MOEL (mit Ausnahme Sloweniens, welches als relativ wirtschaftsstarkes Land die Obergrenze nicht überschreitet) der Fall.[427] Für die Fragestellung vorliegender Arbeit ergeben sich zwei wichtige Konsequenzen. Erstens bestimmen sich die Kapitalhilfen für die Konvergenzregionen in den meisten MOEL gemäß der Transferobergrenze und somit nicht auch nach der Bedürftigkeitskomponente, die in der modifizierten Berlin-Formel enthalten ist. So mag zwar einer besonders wirtschaftsschwachen Region aufgrund ihrer Bedürftigkeit ein erhebliches Volumen an Kapitalhilfen zustehen, dies wird aber durch die Transferobergrenze überlagert.[428] Zweitens haben die folgenden Ausführungen über die modifizierte Berlin-Formel auch für die MOEL (ohne Slowenien) Relevanz, da sie zeigen werden, dass sich die Mittelverteilung des Konvergenzziels in der EU insgesamt zu wenig nach dem Bedürftigkeitsprinzip ausrichtet. Obwohl in der Berechnung der Fördersumme auf diese Weise der relative Wohlstand des Mitgliedstaates im Sinne der Bedürftigkeit berücksichtigt wird, sind jedoch die Effekte als gering zu werten, da die Leistungsfähigkeit der jeweils übergeordneten Ebene erst in zweiter Linie Beachtung findet. Der lediglich nachrangige Bezug der relativen Wohlstandsmessung führt dazu, dass relativ wirtschaftsschwache Regionen in relativ „reichen" Staaten *per se* förderberechtigt sind (falls die 75 %-Schwelle unterschritten wird) und nur das Fördervolumen in Abhängigkeit von der Stärke der übergeordneten Einheit angepasst wird. Die Berücksichtigung des Bedürftigkeitsprinzips erschöpft sich also darin, dass das Fördervolumen geringer ausfällt, nicht jedoch solche Gebiete ganz aus der Förderung genommen werden. Hinsichtlich dieses Aspektes der Bedürftigkeit scheint der Kohäsionsfonds mit der gesamtstaatlichen Förderebene besser geeignet zu sein, auch wenn der Schwellenwert von 90 % des BNE zu hoch erscheint. Die Berechnung der Fördersumme im Rahmen des Kohäsionsfonds erfolgt auf andere Weise als im Falle des Konvergenzziels: Neben dem nationalen Wohlstand sind die Bevölkerungszahl und die Staatsfläche weitere Faktoren der Zuweisungsmethode des Kohäsionsfonds.

---

426 Vgl. Bachtler/Wishlade (2004), S. 26 f.

427 Vgl. Heinemann et al. (2010), S. 145 ff.

428 Zum Beispiel wäre Polen nach der Berlin-Formel rund 80 Mrd. EUR mehr zugestanden als die Obergrenze letztendlich erlaubt hat; vgl. Heinemann et al. (2010), S. 145 ff.

Darüber hinaus erhalten die MOEL in einer Sonderklausel eine gesonderte Aufteilungsmethode, die jedoch nicht relevant für das vorgebrachte Argument ist.[429]

Nicht nur sind rückständige Regionen in relativ wirtschaftsstarken Ländern förderberechtigt, sondern auch die Förderung der sonstigen Gebiete (also aller Gebiete außerhalb von Konvergenzregionen) hat sich verändert: Es ist eine Ausweitung und Vereinfachung der Erlangung der Förderberechtigung zu attestieren. Die in der quantitativen Betrachtung der Mittelverteilung als nicht unbedeutend einzuschätzende Förderung im Ziel RWuB weist auch in der qualitativen Dimension Eigenschaften auf, die das Prüfkriterium der Befähigung verletzen. Bevor das 75 %-Kriterium 1988 als konkrete Schwelle eingeführt wurde und auch noch danach legte die europäische Regional- und Strukturpolitik Unterstützungen für „strukturschwache" Gebiete fest, die durch den EFRE Hilfen erhielten. Unter den „strukturschwachen" Gebieten wurden Areale verstanden, die vom Strukturwandel gezeichnet oder landwirtschaftlich geprägt waren.[430] Die Festlegung der Regionen des Ziels 2 („converting the regions seriously affected by industrial decline") wurde zwischen der EU-Kommission und den Mitgliedstaaten anhand der Kriterien Arbeitslosigkeit, Anteil der industriell Beschäftigten und Beschäftigungsverlust in Relation zum Gemeinschaftsdurchschnitt ausgehandelt. Diese Definition ist allerdings recht diffus und mittels dieser Hintertür wurden Hilfen außerhalb der 75 %-Regel legitimiert. Etwa im Rahmen der damaligen Ziele 2, 5a und 5b, die in der Finanzperiode 1988–1994 17,4 % der Gesamtausgaben ausmachten:

> The methodology for selecting objective 2 and 5b regions, in particular, meant that the designation process was exposed to a high degree of political influence from member states seeking a *juste retour* or a retention of the *status quo* in Community regional policy support. As a result, assisted area coverage was significantly higher than originally intended, undermining the principle of „concentration".[431]

Schlussendlich waren 60 Regionen in neun Mitgliedsländern auf diese Weise förderfähig.[432] Neben der EFRE-Förderung waren im Rahmen der Ziele 3, 4 und 5a alle Regionen für den ESF beihilfewürdig.[433] Auch in den folgenden Perioden änderte sich daran wenig. So wurde in der Periode 2000–2006 im Ziel 2 industrielle, städtische oder von der Fischerei abhängige Gebiete, die bestimmte Kriterien erfüllen (jedoch maximal 18 % der EU-Bevölkerung umfassen durften) aus dem EFRE sowie im Ziel 3 alle Regionen, die nicht unter Ziel 1 fielen, aus dem ESF gefördert. Schon seit den Anfängen des Politikfeldes wurden also Gebiete in relativ wirtschaftsstarken Staaten gefördert:

---

429 Vgl. VO (EG) Nr. 1083/2006 des Rates vom 11. Juli 2006, Anhang II.

430 Z. B. „In 1988 it was expected that Germany would be a minor recipient of Structural Funds allocations for its limited industrial areas in decline and rural areas requiring economic adjustment (Objectives 2 and 5a and 5b)." Leonardi (2005), S. 52.

431 Wishlade (1996), S. 41, Herv. i. O.

432 Vgl. Bache (1998).

433 Vgl. Bache (1998), S. 71 f.

Erstens, da die 75 %-Regel sich auf Regionen bezieht und unterdurchschnittlich entwickelte Regionen auch häufig in sonst wirtschaftlich potenten Staaten vorkommen. Zweitens, da außerhalb der 75 %-Regel eine weitere Förderkulisse existiert, dessen Bedingungen eher vage formuliert sind. Zwar waren und sind weiterhin die Mittel dafür relativ gering, jedoch wurde der Empfängerkreis ausgeweitet: War es in früheren Perioden eine Frage der Verhandlungen zwischen der jeweiligen nationalen Regierung und der EU-Kommission, welche Gebiete unter das Kriterium der „strukturschwachen" Region fielen, so sind in der Periode 2007–2013 *per se* alle Gebietskörperschaften (die sich außerhalb des Ziels „Konvergenz" befinden) förderwürdig.[434] Einerseits ist das aus Sicht der Ordnungsökonomik positiv zu bewerten, da die Erwartungssicherheit erhöht und der Raum für diskretionäre Maßnahmen verringert wird, andererseits sieht die Zuweisungsmethode somit keinerlei Zugangsvoraussetzungen mehr vor und einen geringen Bezug zum Bedürftigkeitsprinzip.[435] Die EU-Kommission rechtfertigt das Ziel RWuB der Periode 2007–2013 damit, dass die Finanzhilfen „der Vorwegnahme und Förderung des wirtschaftlichen Wandels durch Verbesserung der Wettbewerbsfähigkeit und Attraktivität der Regionen in der EU durch Investitionen in die wissensbasierte Wirtschaft, Unternehmerschaft, Forschung, Kooperationsnetzwerken zwischen Hochschulen und Unternehmen, und [sic, J. D.] Innovationen, Zugänglichkeit von Verkehrs- und Telekommunikationsinfrastrukturen, Energie und Einrichtungen des Gesundheitswesens, Umweltschutz und Risikoprävention, Steigerung der Anpassungsfähigkeit der Arbeitskräfte und der Unternehmen, Verstärkung der Beteiligung am Arbeitsmarkt, Förderung der sozialen Eingliederung und nachhaltige Gemeinschaften" dienen.[436] Da dieses Vorhaben an alle Regionen gerichtet ist, sei deshalb die Ausweitung der Adressaten auf sämtliche Regionen folgerichtig.

Die Ausweitung des geografischen Fördergebiets auf die gesamte Fläche der EU kann als Folge des Paradigmenwechsels angesehen werden (Abb. 5.6), der den Schwerpunkt zunehmend von den bedürftigen Gebieten weg verlagert. Trotz des noch vergleichsweise geringen Fördervolumens – auch in der dynamischen Betrachtung der Mittelanteile in Tab. 5.14 (soweit ein Vergleich möglich ist) – schafft die Ausweitung die Voraussetzungen für weitergehende Veränderungen. Deutet man die Rhetorik der EU-Kommission dahingehend, dass sich die Kohäsionspolitik vermehrt auf die Lissabon-Agenda bzw. auf die Europa 2020-Strategie ausrichten solle und eben

---

434 So bemerkt die EU-Kommission (2014b), S. 8: „Die Beschaffenheit und die Zielsetzung der Kohäsionspolitik haben sich ebenfalls weiterentwickelt. Der geografische Geltungsbereich wurde dahingehend vereinfacht, dass sämtliche Regionen als förderfähig gelten."

435 Lediglich bei der Berechnung der regionalen Förderhöhe werden Aspekte der Bedürftigkeit berücksichtigt. So sind die Fördervolumina im Ziel RWuB abhängig von der Gesamtbevölkerung, der Arbeitslosigkeit, dem Stand der Beschäftigungsquote, der Anzahl der geringqualifizierten Beschäftigten, der Bevölkerungsdichte und dem relativen regionalen Wohlstand. Zur genauen Berechnungsmethode: VO (EG) Nr. 1083/2006 des Rates vom 11. Juli 2006, Anhang II.

436 EU-Kommission (2005b), S. 10.

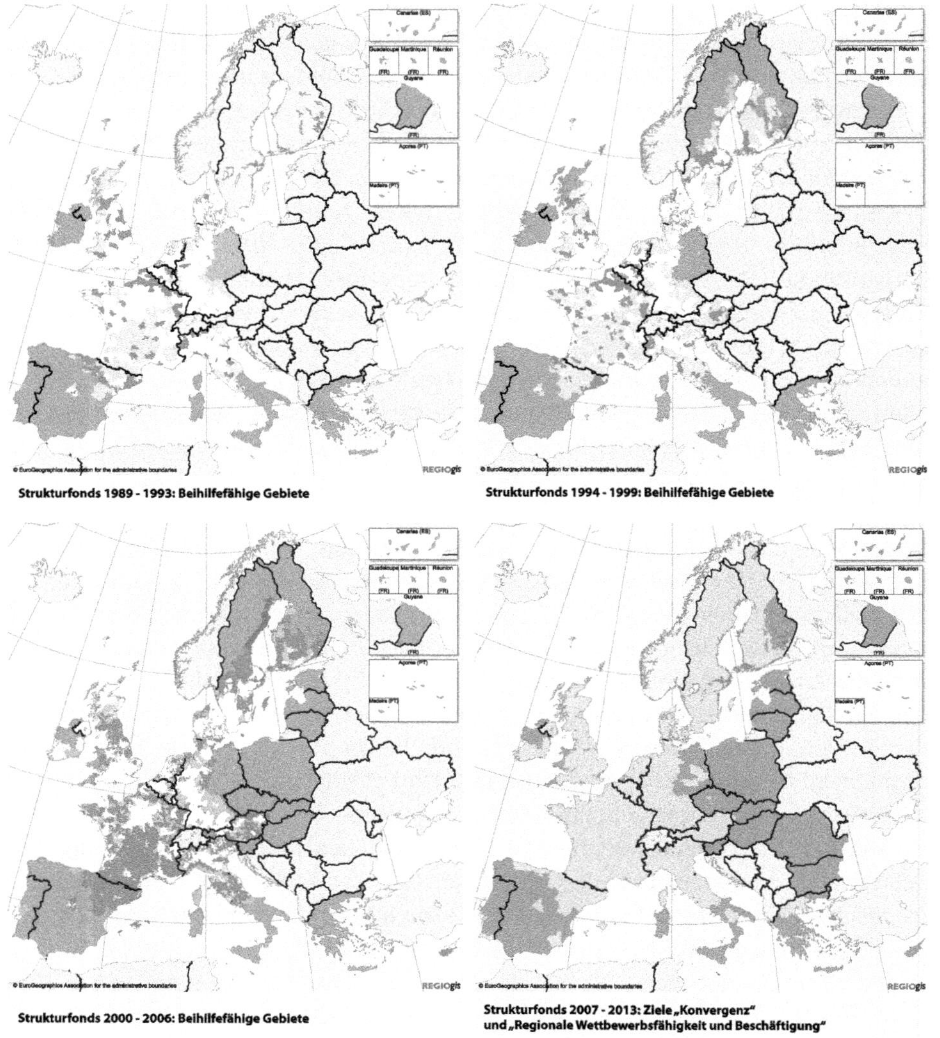

Abb. 5.6: Die Ausweitung der Fördergebiete (Quelle: Eigene Zusammenstellung nach EU-Kommission 2008a).[437]

437 Die hellgrauen Gebiete, wie bspw. die Nicht-EU Mitglieder Schweiz und Norwegen, sowie die weißen Landstriche wie 1989–1993 Teile von Bayern, stellen *nicht* förderfähige Gebietskörperschaften dar. Die Abbildungen sollen keine Details zeigen (wie bestimmte Ziele), sondern lediglich der Veranschaulichung der Zunahme der Empfänger dienen.

nicht mehr primär auf die Unterstützung der *Catch Up*-Prozesse, dann ist mittelfristig eine Erhöhung der Fördermittel für das Ziel RWuB recht plausibel.[438] Damit wäre dann endgültig das Prinzip durchbrochen, dass lediglich Regionen Unterstützung erhalten sollten, die von ihrem übergeordneten Staat wenig oder keine Zuwendung zu erwarten haben. Auf diese Weise wäre das Prinzip der Subsidiarität *ad absurdum* geführt, denn es würde eine Förderung strukturschwacher Regionen in wirtschaftsstarken Staaten stattfinden, obwohl der wirtschaftsstarke Staat die regionalpolitische Aufgabe selbst lösen könnte. Ebenso wie im Ziel „Konvergenz" ist hier aus Sicht des Arguments der Bedürftigkeit danach zu fragen, inwiefern die Förderung sinnvoll ist. Nicht nur existiert kein objektives Förderkriterium (wie etwa die 75 %-Schwelle des Ziels „Konvergenz"), sondern es findet eine Unterstützung entwickelter Regionen statt. Ein Beispiel mag die paradoxe Alllokation abschließend illustrieren: So wurden in Deutschland Finanzmittel in Höhe von rund 886 Mio. EUR an Oberbayern im Rahmen des Regionalen Operationellen Programms (ROP) „Bayern" zugeteilt, wobei die übergeordnete Einheit Bayern 137,9 % des durchschnittlichen EU-BIP-Pro-Kopf aufwies.[439] Ein weiteres Argument gegen die Förderung im Rahmen des Ziels RWuB liefert eine Studie von Hesse et al., die der Kohäsionspolitik eine ineffiziente umverteilende Wirkung nachweist. Bspw. flossen von den Beiträgen Deutschlands zur Kohäsionspolitik 29 % in die Regionen zurück, aus denen sie stammen, 9 % flossen in andere deutsche Regionen und lediglich 61 % von Deutschlands Beiträgen wurden an andere Länder transferiert.[440] Ein großer Teil der Mittel aus den Strukturfonds (von dem KF abgesehen) werden also nicht nur innerhalb der Mitgliedsländer, sondern auch innerhalb der gleichen Region eines Landes umverteilt.[441] Das heißt, dass wirtschaftsstarke Mitgliedstaaten eigene und fremde wohlhabende Regionen subventionieren. Dieses Umverteilungsmuster „is not a classic redistributive model but more a circular flow of money around the EU with Brussels as the hub"[442] und zeigt, wie unsinnig die Einbeziehung aller Staaten und ihrer Gebietskörperschaften unabhängig von ihrem Wohlstandsniveau ist. Während eine länderübergreifende Umverteilung zwischen den Mitgliedstaaten ggf. noch mit dem Befähigungsgedanken zu vereinbaren wäre, so sind es dagegen inter-regionale und intra-regionale Verteilungsmuster einer europäischen Regional- und Strukturpolitik nicht. Dies auch deshalb, weil eine solche Umverteilung die Zahlungsströme und Zahlungslasten verschleiert. Die Umverteilung ist also insgesamt betrachtet nicht nur im Sinne der Regelklarheit kritisch zu sehen, sondern sie verursacht darüber hinaus ebenfalls Wohlfahrtsverluste.[443] Genauso fragwürdig

---

438 Wie dargelegt, sind die Ziele „Konvergenz" und RWuB seit 2014 zusammengelegt, sodass ein klarer Vergleich erschwert wird.

439 Dazu Bundesministerium für Wirtschaft und Forschung (2007), S. 6; Störmann (2009), S. 211.

440 Vgl. Hesse et al. (2012); Swidlicki et al. (2012); Santos (2008).

441 Vgl. Hesse et al. (2012), S. 12.

442 Swidlicki et al. (2012), S. 7.

443 Dazu Molle (2007), S. 231 f.

Tab. 5.14: Verteilung der Mittel auf die Förderziele der Kohäsionspolitik nach den verschiedenen Förderperioden (Quelle: Eigene Darstellung).[444]

1988–94	Anteil	1994–99	Anteil	2000–06	Anteil	2007–13	Anteil
		6. Entwicklung sehr schwach besiedelter Regionen ↘	57,9 %	Ziel 1 Entwicklung und Anpassung der rückständigen Regionen	64,17 % (inkl. *Fading-out*-Regionen Ziel 1)	Konvergenz (inkl. Mittel des KF)	81,6 %
1. Entwicklung der rückständigen Regionen	61,5 %	1. Entwicklung der rückständigen Regionen ↗					
5b. Entwicklung ländlicher Gebiete	3,1 %	5b. Entwicklung ländlicher Gebiete	3,8 %	Ziel 2 Umstellung von Regionen mit strukturellen Schwierigkeiten	11,11 % (inkl. *Fading-out*-Regionen Ziel 2 und Ziel 5b, 5a)	Regionale Wettbewerbsfähigkeit und Beschäftigung	15,9 %
2. Umgestaltung von Regionen im Strukturwandel	8,6 %	2. Umgestaltung von Regionen im Strukturwandel	9,2 %				
3. Kampf gegen langanhaltende Arbeitslosigkeit ↘	9,3 %	3. Integration in den Arbeitsmarkt ↘	8,6 %	Ziel 3 Anpassung und Modernisierung der Beschäftigungs- und Bildungspolitik	11,35 %		
4. Berufliche Integration von Jugendlichen ↗		4. Anpassung an industrielle Veränderungen ↗					
5a. Anpassung landwirtschaftlicher Strukturen	5,7 %	5a. Strukturverbesserungen im Landwirtschaftssektor	3,2 %				
IMP, KF, GI	11,8 %	KF, GI	17,3 %	KF, GI (INTEREG, URBAN II, EQUAL, LEADER+)	13,42 %	Europäische Territoriale Zusammenarbeit	2,6 %
	100 %		100 %		100 %		100 %

444 Eigene Berechnung und Darstellung nach: Jouen (2012), S. 13; Andreou/Bache (2011), S. 7; Molle (2007), S. 142 ff.; Leonardi (2005), S. 51, S. 57, S. 63.

erscheinen gewisse Unterstützungen im Ziel der ETZ, wie bspw. Förderprogramme für ehemaligen Kolonien und jetzige Bestandteile der Hoheitsgebiete von EU-Staaten außerhalb Europas (z. B. existiert ein „Programm für die transnationale Kooperation im karibischen Raum").

Abschließend kann festgehalten werden, dass die Kohäsionspolitik nur sehr begrenzt dem Prinzip der Bedürftigkeit folgt. Die doppelte Durchbrechung des Kriteriums der Befähigung kann anhand der Mittelverteilung nachgewiesen werden: Zum einen sind Gebiete förderfähig, die nicht als rückständig betrachtet werden können, und zum zweiten sind Gebiete förderfähig, die zwar als wirtschaftsschwach gelten können, die jedoch in relativ wirtschaftsstarken Staaten liegen und somit von dieser nächsten übergeordneten Ebene Hilfe erwarten könnten und erhalten sollten. Der Aspekt, was die Staaten selbst für ihre Regionen tun können und wann sie Förderung wirklich nötig haben, findet kaum Beachtung. Im zweistufigen Verfahren der Bestimmung der Konvergenzgebiete findet die Einordnung in den relativen Wohlstandskontext erst in der zweiten Phase nach der 75 %-Regel Anwendung. Angesichts dessen, dass rückständige Länder mit einem generellen Nachholbedarf in Mittel- und Osteuropa liegen, das Finanzvolumen der Kohäsionspolitik hingegen fast gleich zwischen MOEL und den sonstigen EU-Staaten verteilt ist, zeigt sich ein deutliches Ungleichgewicht. Zudem wurde mit dem Ziel RWuB in der Periode 2007–2013 zwar noch nicht die Fördersumme für relativ „reiche" Länder erhöht, aber doch die Grundlage für eine zukünftige Ausweitung der Regionalpolitik gelegt. Einen Hinweis darauf und auf die Pfadabhängigkeit, die durch den Paradigmenwechsel bewirkt wird, gibt die EU-Kommission selbst: Die Forderung, sich (wieder) auf die Unterstützung der wirtschaftsschwächsten Gebietskörperschaften zu beschränken, lehnt die EU-Kommission mit dem Argument ab, dass das Ziel der Kohäsionspolitik die Verwirklichung der Strategie Europa 2020 sei und, da diese für alle Regionen gleichermaßen gelte, folglich eine Politik für alle Regionen notwendig sei.[445] Somit wandelt sich die Kohäsionspolitik von einer Regional- und Strukturpolitik zu einer umfassenden „Ersatzwirtschaftspolitik" – dies belegte auch die empirische Betrachtungsweise der Mittelverteilung. Die EU-Kommission hat scheinbar von einer genuinen Kohäsionspolitik, also der bedarfsgerechten Förderung von aufholenden Regionen und Nationen, Abstand genommen. So versichert die EU-Kommission zwar, dass „[d]ie Förderung der weniger entwickelten Regionen [...] eine wichtige Priorität der Kohäsionspolitik bleiben" wird, jedoch zeigt dies zugleich deutlich den Charakterwandel.[446] Denn weiter heißt es: „Auch wenn Interventionen in den weniger entwickelten Regionen weiterhin Vorrang in der Kohäsionspolitik haben werden, gibt es wichtige Herausforderungen, die alle Mitgliedstaaten betreffen. Hierzu gehören der weltweite Wettbewerb in der wissensbasierten

445 Dazu z. B. der damalige Regionalpolitikkommissar Hahn in EU-Kommission (2013d), S. 6: „Wir brauchen die finanzielle Unterstützung in allen EU-Regionen, um sicherzustellen, dass die Strategie Europa 2020 umfassend umgesetzt wird."

446 EU-Kommission (2011d), S. 5.

Wirtschaft und die Umstellung auf eine CO_2-arme Wirtschaft."[447] In ähnlicher Weise äußern sich die Mitgliedstaaten:

> Accordingly, there should be an appropriate concentration of structural and cohesion fund assistance on the least developed regions and Member States while providing for satisfactory transitional arrangements in particular for those contributing most to such a concentration. Actions supported by cohesion policy should be focused on investment in a limited number of priorities organized around three Objectives: Convergence; Regional Competitiveness and Employment; Territorial Cooperation.[448]

Angesichts der Nachteile, die die gegenwärtige Ausgestaltung der Förderung und einer Regional- und Strukturpolitik allgemein mit sich zieht – Störung marktlicher Mechanismen, Verdrängung privater Investitionen, Mitnahmeeffekte durch ein Übermaß an Interventionen und massive Umverteilung durch die supranationalen Organe in Brüssel – ist aus Perspektive einer „Vitalpolitik für Staaten" zu überlegen, ob nicht, erstens, die Förderung auf tatsächlich bedürftige Gebiete zu beschränken ist und, zweitens, inwiefern das Regelarrangement zu verändern ist, um die Defizite zu verringern oder ganz zu vermeiden.

Zur Erklärung der paradoxen Situation, also einerseits einer rationalen Politik, die sich aus ökonomischen Erwägungen ableitet und andererseits dem tatsächlichen Zustand der Kohäsionspolitik, ist der erneute Rückgriff auf die Entstehungsbedingungen der Gemeinschaftspolitik nützlich. Die Festlegung der Förderkriterien und damit der Fördergebiete folgte nicht alleine einer ökonomischen oder einer an den Bedürfnissen der Gesellschaft ausgerichteten Logik, sondern kann als Ergebnis der Verhandlungsrunden betrachtet werden, die der „logic of equity" mit der Tendenz „something for everyone" folgten.[449] Die Entstehung und der Ausbau der zweiten Förderkategorie (für die Periode 2007–2013 das Ziel RWuB) lassen sich folglich dadurch begründen, dass die bisherigen Nutznießer der Kohäsionspolitik weiterhin ihre Förderung erhalten, die Nettozahler sich auf diese Weise zumindest einen Teil ihrer Beiträge erstatten lassen wollen und die EU-Kommission sich „offensichtlich nicht derart weitgehend aus der regionalpolitischen Förderung in den EU-15 zurückziehen" wollte.[450] Weiterhin schafft das Sekundärrecht auch Anreize, die ohnehin schon kritikwürdige Förderlogik zu unterlaufen. Neben dem Zugeständnis an Sonderfördermittel für viele Regionen, was zu einer Ausweitung des Regelwerkes führt, gibt es Versuche, die Förderkriterien anders zu interpretieren. Da die Förderberechtigung durch das Erfüllen

447 EU-Kommission (2011d), S. 5.

448 EU-Rat (2005), S. 7.

449 Ujupan (2009), S. 13.

450 Becker/Zaun (2007), S. 49. Auch Santos (2008) belegt das Motiv des Mittelrückflusses der Nettozahler. Er zeigt, dass sich die Regionen der EU-15-Staaten und noch wesentlich stärker die Mitgliedstaaten im Rahmen der Strukturfonds in der Periode 2000–2006 in erheblichem Maße selbst finanzieren. Bspw. stammen 97 % der Mittel, die die britischen Regionen erhielten, aus Großbritannien selbst.

gewisser (räumlicher) Bedingungen erlangt wird, besteht die Gefahr der Manipulation. Dies zeigt ein Phänomen, das in Anlehnung an den Gebrauch in der Politikwissenschaft als *Gerrymandering-Prinzip* benannt wird: So wurde eine Veränderung des geografischen Regionenzuschnitts vorgenommen, sodass die Gebietskörperschaften Merseyside (Großbritannien), Hainaut (Belgien) und Teile von Nord-Pas de Calais (Frankreich) in der Periode 1994–1999 in die Förderung des Ziels 1 gelangten.[451]

5.5.2 Geteilte Mittelverwaltung: Der kohäsionspolitische Zyklus

Um zu einem besseren Verständnis der Kohäsionspolitik zu gelangen, gilt es, sich insbesondere auch den *Governance*-Strukturen zuzuwenden. In den nächsten zwei Unterkapiteln soll die Beziehung von EU-Kommission zu den Mitgliedsländern in diesem Politikfeld charakterisiert werden. Abweichend von anderen europäischen Politikfeldern zeichnet sich die Kohäsionspolitik weder durch eine vollständige Kompetenzübertragung an supranationale Organe (sogenannte ausschließende Kompetenz der EU-Kommission, wie dies bspw. im Falle der Währungs- und Geldpolitik vorliegt), noch durch eine freiwillige Koordination souveräner nationalstaatlicher Politikmaßnahmen der Mitgliedstaaten (wie etwa in der Sicherheits- oder Sozialpolitik) aus. Die Kohäsionspolitik wird im Modus der geteilten Zuständigkeit betrieben, die die EU-Kommission und die nationalstaatlichen Akteure zur Zusammenarbeit verpflichtet, da die Kompetenzen auf beide Ebenen verteilt sind.[452] So besitzt die EU-Kommission in den Mitgliedstaaten keine eigenen Strukturen zur Durchführung und Verwaltung der Regional- und Strukturpolitik. Vielmehr muss sich die EU-Kommission der nationalen Administrationen bedienen. Die Nationalstaaten können hingegen nicht unabhängig von der EU handeln. Es entsteht ein komplexes Geflecht aus gegenseitigen Beeinflussungen, hinter dem der Gedanke steht, dass die Tätigkeit der Gemeinschaft die Tätigkeit der Mitgliedstaaten ergänzen, nicht jedoch ersetzen soll. Der Modus der geteilten Zuständigkeit ist ein zentrales Merkmal und hat weitreichende Auswirkungen auf die Ergebnismuster der Kohäsionspolitik.

Zunächst soll die Funktionsweise der Politik knapp skizziert und der Ablauf von der Zuteilung der Kapitalhilfen bis zur konkreten Projektförderung erläutert werden. Der kohäsionspolitische Zyklus wird hier in die drei Phasen – (1) Planung, (2) Durchführung sowie (3) Evaluation – gegliedert. Dieser Ablauf der Programmplanung und Verwaltung ist bei den drei Fonds EFRE, ESF, KF und dem EVTZ (Europäischer Verbund für territoriale Zusammenarbeit) identisch und in der allgemeinen VO Nr. 1083/2006 geregelt. Der kohäsionspolitische Zyklus bildet sich dadurch, dass

---

451 Vgl. Marks (1996), S. 395; Wishlade (1996), S. 52 f.

452 Vgl. AEUV, Art. 4 (2): „Die von der Union mit den Mitgliedstaaten geteilte Zuständigkeit erstreckt sich auf die folgenden Hauptbereiche: [...] c) wirtschaftlicher, sozialer und territorialer Zusammenhalt."

ausgehend von einem Problem (wirtschaftlicher Rückstand) spezifische Maßnahmen zu dessen Beseitigung beschlossen (Planungsphase) und implementiert werden (Durchführungsphase). Durch den Vergleich des dadurch entstandenen Ist-Zustandes mit dem Soll-Zustand (Evaluationsphase) wird entschieden, ob das Ziel erreicht wurde (Beseitigung der sozioökonomischen Disparität) oder es weiterhin Bedarf an Unterstützungsleistungen der Kohäsionspolitik gibt. Letzteres führt anschließend dazu, dass der Zyklus von neuem beginnt und weitere Fördermaßnahmen eingeleitet werden. Die Länge des Zyklus ist deckungsgleich mit dem MFR und beträgt sieben Jahre. Kernbestandteil der Planungsphase (1) bildet der Nationale Strategische Rahmenplan (kurz NSRP oder *National Strategic Referenz Framework* NSRF) zusammen mit den Operationellen Programmen (OP). Jedes Mitgliedsland, das die Möglichkeit auf Förderung erhalten will, konzipiert den NSRP für seine eigenen Gebietskörperschaften. Der NSRP soll die regional- und strukturpolitischen Planungen der nationalen Politik mit der europäischen Kohäsionspolitik sowie weiteren europäischen Strategien für den siebenjährigen Zeithorizont der Förderperiode verknüpfen: „Jeder Mitgliedstaat legt einen nationalen strategischen Rahmenplan vor, mit dem die Kohärenz zwischen den Interventionen der Fonds und den strategischen Kohäsionsleitlinien der Gemeinschaft gewährleistet und der Zusammenhang zwischen den Prioritäten der Gemeinschaft einerseits und seinen nationalen Reformprogrammen andererseits aufgezeigt wird.“[453] In den NSRP werden also die Ziele und Prioritäten festgelegt, die mit den Kohäsionsmitteln in den jeweiligen Mitgliedsländern erreicht werden sollen. Im Sekundärrecht der Kohäsionspolitik finden der NSRP und die OP verbindliche Vorgaben. So muss der NSRP zwingend folgende Bestandteile enthalten:

- Analyse der wirtschaftlichen Lage in Form der Darlegung von Schwächen und Stärken einer Volkswirtschaft (SWOT), getrennt nach Zielen.
- eine Darstellung des Entwicklungsrückstandes und des Entwicklungspotenzials unter Berücksichtigung der Entwicklung der europäischen und der globalen Wirtschaftslage.
- die Strategie der nationalen Politik einschließlich thematischer und territorialer Prioritäten.
- eine Liste der Operationellen Programme für die jeweiligen Kohäsionsziele.
- eine Stellungnahme, welchen Beitrag die Programme zu den Zielen der Lissabon-Strategie leisten.
- der jährliche Mittelbedarf je Operationellem Programm.
- die Programme unter dem Ziel „Konvergenz“ müssen zudem Aktionen für die Verbesserung der Verwaltungseffizienz und die Einhaltung des Zusätzlichkeitsprinzips beinhalten.

453 VO (EG) Nr. 1083/2006 des Rates vom 11. Juli 2006, Art. 27 (1).

- bei Ländern mit Förderfähigkeit aus dem Kohäsionsfonds muss die Koordinierung zwischen den Operationellen Programmen untereinander ausgewiesen werden.
- Nachweis der Kohärenz der Fördermaßnahmen aus den verschiedenen Strukturfonds sowie dem ELER und dem EFF.

Die NSRF stellen die programmatische Grundlage für die Operationellen Programme dar, die für die Operationalisierung und Spezifizierung der Förderung verantwortlich sind und in denen schließlich die Fördermittel projektgebunden fließen.[454] Nach dem Verständnis der EU ist ein Operationelles Programm ein „von einem Mitgliedstaat vorgelegte[s] und von der Kommission angenommene[s] Dokument, in dem eine Entwicklungsstrategie mit einem kohärenten Bündel von Prioritäten dargelegt wird, zu deren Durchführung auf einen Fonds [...] zurückgegriffen wird."[455] Entsprechend prüft die EU-Kommission die Operationellen Programme hinsichtlich ihrer Ausrichtung auf die Leitlinien der Kohäsionspolitik und auf den jeweiligen NSRP. Auch im Falle der Operationellen Programme existieren inhaltliche Vorgaben, die in den Programmen Eingang finden müssen:[456]

- eine Analyse der förderfähigen Gebiete einschließlich einer SWOT-Studie.
- eine Rechtfertigung über die Wahl der Schwerpunkte im Hinblick auf den NSRP und die Kohäsionsleitlinien.
- sogenannte „spezifische Ziele der Prioritätenachse", bei denen die Zielerreichung durch die Festschreibung quantitativer Indikatoren bestimmbar wird – Erfolgsbedingung ist also die Erfüllung der quantitativen Vorgaben.
- ein Finanzierungsplan.
- Beschreibung der Durchführung der Operationellen Programme (Benennung der zuständigen Behörden).
- die Hervorhebung von Großprojekten (darunter versteht die EU-Kommission Projekte mit einer Fördersumme ab 50 Mio. EUR).[457]

Auffallend ist die starke Ähnlichkeit zu den Bestandteilen der NSRP. Unterschiede sind hingegen die Prioritätenachsen, die mehrere Oberziele zusammenfassen, die vorrangig erreicht werden sollen.

Der Ursprung dieser strategischen Art der Planung des NSRP ist in der Einführung des gemeinschaftlichen Förderkonzepts (GFK oder *Community Support Framework CSF*) und des einheitlichen Programmplanungsdokumentes (EPPD oder *Single Programming Document SPD*) zu sehen, die ab 1988 Anwendung fanden.[458] Zwar

454 Vgl. VO (EG) Nr. 1083/2006 des Rates vom 11. Juli 2006, (36), (37).
455 VO (EG) Nr. 1083/2006 des Rates vom 11. Juli 2006, Art. 2.
456 Vgl. VO (EG) Nr. 1083/2006 des Rates vom 11. Juli 2006, Art. 32 ff.
457 Im Zeitraum 2007–2013 wurden in mehr als 1000 Großprojekten ungefähr 80 Mrd. EUR investiert; vgl. EU-Kommission (2015e).
458 Vgl. Molle (2007), S. 220; Marks (1996), S. 399 ff.

unterlag die Planungsphase seitdem weiteren Veränderungen, die grundlegenden Züge blieben jedoch erhalten. Dazu zählt neben dem Prinzip der Mehrjährigkeit v. a. der Ablauf zur Bestimmung der strategischen Pläne. So wurden die CSF und SPD von den Mitgliedstaaten erarbeitet und anschließend in Verhandlungen mit der EU-Kommission diskutiert und verabschiedet. Die Spezifizierung und Umsetzung erfolgte alsdann in den Operationellen Programmen (OP). Nach 1994 wurde dieser Ablauf vereinfacht, die CSF sowie die OP in das gemeinsame SPD integriert und in der Periode 2007–2013 wurde das Instrument des SPD durch den NSRP abgelöst.[459] Jedoch wird auch weiterhin der NSRP der EU-Kommission zur Prüfung vorgelegt und bildet die rechtliche Voraussetzung für die weiteren Schritte. Nach der obligatorischen Zuleitung nimmt die EU-Kommission zum NSRP Stellung: „Der nationale strategische Rahmenplan wird vom Mitgliedstaat nach Anhörung der relevanten Partner gemäß Art. 11 nach den seines Erachtens geeignetsten Verfahren und seinem institutionellen Gefüge ausgearbeitet. [...] Der Mitgliedstaat erarbeitet den nationalen strategischen Rahmenplan in Absprache mit der Kommission, damit ein gemeinsamer Ansatz gewährleistet ist."[460]

Und weiter: „Jeder Mitgliedstaat übermittelt den nationalen strategischen Rahmenplan der Kommission innerhalb von fünf Monaten nach der Annahme der strategischen Kohäsionsleitlinien der Gemeinschaft. Die Kommission nimmt die nationale Strategie und die vorrangigen Themen für die Intervention der Fonds zur Kenntnis und legt gegebenenfalls innerhalb von drei Monaten nach dem Eingang des Rahmenplans Bemerkungen dazu vor."[461]

Korrekturwünsche und Verbesserungsvorschläge der EU-Kommission sollen von den Mitgliedsländern berücksichtigt werden. Obgleich die EU-Kommission nicht die Handhabe zum Veto bei den NSRP hat – mit Ausnahme von Großprojekten, die direkt von der EU-Kommission genehmigt werden müssen – wird eine einvernehmliche Einigung angestrebt.[462] Dies liegt darin begründet, dass weitere Elemente der Planung, wie die OP, von der EU-Kommission überprüft und genehmigt werden müssen und, da der NSRP die Grundlage für die OP bildet, würde ein Defizit im Nationalen Strategischen Rahmenplan zugleich zur einer Verwerfung der Operationellen Programme führen können.[463]

---

459 Dazu Baun/Marek (2008a).

460 VO (EG) Nr. 1083/2006 des Rates vom 11. Juli 2006, Art. 28 (1).

461 VO (EG) Nr. 1083/2006 des Rates vom 11. Juli 2006, Art. 28 (2).

462 Dazu Bachtler/Mendez (2007).

463 „Vor dem Zeitpunkt der Annahme oder zum Zeitpunkt der Annahme der in Artikel 32 Absatz 5 genannten operationellen Programme entscheidet die Kommission nach Anhörung des Mitgliedstaates über a) die Liste der in Artikel 27 Absatz 4 Buchstabe c genannten operationellen Programme, b) die in Artikel 27 Absatz 4 Buchstabe e genannte indikative jährliche Mittelzuweisung je Programm aus den einzelnen Fonds und c) für das Ziel ‚Konvergenz' die Höhe der Ausgaben zur Einhaltung des Zusätzlichkeitsprinzips gemäß Artikel 15 und die Maßnahmen, die zur Stärkung der Verwaltungseffizienz gemäß Artikel 27 Absatz 4 Buchstabe f Ziffer i vorgesehen sind." VO (EG) Nr. 1083/2006 des Rates vom 11. Juli 2006, Art. 28 (3).

Auf diese Weise konnte die EU-Kommission mittelbar ihren Einfluss auf die inhaltlichen Schwerpunkte der OP verstärken.[464]

Jedoch ist es nicht ausreichend, dass sich der NSRP und die Operationellen Programme an diesen sekundärrechtlichen Regelungen ausrichten. Abb. 5.7 illustriert die vielseitigen Beziehungen zwischen dem zentralen Planungsinstrument und anderen relevanten Konzeptionen. Die konzeptuellen Vorgaben ergeben sich neben dem Sekundärrecht der Kohäsionspolitik hauptsächlich aus den gesamtwirtschaftlichen Strategien, die von den Mitgliedstaaten erstellt werden, sowie den europäischen Strategien, welche im Wesentlichen im Kontext der Lissabon-Agenda stehen und zu einer Vervielfältigung der Regeln führen.

Abb. 5.7: Darstellung der Interdependenzen aus nationalen Entwicklungsplänen und europäischen Strategien (Quelle: Eigene Darstellung).

Von den gesamtwirtschaftlichen Agenden, wie z. B. regionale Entwicklungspläne, sind insbesondere die sogenannten Nationalen Reformprogramme (*National Reform Programmes NRP*) hervorzuheben. Anlässlich des Neustarts der Lissabon-Agenda verpflichteten sich die EU-Staaten, jährlich Nationale Reformprogramme zu erstellen, die auf den integrierten Leitlinien für Wachstum und Beschäftigung basieren, welche wiederum (wirtschafts-)politische Prioritäten der EU spezifizieren. Die NRP, die von den Mitgliedstaaten erstmals im Herbst 2005 vorzulegen waren, haben die

464 Vgl. Becker/Zaun (2007), S. 7.

drei Schwerpunkte Haushaltskonsolidierung, Erhöhung der Wettbewerbsfähigkeit unter zeitgleicher Gewährleistung des Umweltschutzes sowie Erhöhung der Arbeitsmarktflexibilität. Die EU-Kommission beschreibt die NRP als grundlegendes Umsetzungselement der Lissabon-Agenda: „In diesen Programmen müssen die Mitgliedstaaten konkret angeben, welche Maßnahmen sie treffen wollen (oder bereits getroffen haben), um Wachstum und Beschäftigung auf nationaler Ebene zu unterstützen. Jeder Mitgliedstaat wird dabei den Schwerpunkt auf die spezifischen Herausforderungen legen, vor denen er steht."[465]

Den Mitgliedsländern scheinen hierbei genügend Freiräume zu bleiben: „Although there is a commonality in the general objectives of the NRPs, the specific development priorities of the Programmes vary considerably, for example between those Member States aiming to catch up with average EU development levels or prioritizing membership of the Eurozone, and those focusing on micro-economic issues such as expanding R&D, innovation or training capacity."[466]

Das Planungsinstrument der NSRP muss deutlich machen, wie die Ziele der NRP, die die Kohäsionspolitik tangieren, umgesetzt werden sollen. Inhaltlich betrachtet ist der Einfluss der NRP auf die NSRP sehr unterschiedlich ausgeprägt, jedoch meist wenig wirkungsmächtig.[467]

Die Lissabon-Strategie hatte auf europäischer wie nationaler Ebene eine allumfassende Umorientierung zu Folge. Ein wichtiger Einflusskanal, über den die Lissabon-Agenda auf die Kohäsionspolitik Wirkung hat, sind die, bereits kurz angesprochenen, „strategischen Kohäsionsleitlinien der Gemeinschaft für den wirtschaftlichen, sozialen und territorialen Zusammenhalt", die einen indikativen Rahmen für die Interventionen der Fonds bilden sollen.[468] Infolge des Eingangs der Lissabon-Strategie in die meisten Politikfelder stehen auch diese Leitlinien im Kontext der Ziele Wachstum und Wettbewerbsfähigkeit. Entsprechend beziehen sich die Kohäsionsleitlinien explizit auf die integrierten Leitlinien der Lissabon-Agenda.[469] Die Kohäsionsleitlinien zeigen Prioritäten auf, die in den jeweiligen NSRP abgebildet werden sollen. Auf diese Weise soll eine flächendeckende Ausrichtung der Kohäsionspolitik auf die von der EU-Kommission und des Rates vereinbarten Schwerpunkte möglich sein. Drei Schwerpunkte („Leitlinien") existieren:[470]

---

465 EU-Kommission (2005c), S. 7.

466 Bachtler et al. (2006), S. 3 f.

467 Vgl. Bachtler et al. (2006), S. 6 f.

468 Dazu VO (EG) Nr. 1083/2006 des Rates vom 11. Juli 2006, Art. 25 f.

469 „Der Zweck dieser strategischen Leitlinien sollte daher die Vergrößerung des strategischen Anteils in der Kohäsionspolitik sein, um Synergien mit den Zielen der überarbeiteten Lissabon-Strategie zu stärken und um zum Erreichen dieser Ziele beizutragen." VO (EG) Nr. 1083/2006 des Rates vom 11. Juli 2006, Art. 25.

470 Vgl. Entscheidung 2006/702/EG des Rates vom 6. Oktober 2006, in: ABl. Nr. L 291/11, 21 Oktober 2006.

- „Leitlinie: Stärkung der Anziehungskraft Europas für Investoren und Arbeitskräfte."
  Dabei handelt es sich im Wesentlichen um die Verbesserung von Standortbedingungen, insbesondere im Hinblick auf Verkehrsinfrastruktur, Umweltschutz und Energieversorgung. Hierbei wird je nach Entwicklungsstand des Gebietes der Wert auf verschiedene Arten von Verkehrsnetzen gelegt. Darüber hinaus sieht die Leitlinie keinen Widerspruch zwischen Wachstum und Umweltschutz, vielmehr dient die Hinwendung auf Klimaschutz der Entdeckung „grüner" Technologien und somit explizit der Schaffung von Arbeitsplätzen. Für die Energiesicherheit seien nicht nur Energieeffizienz und die Ausschöpfung erneuerbarer Energiequellen wichtig, sondern ebenso herkömmliche Energiearten.
- „Leitlinie: Förderung des Wissens und der Innovation für Wachstum."
  Mit dieser Leitlinie soll die Ausrichtung der Wirtschaftsstrukturen auf wissensbasierte Tätigkeiten angestrebt werden. Dafür sollen mehr Kapazitäten im Bereich Forschung und (technologische) Entwicklung geschaffen, die IT-Infrastruktur ausgebaut, die Zusammenarbeit zwischen Universitäten und der Privatwirtschaft gefördert und die Umsetzung von „Wissen und technologische[r] Neuentwicklung in marktgängige Produkte und gewerbliche Verfahren" gefördert werden, um die „Innovationskluft" zu anderen Volkswirtschaften als auch innereuropäisch zu vermindern.[471] Wesentlicher Indikator für diese Forderung sind die Ausgaben für Forschung- und Entwicklung, gemessen am nationalen BIP, die mit durchschnittlich 1,9 % zur Mitte der Förderperiode 2007–2013 deutlich unter der Zielmarke der Lissabon-Agenda von 3 % lagen. Ausdrücklich werden Direktzuschüsse an einzelne Unternehmen erwähnt, die der Verbesserung der Innovationsfähigkeit dienen sollen. Insbesondere kleine und mittlere Unternehmen (KMU) erscheinen der EU-Kommission wichtig, auch hinsichtlich der Existenzgründung innovativer Firmen. Vorgeschlagen werden „Unternehmensdienste", die das Wirtschaftsklima dadurch verbessern sollen, dass sie Unternehmen bei der (Neu-)Ausrichtung unterstützen (Gründerzentren, Wissenschaftsparks etc.). Hierzu dient auch das Erschließen von Finanzierungsinstrumenten. Die Fördermittel sollen zudem regional konzentriert in „Kompetenzknoten" investiert werden.
- „Leitlinie: Mehr und bessere Arbeitsplätze"
  Diese Leitlinie zielt auf die Entwicklung des Humankapitals ab. Dies soll durch Verbesserung des Aus- und Weiterbildungssystems, der Mobilität, der Arbeitsplatzqualität sowie des Gesundheitssystems erreicht werden. Bedingt durch die sehr begrenzten Kompetenzen der europäischen Organe im Bereich der Sozialpolitik sind die Maßnahmen entsprechend vage formuliert. So sollen die „Sozialschutzsysteme modernisiert" und die „Investitionen in Humankapital" gesteigert und optimiert werden. Außerdem umfasst die Leitlinie die Verbesserung der

471 Entscheidung 2006/702/EG des Rates vom 6. Oktober 2006, in: ABl. Nr. L 291/11, 21 Oktober 2006, S. 8.

> Verwaltungskapazitäten: „Die Mitgliedstaaten sollten dafür sorgen, dass dem Erfordernis, die Effizienz und Transparenz der öffentlichen Verwaltung zu steigern und den öffentlichen Dienst zu modernisieren, in gebührendem Umfang nachgekommen wird."[472]

Neben diesen drei Hauptaspekten wird die territoriale Dimension der Kohäsionspolitik erläutert, ohne jedoch nähere Umsetzungsmaßnahmen auszuführen. Des Weiteren wird die Kohärenz der verschiedenen Fonds bei deren Anwendung eingefordert:

> Die Synergien zwischen der Strukturpolitik, der Beschäftigungspolitik und den Maßnahmen zur Entwicklung des ländlichen Raums müssen erhöht werden. In diesem Zusammenhang sollen die Mitgliedstaaten für Synergien und Kohärenz zwischen den Maßnahmen sorgen, die in einem bestimmten geografischen Gebiet und einem bestimmten Tätigkeitsbereich durch den Europäischen Regionalfonds, den Kohäsionsfonds, den Europäischen Sozialfonds, den Europäischen Fischereifonds und den ELER zu finanzieren sind.[473]

Dafür soll die grenzüberschreitende, transnationale und interregionale Zusammenarbeit sowie die nachhaltige Stadtentwicklung und Diversifizierung des ländlichen Raumes gestärkt werden. Obgleich keine ausdrückliche Hierarchie der Leitlinien existiert, so ist doch das Element der Innovation hervorgehoben: „Investitionen in Innovation sind die alles überragende Priorität der Kohäsionspolitik, sowohl im Rahmen der Programme für Konvergenz als auch für Regionale Wettbewerbsfähigkeit und Beschäftigung."[474] Das Ausmaß der Steuerungswirkung der Kohäsionsleitlinien auf die Politik der Mitgliedstaaten ist ambivalent. Einerseits geben die Leitlinien nicht nur Ziele vor, sondern nennen auch Bedingungen und Vorgehensweisen, die von den nationalen Plänen berücksichtigt werden müssen. Der Orientierungsrahmen wird innerhalb der Kohäsionsleitlinien mit sogenannten Aktionsleitlinien konkretisiert. Bspw. wird das Gebot des Ausbaus von Eisenbahninfrastruktur an bessere Zugangsrechte für Wettbewerber gebunden und die Förderung ökologisch nachhaltiger Verkehrsnetze im ÖPNV betont. Zudem wirken einige Projekte „von europäischem Interesse" nachteilig auf den Gestaltungsspielraum der nationalen Empfänger von Kohäsionsmitteln, da sie direkt von der EU-Kommission geplant werden.[475] Andererseits verbleiben den Staaten deutliche Spielräume bei der Aufstellung der NSRP, da

---

472 Entscheidung 2006/702/EG des Rates vom 6. Oktober 2006, in: ABl. Nr. L 291/11, 21 Oktober 2006, S. 28.

473 Entscheidung 2006/702/EG des Rates vom 6. Oktober 2006, in: ABl. Nr. L 291/11, 21 Oktober 2006, S. 30.

474 Entscheidung 2006/702/EG des Rates vom 6. Oktober 2006, in: ABl. Nr. L 291/11, 21 Oktober 2006, S. 10.

475 Dazu zählen bspw. Projekte aus dem Bereich Transeuropäischer Netzte (TEN) wie Verkehrs- (TEN-T), Energie- (TEN-E) und Telekommunikationsinfrastruktur (eTEN); vgl. Entscheidung 2006/702/EG des Rates vom 6. Oktober 2006, in: ABl. Nr. L 291/11, 21 Oktober 2006, S. 5.

die Durchführungsmittel der Lissabon-Strategie „weiche" Steuerungsinstrumente darstellen. Das rührt im Wesentlichen daher, dass weder harte Sanktionen ergriffen, noch Verfehlungen explizit gemacht werden: „The Commission avoided identifying leaders and lagards in its press releases and published documents."[476] Dazu trägt auch der Charakter von Leitlinien bei, der ausdrücklich die Varietät der Gebietskörperschaften und deren Berücksichtigung betont. So ist in Abhängigkeit der Region die Gewichtung der Leitlinien verschieden:

> Nicht alle der näher ausgeführten Leitlinien sind für alle Regionen relevant. Welcher Investitionsmix am besten geeignet ist, hängt letztlich von der Analyse der Stärken und Schwächen des einzelnen Mitgliedstaates oder der einzelnen Regionen und von den besonderen nationalen und regionalen Verhältnissen ab. Die Leitlinien bilden vielmehr einen einheitlichen Rahmen, auf den die Mitgliedstaaten und Regionen bei der Ausarbeitung ihrer nationalen, regionalen und lokalen Programme zurückgreifen sollen, um insbesondere ihren Beitrag zu den Zielen der Gemeinschaft in Bezug auf Zusammenhalt, Wachstum und Beschäftigung abschätzen zu können.[477]

Aus ordnungsökonomischer Sicht ist die Verwendung von Leitlinien mit Umsetzungsspielraum grundsätzlich wünschenswert, jedoch sind zusätzlich die tatsächlichen Verhaltensmuster und die informellen Institutionen bei der Zusammenarbeit von EU-Kommission und Mitgliedstaaten zu berücksichtigen. Ohne die Berücksichtigung dieses institutionellen Zusammenspiels bleiben die faktischen Wirkungen der formellen Regeln unbeachtet. Im Falle der Leitlinien zeigt sich am Verhalten der Förderempfänger, die durch die Vorgaben der Leitlinien in ihrer Handlungsfreiheit kaum beschränkt werden, dass die Leitlinien zu unbestimmt sind und keinerlei Steuerungswirkung entfalten: „The guidelines are not very strict. On the contrary, they provide quite a large menu from which the member states can actually choose to adopt the mix that is most appropriate in their case for developing national and regional programmes."[478] Somit steht den hohen Transaktionskosten, die durch die Leitlinien entstehen, keinerlei Nutzen gegenüber, sodass der Sinn und die Notwendigkeit der Existenz der Leitlinien in Frage gestellt werden kann. Das Muster eines komplexen Regelgeflechtes wird auch hier sichtbar. In den strategischen Kohäsionsleitlinien finden sich oft Querverbindungen zu anderen Programmen der EU, die berücksichtigt werden sollen (bspw. die Initiative „i2010 – Eine europäische Informationsgesellschaft für Wachstum und Beschäftigung"; die europäische Beschäftigungsstrategien, die v. a. im Rahmen des ESF eine Rolle spielt oder der „Europäischer Pakt für die Jugend).[479]

---

476 Dinan (2010), S. 420. Zum gleichen Ergebnis kommt Molle (2007), S. 169 f.

477 Entscheidung 2006/702/EG des Rates vom 6. Oktober 2006, in: ABl. Nr. L 291/11, 21 Oktober 2006, S. 14.

478 Molle (2007), S. 170.

479 So regelt VO (EG) Nr. 1081/2006 des Rates vom 5. Juli 2006, Art. 4: „Die Mitgliedstaaten tragen Sorge dafür, dass die vom ESF unterstützten Aktionen den Zielen der Europäischen Beschäftigungsstrategie

Diese Vielzahl an Initiativen und Plänen schafft eine sehr in sich verschränkte Bedingungslage und erschwert eine klare Ausgestaltung der Kohäsionspolitik.

Als weiterer Kanal der „Lissabonisierung" der Kohäsionspolitik dient das bereits angesprochene *Earmarking*, das der Kohäsionspolitik sekundärrechtlich die Bindung bestimmter Anteile der Kapitalhilfen an die Ziele der Lissabon-Agenda vorschreibt. Mit dem *Earmarking* besitzt die EU-Kommission ein Instrument, ihre Vorstellungen der Kohäsionspolitik zu realisieren, da die Mittelbindung eine gewisse Konditionalitätswirkung entfaltet.[480] Jedoch ist die Lenkungswirkung mittels der Instrumente der Lissabon-Strategie insgesamt eher als schwach einzuschätzen, nicht zuletzt wegen der geringen Sanktionsmöglichkeiten.[481]

In der Gesamtbetrachtung wird deutlich, dass der Nationale Strategische Rahmenplan und die Operationellen Programme komplexen, vielgestaltigen und detaillierten Richtlinien unterliegen. Es entsteht ein wechselseitiger Regelkreislauf (dies verdeutlichen die Wirkungspfeile in Abb. 5.7): Ausgehend von der europäischen Ebene werden Anforderungen und Restriktionen an die nationalen Entscheidungsträger herangetragen (u. a. Kohäsionsleitlinien, Lissabon-Agenda). Die nationalen Entscheidungsträger erstellen auf Grundlage dieser Bestimmungen und einer eigenen Programmatik die nationalen Strategien (NSRP, NSP).[482] Im Laufe dieses Prozesses erfahren die Mitgliedsländer durch die EU-Kommission stets Rückmeldung, inwiefern die Erwartungen aus supranationaler Sicht erfüllt werden. Die Entscheidungsträger in den Ländern sind allerdings auch autonome Gestalter, die ihre Vorstellungen in den europäischen Politikprozess einspeisen. Mittels des Austauschs mit der Bürokratie der EU-Kommission oder direkt mittels des Europäischen Rates bzw. des Rates der EU werden die europäischen Strategien entwickelt. Falls die europäischen Pläne regelmäßig nationalen Ideen zuwiderlaufen, werden die Mitgliedstaaten mittelfristig auf eine Korrektur drängen; etwa im Rahmen der Verhandlungen über den siebenjährigen Finanzrahmen. Zusätzlich zu dieser Wirkungskette kommt es zwischen den verschiedenen Stufen auf den unterschiedlichen Ebenen zu Rückkoppelungsprozessen. So

---

entsprechen und einen Beitrag zu den Aktionen leisten, die zu deren Umsetzung durchgeführt werden. Sie tragen insbesondere dafür Sorge, dass die im nationalen strategischen Rahmenplan beschriebene Strategie und die in den operationellen Programmen beschriebenen Aktionen den Zielen, Prioritäten und Vorgaben der Beschäftigungsstrategie in jedem Mitgliedstaat im Rahmen der nationalen Referenzprogramme und der nationalen Aktionspläne für die soziale Eingliederung förderlich sind." Dazu auch Verschraegen/Vanhercke/Verpoorten (2011).

480 Vgl. Jacoby (2005).

481 Das erkennt die EU-Kommission (2014a), S. 4 f selbst: „Dies war ein erheblicher Schwachpunkt. Ohne rechtliche Verpflichtung und ohne echtes Budget war die Abhängigkeit vom politischen Willen, an dem es letztendlich fehlte, zu groß."

482 Zur Programmatik nationaler Entscheidungsträger sind in Deutschland z. B. zu zählen: der Bundesverkehrswegeplan und die Strategien der verschiedenen Gebietskörperschaften, wie der bayerische Landesentwicklungsplan LEP (der starke Regional- und raumpolitische Komponenten enthält).

gehen Erfahrungen aus nationaler Regionalpolitik und (sub-)nationalen Strategien in die NRP und die NSRP ein, während sich entgegengesetzt Neuerungen in den NSRP wiederum in den nationalen Plänen wiederfinden. Infolge der engen Verzahnung und der Dynamik zwischen den verschiedenen Planungselementen findet eine schnelle Diffusion von (neuen) Ideen statt. Dies lässt sich an der Verbreitung der Leitwörter „Nachhaltigkeit", „Wettbewerbsfähigkeit" und „intelligentes Wachstum" in sämtlichen der angesprochenen Dokumente beobachten. Aus einer ordnungsökonomischen Perspektive ist die Befürchtung zu äußern, dass der wechselseitige Regelkreislauf die Gefahr birgt, die Kohäsionspolitik zu überfordern und zu überfrachten. Eine Ausrichtung auf klare, überschaubare Ziele scheint durch die Vielzahl von interdependenten, teils redundanten und teils konkurrierenden Strategien erschwert zu sein.

Im Anschluss an die Planungsphase folgt die Durchführung der Kohäsionspolitik (Phase 2). In der Implementierungsphase stellen potenzielle Empfänger ihre Anträge auf Förderung bei den nationalen Behörden. Dazu wird mehrmals öffentlich zur Einreichung von Projektideen für die jeweiligen Förderprogramme aufgerufen. Diese sogenannten *Calls* werden auf der Website des jeweiligen gemeinsamen technischen Sekretariats veröffentlicht. Die Einreichung der Projekte erfolgt ebenfalls beim zuständigen Sekretariat, das außerdem Hilfe bei der Antragstellung leistet. Die Projekte werden auf ihre Zulässigkeit sowie auf ihre Vereinbarkeit mit EU- und nationalen Regeln geprüft und auf dieser Basis die Projekte ausgewählt, die gefördert werden sollen. Die Förderung unterliegt also Regeln und Bedingungen, die zum Teil auf EU- und zum Teil auf Mitgliedsebene festgeschrieben sind. Die Mitgliedstaaten sind für die Präzisierung der Regeln der Förderfähigkeit im Rahmen der in den spezifischen Verordnungen der Fonds vorgesehenen Richtlinien und Ausnahmen zuständig. Das Regelwerk umfasst v. a. folgende Aspekte:[483]

- Zeithorizont, Einsatzgebiet und Art der förderwürdigen Projekte.
- Kriterien zur Projektauswahl.
- ausgeschlossene oder eingeschränkte Aktivitäten bzw. Kostenkategorien.
- Mindestanteil der Ausgaben, die Projekten für EU-Prioritäten dienen.
- Kriterien für öffentliche Ausschreibungen.

Nach der Projektannahme zahlen die Mitgliedstaaten die Hilfen, teils in Vorleistung, aus. Die EU-Mittel müssen nach dem Zusätzlichkeitsprinzip durch zusätzliche nationale und regionale Mittel ergänzt werden. Die Kohäsionspolitik folgt stets dem Prinzip der Kofinanzierung (Additionalität), durch das verhindert werden soll, dass es zu einer Verdrängung nationaler Unterstützungen kommt. Anstatt eines *Crowdings Out* sollen EU-Hilfen ergänzend zu den Zahlungen der Staaten treten, die diese bereits auch ohne Kohäsionspolitik leisten. Der Anteil der Kapitalhilfen der Kohäsionspolitik (also der „europäische" Anteil) zu einem Projekt beträgt im Rahmen des Ziels „Konvergenz"

483 Dazu EU-Kommission (2009b), S. 6.

zwischen 75 % und 85 %, im Rahmen des Ziels RWuB zwischen 50 % und 85 %, im Rahmen des Kohäsionsfonds 85 % und im Rahmen des Ziels ETZ zwischen 75 % und 85 %.[484] Die Erstattung des europäischen Anteils bewerkstelligt die EU-Kommission in drei Phasen: Vorschüsse, Zwischenzahlungen und die Zahlung des Restbetrags. Falls die EU-Kommission ein OP genehmigt hat, erfolgt eine Vorschusszahlung an die nationalen Stellen in Tranchen, die einen gewissen Prozentsatz des europäischen Anteils zum OP nicht übersteigen dürfen.[485] Nachdem die Mitgliedstaaten den Nachweis erbracht haben, dass ihre Verwaltungsstrukturen zur Durchführung und Kontrolle der kohäsionspolitischen Maßnahmen funktionsfähig sind, erfolgt die erste Zwischenzahlung auf Antrag des Mitgliedslandes. Die Erstattung der verbleibenden Kapitalhilfen erfolgt sehr spezifisch: „Zur Berechnung der Zwischenzahlungen und des zu zahlenden Restbetrags wird der für jede Prioritätsachse in der Entscheidung über das betreffende operationelle Programm festgelegte Kofinanzierungssatz auf die im Rahmen der Prioritätsachse genannten zuschussfähige Ausgaben angewendet; maßgebend ist jeweils die von der Bescheinigungsbehörde bescheinigte Ausgabenerklärung."[486]

Grundlage der Zahlung der Mittel der Kohäsionspolitik ist somit der Beleg („Ausgabenerklärung") über getätigte Ausgaben der Empfänger und der nationalen Stellen. Eine nähere Beschreibung dieser Struktur wird in 5.5.6 geleistet.

Die anschließende Phase umfasst die Evaluation und das Berichtswesen (Phase 3). Die Pflichten zur Berichterstattung wurden im Vergleich zur Vorperiode ausgeweitet, sodass ein dichtes Netz an Berichten über die Wirkung der Kohäsionspolitik entstand (Tab. 5.15). Die Pflicht dazu tragen sowohl die Mitgliedsländer als auch die EU-Kommission. Letztere fertigt die jährlichen Berichte für die Frühjahrstagung des Europäischen Rates, den Kohäsionsbericht und den Strategiebericht an.

Der umfassendste Report ist dabei der Kohäsionsbericht, ein „Bericht über die Fortschritte bei der Verwirklichung des wirtschaftlichen, sozialen und territorialen Zusammenhalts und über die Art und Weise, in der die in diesem Art. vorgesehenen Mittel hierzu beigetragen haben."[487] Im fünften Bericht aus dem Jahr 2010 wird eine positive Bilanz der Kohäsionspolitik gezogen, da sie „einen beträchtlichen Beitrag dazu geleistet [hat], Wachstum und Wohlstand in der gesamten Union zu verbreiten und wirtschaftliche, soziale und territoriale Unterschiede zu verringern."[488] Der Bericht sieht jedoch v. a. Nachhohlbedarf im Bereich der Innovation, der Infrastruktur, der Wettbewerbsfähigkeit sowie der Haushaltskonsolidierung. Dieselbe Tendenz weist der aktuelle sechste Kohäsionsbericht auf. Er bewertet die Gemeinschaftspolitik

---

484 Analysen deuten allerdings darauf hin, dass die Kohäsionspolitik eine Verdrängung nationaler Ausgaben bewirkt; vgl. Hagen/Mohl (2009).

485 Für die MOEL belaufen sich die Vorschüsse für den ESF und den EFRE auf 2–3 % und für den KF auf 2,5–4 %; vgl. VO (EG) Nr. 1083/2006 des Rates vom 11. Juli 2006, Art. 82.

486 VO (EG) Nr. 1083/2006 des Rates vom 11. Juli 2006, Art. 77.

487 AEUV, Art. 175.

488 EU-Kommission (2010b), S. XXIII.

Tab. 5.15: Berichterstattung der Periode 2007–2013 mit Bezug zur Kohäsionspolitik (Quelle: Eigene Darstellung).

Dokument	Frist	Verantwortung	Bezug zur Kohäsionspolitik
Jährlicher Durchführungsbericht über das NRP	jährlich	Mitgliedsländer	Abschnitt über den Beitrag der OP zur Umsetzung des NRP
Jährlicher Bericht für die Frühjahrstagung des Europäischen Rates	jährlich	EU-Kommission	Abschnitt mit einer Zusammenfassung aller jährlicher Durchführungsberichte über die NRP der Mitgliedsstaaten
Strategiebericht	Ende 2009 und Ende 2012	Mitgliedsländer	Beitrag der OP zur Kohäsionspolitik und zu den Leitlinien der Kohäsionspolitik
Strategiebericht der EU-Kommission	Anfang 2010 und 2013	EU-Kommission	Zusammenfassung aller Strategieberichte der Mitgliedsstaaten
Kohäsionsbericht	Alle drei Jahre	EU-Kommission	Stand der Fortschritte der Kohäsionspolitik

als grundlegend wirksam und sieht die gegenwärtigen ökonomischen Schwierigkeiten (z. B. die hohe Arbeitslosigkeit) sowie die weiterhin bestehenden regionalen Disparitäten vielmehr als Ergebnis der Weltwirtschafts- und Finanzmarktkrise. Vor diesem Hintergrund sieht er die Kohäsionspolitik als Instrument umso mehr gefordert und schafft damit explizit eine Rechtfertigung für die bestehende Gemeinschaftspolitik. Der Bericht kommt zu der Schlussfolgerung, dass bei den Hauptempfängerländern der kohäsionspolitischen Mittel das BIP bis zum Jahr 2030 um circa 3 % höher liegen wird, als es ohne die EU-Unterstützung der Fall wäre.[489] Da keine einzelnen Länder und Defizite bei deren Wirtschaftspolitik hervorgehoben werden, wirkt der Kohäsionsbericht wie eine allgemeine Bestandsaufnahme sozioökonomischer Entwicklungen. Die Selbstkritik bleibt lediglich oberflächlich, da sie weder die in der Forschung aufgeworfenen Sachverhalte aufgreift noch substanziellen Reformbedarf erkennt, sondern meist bei sehr allgemein gehaltenen Formulierungen verbleibt. Ein Beispiel illustriert dies: „In Zukunft muss sichergestellt werden, dass die Mitgliedstaaten und die Regionen *die EU-Mittel und die nationalen Ressourcen* auf einige wenige Prioritäten *konzentrieren*, die den spezifischen Herausforderungen entsprechen, vor denen sie stehen."[490] Auf Seiten der Mitgliedsländer bedeutet die Berichtspflicht, dass sie erstmals 2009 eine Halbzeitevaluierung und 2012 eine weitere Evaluierung in Form von Strategieberichten zur Umsetzung der Kohäsionspolitik anfertigen mussten. Der Strategiebericht der EU-Kommission 2013 zur Umsetzung der Programme 2007–2013, der zwar von der EU-Kommission stammt, jedoch die Zusammenfassung der nationalen

489 Vgl. EU-Kommission (2014b).
490 EU-Kommission (2014b), S. XXV, Herv. i. O.

Strategieberichte ist, klingt durchweg positiv. Als Erfolge werden u. a. die Schaffung von Arbeitsplätzen, die Unterstützung zahlreicher F&E-Projekte und Unternehmensgründungen, die Errichtung von Breitbandnetzzugängen und die Ausweitung der Stromerzeugungskapazitäten aufgelistet.[491] Die EU-Kommission fordert jedoch darin „eindeutig mehr qualitativ hochwertige Bewertungen der Auswirkungen der Interventionen", sowohl „während des laufenden Zeitraums als auch in Zukunft."[492] Eine Berichterstattung hinsichtlich der Lissabon-Agenda stellen die NRP-Reporte der Staaten dar („jährlicher Durchführungsbericht"), die auch Auskunft über die Kohäsionspolitik geben, da sie die Wirkung des *Earmarkings* und der Ausrichtung der Operationellen Programme auf die NRP thematisieren.[493] Auf Grundlage dieser Durchführungsberichte erstellt die EU-Kommission für die Frühjahrstagung des Europäischen Rates eine Zusammenfassung aller Berichte.

Das Berichtswesen ist eine weichere Form der Normenkontrolle, da es keine formellen Sanktionen vorsieht, sondern lediglich auf öffentlichem Druck und auf dem Druck der Regierungen der anderen Mitgliedstaaten basiert. Aus ordnungsökonomischer Sicht ist das Bemühen um Transparenz zu begrüßen. Jedoch bleiben Zweifel, inwieweit die umfangreichen und technisch gehaltenen Berichte den öffentlichen Diskurs auch zu erreichen vermögen. Zudem bleibt zu befürchten, dass eine regelmäßige Schönung der Berichte stattfindet, um die Legitimität der Kohäsionspolitik durch einen solchen Erfolgsnachweis zu erhöhen.

Aus den bisherigen Ausführungen über die drei Phasen kann bereits geschlossen werden, dass die Interdependenzen zwischen den verschiedenen Akteuren sehr ausgeprägt sind und darunter die Regelklarheit leidet. Weitere Feststellungen sind durch eine vertiefte Untersuchung der jeweiligen Phasen möglich, wie sie in den folgenden Abschnitten vorgenommen wird.

5.5.3 Prinzip der Partnerschaft: Politikkonvergenz?

Bislang wurde vorwiegend dargelegt, welche verschiedenen Dokumente und Auflagen das EU-Regelwerk der Kohäsionspolitik zu Grunde legt. Die Frage, welche tatsächlichen Handlungsmuster sich daraus ergeben, blieb jedoch noch weitgehend unbeantwortet. Hierfür muss auf das Prinzip der Partnerschaft rekurriert werden, da es die Zusammenarbeit zwischen der EU und den Mitgliedstaaten beschreibt und somit zentraler Bestandteil der Kohäsionspolitik ist.

---

491 Vgl. EU-Kommission (2013b).

492 EU-Kommission (2013b), S. 10.

493 „Jeder Mitgliedstaat nimmt erstmals im Jahr 2007 im jährlichen Durchführungsbericht über das nationale Reformprogramm ein kurzes Kapitel über den Beitrag auf, den die von den Fonds kofinanzierten operationellen Programme zur Umsetzung des nationalen Reformprogramms leisten." VO (EG) Nr. 1083/2006 des Rates vom 11. Juli 2006, Art. 29 (1).

Für die EU-Kommission bedeutet das Partnerschaftsprinzip, dass es ihr gelingt, mittels dieses Instruments bestimmte eigene Vorstellungen über die Regional- und Strukturpolitik in den Mitgliedsländern umzusetzen. Zu diesen Vorstellungen gehört die Art und Weise, wie regionalbezogene Entwicklungspolitik betrieben werden soll. Die EU-Kommission verfolgt eine dialogorientierte und regional-dezentralistische Regionalpolitik, die eine „endogene Entwicklung" in geförderten Gebietskörperschaften auslösen will.[494] Ziel ist es, eine innerregionale und akteursübergreifende Kooperation zu ermöglichen und entsprechende kooperative Problemlösungen der Beteiligten zu erreichen. Hierzu fordert die EU-Kommission eine „Übertragung der Verantwortung auf die Akteure vor Ort, die in den Mitgliedstaaten und Regionen über die notwendige Erfahrung oder das Wissen verfügen, um die erfolgreiche Umsetzung der Strategie zu garantieren."[495] Somit sollen nicht nur Instanzen auf nationaler Ebene für die Regionalpolitik zuständig sein, sondern es werden auch subnationale Ebenen wie Kommunen, Regionen und andere Verwaltungsgebietskörperschaften direkt adressiert, denen gewisse Partizipationsrechte eingeräumt werden sollen. Jedoch darf Partnerschaft nicht *per se* als Zwang zur innerstaatlichen Kompetenzübertragung im Sinne der Dezentralisierung des jeweiligen Staatsaufbaus, sondern als eine Involvierung der verschiedenen Akteure in den Politikprozess verstanden werden. Analytisch lässt sich diese Situation als ein Politikprozess in einem komplexen Mehrebenensystem beschreiben. Der *Multi-Level-Governance*-Ansatz, der erstmals von Gary Marks in den frühen 1990er-Jahren für die Entwicklung im Bereich der Kohäsionspolitik angewendet wurde,[496] stellt den Versuch dar, dieses Geflecht zu systematisieren:[497] „the notion of multi-level governance, which refers to increasingly complex vertical relations between actors organized at various territorial levels and horizontal relations between actors from public, private and voluntary spheres."[498] In der Rhetorik der EU-Kommission wird der Ansatz des *Multi-Level-Governance* Regionalisierung oder Partnerschaft genannt und folgend hier so verwendet.[499] Bei der Absicht, ein System des *Multi-Level-Governance* zu installieren, handelt es sich um einen Akt der Europäisierung. Die Politikwissenschaft versteht Europäisierung als „[p]rocesses of (a) construction, (b) diffusion and (c) institutionalisation of formal and informal rules, procedures, policy paradigms, styles, ‚ways of doing things' and

494 Knodt (1996), S. 138 f. Die andere Art der Regionalpolitik ist eine Politik „von oben", bei der die Maßnahmen von der Zentralregierung fast ohne Einbeziehung der Betroffenen und der lokalen politischen Ebene geplant und vollzogen werden.

495 EU-Kommission (2007d), S. 3.

496 Dazu Marks (1993). Auch Bache (2008), S. 23.

497 Vgl. Bache (1998), S. 23 ff.

498 Bache (2011), S. 2.

499 Somit hat der Partnerschaftsbegriff zwei Dimensionen: Erstens die Partnerschaft als genereller Ausdruck der geteilten Zuständigkeit (Zusammenarbeit der EU-Kommission mit den Mitgliedsländern) und zweitens das konkretere, hier relevante, System des *Multi-Level-Governance*.

shared beliefs and norms which are first defined and consolidated in the making of EU decisions and then incorporated in the logic of domestic discourse, identities, political structures and public policies".[500]

Da das Forschungsfeld der Europäisierung weit ist – generell handelt es sich um die Frage, wie nationale Faktoren im Zusammenspiel mit den europäischen Einflüssen spezifische Strukturen erzeugen – soll es eingegrenzt werden. Deshalb wird darauf fokussiert, das Ausmaß der Regionalisierung (oder anders formuliert: der Partnerschaft) in den MOEL zu untersuchen. Wird davon ausgegangen, dass Staaten eine andere Agenda als die EU-Kommission verfolgen und keine Regionalisierung oder nur eine abgeschwächte Form davon umsetzen wollen, dann wird relevant, welche Freiheitsgrade den Mitgliedsländen verbleiben und wie die Macht und die Zwangsmöglichkeiten im Rahmen der Kohäsionspolitik verteilt sind. Ein starker Einfluss der EU-Kommission bei der Regionalisierung könnte zugleich auf eine Dominanz bei der Planung und Implementierung von kohäsionspolitischen Maßnahmen hindeuten. Bei dieser Fragestellung wird an die Debatte angeschlossen, die in der Europaforschung um die Funktionsweise der gemeinschaftlichen Politiken geführt wird: Folgt die Kohäsionspolitik der Logik des *Multi-Level-Governance* oder haben die Nationalstaaten ihre *Gate-Keeper-Role* behalten und steuern das Ausmaß der Übernahme europäischer Normen?[501] Darüber hinaus wird aus ordnungsökonomischer Sicht bewertet, wie zielführend diese Europäisierung ist. Prinzipiell ist Partnerschaft, verstanden als Zusammenarbeit mit klar abgegrenzten Kompetenzen und Verantwortlichkeiten, ein sinnvoller Ansatz, um sich gemeinsam besserstellen zu können. Da der Zielpunkt einer „Vitalpolitik für Staaten" die Realisierung gemeinsamer Vorteile durch die Befähigung der jeweiligen Bevölkerungen zur Binnenmarktteilnahme ist und eine solche Befähigungspolitik Gestaltungsraum für nationale Politikmaßnahmen erfordert, können die Freiheitsgrade als Operationalisierung von Befähigung und Eigenverantwortlichkeit herangezogen werden. Eine Regionalisierung ist somit nur in dem Maße wünschenswert, in dem den MOEL ausreichend Handlungsspielräume erhalten bleiben. Aus den bisherigen Ausführungen lässt sich zusammengenommen somit das zentrale Erkenntnisinteresse ableiten, inwiefern im Kontext des Partnerschaftsprinzips der EU-Kohäsionspolitik eine Politikkonvergenz vorliegt. Die Konvergenz hat zwei Dimensionen: Erstens, welche Auswirkungen der Europäisierungsprozess auf die formalen Institutionen der MOEL hat und zweitens, als Ergänzung dazu, wie die Regeln der Kohäsionspolitik auf das tatsächliche Handlungsmuster der (sub-)nationalen Akteure wirken. Sollte sich ergeben, dass in beiden Dimensionen eine Angleichung nationaler Regelarrangements und Verhaltensweisen an eine EU-Referenz vorliegt, so wären der Europäisierungsprozess und

500 Radaelli (2000a), S. 4. Zur Übersicht: Bache (2008). Zur Einordnung in die Ideengeschichte der Europaforschung: Pitschel/Bauer (2009), S. 335 f.
501 Für einen Literaturüberblick über beide Positionen: Bachtler/Mendez (2007), S. 536.

damit die Verbreitung eines Systems des *Multi-Level-Governance* erfolgreich. Eine solche Politikkonvergenz ist aus Perspektive der ordnungsökonomischen Kriterien allerdings eher negativ zu werten, da insbesondere der Befähigungsgedanke damit unvereinbar ist. Zunächst widmet sich diese Arbeit der Beschreibung der Auswirkungen der Europäisierung auf die Mitgliedsländer, um anschließend die Interaktion zwischen der EU-Kommission und den Staaten in Hinsicht auf die Regionalisierungsprozesse zu untersuchen.

Insbesondere die MOEL, die historisch bedingt eine grundlegend andere Verwaltungs- und Politiktradition aufweisen, mussten Anstrengungen unternehmen, ihre administrativen Strukturen der Regional- und Strukturpolitik an einen bestehenden EU-Standard anzunähern. Der Sozialismus hinterließ sowohl eine Regierungs- und Verwaltungstradition, die zentralistisch und statisch geprägt war, als auch eine Regionalpolitik, der entweder alle Kernelemente der europäischen Regionalpolitik fehlten oder aber die überhaupt nicht vorhanden war.[502] Da die vorgefundenen Strukturen wenig kompatibel zu EU-Normen waren, wäre zu erwarten gewesen, dass angesichts der Beitrittskonditionalität die Europäisierungsprozesse massiv Einfluss hatten. Und tatsächlich ist auf den ersten Blick eine gewisse Konvergenz zu beobachten: Neben der Einführung des NUTS in den Jahren 1996 bis 1998 und der damit einhergehenden räumlichen Gliederung, die jedoch – von Polen abgesehen – rein statistischer Natur ist,[503] kam es bedingt durch die Beitrittsverhandlungen in den MOEL zu weiteren Anpassungen der administrativ-territorialen Strukturen wie etwa Schaffung von Regionen, Kompetenzverlagerungen und die Etablierung von Strukturen für die Durchführung von Regionalpolitik (bspw. Ministerien für die räumliche Entwicklung).[504] Für präzisere Aussage sind die Veränderungen allerdings im Detail zu betrachten. Dies erfolgt mittels der zwei Merkmale der vertikalen und der horizontalen Struktur. Während die vertikale Struktur die Hierarchie des Staatsaufbaus kennzeichnet und vermutlich leichter und schneller zu verändern ist, steht die horizontale Dimension

---

502 Vgl. Baun/Marek (2008a), S. 11 ff.; Bache (2008), S. 71; Leonardi (2005), S. 163 f. Es findet sich auch die These, dass erst nach der Wende 1989/1990 die Entmachtung der vorher durchaus mächtigen Regionen durch die demokratischen Regierungen stattfand: „They [die Regionen der „westlichen“ EU-Mitgliedstaaten, J. D.] found very weak regions, with hardly any competencies, or no regions at all. They regarded it as a legacy of communism and of the central planning system. This opinion was wrong, based on insufficient knowledge of the recent history and of the control mechanisms of the socialist party state. The weakening of the regions was a reaction to the former excessive redistributive and commanding power of medium level party and government organisations.“ Illés (2003), S. 177. Bestätigt wird dies durch Blažek/Boeckhout (2000), S. 309, Herv. i. O.: „The most important motives behind the abolition of public administration at regional level were the intention to cut the mutual ties of the former communist *nomenklatura* cadres and the strengthening of the competence of bodies at central and local levels.“ Auch Brusis (2011), S. 92 f.

503 Dies zeigt sich schon durch den, in der EU-Hierarchie niedrig anzusiedelnden, Verhandlungspartner. Statt der „Generaldirektion Regionalpolitik“ führte die Eurostat-Behörde, die 1980 das NUTS entwickelte, die Reformen durch.

insbesondere für das Verhältnis von Staat zu Zivilgesellschaft. Die EU-Kommission betont die Bedeutung beider Dimensionen:

> One of the key factors enhancing the added value and effectiveness of cohesion policy is the quality of the partnership between all stakeholders, including those at regional and local level, in the preparation and implementation of cohesion policy programmes. Cohesion policy has developed a unique system of multi-level governance involving both ‚vertical' partners (Community, national, regional and local authorities) and ‚horizontal' stakeholders (business representatives, trade unions, NGOs, etc).[505]

Polen hatte nach der Wende im Jahr 1989 zunächst eine schwach ausgeprägte und untergeordnete Regionalpolitik, schloss im Jahr 1999 jedoch den Dezentralisierungsprozess durch Schaffung von Regionen und Kompetenzübertragung ab. Die 16 Regionen (*Województwo*) haben direkt gewählte Vertretungen sowie daraus hervorgehende Regierungen. Entsprechend besitzen diese NUTS-2-Regionen regionalpolitische Befugnisse.[506] Insgesamt gilt damit: „Poland is the only post-socialist country which introduced a full decentralisation reform of its territorial organization."[507] In der Tschechischen Republik kann insbesondere die EU als wichtiger Einfluss beim Institutionentransfer festgestellt werden, wie *Baun* und *Marek* schlussfolgern:

> A major stimulus was provided by the Commission's July 1997 „Opinion" on the Czech Republic's application for EU membership; this declared that, „The Czech Republic lacks an independent regional development policy." In particular, the Commission noted the absence of the necessary institutional and administrative structures, including inter-ministerial coordination mechanisms at the national level, and it pointed to the absence of elected governmental bodies between the central state and local (commune) levels that could serve as partners of the national government and the Commission in implementing cohesion policy.[508]

In Folge schuf die Tschechische Republik ab dem Jahr 1997 (abgeschlossen 2000) 14 selbstverwaltete Kreise (*Kraje*).[509] Neben diesen 14 NUTS-3-Einheiten wurden acht NUTS-2-Gebietskörperschaften geschaffen. Entsprechend zeigte sich die EU-Kommission mit der Erfüllung des Kapitels 23 „Regionalpolitik" der Beitrittsverhandlungen sehr zufrieden.[510] Ungarn hingegen blieb wesentlich unitarischer organisiert, obwohl es als eines der ersten MOEL ab dem Jahr 1996 (abgeschlossen 1999) neue regionale Ebenen und Verwaltungseinheiten einführte. Die Regionalpolitik fällt im Wesentlichen in den Kompetenzbereich des Zentralstaates, der sie unter Einbeziehung der Kommunen durchführt; die Bedeutung der Zwischenebene der Regionen ist gering.[511]

---

504 Vgl. Illés (2003), S. 178; Blažek/Boeckhout (2000).
505 EU-Kommission (2007c), S. 10.
506 Vgl. Gorzelak/Kozak (2008), S. 141, S. 146; Bache (2008), S. 73 ff.; Gorzelak (2000); Kozak (2000);.
507 Gorzelak (2000), S. 155.
508 Baun/Marek (2008b), S. 166. Auch Blažek/Boeckhout (2000), S. 304.
509 Vgl. Baun/Marek (2008b), S. 167. Auch Červený/Andrle (2000).
510 Dazu EU-Kommission (2000), S. 65.

Rumänien zeichnet sich ebenso durch eine schwache Stellung der Regionen aus. Statt einer Dezentralisierung fand eine Dekonzentration statt:[512] „Despite the existence of strong regional identities in different historical regions of Romania, only a low level of political regionalism exists. As a consequence, there is little internal pressure for devolution and decentralization. [...] Thus, regionalization is not a central issue of public debate in Romania."[513] Die ambivalenten Auswirkungen des Europäisierungsprozesses lassen sich am Beispiel Rumäniens analysieren. Obgleich die Beitrittsperspektive zwar Anpassungsreaktionen auslöste („The role of regions was strengthened by EU-mandated regionalization and the creation of NUTS 2 regions, while the NUTS 3 units (counties) and local administration were also part of a decentralization process"),[514] entspricht die rumänische Regionalpolitik jedoch nicht einem System des *Multi-Level-Governance*, sondern es dominiert vielmehr der Zentralstaat. Das ist darauf zurückzuführen, dass „collaboration and partnership is rather formal and declarative" und darauf, dass die NUTS-2-Ebene keine regionalpolitischen Befugnisse besitzt.[515] Wie auch Rumänien, so ist Slowenien weiterhin ein unitarischer Staat, auch wenn ab dem Jahr 1999 institutionelle Reformen der Regionalpolitik durchgeführt wurden. Ebenso ist im Fall Sloweniens ein Einfluss der EU zu belegen: „Territorial change has certainly been induced by EU cohesion policy – in the form of RDAs [Regional development authorities, J. D.] at the NUTS 3 level and of the two new NUTS 2 regions established one year after accession".[516] Eine ausgeprägte Zwischenebene zwischen Zentralstaat und Städten bzw. Kommunen existiert dennoch nicht, da die NUTS-3- und NUTS-2-Ebenen lediglich statistische Zwecke erfüllen.[517] Die Slowakei beginnt im Jahr 1996 zu regionalisieren, indem acht Regionen mit Selbstverwaltungsrecht geschaffen wurden (NUTS-3-Ebene), die wesentliche Kompetenzen erhalten und in denen direkt gewählt wird. Die Regionalpolitik ist somit zum Teil dezentralisiert.[518] Die drei baltischen Staaten hatten als ehemalige Sowjetrepubliken schwierigere Ausgangsbedingungen als die anderen MOEL und somit ist es erklärbar, dass es ihnen schwer fiel, den Europäisierungs-Bemühungen der EU-Kommission nachzukommen; letztlich führten sie die entsprechenden Reformen jedoch durch. Litauen begann ab dem Jahr 1996 (2000 abgeschlossen) mit dem „Law on Regional Development" eine zentralistische Regionalpolitik nach französischem Vorbild umzusetzen. Dabei blieb Litauen ein Einheitsstaat, der nur wenig Kompetenzen auf die subnationale Ebene

511 Vgl. Horváth (2008), S. 188 ff.; Horváth (2000); Downes (2000).
512 Vgl. Dobre (2011); Benedek/Horváth (2008), S. 226 ff.; Ianos (2000), S. 167 ff.
513 Benedek/Horváth (2008), S. 245.
514 Benedek/Horváth (2008), S. 246.
515 Vgl. Dobre (2011); Benedek/Horváth (2008).
516 Andreou/Bache (2011), S. 40.
517 Vgl. Sicherl/Kukar (2000).
518 Vgl. Silvan (2000). Auch Bachtler et al. (2006), S. 66.

übertrug: Nur die unterste Ebene der Städte und Gemeinden wird durch die Einwohner gewählt.[519] Estland ist ebenso unitarisch und entsprechend wird in der Regionalpolitik ein *top-down*-Ansatz verfolgt.[520] Ähnlich ist der Zustand in Lettland. Eingebunden werden zwar lokale Akteure, jedoch fehlt eine selbstverwaltete mittlere Ebene.[521] Bulgarien hat als Reaktion auf die EU-Anforderungen ein schwaches System der Regionalpolitik unter der Dominanz der Zentralregierung eingeführt.[522] Die geschaffenen 28 Regionen (*oblasti*) sind administrativer Natur und stellen keine gewählten Gebietskörperschaften da.[523] In Kroatien herrscht trotz einiger Elemente eines Systems des *Multi-Level-Governance* die zentrale Planung und Durchführung von Regionalpolitik vor.[524] Insgesamt betrachtet sind also sowohl Unterschiede in der horizontalen als auch in der vertikalen Struktur zu attestieren. Polen ist das am stärksten dezentralisierte Land, gefolgt von der Slowakei und der Tschechischen Republik. In den baltischen Staaten, Bulgarien und Slowenien ist dagegen die regionale Ebene ein integraler Teil der Staatsverwaltung.[525] Gemeinsam ist allen Ländern jedoch auch, dass sie tendenziell alle unitarisch organisiert sind, die regionale Autonomie schwach ausgeprägt ist und sie über geringe formale Machtressourcen (bspw. eine zweite Parlamentskammer) verfügen sowie keine föderalen Staaten wie etwa Deutschland, Belgien oder Österreich in ihren Reihen aufweisen.[526] Wie bereits festgestellt wurde (vgl. Kapitel 4), weisen die MOEL in der horizontalen Dimension (Zusammenarbeit von Staat und Zivilgesellschaft) deutliche Schwächen auf.[527] Diese generelle Repräsentationsschwäche von Parteien, Verbänden und sonstigen Akteuren kann als eine Folge des Sozialismus gesehen werden.[528] Die Bedingungslage hat Rückwirkungen für das Regionalisierungsvorhaben der EU-Kommission, da der Versuch, zivilgesellschaftliche Partner in den Politikprozess einzubinden, scheitern muss, falls die Anzahl relevanter Akteure zu beschränkt ist.[529]

Die kurze Momentaufnahme, die nicht als eine erschöpfende Darstellung gedacht ist,[530] hat gezeigt, dass kein einheitliches Paradigma der Europäisierung vorzufinden

---

519 Vgl. Vilkas (2000).
520 Vgl. Bache (2008), S. 77; Kilvits (2000).
521 Vgl. Karnite (2000).
522 Dazu Yanakiev (2011), S. 40.
523 Vgl. Spiridonova/Grigorov (2000).
524 Dazu Bache/Tomšić (2011).
525 Vgl. Brusis (2011), S. 89.
526 Vgl. Grotz/Müller-Rommel (2011), S. 306 f. Zu einem Überblick über die verschiedenen regionalpolitischen Ansätze und Maßnahmen der MOEL: Ferry (2013), S. 27 ff.
527 Vgl. Bache (2008), S. 83; Baun/Marek (2008c), S. 259 ff.
528 Vgl. Grotz/Müller-Rommel (2011), S. 318. Als ein weiteres Indiz für die Schwierigkeit, die Akzeptanz der Bevölkerung für die formalen Institutionen des veränderten Staatsaufbaus zu erlangen, kann die geringere Wahlbeteiligung bei Urnengängen für die regionalen Gebietskörperschaften (in Ländern mit regionaler Selbstverwaltung) im Vergleich zu den lokalen und nationalen Wahlen gesehen werden; vgl. Brusis (2011), S. 89.

ist und die MOEL weiterhin ihre spezifischen Eigenheiten und (Vorkriegs-)Traditionen besitzen,[531] an die angeknüpft werden konnte.[532] Die Konvergenzthese der Durchsetzung einer Regionalisierung kann deshalb nur bedingt bestätigt werden.[533]

Dieser Befund soll anhand der Interaktionen zwischen EU-Kommission und den Mitgliedsländern erklärt werden. Die große Heterogenität der Bedeutung von Regionen und der Regionalpolitik in den mittel- und osteuropäischen Ländern hat ihre Ursache im Wesentlichen in der differenzierten Einflussnahme der EU.[534] Einerseits sind seitens der EU spezifische Vorgaben festzustellen, die Mitgliedsländer dazu anhalten, lokale Stellen, die Zivilgesellschaft etc. bei der Regionalpolitik einzubinden. So ist sekundärrechtlich geregelt: „Jeder Mitgliedstaat bestimmt im Rahmen seiner nationalen Regelungen und Gepflogenheiten die repräsentativsten Partner (nachstehend‚Partner‘ genannt) auf nationaler, regionaler und lokaler Ebene sowie in Wirtschaft und Gesellschaft, im Umweltbereich oder in anderen Bereichen.“[535] Diese Partnerschaft soll sich auf alle Phasen der Kohäsionspolitik beziehen: „Die

---

529 So im Fall von Litauen: „However, the partnership process was characterized by some supply side problems: despite the partnership efforts of the government, the capacity of socioeconomic partners to provide input into the SPD [Single Programming Document, J. D.] was rather limited. Also, consultation with the main stakeholders concerned primarily the vertical priorities and measures of the SPD [Single Programming Document, J. D.]; there were little discussion about horizontal priorities (sustainable development, equal opportunities, information society and regional development).“ Nakrošis (2008), S. 209.

530 Näheres zu den jeweiligen europäischen Ländern (auch Beitrittskandidaten) in der umfangreiche Studie des European University Institute (2008). Für eine Liste der subnationalen Akteure in den MOEL mit Stand 2004: Hughes et al. (2004), S. 544 f. Komparativ zum Staatsaufbau: Brusis (2011). Eine komparative Studie der MOEL in Hinblick auf Dezentralisierungs- und Dekonzentrationsprozesse: Pitschel/Bauer (2009).

531 Ein Beleg dafür liefert auch die EU-Kommission, die sich mit der Adaption der europäischen Normen im Zwischenbericht der Beitrittsverhandlungen unterschiedlich zufrieden zeigte; vgl. EU-Kommission (2000), S. 40 ff.

532 Bspw. fand in der Tschechischen Republik nach 1990 eine Diskussion über die Herstellung föderaler Staatsstrukturen statt, die auf die beiden historischen Teile Böhmen und Mähren Bezug nehmen sollten: „In MOE lassen sich russisch-sowjetische, österreichisch-deutsche, französische und osmanische Staatstraditionen unterscheiden, die die Entwicklung in den einzelnen Ländern in unterschiedlichem Maße beeinflussen.“ Brusis (2011), S. 94. Die Varietät ist ebenso bei der Regionalpolitik zu beobachten. Während bspw. Polen und die Tschechische Republik bzw. die Tschechoslowakei in der jüngeren Zeit vor 1996 fast keinerlei umfassende Regionalpolitik aufwies, hatte Ungarn „a tradition of regional planning which dates back considerably further than the initiation of political reform at the end of the 1980s“. Blažek/Boeckhout (2000), S. 305. Auch Bache (2008), S. 75 ff.; Jacoby (2005); Downes (2000); Kozak (2000). Diese unterschiedlichen Entwicklungen lassen sich innenpolitisch erklären: In Polen und der Tschechischen Republik bildeten (anfangs) Marktliberale die Regierung, die neben der Schocktherapie auch Zurückhaltung in der Regional- und Strukturpolitik verfolgten; vgl. Drevet (2000), S. 347.

533 Vgl. Bache (1998), S. 99.

534 Zum gleichen Ergebnis kommen Heinelt/Lang (2011); Pitschel/Bauer (2009), S. 326.

Mitgliedstaaten beteiligen gegebenenfalls alle relevanten Partner, insbesondere die Regionen, an den verschiedenen Phasen der Programmplanung innerhalb des für die einzelnen Phasen festgesetzten zeitlichen Rahmens."[536] Auch in der spezifischen Regelung des ESF findet sich das Partnerschaftsprinzip wieder: „Der ESF fördert verantwortungsvolles Verwaltungshandeln und Partnerschaft. [...] Die Mitgliedstaaten achten im Rahmen der Vorbereitung, Durchführung und Begleitung der ESF-Förderung auf die Beteiligung der Sozialpartner und eine angemessene Konsultation und Beteiligung anderer Akteure auf der geeigneten Gebietsebene. [...] Die für das jeweilige operative Programm zuständige Verwaltungsbehörde unterstützt die angemessene Beteiligung der Sozialpartner an den nach Artikel 3 finanzierten Maßnahmen."[537]

Andererseits sind die Regelungen, die sich im *acquis communautaire* zur Regionalisierung finden lassen, wenig präzise und wenig umfangreich.[538] Wie und welche Partner genau die nationalen Regierungen einbeziehen sollen, bleibt ihnen selbst überlassen. Aus einem solchermaßen festgelegten Partnerschaftsprinzip ist somit keine zwingende Beteiligung substaatlicher Akteure abzuleiten.[539] Die EU-Kommission war sich wohl von Anfang an ihrer begrenzten Durchsetzungsfähigkeit bewusst, in den MOEL auf eine vollständige Regionalisierung hinzuwirken, sodass sie sich stattdessen darauf konzentrierte, zumindest einen kleinen Teil der eigenen Agenda durchzusetzen und damit die eigene Rolle zu stärken.[540] Die Rolle der EU-Kommission unterscheidet sich hierbei wenig von derjenigen, die sie im Rahmen der Regionalisierungsbestrebungen bei den EU-15-Staaten spielte.[541] Ein anderer Faktor, der das weitgehende Ausbleiben von Konvergenz und die ungleiche Regionalisierung erklären kann, ist die Vergrößerung des Handlungsspielraums der MOEL durch die EU-Kommission selbst. Nicht nur war ihr Verhalten in der Frage der Durchsetzung des Partnerschaftsprinzips widersprüchlich und inkonsistent, sondern es waren auch kaum Sanktionen vorhanden. Leonardi urteilt, dass die „Commission has favoured the creation of regional political bodies, but they never became the *sine qua non* condition

535 VO (EG) Nr. 1083/2006 des Rates vom 11. Juli 2006, Art. 11 (1).
536 VO (EG) Nr. 1083/2006 des Rates vom 11. Juli 2006, Art. 11 (2).
537 VO (EG) Nr. 1081/2006 des Rates vom 5. Juli 2006, Art. 5.
538 Dies zeigt das Fallbeispiel Bulgarien: „However, since the *acquis* related to EU regional policy contained no detailed requirement about the institutional structure, the Bulgarian government managed to impose a centralized system for the EU regional policy implementation in Bulgaria." Yanakiev (2011), S. 53, Herv. i. O. Auch Bache (2008), S. 72.
539 Ganz davon abgesehen, dass es keine klaren positiven Antworten auf die Frage nach dem „richtigen" territorialen Zuschnitt von Demokratien, auch vor dem Hintergrund einer ethnoregionalen Diversität, gibt; vgl. Brusis (2011), S. 86, S. 96.
540 Entsprechend standen technische Frage auf Durchführungs- und Verwaltungsebene im Vordergrund; vgl. Dobre (2011), S. 65. Auch im Falle des Beitritts Kroatien wurde dies wieder deutlich, als sich die EU-Kommission im Monitoring-Bericht auf grundlegende und abstrakte Forderungen beschränkte; vgl. EU-Kommission (2012b).
541 Dazu Leonardi (2005), S. 147.

imposed by the Commission for the new member states."[542] Die EU-Kommission revidierte ihre Meinung über die Ausgestaltung der Regionalpolitik und beförderte in den MOEL eine zentralisierte Verwaltung, sodass „the accession process appears to have reinforced centralized government in the CEECs rather than encouraging decentralization and regionalization as some advocates of devolution may have hoped."[543] Dies geschah wohl aus der Befürchtung heraus, dass ansonsten eine effiziente Mittelverwendung nicht gewährleistet sei:[544]

> Through the negotiations the Commission had learned that it had to abandon its ambitious objective of encouraging larger countries to create regional bodies capable of administrating cohesion policy programmes. It had to instead settle for the project approach already experimented through the implementation of the ISPA programme and accept the fact that the centralized administrative structures would have to assume the primary responsibility for the implementation of the programmes.[545]

Diese Widersprüchlichkeit zwischen dem ursprünglichen Anspruch auf umfassende Regionalisierung und realem Verhalten setzte sich beim unterschiedlichen Umgang mit den Beitrittskandidaten fort. Während Polen und die Tschechische Republik auf die harte Kritik der EU-Kommission hinsichtlich Fortschritten der Regionalisierung reagieren mussten, gelang es den Staaten des Baltikums, dem ohnehin deutlich geringeren Druck auszuweichen, die geforderten Reformen mit Verweis auf ihre geringe Landesgröße hinauszuzögern und diesen erst auf Mahnung durch die EU-Kommission nachzukommen oder sie sogar ganz abzulehnen.[546] Dies gelang auch deshalb, weil sich die EU-Kommission beunruhigt über die administrativen Fähigkeiten der Regionen zeigte.[547] Knodt und Urdze belegen, dass deshalb in diesen Ländern keine strikte Umsetzung des Partnerschaftsprinzips festzustellen ist.[548] Während die

542 Leonardi (2005) S. 147, Herv. i. O. Auch Hughes et al. (2004), S. 547 f.

543 Baun/Marek (2008a), S. 7.

544 Vgl. Andreou/Bache (2011), S. 36; Schimmelfennig/Schwellnus (2011), S. 292 ff.

545 Leonardi (2005), S. 165. Gleiches gilt ebenso für Ungarn: „The administrative strengthening of the regions did not take place in 2004–06 because the Commission did not want to waste time dealing with unprepared regions." Horváth (2008), S. 198. Für Litauen: „The dynamics of change during all three stages of Lithuania's preparation for cohesion policy can be explained by the dominating role of the European Commission. However, the Commission's recommendations to Lithuania lacked consistency. In the period of 1997–99, the Commission recommended the establishment of an administrative, legal and budgetary framework for national regional policy, but in 2000–02 it emphasized the creation of a centralized system for managing EU financial assistance." Nakrošis (2008), S. 207. Für Rumänien: Benedek/Horváth (2008), S. 246. Für die Tschechiesche Republik: „An *effective coordination role* of the Ministry for Regional Development and Ministry of Finance will be crucial for success during the next period, taking into account the increased number of programmes (and managing authorities). The EC needs to have one central counterpart with sufficient authority and capacity to discuss topics and take decisions which are of general interest to all programmes." EU-Kommission (2006b), S. 28, Herv. i. O.

Zentralregierungen der baltischen Staaten eine Anwendung des Partnerschaftsprinzips gewährleistet sehen, ist die subnationale Ebene davon weniger überzeugt: „Auf Nachfrage bei den einzubindenden Partnern wird jedoch deutlich, dass diese Übernahme des Partnerschaftsprinzips oberflächlich geblieben ist. Weder Vertreter der Bezirksadministration noch Vertreter der lokalen Administrationen empfanden sich von der Zentralregierung ausreichend eingebunden.“[549]

Insgesamt ergibt sich ein Bild der geringen Konvergenz, die sich darin äußert, dass die Mitgliedstaaten sich weitgehend dem Anpassungszwang entzogen haben und sich weite Spiel- und Interpretationsräume erhalten konnten. Je nachdem, ob den politischen Eliten die EU-Vorgaben opportun waren und halfen, gleichgerichtete eigene Interessen durchzusetzen, oder ob die Vorgaben der Regionalisierung mit den heimischen Institutionen kompatibel waren, gelang eine unterschiedliche Umsetzung des Partnerschaftsprinzips.[550] So bleiben Europäisierungsprozesse, wie im Falle Rumäniens, im Zweifel oberflächlich: „The process of regional governance reform in Romania has led to structural changes at the regional level, but these adjustments reflect more an overall national pre-occupation with responding to the Commission's requirements and preferences rather than any domestic attachment to any type of regionalized state organization.“[551] Die zahlreichen empirischen Belege für ein Beharren auf der *Gate-Keeping-Role* zeigen, dass die Regionalisierung hinter den Erwartungen zurück blieb: „The Commission's early success in developing a supranational policy in association with subnational governments has been progressively countered by the determination of the member states‘ governments to retain a ‚gatekeeping‘ role, although this view has recently been challenged.“[552] Selbst die EU-Kommission konstatiert, dass die „approaches to partnership vary across the countries, depending on their institutional circumstances“ und, dass es durchaus Nachholbedarf bei der Regionalisierung gebe.[553] Eine zeitliche Differenzierung ergibt einen deutlich stärkeren Einfluss der EU in der Beitrittsphase (Konditionalität) als in der Zeit danach.[554] Hughes/Sasse/Gordon sprechen deshalb von einer asymmetrischen Regionalisierung in den MOEL im Rahmen der Beitrittskonditionalität.[555]

Damit sind die Freiheitsgrade der MOEL bei Gestaltung ihrer Regionalpolitik grundsätzlich als hoch einzuschätzen. Dies bestätigen auch andere Untersuchungen:

---

546 Vgl. Knodt/Urdze (2012), S. 146 ff.; Matsuzato (2002), S. 383 f. Aufschlussreich ist auch der Zwischenbericht der EU-Kommission (2000), S. 26, S. 43, S. 49 über die Beitrittsverhandlungen der Staaten des Baltikums, insbesondere hinsichtlich des Kapitels 23 „Regionalpolitik“.

547 So argumentierte Litauen, dass einzig durch eine sehr zentralisierte Struktur eine effiziente Verwaltung möglich sei; vgl. Ministry of Economy of the Republic of Lithuania (2006), S. 53.

548 Dazu Knodt/Urdze (2012).

549 Knodt/Urdze (2012), S. 147.

550 Vgl. Hughes et al. (2004), S. 542.

551 Dobre (2011), S. 64.

552 Allen (2008), S. 15. Auch Allen (2010); Bache (1998), S. 114 f.

553 Vgl. EU-Kommission (2007c), S. 10.

Ferry und McMaster, die den Europäisierungsprozessen im Bereich der Regionalpolitik in den MOEL nachgehen, finden in ihrer komparativen Analyse, dass der Einfluss der EU bei den Zielen, der räumlichen Ausrichtung und den Instrumenten der Regionalpolitik stärker sei als bei den Institutionen, die sie als weitgehend von den Nationalstaaten dominiert sehen.[556] Aber obwohl eine schwache Politikkonvergenz festzustellen ist, bewirkte die EU-Kommission doch zumindest erfolgreich gewisse Europäisierungsprozesse, wie die geschilderten Anpassungen der administrativen und territorialen Strukturen.[557] Der Anpassungszwang verursachte ein Mindestmaß an Reformen in Form von *Institution Building*, insbesondere im Zuge der Einbindung in die europäische Regionalpolitik wurde ein gewisser Druck auf die Beitrittsstaaten ausgeübt. Denn die Mitteltransfers der Kohäsionspolitik machen als Voraussetzung eine Regionalpolitik in den Ländern notwendig – selbst wenn es sich lediglich um eine zentral ausgerichtete Politik handelt. Eine solche benötigt neben regionalpolitischen Institutionen auch regionale Verwaltungen, die diese Politik umsetzen, auch dann, wenn sie keine Entscheidungsbefugnis besitzen. Die geringe Durchsetzung der Regionalisierung schließt auch nicht aus, dass einige Länder im Zuge des Beitritts aus eigenen innerstaatlichen Motiven ein System des *Multi-Level-Governance* implementierten, wie das Beispiel Polen zeigt.[558] Weiterhin lässt sich vermuten, dass die EU-Kommission bei den Neumitgliedern mehr Einfluss ausüben konnte als in den Ländern der EU-15, da die finanzielle Dimension angesichts der hohen Bedeutung der EU-Kapitalhilfen eine höhere Anreizwirkung und Sanktionsgewalt darstellte. Marks etwa folgert, dass die MOEL mit geringen nationalen Regionalpolitik-Ressourcen der EU-Kommission höheren Einfluss gestatten als die Länder mit ausgeprägten eigenen Ressourcen.[559] Baun/Marek stellen fest:

> In other words, adaptational pressures are higher, and non-EU options (e.g., to decouple national development policies from EU cohesion policy) are fewer. If there is a simple pattern or rule of thumb here, it appears to be this: domestic factors are more important than EU pressures to the extent that: a) there is a strong 'goodness of fit' between domestic preferences and EU requirements; and b) EU cohesion policy resources are not so important.[560]

---

554 Vgl. Brusis (2011), S. 97; Ethier (2003). Dies ist jedoch nicht unumstritten. Dazu ein differenzierteres Bild in einer Studie über die allgemeine Wirkung der Europäisierung in der Beitrittsphase als auch nach dem Beitritt: Schimmelfennig/Schwellnus (2011).

555 Vgl. Hughes et al. (2004), S. 547 f.

556 Vgl. Ferry/McMaster (2013).

557 Auch an anderer Stelle findet sich das Ergebnis, dass die EU einen gewissen Einfluss auf die nationale Regionalpolitik ausüben kann; vgl. Baun/Marek (2008c), S. 251; Illés (2003), S. 178; Drevet (2000); Marks (1996), S. 399 ff. Gültig ist dies auch für die alten Mitgliedstaaten: Bache (2008), S. 56 ff.; Nanetti (1996).

558 Die EU-Kommission nahm dabei lediglich die Rolle eines Katalysators ein; vgl. Hooghe (1996b), S. 13 f.

559 Vgl. Marks (1996), S. 412 f.

Obgleich also die Kooperation zwischen den Mitgliedstaaten und der EU-Kommission dergestalt ist, dass die EU-Kommission zwar Einfluss nehmen kann, die tatsächliche Steuerungsmöglichkeit aber sehr gering ist, besteht die EU-Kommission auf dem Anspruch, in den Mitgliedsländern formale Teilhabemöglichkeiten subnationaler Akteure durchzusetzen – mit negativer Wirkung wie *Wolf* urteilt, der z. B. den von der EU-Kommission vorgesehenen Zeitrahmen für die Diskussion der Programmentwürfe mit subnationalen Akteuren für viel zu kurz erachtet und deshalb die Partnerschaft als ein „Formalerfordernis im Sinne der Regelungslogik [sieht, J. D.], das (zumindest aus fachlicher Sicht) seinen Sinn weitgehend verloren hat".[561] Somit halten die Mitgliedsländer formale Erfordernisse ein, indem subnationale Akteure zwar *de jure* beteiligt werden, jedoch ohne eine echte substanzielle Beteiligung zu schaffen (und somit höchstens ein System der *Multi-Level-Participation* vorliegt). Die Anpassungsprozesse werden vor allem als minimale Reformen verstanden und deshalb durchgeführt, um in den Genuss der finanziellen Vorteile der Strukturfondsförderung zu gelangen.[562]

Hierin ist aus ordnungsökonomischer Perspektive ein Grundproblem zu sehen, da den Mitgliedstaaten Vorgaben oktroyiert werden, die in ihrer Wirkung allerdings oberflächlich bleiben und rational auch nicht als zweckdienlich gesehen werden können. Die Verhaltensweisen der EU-Kommission beim Europäisierungsprozess sind darüber hinaus nicht kohärent, damit leiden die Klarheit und Verlässlichkeit der Regeln (*Kriterium 1 und 4*). Zu begrüßen ist hingegen das Vorhaben der Beteiligung subnationaler Akteure, da so den Erfordernissen einer dezentralen Kohäsionspolitik sowie des Subsidiaritätsprinzips (*Kriterium 3*) nachgekommen wird. Indem die institutionellen Voraussetzungen für die Etablierung und Stärkung einer Zivilgesellschaft geschaffen werden, sind mittelfristig eine bessere Kontrolle regional- und strukturpolitischer Maßnahmen und eine höhere Transparenz zu erwarten. Auch Brusis sieht diesen positiven Effekt, da die Kohäsionspolitik die „Entstehung zivilgesellschaftlicher Organisationen, ökonomischer Interessenverbände und Entwicklungsagenturen auf regionaler Ebene" anregt.[563] Über die „Kooperation mit diesen nicht staatlichen Akteuren können die regionalen Gebietskörperschaften auch in den Ländern, wo sie nicht über eine eigene demokratische Legitimierung verfügen, ihre politischen Handlungsspielräume gegenüber der nationalen Regierung erweitern."[564] Ebenso positiv zu werten ist, dass durch die Freiheitsgrade (also eine

---

560 Baun/Marek (2008c), S. 267 f.

561 Huber (2011), S. 99.

562 Sowohl der Anpassungsprozess selbst als auch die spätere Durchführung und Implementation der Strukturfondsförderung sind dann hingegen durch eine zentralistische Vorgehensweise gekennzeichnet. Dies zeigt z. B. der Fall der Staaten des Baltikums; vgl. Knodt/Urdze (2012), S. 150; Heinelt/Lang (2011); Bache (2008); Baun/Marek (2008c), S. 252; Illés (2003), S. 183.

563 Brusis (2011), S. 99.

schwache Politikkonvergenz), welche die Mitgliedstaaten bei Betreiben der nationalen Regionalpolitik besitzen, sie hinreichend Gestaltungsmöglichkeiten für die Berücksichtigung der nationalen, regionalen und lokalen Bedingungslagen erhalten. Dies wiederum ermöglicht den Akteuren eigenverantwortlich, die Aufholprozesse zu gestalten (*Kriterium 2*). Zusammengenommen wiegen die Defizite aber zu stark. Daher ist die Art und Weise der Durchsetzung des Partnerschaftsprinzips insgesamt eher negativ zu werten.

Abschließend lassen sich bereits folgende Schlüsse für eine Reformperspektive ziehen: Eine Kooperation zwischen EU-Kommission und den Staaten kann aus ordnungsökonomischer Sicht nur unter den zwei Voraussetzungen funktionieren, dass, erstens, die Verantwortlichkeiten klar abgegrenzt sind und, zweitens, die subnationalen Akteure auch tatsächlich in den kohäsionspolitischen Zyklus eingebunden werden, um so ein Korrektiv gegen eine unkontrollierte und ggf. nicht sanktionierte Mittelverteilung im Sinne des *Rent-Seekings* bilden zu können.

Um über die bisherigen Befunde hinaus Aussagen darüber treffen zu können, welche Auswirkung die geteilte Zuständigkeit auf die konkrete Planung und Implementierung der Kohäsionspolitik hat, müssen ihre spezifischen Mechanismen analysiert werden. Das ist auch notwendig, um die Freiheitsgrade der Staaten bei der Durchführung der Regional- und Strukturpolitik zu bestimmen. Denn inwiefern die Staaten ihre *Gate-Keeping-Role* behalten, ist wesentlich von der Phase des Politikprozesses abhängig.[565]

5.5.4 Analyse der Planungsinstrumente NSRP und OP

Nachdem die grundlegende Europäisierung im Bereich der Regional- und Strukturpolitik insbesondere hinsichtlich des Institutionentransfers betrachtet wurde, gilt es nun, detaillierter die erste Phase des kohäsionspolitischen Zyklus, nämlich die der Planung, sowie Facetten der zweiten Phasen (Durchführung) zu beleuchten. Zu diesem Zweck wird untersucht, wie das Prinzip der geteilten Zuständigkeit im Kontext der Planungsinstrumente der Kohäsionspolitik gestaltet ist. Dazu sollen in diesem Abschnitt zwei Fragestellungen verfolgt werden: Erstens wird erläutert, inwiefern die Vorgänge der Planungsphase auf den Gedanken der vitalpolitischen Befähigung abstellen. Da die Befähigung zwingend die Möglichkeit zu selbstständigem Handeln und die Entscheidungshoheit über wirtschaftspolitische Maßnahmen erfordert, gilt es, den Handlungsspielraum der Mitgliedstaaten zu untersuchen. Angesichts dessen, dass jeder Mitgliedstaat, der Kohäsionsmittel

---

564 Brusis (2011), S. 99.

565 Vgl. Bache (1998), S. 155 f.

erhalten will, einen Nationalen Strategischen Rahmenplan vorlegen muss, in dem er beschreibt, wie seine Volkswirtschaft mit Hilfe der Kohäsionspolitik zu fördern ist und diese Strategie bestimmte, von der EU gesetzten, Anforderungen erfüllen muss, ist diese Voraussetzung fraglich.[566] So ist zu vermuten, dass, falls die EU-Kommission einen starken Einfluss auf die Politik der Mitgliedsländer ausüben kann, also die Staaten wenig Freiheitsgrade in der Kohäsionspolitik besitzen, eine Verfehlung des Ziels der Befähigung zu erwarten ist. Um den Wahrheitsgehalt dieser Aussage zu überprüfen, wird im Folgenden analysiert, inwiefern eine Konvergenz der inhaltlichen Ausrichtung und der Instrumente in den NSRP festzustellen ist, die auf einheitliche Vorgaben der EU zurückzuführen sind. Deshalb werden die NSRF inhaltlich nach Gemeinsamkeiten und Abweichungen untersucht. Zweitens wird dargelegt, ob die EU-Kommission und die (sub-)nationalen Instanzen klar abgegrenzte Zuständigkeiten mit separaten Handlungsspielräumen besitzen oder ob eine Vermischung von Kompetenzen und Verantwortlichkeiten vorliegt, sodass es zu einer Politikverflechtung kommt.[567] Die Betrachtung der formalen Regelordnung der Kohäsionspolitik wird um die Analyse tatsächlicher Formen der Interaktion ergänzt. Würde ein solches Handlungsmuster der Politikverflechtung sichtbar, dann wäre das Regelarrangement mit Blick auf die ordnungsökonomischen Kriterien der Regelgebundenheit und Regelklarheit defizitär einzuschätzen. Dazu wird die Zusammenarbeit im Zuge des Erstellungs- und Verhandlungsprozesses der Planungsstrategien zwischen EU-Kommission und Mitgliedsländern im zweiten Teil des Abschnitts thematisiert.

Die zwischen 100 und 200 Seiten umfassenden NSRFs folgen formal einem fast identischem Aufbau, was nicht zuletzt dem Gebot zu bestimmten Bestandteilen geschuldet ist (dazu bereits ausführlich in 5.5.2). Diese einheitliche Struktur ergibt sich ferner aus der laufenden Abstimmung der Stellen der Mitgliedsländer mit denen der EU-Kommission.[568] Teilweise werden die Ausführungen um umfangreiche Erklärungen der inneren Strukturen und Prozesse der Regional- und Strukturpolitik (bspw. im Falle von Ungarn, Estland, Rumänien, Tschechien, Bulgarien) oder um genaue Quantifizierungen der Ziele (z. B. Polen: genaue Soll-Vorgaben für BIP-Pro-Kopf-Wachstum oder Slowenien mit einer Soll-Vorgabe der Autobahn-Kilometer) erweitert. Die inhaltliche Analyse der zehn NSRP der MOEL ist in synoptischer Form in Tab. 5.16 dargestellt.

Die Inhaltsanalyse beruht auf vier Dimensionen: der Aufschlüsselung der Mittel auf die Fonds, den Schwerpunkten sowie Prioritäten, der Identifizierung der Hauptschwächen und den Operationellen Programmen. Der unterschiedlichen Ausrichtung der NSRP liegt der Gedanke zugrunde, dass die Förderberechtigten die

---

566 Vgl. Gross et al. (2005); Bachtler et al. (2006), S. 13 ff.

567 In Anlehnung an den Begriff Politikverflechtung von Scharpf (1985) und Scharpf et al. (1976).

568 Vgl. bspw. das *Position Paper* zur Republik Tschechien: EU-Kommission (2006b).

Tab. 5.16: Synopse der NSRP (Quelle: Eigene Darstellung).

Land	Aufschlüsselung der Finanztransfers 2007–2013 (außer Ziel ETZ)			Schwerpunkte und Prioritäten	Identifizierte Hauptschwächen	Operationelle Programme	Bemerkungen
	EFRE	ESF	KF				
Bulgarien	48,0 %	17,8 %	34,2 %	Bis 2015 soll Bulgarien ein wettbewerbsfähiges EU-Land mit hoher Lebensqualität, hohem Einkommen und sozialem Bewusstsein werden	Energieverbrauch/-effizienz, regionale Ungleichheiten, Infrastruktur, Arbeitslosigkeit, makroökonomisches Umfeld (Inflation)	6 nationale OP 1 regionales OP diverse Ziel-3-OP	
Estland	54,6 %	11,5 %	33,8 %	Schnelles und nachhaltiges Wachstum durch Erhöhung der Wettbewerbsfähigkeit, des sozialen Zusammenhaltes und nachhaltiges Umweltverhalten	Energieeffizienz, soziale/regionale Ungleichheit, Gesundheitssystem und Eisenbahninfrastruktur, F&E-Ausgaben	3 nationale OP	In den nationalen OP verbergen sich regionale Aspekte
Lettland	53,9 %	12,1 %	34,0 %	Wachstum und Wohlstand beschleunigen	Makroökonomisches Umfeld (Inflation, Außenhandelsungleichgewicht), Infrastruktur, regionale Ungleichheiten, Humanressourcen, Gesundheitssystem	3 nationale OP diverse Ziel-3-OP	

569 Eigene Darstellung nach (in Reihenfolge der Nennung): Republic of Bulgaria (2006); Republic of Estonia (2007); Ministry of Economy of the Republic of Lithuania (2006); Ministry of Finance of the Republic of Latvia (2007); Ministry of Regional Development of Poland (2007); Ministry of Economy and Finance of Romania (2007); Slovak Republik (2006); Government Office for Local Self-Government and Regional Policy of Slovenia (2007); Czech Republic (2007); Government of the Republic of Hungary (2007). Bemerkungen: Ungarn, Slowakei und die Tschechische Republik haben neben Gebietskörperschaften im Ziel „Konvergenz" auch noch Gebiete im Ziel RWuB. Rumänien nennt seine nationalen OP abweichend sectoral OP (SOP); Ziel-3-OP sind kein Bestandteil der NSRF, sollen der Vollständigkeit wegen dennoch aufgelistet werden.

Tab. 5.16: (fortgesetzt)

Land	Aufschlüsselung der Finanztransfers 2007–2013 (außer Ziel ETZ)			Schwerpunkte und Prioritäten	Identifizierte Hauptschwächen	Operationelle Programme	Bemerkungen
	EFRE	ESF	KF				
Litauen	50,8 %	15,2 %	34,0 %	Schnelle Verbesserung der Investitions-, Arbeits- und Lebensbedingungen in Litauen, sodass die Vorteile des Wachstums allen Litauern zu Gute kommen	Arbeitslosigkeit, F&E-Ausgaben, schlechte Verkehrsanbindung an Westeuropa (durch Polen), regionale Ungleichheiten	4 nationale OP	
Slowenien	48,5 %	17,9 %	33,6 %	Wirtschaftswachstum, Arbeitsplätze und eine regional ausgeglichene Entwicklung schaffen und das Humankapital verbessern	Regionale Ungleichheit, geringe Anzahl innovativer Unternehmen	2 nationale OP regionales OP 13 Ziel-3-OP	
Rumänien	46,7 %	19,2 %	34,1 %	Reduktion der sozialen und ökonomischen Disparitäten zu anderen EU-Ländern durch ein BIP-Wachstum von 15–20 % bis 2015	Ausgeprägte regionale u. soziale Ungleichheiten, Basisinfrastruktur, Verwaltungskapazitäten (für Umgang mit Mitteln der Kohäsionspolitik), makroökonomisches Umfeld (Inflation), geringe Erwerbsquote	6 nationale OP 1 regionales OP diverse Ziel-3-OP	Regionales OP deckt keine spezielle Region ab
Slowakei	52,5 %	13,2 %	34,3 %	Schaffung von Konvergenz zum EU-15-Durchschnitt auf allen Gebieten durch nachhaltiges Wachstum	Wettbewerbsfähigkeit, Humankapital, Infrastruktur, regionale Ungleichheiten	9 nationale OP 2 regionale OP 4 Ziel-3-OP	Während eines der beiden regionalen OP für die Stadt Bratislava bestimmt ist (Ziel RWuB), deckt das andere regionale OP keine spezielle Region ab.

Tab. 5.16: (fortgesetzt)

Land	Aufschlüsselung der Finanztransfers 2007–2013 (außer Ziel ETZ)			Schwerpunkte und Prioritäten	Identifizierte Hauptschwächen	Operationelle Programme	Bemerkungen
	EFRE	ESF	KF				
Polen	51,6 %	15,0 %	33,3 %	Bedingungen für bessere Wettbewerbsfähigkeit, eine wissensbasierte Wirtschaft und Unternehmensgründungen schaffen, um Arbeitsplätze und gesellschaftliche Kohäsion zu erzielen, Entwicklung des östlichen Polens	Arbeitslosigkeit, Infrastruktur, hohe (regionale) Ungleichheit, Forschungstätigkeit, Haushaltsdefizit, langsamerer Konvergenzprozess als in den anderen EU-Staaten	5 nationale OP 16 regionale OP diverse Ziel-3-OP	Insbesondere die Schaffung von 16 ROP (25 % der Mittel) war eine Abkehr von der Vorperiode
Tschechische Republik	52,1 %	14,4 %	33,5 %	Verwandlung des sozioökonomischen Umfeldes in einen attraktiven, nachhaltigen Ort für Investitionen, die Arbeit und das Leben der Bevölkerung	Institutionelle Bedingungen für Unternehmen, öffentliche Verwaltung, regionale Ungleichheiten, Infrastruktur, Bildungssystem	8 nationale OP 9 regionale OP 7 Ziel-3-OP	Wobei zwei regionale OP der Stadt Prag (Ziel RWuB) zugeordnet sind
Ungarn	50,8 %	14,7 %	34,7 %	Schaffung von Bedingungen für langfristiges Wachstum und mehr Beschäftigung	Hoher Ausschluss von Personen aus dem Arbeitsmarkt, geringe Ausgaben für F&E, Gesundheitssystem und öffentliche Verwaltung mangelhaft	8 nationale OP 7 regionale OP Ziel-3-OP	

EU-Unterstützungen in Abhängigkeit lokaler Gegebenheiten und Wachstumsdeterminanten verwenden können. Bspw. kann es für gewisse Gebietskörperschaften sinnvoll sein, Infrastruktur zu fördern, da sie Grundlage für Wachstum ist. Jedoch muss gefragt werden, welche Infrastruktur bereits vorhanden ist, auf welche Infrastrukturarten der Förderschwerpunkt gelegt werden soll oder ob eine Mittelverwendung für andere Bereiche nicht sinnvoller wäre. Gemäß der EU-Kommission soll die Kohäsionspolitik ausdrücklich eine länderspezifische Förderung erlauben: „The strategies [der Mitgliedstaaten, J. D.] reflect the principle that a one-size-fits-all approach should not be taken and also address the diversity of national and regional circumstances and development potential."[570] Diesem Ziel der Programmspezifizität steht allerdings die Tatsache des (wirtschafts-)politischen Programms der Lissabon-Agenda entgegen, die in dieser Hinsicht eine entgegengerichtete Einflussgröße darstellt. Die Lissabon-Agenda greift auch die Diskussion auf, ob bei der Regional- und Strukturpolitik ein Zielkonflikt zwischen Effizienz und Konvergenz vorliegt.[571] Aus Perspektive allokationstheoretischer Überlegungen würde eine Auflösung des Konflikts in Richtung Effizienz eine Konzentration auf die Wettbewerbsfähigkeit und einzelne Förderobjekte mit hoher und v. a. sicht- und messbarer Erfolgsaussicht bedeuten, während Konvergenz eine flächendeckende Förderung (wie bspw. landesweiter Verkehrsinfrastruktur) implizieren würde. Der Fokus der Lissabon-Strategie zielt auf die Effizienzdimension und vorrangig auf die prioritäre Förderung von „Investitionen in Innovation und in die wissensbasierte Wirtschaft, in die neuen Informations- und Kommunikationstechnologien, in Beschäftigung, Humankapital, unternehmerische Initiative, Unterstützung der KMU und in den Zugang zu Risikokapital".[572] Zu erwarten ist somit eine Vernachlässigung einer flächendeckenden Unterstützung von Infrastrukturmaßnahmen zugunsten der Konzentration auf vermeintlich zukunftsfähige Bereiche.[573]

Angesichts der Tatsache, dass die Fonds spezifische Funktionen erfüllen (wie etwa der ESF für arbeitsmarktpolitische Maßnahmen zuständig ist) und die Mitgliedstaaten im Rahmen der EU-Verordnungen über die Aufteilung der EU-Mittel auf die jeweiligen Programme entscheiden können, sind die Verteilungen der Mittel auf die drei Strukturfonds valide Indikatoren für die Mittelverwendung in den jeweiligen MOEL. Der Anteil des Kohäsionsfonds ist über alle Länder hinweg durchweg konstant. Zudem werden die Schwerpunkte und Prioritäten dargestellt. Wie erkennbar ist, sind die Kohäsionsleitlinien hinreichend vage, sodass es den Mitgliedstaaten ausreichend Spielraum eröffnet, um eigene Schwerpunkte zu setzen, und die Oberziele nuanciert in Unterziele zu operationalisieren. Die Synopse verdeutlicht die

570 EU-Kommission (2008d), S. 3.

571 Vgl. Bachtler et al. (2006), S. 27 ff.

572 Entscheidung 2006/702/EG des Rates vom 6. Oktober 2006, in: ABl. Nr. L 291/11, 21 Oktober 2006, S. 12.

573 Vgl. EU-Kommission (2007a).

Unterschiedlichkeit der Ausrichtung. Zum Beispiel betonen, wenn auch nicht immer explizit, Bulgarien und Rumänien den Aufholprozess zu den Staaten der EU-15 als hervorgehobenes Ziel.[574] Auch wird der *Trade Off* zwischen den Faktoren der Effizienz und der Wettbewerbsfähigkeit sowie einer landesweiten Ausgleichpolitik unterschiedlich gelöst.[575] Das Ziel des Wirtschaftswachstums und der höheren Wettbewerbsfähigkeit wird ganz unterschiedlich umgesetzt, wie sich an der Gewichtung der Oberziele zeigt.[576] Diese hängen vorwiegend von der Stärken-Schwächen-Analyse ab. Als Hauptschwäche werden fast durchgängig die Infrastruktur, das makroökonomische Umfeld (insbesondere hinsichtlich der Beschäftigungsquote) und die regionale Ungleichheit genannt. Des Weiteren sind häufig die Begriffe der Energieeffizienz, des Energieverbrauchs, der Wettbewerbsfähigkeit und der F&E zu finden. Was die Identifizierung der Hauptschwächen betrifft, so haben zwar die MOEL in gewisser Weise ähnliche Problemlagen, aber dennoch gibt es Unterschiede, die zur Geltung kommen. Bspw. betont Estland seine gute Ausstattung mit IKT und Ungarn seine geringen Umweltschäden. Polen führt seine geringe Beschäftigungsquote an. Zu beachten ist allerdings eine kritische Lesart der SWOT-Eigenanalysen, da die Mitgliedstaaten einen Anreiz haben, den allgemeinen Ton so zu halten, dass ein negatives Bild im Interesse einer höheren Mittelzuweisung gezeichnet wird. Deutlich wird die Anzahl der Freiheitsgrade aber auch an den Operationellen Programmen, deren Anzahl stark variiert (die Auflistung der jeweiligen OP für jedes MOEL findet sich im Anhang 2). Die Operationellen Programme bilden die letzte Operationalisierungsstufe und sind deshalb der Ort der genauen Festlegung von Fördervorhaben. Aufgrund ihres engen Zusammenhangs mit den NSRP spiegeln sich die Schwerpunkte und Fördermaßnahmen für die benannten Problemlagen aus Tab. 5.16 ebenfalls in den Operationellen Programmen wieder. Polen identifiziert die defizitäre Verkehrsinfrastruktur[577] und das Gesundheitssystem als Haupthemmnis und legt deshalb den nationalen Entwicklungsschwerpunkt auf diese Bereiche. So werden 41,9 % aller Strukturmittel für das „OP Infrastructure and environment“ (Finanzierung durch EFRE und KF) ausgegeben. Gorelak und Kozak stellen fest, dass Polen bereits in der Vorbeitrittsperiode 2001–2003 50 % der Ausgaben der Regionalpolitik für einen solchen Einsatz vorgesehen hatte und sich der Trend weiter fortsetzt: „Analysis of the overall structure of

574 Dazu Bachtler et al. (2006), S. 43.
575 Vgl. Bachtler et al. (2006).
576 Vgl. Bachtler et al. (2006), S. 31.
577 Polen besaß 2009 849 km Autobahn, das deutlich kleinere Slowenien 747 km und Deutschland 12 813 km. Betrachtet man das Eisenbahnnetz, fallen ebensolche deutlichen Unterschiede auf: Estland verfügte 2010 über 787 km Eisenbahnschienen, das flächenmäßig ähnlich große Tschechien über 9 468 km, Deutschland 33 707 km und Polen 19 702 km; vgl. EU-Kommission (2012a), S. 75, S. 77. Untermauert wird die Argumentation mit der Kennziffer „Density of Motorway Network“: Eurostat (2012b), S. 141 ff. Zum Infrastrukturdefizit auch ein Interview ‚Polens Entwicklung‘ mit Polens Ministerin für Regionalentwicklung Elzbieta Bieńkowska in: EU-Kommission (2012d), S. 4 ff.

activities covered by the various OPs shows that it shares with the previous programming period a strong bias towards infrastructure rather than human resource or business development."[578] Die Mittel aus dem ESF machen hingegen in allen polnischen Operationellen Programmen lediglich 15 % aus. Anders dagegen in Slowenien, wo der ESF knapp 18 % aller Mittel umfasst. Bezogen auf die Gesamtmittel des EFRE und des Kohäsionsfonds gibt Slowenien rund 30 % für Projekte im Transportbereich aus, Litauen circa 27 %, Ungarn 25 % und Estland knapp 23 %. Für den Bereich „Research and technological development, innovation and entrepreneurship" wendet Polen circa 19 % aller EFRE- und Kohäsionsfondsressourcen auf, Slowenien jedoch 28 %.[579] Auch Rumänien betont die Infrastruktur, Benede und Horváth belegen eine Quote von 60 % aller EFRE- und KF-Ausgaben: „The stress laid on infrastructure development is obvious, if one takes a look at the financial estimates, which assign 60 per cent of the total budget for this priority subject."[580] Estland betont ähnlich wie Litauen die Zeitdimension: „The long-term development and convergence depend primarily on the speed of economic growth, for which it is important to raise the international competitiveness of the economy."[581] In Ungarn findet der Umweltaspekt lediglich sekundär Berücksichtigung, Bulgarien hingegen hat einen hohen Umweltanteil von 27,9 %.[582] In Ungarn und der Slowakei ist Umwelt eine Querschnittsaufgabe. In der Gesamtbetrachtung gilt somit: „Nevertheless, programming in the new member states still leans heavily towards traditional infrastructure projects rather than human resource or business development projects, as might be expected for relatively less-developed countries with extensive basic infrastructure needs."[583] Es obliegt den Mitgliedsländern, ob sie die Operationellen Programme nach Funktionen gliedern oder sie regional anlegen.[584] Die Strukturierung der Operationellen Programme spiegelt auch den jeweiligen Staatsaufbau wider, in den MOEL als auch in der EU-15: In föderalistischen Staaten tragen die Gliedstaaten die Kompetenz für die Regionalpolitik und für die Verwendungsplanung der EU-Strukturmittel. Entsprechend ist die Einbindung der diversen gesellschaftlichen Akteure und Verwaltungsebenen sehr unterschiedlich gestaltet.[585] Da kleinere Länder lediglich eine NUTS-2-Ebene aufweisen, die identisch mit dem Gesamtterritorium ist (Estland, Litauen, Lettland, Slowenien), und wenige oder keine reine regional ausgerichteten Programme besitzen, legen sie deutlich

578 Gorzelak/Kozak (2008), S. 156.
579 Vgl. EU-Kommission (2008d), S. 27 ff.
580 Benedek/Horváth (2008), S. 241.
581 Republic of Estonia (2007), S. 65.
582 Vgl. EU-Kommission (2008d), S. 17.
583 Baun/Marek (2008c), S. 259.
584 Zum Beispiel werden in Deutschland die meisten Unterstützungsleistungen innerhalb der 16 Operationellen Programme verausgabt, die jeweils für ein Bundesland (wie „OP Bayern") eingerichtet werden.
585 Dazu näheres: Becker/Zaun (2007), S. 16 ff.; Bachtler et al. (2006), S. 13 ff.; Marks (1996), S. 403 ff.

mehr Wert auf (grenzüberschreitende) Programme des Ziels ETZ. Andere MOEL hingegen, wie bspw. Polen, betreiben eine Regionalpolitik, die aufgrund der starken Stellung der Regionen auf Regionale Operationelle Programme (ROP) rekurriert.[586] In Bulgarien und Litauen hingegen ist kein sehr ausgeprägter regionaler Bezug der Operationellen Programme erkennbar. Oft sind regionale Aspekte auch in die nationalen OP als Querschnittsaufgaben integriert, wie z. B. in Estland. Dort wird Estnisch als Amtssprache im Rahmen der „LifeLongLearning"-Priorität des „OP Human Ressources" insbesondere in Gebieten gefördert, die vorwiegend von russischsprachigen Esten bewohnt werden.

Aufschlussreich ist eine Betrachtung der OP in den MOEL nach Verwendungsart (Abb. 5.8). In den Publikationen der EU-Kommission finden sich fast ausschließlich eine Aufschlüsselung der Mittelverwendung nach Einsatzbereichen wie „Innovation und F&E", „Umwelt" oder „Bildung", jedoch keine Aussagen über die Empfänger, da hinter den genannten Kategorien private wie öffentliche Organisationen zusammengefasst werden.[587] Aus diesem Grund versucht vorliegende Arbeit die Vielzahl an Operationellen Programmen nach Art der Verwendung in die Kategorien Beihilfen an Unternehmen, Aufbau von institutionellen Kapazitäten (z. B. Verbesserung der Prozesse der Vorbereitung, Implementierung, Überwachung und Evaluation von neuen Gesetzen) sowie restliche Funktionen (darunter fallen z. B. Unterstützung für Kultur, Tourismus, Infrastruktur, Arbeitsmarktpolitik und Umweltmaßnahmen) zusammenzufassen. Leider ist mittels der von der EU-Kommission zur Verfügung gestellten Daten nicht in jedem Fall eine trennscharfe Zuordnung der Projekte möglich. Beispielsweise kann hinsichtlich der Ausgaben für Energie keine valide Zuordnung in die Kategorien Infrastruktur/öffentliches Gut und Förderung von Unternehmen oder Haushalten (bspw. für den Ausbau erneuerbarer Energien) vorgenommen werden. Da im Zweifel die Projekte den restlichen Ausgaben zugeordnet wurden, sind die direkten Beihilfen an Unternehmen in obiger Darstellung eher unterschätzt und dürften faktisch höher sein. Als Anhaltspunkt für die Art der Projekte erscheint die Klassifikation jedoch nützlich. Vergleicht man die Ausgaben der Operationellen Programme der mittel- und osteuropäischen Staaten nach dieser Unterteilung, ist keine einheitliche Verteilung zu beobachten. In Slowenien (30,7 %), Estland (24,6 %), Tschechischer Republik (20,1 %), Polen (18,7 %), Lettland (18,6 %) und Litauen (18,3 %) sind die direkten Zahlungen an Unternehmen über dem MOEL-Durchschnitt (17,91 %). Über dem Durchschnittswert der Kategorie restliche Ausgaben von 77,93 % liegen Rumänien (85,6 %), Slowakei (83,9 %), Bulgarien (80,5 %), Ungarn (79,1 %), Polen und Lettland (78,4 %) sowie Litauen (78,1 %). Ebenfalls gibt es bei den Mitteln für das *Capacity-Building* erhebliche Unterschiede: Bulgarien wendet 9,5 % hierfür auf, Estland lediglich 1,5 %.

586 Vgl. Gorzelak/Kozak (2008), S. 157 f.
587 Vgl. EU-Kommission (2014b), S. 19 f.

In Rumänien, einem Land mit erheblichem Rückstand bei der institutionellen Qualität (wie in Kapitel 4 gezeigt), beträgt der Anteil der Ausgaben für *Capacity-Building* knapp 3,2 % und liegt somit unter dem MOEL-Durchschnitt von 4,2 %.

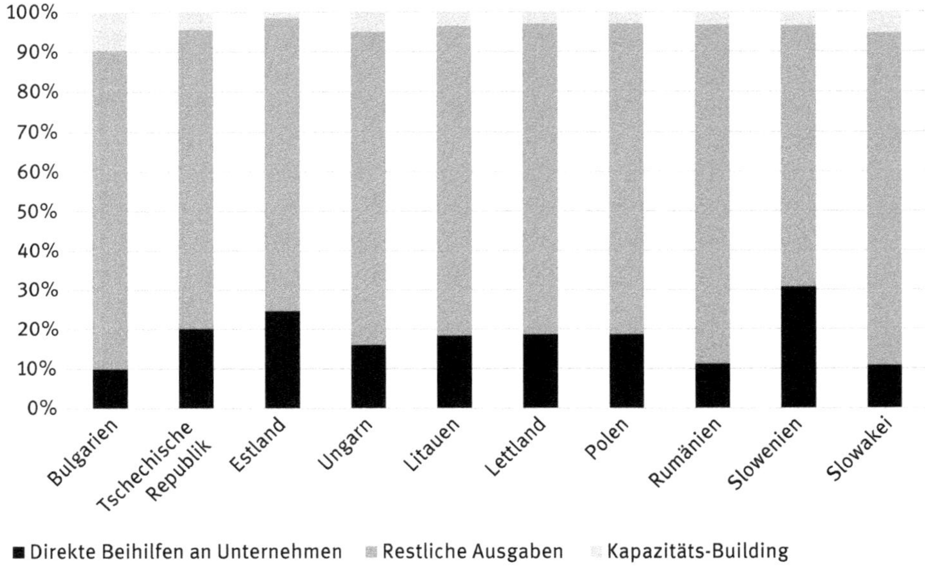

Abb. 5.8: Verteilung der Kohäsionsmittel 2007–2011, zusammengefasst nach Art der OP und nach Ländern (Quelle: Eigene Darstellung).[588]

Eine weitergehende Analyse der über 300 Operationellen Programme in Analogie zur vorgenommen Untersuchung der NSRP ist im Rahmen dieser Arbeit nicht zu leisten. Sie würde aber wohl auch keine weiteren Erkenntnisse erbringen, da eine Konkretisierung der Oberziele in den Operationellen Programmen mittels der jeweiligen *Priority Axis* kaum stattfindet: „Vielfach sind Prioritätsachsen zudem derart weit formuliert, dass sie weder eine Konkretisierung der in den NSRP aufgeführten Ziele darstellen, noch verdeutlichen, welche Programme damit wirklich abgedeckt werden sollen."[589] Dies gilt bspw. für das bereits erwähnte polnische OP „Infrastructure and environment". Das Operationelle Programm mit dem größten Fördervolumen in der Geschichte der Kohäsionspolitik (circa 21,3 Mrd. EUR) umfasst 20 verschiedene Prioritätsachsen. Der Umfang und die Qualität der Prioritätenachsen sind so konzipiert,

588 Eigene Berechnung und Darstellung basierend auf den Ende 2011 tatsächlich verausgabten Mitteln; vgl. EU-Kommission (2013b).
589 Becker/Zaun (2007), S. 45.

dass sie eine sehr große Bandbreite an Projekten abbilden.[590] Auch die Analyse des rumänischen Operationellen Programms „Increase of Economic Competitiveness“ bestätigt den Befund, weil es mit folgenden fünf Prioritätenachsen nur eine geringe Präzisierung der Zielsetzung leistet: „the development of an innovative and ecologically efficient production system; research, technological development and innovation for competitiveness; information technology and communications technology for the public and private sector; the increase of energy efficiency and security in the context of climatic changes; and technical assistance.“[591]

Nachdem die NSRF und die OP inhaltlich nach Gemeinsamkeiten und Abweichungen untersucht wurden, soll nun der Erstellungsprozess und somit die dynamische Komponente beleuchtet werden: Welche Rolle spielte die EU-Kommission beim Verhandlungsprozess? Wie kann der Einfluss der EU-Kommission bei Erstellung der Planungsinstrumente bewertet werden? Zur Analyse werden die Prozesse zwischen den Mitgliedsländern und der EU-Kommission betrachtet, wie z. B. die Frage, welche Nachbesserungen an den nationalen Strategien von der EU-Kommission gefordert wurden. Auf diese Weise soll geklärt werden, ob die Ursache der aufgezeigten Heterogenität der Planungsinstrumente die hohen Freiheitsgrade oder aber vielmehr das Ergebnis bewusster Steuerungsversuche der EU-Kommission sind. Hierbei stützt sich die Analyse vorwiegend auf eine Auswertung von Sekundärquellen, da diese Verhandlungen geheim stattfinden.[592] Die Geschwindigkeit, mit der die NSRP erstellt und schlussendlich der EU-Kommission übergeben werden, ist verschieden (Tab. 5.17 gibt einen Überblick über den Zeitraum der Fertigstellung des ersten offiziellen Entwurfs). Die Staaten, die den ersten Entwurf des NSRP relativ früh vorlegten, waren die Slowakei, Lettland und Ungarn, während Polen, Slowenien und die Tschechische Republik länger für die Veröffentlichung benötigten. Die Ergebnisse der Dialogprozesse zwischen den MOEL und der EU-Kommission waren eine Vielzahl an Überarbeitungen der jeweiligen Strategieentwürfe. Insgesamt zeigen die Menge an Abstimmungsvorgängen und verschiedenen Revisionen der Strategien, dass die Erstellung der Planungsinstrumente scheinbar relativ komplex und zeitaufwendig sowie mit hohen Transaktionskosten verbunden war. Ende 2007 wurden alle 27 NSRP angenommen. Auch die Operationellen Programme, die „größtenteils bereits in einer späteren Phase während der Erstellung der NSRP geschrieben“ wurden, waren Gegenstand von Verhandlungen.[593] Aufgrund dieser Parallelität wurden bis Ende 2007 bereits fast alle Operationellen Programme genehmigt (insgesamt 302 OP, die 96 % aller für die

---

590 Vgl. Gorzelak/Kozak (2008), S. 157; Ministry of Regional Development of Poland (2007).

591 Benedek/Horváth (2008), S. 244; Ministry of Economy and Finance of Romania (2007).

592 Vgl. Marks (1996), S. 401 f.

593 Becker/Zaun (2007), S. 31 f. Die OP sollten nicht später als vier Monate nach der formalen Abgabe der NSRP eingereicht werden.

Periode 2007–2013 geplanten OP darstellen).[594] Einzelne Programme wie bspw. das OP „Research and Development" der Tschechischen Republik wurde wegen ihrer „poor preparation" von der EU-Kommission bis zum ersten Halbjahr 2008 hinausgezögert.[595]

Tab. 5.17: Abgabezeitpunkte des ersten offiziellen Entwurfs der NSRF (Quelle: Eigene Darstellung).[596]

Land	Erster Entwurf
Bulgarien	Mitte April 2006
Estland	April 2006
Lettland	Anfang Februar 2006
Litauen	Mitte März 2006
Polen	Mai 2006
Rumänien	April 2006
Slowakei	Ende November 2005
Slowenien	Mai 2006
Tschechische Republik	Ende Mai 2006
Ungarn	Ende Februar 2006

Die Bedeutung, die dem *Multi-Level-Governance* auf europäischer und nationaler Ebene zukommt, wurde bereits als sehr heterogen gekennzeichnet. Diese Aussage trifft auch hinsichtlich der Gestaltung der NSRF und der Operationellen Programme zu, die entscheidend durch das Ausmaß des *Multi-Level-Governance* geprägt sind. In den meisten MOEL dominiert die Zentralregierung den Erstellungsprozess der kohäsionspolitischen Strategien, selbst wenn andere politische Ebenen in unterschiedlichster Weise eingebunden werden (z. B. durch Mechanismen der Konsultation, Arbeitsgruppen, Konferenzen oder externer Beraterleistungen): „NSRF preparation has been undertaken predominantly by central government authorities, with varying amounts of consultative input from subnational bodies and limited or no use of sub-national strategies."[597] Falls ein Einfluss der subnationalen Ebene festzustellen ist, dann ist dieser vorwiegend im Bereich der Operationellen Programme zu verorten.[598]

Die Grundstruktur des Genehmigungsverfahrens der NSRP soll anhand ausgewählter Länderbeispiele kurz dargestellt werden. Im Wesentlichen wird der NSRP durch die EU-Kommission auf Kohärenz mit den europarechtlichen Vorgaben überprüft. Obgleich die EU-Kommission z. B. mit Lettlands Strategie grundsätzlich einverstanden war, sah sie durchaus Nachbesserungsbedarf. Denn „[b]ased on information included in the NSRF, we cannot yet verify that the additionality principle

594 Vgl. EU-Kommission (2008f), S. 93.
595 Baun/Marek (2008b), S. 182.
596 Eigene Darstellung nach: Bachtler et al. (2006), S. 20 ff.
597 Bachtler et al. (2006), S. 13.
598 Dazu Pitschel (2012), S. 21; Allen (2010), S. 250 ff.

will be respected. Additional information in particular on the calculation of public or equivalent spending for the purpose of additionality is therefore requested", wie die EU-Kommission anmerkt.[599] Gefordert wurden also weitere Informationen und Beschreibungen bezüglich der Additionalität. Zudem bemängelt die EU-Kommission ein geringes Maß an Investitionen in Humankapital, eine zu geringe *Lissabon-Earmarking*-Quote und zu wenig Unterstützung des nachhaltigen öffentlich Nahverkehrs: „The NSRF does not foresee support for the development of sustainable public transport. We suggest that the Latvian authorities consider the inclusion of balanced package of measures seeking to provide alternative solutions to the mobility needs of the population."[600] Es finden also durchaus konkrete Anmerkungen statt, die aber weder eine substanzielle Veränderung der NSRP verursachen noch zahlreich sind. Im Fall der Tschechischen Republik legte die EU-Kommission nach Sichtung der ersten Entwürfe des NSRP eine Liste von Verbesserungsvorschlägen vor.[601] Insbesondere die Operationellen Programme waren Gegenstand dieser Kritik – und dies bereits in der Periode 2004–2006:

> One of the issues which the Commission ‚had fundamental comments about' and identified for improvement was the OPs; it critized the overlap among some OPs as well as other problems. However, the biggest target of criticism was the Integrated Operational Programme (IOP). Some Commission officials commented that due to the lack of strategy and a systematic approach in the programme, their preference would be complete abolition of the IOP.[602]

Die EU-Kommission bemängelt, dass das Ziel, die Strategie und die Prioritäten des IOP sowie der Mehrwert der Intervention „are still not clear". Deshalb schlussfolgert sie: „Consequently, for several proposed activities, the recommendation is to integrate them into the best appropriate programmes."[603] Eine weitere Anmerkung war die Aufforderung, folgende Bereiche deutlicher zu stärken: die Verwaltungsstrukturen, die Bedeutung der Städte und den Wissensaustausch zwischen Universitäten, F&E-Einrichtungen sowie der Industrie. Die Tschechischen Behörden konnten die Einwände jedoch nicht zur Zufriedenheit der EU-Kommission ausräumen. Die Folge war eine weitere Verzögerung der Verhandlungen über den NSRP und mit ihm über die Operationellen Programme, bis sie endgültig genehmigt wurden.[604] Generell wurde von der EU-Kommission häufig die hohe Anzahl der Operationellen Programme kritisiert. Angeraten wurde, die Anzahl durch eine Konzentration auf wenige Themen zu verringern. Dies deckt sich mit der allgemeinen Kritik des EuRH an den Operationellen Programmen: „Außerdem entstehen dadurch, dass innerhalb eines Mitgliedstaats

599 EU-Kommission (2006a), S. 1.
600 EU-Kommission (2006a), S. 2 f.
601 Vgl. EU-Kommission (2006b), S. 31 ff.
602 Baun/Marek (2008b), S. 180 f.
603 EU-Kommission (2006c), S. 33.
604 Vgl. Baun/Marek (2008b), S. 181.

eine Vielzahl operationeller Programme eingesetzt wird, Gießkanneneffekte, was zur Schaffung von Fonds ohne ausreichende kritische Masse führen und damit zu Verzögerungen beitragen kann."[605]

Ein wichtiger Aspekt für die EU-Kommission im Verhandlungsprozess mit den MOEL war die Auswahl der Indikatoren zur *Output*-Messung, wie er z. B. in der Verhandlung mit Litauen zu finden ist: „As with other new member states one of the most important issues during the negotiations process was the selection of indicators for monitoring the physical outputs and overcomes of EU assistance."[606] Aus ordnungsökonomischer Sicht sollte hingegen der Fokus auf einer Verbesserung der institutionellen Qualität und auf der Verankerung dafür geeigneter Messverfahren liegen, anstatt einzig auf die ökonomische *Output*-Effizienz der Kohäsionspolitik abzustellen. Weiterhin schlug die EU-Kommission vor „that Lithuania should divide its broad priority of quality employment and social inclusion within the ESF-financed OP into three separate priorties (including a separate social inclusion priority)."[607] Obwohl sich die litauischen Behörden einer solchen umfassenden Änderung verweigerten, wurden sämtliche Operationellen Programme Mitte 2007 akzeptiert. So wurden schlussendlich nicht nur die Planungsinstrumente Litauens, sondern aller MOEL von der EU-Kommission genehmigt. Für Polen formuliert es die EU-Kommission folgendermaßen: „According to article 28 of the regulation no 1083/2006 the Commission acknowledged the national Strategy and selected priority areas and verified their compliance with the list of the operational programmes."[608] Und weiter heißt es: „The national strategic reference framework presented by Poland is acceptable. The Commission acknowledges the national strategy presented by Poland."[609] Anlässlich der Genehmigung aller NSRP Ende 2007 bewertete die Kommission die Ausrichtung der Kohäsionsprogramme der Mitgliedstaaten auf die Lissabon-Agenda positiv: „The analysis of the new generation of cohesion policy strategies and programmes for the period 2007–2013 suggests that most of the resources available will be used to take forward the Union's top policy priority: the Lisabon strategy for growth and jobs."[610] Es gab keine großen Unstimmigkeiten zwischen den Mitgliedsländern und der EU-Kommission, da beide Seiten um eine harmonische Zusammenarbeit bemüht waren. Die Pressemitteilung zur Annahme der litauischen NSFR findet lobende Worte und betont, dass die Verpflichtung auf die Lissabon-Strategie für Beschäftigung und Wachstum erfüllt wurde, sodass „mit dieser neuen Generation von Kohäsionsprogrammen ein bedeutender Beitrag zur Steigerung der Wettbewerbsfähigkeit Litauens" geleistet wird.[611]

---

605 EU-Rechnungshof (2012), S. 8.
606 Nakrošis (2008), S. 218.
607 Nakrošis (2008), S. 218.
608 EU-Kommission (2007h), Art. 1.
609 EU-Kommission (2007h), Art. 1.
610 EU-Kommission (2007e), S. 10.
611 EU-Kommission (2007f).

Zusammenfassend ist festzuhalten, dass eine inhaltliche Konvergenz der NSRF und der Operationellen Programme nur bedingt zu erkennen ist. Zwar gibt es einige Gemeinsamkeiten der Strategien, jedoch ist jeweils eine sehr eigene und spezifische Schwerpunktsetzung festzustellen. Zudem können anhand der sehr allgemein gehaltenen Formulierungen der Ziele in den NSRF und den Operationellen Programmen keine erschöpfenden Aussagen über konkrete Mittelverwendungen getroffen werden. In dieses Muster sehr abstrakter Ziele fügt sich das Mittel der Aktionsleitlinien ein: Sie werden in den MOEL nicht systematisch und konsequent umgesetzt, weder in den NSRP als Oberziele, noch in den Operationellen Programmen, die mittels der Prioritätenachsen die Aktionsleitlinien berücksichtigen sollten. Aufgrund dieser Analyse kann bezüglich des Einflusses der EU-Kommission in dieser Phase der Kohäsionspolitik eine Bestätigung des bisherigen Befundes gesehen werden: Zwar übt die EU-Kommission anhand der Einbindung in den Erstellungsprozess der Planungsinstrumente einen gewissen Einfluss aus, der jedoch eher sprachlicher denn tatsächlicher Natur ist. Deshalb ist die Einschätzung der Mitgliedsländer über die Kooperation im Kontext der Kohäsionspolitik sehr positiv.[612] Die geteilte Zuständigkeit beruht auf einer asymmetrischen Kompetenzverteilung, bei der der EU-Kommission nur die Möglichkeit zur Kooperation bleibt. Sie besitzt lediglich eingeschränkte Möglichkeiten expliziter Sanktionen (etwa im Falle deutlicher Verfehlungen und Missbrauchs). So kann sie weder Menge noch Ziel von Mitteln in Eigenverantwortung genau vorschreiben und lenken. Von den Mitteln, die NSRP und die Operationellen Programmen zurückzuweisen und Verbesserungsvorschläge einzubringen, macht die EU-Kommission durchaus Gebrauch. Im Zweifel können jedoch auch solche Vorschläge durch die Mitgliedstaaten schlicht ignoriert werden. Erleichtert wird dies durch die reichlich unbestimmten Formulierungen der Vorgaben, sodass die Konkretisierung Auslegungssache ist. Als Beispiel kann das Positionspapier zu Tschechien dienen. Darin schreibt die EU-Kommission: „All OP's (also sectoral ones) should take into account *the regional dimension of thematic priorities*, where it is appropriate and reasonable, take into account degree of regional maturity and regions with concentrated support."[613] Offenkundig bleibt die Bedeutung der „regionalen Dimension" als auch die der Angemessenheit und Vernunft unklar. Nur vereinzelt können Maßnahmen der EU-Kommission mit starken Auswirkungen auf die nationale Politik gefunden werden. Insofern ist die EU-Kommission zwar für die Mitgliedstaaten ein Dialogpartner, der Transaktionskosten verursacht, jedoch sind die Eigenschaften und die Qualität als *Vetoplayer* sehr gering. Die Maßnahmen in den NSRP sind häufig vage und eine genaue Zuordnung von Fördergeldern findet nicht statt.[614] Lediglich auf einer hohen Abstraktionsebene kann sie Zielvorgaben formulieren, die von den

---

612 Vgl. EU-Kommission (2010c), S. 7.

613 EU-Kommission (2006c), S. 18, Herv. i. O.

614 Zu einem ähnlichen Ergebnis kommen für alle Mitgliedsländer Becker/Zaun (2007), S. 28 f.

Mitgliedsländern eingehalten werden müssen.[615] Darüber hinaus sind in den NSRP häufig Leerformeln und Phrasen zu finden. Zum Beispiel schreiben Gorzelak und Kozak über den Fall Polen:

> Similar to the CSG, Polish strategic documents emphasize such phrases as innovation, competitiveness and growth and employment. However, when it comes to the allocation of funds rather traditional approaches to regional policy come to the force, infrastructure development being considered the key to growth, and the poorest regions receiving the greatest share of available funding. In view of the standard regional policy trade-off between equity and efficiency, it is questionable whether the over-concentration of support on the least-developed regions – a doctrine of the traditional resource-driven paradigm of economic development – will successfully promote the goal of building a knowledge-based economy (the new development paradigm).[616]

Aufgrund der asymmetrischen Machtstruktur in dieser Planungsphase der Kohäsionspolitik kann vermutet werden, dass die EU-Kommission versucht, über den Hebel der formalen Genehmigungs- und Beteiligungspflicht Einfluss auf die Mitgliedsländer zu erlangen. So ist auffallend, wie die EU-Kommission einzelne Formulierungen und Formalien in den jeweiligen NSRP beanstandet und korrigiert, wie es z. B. im Fall der Tschechischen Republik passierte:

> The SWOT addresses all four areas (strengths, weakness, opportunities, threats) and is structured according to the strategic objectives of the strategy of the NSRF: OK. The section could become slightly shorter (also comment from ex-ante evaluator) and should mention only topics dealt with in the socio-economic analysis (deal not with new issues in the SWOT which were not mentioned in the socio-economic analysis).[617]

Und weiter: „In this way one of the main criticisms from the side of the Commission on previous NSRF versions is addressed. Nevertheless it would be recommendable to integrate table B (*Description of the links between NSRF strategic objectives and NRP measures*) into the separate paragraph on the NRP in the NSRF.“[618]

5.5.5 Absorptionskapazität der MOEL und die spezifischen Förderinstrumente

Mit dem ordnungsökonomischen Perspektivenwechsel zu einer Betrachtung institutioneller Bedingungen rückt die Frage nach der Fähigkeit der MOEL in den Vordergrund, die Kapitalhilfen der Kohäsionspolitik aufgrund geeigneter Strukturen tatsächlich sinnvoll für Projekte zu verwenden. Damit wendet sich vorliegende Arbeit im Folgenden einem wichtigen Aspekt der zweiten Phase des Politikzyklus

---

615 Am Beispiel des ESF: Verschraegen et al. (2011).
616 Gorzelak/Kozak (2008), S. 162 f.
617 EU-Kommission (2006b), S. 9.
618 EU-Kommission (2006b), S. 11, Herv. i. O.

der Kohäsionspolitik zu, nämlich der Verwendung der Kapitalhilfen und somit der Grundlage einer erfolgreichen Durchführung der Unterstützungspolitik.

Das Ausmaß, in dem Länder die EU-Unterstützungsleistungen einsetzen, wird als Absorptionskapazität bezeichnet. Konsequenz einer geringen Fähigkeit zur Absorption der Kapitalhilfen ist ein unvollständiger Abruf der zur Verfügung stehenden Mittel. Die geringe Absorptionskapazität zeigte sich bereits in der Vergangenheit in den mittel- und osteuropäischen Ländern. Zum Beispiel hatte Polen Mitte 2007 erst 54,3 % der bereit gestellten Strukturmittel der Periode 2004–2006 abgerufen. Litauen weist für dieselbe Periode ähnliche Schwächen auf, Ende 2006 waren lediglich 38,6 % aller EFRE-Hilfen und 26 % aller ESF-Mittel in Anspruch genommen worden und der Gesamtwert des Abrufs wurde für Ende 2007 mit rund 57 % angegeben.[619] Ein ähnliches Muster zeigte die Tschechische Republik, deren Absorption als gering bewertet wurde: „However, the implementation of cohesion policy in the Czech Republic has not been unproblematic. Institutional and administrative difficulties have hindered the efficient use of allocated funding, raising questions about absorption capacity."[620] Aktuelle Daten bestätigen diese Schwäche zum Zeitpunkt Anfang des Jahres 2015. Abb. 5.9 stellt die Absorptionsquote für die Periode 2007–2013 dar. Hierbei werden die getätigten Auszahlungen der EU-Kommission an die Mitgliedsländer in das Verhältnis zu den insgesamt dem jeweiligen Land zugeteilten Mittel gesetzt. Während die drei Staaten des Baltikums Litauen (93,7 %), Estland (92,3 %) sowie Lettland (81,7 %) und die Länder Polen (85,3 %) und Slowenien (81,7 %) überdurchschnittliche Quoten (der EU-27-Durchschnitt beträgt 78,8 %) aufweisen und somit bereits ein Großteil des gesamten Finanzvolumens abgerufen haben, haben Rumänien (56,3 %), die Slowakei (60,01 %), die Tschechische Republik (63,2 %) und Bulgarien (65,5 %) wesentlich schlechtere Abrufquoten. Der Mittelwert der MOEL (75,6 %) ist dabei niedriger als der der sonstigen EU (EU-27 ohne die MOEL) mit circa 80,8 % und der EU insgesamt (78,8 %).

Die Konsequenzen einer geringen Absorptionskapazität sind weitreichend. Falls es den Mitgliedsländern nicht gelingt, bis zu einem bestimmten Stichtag die Kapitalhilfen abzurufen (für die Periode 2007–2013 ist dies der 31 Dezember 2015)[621], dann verfallen sie. Die EU-Kommission warnt die betroffenen Länder vor dem steigenden Risiko, dass „die vorhandenen EU-Mittel, wenn sie nicht rasch in Anspruch genommen werden, in beträchtlichem Umfang verloren gehen und die anvisierten Ziele nicht erreicht werden."[622] Angesichts dieses Sachverhaltes ist das Argument, dass mehr Finanzmittel erforderlich sind, um den *Catch Up*-Prozess wirksam zu unterstützen, nicht nachvollziehbar. Vielmehr müssen zunächst Schritte unternommen werden, um die Absorptionsfähigkeit zu erhöhen.

---

619 Vgl. Nakrošis (2008), S. 210.

620 Baun/Marek (2008b), S. 165.

621 VO (EG) Nr. 1083/2006 des Rates vom 11. Juli 2006, Art. 56 (1).

622 EU-Kommission (2013b), S. 11.

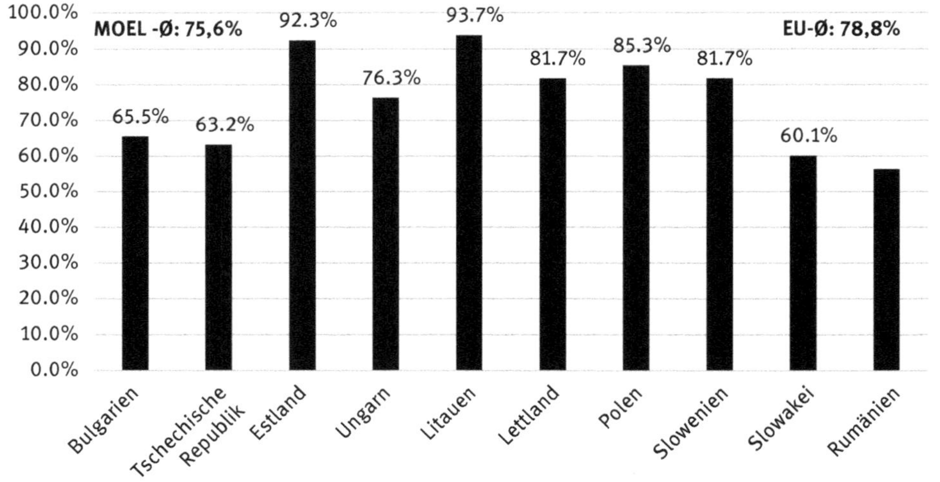

Abb. 5.9: Quote der tatsächlich getätigten Ausgaben im Zeitraum 2007–2013 (Quelle: Eigene Darstellung).[623]

Die Betrachtung der Absorptionsquoten zeigt einerseits eine deutliche Heterogenität unter den MOEL und andererseits – in Verbindung mit der Betrachtung der Quoten zu früheren Zeitpunkten der Förderperiode – auch eine überproportionale Erhöhung des Mittelabrufs im Zeitverlauf. Dies stellt nicht nur die EU-Kommission fest, die im Allgemeinen eine kontinuierliche Verbesserung der Kapazitäten im Laufe der Förderung attestiert,[624] sondern zeigen auch die Daten. Abb. 5.10 präsentiert erstens die Quote der getätigten Ausgaben Anfang des Jahres 2012 und zweitens die Projektauswahlquote, die das Finanzvolumen der ausgewählten Projekte in das Verhältnis der insgesamt zustehenden Mittel setzt und umfassender als die Ausgabenquote ist, da sie neben den bereits tatsächlich getätigten Projektausgaben ebenso diejenigen der geplanten Vorhaben beinhaltet. Für die Periode 2007–2013 gilt, dass bis Anfang 2012 insgesamt circa 246 Mrd. EUR, also 71,2 % der zur Verfügung stehenden Ressourcen Projekten zugewiesen (jedoch lediglich teilweise ausbezahlt) wurden. Auffallend ist, dass die Projektauswahlquote der Länder Lettland, Slowakei und Rumänien zum Zeitpunkt 2012 höher ist als die *de facto* getätigten Ausgaben bis zum Jahr 2015. Es ist nicht ersichtlich, ob dies auf Inkonsistenzen der Daten zurückzuführen ist oder aber, ob insbesondere in diesen drei Staaten relativ viele Projekte zwar ausgewählt, aber letztendlich dann doch nicht durchgeführt wurden. Für Letzteres spricht, dass

623 Stand Anfang 2015. Eigene Darstellung auf Basis: EU-Kommission (2015b).
624 Vgl. Baun/Marek (2008c), S. 252.

der Mittelwert der tatsächlich getätigten Ausgaben der MOEL (37,1 %) deutlich niedriger als derjenige der EU-27 ist (41,0 %), die Projektauswahlquote der MOEL mit 72,1 % jedoch einen geringfügig höheren Wert als die der EU-27 (71,2 %) aufweist.

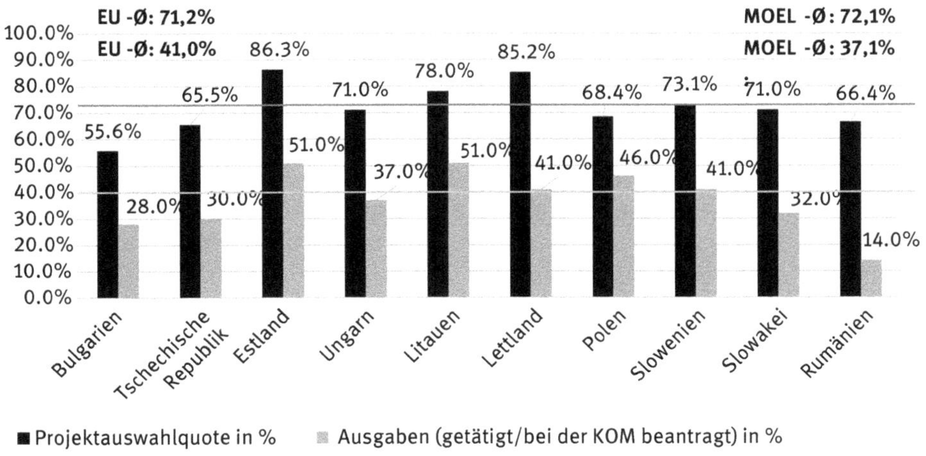

Abb. 5.10: Absorption anhand der Projektauswahlquote sowie der Quote der tatsächlich getätigten Ausgaben im Zeitraum 2007–2013 (Quelle: Eigene Darstellung).[625]

Die Absorptionsquote der getätigten Ausgaben ist insgesamt und ebenfalls bei den MOEL deutlich geringer als zwei Jahre später. In diesem Zeitraum wurden also erhebliche Auszahlungen geleistet. Das Muster der unterschiedlichen Absorptionsquoten der aktuellen Daten zeigte sich bereits in der früheren Phase der Förderperiode. So gab es erhebliche Unterschiede der zugewiesenen Zahlungen unter den Empfängerstaaten. Die baltischen Staaten und Slowenien besaßen eine überdurchschnittliche Quote der Projektplanung (des EU-27-Durchschnitts), während die sonstigen MOEL sowohl bei der Projektauswahlquote als auch bei der Quote der getätigten Ausgaben (mit der Ausnahme Polen) relativ niedrigere Werte aufweisen. Bulgarien hat mit 55,6 % die niedrigste Projektauswahlquote. Allerdings zeigen auch EU-15-Staaten in dieser Hinsicht Schwächen, wie etwa Italien (56,9 %) und Österreich (59,2 %) mit den schwächsten Quoten bei der Mittelverplanung der Altmitglieder beweisen. Betrachtet man die Quote der tatsächlich getätigten Ausgaben (entweder bereits für Projekte ausgezahlt oder zur Auszahlung bei der EU-Kommission beantragt) dann wird ein ähnliches heterogenes Bild sichtbar. Neben Staaten mit überdurchschnittlicher Ausgabenquote, wie Estland und Litauen (beide 51 %) und Polen (46 %), gibt es zahlreiche

625 Stand Anfang 2012. Eigene Berechnung und Darstellung nach: EU-Kommission (2015b; 2013b).

MOEL mit schlechteren Werten, wie Rumänien (14 %), Bulgarien (28 %) oder die Tschechische Republik (30 %). Für den Sonderfall des Länderpaars Rumänien und Bulgarien muss berücksichtigt werden, dass ihr EU-Beitritt erst 2007 stattfand und sie für die betrachtete Periode deshalb womöglich relativ schlechte Ausgangsbedingungen hatten. Leider liegt für die neusten Zahlen der Abb. 5.9 zum gegenwärtigen Zeitpunkt keine Disaggregierung in einzelne Anwendungsbereiche der Kohäsionspolitik vor, sodass auf die älteren Werte der soeben diskutierten Fundstelle zurückgegriffen werden muss. Hier gilt, dass Ende 2012 in allen Empfängerländern insbesondere Straßenbauvorhaben über der durchschnittlichen Projektauswahlquote lagen. Die Bereiche Innovation, F&E und Energie wiesen hingegen unterdurchschnittliche Raten auf. Auch das *Institutional Capacity-building* (Förderung von Beteiligungsmechanismen für die Bevölkerung und *Good Governance*-Programmen sowie Verbesserung der Verwaltungskapazitäten) ist relativ niedrig.[626]

Ein Grund der geringen Mittelabsorption ist die fehlende Nachfrage nach Fördergeldern auf Ebene konkreter Projekte.[627] Trotz bereitgestellter Mittel der EU und genehmigter Operationeller Programme in den Mitgliedsländern werden weniger Projekte beantragt als möglich wären. Es kann vermutet werden, dass der geringen Projektbeantragung strukturelle Hemmnisse zugrunde liegen. Hier könnte die Kohäsionspolitik ansetzen, indem sie die tatsächlichen Beteiligungsmöglichkeiten verbessert. Ein Ansatzpunkt könnte die Stärkung der angesprochenen technischen Sekretariate sein, die bei der Projektbeantragung ohnehin schon eine zentrale Rolle einnehmen. Neben den Defiziten bei den wahrgenommenen Chancen der Projektförderung resultiert die geringe Absorption aus der dysfunktionalen Implementation von Fördervorhaben. Die mangelhafte Möglichkeit, externe Ressourcen effizient zu verwenden, hat ihre Ursache entweder in einer unzureichenden öffentlichen Verwaltung oder einer unzureichenden Ausstattung komplementärer Produktionsfaktoren wie bspw. qualifizierte Arbeitskräfte oder Infrastruktur. Im zweiten Fall sind die Hindernisse eher genereller Art, die der Steuerung weniger zugänglich sind.

Verschiedentlich wird auch das Additionalitätsprinzip, das komplementäre Finanzzuweisungen erfordert, für eine geringe Absorptionskapazität verantwortlich gemacht. Demnach können rückständige Staaten nicht die notwendigen Mittel bereitstellen, um EU-Kapitalhilfen zu ergänzen, und vergeben somit Fördermöglichkeiten.[628] Nicht zuletzt angesichts dieser Problematik wurden den MOEL in der Förderperiode 2007–2013 zeitlich begrenzte Konzessionen hinsichtlich der Kofinanzierungsrate gemacht und sie von vorher 75 % auf 85 % erhöht.[629] Somit müssen lediglich 15 % des Gesamtfördervolumens aus den Mitgliedsländern beigetragen werden.

626 Vgl. EU-Kommission (2013b), S. 10 ff.
627 Vgl. Nakrošis (2008), S. 210.
628 Vgl. Hagen/Mohl (2009).
629 Dazu Baun/Marek (2008a), S. 5.

Darüber hinaus wirkt die Kohäsionspolitik durch die Kofinanzierung prozyklisch: So schmälern ökonomische Abschwungphasen die Finanzkraft des Staates und dadurch haben die Länder keine ausreichenden Kofinanzierungsmittel, um die Kohäsionspolitik voll auszuschöpfen. Gerade im Kontext der Finanz- und Wirtschaftskrise wird in der öffentlichen Diskussion das Absorptionsproblem thematisiert.[630]

Zudem können vielfach die Verwaltungsstrukturen eine schnelle Projektabwicklung nicht gewährleisten. Die EU selbst sieht sowohl einen „starken Verzug" bei der Auswahl und der Durchführung der geförderten Projekte als auch Verbesserungsbedarf beim Mittelabruf durch die Antragssteller. Als Abhilfe schlägt sie eine Erweiterung der technischen und administrativen Kapazitäten der beteiligten Behörden und der Empfänger vor.[631] Diese Defizite beschränkter Verwaltungskapazitäten werden zwar auch bei Regionen und Staaten der EU-15 (z. B. Griechenland und Italien) nachgewiesen, gelten aber insbesondere auch hinsichtlich der MOEL, wie das Fallbeispiel Rumänien zeigt:[632] „It suggests that the greatest challenge for regional policy in Romania is the country's limited capacity to absorb EU assistance."[633] Die Probleme fehlender Kapazitäten in Qualität und Quantität der Verwaltung werden von der EU-Kommission durchaus wahrgenommen. Mit der Etablierung eines *Twinning*-Systems (wie Kapitel 4 zeigte bereits in der Vorbeitrittsphase), einschließlich der Institutionalisierung in Form eines Referates „Kompetenzzentrum Stärkung von Verwaltungskapazitäten", wurden Lösungen gesucht.[634] Obwohl im Zuge der Europäisierung versucht wurde, neben den Strukturmerkmalen einer modernen Regional- und Strukturpolitik in den MOEL die verbesserte Ausbildung und Schulung der Mitarbeiter in der Verwaltung zu verankern, sind die Strukturen teilweise weiterhin defizitär.[635] Eine solche Verwaltungsmodernisierung bedarf eines gewissen Zeithorizonts. Bspw.

---

630 Siehe dazu bspw. das Interview mit dem italienischen Finanzminister *Vittorio Grilli* über die Ineffizienz der italienischen Wirtschaft beim Mittelabruf aus den Strukturfonds in: Süddeutsche Zeitung (2012), S. 26.

631 EU-Kommission (2014b), S. 9 f. Auch EU-Kommission (2010b), S. 16. Zum Beispiel urteilt die EU-Kommission (2012b), S. 20 im Kontext des Beitrittsprozesses Kroatiens: „Im Bereich Regionalpolitik und Koordinierung der strukturpolitischen Instrumente sind im Hinblick auf die reibungslose Inanspruchnahme der im Rahmen der Regionalpolitik zur Verfügung stehenden Mittel verstärkte Anstrengungen beim Ausbau der Verwaltungskapazitäten für die künftige Umsetzung der Kohäsionspolitik" erforderlich.

632 Empirische Untersuchungen z. B. in Süditalien lassen darauf schließen, dass zwischen der Verwaltungskapazität und dem Implementierungserfolg der Kohäsionspolitik ein positiver Zusammenhang besteht; vgl. Milio (2007); Hesse et al. (2012); Baily/Propris (2004).

633 Benedek/Horváth (2008), S. 246.

634 Dazu EU-Kommission (2014b).

635 Aufschlussreich sind hierzu die Fortschrittsberichte der EU-Kommission (*Accession Reports*) während der Beitrittsphase sowie die Berichte des *Cooperation and Verification Mechanism*, der nach dem Beitritt Bulgarien und Rumänien angewendet wird. Darüber hinaus z. B. speziell für das Baltikum: Schrader/Laaser (2012), S. 307.

schlussfolgert ein Länderbericht über die Mittelverwendung in Litauen: „Similar to other new members, Lithuania lacked many of the key principles and features of EU cohesion policy (e. g., programming, partnership and sound financial management) necessary for managing the structural funds."[636] In der Länderstudie wird insbesondere die Zentralisierung von Entscheidungskompetenzen problematisch gesehen: „The decision of the Lithuanian government to use a centralized system for implementing cohesion policy proved successful in terms of the fast completion of negotiations with the Commission in the pre-accession period. However, it did not guarantee a rapid absorption of EU funds in the post-accession period."[637]

Die bisherige Analyse hat gezeigt, dass formale Regelungen, wie das Verfahren zum vollständigen und reibungslosen Mittelabruf oder die Beteiligung der Zivilgesellschaft in der Planungsphase, aufgrund informeller Muster und faktischer Hindernisse teilweise nicht ihre intendierte Wirkung entfalten können. Die hier vorgeschlagene Verbesserung der institutionellen Funktionsbedingungen und eine Intensivierung des *Capacity-Building* können nur Hinweise darauf sein, wie genau die Verwaltungsstrukturen aufgebaut sein sollten (Ablauf von Genehmigungen, Details wie Formulargestaltung und Beratungsmanagement etc.). Denn die konkrete Ausgestaltung ist länderspezifisch zu entscheiden und ist letztlich ein dynamischer Entdeckungsprozess nach angemessenen Strukturen. Unabhängig davon, was nun die jeweiligen spezifischen Ursachen der geringen Absorptionskapazität sind, entscheidend ist, dass die Kohäsionspolitik diese faktischen Teilnahmehindernisse mittlerweile zur Kenntnis nimmt und versucht, die institutionellen Barrieren zu beseitigen. Dies ist ein Problembewusstsein, das in der Förderperiode 2007–2013 noch zu wenig vorhanden war, wie die Betrachtung der Förderinstrumente belegt. Denn die Instrumente der Kohäsionspolitik, die Strukturfonds, berücksichtigen die Existenz von funktionsfähigen Strukturen lediglich nachrangig. Stattdessen wird ein Großteil der Kapitalhilfen als direkte Beihilfen an Unternehmen gezahlt. Sie machen über ein Fünftel der Gesamtmittel der Kohäsionspolitik aus. Dies veranschaulicht Abb. 5.11, die die OP nach der bereits im vorhergehenden Kapitel verwendeten Art gliedert. Hierbei werden die Operationellen Programme in die drei Kategorien der direkten Beilhilfen an Unternehmen, des *Capacity-Building* und der restlichen Ausgaben zusammenfasst. Deutlich wird der lediglich geringfügig höhere Anteil an Mitteln, die in den Ländern Mittel- und Osteuropas für *Capacity-Building* ausgegeben werden – mit Blick auf die bisherigen Befunde der institutionellen Rückständigkeit der MOEL eine erstaunliche Tatsache. Die direkten Beihilfen sind hingegen etwas geringer verbreitet als in der EU insgesamt. Eine Aufgliederung der Kohäsionsmittel nach den jeweiligen Ländern der MOEL, die im Laufe des Kapitels noch vorgenommen wird, ermöglicht weitergehende Einblicke.

---

636 Nakrošis (2008), S. 206.
637 Nakrošis (2008), S. 223.

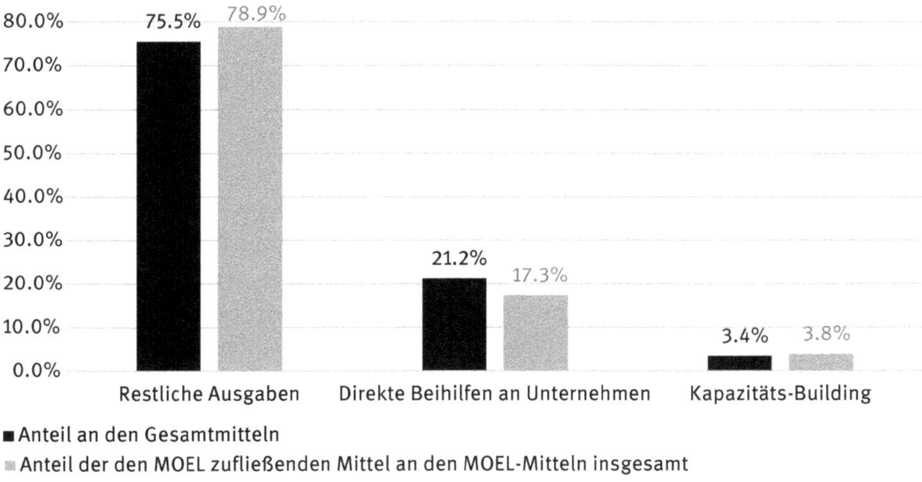

Abb. 5.11: Verteilung der Kohäsionsmittel 2007–2011, zusammengefasst nach Verwendung der OP (Quelle: Eigene Darstellung).[638]

Kritisch sind die Finanzunterstützungen für einzelne Unternehmen zu werten, die neben die Finanzierung öffentlicher Güter (z. B. Krankenhäuser, Verkehrsinfrastruktur, Kläranlagen, Naturparks) und (Grundlagen-)Forschungstätigkeiten treten. So ist diskussionswürdig, dass der EFRE bspw. das Forschungsprojekt „Study and research for the creation of an innovative distributor of folded garments" (Vertriebssystem für textile Liegeware) eines Privatunternehmens in Norditalien fördert.[639] Obgleich in der Raumwirtschaftstheorie durchaus das Argument vorgebracht wird, staatliche Strukturpolitik solle auf einer Kombination von Infrastrukturförderung und Investitionsförderung für private Unternehmen beruhen, ist die Forderung aus ordnungsökonomischer Sicht verfehlt. Die Begründung der Befürworter lautet, dass die Regionalpolitik versuchen solle, „die in den Rückstandsgebieten bestehenden wettbewerblichen Nachteile und Ungleichheiten gegenüber den wirtschaftlichen Ballungsgebieten und ihren – den dort ansässigen Betrieben zufallenden – besseren Wettbewerbschancen auszugleichen".[640] Indes ist die ordnungsökonomische Bewertung eindeutig: Direkte Beihilfen an Unternehmen führen zu einer Wettbewerbsverzerrung und dadurch zur Bildung von Machtstrukturen, die das *Rent-Seeking*-Muster zusätzlich verstärken. Die Regionalpolitik könnte unter Einfluss der Interessen Einzelner gelangen und so

---

638 Eigene Berechnung und Darstellung basierend auf den Ende 2011 tatsächlich verausgabten Mitteln; vgl. EU-Kommission (2013b).
639 Vgl. zu diesem Projekt die Internetpräsenz der „Generaldirektion Regionalpolitik": http://ec.europa.eu/regional_policy/de/ (13 März 2014).
640 Ebertsein (2008), S. 25.

dem Ansatz einer diskriminierungs- und privilegienfreien Förderpolitik nicht gerecht werden. Wenn bspw. für neu anzusiedelnde Unternehmen Beihilfen gezahlt werden, entsteht der Wunsch der bereits ansässigen Betriebe, ebenfalls gefördert zu werden. Außerdem ist zu befürchten, dass die mittels der Beihilfen geschaffenen Arbeitsplätze nicht dauerhaft entstehen und, dass darüber hinaus die Kapitalhilfen primär an größere Unternehmen verteilt werden, die aufgrund ihrer besseren Ressourcenausstattung häufiger und erfolgreicher Projekte beantragen und kofinanzieren können. Kleinere Unternehmen mangelt es oft an Informationen über die Fördermöglichkeiten und Förderbedingungen.[641] Da Unternehmen wohl ein höheres Interesse an Beilhilfen mit geringen Verwendungsauflagen haben als an Hilfen, die Strukturanpassungen bewirken sollen, sind eher Erhaltungssubventionen anstatt Anpassungssubventionen zu erwarten. Wie bei der Diskussion des „liberalen Interventionismus" (Abschnitt 2.4) deutlich wurde, befürwortete Rüstow nur dann Subventionen und staatliche Eingriffe, falls diese einen Wandel begleiten (und marktkonform sind). Er thematisiert die Differenzierung zwischen Schutz- und Unterstützungsfunktion von Subventionen bei der Diskussion um Beilhilfen der Agrarpolitik in der Sozialen Marktwirtschaft:

> Im Gegensatz zu dem manchesterlichen laissez faire der Paläoliberalen wollen wir Neoliberalen ja auch intervenieren. [...] Es handelt sich um einen Gegensatz zwischen Interventionismus zur Erhaltung des Status quo und fortschrittlichem Interventionismus. Es handelt sich um den Unterschied zwischen einem Interventionismus, der die fehlende Produktivität einfach durch Zuschüsse auffüllen will, und einem Interventionismus, der es dahin bringen will, dass die Betreffenden selber die höhere Produktivität erreichen und deshalb künftig auf Zuschüsse verzichten können.[642]

Es kann vermutet werden, dass die Kapitalhilfen der Kohäsionspolitik, die an (v. a. große) Unternehmen gezahlt werden, in die erste Kategorie fallen. Da auch über die richtige Höhe und die Dauer von Beihilfen zuverlässige und valide Aussagen fehlen,[643] vielmehr deutliche Hinweise auf die Wirkungslosigkeit von Dauersubventionen existieren, sollte sich das Förderinstrumentarium der Kohäsionspolitik auf die Schaffung sinnvoller Rahmenbedingungen, inklusive des *Capacity-Buildings*, konzentrieren.[644]

5.5.6 Das Kontrollsystem und Sanktionsmöglichkeiten

Zentrales Merkmal einer regelorientierten Ordnung ist die Frage der faktischen Regelbefolgung. Da aufgrund divergierender und den Regeln zuwider laufender Interessen ein Anreiz zur Abweichung von den bestehenden Regeln besteht, muss aus

641 Grundlegend dazu z. B. Kortmann (2004), S. 466.
642 Rüstow (1956b/1963), S. 208.
643 Vgl. Kortmann (2004).
644 Vgl. Kortmann (2004), S. 25.

Sicht einer regelorientierten Theorie ein wirksames Kontroll- und Sanktionssystem bestehen. Die Kohäsionspolitik verfügt über Vorkehrungen, um die Regeleinhaltung sicherzustellen. Im Folgenden soll dieses System dargestellt und auf seine Funktionsfähigkeit untersucht werden. Damit befasst sich dieses Unterkapitel mit dem wesentlichen Aspekt der letzten Phase des kohäsionspolitischen Zyklus, der Evaluation. Der Fokus liegt dabei auf den grundlegenden Funktionsweisen des Kontrollsystems und den daraus entstehenden Handlungsmustern.

Nach der Logik der geteilten Zuständigkeit müssen die Mitgliedstaaten die ordnungsgemäße Verwendung der EU-Mittel selbst gewährleisten, nicht zuletzt aus dem Grund, weil die Kapazitäten der EU-Kommission für eine solche detaillierte Kontrolle nicht ausreichen würden. Ebenso sprechen die Prinzipien der Subsidiarität und der Verhältnismäßigkeit für eine Kontrolle in erster Linie durch die nationalen Verwaltungen. Für die erforderlichen Kontrollsysteme und -verfahren legt das Gemeinschaftsrecht Vorgaben fest.[645] Jedoch verlässt sich die EU-Kommission nicht allein auf die Strukturen in den Ländern, sondern prüft diese Strukturen selbsttätig auf ihr ordnungsgemäßes Funktionieren: „Unbeschadet der von den Mitgliedstaaten durchgeführten Prüfungen können Bedienstete oder bevollmächtigte Vertreter der Kommission vor Ort überprüfen, ob die Verwaltungs- und Kontrollsysteme wirksam funktionieren, wobei sie auch Vorhaben im Rahmen des operationellen Programms prüfen können".[646] Es kann von einer Meta-Kontrolle, einer Kontrolle der Kontrolle gesprochen werden. Inwiefern die Art der Kontrolle Wirksamkeit entfaltet, soll im Weiteren analysiert werden.

Zunächst sollen die nationalen Kontrollstrukturen beleuchtet werden. Diese basieren auf den Erfordernissen, die das Sekundärrecht vorschreibt: „Die Mitgliedstaaten sollten geeignete Vorkehrungen treffen, um ein ordnungsgemäßes Funktionieren ihrer Verwaltungs- und Kontrollsysteme zu gewährleisten."[647] Auf diese Weise wird allen Mitgliedsländern die Festlegung dreier Ebenen der Verwaltungsstruktur vorgegeben. Die Verwaltungsbehörde (*Managing Authority*, kurz MA) ist nicht nur die zentrale Stelle bei der Durchführung der Kohäsionspolitik und Ansprechpartner im Rahmen eines OP, sondern auch der Aussteller der Ausgabenerklärung, der die getätigten Ausgaben belegt. Damit ist die MA die erste Kontrollinstanz, da die eingereichten Dokumente der Begünstigten auf Missbrauch oder Fälschung zu untersuchen sind (Verwaltungsprüfung). Zudem ist die MA dafür verantwortlich, dass das Programm „im Einklang mit dem Grundsatz der wirtschaftlichen Haushaltsführung" steht und das Projekt nach den geltenden Kriterien des Operationellen Programms ausgesucht wurde.[648] Die Hauptlast des Kontrollsystems der Kohäsionspolitik fällt auf dieser

645 Vgl. VO (EG) Nr. 1083/2006 des Rates vom 11. Juli 2006, Art. 70 ff.
646 VO (EG) Nr. 1083/2006 des Rates vom 11. Juli 2006, Art. 72 (1).
647 VO (EG) Nr. 1083/2006 des Rates vom 11. Juli 2006, Art. 62.
648 Dazu VO (EG) Nr. 1083/2006 des Rates vom 11. Juli 2006, Art. 60.

Ebene an. So prüfen die Verwaltungsbehörden zahlreiche Dokumente (Rechnungen, Zahlungsanträge etc.) und führen Personalbefragungen sowie stichprobenartig vor-Ort-Inspektionen durch. Die Bescheinigungsbehörde (*Certifying Authority*, kurz CA) bescheinigt die Ausgabenerklärung und die Zahlungsanträge, bevor sie an die EU-Kommission übermittelt werden. Ebenso empfängt die CA die Erstattungen der EU und zahlt diese an die Projekte aus. Hier findet eine zweite Kontrolle der Rechtmäßigkeit statt. Die Prüfbehörde (*Audit Authority*, kurz AA) ist „eine von der Verwaltungsbehörde und der Bescheinigungsbehörde funktionell unabhängige, vom Mitgliedstaat für jedes operationelle Programm benannte nationale, regionale oder lokale Behörde oder Stelle, die mit der Prüfung des effektiven Funktionierens des Verwaltungs- und Kontrollsystems betraut ist."[649] Sie muss der EU-Kommission seit dem Jahr 2008 jährlich einen Kontrollbericht vorlegen, in dem etwaige festgestellte Mängel in den Verwaltungs- und Kontrollsystemen beschrieben sind. Die Mitgliedsländer bestimmen jeweils, welche nationalen Behörden die drei Funktionen wahrnehmen sollen. Bspw. stellen in den MOEL oft die Ministerien für Regionalpolitik die Instanzen der *Managing Authority* dar. Das bedeutet eine Zentralisierung auf nationaler Ebene. In erster Linie prüfen diese drei Stufen der Primärkontrolle die Korrektheit der Vorgänge anhand der gemeinschaftlichen und einzelstaatlichen Rechtsvorschriften und sie prüfen, ob beantragte Projekte auch tatsächlich umgesetzt werden. Nicht geprüft wird jedoch die Sinnhaftigkeit und Effektivität der Ausgaben, was aus organisationstheoretischer Sicht auch nicht wünschenswert wäre, da hierfür eine massive Ausweitung der Verwaltungskapazitäten nötig wäre. Lediglich im Rahmen der Begleitung der Operationellen Programme durch Begleitausschüsse (über dessen Zusammensetzung die betroffenen Stellen entscheiden) wird die Qualität der OP gemessen.[650] Die Meta-Kontrolle durch die EU-Kommission (EU-*Audits*) ist als Ergänzung zu den nationalen Strukturen zu verstehen. Sie untersucht die allgemeine Funktionsweise nationaler Kontrollsysteme, soll die Prüfungen auf nationaler Ebene jedoch nicht ersetzen. Dadurch entsteht eine Situation, in der die EU-Kommission auf die Funktionsfähigkeit nationaler Kontrollmechanismen angewiesen ist. Dies erkennt sie selbst: „Gleichwohl sind auch Audits nicht in der Lage, mangelhafte Prüfungen auf der ersten Kontrollebene bzw. unzureichende Prüfungen vor der Bescheinigung von Ausgaben wettzumachen."[651]

Die Mittel der EU zur generellen Durchsetzung europäischen Rechts sind zahlreich. Sie reichen von Sanktionen gegen privatwirtschaftliche Unternehmen (im Wettbewerbs-, Fusions- und Beihilfebereich) bis hin zu Verfahren bei Vertragsverletzung nach Art. 258 AEUV oder der Suspendierung der Rechte des Mitgliedstaates gemäß Art. 7 EUV infolge „schwerwiegende[r] Verletzung[en]" der Werte und Ziele

649 VO (EG) Nr. 1083/2006 des Rates vom 11. Juli 2006, Art. 59.
650 Vgl. Molle (2007), S. 208 ff.
651 EU-Kommission (2009b), S. 9.

der EU.[652] Hier soll es hingegen um Sanktionen im engeren Sinne, also diejenigen, die im Zusammenhang mit Mängeln im Rahmen der Kohäsionspolitik stehen, gehen. Im Falle eines Regelverstoßes kann die EU-Kommission laufende Zahlungen aussetzen, streichen oder die Rückzahlung unrechtmäßig verwendeter Mittel verlangen. Als Regelverstoß sind im Wesentlichen schwerwiegende Mängel in der Funktionsweise des Verwaltungs- und Kontrollsystems und schwerwiegende Unregelmäßigkeiten in einer bescheinigten Ausgabenerklärung zu werten.[653] Für eine vollständige oder teilweise Streichung muss jedoch dem Mitgliedstaat die Chance zur Korrektur des Mangels vorausgehen. Erst im Falle der Nichtbehebung kann die EU-Kommission die Kapitalhilfen einbehalten. An zwei knappen Beispielen sollen die Sanktionsmöglichkeiten illustriert werden. Im Falle der italienischen autonomen Region Sizilien wurden im Jahr 2012 Kapitalhilfen ausgesetzt, da die EU-Kommission Unregelmäßigkeiten entdeckte:

> Doch nun droht sie [die Insel Sizilien, J. D.] schon zugesagte Mittel und teils auch schon ausgezahlte Hilfen zu verlieren. 600 Millionen Euro sind schon von Brüssel blockiert worden. [...] Sie [die damalige Regierung von Raffaele Lombardo, J. D.] ist trotz wiederholter Mahnungen und Drohungen aus Brüssel bis jetzt nicht in der Lage gewesen, den EU-Kontrolleuren darzulegen, wie sie diese Hilfe ausgeben will. Auch waren die EU-Kontrolleure keineswegs davon überzeugt, dass es bei den Projektausschreibungen Siziliens mit rechten Dingen gemäß den EU-Vorschriften zuging.[654]

Allerdings liegt der Schwerpunkt der Prüfung auf der formalen Korrektheit der Mittelverwendung und nicht auf einer inhaltlichen Analyse. Falls es also zu Vorgängen der Korruption und des Betruges kommen sollte, diese jedoch als scheinbar vorschriftsmäßig verschleiert werden, können die Kontrollen der EU-Kommission kaum greifen. Denkbar wäre ein Szenario, bei dem Aufträge an Unternehmen vergeben werden, die der herrschenden politischen Elite nahe stehen, da sie aufgrund des Informationsvorsprungs die günstigsten Angebote einreichen können. Zwar könnte die Projektvergabe, Mittelbeantragung und Projektabwicklung (konkret die Weiterleitung der bescheinigten Ausgabenerklärung) europarechtlich korrekt sein, das Verfahren ist aber nicht im Sinne eines offenen und transparenten Wettbewerbsprozesses. Für Bulgarien und Rumänien gilt seit 2007 der Kooperations- und Überprüfungsmechanismus (*Cooperation and Verification Mechanism* CVM), der eine Nach-Beitritts-Konditionalität darstellt. Dabei berichtet die EU-Kommission jährlich über die Fortschritte beider Länder in den Bereichen Rechtsstaatlichkeit und Verwaltung.[655] Aufgrund von Schutzklauseln in den Beitrittsverträgen können im Falle von unsachgemäßer Verwendung von EU-Mitteln Sanktionen erfolgen. Deshalb wurde im

652 Auch Nugent (2010), S. 132 f.
653 Dazu VO (EG) Nr. 1083/2006 des Rates vom 11. Juli 2006, Art. 92.
654 Bachstein (2012), S. 19. Auch Gammelin (2012), S. 7.
655 Dazu EU-Kommission (2008b; 2008c).

Sommer 2008 eine Million Euro aus den Kohäsionsfonds, die für Bulgarien bestimmt waren, vorübergehend zurückgehalten, da die EU-Kommission „mismanagement" und Intransparenz der Kapitalströme feststellte. Trotz dieses stärkeren Sanktionsinstruments, das nur für Bulgarien und Rumänien angewendet werden kann, waren die Effekte bei Bulgarien im Speziellen und auch im Allgemeinen sehr gering. Erst die Blockade des Beitritts in den Schengen-Raum zeigte Wirkung.[656] Eine Ausnahme besteht beim Kohäsionsfonds. Anders als der EFRE und der EFS besitzt der Kohäsionsfonds neben den beschriebenen Sanktionsmechanismen eine gewisse Konditionalität. Denn als Bedingungen für die Unterstützung aus dem Fonds ist die Einhaltung bestimmter Defizitgrenzen hinsichtlich des nationalen Haushaltes notwendig. Wenn der Rat gemäß Art. 128 AEUV auf Vorschlag der EU-Kommission beschließt, dass ein Land ein „übermäßiges Defizit" aufweist und auch keine wirksamen Maßnahmen zur Beseitigung ergreift, dann kann der Rat eine Verfehlung feststellen. Falls ein solcher Beschluss vorliegt, kann der Rat entscheiden, „die Mittelbindung aus dem Kohäsionsfonds für den betreffenden Mitgliedstaat ab dem 1. Januar des Folgejahres ganz oder teilweise auszusetzen."[657] Jedoch fand diese Möglichkeit trotz entsprechender Verletzung der Defizitgrenzen nie Anwendung.

Über die Wirksamkeit des Kontrollsystems der Kohäsionspolitik geben Auswertungen des Europäischen Rechnungshofes (EuRH) Aufschluss, der einen kleinen Teil aller Projekte stichprobenartig untersucht.[658] Die Aufgabe des EuRH (*European Court of Auditors*) ist es, „to examine all EU revenue and expenditure accounts, the same for bodies set up by the EU unless the relevant legal instruments preclude such examination, and to provide the Council and the EP with Statement of Assurance on the reliability of the accounts and the legality and regularity of the associated transactions."[659] In Ermangelung von Kompetenzen zur Sanktionierung sind die jährlichen Berichte und die Sonderberichte zu verschiedenen Themenstellungen die wichtigsten Instrumente des EuRH, die durchaus Steuerungswirkung entfalten: „Its reports [des EuRH, J. D.] have been sharp, critical, and increasingly difficult for those who are responsible for managing EU expenditure to ignore."[660] Die Fehlerrate ist der wichtigste Indikator der Kontrolle. Sie stellt die Relation zwischen den beanstandenden und der Gesamtheit aller Vorhaben dar. Als Fehler wird „ein Verstoß gegen Vorschriften hinsichtlich der Verwendung finanzieller Mittel im Rahmen der Kohäsionspolitik" definiert.[661] Die EU-Kommission betont hierbei: „Ein Fehler bedeutet nicht, dass

656 Vgl. Vachudova/Spendzarova (2012); Schimmelfennig/Schwellnus (2011), S. 293;.
657 VO (EG) Nr. 1084/2006 des Rates vom 11. Juli 2006, Art. 4.
658 Hesse et al. (2012), S. 4 nennen eine Größenordnung von circa 5 % aller Projekte (ohne den Wert jedoch weiter zu belegen).
659 Nugent (2010), S. 241.
660 Nugent (2010), S. 243.
661 EU-Kommission (2011a).

Gelder verschwunden, verloren gegangen oder verschwendet worden sind. Ein Fehler bedeutet nicht Betrug. Während Fehler im Wesentlichen unbeabsichtigter Natur sind, ist Betrug eine vorsätzliche Täuschung. Lediglich bei einem marginalen Teil der im Rahmen der Kohäsionspolitik zugeteilten finanziellen Mittel (0,26 % für 2000–2006) waren Betrugsfälle zu verzeichnen."[662]

Für den Bereich der Kohäsionspolitik wird eine relativ höhere Fehlerrate als in anderen Politikfeldern festgestellt.[663] Der EU-Rechnungshof sieht im Bereich des öffentlichen Beschaffungswesens (inadäquate Bewertung von Angeboten, das Fehlen von Ausschreibungen oder die Anwendung ungeeigneter Ausschreibungsverfahren) und der Förderfähigkeit (unzweckmäßige Projektauswahl, die Angabe nicht förderfähiger Kosten) die größten Fehlerquellen. So stellten im Jahr 2013 bspw. Mängel im Bereich „nicht förderfähige Projekte" circa 22 % und Defizite im Rahmen der „Einbeziehung nicht förderfähiger Kosten in die Kostenaufstellungen" 39 % der Gesamtfehlerquote dar.[664]

Um Regeln glaubhaft verankern zu können, sind Sanktionsmöglichkeiten sowie die Erwartung ihrer Anwendung notwendig. Genau hier zeigen sich jedoch Schwächen der Kohäsionspolitik. Aufgrund der Höhe der Fehler sowie deren Dauerhaftigkeit, die der EuRH der Kohäsionspolitik attestiert, kann das Kontrollsystem als defizitär und lückenhaft beschrieben werden. Zwar ist es im Rahmen dieser Arbeit nicht möglich, ein umfassendes Bild zu zeichnen, jedoch kann dem System insgesamt ein strukturelles Problem bescheinigt werden. Molle urteilt dazu: „The theoretical basis for the implementation suggests that the EU needs to strengthen notably the monitoring devices in order to safeguard compliance of the member states and the other involved with its objectives."[665] Eine Lösungsperspektive könnte in einer Verbesserung der institutionellen Kapazitäten der EU-Organe mit schärferen Sanktionsinstrumenten sein. So wird seit 2013 eine Diskussion um die Einrichtung einer europäischen dezentral-organisierten Staatsanwaltschaft, die auch Betrügereien mit EU-Fördermitteln aufklären soll, geführt.[666] Eine solche Vorgehensweise der Einzelüberprüfung von Fördervorhaben könnte die Meta-Kontrolle durch die EU-Kommission ergänzen, die sich vorwiegend auf die Makro-Ebene beschränkt. Die Wirkung der bisherige Praxis, Unregelmäßigkeiten bei Projekten mit mehr als 10 000 EUR EU-Mitteln vierteljährlich dem der EU-Kommission zugeordneten Europäischen Amt für Betrugsbekämpfung (*Office Européen de Lutte Anti-Fraude*, kurz OLAF) zu übergeben, kann erste Hinweise

---

662 EU-Kommission (2009c), S. 2.

663 Nugent (2010), S. 243 spricht für die Vergangenheit von einer durchschnittlichen Fehlerrate von circa 11 % im Vergleich zu 2–5 % in anderen Bereichen. Für das Haushaltsjahr 2013 weist die Kohäsionspolitik weiterhin eine relativ hohe Fehlerquote auf; vgl. EU-Rechnungshof (2014), S. 22 f.

664 EU-Rechnungshof (2014), S. 25 ff.

665 Molle (2007), S. 219.

666 Zur öffentlichen Diskussion: Janisch (2013), S. 7.

auf die Umsetzbarkeit eines solchen Weges geben.[667] Somit ist es geboten, einen deutlich umfassenderer Ansatz als bislang zu praktizieren. Es deutet vieles darauf hin, dass es nicht ausreicht, formale Verwaltungsmechanismen zu prüfen. Allerdings sollte auch nicht dazu übergegangen werden, die Ausgaben inhaltlich von der EU-Kommission untersuchen zu lassen. Denn dazu müssten nicht nur die Kapazitäten erweitert und die Frage beantwortet werden, nach welchen sachlichen Kriterien zu prüfen ist, sondern dies würde die grundsätzliche Aufgabenverteilung und Entscheidungsfreiheit der Mitgliedstaaten in Frage stellen. Ein möglicher alternativer Impuls wäre folgender: Weil Missbrauch und Betrug von EU-Mitteln Symptom von in einem vermutlich größeren Rahmen stattfindender Korruption und von Klientelismus sind, müsste die Aufmerksamkeit auf die Stärkung der Unabhängigkeit der Justiz und auf eine Nachweispflicht für die förderberechtigten Länder (dass die Mittelvergabe nach rechtsstaatlichen und transparenten Prinzipien erfolgt) gelegt werden. Hierzu könnte eine wesentlich stärkere Konditionalität als lediglich die „Einfrierung" von Kapitalhilfen implementiert werden. Auf einen weiteren Aspekt weist die ordnungsökonomische Perspektive hin: Zeigt ein Mitgliedstaat in anderen Politikbereichen Mängel und Verstöße gegen das Europarecht, wie z. B. Demokratiedefizite oder eine fehlende Rechtsstaatlichkeit, hat dies keine direkten Auswirkungen auf das Kontroll- und Sanktionssystem der Kohäsionspolitik. Aus Sicht der Ordnungspolitik wäre jedoch die Einbeziehung des Prinzips der Interdependenz der Ordnungen sinnvoll, da für den wirkungsvollen Einsatz von Kapitalhilfen die Beachtung der Bedingungslagen notwendig ist.

5.5.7 Fazit

Die aus dem Zwischenfazit bekannte Synopse der ordnungsökonomischen Kriterien kann jetzt nach Analyse der konstitutionellen Ebene II und der Handelnsordnung II ergänzt und vervollständigt werden (Tab. 5.18).

Nach Maßgabe des angelegten Kriteriums der Befähigung und der Teilhabegerechtigkeit (*Kriterium 2*) muss die Kohäsionspolitik als verfehlt angesehen werden, da es nicht gelingt, den Gebietskörperschaften der MOEL einen geeigneten Rahmen zu schaffen, der Impulse für eine umfassende und kohärente wirtschaftliche und gesellschaftliche Entwicklung geben kann und auf diese Weise die Bevölkerung zur Teilnahme am EU-Binnenmarkt befähigt. Offensichtlich wird dieses Defizit insbesondere

---

667 Aus dem Jahresbericht 2013 von OLAF geht hervor, dass der Großteil (circa 32 %) der Missbrauchsuntersuchungen im Bereich der Kohäsionspolitik stattfanden; vgl. Europäisches Amt für Betrugsbekämpfung (2014). Wenn OLAF jedoch Betrug identifiziert, dann kann die Behörde jedoch kaum Konsequenzen ziehen, da die strafrechtliche Verfolgung im Verantwortungsbereich der Mitgliedsländer liegt.

Tab. 5.18: Gesamtfazit der ordnungsökonomischen Analyse (Quelle: Eigene Darstellung).

<table>
<tr><th></th><th>Kriterium 1
Regelorientierung und Regelgebundenheit</th><th>Kriterium 2
Befähigung und Teilhabegerechtigkeit</th><th>Kriterium 3
Interdependenz der Ordnungen und Bürgersouveränität</th><th>Kriterium 4
Kohärenz und Zustimmungsfähigkeit</th></tr>
<tr><td>Konstitutionelle Ebene I und Handelnsordnung I</td><td>Teilweise erfüllt</td><td>Nicht erfüllt</td><td rowspan="2">Nicht erfüllt</td><td>Teilweise erfüllt</td></tr>
<tr><td>Konstitutionelle Ebene II und Handelnsordnung II</td><td>Teilweise erfüllt</td><td>Nicht erfüllt</td><td>Nicht erfüllt</td></tr>
</table>

bei der Mittelverteilung. Weder beschränkt sich die Kohäsionspolitik auf die Gebiete, die sich im *Catch Up*-Prozess befinden, noch wird die Leistungsfähigkeit der jeweiligen übergeordneten Ebene in den Ländern systematisch berücksichtigt. So spielt also die Bedürftigkeit, verstanden als Unfähigkeit der Staaten, ihren Bürgern Teilhabechancen am Markt einzuräumen, lediglich eine untergeordnete Rolle. Der Grund ist die technische Definition der Förderfähigkeit im Sekundärrecht. Zwar ist die Setzung von Regeln zur Förderhöhe und zu den Fördertatbeständen positiv zu bewerten (wobei es zahlreiche Durchbrechungen der Regeln gibt). Auch wird das Wohlstandslevel zu einem gewissen Maße bei der Berechnung der Förderbeträge berücksichtigt. Allerdings sind sämtliche europäische Regionen unabhängig von ihren ökonomischen Bedingungen förderberechtigt und lediglich die Förderintensität ist variabel. Auf diese Weise wird ein erheblicher Anteil der Kohäsionsmittel nicht auf die bedürftigen Gebiete konzentriert, sondern wird durch den Einsatz in wirtschaftsstarken Regionen oder in Regionen mit einer relativ wirtschaftsstarken übergeordneten Einheit gebunden und steht somit nicht mehr zur Verfügung, um Teilhabehindernisse in den schwachen Gebieten zu beseitigen. Wie die Analyse zeigt, ist diese breite Förderung ein bereits länger anhaltender Prozess und erreicht mit der Periode 2007–2013 und der Ausweitung des Fördergebietes auf die Fläche der gesamten EU ihren Höhepunkt. Als wesentliche Ursache des Paradigmenwechsels kann die Hinwendung auf die Lissabon-Agenda genannt werden. Die schleichende Umwidmung der Kohäsionspolitik zu einer „Ersatzwirtschaftspolitik" wird in der Förderperiode 2014–2020 fortgesetzt und vermutlich in Zukunft weiter intensiviert. Der fehlende Befähigungsgedanke zeigt sich weiterhin im Partnerschaftsprinzip. Partnerschaft bedeutet im Kontext der europäischen Kohäsionspolitik, dass Programme zwischen der EU-Kommission und den Mitgliedstaaten ausgehandelt werden. Die Untersuchung, inwieweit die Regelebene das Handeln der EU-Kommission und der Mitgliedstaaten strukturiert, zeigte, dass anstelle einer eindeutigen Aufgabenteilung vielmehr eine Politikverflechtung zu konstatieren ist. Zwar sind die Freiheitsgrade der Empfängerstaaten hoch, jedoch wird durch die Beteiligung supranationaler Organe, die sich meist auf oberflächliche Inhalte und grobe Vorgaben beschränken, eine starke Verflechtung geschaffen, die die Transaktionskosten der Kohäsionspolitik unnötigerweise steigert.[668] Hierbei sind absurde Effekte zu beobachten: Die MOEL passten ihre Regional- und Verwaltungsstrukturen oftmals lediglich insoweit einem EU-Standard an, als es nötig erschien, um die Strukturfonds in Anspruch zu nehmen. Die asymmetrische Regionalisierung bewirkte also einen oberflächlichen Wandel. Somit stellt das gegenwärtige Partnerschaftsprinzip kein Prinzip der geteilten Zuständigkeiten, sondern der verbundenen Zuständigkeiten dar, wie man es bezeichnen könnte. Eine Machtasymmetrie infolge des Europäisierungsprozesses zugunsten der EU-Kommission kann auf der Ebene der Kohäsionspolitik jedoch nicht attestiert werden. Es konnte keine inhaltliche, länderübergreifende Konvergenz der Instrumente der NSRP und OP festgestellt werden. Obgleich also rhetorisch und auf einen hohen Abstraktionslevel die EU die wirtschaftspolitische Richtung vorgibt, hat dies kaum Auswirkung auf die konkrete Kohäsionspolitik. Dennoch: Die Partnerschaft ist nicht *per se* zu verwerfen, sondern notwendig erscheint eine andere Gestaltung des Partnerschaftsprinzips mit einer klaren Trennung der Kompetenzen und Verantwortlichkeiten. Die Überprüfung auf Regelorientierung und Regelgebundenheit (*Kriterium 1*) ergibt ein ambivalentes Bild. Einerseits kann die Kohäsionspolitik teilweise als eine Politik gewertet werden, die sich an rationalen und zweckdienlichen Regelungen (z. B. Kofinanzierungsprinzip oder die 75 %-BIP-Pro-Kopf-Regel) und an einem langfristigen Planungshorizont orientiert (wie dies mit dem MFR und dem NSRP versucht wird). Andererseits sind häufig Eigenschaften der Gemeinschaftspolitik festzustellen, die diesem Kriterium nicht gerecht werden. So sehen sich die (sub-)nationalen Akteure in der Planungsphase mit einer großen Anzahl von interdependenten Vorgaben durch verschiedene Strategien konfrontiert (z. B. den Kohäsionsleitlinien), deren Klarheit, Transparenz und Kohärenz oftmals nicht gegeben ist. Hinsichtlich des Kontroll- und Sanktionssystems gibt es Hinweise, dass es in seiner gegenwärtigen Form nicht ausreichend ist, um Missbrauch aufzudecken und zukünftig regelkonformes Verhalten zu begünstigen. Ähnlich wie bereits im Falle des Partnerschaftsprinzips kann man die Gefahr einer Politikverflechtung beobachten. Ferner ist das Förderinstrumentarium kaum mit ordnungsökonomischen Grundsätzen vereinbar. Die Förderung einzelner Unternehmen, selbst wenn die Unterstützung allen Marktteilnehmern *de jure* offen steht, führt tendenziell zu Wettbewerbsverzerrungen. Außerdem stehen direkte Beihilfen im Gegensatz zum Befähigungsansatz, der anstelle der Alimentation auf eine Gestaltung der Rahmenbedingungen abzielt. Folglich sollte in den MOEL weniger Unterstützung

668 So werden z. B. die Verwaltungskosten des EFRE und des Kohäsionsfonds der Periode 2007–2013 laut der EU-Kommission auf 3–4 % der Gesamtzuweisungen geschätzt; vgl. Hesse et al. (2012), S. 20.

direkt an Unternehmen transferiert werden, sondern mehr Mittel für den Ausbau von Verwaltungskapazitäten zur Verfügung gestellt werden. Hierbei könnte an die Ansätze zur Stärkung der institutionellen Kapazitäten und der Effizienz der öffentlichen Verwaltungen (meist durch den ESF) angeknüpft werden. Eine solche Ausrichtung ist jedoch aufgrund ihrer langfristigen und strukturellen Perspektive weniger greifbar und sichtbar als Einzelprojekte und somit für Politiker, die im (Wiederwahl-) Wettbewerb stehen, weniger attraktiv. Die gegenwärtige Kohäsionspolitik vernachlässigt zudem die Rolle gesamtgesellschaftlicher Strukturen für die ökonomische Entwicklung (*Kriterium 3*). Die EU-weiten Förderbedingungen stellen ausschließlich auf ökonomische Kriterien ab, nicht jedoch auf weitere notwendige Voraussetzungen für die nachholende Entwicklung, wie z. B. Rechtsstaatlichkeit. Zudem sind für eine umfassende Bürgersouveränität die Freiheitsgrade der Entscheidung von zentraler Bedeutung. Erst wenn die Beteiligten frei über den Einsatz der Strukturmittel entscheiden könnten, kann eine zustimmungsfähige Politik gewährleistet werden (*Kriterium 4*). Wie in diesem Kapitel deutlich geworden ist, zeigt die Kohäsionspolitik nur ein überaus geringes Maß an Kohärenz (ebenfalls *Kriterium 4*). So muss man insgesamt urteilen, dass die Kohäsionspolitik als Instrument zur Unterstützung rückständiger Gebietskörperschaften aufgrund der aufgezeigten Mängel ihre eigentlichen Ziele verfehlt und somit nur im geringen Maße im zustimmungsfähigen Interesse der EU-Bürger liegt.

5.6 Erklärung der Ergebnismuster

Dass das Regelarrangement der Kohäsionspolitik im weiten Maße zu Ergebnissen führt, die nicht im Interesse der Beteiligten sein können, wurde in den bisherigen Kapiteln erörtert. Sichtbar gemacht wurden diese Mängel an den zahlreichen Durchbrechungen ordnungsökonomischer Kriterien. Die Frage nach der Entstehung und der Persistenz solcher ineffizienter Institutionen wurde zwar schon angesprochen, soll nun aber abschließend weiter mit Blick auf die EU-Verfassung vertieft werden.[669]

Prinzipiell kann die Diskrepanz daher rühren, dass entweder die Auswirkungen der Regeln für die Betroffenen nicht abzusehen waren oder aber, und dem gilt es wohl eher nachzugehen, dass sich Partikularinteressen durchsetzen konnten. Das Regelwerk der Kohäsionspolitik ist das Ergebnis von Verhandlungen zwischen der EU-Kommission, den Mitgliedstaaten und zunehmend auch dem Europäischen Parlament. Als Anreizstruktur kann den Mitgliedstaaten plausiblerweise unterstellt

669 Da es wesentliches Anliegen vorliegender Arbeit ist, konkrete Defizite und Wege zur ihrer Beseitigung darzustellen, dient folgender Abschnitt über die oberste Regelebene lediglich als Ausblick auf mögliche Ansatzpunkte für Reformen der konstititutionellen Ebene I.

werden, dass sie ihren eigenen Nutzen maximieren wollen, etwa, indem sie versuchen, Zahlungen an die EU zu minimieren und Transfers von der EU zu maximieren. Freilich wäre es aus (ordnungs-)ökonomischer Perspektive blauäugig, stattdessen das Wohlverhalten der einzelnen Länder anzumahnen, auf die gemeinsame Geschichte und Kultur zu verweisen und eine Wertegemeinschaft und europäische Identität zu beschwören. Vielmehr müssen die Anreizstrukturen ernst genommen werden. So sieht Buchanan die Legitimität eines europäischen Staatenverbundes in der Ermöglichung gegenseitiger Vorteile für jeden einzelnen Bürger:[670]

> Europe has a history of conflict among separately identified nation-states, each of which has commanded the loyalties of individual members. It is folly to expect a simple transference of these loyalties to „Europe", conceptualised and romanticised as a supra-nation-state. The only constitutional structure that is consistent with the historically-constrained setting of the 1990s is that of a *federal union*, within which members of the separate units co-operate for the achievement of widely recognised and commonly shared objectives, those of internal (intra-European) peace and economic prosperity, within political arrangements that ensure individual liberties and, at the same time, allow for the maximal practicable achievement of standards of justice.[671]

Folgt man dieser Argumentation, dann lautet die Frage nicht, wie ein pro-europäisches Verhalten der Regierungen auszusehen hätte und wie dies erreicht werden kann, sondern, wie die Regeln der europäischen Gemeinschaft gestaltet werden müssen, sodass das eigeninteressierte Streben der einzelnen Länder kongruent mit dem Nutzen aller Mitgliedstaaten wird. Hierin liegt der Schlüssel für eine legitime Kohäsionspolitik. Das Problem sind nicht die Partikularinteressen *per se*, sondern Strukturen, die die Realisierung dieser Interessen nicht verhindern. Mit anderen Worten: Zur Vermeidung der aufgezeigten Defizite in der Kohäsionspolitik müssen die Verfassungsregeln der EU reformiert werden. Hierfür ist ein Verständnis der Funktionsweise der Regelebene notwendig. Denn eine systematische Lokalisierung von Dilemma-Situationen, die zu einem Auseinanderfallen von Gemeinwohlinteressen aller EU-Bürger und Einzelinteressen führen, ermöglicht auch eine systematische Lösung. Im Folgenden sollen drei prinzipielle Defizite auf der Regelebene näher

---

670 Exemplarisch für die traditionelle Legitimation steht Immerfall (2006), S. 107, der das Vorhandensein von Eigeninteressen *per se* kritisiert: „Selbst dort, wo eine solide Zustimmung zur Europäischen Union vorherrscht, erfolgt diese überwiegend aus den nationalen Blickwinkeln heraus. [...] Was bleibt, ist der Appell an die interessengestützte Zustimmung der Unionsbürger. Diese könnte sich als wenig belastungsfähig herausstellen."
671 Buchanan (1990), S. 2. Dieses Argument ist Ausdruck der Buchanan'schen Grundlogik zur Staatsbildung: „Menschen leben zusammen, weil die gesellschaftliche Organisation ihnen effiziente Möglichkeiten eröffnet, ihre jeweiligen Ziele zu erreichen, und nicht, weil sie mit Hilfe der Gesellschaft die transzendalen Ziele einer gemeinsamen Glückseligkeit erreichen wollen." Buchanan (1975/1984), S. 1.

diskutiert werden, die die dargelegten Schwächen in der Kohäsionspolitik (mit) erklären können:

- *These I*: Aufgrund konsensualer Abstimmungsregeln weist das Sekundärrecht häufig vage Formulierungen auf, die der EU-Kommission die Möglichkeit zur Auslegung überlässt.
- *These II*: Das Einstimmigkeitskriterium führt darüber hinaus tendenziell zu einer Kultur der Kompensation und zur Stabilität des Status quo.
- *These III:* Die EU-Kommission hat Interesse an der Verselbstständigung und Ausweitung ihres Tätigkeitsfeldes.

Obwohl im Rat der EU gemäß dem ordentlichen Gesetzgebungsverfahren eine qualifizierte Mehrheit vorgesehen ist, fallen generell die Entscheidungen über wichtige Rechtsakte sowohl im Allgemeinen als auch im Bereich der Kohäsionspolitik zumeist konsensual, also *de facto* durch Einstimmigkeit.[672] Exemplarisch sei auf das Zustandekommen der aktuellen EFRE-Verordnung verwiesen. Um eine Mehrheitsabstimmung zu vermeiden, wurde während der gesamten Dauer des ordentlichen Gesetzgebungsverfahrens (Oktober 2011 bis Dezember 2013) in den diversen Sitzungen (Erörterungen und politische Einigungen) des Ratsausschusses für allgemeine Angelegenheiten stets die Zustimmung aller gesucht und zumeist gefunden.[673] Eine Konfliktlösung durch Mehrheitsabstimmungen wird folglich i. d. R. nicht durchgeführt, sondern es werden – nicht zuletzt unter dem Eindruck eines „shadow of the vote“ durch die qualifizierte Mehrheit – Kompromisse angestrebt.[674] Heisenberg schreibt dem Rat der EU eine „Kultur des Konsenses“ zu, die zu einem „consensus without voting“ führen: „Thus even when the formal decision-making rule is voting [...], the Council bargains until there is consensus, setting a higher hurdle for itself than is mandated by the treaties.“[675] Aufgrund dieser Struktur, nicht nur im Rat, ist die EU insgesamt als ein konsensuales Verhandlungssystem zu beschreiben.[676] Unterstützt wird diese informelle Praxis durch den Minderheitenschutz in Form der sogenannten Formel von Ioannina, die vorsieht, dass eine Minderheit von Staaten im Rat eine Sperrminorität bilden kann

672 Nichtsdestotrotz gibt es durchaus auch konflikthafte Fälle mit Abstimmungsentscheidungen; vgl. Buonanno/Nugent (2013), S. 52 ff.; Häge (2008).

673 Berücksichtigt werden müssen außerdem die internen Prozesse im Ministerrat (wie die Arbeitsgruppen, der Ausschuss der Ständigen Vertreter, und die Komitologie-Ausschüsse), die bereits im Vorfeld der formellen Abstimmung bemüht sind Konflikte auszuräumen. Bei beiden Verordnungen ist es zu keiner ernstzunehmenden Diskussion auf der höchsten Entscheidungsebene gekommen (sog. B-Punkte auf der Tagesordnung des Ministerrats). Hierfür wurde das *Procedure 2011/0275/COD* im Datenbanksystem EUR-Lex analysiert; vgl. EU-Kommission (2015c). Dies gilt ebenso für das Zustandekommen der EFRE-Verordnung der Förderperiode 2007–2013 VO (EG) Nr. 1080/2006 des Rates, 5. Juli 2006.

674 Häge (2008). Auch McCormick (2011), S. 194 ff.

675 Heisenberg (2005); Lewis (2003).

676 Vgl. Holzinger (2005), S. 82 ff.

(und auf diese Weise in der Tradition der Veto-Möglichkeit des Luxemburger Kompromisses steht).[677] Um unter der Vielzahl an divergierenden Interessen einen Konsens zu erreichen, werden Formulierungen oft bewusst offen gehalten. Der entstehende Interpretations- und Deutungsspielraum ermöglicht allen Mitgliedstaaten ihre Lesart der Regelungen. Obgleich ein solcher Formelkompromiss streitschlichtend wirkt, hat die Vieldeutigkeit doch deutlich negative Effekte. Denn der Konflikt bleibt ungelöst und wird lediglich zu einem späteren Zeitpunkt wieder relevant. Da spätestens in der Umsetzungsphase der Kohäsionspolitik Präzisierungen und Festlegungen notwendig sind, verschieben sich die Entscheidungen im Wesentlichen auf die Ebene der EU-Kommission (so kann von einem delegierenden Formelkompromiss gesprochen werden).[678] Marks befindet dazu:

> In the first place, formal interstate agreements have been extremely vague on the question of how exactly cohesion funds should be administered. Secondly, the Commission's institutional blueprints are conceived before member state governments have had the formal opportunity to debate them. Finally, the Commission defends its institutional proposals as providing the means to ends that are shared by all the participants – above all, increasing the potential for economic growth in the poorer regions of Europe.[679]

Auf der supranationalen Ebene eröffnet sich eine neue Verhandlungsarena: Potenzielle Empfänger und lokale Politiker versuchen auf die EU-Kommission einzuwirken, um Kapitalhilfen zu erhalten.[680] Aber es entsteht nicht nur Druck auf die EU-Kommission mit dem Ziel, direkt Finanzressourcen zu erhalten, sondern auch mit der Absicht, die Regeln zu Gunsten der Privilegiensuchenden zu verändern, um ihnen so Vorteile

677 Vgl. Zusatzerklärung Nr. (7) für EUV, Art. 16 (4); AEUV, Art. 238 (2); Nugent (2010), S. 155. Zur rechtlichen Grundlage des Luxemburger Kompromisses: „Stehen bei Beschlüssen, die mit Mehrheit auf Vorschlag der Kommission gefasst werden können, sehr wichtige Interessen eines oder mehrerer Partner auf dem Spiel, so werden sich die Mitglieder des Rates innerhalb eines angemessenen Zeitraums bemühen, zu Lösungen zu gelangen, die von allen Mitgliedern des Rates unter Wahrung ihrer gegenseitigen Interessen und der Interessen der Gemeinschaft angenommen werden können." Zitiert nach: Woyke (1994), S. 145.
678 Blankart/Kirchner (2004) sprechen im Rahmen der Analyse des EU-Haushaltes von „unvollständigen Verträgen" (die Grundidee ist wiederum auf Buchanan zurückzuführen), die eine Expansionsdynamik auf postkonstitutioneller Ebene ermöglichte.
679 Marks (1996), S. 393. Auch Hughes et al. (2004), S. 547 f. Empirische Studien zeigen dies detailliert auf. „Überdies handelt es sich bei EU-politischen Zielkatalogen meist um Kompromisstexte, bei denen Widersprüche zwischen nationalen Interessen durch bewusst vieldeutige Formulierungen überbrückt werden. Die Frage, durch welche Maßnahmen welcher staatlichen Institution innerhalb welcher Zeit die formulierten Ziele (wenn überhaupt) erreichbar sein könnten, wurde und wird in diesem Kontext üblicherweise nicht gestellt." Huber (2011), S. 99.
680 Und damit gerät die Politik in die Gefahr zu einer *Pork Barrel Policy* (Kirchturmpolitik) zu werden, bei der eine eng umgrenzte Zielgruppe der Adressat von Politikmaßnahmen ist; vgl. Rynck/McAleavey (2001).

zu verschaffen.[681] Bei dieser Logik kann wiederum an die Befürchtung der Ordoliberalen angeschlossen werden, die vor den Bemühungen einer „Refeudalisierung" warnten, bei der einzelne Akteure versuchen, die Exekutive (hier die EU-Kommission) zu ihren Zwecken zu instrumentalisieren.[682] Bei der Untersuchung der Förderfähigkeit und der Mittelverteilung wurde deutlich, dass ein erheblicher Spielraum für die Auslegung von Regeln bereits in vergangenen Förderzeiträumen bestand. Zum Beispiel war das Ziel 2 „Umstellung von Regionen mit strukturellen Schwierigkeiten" an wenig konkrete Förderbedingungen geknüpft, sodass die Bestimmung des Empfängerkreises Verhandlungssache war: „In the period between 1988 and 1999 the designation of objective 1 regions was fairly straightforward. However, the criteria for the other objectives were quite loose. Member states introduced a wide array of problem areas with the result that a very high percentage of the EU population lived in areas that were in one way or another entitled to aid."[683] Ebenso zeugt die willkürliche Interpretation des Partnerschaftsprinzips durch die EU-Kommission von der Verlagerung der Entscheidungen über Förderregeln auf die postkonstitutionelle Ebene. Positiv ist deshalb die Festschreibung möglichst präziser Förderbedingungen im Stadium der sekundärrechtlichen Einigungsgespräche zu werten, wie es bspw. bei der 75 %-BIP-Pro-Kopf-Regel in den Verordnungen der Fall ist. Des Weiteren ist aus ordnungsökonomischer Perspektive eine gewisse Abstraktheit der sekundärrechtlichen Vorgaben wünschenswert, da auf diese Weise den Mitgliedsländern der nötige Handlungsspielraum für eine eigenverantwortliche Befähigungspolitik ermöglicht wird. Jedoch wird bislang dieser Ermessensraum nicht ausreichend erreicht, da die EU-Kommission die Regeln willkürlich interpretiert und die Trennung von Kompetenzen und Verantwortlichkeiten zu wenig ausgeprägt ist. Die Formulierungen sind unbestimmt und inhaltsleer, sodass weder ein klar abgegrenzter Bereich für die individuellen Umsetzungsentscheidungen der Mitgliedsländer geschaffen wird, noch der ursprüngliche Wille und die ursprüngliche Zielsetzung des Gesetzgebers (also der Mitgliedstaaten) getreu verankert werden.

Neben diesem prozessualen Problem entstehen durch die Art und Weise, wie in der EU intergouvernementale Verhandlungen geführt werden, dysfunktionale Regeln (*These II*). Wie auch bei der These I liegt dieser Entwicklung die Konsenskultur zu Grunde: „Thus consensus in this context is shorthand for ‚selling' preferences that are

681 Zum Beispiel konnte die Taktik der *Raising Rivals Costs* nachgewiesen werden. Dabei versuchen Unternehmen durch Einwirkung auf die EU-Kommission EU weit gültige Standards so zu erhöhen, dass den Konkurrenten durch den Zwang, den relativ höheren Standards gerecht zu werden, Kosten entstehen, die dem einwirkenden Unternehmen nicht entstehen, da es bereits diese Hoch-Standards erfüllt. Diese hohen Standards sind auch im Interesse der EU-Kommission, da sie mehr Kontrolle und Macht bekommt. Insgesamt resultiert daraus eine Verringerung des Wettbewerbs und eine Schädigung der Konsumenten; vgl. Salop/Scheffman (1983); Vaubel (1999).
682 Böhm (1958).
683 Molle (2007), S. 164.

not strongly held for advantages in other issue areas or in future negotiations (,favor bank').“[684] Im Europäischen Rat ist häufig ein Stimmentausch zu beobachten. Bei diesem politischen *Logrolling* oder *Vote Trading* vereinbaren verschiedene Staaten, sich jeweils für das Interesse des anderen einzusetzen und für dieses abzustimmen – auch wenn dieses von den eigenen (schwachen) Präferenzen abweicht –, im Gegenzug für ein entsprechend reziprokes Verhalten: Ein solches Gegengeschäft fällt umso leichter, je weniger eigene Interessen der Staat auf diesem Gebiet besitzt. Auf diese Weise werden aus Minderheitenpositionen, die einzeln nicht durchsetzungsfähig wären, Mehrheiten, die nicht die wahren Präferenzen abbilden und somit die Kollektiventscheidung manipulieren.[685] Die Problematik, dass zur Durchsetzung der eigenen Interessen Konzessionen von Minderheit gemacht werden, ist eine zentrale Einsicht der *Public Choice*-Theorie, wie sie von Buchanan und Tullock grundgelegt wurde.[686] Auch die Ordoliberalen machten auf dieses Problem bereits aufmerksam. Rüstow schreibt: „Nicht aber soll die staatliche Entscheidung durch einen bloßen Kuhhandel der verschiedenen egoistischen Interessen zustande kommen, nach dem Prinzip: wenn der eine die eine Konzession erhält und der andere die andere, dann kommt die jeweilige Mehrheit insgesamt zu Ungunsten der Minderheit auf ihre Kosten.“[687] Die Einstimmigkeit verursacht somit nicht nur hohe Entscheidungskosten, sondern ermöglicht einzelnen Mitgliedstaaten durch das strategische Verhalten Erpresser-Potenzial. Dies belegt das geschilderte Beispiel der Intergierten Mittelmeerprogramme (IMP), mittels derer die wirtschaftsschwächeren Mitgliedländer eine Mittelaufstockung der Kohäsionspolitik durchsetzen konnten. Von einem weiteren Kompensationsgeschäft zeugt ebenfalls der, im Rahmen der zweiten Stufe der europäischen Währungsunion, errichtete Kohäsionsfonds. Wie in der Darstellung der Geschichte der europäischen Regional- und Strukturpolitik gezeigt wurde, kann hinsichtlich der Kohäsionspolitik insgesamt eine stetige Ausweitung des Finanzvolumens nachgewiesen werden. Diese Entwicklung ist das Resultat der Vereinbarungen zwischen den Mitgliedsländern, die darauf abzielen, EU-Staaten, die (vermeintlich) nicht oder wenig von der europäischen Integration profitieren, für weitere Schritte der Vertiefung und Erweiterung der EU zu entschädigen. Solche politische Kosten der Integration wurden z. B. im Falle der Schaffung des Kohäsionsfonds nachgewiesen. Obwohl durch einen Stimmentausch scheinbar alle Beteiligten profitieren, haben sie *de facto* negative Wirkungen auf die jeweiligen Gesellschaftsmitglieder.[688] Denn der Tauschhandel entspricht eben nicht den tatsächlichen Präferenzen, sondern basiert vielmehr auf einem taktischen Kalkül nationaler Regierungen. Mit dem Ansatz des

---

684 Heisenberg (2005), S. 69.
685 Vgl. Streit/Mussler (1995).
686 Vgl. Buchanan/Tullock (1962/1974).
687 Rüstow (1960a/1963), S. 89.
688 Grundlegend zur Logik des Stimmentauschs z. B. Salmon (2004); Henning (2000); Weingast/Marshall (1988).

Stimmentausches lässt sich das beobachtete Ergebnismuster erklären, dass nationale Regierungen gemeinschaftlichen Politiken und Maßnahmen zustimmen, die den gemeinsamen nationalen Interessen eigentlich widersprechen.[689]

Eine weitere Auswirkung des Einstimmigkeitsprinzips ist die Stabilität des Status quo und einem durch Pfadabhängigkeiten eingeschränkten Bündel an Handlungsoptionen. Als Beispiel ist etwa der EU-Haushalt zu nennen:

> Oft sind die Mitgliedstaaten bestrebt, ihre Nettozahlungen dadurch zu reduzieren, dass sie selbst Mittel aus dem jeweiligen Etat bekommen. Denn eine Reduzierung der eigenen Beiträge zum EU-Haushalt ist faktisch unmöglich, da dies einen einstimmigen Beschluss des Rates der EU sowie die Zustimmung der nationalen Parlamente verlangt. Von daher dominiert in der EU das Prinzip: Juste retour. Wer viel in den Haushalt der EU einzahlt, der möchte auch so viel wie möglich wieder herausholen.[690]

Insbesondere der Kohäsionspolitik fällt hierbei eine zentrale Rolle zu, da sie für einen Großteil der Umverteilungsmasse verantwortlich ist. Aus diesem Grund ist zu erwarten, dass – solange nicht die Beiträge reduziert werden – sich die Mitgliedstaaten bemühen werden, förderberechtigte Gebietskörperschaften vorzuweisen und die Förderbestimmungen entsprechend zu beeinflussen.

Während die ersten beiden Thesen auf die Strukturierung des Verhandlungsprozesses zwischen nationalen und europäischen Akteuren abzielen, befasst sich These III mit dem Institutionengefüge der EU im weiteren Sinne. Die These postuliert, dass die EU-Kommission stetig ihre Kompetenzen ausweitet und zunehmend interventionistisch in vielerlei Politikfeldern tätig wird. So weist die EU die Tendenz zur Zentralisierung auf, indem immer weitere Kompetenzen auf die europäische Ebene verlagert werden. Diese Verselbstständigungsthese wird durch zahlreiche Argumente und Analysen gestützt.[691] Die EU-Kommission als unabhängige Exekutive („Die Mitgliedstaaten achten ihre Unabhängigkeit und versuchen nicht, sie bei der Erfüllung ihrer Aufgaben zu beeinflussen." Art. 245 AEUV)[692] soll eigentlich das Unterlaufen gemeinsamer Bindungsverpflichtungen durch nationale Regierungen verhindern („Hüterin der Verträge"). Die EU-Kommission hat das Initiativmonopol bei der europäischen

---

689 Buchanan (1975/1984), S. 98 ff schlägt angesichts der grundlegenden Problematik der Einstimmigkeit ein zweistufiges Legitimationsverfahren vor: Auf der konstitutionellen Ebene sollen einstimmig Vereinbarungen über die Regeln und die Verfahren und auf der postkonstitutionellen Ebene sollen anhand dieser Verfahren Entscheidungen über die Güterbereitstellung getroffen werden.

690 Ribhegge (2011), S. 148.

691 Dazu die Untersuchungen von Ischia (2004), S. 43, S. 138 f. Auch Vaubel (1995; 1994). Vaubel argumentiert darüber hinaus, dass die EU weit über eine Integration der Märkte hinausgegangen sei und die Integration der Politik (politische Union) meist erhöhten Interventionismus und Zentralismus bedeute; vgl. Vaubel (2001), S. 10 ff., S. 23 ff.; Vaubel (1995), S. 16 ff.

692 Jedoch ist die Stellung zum vorherigen Vertragswerk verbal abgeschwächt. In Art. 213 (2) EGV war kodifiziert: „Die Mitglieder der Kommission üben ihre Tätigkeit in voller Unabhängigkeit zum allgemeinen Wohl der Gemeinschaften aus."

Normensetzung (bei allen Arten der Gesetzgebungsverfahren), was eventuell zu einer wahrgenommen Initiativpflicht führt: „Alle von den legislativen Akteuren der EU zu verabschiedenden Gesetze werden in der Kommission formuliert und den Regierungen im Rat und gegebenenfalls den Abgeordneten des Europäischen Parlaments vorgelegt. Allerdings können der Rat und das Europäische Parlament die Europäische Kommission auffordern, dahingehend tätig zu werden.“[693] Obwohl die EU-Kommission zwar deshalb legislative Vorhaben nicht vollständig verhindern kann, übt sie mittels der Festlegung der zeitlichen Abläufe eine deutliche Macht im Entscheidungsfindungsprozess aus. Durch die Stellung der EU-Kommission im europäischen Institutionengefüge entstehen Anreize zur Verselbstständigung, Kompetenzausweitung und Zentralisierung. Die Mitglieder der EU-Kommission versuchen, mittels ihres Initiativmonopols durch entsprechende Harmonisierung der Politikbereiche, ihre eigenen Kompetenzen und Einflussmöglichkeiten auszuweiten.[694] Hinzu tritt seit dem Vertrag von Lissabon die Kompetenz der EU-Kommission zu delegierten Rechtsakten und Durchführungsrechtsakten.[695] Diese Rechtsakte ohne Gesetzescharakter (*Non-Legislative* oder *Administrative Acts*) haben zwar nicht die gleiche Steuerungswirkung wie das eigentliche Sekundärrecht und werden vom Rat und dem EU-Parlament überwacht, eröffnen dennoch der EU-Kommission einen gewissen Spielraum. Zum Beispiel hat die EU-Kommission für die Förderperiode 2014–2020 den delegierten Rechtsakt „Europäischer Verhaltenskodex“ vorgelegt, der gemeinsame Standards für das Partnerschaftsprinzip (Konsultation verschiedener Ebenen für die Planung, Durchführung und Kontrolle der Kohäsionspolitik) vorsieht. Weiterhin führen die erwähnten Formelkompromisse zu einer Stärkung der Kommissions-Rolle, wie Huber urteilt: „Überdies handelt es sich bei EU-politischen Zielkatalogen meist um Kompromisstexte, bei denen Widersprüche zwischen nationalen Interessen durch bewusst vieldeutige Formulierungen überbrückt werden. Die Frage, durch welche Maßnahmen welcher staatlichen Institution innerhalb welcher Zeit die formulierten Ziele (wenn überhaupt) erreichbar sein könnten, wurde und wird in diesem Kontext üblicherweise nicht gestellt.“[696]

Die EU-Kommission erlangt somit Gestaltungsspielraum, indem sie maßgeblich bei der Umsetzung der politischen Ziele in die konkreten rechtlichen und finanziellen Regelungen der Strukturfonds mitwirkt. Ebenso bietet die schwache Umsetzung des Subsidiaritätsprinzips Gelegenheit für die Akteure der EU-Kommission, ihre Kompetenzen auszuweiten. Obgleich im Lissabon-Vertrag dieses Prinzip verankert wurde, ist seine faktische Anwendung gering, sodass dem Urteil Blankarts zugestimmt werden kann: „Das heißt: bei nicht ausschließlichen, also insbesondere geteilten

693 Wonka (2008), S. 112.
694 Vgl. Alesina et al. (2002).
695 Dazu AEUV, Art. 290 und Art. 291.
696 Huber (2011), S. 99.

Zuständigkeiten müssen sich Union und Mitgliedstaaten die Aufgabe teilen. Die Union sollte nur aktiv werden, wenn alle anderen föderalen Ebenen dazu nachweislich nicht in der Lage sind. Diese Prüfung wurde bis zum Lissabon-Vertrag sehr lax gehandhabt. Infolgedessen gab es immer mehr Direkteingriffe der Brüsseler Behörden bis hinunter in die lokalen Institutionen."[697]

Kompetenzausweitung und Zentralisierung werden in der Wirtschaftswissenschaft durch die ökonomische Theorie der Bürokratie beschrieben.[698] Das grundlegende Modell von Niskanen basiert auf einer Nutzenfunktion, die neben Einkommen auch Büroausstattung, Prestige, Patronagepotenzial und Machtmöglichkeiten umfasst. Um all diese Faktoren zu optimieren, versuche der Bürokrat sein Budget zu maximieren, indem er durch eine Ausweitung seines Wirkungsbereiches auch die *Output*-Leistung des Büros und den Mitarbeiterstab ausdehnt.[699] Ein weiterer gängiger und im Resultat ähnlicher Ansatz ist die *Principal-Agent*-Theorie, die auf das Steuerungsproblem von Organisationen abhebt.[700] Sie kann auf das Verhältnis zwischen den Organen Europäischer Rat und EU-Kommission übertragen werden. Der Rat als Auftraggeber (*Principal*) beauftragt die EU-Kommission, im Rahmen eines Vertrages als Auftragnehmer (*Agent*) tätig zu werden. Infolge von Informationsasymmetrien und Eigennutzenerwägungen droht gemäß den Annahmen der ökonomischen Theorie der Bürokratie jedoch eine Verselbstständigung des Agenten. Für die EU-Ebene würde sich dies insbesondere in einer Ausweitung der Regulierungsdichte zeigen. Der soziologischen Institutionalismus geht zwar von den tatsächlichen und messbaren Einstellungen und Motivationen der EU-Bürokraten als Determinanten von Verhaltensmustern aus, kommt im Resultat jedoch zu ähnlichen Ergebnissen wie die gerade angeführten ökonomischen Überlegungen. Die Vertreter des soziologischen Institutionalismus argumentieren, dass die Mitglieder der EU-Kommission eine möglichst weitgehende Harmonisierung sämtlicher Politikbereiche (Annahme supranationaler Präferenzen) oder zumindest der Politikbereiche, in denen sie tätig sind (Annahme sektoraler Präferenzen), anstreben.[701] Sicherlich gibt es auch Argumente gegen die Verselbstständigungsthese und Zweifel an den Annahmen supranationaler Präferenzen. Ebenso ist das empirische Bild vielschichtiger und komplexer, als es die einfache Argumentation der Eigenlogik eines bürokratischen Regelungssystems nahe legt.[702] Allerdings kann die Tendenz zur Zentralisierung im Bereich der

697 Blankart (2011), S. 663.

698 Vgl. Ischia (2004), S. 243.

699 Vgl. Niskanen (1971).

700 Dazu Witte (1995), S. 50. Dagegen könnte eingewendet werden, dass ein wichtiges Argument für ein höheres Budget die Umsetzung der zahlreichen Regulierungen sei und dies bei der EU aufgrund fehlender Verantwortung für die Umsetzung nicht greife.

701 Vgl. Thomson et al. (2006); Pollack (2003); Tsebelis/Garrett (2000); Stone/Sandholtz (1997); Majone (1996).

702 Dazu z. B. die Beiträge von Wonka (2008); Hooghe (2001).

Kohäsionspolitik bestätigt werden.[703] Als Belege dafür, dass die EU-Kommission eine Erweiterung ihrer Kompetenzen anstrebt, können neben dem Paradigmen-Wechsel der Förderkulisse und den immer weiter ausgreifenden Strategien (z. B. die Strategie Europa 2020) auch der Blick auf die historische Entwicklung der gemeinschaftlichen Regional- und Strukturpolitik dienen.[704] Auch die Strategie der EU-Kommission, weitere Akteure wie Wirtschafts- und Sozialpartner in das Prinzip der Partnerschaft einzubeziehen, kann als Absicht des Machtausbaus gewertet werden, da sie somit zu Trägern der europäischen Förderpolitik werden und auf diese Weise die Position der nationalen Regierungen schwächen.[705] Drei weitere Faktoren begünstigen diese Entwicklung: Zum ersten erhöht eine gering ausgebildete Machtkontrolle oder eine Machtteilung im politischen System der EU die Wahrscheinlichkeit des Machtmissbrauchs durch die EU-Kommission.[706] Zweitens liegen unklare Verantwortlichkeiten vor, sodass es zu einer Verflechtung der Kompetenzen bei Entscheidung, Finanzierung und Anwendung der Kohäsionspolitik kommt. Und drittens erleichtert eine schwache Regelbindung die Verselbstständigung des Exekutivorgans. Besonders aufgrund der Möglichkeit des diskretionären Mitteleinsatzes erlangt die EU-Kommission zusammen mit den nationalen Vergabestellen der Kohäsionsmittel (insbesondere in unitarischen Einheitsstaaten durch die Zentralregierung) Macht über die Verteilung. Die Konstanz und Planbarkeit für die Empfänger nimmt ab. Größere Ermessensspielräume geben den möglichen, abweichenden Eigeninteressen der Akteure der Kohäsionspolitik eine höhere faktische Bedeutung als es eine strikte Regelgebundenheit erlauben würde. Insgesamt lassen sich mit Hilfe der drei skizzierten prinzipiellen Defizite auf Regelebene die Handlungsmuster der Kohäsionspolitik zu einem wesentlichen Teil erklären.

---

703 Dies alles verdeutlicht, dass für eine fundierte Analyse der Wirkungen von Regeln auf die Verhaltensweisen von Individuen und zur Aufdeckung von Interaktion zwischen supranationalen Akteuren kulturelle Hintergründe beachtet werden müssen. Eine Fragestellung, die der *Sociological Institutionalism* nachgeht; vgl. Hooghe (2001); Nugent (2000); Bellier (1997).

704 Vgl. Becker/Zaun (2007); Gabrisch/Ragnitz (2001), S. 145. Bachtler/Mendez (2007), S. 545 stellen diese Entwicklung als Reaktion der EU-Kommission auf die Bestrebungen der Nettozahler Deutschland, Niederlande, Schweden und Großbritannien dar, die im Vorfeld der Finanzperiode 2007–2013 auf eine Beschränkung der Förderung auf die ärmsten Regionen gedrungen haben.

705 Vgl. Knodt (1996), S. 166.

706 Vgl. Bohnet-Joschko (1996). Außerdem wird z. B. der Spielraum durch den Ressortzuschnitt institutionell erweitert, weil es keine explizite Zusammensetzung des Ministerrates für Kohäsionspolitik gibt, sondern die Felder aufgeteilt sind in bspw. „Transport, Telecommunications and Energy“ und „Employment, Social Policy, Health and Consumer“; vgl. Nugent (2010), S. 142 ff.

6 Plädoyer für eine ordnungsökonomisch ausgerichtete Kohäsionspolitik

Wir sind heute nicht hier versammelt, weil wir glauben, dass die EU perfekt ist. Wir sind in dem Glauben versammelt, dass wir hier in Europa unsere Probleme zusammen lösen müssen.
Thorborn Jagland, zit. nach: Schulz (2012)

Der ehemalige Präsident des Europäischen Parlaments Pöttering warnte bereits 1983 mit Nachdruck vor den Gefahren einer wirtschaftlichen und sozialen Zweiteilung Europas, die sich aus dem wachsenden Wohlstandsgefälle zwischen entwickelten und weniger entwickelten Regionen ergebe. Seine Feststellung von „vergessenen Regionen" und „Hinterhöfen" hinsichtlich Lebensqualität und wirtschaftlicher Entwicklung lässt sich bis heute aufrechterhalten, auch wenn sich die betroffenen Gebiete zum Teil verlagert haben.[1] Ehemalige „Hinterhöfe" wie Irland weisen eine erfolgreiche Entwicklung auf, neue sind im Zuge der EU-Osterweiterung hinzugekommen.[2] Andere Gebiete hingegen, wie der Mezzogiorno (Süditalien), scheinen in ihrer Entwicklung still zu stehen.[3] Darüber hinaus zeigen sich ebenfalls deutliche Disparitäten innerhalb der Länder: Während meist urbane Regionen wirtschaftlich stärker sind, koppeln sich vorwiegend ländliche Gebiete zunehmend von diesem Entwicklungstrend ab.[4] Eine grundlegende Schlussfolgerung der vorliegenden Arbeit ist die Einsicht in die Notwendigkeit, dass die EU diese Spannungen ernst nehmen muss, falls sie nicht als Zusammenschluss zur Realisierung gegenseitiger Vorteile ihren Sinn und ihre Akzeptanz verlieren will. An der Kohäsionspolitik, mit der die EU über ein auf diese Problemlage gerichtetes Instrument verfügt, wird vielfach Kritik geübt, wie die zahlreichen Stellungnahmen in der Literatur belegen.[5] Damit diese berechtige Kritik aber nicht zur einer vollständigen Zurückweisung jeder Form von europäischer Unterstützungspolitik führt – denn diese ist notwendig – muss gezeigt werden, in welcher Weise die Kohäsionspolitik revidiert werden muss, um der ihr gestellten Aufgabe gerecht zu werden. Dies soll nun folgend geschehen, indem erste Eckpunkte und mögliche Politikoptionen eines Reformkonzeptes einer „Vitalpolitik für Staaten" skizziert werden. Dabei werden stets Rückbindungen zur gegenwärtigen

1 Dazu Pöttering/Wiehler (1983), S. 23 ff.

2 Vgl. Paus (2012).

3 Dies offenbart der Vergleich der gegenwärtigen Situation – für 2007 gilt insgesamt für die Regionen, die den Mezzogiorno bilden, dass sie rund 74% des durchschnittlichen EU-28-BIP-Pro-Kopf und nicht mehr als 66% des italienischen Landesdurchschnitts aufweisen – mit früheren Zeiträumen. Die EU-Kommission (1973), S. 252 bemerkte bereits in den 1970er: „Der Mezzogiorno ist arm, isoliert und hat eine rückständige Infrastruktur für die Industrieansiedlung. Das Durchschnittseinkommen pro Kopf erreicht im Süden nirgendwo mehr als zwei Drittel des Landesdurchschnitts."

4 Und bestätigen damit die in der Einleitung erläuterte These von Ther (2014).

5 Zur Kritik z. B.: Heinemann et al. (2010); Schindler (2005); Axt (2000); Klaphake (2000).

DOI 10.1515/9783110482768-006

Kohäsionspolitik vorgenommen, indem auch die bereits in vorhergehenden Abschnitten angesprochenen Verbesserungsvorschläge sowie Elemente schon vorliegender Reformkonzepte aufgegriffen werden. Zweck ist es, vorhandene Anknüpfungspunkte mit der Kohäsionspolitik zu veranschaulichen und damit Impulse für mögliche Reformansatzpunkte zu geben. Im Rahmen der vorliegenden Arbeit muss sich ein solcher Versuch jedoch notwendigerweise auf erste Hinweise beschränken und bedarf weiterer Konkretisierung.[6]

Als hilfreich für den Entwurf eines Reformkonzeptes erweisen sich die Erkenntnisse der bisherigen ordnungsökonomischen Analyse. Ein wesentliches Ergebnis der Untersuchung ist die Feststellung der schleichenden Veränderung der Kohäsionspolitik hin zu einer informellen Wirtschaftspolitik. Die sukzessive Veränderung der Förderpolitik ist auf ein fehlendes politisches Leitbild zurückzuführen. Die Grundidee einer „Vitalpolitik für Staaten" stellt deshalb auf die Etablierung eines Begründungsrahmens ab: Ist die Kohäsionspolitik in einen solchen Begründungszusammenhang gestellt, lassen sich für die spezifische Umsetzung Maßnahmen ableiten, die nicht Gefahr laufen, die ursprüngliche Absicht der Politik zu verletzen. Eine „Vitalpolitik für Staaten" verfolgt, in Analogie zum Rüstow'schen Ursprungskonzept, das Ziel, „vitale" Bedingungen zu schaffen. Während bei Rüstow der einzelne Mensch im Zentrum stand, so liegen bei einer „Vitalpolitik für Staaten" zwei Ebenen vor: Die Vitalsituation ist der Zustand, in dem ein Staat durch die Unterstützung der Kohäsionspolitik Spielräume erlangt (erste Ebene), um seiner Bevölkerung eine privilegien- und diskriminierungsfreie Marktteilnahme zu ermöglichen (zweite Ebene) und in dem der Staat zudem überwirtschaftliche Ziele verfolgen kann. Eine „Vitalpolitik für Staaten" strebt nicht an, den Mitgliedstaaten präzise Handlungsvorschriften aufzuerlegen und sie auf diese Weise zu passiven Empfängern von Finanztransfers zu machen, sondern räumt den Mitgliedstaaten weitgehende Handlungsspielräume ein.[7] Im ersten Abschnitt dieses Teils 6.1 gilt es die grundsätzliche Idee des Reformkonzeptes näher zu erläutern.

---

6 Die Beschränkung ist zweierlei Art: Erstens kann eine polit-ökonomische Perspektive der Umsetzung hier nur bedingt eingenommen werden. Nichtsdestotrotz müssen sich Reformen stets mit dem Konflikt zwischen ökonomischer Rationalität und politischer Opportunität auseinandersetzen. Dazu bereits Demsetz (1969). Zweitens wird der Fokus auf die Kohäsionspolitik als europäisches Politikfeld gelegt und streift den allgemeineren Kontext der EU, in den sie eingebettet ist, lediglich. Da die Reform eines EU-Politikfeldes nicht ganz ohne die übergeordnete Ebene des Primärrechts und des Institutionengefüges gedacht werden kann, steht im Hintergrund der Argumentation stets eine umfassendere ordnungsökonomische Vision der EU; vgl. Feld (2012); Schüller (2006).

7 Aus einem weiteren, realpolitischen Grund sind Handlungsspielräume nötig. Da die Kohäsionspolitik (noch) keine *Regulatory Policy* ist, also keine direkte Beeinflussung vieler wirtschaftspolitischer Rahmenbedingungen (z. B. Steuer- und Bildungssystem) in den Mitgliedsländern durch die EU-Kommission möglich ist, muss die Kohäsionspolitik ohnehin diese Kohäsionsmittel den jeweiligen Regierungen im Vertrauen auf sinnvolle Maßnahmen überlassen.

Folgt man dem Konzept einer „Vitalpolitik für Staaten" und überlässt den Förderberechtigten durch ungebundene Finanzzuweisungen weitgehend die Verfügung über die Kapitalhilfen, dann besteht entweder die latente Gefahr der Mittelfehllenkung infolge unsachgemäßer Verwendung oder, im schlimmeren Fall, die des Missbrauchs. So läuft die „Vitalpolitik für Staaten" (ähnlich wie auch eine nationale Vitalpolitik) aufgrund von *Moral Hazard*, das Anreize zur risikofreudigen Mittelverwendung bietet,[8] Gefahr, gegenteilige Wirkungen als die Stärkung der Selbstverantwortung zu erreichen. Insbesondere im Falle defizitärer demokratischer und rechtsstaatlicher Strukturen ist eine Bereicherung durch die Eliten und eine Begünstigung von *Rent-Seeking*-Verhalten anzunehmen.[9] Obwohl Fehllenkungen kaum vollständig und dauerhaft auszuschließen sind, kann jedoch versucht werden, diese Gefahr einzudämmen. Um dieser Problemlage entgegen zu wirken, sollen drei Maßnahmen skizziert werden, die – in Anlehnung an Eucken – als die drei konstituierenden Prinzipien einer „Vitalpolitik für Staaten" beschrieben werden könnten.

Erstens erscheint es wesentlich, dass Verantwortlichkeiten klar getrennt werden, sodass jeder Akteur für die ihm zugewiesenen Kompetenzen die Haftung übernimmt und diese Zurechnung auch transparent ist.[10] Anders als bei der Politikverflechtung der gegenwärtigen Kohäsionspolitik muss Verantwortung klar zuordenbar sein. Hierfür soll ein „Kohäsionsvertrag" vorgeschlagen werden, mit dem sich die förderberechtigten Länder im Gegenzug zu den Kapitalhilfen zu einer bestimmten Zielerreichung verpflichten, an die zudem der zukünftige Förderbetrag gekoppelt ist (Abschnitt 6.2).

Zusätzlich soll als zweites konstituierendes Prinzip der Rahmen für einen „Wettbewerb der Regionen" um weitere Fördermittel geschaffen werden, bei dem die lokalen Entscheidungsträger mit ihren jeweiligen Befähigungsstrategien und die Antragsteller mit ihren Projekten EU-weit um die Zuteilung von Kapitalhilfen konkurrieren. Infolge des Vergleichs der Performance der eigenen *Catch Up*-Politik mit der der Nachbarregionen und anderer Staaten entsteht Handlungsdruck auf die Entscheidungsträger. Diese Perspektive wird in Abschnitt 6.3 dargelegt.

Die konkreten Maßnahmen der Mitgliedstaaten sollten so gestaltet sein, dass sie kompatibel zum Begründungsrahmen sind. Anhand des dritten konstituierenden Prinzips der „Prinzipienbindung" gilt es deshalb sicherzustellen, dass die nationale

---

8 Arrow (1971; 1965; 1963) machte den Ausdruck des *Moral Hazard* durch seine Beschreibung des Phänomens risikoaffinen Verhaltens im Zusammenhang mit Versicherungen bekannt. Grundsätzlich zur Differenzierung gebundener und ungebundener Kapitalhilfen: Heinemann et al. (2010), S. 39 ff.

9 Außerdem scheint die Gefahr umso größer zu sein, desto entkoppelter die Entscheidungsträger, die über die Mittelverwendung befinden, von den tatsächlichen Auswirkungen der Hilfsmaßnahmen sind.

10 Zu vermeiden ist eine Situation des *Blame Shifting*, bei der Mitgliedstaaten die diffuse Verantwortungszurechnung ausnutzen, um die EU als Verantwortliche für unpopuläre nationale Maßnahmen zu benennen.

Entwicklungspolitik sich an grundlegenden ökonomischen und politischen Metaprinzipien orientiert (Abschnitt 6.4). Die Empfänger müssen für ihre spezifischen Prozesse im Rahmen der Kohäsionspolitik eine prinzipienkonforme Durchführung sicherstellen. Damit tritt ergänzend zur *Output*-Orientierung der ersten beiden Prinzipien ein Verfahrenskriterium. Die Einforderung fundamentaler Prinzipien in Form von Verfahrensvorschriften steht aber nicht im Widerspruch zur Selbstständigkeit der Förderberechtigten, da sie durch ihren Grad an Abstraktion als Metaprinzipien offen sind für die konkrete, inhaltliche Gestaltung von Wirtschaftspolitik, die in jeweiliger nationaler Verantwortung in „national colors“[11] umgesetzt werden können.

6.1 Mehr als Binnenmarktpolitik: Befähigung und Inklusion

Eine wichtige Einsicht einer „Vitalpolitik für Staaten“ ist der Perspektivenwechsel: Die Wirksamkeit der Kohäsionspolitik entscheidet sich nicht anhand der ökonomischen Effizienz, sondern daran, wie es der Politik gelingt, den Menschen ein gutes Leben zu ermöglichen. Im Fokus einer in diesem Sinne guten Politik muss immer der Zweck der Wirtschaft als Dienerin der Menschen stehen. So zielt die Rüstow'sche Denkfigur des Marktrandes darauf ab, dass es wesentliche Faktoren für ein gutes Leben gibt, die außerhalb der ökonomischen Sphäre liegen.[12] Überträgt man dies auf die EU, so sind der vollständigen Verwirklichung des Binnenmarktes[13] ergänzende Bemühungen zur Seite zu stellen, die sich auf den europäischen „Marktrand“ beziehen. Dieser Gedanke macht sich mit Bezug zur Kohäsionspolitik an zwei Elementen fest. Erstens sollten politische und soziologische Aspekte in ökonomische Überlegungen mit einbezogen werden. Die *gesellschaftliche* Effizienz zeigt sich eben auch darin, dass Staaten im Rahmen der europäischen Regional- und Strukturpolitik überwirtschaftliche Ziele, wie bspw. Umwelt- und Klimaschutzmaßnahmen, verfolgen können. Zweitens – und entscheidender – geht es darum, Staaten und ihre Bürger in ihrer Selbstverantwortung zu stärken und dafür zu sorgen, dass ein Individuum ein sinnerfülltes Leben führen kann: „Ziel ist die bewusste politische Förderung von Lebensumständen, die den einzelnen Lebensperspektiven eröffnen können.“[14] Der Kohäsionspolitik fällt im Rahmen der überökonomischen Ziele die Funktion zu, den Bevölkerungen der Mitgliedstaaten die Teilnahme am gemeinsamen Markt zu ermöglichen, falls ihnen das aus eigener Kraft nicht möglich sein sollte. Im Sinne der Chancengerechtigkeit lautet der Zielpunkt, faktische Beteiligungshindernisse zu identifizieren und zu beseitigen. Die Befähigung steht unter der Maßgabe, nicht punktuell einzelne Maßnahmen zu

---

11 Cowles et al. (2001), S. 1.
12 Rüstow (1957a/1963), S. 186.
13 Die Notwendigkeit hierfür zeigt der Fortschritt bei der Realisierung des Binnenmarktes; vgl. Ohr/König (2012).
14 Feld et al. (2011), S. 18.

verfolgen, sondern grundlegend die Rahmenordnung so zu verändern, dass den Volkswirtschaften der mittel- und osteuropäischen EU-Mitgliedstaaten die Teilhabe an *Catch Up*-Prozessen ermöglicht wird. Bezogen auf die Ebene der Regionalpolitik bedeutet dies, Mitgliedstaaten zu befähigen, wiederum ihre Regionen zu befähigen (Politik *für* Regionen), Standortvorteile zu entwickeln und zu nutzen, um so eine Vergrößerung von Verwirklichungschancen zu erreichen (Politik *der* Regionen). Die Kohäsionspolitik trägt so indirekt dazu bei, den jeweiligen Bevölkerungen ein Umfeld zu schaffen, in dem sie sich entsprechend ihrer Fähigkeiten entfalten können. Zentral erscheint deshalb die Souveränität (sub-)nationaler Wirtschaftspolitik, da eine zentralisierte Kohäsionspolitik kaum umfassend erfolgreiche und wirksame ökonomische Entwicklung bewirken kann.[15] Anstelle auf ein allgemeingültiges Rezept zu vertrauen, gilt es für jedes MOEL die Kombination funktionsfähiger Institutionen zu finden, die für die spezifische Ländersituation angemessen ist. Der Spielraum für nationale Strukturreformen muss groß genug sein und die Empfänger müssen entsprechend ihren Präferenzen dezentral über den Mitteleinsatz entscheiden können. Inwiefern ein Land bspw. Bedarf an Infrastruktur hat, hängt davon ab, welche Problemlagen in den jeweiligen Regionen herrschen oder welche Wirtschaftsstruktur sie aufweisen (z. B. starker Tourismussektor, exportorientierte oder innovationsgetriebene Unternehmen).[16] Ein weiteres Argument für weite Gestaltungsspielräume lässt sich aus der Institutionenökonomik ableiten: Diese betont die „Passung“ zwischen formellen und informellen Institutionen,[17] insbesondere auch mit Hinsicht auf die MOEL.[18] Nur durch die Berücksichtigung der lokalen Bedingungen eines Landes kann ein Politikimport gelingen und die Erfolgschancen von Reformen erhöht werden. Da die Akzeptanz der Bevölkerung durch (lokale) *Public* und *Cultural Entrepreneurs* gesichert werden muss,[19] fällt der EU und der EU-Kommission die Rolle zu, solche Strukturen

---

15 Die Einsicht, dass eine wirksame Kohäsionspolitik nur im Zusammenhang mit geeigneten nationalen Maßnahmen funktioniert wird durch unterschiedliche Fallstudien untermauert. Zum Beispiel. hat nach einer Studie von Farrell der Erfolgsfall Irland die Kohäsionsmittel und ergänzende nationale Mittel und Maßnahmen prioritär in Humankapital investiert, während im Gegensatz Spanien sich auf materielle Infrastruktur konzentrierte; vgl. Farrell (2004).

16 Vgl. Farole et al. (2011).

17 Dazu grundlegend: Goldschmidt et al. (2012); Zweynert/Goldschmidt (2006); Roland (2004); Denzau/North (1994); North (1990/1992). Kritik an der vermeintlichen unscharfen semantischen *North'schen* Abgrenzung von formellen und informellen Institutionen übt Hodgson (2006).

18 Vgl. Zweynert/Wyszynski (2009); Panther (1998).

19 Grund hierfür ist, dass die lokalen *entrepreneurs* eine Vertrautheit mit den ideologischen und kulturellen Prägungen haben, über die „kaum ein ausländischer Berater verfügen kann – auch und vor allem deshalb nicht, weil es sich zu einem beträchtlichen Teil um implizites, im Zuge der primären Sozialisation angeeignetes Wissen handelt.“ Herrmann-Pillath/Zweynert (2010), S. 105 f. Auch Schnellenbach (2007); Zweynert (2007b); Kubik (2003); North (1990/1992), S. 107 ff. Ebenso betont Roland (2004), S. 127 die Bedeutung des Dialoges der politischen Eliten bei institutionellem Wandel, da diese mehr Wissen über die *Slow-Moving Institutions* (sich langsam wandelnder Institutionen) besitzen. „Therefore, only dialogue can help formulate adequate development policies. This does not mean

und Akteure mittels der Kohäsionspolitik zu stärken, anstatt als externer Berater mit detaillierter Handlungsanweisungen aufzutreten.[20] Auf diese Weise unterscheidet sich eine „Vitalpolitik für Staaten" bereits in ihrer Grundausrichtung von der bisherigen Kohäsionspolitik, bei der der Mitteltransfer im Sinne der Umverteilung von Beiträgen der Mitgliedsländer im Vordergrund steht. Kohäsionspolitik sollte nicht (länger) als Kompensations- und Alimentationsleistung für Zugeständnisse an anderer Stelle im Verhandlungsgeschehen gesehen werden, sondern als elementare Politik um rückständige Gebietskörperschaften zu integrieren. In Analogie der Rüstow'schen Forderung nach Startgerechtigkeit kann davon gesprochen werden, den Staaten und deren Bevölkerungen Chancen für ein gelingendes Leben zu gewährleisten. Die Absicht ist letztlich keine finanzielle Gleichausstattung der Empfängerstaaten, sondern gezielte Förderung und Ausbau solcher Institutionen, die der Befähigung der Bevölkerung dienen können und dem jeweiligem Bedarf entsprechen.[21] Des Weiteren spricht eine „Vitalpolitik für Staaten" gegen die Position, dass sich die Kohäsionspolitik auf die Stärkung von Zentren mit Wachstumspotenzial beschränken sollte, anstatt flächendeckend zu fördern, wie infolge des Paradigmenwechsels der Lissabon- und Europa 2020-Strategie gefordert wird. Begründet wurde dies dadurch, dass die Förderung unterentwickelter Regionen zulasten des gesamtwirtschaftlichen Wachstums gehe. Für eine „Vitalpolitik für Staaten" muss man hingegen nicht zwingend einen Zielkonflikt zwischen der Förderung einer Wettbewerbsagenda (die sich auf die Wachstumspole konzentriert) und der Begünstigung weniger entwickelter Regionen sehen. Dem Befähigungsgedanken liegt die Annahme zu Grunde, dass eine bessere Entwicklung,

---

that there are no local elites with vested interests in maintaining inefficient institutions. Yet those are not the local elites with which a fruitful dialogue can be established; rather, one should enter into a dialogue with elites who have an interest in development. Such elites are not necessarily represented in government but are very active in civil society. Policy dialogue therefore entails not just a dialogue with governments but also with different components of civil society at large."

20 Ein solches generalisierendes Vorgehen wurden von IWF und der Weltbank mit dem *Washington Consensus* lange Zeit betrieben; vgl. Williamson (1990); The Commission on Growth and Development (2008). Myrdal (1956/1958), S. 215 ff als einer der Väter der Entwicklungsökonomie, nahm die Schwierigkeit des Institutionentransfers in dieser Hinsicht vorweg: „Es ist eine alte theoretische Tradition der Ökonomie, nicht ökonomische Faktoren aus der Analyse auszuschließen. Darum haben viele Ökonomen oft einfach angenommen, dass sich die nationalen Gemeinschaften psychologisch, sozial, kulturell und politisch den wirtschaftlichen Veränderungen ohne Weiteres anpassen würden, sobald diese aufträten. [...] Es gibt offenbar historische Wurzeln, die nicht zerstört werden sollten, und es gibt überkommene Bräuche, die nicht einfach abgeschafft, sondern den veränderten Umständen angepasst werden müssen. Viele Wertvorstellungen in diesen Ländern enthalten große Möglichkeiten für eine soziale Entwicklung zu wertvollen menschlichen Gemeinschaften, wenn sie auch in anderen Bahnen verlaufen als die unserer westlichen Zivilisationen."

21 In ähnlicher Weise wie auf Individualebene gilt für Staaten: „Aus dem, was Menschen in gleichem Umfang an Gütern zur Verfügung haben, resultiert aufgrund der individuellen komplexen Transformationskette noch keine Gleichheit mit Blick darauf, was ihnen daraus als Chance erwächst – und auf diese komme es schließlich an." Scholtes (2005), S. 29.

d. h. ökonomisches Wachstum und Steigerung des Wohlstandes in den relativ armen Regionen, auch positive Effekte auf die übergeordnete Einheit hat.

Es erschein sinnvoll, die Begründung der Kohäsionspolitik zu erweitern und idealerweise in die EU-Verträgen aufzunehmen. Es sollten sowohl explizit überwirtschaftliche Ziele als auch der Zielpunkt der Befähigungspolitik, nämlich die Binnenmarktteilnahme, im Primärrecht verankert werden. Auf diese Weise wird die Gefahr der Zielverschiebung und der willkürlichen Interpretation verringert, ohne den Spielraum der Mitgliedstaaten einzuengen. Als Maßgabe könnte das Bedürftigkeitsprinzip dienen: Mit der Beschränkung auf die Unterstützung wirtschaftsschwacher Gebietskörperschaften, die nicht aus eigener Kraft fähig sind, sich zu entwickeln, wäre nicht nur eine Ausweitung des Förderkreises gehemmt, sondern würde dem Sinn der Stärkung der Eigenverantwortlichkeit gerecht werden und die Gefahr minimieren, sich auf die Hilfe Dritter zu verlassen.[22] Die Untersuchung der aktuellen Förderkriterien und der Fördergebiete hat hingegen aufgezeigt, dass diese Gefahr im derzeitigen EU-System real ist. So werden wirtschaftsschwache Regionen in wirtschaftsstarken Ländern und sogar relativ wohlhabende Regionen in wirtschaftsstarken Ländern gefördert. Mit der vertraglichen Fixierung wäre der EU-Kommission für solche Entwicklungsbestrebungen die argumentative und rechtliche Grundlage entzogen. Zudem zeigen Studien die positive Wirkung einer solchen Konzentration auf die bedürftigsten Regionen in Hinsicht auf die Nettozahlerposition und die finanzielle Besserstellung.[23] Ebenso würde dadurch das Subsidiaritätsprinzip ernst genommen werden, das als „Aufgaben- und Kompetenzverteilung von unten nach oben, wobei die jeweils kleinere Einheit ihre Zuständigkeit zur Erledigung einer Angelegenheit nur dann an die jeweils größere Einheit abtreten muss, wenn sie selbst die Aufgabe entweder gar nicht oder lediglich ineffizienter erfüllen kann“[24], verstanden wird und – trotz formaler Nennung im AEUV – bislang kaum Anwendung findet.[25] Zur Operationalisierung der Bedürftigkeit könnte zusätzlich zur Messung des BIP-Abstandes der Regionen zum EU-Schnitt die Messung des Abstandes der Region zum nationalen Schnitt sowie des Abstandes des Staates zum EU-Durchschnitt dienen.[26] Auf diese Weise kann erfasst werden, inwiefern das Land selbst in der Lage ist die Regionen zu fördern. Falls einzelne Regionen für sich genommen förderfähig wären, der übergeordnete Staat jedoch eine gewisse Schwelle des Wohlstandes überschritten hat, dann kann

22 Die Forderung nach einer (Rück-)Besinnung auf die Förderung der Wirtschaftsschwächsten ist eine häufige Forderung vorliegender Reformkonzepte; z. B. Sapir (2003).

23 Vgl. Hesse et al. (2012), S. 21 ff.; Swidlicki et al. (2012), S. 22 ff.

24 Ischia (2004), S. 73. Grundlegend zur Subsidiarität: Isensee (2002); Walther (2002), S. 118 f; Endo (2001).

25 Blankart (2011), S. 663 urteilt, dass die Subsidiaritätsprüfung bis zum Lissabon-Vertrag „sehr lax“ gehandhabt wurde.

26 Darüber hinaus könnte die Messung der Wirtschaftskraft um weitere Indikatoren, die z. B. die institutionelle Qualität prüfen, ergänzt werden.

von einer ausreichenden Leistungsfähigkeit der nationalen Regional- und Strukturpolitik ausgegangen werden. Konkret könnte überlegt werden, die 75%-Schwelle auf die Wohlstandsdifferenzen sowohl zwischen den Regionen und dem übergeordneten Staat als auch zwischen den Staaten und dem EU-Durchschnitt (damit wären 2007 alle MOEL mit Ausnahme Sloweniens und der Tschechischen Republik förderberechtigt gewesen; dazu Abschnitt 5.5.1) anzuwenden. Eine weitere denkbare Möglichkeit ist die Ersetzung der regionalen Vergabekriterien durch national ausgerichtete Grenzwerte, wie etwa das nationale BIP oder BNE (wie es bereits im Falle des Kohäsionsfonds geschieht). Ferner wäre zu überlegen, die Förderebene gänzlich auf die Nationenebene anstelle von Regionen anzusiedeln.

6.2 „Kohäsionsverträge" als erstes konstituierendes Prinzip einer „Vitalpolitik für Staaten"

Um das *Moral Hazard*-Problem zu lösen, ohne jedoch die Forderung nach eigenständiger Gestaltungskompetenz aufzugeben, wird vorgeschlagen, den Zusammenhang zwischen Handlung und Haftung durch „Kohäsionsverträge" institutionell zu stärken.[27] Die im Kontext von Unterstützungsmaßnahmen eingeforderte Selbstverantwortung muss tatsächlich auch übernommen werden. Hintergrund der Forderung nach einer Verankerung des Haftungsprinzips im Sekundärrecht ist die ordnungsökonomische Kernforderung nach Regelbindung. Im Gegensatz zur einer interventionistischen Politik, die darauf reagiert, was unter den jeweils konkret gegebenen Bedingungen am Zweckmäßigsten erscheint oder politisch opportun ist, gewährleistet eine ordnungsökonomische Sicht, dass Akteure an vorher vereinbarte Regeln gebunden sind. Konkret auf die Kohäsionspolitik bezogen würde das Prinzip im Wesentlichen die Partnerschaft zwischen EU-Kommission und Mitgliedstaaten betreffen.[28] Wie die Analyse (insbesondere Abschnitte 5.3 und 5.4) belegt, zeichnet sich die gegenwärtige Kohäsionspolitik durch ein Netzwerk gemeinsamen Entscheidens aus (Politikverflechtung). Aus diesem Grund sollten die Verhandlungen über die NSRP und die OP abgeschafft werden, da sie einerseits Ressourcen der Mitgliedsländer binden und hohe Transaktions- und Einigungskosten sowie Intransparenz verursachen, andererseits jedoch kaum Nutzen bringen, da die gewünschte Steuerungswirkung (Einflussnahme der EU-Kommission auf die inhaltliche Ausgestaltung) *de facto* sehr gering ist. Als Politikoption wird jedoch nicht die Streichung der geteilten Zuständigkeit

27 Auf die Bedeutung der Haftung wiesen bereits die Ordoliberalen hin, z. B. Eucken (1952/2008), S. 280: „Investitionen werden umso sorgfältiger gemacht, je mehr der Verantwortliche für diese Investitionen haftet. Die Haftung wirkt insofern prophylaktisch gegen eine Verschleuderung von Kapital und zwingt dazu, die Märkte sorgfältig abzutasten."

28 Als Hilfestellung hierzu könnten die Überlegungen der institutionellen Kongruenz aus Nutznießer, Entscheidungsträger und Steuerzahler dienen; vgl. Blankart (2011), S. 627 ff.

vorgeschlagen (im Sinne der häufig vorzufindenden Forderung nach vollständiger Renationalisierung oder der Idee eines horizontalen Finanzausgleichs mit ungebundenen Finanzzuweisungen),[29] sondern erforderlich ist eine Umgestaltung der Partnerschaft in zwei Hinsichten: Erstens und mit Blick auf die erste Ebene der Vitalsituation (Befähigung der MOEL) muss eine Reform der Instrumente der Kohäsionspolitik stattfinden. Anstatt der Möglichkeit, direkte Beihilfen an Unternehmen zu zahlen, sollen nunmehr die Mittel vorwiegend gezielt für den Auf- und Ausbau solcher Institutionen bereitgestellt werden, die der Befähigung der Bevölkerung dienen und die demokratische und rechtsstaatliche Strukturen stärken.[30] Darüber hinaus sollte die Vielzahl an verschiedenen Fonds abgeschafft und eine höhere Kohärenz der Ziele verfolgt werden. Dies könnte durch die Zusammenfassung der Fonds zu einem „Befähigungsfonds“ erreicht werden, der den klar umgrenzten Zweck besitzt, die Teilhabechancen der EU-Bevölkerungen bedürftiger Gebietskörperschaften zu verbessern und zwar insbesondere hinsichtlich der Infrastruktur (bisher EFRE und KF) und der Investitionen in die (Aus-)Bildung (bisher ESF). Zur weiteren Umgestaltung der Partnerschaft wird zweitens vorgeschlagen, dass zwischen der EU-Kommission und den wirtschaftsschwachen Gebietskörperschaften für die Länge einer Förderperiode von sieben Jahren eine Art Vertrag, ein „Kohäsionsvertrag“, geschlossen wird,[31] in dem die Finanzzuweisungen an die Erreichung von ökonomischen, aber v. a. auch außerökonomischen Zielen (Aufbau von Verwaltungskapazitäten, Zugang zu Bildungsangeboten etc.) gebunden werden.[32] Der Vertrag würde ebenfalls Konsequenzen für eine Vertragsverletzung oder das Verfehlen der avisierten Ziele vorsehen und somit, anders als die NSRP und die OP, einen Anreiz zur Zielerreichung setzen. Der Erfolg bemisst sich also an der erbrachten Leistung der Förderempfänger und zieht im Misserfolgsfall

29 Vgl. Stehn (2002).

30 Denn wie die ordnungsökonomische Analyse zeigt, kann nicht zwingend von der Existenz effizienter Institutionen zur Mittelverwendung ausgegangen werden. Den Bedarf scheint auch die EU-Kommission (2011d), S. 3 bemerkt zu haben, da sie in ihren Vorschlägen für die Periode 2014–2020 schreibt: „Die Erfahrungen aus der Vergangenheit zeigen, dass die Wirksamkeit von Investitionen, die mit Fondsmitteln finanziert werden, manchmal durch Unzulänglichkeiten in der nationalen Politik und in den ordnungspolitischen und institutionellen Rahmenbedingungen beeinträchtigt wird.“ Die Abschaffung der direkten Unternehmensbeihilfen hätte auch die Wirkung, dass Missbrauchspotenzial eingeschränkt werden könnte, wie folgendes Beispiel verdeutlicht: Der EFRE förderte eine Musikproduktionsfirma in Bulgarien, die ohnehin wirtschaftlich sehr erfolgreich ist, jedoch aufgrund der Erfüllung der Förderkriterien (v. a. Schaffung von Arbeitsplätzen) die Förderberechtigung erlangte; vgl. Brill (2013), S. 7.

31 Impulse für eine solche Idee können die beschriebenen Reformkonzepte von Entwicklungsverträgen im Rahmen der Entwicklungspolitik von z. B. Wintrobe (2001; 1998; 1990) und Wockenfuß (2010) geben, die in Abschnitt 5.1 skizziert wurden.

32 In diese Richtung geht eine Neuerung der kohäsionspolitischen Periode 2014–2020: Vorgesehen sind „Partnerschaftsverträge“ zwischen Mitgliedsländern und der EU-Kommission, in denen festgelegt wird, in welchen Bereichen die Kapitalhilfen eingesetzt werden und wann die bestimmte Ziele erreicht werden sollen. Für eine fundierte Bewertung ist es allerdings noch zu früh.

negative Sanktionen mit sich. Von der Zielerfüllung können die Kapitalhilfen der nächsten Periode oder die Höhe der Kofinanzierung abhängig gemacht werden. Auf diese Weise wird der Einsatz von wirkungsvollen Hilfen belohnt.[33] Nach Vertragsabschluss bleibt es den Mitgliedstaaten überlassen, auf welche Weise sie die gesetzten Ziele erreichen wollen, die EU-Kommission sollte sich auf die Rolle einer passiven Überwachungsinstanz beschränken. Mit diesem eng umgrenzten Tätigkeitsbereich wird der EU-Kommission zum einen sekundärrechtlich eine klare Funktion zugewiesen und ihr ermöglicht, im gemeinsamen Interesse aller Mitglieder tätig zu werden, zum anderen wird der Verselbstständigungstendenz (vgl. These III in Abschnitt 5.6) entgegenwirkt und verhindert, dass die delegierte Entscheidungsmacht gegen das Interesse einiger oder aller Mitglieder eingesetzt wird. Die Überprüfung der vertraglich geregelten Zielerfüllung und die Kontrollen der Verwendung der EU-Mitteln sollte neben der EU-Kommission durch weitere unabhängige Instanzen erfolgen (wie durch die Aufwertung des EuRH, des Haushaltskontrollausschuss des EP oder des Europäischen Amtes für Betrugsbekämpfung OLAF im Bereich der Kohäsionspolitik).

6.3 „Wettbewerb der Regionen“ als zweites konstituierendes Prinzip einer „Vitalpolitik für Staaten“

Zu befürchten ist, dass das Schließen von geeigneten „Kohäsionsverträgen“ alleine nicht ausreicht, um die missbräuchliche Verwendung von Kapitalhilfen durch Entscheidungsträger und Förderempfänger systematisch zu verhindern. So wäre bspw. zu vermuten, dass eine eher autoritäre Regierung, die zumindest zeitweilig nicht auf eine breite Zustimmung der Bevölkerung angewiesen ist, zwar einen gewissen Anreiz hat, ihren „Kohäsionsvertrag“ zu erfüllen, jedoch auch ein Interesse besitzt, die Vertragskriterien möglichst vage zu halten und die finanziellen Ressourcen der EU zu ihren Gunsten zu lenken. Deshalb erscheint es ratsam, dass sich das Konzept nicht nur auf die Kontrolle durch supranationale Instanzen verlässt, wie es bereits ähnlich Rüstow mit seinem optimistischen Glauben an das Vorhandensein eines überparteilichen, starken Staates getan hat,[34] sondern eine breite, demokratische Kontrolle zu stärken. Der Anspruch ist hierbei die Vergabe eines Teils der Kohäsionsmittel als Wettbewerb zwischen Regionen und Ländern zu gestalten (denkbar wäre ein Anteil von 40% der Gesamtmittel). Die politischen Entscheidungsträger haben dadurch einen

33 Das Prinzip dieser Leistungsförderung könnte weiterhin durch *Sunset*-Klauseln verstärkt werden, die mittels zeitlich begrenzter Förderbedingungen die regelmäßige Neuverhandlung notwendig macht, und somit Pfadabhängigkeiten und Alimentationsmentalitäten mindert (wie sie etwa im Rahmen der zeitlich unbefristeten Transferzahlungen der GAP existieren).

34 Abgesehen von den bereits angesprochenen prinzipiellen Einwänden (polit-ökonomischer Art) gegen das Konzept eines starken Staates, wäre ein solcher Ansatz in absehbarer Zeit schwer auf die Ebene der EU zu übertragen.

Anreiz, die geeignetsten Befähigungsstrategien zu suchen und anzuwenden. Konkret könnte der „Wettbewerb der Regionen" so gestaltet sein, dass ein gewisser Anteil der Fördermittel EU-weit ausgeschrieben wird und sich die förderberechtigten Regionen mit ihren Förderprogrammen sowie einzelne Antragsteller mit Projekten bewerben.[35] Zuschlag würden die Einreichungen erhalten, die kohärent mit den noch zu schildernden Metaprinzipien (Abschnitt 6.4) sind und die *ex ante* erwarten lassen, die Ziele relativ besser zu erreichen. Da aus diesen Mittelreserven der Kohäsionspolitik in bestimmten Intervallen solche Ausschreibungen stattfänden, würde sich im Laufe der Zeit zeigen, welche Programme auch tatsächlich Verbesserungen der Lebenslagen mit sich bringen. Ein gewisser Teil der Finanzierung könnte wiederum vom Erfolg abhängig gemacht und erst im Nachhinein erstattet werden. Für den „Wettbewerb der Regionen" muss ein Austausch innerhalb der EU über die dezentral betriebenen Strategien und eine an gemeinsame Kriterien gebundene Evaluation der Strategien erfolgen.[36] Dass diese Sicht nicht unrealistisch ist, zeigen empirische Befunde, die die EU als ein „laboratory" für Politikexperimente und Institutionentransfer sehen.[37] So findet ein vergleichsweise transaktionskostenarmer Informationsaustausch über die Wirksamkeit von Politikmaßnahmen und eine Verbreitung erfolgreicher Politiken zwischen den Mitgliedstaaten statt. Staaten lernen von anderen Staaten, wenn diese Institutionen implementieren, die sich als erfolgreich herausstellen: „The argument is that decentralized policy-making encourages policy innovation, while the supranational level governs the exchange of information about the consequences of these policy innovations."[38] Ein Beispiel soll diese Wirkungsweise einer „Vitalpolitik für Staaten" kurz veranschaulichen: So unternehmen Großbritannien und Frankreich Anstrengungen auf nationaler Ebene, staatliche Investitionsbanken nach deutschem Vorbild aufzubauen, da durch sie die (regionale) Wirtschaftsförderung effizient geleistet werden

35 Ansatzpunkt könnte der Ausbau der bereits vorhandenen „leistungsgebundenen Reserven" sein, die schon in der Periode 2007–2013 existierten und aktuell folgende Konditionen besitzen: Je nach Zielerreichung im Rahmen der Partnerschaftsverträge können am Ende des Zeitraums zusätzliche Mittel zur Verfügung gestellt werden (insgesamt 6% der Kohäsionsmittel); vgl. Verordnung (EU) Nr. 1303/2013 des Europäischen Parlaments und des Rates vom 17. Dezember 2013, in: ABl. Nr. L 347, 20 Dezember 2013, Art.20f.

36 Zu diesem Zweck könnte das bereits vorliegende Mittel der offenen Methode der Koordinierung (OMK) sein, welches zu reformieren und weiter auszubauen wäre. Grundlogik der OMK ist der institutionalisierter Austausch von *best practices* und Erfahrungen; vgl. Hodson/Maher (2001).

37 Dazu Eberlein/Kerwer (2004); Radaelli (2000b).

38 Fink (2013), S. 632. Weiter schreibt Fink (2013), S. 643 „On lower levels – concerning policy instruments and settings – joint EU membership may be important in fostering policy learning. For example, when studying labour market policies, we would expect no effect of the EU on learning about the activating labour market paradigm, but may find an EU effect on learning about the details of job training programmes. Thus, the conclusion applies to policy change on a high level of abstraction, in policy fields where Member States are uncertain about the consequences of policy change and where the EU has passes only little hard law but has institutionalized information exchange."

kann. Die Übernahme einer Investitionsbank erfolgt dabei nicht exakt, sondern angepasst an die Länderspezifika.[39] Durch die Gestaltung der Vitalpolitik als Wettbewerb werden Länderbesonderheiten und die institutionelle Vielfalt (wie sie Kapitel 4 für die MOEL illustrierte) beachtet und damit das Argument gestützt, dass ökonomische und gesellschaftliche Entwicklungsprozesse nur bei Berücksichtigung der jeweiligen Kontextualität erfolgreich sein können.[40]

Zwei Funktionsbedingungen bedarf ein solcher „Wettbewerb der Regionen“: Erstens sind Handlungsspielräume für die Förderberechtigten notwendig, da nur so eigene Strategien zur Verbesserung der Lebensbedingungen entwickelt und erprobt werden können. So werden Hilfe zur Selbsthilfe sowie Selbständigkeit gefordert und gefördert. Auch angesichts eines systematischen Wissensproblems, passende (wirtschafts-)politische Lösungen für regionale Problemlagen zu finden, die sich zudem dynamisch entwickeln, ist es nötig, verschiedene Strategien ausprobieren zu können.[41] Welche Lösungswege am sinnvollsten sind, ist im Vorfeld unbekannt und fordert den Wettbewerb als ein „Entdeckungsverfahren“.[42] Dabei gilt: Je größer die Anzahl an institutionellen Experimenten, desto höher die Wahrscheinlichkeit, gute Regeln aufzudecken. Und gerade in der EU bieten sich durch die kulturelle Vielfalt dafür zahlreiche Möglichkeiten.[43]

---

39 Auch das deutsche, duale Berufsausbildungssystem wird zum Vorbild, da es junge Menschen schneller und reibungsloser vom Schülerdasein in das Arbeitsleben leitet und zugleich eine sowohl grundlegende wie arbeitsmarktorientierte Bildung vermittelt. So wollen sich Spanien, Frankreich und Rumänien am deutschen System orientieren.

40 Bereits Eucken (1952/2008), S. 251 differenzierte zwischen einer ordnungspolitischen Gesamtentscheidung, die sehr wohl auf alle Länder übertragbar sei und dem historischen Moment. Eucken schreibt vor dem Hintergrund der Auseinandersetzung mit der Historischen Schule und der, wie er es nennt, „großen Antinomie“: „Die jeweilige konkrete Lage der einzelnen Ländern muss in der Wirtschaftspolitik berücksichtigt werden. [...] In jedem Lande sind andere Ausgangssituationen, andere Machtkonstellationen, andere Möglichkeiten der Wirtschaftspolitik und andere Einzelaufgaben gegeben. Die Wirtschaftspolitik kann nicht von der jeweiligen geschichtlichen Situation der einzelnen Länder losgelöst werden.“ Demnach seien gewisse Prinzipien allgemeingültig, müssen aber auf den spezifischen Fall angepasst werden.

41 Für eine Regional- und Strukturpolitik, die sich auf kleine territoriale Einheiten konzentriert, ist dieses Wissensproblem umso gravierender: Mit der Ungleichverteilung von Ressourcen, der Bevölkerungskonzentrationen auf die Hauptstadtregionen, Disparitäten der Qualifikation der Bevölkerung und der Zersiedlung von Gebieten sind nur einige räumliche Problemlagen benannt. All diese führt dazu, „dass in den Mitgliedstaaten unterschiedliche Interessen und Schwerpunkte auf den Gebieten der Regionalpolitik und der Raumordnung bestehen.“ Spiekermann et al. (1988), S. 7.

42 Hayek (1969). Auch Mussler/Wohlgemuth (1995), S. 17.

43 Historisch zeigt Diamond (1998/2011), S. 509 ff. wie die Vielfalt Europas ein Vorteil war. Er führt den Aufstieg Europas im Vergleich zu China, das bis zur Aufgabe seiner Schatzflotte 1492 Europa technologisch überlegen war, genau darauf zurück. Dadurch dass es in Europa einen Wettstreit polyzentrischer Mächte gab – im Gegensatz zu China, wo die Entscheidung der Zentralgewalt bzw. der Kampf um diese Macht, die zukünftige Richtung des gesamten Reichs änderte –, konnten sich verschiedenste Institutionen und Technologien entwickeln und die Erfolgreichsten setzten sich mittelfristig durch.

Zweitens müssen politische Rahmenbedingungen geschaffen werden, sodass der Wettbewerb seine Vorteile entfalten kann. Angesichts von Machtinteressen muss in ähnlicher Weise wie Märkte auch der politische Wettbewerb um die beste Befähigungsstrategie institutionell gesichert werden.[44] Die Durchsetzung ökonomisch sinnvoller Institutionen erfordert die Durchsetzung einer demokratischen Ordnung, in der „der politische Wettbewerb auf ihren eigenen Erfolg bedachte Politiker dazu anhält, sich für die konsensfähigen Interessen der Bürger einzusetzen, so wie die ‚unsichtbare Hand‘ des Wettbewerbs die Produzenten im Markt dazu anhält, den Konsumenteninteressen zu dienen“.[45] Für schlechte Investitionspolitik und ineffiziente Institutionen haftet der gewählte Vertreter durch Mandatsentzug. Vaubel beschreibt diesen Wettbewerbseffekt folgendermaßen: „Wenn die eigene Regierung in diesem Vergleich [Politik verschiedener Länder(-Regierungen), J. D.] schlecht abschneidet, können ihr die Bürger Vorhaltungen machen und dabei auf das Vorbild der erfolgreichen Länder verweisen.“[46] Durch demokratische Mechanismen müssen die Entscheidungsträger über die Zweckmäßigkeit des Mitteleinsatzes einem Legitimationsdrucks ausgesetzt werden.

6.4 „Prinzipienbindung“ als drittes konstituierendes Prinzip einer „Vitalpolitik für Staaten“

Die Durchsetzung der Prinzipien „Wettbewerb der Regionen“ und „Kohäsionsverträge“ wird durch das dritte konstituierende Prinzip gewährleistet. Damit wird die *Output*-Orientierung, wie sie die ersten beiden Prinzipien implizieren, durch eine Verfahrensorientierung ergänzt. Die „Prinzipienbindung“ koppelt die Kohäsionsmittel an gewisse ökonomische und politische Verwendungsauflagen. Bezüglich der beiden eingangs eingeführten Ebenen der Vitalsituation sind die Verfahrenskriterien insbesondere auf die zweite Ebene gerichtet: Da eine „Vitalpolitik für Staaten“ auf

44 „Competition among governments, like competition among firms, cannot be left to itself. Governments, like firms, have a vested interest in restricting competition. They can protect themselves against foreign competition by restraining the import of goods and services, the use and holding of foreign currencies, and the export of financial and human capital.“ Vaubel (1999), S. 327. Auch Vaubel (1995), S. 47 f; North (1981), S. 20 ff.

45 Vanberg (2001/2009), S. 729, Herv. i. O.

46 Als Beispiel nennt Vaubel (2001), S. 37 den Vergleich der Inflationsraten in den Jahren 1968 bis 1982 in der deutschen und französischen Öffentlichkeit. Aktuell kann auf die Diskussion in Spanien über die Übernahme des deutschen Ausbildungssystems verwiesen werden; vgl. Preuss (2012). Zur Sicherstellung des politischen Wettbewerbs werden insbesondere auch von der ökonomischen Theorie des Föderalismus die Möglichkeiten des Wechsels zwischen Jurisdiktionen und deren disziplinierende Wirkung betont; vgl. Hirschman (1964/1970); Kerber (2003). Vanberg (2008c; 2003) weist mit seinem Konzept der Bürgergenossenschaft auf die Bedeutung der freiwilligen Zugehörigkeit zu einer Gebietskörperschaft hin, sodass durch die Ausstiegsoption konsensfähige Lösungen befördert werden.

Befähigung der MOEL setzt und nicht auf die Umsetzung genauer Handlungsanweisungen (erste Ebene der Vitalsituation), ist es maßgeblich, dass die Mitgliedsregierungen die Kooperation mit der europäischen Ebene im Sinne ordnungsökonomischer Vorstellungen ausgestalten, die eine entsprechend sinnvolle nationale Vitalpolitik verspricht (zweite Ebene). So haben diese Metaprinzipien Zwangscharakter und sollen in die „Kohäsionsvertrage" eingebunden und bei Ausschreibungen im Rahmen des Wettbewerbs um zusätzliche Kohäsionsmittel berücksichtigt werden. Wie wirkungsvoll und stabilisierend ein solches Steuerungsinstrument sein kann, zeigt die „transformative Macht" der Konditionalität im Rahmen der EU-Beitrittsprozesse.[47]

Die Wirkung des „Kohäsionsvertrages", nämlich der Zwang der Entscheidungsträger zur politischen Rechenschaft über die Wirksamkeit des Mitteleinsatzes sowie zur Übernahme von Haftungsrisiken der konkreten Befähigungspolitik, basiert auf der Sanktionslogik von mitgliederbestimmten Verbänden. Trotz der offensichtlich zentralen Bedeutung der politischen Ordnung und des institutionellen Rahmens für die Funktionsfähigkeit einer Gesellschaft und das Wirtschaftswachstum,[48] findet diese Interdependenz der Ordnungen bei der gegenwärtigen Kohäsionspolitik kaum Beachtung (dazu die Analyse des Kriteriums 3 Interdependenz der Ordnungen und Bürgersouveränität in Kapitel 5).

Konkret bedeutet „Prinzipienbindung", dass die Förderempfänger nachweisen müssen, wie ihre innerstaatlichen Prozesse zur Verteilung der ihnen zugewiesenen Mittel rechtsstaatlichen Verfahren und Normen entsprechen.[49] Auch wenn die Staaten der EU infolge der Erfüllung der Kopenhagener Kriterien als konsolidierte Demokratien gelten können, so sind doch vereinzelt Defizite in den rechtsstaatlichen Strukturen auf Ebene der Zentralregierung als auch auf unteren Ebenen festzustellen (Hinweise darauf können Entwicklungsindikatoren geben; vgl. Abschnitt 4.3). So könnten durch die Einforderung des Nachweises konkreter, rechtsstaatlicher Verfahrensreformen und durch nationale Vorschriften zur Erhöhung der Transparenz bei der Vergaben von lokalen Projekten die Wirksamkeit der Kohäsionspolitik erhöht werden. Auf diese Weise können bspw. überdimensionierte öffentliche Baumaßnahmen, bei denen es

---

47 Schimmelfennig/Schwellnus (2011), S. 286 f. Auch Zweynert/Goldschmidt (2006).

48 Vgl. Chang/Evans (2005); Engerer/Voigt (2002), Hall/Jones (1997), S. 173; Olson (1996); North (1990/1992), S. 3. Eucken (1952/2008), S. 183 beschreibt die wechselseitige Beeinflussung: „Ihre Erkenntnis [der Interdependenz der Ordnungen, J. D.] ist eine Voraussetzung für das Verständnis aller Probleme sowohl der Wirtschaftspolitik als auch der Rechts- und Staatspolitik der Gegenwart." Unterstützung findet die These in den neueren Befunden der Institutionenökonomik, die z. B. die Bedeutung der politischen Bedingungen für die ökonomische Transformation hervorheben. Zum Beispiel das Gedankenraster der *Limited-* und *Open-Acces-Order*, das bekannte Zusammenhänge neu betrachtet; vgl. North et al. (2007). Auch Acemoglu/Robinson (2012; 2000).

49 Als Hinweise auf Verfahrenskriterien können z. B. Transparenz, Medien- und Meinungsfreiheit sowie eine unabhängige Presselandschaft genannt werden. Letztlich ist die konkrete Gestaltung jedoch länderspezifisch und dadurch sehr vielfältig, wie Lijphart (1999) beispielhaft anhand verschiedener Demokratiemuster und funktionierenden politischen Institutionen zeigt.

für die lokalen, politischen Eliten und Unternehmer wenig oder keinen Anreiz gab, mit den öffentlichen Geldern sorgsam umzugehen, entgegen gewirkt werden.[50] Die Kohäsionspolitik steht dabei in besonderer Verantwortung, da viele Projekte ohne europäische Hilfsmittel kaum eine solche Größe angenommen hätten. Normativ unproblematisch sind diese rechtsstaatlichen Verfahrensvorschriften, da die Standards ohnehin Bestandteil des Ziele- und Wertekanons der EU sind, auf die sich alle Mitgliedsländer geeinigt haben.

Metaregeln für eine „Vitalpolitik für Staaten“ sind auch deshalb sinnvoll, um eine willkürliche „Wirtschaftspolitik der Experimente“ zu verhindern.[51] Angesichts der bereits erläuterten Einsicht, dass Wirtschaftspolitik nur kontextabhängig und länderspezifisch funktionieren kann und angesichts des Wissensproblems bei der Suche nach institutionellen Verbesserungen, stellt sich die Frage, ob es allgemeine inhaltliche Prinzipien gibt, die für alle Mitgliedsländer gelten sollen. Allgemeine inhaltliche Prinzipien lassen sich bestenfalls als *best practices* herausarbeiten.[52] Deswegen sind die angeregten Metaregeln allgemeine Verfahrenskriterien, die jedes Land bei der eigenen Gesetzgebung und beim Institutionenaufbau berücksichtigen sollte. Der Unterschied zu inhaltlichen Prinzipien liegt darin, dass keine Vorgaben über den Gehalt von Maßnahmen gegeben werden, sondern sie die *Art und Weise* der Durchführung nationaler Regional- und Strukturpolitik meinen. Folgendes Beispiel veranschaulicht dies: Inhaltliche Prinzipien würden für das wirtschaftspolitische Ziel der Förderung von Aktivitäten der Forschung und Entwicklung quantitative Vorgaben vorsehen (wie es die EU-Kommission in Form von Vorgaben für die anteilmäßigen Ausgaben für F&E am BIP tatsächlich unternimmt), deren Erreichung und Umsetzung jedoch den Mitgliedsländern überlassen bliebe. Metakriterien hingegen würden auf die Konformität der Förderinstrumente mit ordnungsökonomischen Kriterien abzielen und nicht durch inhaltliche Auflagen die Möglichkeiten der Förderpolitik einschränken. So könnte der Zwang zur Erreichung einer bestimmten F&E-Quote (auch wenn dieses Ziel bereits sehr abstrakt formuliert ist) Fehlanreize setzen, da Länderbesonderheiten jeweils eine ganz andere Wirtschaftspolitik erfordern würde. Kernanliegen

50 Fälle solcher Fehllenkungen sind in den Förderregionen zahlreich. Zum Beispiel verursachte der spanische Bauboom überdimensionierte Infrastrukturprojekte, die insbesondere auch mit Mitteln der Kohäsionsfonds finanziert wurde, und nicht im Einklang mit dem Bedarf standen und zudem teurer gerieten als geplant. Dies war bspw. der Fall beim spanischen Mautautobahnsystem, dem Kulturareal in Santiago de Compostela (das mittlerweile als „Symbol im Großformat der Krise“ gilt), großen Bauprojekten in Oviedo und der „Stadt der Wissenschaften und Künste“ in Valencia; vgl. Süddeutsche Zeitung (2013), S. 11; Staat (2013), S. 8; Urban (2012), S. 14; Bigalke (2012), S. 18.

51 Eucken (1952/2008), S. 55 ff.

52 So zeigt bspw. der *Growth Report* der Weltbank, dass für ökonomische Aufholprozesse die außenwirtschaftliche Öffnung, die Einwerbung von FDIs oder die Erhöhung der Mobilität von Arbeitskräften wichtige Faktoren sind; vgl. The Commission on Growth and Development (2008). Auch Herrmann-Pillath/Zweynert (2010). Der These, dass „institutional monocropping“ erfolgreich sei, widersprechen allerdings Roland (2004) und Evans (2004).

der ökonomischen Prinzipienbindung ist es daher, dass bei der Verfügungstellung von Kohäsionsmitteln die Einhaltung bestimmter Verfahrenskriterien gewährleistet sein muss. Als Prinzipien sind denkbar: Erstens Regelsetzung als Wirtschaftsverfassungspolitik, zweitens die Sicherung von Eigentums- und Verfügungsrechten, drittens die Beseitigung von Teilhabehemmnissen und viertens die Konstanz der Wirtschaftspolitik und die Marktkonformität. Das Beispiel der Infrastruktur- und Standortpolitik kann die konkrete Bedeutung dieser Kriterien verdeutlichen. Grundsätzlich ist eine solche Politik mit ordnungsökonomischen Prinzipien vereinbar, da die Herstellung günstiger Standortbedingungen und ausgebauter Infrastruktur nicht in die Wahlfreiheit von Unternehmen eingreift. Jedoch muss nach der Art der Politikmaßnahmen, also der Qualität und nicht der Quantität der Maßnahmen differenziert werden. Aus dieser Sicht sollte Standortpolitik als Wirtschaftsverfassungspolitik verstanden werden und deshalb keine direkten Anreize wie Beihilfen an Unternehmen oder Sonderabschreibungen beinhalten (*erstes Verfahrenskriterium*). Vielmehr erscheint es sinnvoll, geeignete Rahmenbedingungen für einen funktionierenden Wettbewerb zu schaffen, und die Förderinstrumente so zu gestalten, dass sie die Teilhabemöglichkeiten der jeweiligen Bevölkerung nicht beeinträchtigen, sondern befördern (*drittes Verfahrenskriterium*). Dafür wäre z. B. inhaltlich der Ausbau von Verkehrsverbindungen oder die Verbesserung des Bildungsangebots sowie der Bildungsdurchlässigkeit denkbar, um die Teilnahme am Arbeitsmarkt und die Arbeitsmarktmobilität zu steigern.[53] Allerdings ist diese Aufzählung von Maßnahmen lediglich eine Möglichkeit der Förderung, jedoch nicht zwingend geboten, da eine inhaltliche Festlegung – wie beschrieben – nicht sinnvoll ist. Der Charakter der Verfahrenskriterien zeigt sich auch darin, dass bei der Mittelvergabe im Rahmen der Kohäsionspolitik neben dem Einsatz von Rahmenregelungen statt punktueller Interventionen ebenso Wert auf die Konstanz, die Transparenz und die Marktkonformität wirtschaftspolitischer Maßnahmen gelegt wird (*viertes Verfahrenskriterium*).[54] Außerdem muss Klarheit über die Festsetzung und Einforderung von Eigentums- und Verfügungsrechte der Kohäsionsmittel herrschen (*zweites Verfahrenskriterium*). Für die Beteiligten muss die Rechtssicherheit beim Einsatz der Kapitalhilfen gegeben sein. Dies stellt die Voraussetzung für Haftung und somit letztlich eine Bedingung für eine sinnvolle Verwendung dar.[55] Insgesamt prüfen diese ordnungsökonomischen Verfahrenskriterien

53 Daneben ist die Finanzierung weiterer öffentlicher Güter, wie die der Grundlagenforschung, nicht jedoch die anwendungsbezogene Forschung zu rechtfertigen. Zu finden ist auch die Befürwortung einer gewissen Industriepolitik als Ergänzung zu einem Ordnungsrahmen, falls die Bedingungslage es erfordert. Zum Beispiel befürwortet Zweynert (2011) eine gezielte Industriepolitik um den Systemwandel zu unterstützen.

54 Bei der Marktkonformität kann zum Interventionsraster von Rüstow Bezug genommen werden; vgl. z. B. Grossekettler (1997); Starbatty (1967); Rüstow (1956a/1963); Röpke (1944/1949).

55 Eigentumsrechte spielen auch in der Institutionenökonomik eine zentrale Rolle; z. B. North (1990/1992).

also die Durchführungsweise einer Standortpolitik, geben jedoch keine inhaltlichen Maßgaben über die Anzahl der Interventionen oder über die genaue inhaltliche Ausgestaltung.

6.5 „Vitalpolitik für Staaten“: Dritter Weg der Kohäsionspolitik?

Realpolitisch betrachtet wird die Bedeutung der Kohäsionspolitik zukünftig weiter zunehmen. Betrugen die Mittel der Kohäsionspolitik im Jahr 1973 circa 5% des europäischen Haushaltes, wurden sie schrittweise auf heute circa 33% ausgeweitet. Weiterhin ist zu erwarten, dass durch den schleichenden Wandel zu einer „Ersatzwirtschaftspolitik“ die Kohäsionspolitik eine weitere quantitative und qualitative Aufwertung erfahren wird. Angesichts der hohen Relevanz der Kohäsionspolitik ist eine vertiefte Auseinandersetzung notwendig. Die vorliegende Arbeit plädiert für einen Perspektivenwechsel: Die institutionellen Ineffizienzen und die sozioökonomischen Unterschiede in der EU und innerhalb der Mitgliedsländer erzeugen Handlungsbedarf bei der EU, da ein systematischer und dauerhafter Ausschluss von Individuen vom europäischen Binnenmarkt nicht im zustimmungsfähigen Interesse der EU-Bevölkerung liegen kann.[56] Kohäsionspolitik begründet sich so nicht durch eine diffuse, moralische Verantwortung, sondern beruht letztlich auf der freiwilligen Entscheidung der EU-Bürger, mit dem Ziel, sich gegenseitig besser zu stellen. Diese Rechtfertigung anstelle einer „europäischen Folklore“, wie man den Rekurs auf eine vermeintliche europäische Identität nennen könnte, erscheint tragfähiger, da sie einen sachlichen Diskurs über die Rolle supranationaler Organe und die Regelgestaltung notwendig macht und auf diese Weise die Akzeptanz befördern kann.[57] In diesem Kontext ist das Plädoyer für eine „Vitalpolitik für Staaten“ zu verstehen: Es beschreibt weder den Weg zu einem allmächtigen Leviathan EU noch einen Rückzug aus der Unterstützung für die Mitgliedstaaten mit Entwicklungsrückstand.[58] Auch die bereits auf die Frühphase der europäischen Integration zurückgehenden Befürchtungen einer Vollharmonisierung, einer Zentralisierung und überbordender Regulierung

---

56 Deshalb gilt also: Selbst wenn in der Diskussion um die europäische Integration lediglich eine ökonomische Integration angestrebt wird (und keine politische Union) und unabhängig davon, wie die Gesamtentscheidung über die Finalität der europäischen Integration ausfällt, ist ein EU-Politikportfolio notwendig, das nicht nur Wirtschaftspolitik (wie z. B. eine supranationale Außenhandelspolitik), sondern auch eine Art Inklusionspolitik umfassen muss.

57 Hier gilt in ähnlicher Weise das, was auf nationaler Ebene gilt: „Vielmehr gibt es durchaus Strategien, die Bevölkerung auf den schwierigen Weg der Reformen ‚mitzunehmen‘, indem man über Reformen aufklärt und sie so formuliert, dass sie anschlussfähig an die vorherrschenden Denkmuster sind.“ Feld/Goldschmidt/Zweynert (2011), S. 13.

58 Stellvertretend für die Debatte über das Ausweitung der EU-Befugnisse: Feld (2012); Ischia (2004); Vaubel (2001), S.10 ff., S. 23 ff.; Vaubel (1995), S. 16 ff.; Donges et al. (1992), S. 76 ff.

aus Motiven des wohlwollenden Paternalismus werden so ernst genommen. Letztlich geht es um Selbstbestimmung:

> Da Ratschläge von außen offenbar eher unerwünscht sind und als Angriff auf die nationale Souveränität gewertet werden, wäre es für alle Seiten das Beste, die Krisenländer selbst entscheiden zu lassen, wann und wie und wo sie interne Reformmaßnahmen durchführen wollen. Sie sollten weitest gehende Eigenverantwortung erhalten und das Gefühl bekommen, nur solche Reformen durchzuführen, die zu ihrem eigenen Nutzen sind.[59]

Damit weist Klodt zum einen auf die teilweise Wahrnehmung europäischer Maßnahmen als Fremdbestimmung und sogar als „Fremddiktat" in den Krisenländern im Süden der EU hin, zum anderen deutet er an, dass die fehlende Akzeptanz supranationaler Vorgaben die europäische Integration als Ganzes bedrohen könnte. Um diese beiden Entwicklungen zu vermeiden, versteht sich eine „Vitalpolitik für Staaten" als Konzept für eine europäische Kohäsionspolitik, die auf Rahmenbedingungen anstelle interventionistischer Maßnahmen abstellt und die das Europamotto „in Vielfalt geeint" als konstitutives Element einer europäischen Ordnung ernst nimmt, indem es differenzierte Entwicklungskonzepte der rückständigen Regionen erlaubt. Orientierungspunkt hierbei muss sein, inwiefern die Regelgestaltung im Interesse aller liegen könnte und zwar im Sinne eines Zustimmungskriteriums als wissenschaftliche Heuristik, nicht als realpolitische Vorgabe im Sinne eines absoluten Plebiszits.[60] Eine „Vitalpolitik für Staaten" ist als Plädoyer für eine erweiterte Reformdiskussion über die Kohäsionspolitik zu verstehen und mag so als Impulsgeber für weitere Arbeiten hilfreich sein.[61] Letztlich werden es die mühsamen, kleinteiligen Reformschritte sein, die zu einer im Interesse aller Beteiligten liegenden Kohäsionspolitik führen werden. Jedoch bleibt festzuhalten: Es ist ein Irrglauben, dass wirkungsvolle Wirtschafts- und Entwicklungspolitik mit möglichst viel Kapitalhilfen einhergehen muss. Es sind vielmehr günstige Rahmenbedingungen, die für den ökonomischen Erfolg und somit für die Steigerung der Lebensqualität verantwortlich sind. Dies gilt auch für die Kohäsionspolitik.

---

59 Klodt (2013), S. 18.

60 Vgl. Goldschmidt (2011), S. 157; Eith/Goldschmidt (2005), S. 51.

61 Die Arbeit zeigt auch auf, dass weiterer Bedarf an Forschung besteht, insbesondere auch auf dem, hier als konstitutionelle Ebene I bezeichneten, Level oder wie die Regelebene dazu beitragen kann die demokratischen Kontrollmechanismen zu verbessern. Auf letzteres weist z. B. Göler (2009), S. 7 hin: „Betrachtet man die Art und Weise, wie *Input*- und *Output*legitimation auf der supranationalen Ebene der EU austariert sind, zeigt sich eine starke Konzentration auf die Output-Legitimation bzw. die Herstellung von Legitimation durch effiziente Politikgestaltung."

Anhang 1

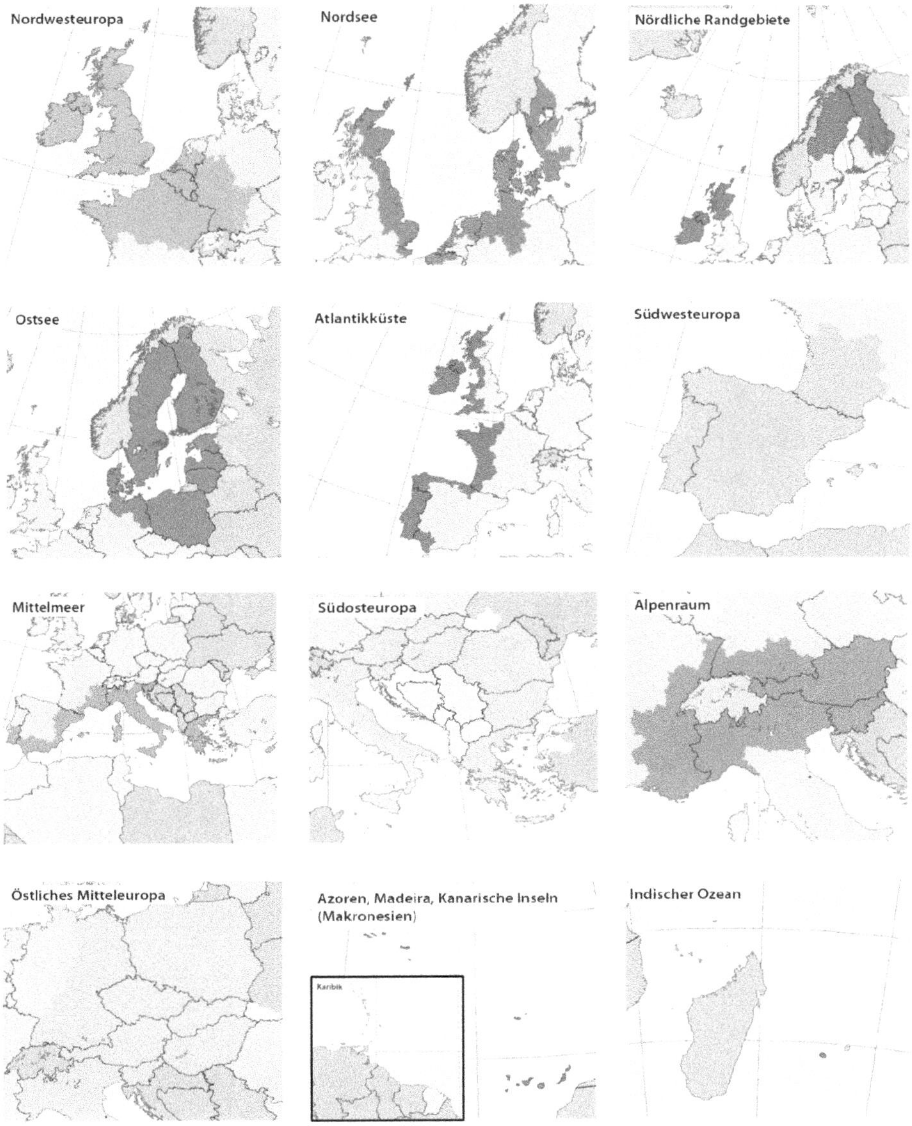

Abb. A.1: Geographische Abdeckung der transnationalen Zusammenarbeit im Rahmen des Ziels ETZ (Quelle: Eigene Zusammenstellung nach EU-Kommission 2007d, S. 22 f).

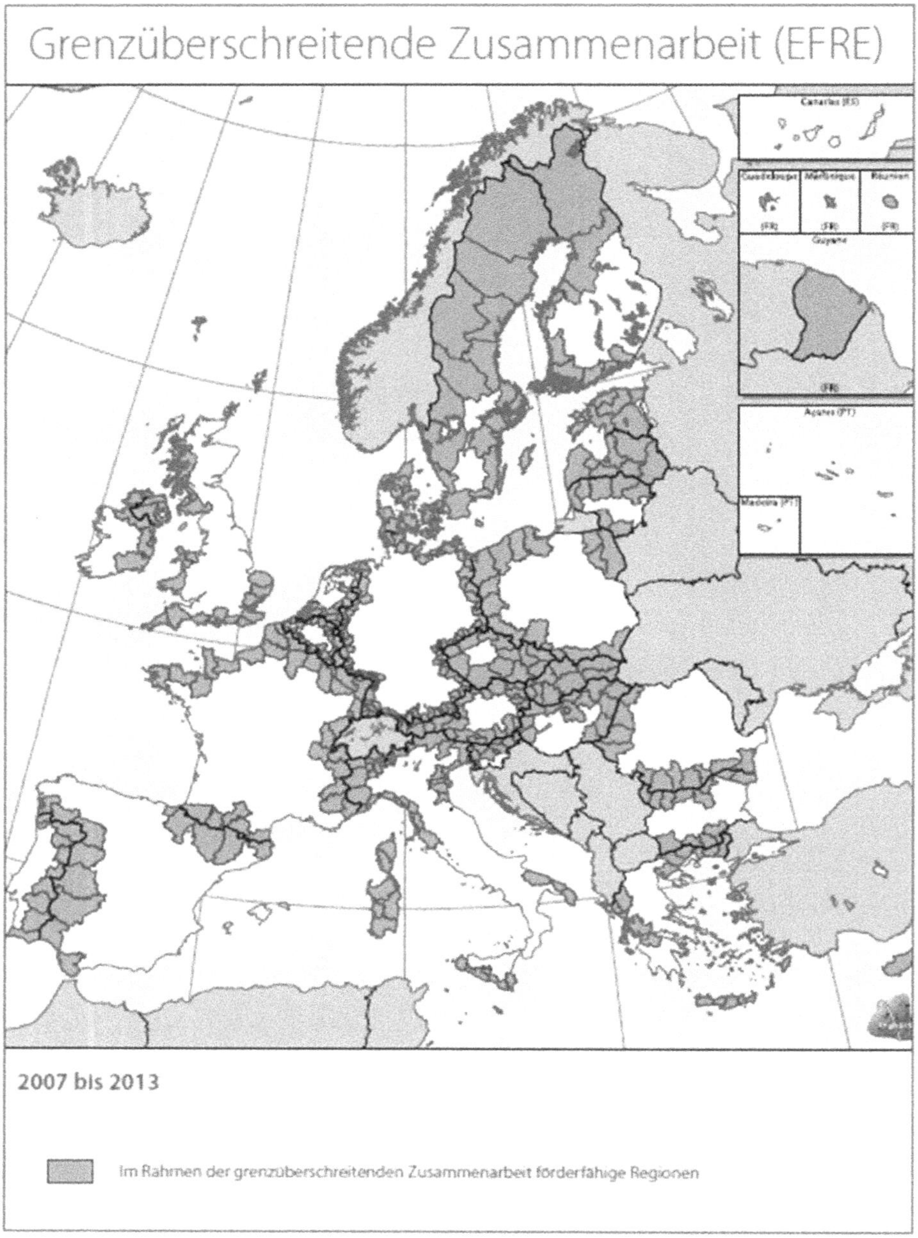

Abb. A.2: Geographische Abdeckung der grenzüberschreitenden Zusammenarbeit des Ziels (Quelle: EU-Kommission 2007d, S. 21).

Anhang 2

Tab. A.1: Auflistung der nationalen Operationellen Programme.[1]

Bulgarien	Estland	Lettland	Litauen	Polen	Rumänien	Slowakei	Slowenien	Tschechische Republik	Ungarn
OP Transport	OP for the Development of Living Environment	OP Human Resources and Employment	OP of the development of human resources	OP Development of Eastern Poland	OP Increase of Economic Competitiveness	OP Environment	OP for strengthening regional development potentials	OP Enterprise and Innovation	Economic Development OP
OP Environment	OP for the Development of Economic Environment	OP Entreprneurs and Innovations	OP of the economic growth	OP Infrastructure and environment	OP Transport	OP Transport	OP for human resources development	OP Research and Development for Innovations	Transport OP
OP Human Resources Development	OP for Human Resource Development	OP Infrastructure and Services	OP of the cohesion promotion	OP Innovative Economy	OP Environment	OP Informatisation of society	OP of the environmental and transport infrastructure development	OP Human Resources and Employment	Social Renewal OP

1 Eigene Darstellung nach: Republic of Bulgaria (2006); Republic of Estonia (2007); Ministry of Economy of the Republic of Lithuania (2006); Ministry of Finance of the Republic of Latvia (2007); Ministry of Regional Development of Poland (2007); Ministry of Economy and Finance of Romania (2007); Slovak Republik (2006); Government Office for Local Self-Government and Regional Policy of Slovenia (2007); Czech Republic (2007); Government of the Republic of Hungary (2007).

Tab. A.1: (fortgesetzt)

Bulgarien	**Estland**	**Lettland**	**Litauen**	**Polen**	**Rumänien**	**Slowakei**	**Slowenien**	**Tschechische Republik**	**Ungarn**
OP Development of the Competitiveness of the Bulgarian Economy	*diverse* OP's für transnationale, interregionale und grenzüberschreitende Zusammenarbeit	*diverse* OP's für transnationale, interregionale und grenzüberschreitende Zusammenarbeit	OP for technical assistance	OP Human Capital	OP Human Ressources	OP Research and development	*diverse* OP's für transnationale, interregionale und grenzüberschreitende Zusammenarbeit	OP Education for Competitiveness	Social Infrastructure OP
OP Administrative Capacity				OP Technical Assistance	OP Administrative Capacity Development	OP Competitivness and economic growth		OP Environment	Environment and Energy OP
OP Technical Assistance				*diverse* Regional OP	OP Technical Assistance	OP Education		OP Transport	State Reform OP

Tab. A.1: (fortgesetzt)

Bulgarien	Estland	Lettland	Litauen	Polen	Rumänien	Slowakei	Slowenien	Tschechische Republik	Ungarn
OP Regional Development				OP of European Territorial Cooperation	Regional OP	OP Employment and social inclusion		Integrated OP	Electronic Public Administration OP
diverse OPs für transnationale, interregionale und grenzüberschreitende Zusammenarbeit					*diverse* OP's für transnationale, interregionale und grenzüberschreitende Zusammenarbeit	OP Health		OP Technical Assistance	Implementation OP
						OP Technical assistance		*diverse* Regional OP	*diverse* Regional OP (darunter Central Hungary OP als Ziel-2)

Tab. A.1: (fortgesetzt)

Bulgarien	Estland	Lettland	Litauen	Polen	Rumänien	Slowakei	Slowenien	Tschechische Republik	Ungarn
						Regional OP		*diverse* OPs für transnationale, interregionale und grenzüberschreitende Zusammenarbeit	*diverse* OP's für transnationale, interregionale und grenzüberschreitende Zusammenarbeit
						OP Bratislava			
						diverse OPs für transnationale, interregionale und grenzüberschreit-ende Zusammenarbeit			

Literaturverzeichnis

Abramovitz, Moses (1986). Catching Up, Forging Ahead, and Falling Behind, in: *Journal of Economic History*, Jg. 46, H. 2, S. 385–406.

Acemoglu, Daron/Robinson, James (2000). Political Losers as a Barrier to Economic Development, in: *American Economic Review*, Jg. 90, H. 2, S. 126–130.

Acemoglu, Daron/Robinson, James (2010). The Role of Institutions in Growth and Development, in: *Review of Economics and Institutions*, Jg. 1, H. 2, S. 1–33.

Acemoglu, Daron/Robinson, James (2012). *Why Nations Fail. The Origins of Power, Prosperity, and Poverty*, London: Profile.

Adshead, Maura (2005). Europeanization and Changing Patterns of Governance in Ireland, in: *Public Administration*, Jg. 83, H. 1, S. 159–178.

Agüero, Jorge/Carter, Michael/Woolard, Ingrid (2007). The Impact of Unconditional Cash Transfers on Nutrition: The South African Child Support Grant, *International Poverty Centre Working Paper* 39.

Alemann, Ulrich von (2003). *Das Parteiensystem der Bundesrepublik Deutschland*, Bonn: Bpb.

Alesina, Alberto/Angeloni, Ignazio/Schuknecht, Ludger (2002). What Does the European Union Do?, *CEPR Discussion Paper* Nr. 3115.

Allen, David (2008). Cohesion Policy Pre- and Post-Enlargement, in: Baun, Michael/Marek, Dan. (Hg.), *EU Cohesion Policy after Enlargement*, London: Palgrave Macmillan, S. 15–33.

Allen, David (2010). The Structural Funds and Cohesion Policy. Extending the Bargain to Meet New Challenges, in: Wallace, Helen/Pollack, Mark/Young, Alasdair (Hg.), *Policy-Making in the European Union*, 6. Aufl., Oxford: Oxford Press, S. 229–252.

Amemiya, Akihiko (2008). Neuer Liberalismus und Faschismus: Liberaler Interventionismus und die Ordnung des Wettbewerbs, in: *Jahrbuch für Wirtschaftsgeschichte*, H. 2, S. 173–195.

Andreou, George/Bache, Ian (2011). Europeanization and multi-level governance in Slovenia, in: dies. (Hg.), *Cohesion Policy and Multi-level Governance in South East Europe*, London: Routledge, S. 28–42.

Apel, Hans (1994). *Der kranke Koloss. Europa – Reform oder Krise*, Hamburg: Rowohlt.

Apolte, Thomas (1999). *Die ökonomische Konstitution eines föderalen Systems. Dezentrale Wirtschaftspolitik zwischen Kooperation und institutionellem Wettbewerb*, Tübingen: Mohr Siebeck.

Armstrong, Harvey (2001). Regional Selective Assistance: Is the Spend Enough and Is It Targeting the Right Places?, in: *Regional Studies*, Jg. 35, H. 3, S. 247–57.

Arrow, Kenneth (1963). Uncertainty and the Welfare Economics of Medical Care, in: *The American Economic Review*, Jg. 53, H. 5, S. 941–973.

Arrow, Kenneth (1965). *Aspects of the Theory of Risk-Bearing*. Helsinki: Yrjö Jahnssonin Säätiö.

Arrow, Kenneth (1971). *Essays in the Theory of Risk- Bearing*. Chicago: Markham.

Aslund, Anders (2013). *How Capitalism Was Built. The Transformation of Central and Eastern Europe, Russia, the Causasus, and Central Asia*, 2. Aufl., Cambridge: Cambridge University Press.

Aslund, Anders/Djankov, Simeon (2014). *The Great Rebirth. Lessons from the Victory of Capitalism over Communism*, Washington: Peterson Institute for International Economics.

Axt, Heinz-Jürgen (2000). *Solidarität und Wettbewerb – die Reform der EU-Strukturpolitik*, Gütersloh: Bertelsmann.

Bachtler, John/Downes, Ruth/Gorzelak, Grzegorz (2000). Transition, Cohesion and Regional Policy in Central and Eastern Europe, in: dies. (Hg.), *Transition, Cohesion and Regional Policy in Central and Eastern Europe*, Aldershot: Ashgate, S. 72–205.

Bache, Ian (1998). *The Politics of European Union Regional Policy. Multi-Level Governance or Flexible Gatekeeping*, Sheffield: Sheffield Press.

Bache, Ian (2008). *Europeanization and Multilevel Governance. Cohesion Policy in the European Union and Britain*, Lanham: Rowman & Littlefield.
Bache, Ian (2011). Europeanization and multi-level governance: EU cohesion policy and pre-accession aid in Southeast Europe, in: Bache, Ian/Andreou, George (Hg.), *Cohesion Policy and Multi-level Governance in South East Europe*, London: Routledge, S. 1–12.
Bache, Ian/Tomšić, Danijel (2011). Europeanization and nascent multi-level governance in Croatia, in: Bache, Ian/Andreou, George (Hg.), *Cohesion Policy and Multi-level Governance in South East Europe*, London: Routledge, S. 68–80.
Bachstein, Andrea (2012). Die Insel der Bankrotteure, in: *Süddeutsche Zeitung*, 19.07.2012, Nr. 165, S. 19.
Bachtler, John/Downes, Ruth/Gorzelak, Grzegorz (Hg.) (2000), *Transition, Cohesion and Regional Policy in Central and Eastern Europe*, Aldershot: Ashgate.
Bachtler, John/Wishlade, Fiona (2004). Searching for Consensus: The Debate on Reforming EU Cohesion Policy, *European Policy Research Paper* Nr. 55.
Bachtler, John/Ferry, Martin/Gross, Frederike/McMaster, Irene/Polverari, Laura/Yuill, Douglas (2006). Strategic Planning for Structural Funds in 2007–2013. *A Review of Strategies and Programmes, IQ-Net Thematic Paper* 18/2.
Bachtler, John/Gorzelak, Grzegorz (2007). Reforming EU Cohesion Policy. A reappraisal of the performance of Structural funds, in: *Policy Studies*, Jg. 28, H. 4, S. 309–326.
Bachtler, John/ Mendez, Carlos (2007). Who Governs EU Cohesion Policy? Deconstructing the Reforms of the Structural Funds, in: *Journal of Common Market Studies*, Jg. 45, H. 3, S. 535–564.
Bachtler, John/Wishlade, Fiona/Mendez, Carlos (2007). New Budget, New Regulation, New Strategies: The 2006 Reform of EU Cohesion Policy, *European Policy Research Paper* Nr. 63.
Bachtler, John/Begg, Iain/Polverari, Laura/Charles, David (2013). *Evaluation of the Main Achievements of Cohesion Policy Programmes and Projects over the Longer Term in 15 Selected Regions (from 1989–1993 Programme Period to the Present)*. Final Report to the European Commission, Glasgow/London: European Policies Research Centre and London School of Economics.
Bailey, David/Propris, Lisa de (2004). A Bridge Too Phare? EU Pre-Accession Aid and Capacity-Building in the Candidate Countries, in: *Journal of Common Market Studies*, Jg. 42, H. 1, S. 77–98.
Baird, Sarah/Ferreira, Francisco/Özler, Berk/Woolcock, Michael (2013). *Relative Effectiveness of Conditional and Unconditional Cash Transfers for Schooling Outcomes in Developing Countries: A Systematic Review*, Campell Systematic Reviews Nr. 8.
Barro, Robert/Sala-i-Martin, Xavier (1991). Convergence across States and Region, *Brookings Papers on Economic Activity* Nr. 1, S. 107–181.
Barro, Robert/Sala-i-Martin, Xavier (1992a). Convergence, in: *Journal of Political Economy*, Jg. 100, H. 2, S. 223–251.
Barro, Robert/Sala-i-Martin, Xavier (1992b). Public Finance in Models of Economic Growth, in: *The Review of Economic Studies*, Jg. 59, H. 4, S. 645–661.
Barro, Robert/Sala-i-Martin, Xavier (2004). *Economic Growth*, 2. Aufl., London: MIT Press.
Barth, Veronica (2011). *Die Soziale Marktwirtschaft. Ideen der Gründerväter und praktische Umsetzung*, Gütersloh: Bertelmann.
Basedow, Jürgen (2008). Kartellrecht im Land der Kartelle, in: *Wirtschaft und Wettbewerb*, H. 3, S. 270–273.
Baslé, Maurice (2006). Strengths and Weaknesses of European Union Policy Evaluation Methods: Ex-post Evaluation of Objective 2, 1994–1999, in: *Regional Studies*, Jg. 40, H. 2, S. 225–235.
Bauer, Martin/Gaskell, George (2001). *Qualitative Researching with Text, Image and Sound. A Practical Handbook*, London: Sage.

Baumgartner, Alois (2010). Die Sinn-Herausforderung – Gibt es für die Marktwirtschaft noch etwas ‚jenseits von Angebot und Nachfrage'?, in: Wirz, Stephan/Hildmann, Philipp (Hg.), *Soziale Marktwirtschaft: Zukunfts- oder Auslaufmodell? Ein ökonomischer, soziologischer, politischer und ethischer Diskurs*, Zürich: Paulus-Akademie, S. 103–111.

Baumol, William (1986). Productivity Growth, Convergence, and Welfare: What the Long-Run Data Show, in: *The American Economic Review*, Jg. 76, H. 5, S. 1072–1085.

Baun, Michael/Marek, Dan (2008a). Introduction, in: dies. (Hg.), *EU Cohesion Policy after Enlargement*, London: Palgrave Macmillan, S. 1–14.

Baun, Michael/Marek, Dan (2008b). The Czech Republic, in: dies. (Hg.), *EU Cohesion Policy after Enlargement*, London: Palgrave Macmillan, S. 165–186

Baun, Michael/Marek, Dan (2008c). Conclusion, in: dies. (Hg.), *EU Cohesion Policy after Enlargement*, London: Palgrave Macmillan, S. 248–269.

Becker, Helmut (1965). *Die soziale Frage im Neoliberalismus. Analyse und Kritik*, Heidelberg: Kerle.

Becker, Peter/Zaun, Natascha (2007). *Die neue strategische Planung der europäischen Kohäsionspolitik in Theorie und Praxis*, Diskussionspapier SWP.

Becker, Peter (2009). *Die europäische Kohäsionspolitik und ihre Modernisierung*, Diskussionspapier SWP.

Becker, Peter (2014). *Das Finanz- und Haushaltssystem der Europäischen Union: Grundlagen und Reformen aus deutscher Perspektive*, Berlin: Springer.

Beckert, Jens (2004). *Unverdientes Vermögen. Soziologie des Erbrechts*, Frankfurt: Campus.

Beelmann, Andreas/Bliesener, Thomas (1994). Aktuelle Probleme und Strategien der Metaanalyse, in: *Psychologische Rundschau*, Jg. 45, H. 4, S. 211–233.

Begg, Iain (2005). Kohäsionspolitik und Lissabon-Strategie im EU-Haushalt – Konflikte und Vereinbarkeit, in: *WSI Mitteilungen*, H. 12, S. 694–699.

Begg, Iain (2008). Subsidiarity in Regional Policy, in: Gelauff, George/Grilo, Isabel/Lejour, Arjan (Hg.), *Subsidiarity and Economic Reform in Europe*, Berlin: Springer, S. 291–310.

Behlke, Reinhard (1961). *Der Neoliberlismus und die Gestaltung der Wirtschaftsverfassung in der Bundesrepublik Deutschland*, Berlin: Duncker&Humblot.

Behrendt, Richard (1964). Alexander Rüstow, in: *Schweizer Monatshefte Zeitschrift für Politik, Wirtschaft, Kultur*, Jg. 44, H.3, S. 189–195.

Bellier, Irène (1997). The Commission as an Actor: An Anthropologist's View, in: Wallace, Helen/Young, Alasdair (Hg.), *Participation and Policy-Making in the European Union*, 4. Aufl., Oxford: Clarendon, S. 91–115.

Benedek, Jozsef/Horváth, Réka (2008). Romania, in: Baun, Michael/Marek, Dan (Hg.), *EU Cohesion Policy after Enlargement, London: Palgrave Macmillan*, S. 226–247.

Bergermann, Melanie/Müller, Stefanie/Wettach, Silke/Zerfaß, Florian (2014). Der Milliardenwahnsinn, in: *Wirtschaftswoche*, Nr. 6, 3.2.2014, S. 20–25.

Berlin, Isaiah (1969/1995). *Freiheit. Vier Versuche*, Frankfurt: Fischer.

Bertelsmann Stiftung (2012a). *BTI Methodenbuch*, Gütersloh: Bertelsmann.

Bertelsmann Stiftung (2012b). *BTI Report*, Gütersloh: Bertelsmann.

Beugelsdijk, Maaike/Eijffinger, Sylvester (2005). The Effectiveness of Structural Policy in the European Union: An Empirical Analysis for the EU-15 in 1995–2001, in: *Journal of Common Market Studies*, Jg. 43, H. 1, S. 37–51.

Bigalke, Silke (2012). Hauen und Stechen, in: *Süddeutsche Zeitung*, 23.10.2012, Nr. 245, S. 18.

Biskup, Reinhold (2002). Europäische Integration und Soziale Marktwirtschaft: Wegweisungen Alfred Müller-Armacks und Verirrungen der Europapolitik, in: Hasse, Rolf/Quaas, Friedrun (Hg.), *Wirtschaftsordnung und Gesellschaftskonzept. Zur Integrationskraft der Sozialen Marktwirtschaft*, Bern: Haupt, S. 89–139.

Blankart, Charles (2011). *Öffentliche Finanzen in der Demokratie. Eine Einführung in die Finanzwissenschaft*, 8. Aufl., München: Vahlen.

Blankart, Charles/Kirchner, Christian (2004). The Deadlock of the EU Budget: An Economic Analysis of Ways In and Ways Out, in: Blankart, Charles/Mueller, Dennis (Hg.), *A Constitution for the European Union*, Cambridge: MIT Press, S. 109–138.
Blauberger, Michael (2009). *Staatliche Beihilfen in Europa. Die Integration der Beihilfekontrolle in der EU und die Europäisierung der Beihilfepolitik in den neuen Mitgliedstaaten*, Wiesbaden: VS.
Blažek, Jiří/Boeckhout, Sjaak (2000). Regional Policy in the Czech Republic and EU Accession, in: Bachtler, John/Downes, Ruth/Gorzelak, Grzegorz (Hg.), *Transition, Cohesion and Regional Policy in Central and Eastern Europe*, Aldershot: Ashgate, S. 301–317.
Blümich, Helga (1999). *Der Haushalt der Europäischen Union – eine Bestandsaufnahme*, Bonn: Institut Finanzen und Steuern.
Blümle, Gerold (2007). Freiheit und Norm bei Walter Eucken, in: ders. (Hg.), *Wirtschaftsgeschichte und ökonomisches Denken. Ausgewählte Aufsätze*, Marburg: Metropolis, S. 283–307.
BMAS (2013). *Lebenslagen in Deutschland. Der 4. Armuts- und Reichtumsbericht der Bundesregierung.*
Bode, Eckhardt (1998). Wirtschaftliche Konvergenz in Deutschland, in: Fischer, Bernhard/Straubhaar, Thomas (Hg.), *Ökonomische Konvergenz in Theorie und Praxis*, Baden-Baden: Nomos, S. 162–188.
Bodenstein, Thilo/Kemmerling, Achim (2008). Die politische Ökonomie der EU-Integration am Beispiel der EU-Osterweiterung, in: Selck, Torsten/Veen, Tim (Hg.), *Die politische Ökonomie des EU-Entscheidungsprozesses*, Wiesbaden: VS, S. 29–48.
Bohle, Dorothee/Greskovits, Béla (2012). *Capitalist Diversity on Europe's Periphery*, London: Cornell Press.
Bohnet-Joschko, Sabine (1996). *Leviathan Europa? Föderalistische und institutionelle Aspekte der Staatswerdung Europas*, Marburg: Metropolis.
Boldrin, Michele/Canova, Fabio (2001). Inequality and convergence in Europes's regions: reconsidering European regional policies, in: *Economic Policy*, Jg. 16, H. 32, S. 205–253.
Boldrin, Michele/Canova, Fabio (2003). Regional Policies and EU Enlargement, in: Funck, Bernard/Pizzati, Lodovico (Hg.), *European Integration, Regional Policy and Growth*, Washington: Weltbank, S. 33–94.
Borella, Sara (2008). *Migrationspolitik in Deutschland und der Europäischen Union. Eine konstitutionenökonomische Analyse der Wanderung von Arbeitskräften*, Tübingen: Mohr Siebeck.
Böhm, Franz (1958). Wettbewerbsfreiheit und Kartellfreiheit, in: *ORDO*, Bd. 10, S. 167–203.
Böhm, Franz (1961). Demokratie und ökonomische Macht, in: Institut für ausländisches und internationales Wirtschaftsrecht an der Universität Frankfurt (Hg.), *Kartelle und Monopole im modernen Recht*, Karlsruhe: Müller, S. 2–24.
Bradley, John/Untiedt, Gerhard (2007). Do economic models tell us anything useful about Cohesion Policy impacts? A comparison of HERMIN, QUEST and ECOMOD, *GEFRA Working Paper* Nr. 3.
Bradshaw, Michael/Stenning, Alison (2000). The Progress of Transition in east Central Europe, in: Bachtler, John/Downes, Ruth/Gorzelak, Grzegorz (Hg.), *Transition, Cohesion and Regional Policy in Central and Eastern Europe*, Aldershot: Ashgate, S. 11–31.
Brennan, Geoffrey/Buchanan, James (1985/1993). *Die Begründung von Regeln*, Tübingen: Mohr Siebeck.
Breuer, Stefan (1998). *Der Staat. Entstehung, Typen, Organisationsstadien*, Hamburg: Rowohlt.
Briefs, Götz (1952). ‚Natural Law' in Economic Liberalism, in: Lagler, Ernst/Messner, Johannes (Hg.), *Wirtschaftliche Entwicklung und soziale Ordnung*, Wien: Herold, S. 268–278.
Brill, Klaus (2013). Tiger, Tiger, hast du Geld?, in: *Süddeutsche Zeitung*, 18.01.2013, Nr. 15, S. 7.
Brössler, Daniel (2012). Der Markt geht vor, in: *Süddeutsche Zeitung*, 24.10.2012, Nr. 245, S. 4.
Brunn, Gerhard (2004). *Die Europäische Einigung von 1945 bis heute*, Bonn: Bpb.
Brusis, Martin (2011). Vertikale Gewaltenteilung: zentralisierte und dezentralisierte Staaten, in: Grotz, Florian/Müller-Rommel, Ferdinand (Hg.), *Regierungssysteme in Mittel- und Osteuropa. Die neuen EU-Staaten im Vergleich*, Wiesbaden: VS, S. 86–103.

Buchanan, James/Tullock, Gordon (1962/1974). *The Calculus of Consent. Logical Foundations of Constitutional Democracy*, 5. Aufl., Ann Arbor: University of Michigan Press.
Buchanan, James (1975/1984). *Die Grenzen der Freiheit: Zwischen Anarchie und Leviathan*, Tübingen: Mohr Siebeck.
Buchanan, James (1987a). Constitutional Economics, in: Eatwell, John/Milgate, Murray/Newman, Peter (Hg.), *The New Palgrave: A Dictionary of Economics*, Bd. 1, London: Palgrave Macmillan, S. 585–588.
Buchanan, James (1987b). The Constitution of Economic Policy, in: *American Economic Review*, Jg. 77, H. 3, S. 234–250
Buchanan, James (1977). *Freedom in Constitutional Contract. Perspectives of a Political Economist*, Texas: Texas University Press.
Buchanan, James (1990a). The Domain of Constitutional Economics, in: *Constitutional Political Economy*, Jg. 1, H. 1, S. 1–18.
Buchanan, James (1990b). Europe's Constitutional Opportunity, in: Buchanan, James/Pöhl, Karl/Price, Victoria/Vibert, Frank (Hg.), *Europe's Constitutional Future*, London: Institute of Economic IEA Affairs, S. 1–20.
Buchanan, James (1991). Möglichkeiten für eine europäische Verfassung: eine amerikanische Sicht, in: *ORDO*, Bd. 42, S. 127–137.
Buchanan, James (1999). The Foundations of Normative Individualism, in: *The Logical Foundations of Constitutional Liberty*, The Collected Works of James M. Buchanan, Indianapolis: Liberty Fund.
Buhbe, Matthes (1997). Die Emigration deutschsprachiger Wirtschafts- und Sozialwissenschaftler in die Türkei, in: Hagemann, Harald (Hg.), *Zur deutschsprachigen wirtschaftswissenschaftlichen Emigration nach 1933*, Marburg: Metropolis, S. 411–436.
Bull, Martin/Baudner, Joerg (2004). Europeanization and Italian policy for the Mezzogiorno, in: *Journal of European Public Policy*, Jg. 11, H. 6, S. 1058–1076.
Bundesministerium für Wirtschaft und Forschung (2007). *Nationaler Strategischer Rahmenplan (NSRP) für den Einsatz der EU-Strukturfonds in der Bundesrepublik Deutschland 2007–2013*.
Buonanno, Laurie/Nugent, Neill (2013). *Policies and Policy Processes of the European Union*, Houndmills: Palgrave Macmillan.
Bureau, Jean-Christophe/Tangermann Stefan/Matthews, Alan/Viaggi, Davide/Crombez Christophe/Knops, Louise/Swinnen, Johan (2012). The Common Agricultural Policy After 2013, in: *Intereconomics*, Jg. 47, H. 6.
Burkett, Paul/Hart-Landsberg, Martin (2003). A critique of ‚Catch-Up' Theories of Development, in: *Journal of Contemporary Asia*, Jg. 33, H. 2, S. 147–171.
Burnside, Craig/Dollar, David (2000). Aid, Policies, and Growth, in: *The American Economic Review*, Jg. 90, H. 4, S. 847–868.
Buzogány, Aron (2014). 25 Jahre 1989: Osteuropa zwischen Euphorie und Ernüchterung, in: *Aus Politik und Zeitgeschichte*, Jg. 64., H. 24–26, S. 10–15.
Cameron, Fraser (1995). Die Politik der EU gegenüber den Staaten Mittel- und Südosteuropas, in: Weidenfeld, Werner (Hg.), *Demokratie und Marktwirtschaft in Osteuropa. Strategien für Europa*, Gütersloh: Bertelsmann, S. 427–439.
Capello, Roberta (2007). *Regional Economics*, New York: Routledge.
Cappelen, Aadne/Castellacci, Fulvio/Fagerberg, Jan/Verspagen, Bart (2003). The Impact of EU Regional Support on Growth and Convergence in the European Union, in: *Journal of Common Market Studies*, Jg. 41, H. 4, S. 621–644.
CDU (2011). Stenografische Mitschrift des Berichts der Vorsitzenden der CDU Deutschland Angela Merkel auf dem 24. *Parteitag der CDU in Leipzig*, 13. – 15.11.2011.
Cecchini, Paolo (1988). *The European Challenge 1992. The Benefits of a Single Market*, Aldershot: Wildwood.

Červený, Miloš/Andrle, Alois (2000). Czech Republic, in: Bachtler, John/Downes, Ruth/Gorzelak, Grzegorz (Hg.), *Transition, Cohesion and Regional Policy in Central and Eastern Europe*, Aldershot: Ashgate, S. 85–97.

Chang, Ha-Joon/Evans, Peter (2005). The Role of Institutions in Economic Change, in: Paula de, Silvana/Dymski, Gary (Hg.), *Reimagining Growth: Towards a Renewal of Development Theory*, London: Zed, S. 99–140.

Cini, Michelle (2000). Administrative Culture in the European Commission: The Cases of Competition and Environment, in: Nugent, Neill (Hg.), *At the Heart of the Union. Studies of the European Commission*, 2. Aufl., Houndmills: Macmillian, S. 73–90.

Conze, Werner (1992). *Ostmitteleuropa. Von der Spätantike bis zum 18. Jahrhundert*, München: Beck.

Cowles, Maria/Caporaso, James/Risse, Thomas (2001). *Transforming Europe – Europeanization and Domestic Change*, London: Cornell.

Czech Republic (2007). *National Strategic Reference Framework 2007–2013*.

Dallerba, Sandy (2005). Distribution of Regional Income and Regional Funds in Europe 1989–1999: An Explanatory Spatial Data Analysis', in: *The Annals of Regional Science*, Jg. 39, H. 1, S. 121–148.

Dallmann, Bernd/Richter, Michael (2012). *Handbuch der Wirtschaftsförderung. Praxisleitfaden zur kommunalen und regionalen Standortförderung*, Freiburg: Haufe.

Dascălu, Roxana/Bârgăoanu, Alina (2011). Regional and Cohesion Policy – Insights into the Role of the Partnership Principles in the New Policy Design, in: Horga, Ioan/Bărbulescu, Iordan/Ivan, Adrian/Palinchak, Mykolia/Suli-Zakar, Istvan (Hg.), *Regional and Cohesion Policy. Insights into the role of the Partnership Principle in the New Policy Design*, Debrecen: University of Debrecen Press, S. 51–64.

Delhey, Jan (2001). *Osteuropa zwischen Marx und Markt: soziale Ungleichheit und soziales Bewußtsein nach dem Kommunismus*, Hamburg: Krämer.

Delors, Jaques (1995). Die Rolle der Regionen bei der europäischen Integration, in: Hierl, Hubert (Hg.), *Europa der Regionen. Eine Idee setzt sich durch*, Bonn: Economica, S. 16–26.

Demsetz, Harold (1969). Information and Efficiency: Another Viewpoint, in: *Journal of Law and Economics*, Jg. 12, H. 1, S. 1–22.

Denzau, Arthur/North, Douglass (1994). Shared Mental Models. Ideologies and Institutions, in: *Kyklos*, Jg. 47, H. 1, S. 3–31.

Deutscher Bundestag (2010). *Bundestagsdrucksache* 17/3853, 23.11.2010.

Diamond, Jared (1998/2011). *Arm und Reich. Die Schicksale menschlicher Gesellschaften*, 7. Aufl., Frankfurt: Fischer.

Diez, Thomas (1999). *Die EU lesen. Diskursive Knotenpunkte in der britischen Europadebatte*, Opladen: Leske+Budrich.

Donges, Juergen/Engels, Wolfram/Hamm, Walter/Möschel, Wernhard/Neumann, Manfred/Sievert, Olaf (1992). *Einheit und Vielfalt in Europa. Für weniger Harmonisierung und Zentralisierung*, Bad Homburg: Frankfurter Institut für wirtschaftspolitische Forschung.

Dörge, Friedrich-Wilhelm (1953). Der neuliberale Interventionismus im Wandel zweier Jahrzehnte, in: *Gewerkschaftliche Monatshefte*, Nr. 12, S. 725–732.

Dinan, Desmond (2010). *Ever Closer Union. An Introduction to European Integration*, 4. Aufl., London: Palgrave Macmillan.

Dobre, Ana Maria (2011). Europeanization and new patterns of multi-level governance in Romania, in: Bache, Ian/Andreou, George (Hg.), *Cohesion Policy and Multi-level Governance in South East Europe*, London: Routledge, S. 56–67.

Dörr, Julian (2016a). Die Bedeutung der Kohäsionspolitik für die europäische Integration: Aktuelle Bestandsaufnahme eines unbekannten Politikfeldes, in: *ZFAS Zeitschrift für Außen- und Sicherheitspolitik*, Jg. 9., H. 1, S. 27–37.

Dörr, Julian (2016b). „Vitalpolitik für Staaten"? Eine alternative Sicht auf die europäische Kohäsionspolitik, in: Dörr, Julian/Goldschmidt, Nils/Kubon-Gilke, Gisela/Sesselmeier, Werner (Hg.). *Vitalpolitik, Inklusion und der sozialpolitische Diskurs. Theoretische Reflexionen und sozialpolitische Implikationen*, Münster: LIT, S. 145–153.

Dörr, Julian/Goldschmidt, Nils (2013). Angewandte Glücksforschung – Karriere eines neuen Politikfeldes?, in: *Wirtschaftspolitische Blätter*, Jg. 60, H. 3, S. 525–540.

Dörr, Julian/Goldschmidt, Nils (2016). Lebenslagenkonzepte und Vitalpolitik. Liberalismus für den Menschen, in: Dörr, Julian/Goldschmidt, Nils/Kubon-Gilke, Gisela/Sesselmeier, Werner (Hg.). *Vitalpolitik, Inklusion und der sozialpolitische Diskurs. Theoretische Reflexionen und sozialpolitische Implikationen*, Münster: LIT, S. 45–69.

Downes, Ruth (2000). Regional Policy in Hungary, in: Bachtler, John/Downes, Ruth/Gorzelak, Grzegorz (Hg.), *Transition, Cohesion and Regional Policy in Central and Eastern Europe*, Aldershot: Ashgate, S. 331–344.

Drevet, Jean-François (2000). Regional Policy in Central and Eastern Europe: The EU Perspective, in: Bachtler, John/Downes, Ruth/Gorzelak, Grzegorz (Hg.), *Transition, Cohesion and Regional Policy in Central and Eastern Europe*, Aldershot: Ashgate, S. 345–353.

Drevet, Jean-François (2008). *Histoire de la politique régionale de l'union européenne*, Paris: Berlin.

Dudenredaktion (2013). *Der Duden. Die deutsche Rechtschreibung*, 26. Aufl., Berlin: Bibliographisches Institut.

Duflo, Ester/Banerjee, Abhijit (2009). The Experimental Approach to Development Economics, in: *The Annual Review of Economics 2009*, S. 151–178.

Duflo, Ester/Banerjee, Abhijit (2012). *Poor Economics: A Radical Rethinking of the Way to Fight Global Poverty*, New York: PublicAffairs.

Dürr, Ernst-Wolfram (1954). *Ordoliberalismus und Sozialpolitik*, Winterthur: Keller.

Easterly, William (2002). *The Elusive Quest for Growth. Economists' Adventures and Misadventures in the Tropics*, 5. Aufl., Cambridge: MIT Press.

Easton, David (1965). *A Systems Analysis of Political Life*, New York: Wiley.

Eberlein, Burkard/Kerwer, Dieter (2004). New Governance in the European Union: A Theoretical Perspective, in: *Journal of Common Market Studies*, Jg. 42, H. 1, S. 121–142.

Ebertsein, Hans (2008). Einleitung, in: Eberstein, Hans/Karl, Helmut (Hg.), *Handbuch regionaler Wirtschaftsförderung, Abschnitt* I, Köln: Schmidt, S. 1–32.

Folgende Literaturquelle ergänzen: Ebinger, Susanne (1988). Alexander Rüstow und die Soziale Marktwirtschaft, Würzburg: Creator Verlag.

Eckey, Hans-Friedrich/Türk, Matthias (2006). *Convergence of EU-Regions. A Literature Review, Volkswirtschaftliche Diskussionsbeiträge* Nr. 80/6.

Ederveen, Sjef/Gorter, Joeri (2002). Does European Regional Policy Reduce Regional Disparities?, *CPB Netherlands Bureau for Economic Policy Analysis Working Paper* Nr. 15.

Ederveen, Sief/Gorter, Joeri/de Mooij, Ruud de/Nahuis, Richard (2003). Funds and Games. The Economics of European Cohesion Policy, *European Network of Economic Policy Resaerch Institutes Occasional Paper* Nr. 3.

Ederveen, Sief/de Groot, Henri de/Nahuis, Richard (2006). Fertile Soil for Structural Funds? A Panel Data Analysis of the Conditional Effectiveness of European Cohesion Policy, in: *Kyklos*, Jg. 59, H. 1, S. 17–42.

Eisermann, Gottfried (1955). Wandlungstendenzen der modernen Gesellschaft, in: ders. (Hg.), *Wirtschaft und Kultursystem*, Zürich: Rentsch, S. 100–130.

Eisermann, Gottfried (1960). Alexander Rüstow Persönlichkeit und Werk, in: Aktionsgemeinschaft Soziale Marktwirtschaft (Hg.), *Wirtschaftsordnung und Menschenbild. Geburtstagsausgabe für Alexander Rüstow*, Köln: Politik und Wirtschaft, S. 147–152.

Eisermann, Gottfried (1968). Alexander Rüstow, in: ders. (Hg.), *Bedeutende Soziologen*, Stuttgart: Enke, S. 96–107.

Eith, Ulrich/Goldschmidt, Nils (2005). Zwischen Zustimmungsfähigkeit und tatsächlicher Zustimmung, Kriterien für Reformpolitik aus ordnungsökonomischer und politikwissenschaftlicher Perspektive, in: Haubner, Dominik/Mezger, Erika/Schwengel, Hermann (Hg.), *Agendasetting und Reformpolitik. Strategische Kommunikation zwischen verschiedenen Welten*, Marburg: Metropolis, S. 51–70.

Endo, Ken (2001). Subsidiarity & its Enemies: To What Extent Is Sovereignty Contested in the Mixed Commonwealth of Europe?, *EUI Working Paper RSC* Nr. 2001/24.

Engerer, Hella/Voigt, Stefan (2002). Institutionen und Transformation – Mögliche Politikimplikationen der Neuen Institutionenökonomik, in: Zimmermann, Klaus (Hg.), *Neue Entwicklungen in der Wirtschaftswissenschaft*, Heidelberg: Physica, S. 149–215.

Erhard, Ludwig (1953/1962). An die eigene Kraft glauben, in: ders. (Hg.), *Deutsche Wirtschaftspolitik: Der Weg der Sozialen Marktwirtschaft*, Düsseldorf: Econ, S. 209–220.

Erhard, Ludwig (1955/1962). Freie Unternehmerwirtschaft ist gute Entwicklungshilfe, in: ders. (Hg.), *Deutsche Wirtschaftspolitik: Der Weg der Sozialen Marktwirtschaft*, Düsseldorf: Econ, S. 282–285.

Erhard, Ludwig (1957/1962). Zur politischen und sozialen Problematik der Hilfe für Entwicklungsländer, in: ders. (Hg.), *Deutsche Wirtschaftspolitik: Der Weg der Sozialen Marktwirtschaft*, Düsseldorf: Econ, S. 376–379.

Erhard, Ludwig (1957/2009). *Wohlstand für Alle*, 8. Aufl., Köln: Anaconda.

Erhard, Ludwig (1959). Glückwunschadressen zu Wilhelm Röpkes 60. Geburtstag, in: Röpke, Wilhelm (1959). *Gegen die Brandung*, Stuttgart: Rentsch, S. 12–19.

Erhard, Ludwig (1959a/1962). Harmonie durch ‚Harmonisierung'?, in: ders. (Hg.), *Deutsche Wirtschaftspolitik: Der Weg der Sozialen Marktwirtschaft*, Düsseldorf: Econ, S. 461–464.

Erhard, Ludwig (1959b/1962). Die Entwicklungshilfe auch multilateral stärken, in: ders. (Hg.), *Deutsche Wirtschaftspolitik: Der Weg der Sozialen Marktwirtschaft*, Düsseldorf: Econ, S. 445–449.

Erhard, Ludwig (1960/1962). Wirtschaftspolitik als Teil der Gesellschaftspolitik, in: ders. (Hg.), *Deutsche Wirtschaftspolitik: Der Weg der Sozialen Marktwirtschaft*, Düsseldorf: Econ, S. 476–491.

Erhard, Ludwig (1963/1966). Mein Lieblingskind: Europa, in: ders. (Hg.), *Ludwig Erhard. Wirken und Reden. 19 Reden aus den Jahren 1952 bis 1965*, Ludwigsburg: Hoch, S. 229–246.

Erhard, Ludwig/Müller-Armack, Alfred (1972). *Soziale Marktwirtschaft, Ordnung der Zukunft, Manifest '72,* Frankfurt: Ullstein.

Eschenburg, Theodor (1977). Aus persönlichen Erleben: Zur Kurzfassung der Denkschrift 1943/44, in: Erhard, Ludwig (Hg.), *Kriegsfinanzierung und Schuldenkonsolidierung. Faksimiledruck der Denkschrift von 1943/44*, Frankfurt: Propyläen, S. XV–XXI.

Eschenburg, Theodor (1987/1989). *Das Jahrhundert der Verbände. Lust und Leid organisierter Interessen in der deutschen Politik*, Berlin: Siedler.

Eschenburg, Theodor (2000). *Letzten Endes meine ich doch. Erinnerungen 1933–1999*, Berlin: Siedler.

Ethier, Diane (2003). Is Democracy Promotion Effective? Comparing Conditionality and Incentives, in: *Democratization*, Jg. 10, H. 1, S. 99–120.

Eucken-Erdsiek, Edith (1951). Kultur und Herrschaft. Zu Alexander Rüstows ‚Ortsbestimmung der Gegenwart', in: *ORDO*, Bd. 4, S. 444–454.

Eucken, Walter (1932). Staatliche Strukturwandlungen und die Krisis des Kapitalismus, in: *Weltwirtschaftliches Archiv*, Jg. 36, H. 2, S. 297–321.

Eucken, Walter (1940/1989). *Grundlagen der Nationalökonomie*, 9. Aufl., Berlin: Springer.

Eucken, Walter (1950/1951). Die Entwicklung des ökonomischen Denkens. in: ders. (Hg.), *Unser Zeitalter der Misserfolge. Fünf Vorträge zur Wirtschaftspolitik*, Tübingen: Mohr Siebeck, S. 59–72.
Eucken, Walter (1952/2008). *Grundsätze der Wirtschaftspolitik*, 7. Aufl., Tübingen: Mohr Siebeck.
EU-Kommission (1973). *Bericht über die regionalen Probleme in der erweiterten Gemeinschaft*, KOM(73) 550.
EU-Kommission (1987). *Die Einheitliche Akte muss ein Erfolg werden – eine neue Perspektive für Europa*, KOM(87) 100.
EU-Kommission (1999). *The Community Budget: The Facts in Figures*, Luxemburg: Amt für Veröffentlichungen der Europäischen Union.
EU-Kommission (2000). *Strategiepapier über die Fortschritte jedes Bewerberlandes auf dem Weg zum Beitritt.*
EU-Kommission (2001). *Community Value Added. Definition and Evaluation Criteria.*
EU-Kommission (2003a). *Gesamtbericht der Kommission über die Heranführungshilfe (PHARE - ISPA - SAPARD) 2000, KOM(2002)* 781.
EU-Kommission (2003b). *Gesamtbericht der Kommission über die Heranführungshilfe (PHARE - ISPA - SAPARD)* 2001, KOM(2003) 329.
EU-Kommission (2003c). *Jahresbericht 2002 über das PHARE-Programm und die Heranführungsinstrumente für Zypern, Malta und die Türkei, KOM(2003)* 497.
EU-Kommission (2004). *A new partnership for cohesion. Convergence Competitiveness Cooperation. Third report on economic and social cohesion*, Luxemburg: Amt für Veröffentlichungen der Europäischen Union.
EU-Kommission (2005a). *Bericht der Kommission über PHARE, die Heranführungsinstrumente und die Übergangsfazilität 2004, KOM(2005)* 701.
EU-Kommission (2005b). *Die Kohäsionspolitik im Dienste von Wachstum und Beschäftigung. Strategische Leitlinien der Gemeinschaft für den Zeitraum 2007–2013, KOM(2005)* 299.
EU-Kommission (2005c). *Integrierte Leitlinien für Wachstum und Beschäftigung*, KOM(2005) 141.
EU-Kommission (2005d). *Jahresbericht 2003 über das PHARE-Programm und die Heranführungsinstrumente für Zypern, Malta und die Türkei, KOM(2005)* 64.
EU-Kommission (2006a). *National Strategic Reference Framework for Latvia 2007–2013.*
EU-Kommission (2006b). *Position Paper European Commission on National Strategic Reference Framework of the Czech Republic 2007–2013.*
EU-Kommission (2006c). *Leitlinien für staatliche Beilhilfen mit regionaler Zielsetzung 2007–2013*, ABl. EU C54 vom 4.03.2006.
EU-Kommission (2007a). *Allgemeiner Bericht der Kommission über die Heranführungshilfe (PHARE - ISPA - SAPARD)* 2006, KOM(2007) 692.
EU-Kommission (2007b). *Bericht der Kommission über PHARE, die Heranführungsinstrumente und die Übergangsfazilität* 2005, SEK(2007)11, KOM(2007) 3.
EU-Kommission (2007c). *Communication from the Commission. Member States and Regions delivering the Lisabon strategy for growth and jobs through EU cohesion policy 2007–2013*, COM(2007) 798.
EU-Kommission (2007d). *Die Kohäsionspolitik 2007–2013. Erläuterungen und offizielle Texte*, Luxemburg: Amt für Veröffentlichungen der Europäischen Union.
EU-Kommission (2007e). *Growing Regions, growing Europe. Fourth report on economic and social cohesion*, Luxemburg: Amt für Veröffentlichungen der Europäischen Union.
EU-Kommission (2007f). *Pressemitteilung* IP/07/567.
EU-Kommission (2007g). *Themenheft Der EU-Haushalt und der Finanzrahmen 2007 bis 2013*, Nr. 17, Luxemburg: Amt für Veröffentlichungen der Europäischen Union.
EU-Kommission (2007h). *Commission Decision of 7 May 2007 approving some elements of the national strategic reference framework for Poland.*

EU-Kommission (2008a). *Inforegio Panorama*, Nr. 26, Luxemburg: Amt für Veröffentlichungen der Europäischen Union.

EU-Kommission (2008b). *Bericht der Kommission an das europäische Parlament und den Rat über Rumäniens Fortschritte im Rahmen des Kooperations- und Kontrollverfahrens*, KOM(2008) 494.

EU-Kommission (2008c). *Bericht der Kommission an das europäische Parlament und den Rat über Bulgariens Fortschritte im Rahmen des Kooperations- und Kontrollverfahrens*, KOM(2008).

EU-Kommission (2008d). *Cohesion Policy 2007–2013. National Strategic Reference Frameworks*, Luxemburg: Amt für Veröffentlichungen der Europäischen Union.

EU-Kommission (2008e). *EU-Haushalt 2008. Finanzbericht*, Luxemburg: Amt für Veröffentlichungen der Europäischen Union.

EU-Kommission (2008f). *General Report on the Activities of the European Union 2007*, Luxemburg: Amt für Veröffentlichungen der Europäischen Union.

EU-Kommission (2008g). *Jahresbericht 2007 der Kommission über PHARE, das Heranführungsinstrument für die Türkei, CARDS und die Übergangsfazilität*, KOM(2008) 880.

EU-Kommission (2009a). *European Regional Policy, an inspiration for Countries outside the EU? Applying the principles, sharing the lessons, exchanging experience*, Luxemburg: Amt für Veröffentlichungen der Europäischen Union.

EU-Kommission (2009b). *Das Kontrollsystem für die Kohäsionspolitik*, Luxemburg: Amt für Veröffentlichungen der Europäischen Union.

EU-Kommission (2009c). *Fehler bei der Kohäsionspolitik*, Luxemburg: Amt für Veröffentlichungen der Europäischen Union.

EU-Kommission (2009d). *Das BIP und mehr. Die Messung des Fortschritts in einer Welt im Wandel*, KOM(2009) 433.

EU-Kommission (2010a). *Bericht der Kommission an das Europäische Parlament und den Rat über die Durchführung der Interinstitutionellen Vereinbarung über die Haushaltsdisziplin und die wirtschaftliche Haushaltsführung*, KOM(2010) 185.

EU-Kommission (2010b). *In Europas Zukunft investieren. Fünfter Bericht über den wirtschaftlichen, sozialen und territorialen Zusammenhalt*, Luxemburg: Amt für Veröffentlichungen der Europäischen Union.

EU-Kommission (2010c). *Mitteilung der Kommission an das Europäische Parlament, den Rat, den Wirtschafts- und Sozialausschuss und den Ausschuss der Regionen. Kohäsionspolitik: Strategiebericht 2010 über die Umsetzung der Programme 2007–2013.*

EU-Kommission (2010d). *Mitteilung der Kommission. Europa 2020. Eine Strategie für intelligentes, nachhaltiges und integratives Wachstum*, KOM(2010) 2020.

EU-Kommission (2010e). *Überprüfung des EU-Haushaltes.*

EU-Kommission (2011a). *Das Kontrollsystem für die Kohäsionspolitik*, Luxemburg: Amt für Veröffentlichungen der Europäischen Union.

EU-Kommission (2011b). *EU Budget 2010 – Financial Report*, Luxemburg: Amt für Veröffentlichungen der Europäischen Union.

EU-Kommission (2011c). *Europäische Territoriale Zusammenarbeit. Brücken bauen zwischen Menschen*, Luxemburg: Amt für Veröffentlichungen der Europäischen Union.

EU-Kommission (2011d). *Kohäsionspolitik 2014–2020. Investieren in Wachstum und Beschäftigung*, Luxemburg: Amt für Veröffentlichungen der Europäischen Union.

EU-Kommission (2011e). *Vorschlag der Europäischen Kommission zum mehrjährigen Finanzrahmen 2014–2020.*

EU-Kommission (2011f). *Pressemitteilung.* Mehr Schlagkraft für kohäsionspolitische Investitionen nach 2013 – EU-Kommission legt Vorschlagspaket vor, IP/11/1159, 6.10.2011.

EU-Kommission (2012a). *EU Transport in Figures. Statistical Pocketbook 2012*, Luxemburg: Amt für Veröffentlichungen der Europäischen Union.

EU-Kommission (2012b). *Wichtigste Ergebnisse des umfassenden Monitoring-Berichts über den Stand der Vorbereitungen Kroatiens auf die EU-Mitgliedschaft*, COM(2012) 601.
EU-Kommission (2012c). *Inforegio Panorama*, Nr. 43, Luxemburg: Amt für Veröffentlichungen der Europäischen Union.
EU-Kommission (2012d). *Inforegio Panorama*, Nr. 44, Luxemburg: Amt für Veröffentlichungen der Europäischen Union.
EU-Kommission (2013a). *Flash Eurobarometer 384. Citizens' Awareness and Perceptions of EU Regional Policy*.
EU-Kommission (2013b). *Bericht der Kommission an das europäische Parlament, den Rat, den europäischen Wirtschafts- und Sozialausschuss und den Ausschuss der Regionen*. Kohäsionspolitik: Strategiebericht 2013 über die Umsetzung der Programme 2007–2013, COM(2013) 210.
EU-Kommission (2013c). *Leitlinien für Regionalbeihilfen 2014–2020*, ABl. Nr. C 209/1 von 23.7.2013.
EU-Kommission (2013d). *Panorama Inforegio*, Nr. 47, Luxemburg: Amt für Veröffentlichungen der Europäischen Union.
EU-Kommission (2013e). *Strengthening the social dimension of the Economic and Monetary Union*, Speech/13/774.
EU-Kommission (2014a). *Inforegio Panorama*, Nr. 50, Luxemburg: Amt für Veröffentlichungen der Europäischen Union.
EU-Kommission (2014b). *Investitionen in Beschäftigung und Wachstum. Förderung von Entwicklung und guter Governance in den Regionen und Städten der EU. Sechster Bericht über den wirtschaftlichen, sozialen und territorialen Zusammenhalt*, Luxemburg: Amt für Veröffentlichungen der Europäischen Union.
EU-Kommission (2014c). *Regionalpolitik. Wettbewerbsfähigere Regionen und Städte – für mehr Wachstum und Beschäftigung in der Union*, Luxemburg: Amt für Veröffentlichungen der Europäischen Union.
EU-Kommission (2014d). *Mehrjähriger Finanzrahmen 2014–2020 und EU-Haushalt 2014. Übersicht in Zahlen*, Luxemburg: Amt für Veröffentlichungen der Europäischen Union.
EU-Kommission (2015a). *Europe, Latin America and the Caribbean: Sharing Experiences in Regional Development Policies*, Luxemburg: Amt für Veröffentlichungen der Europäischen Union.
EU-Kommission (2015b). *Online Datenbank Cohesion Policy Data*, Brüssel: EU.
EU-Kommission (2015c). *EUR-Lex Online Datenbank*, Luxemburg: Amt für Veröffentlichungen der Europäischen Union.
EU-Kommission (2015d). *Inforegio Panorama*, Nr. 53, Luxemburg: Amt für Veröffentlichungen der Europäischen Union.
EU-Kommission (2015e). *Inforegio Panorama*, Nr. 54, Luxemburg: Amt für Veröffentlichungen der Europäischen Union.
EU-Kommission/Nationale Kommission für Entwicklung und Reform der Volksrepublik China (2015). *Report on EU-China Regional Policy Cooperation 2006–2015*.
EU-Rat (1993). *Schlussfolgerungen des Europäischen Rates Kopenhagen* 21./22.06.1993, SN 180/1/93.
EU-Rat (2000). *Schlussfolgerungen Europäischen Rates Lissabon* 23./24.03.2000.
EU-Rat (2005). *Financial Perspective 2007–2012*, CADREFIN 268, 15915/05.
EU-Rechnungshof (2012). Stellungnahme Nr. 07/2011, zu dem Vorschlag für eine Verordnung des Europäischen Parlaments und des Rates.
EU-Rechnungshof (2014). *Jahresberichte zum Haushaltsjahr* 2013, C 398/1.
Europäisches Amt für Betrugsbekämpfung (2014). *The OLAF Report 2013*. Fourteenth report of the European Anti-Fraud Office 1 January to 31 December 2013.
European University Institute (2008). *Study on the Division of Powers between the European Union, the Member States, and Regional and Local Authorities*.
Eurostat (2012a). *Statistische Online Datenbank*, Luxemburg: Eurostat.

Eurostat (2012b). *Eurostat Regional Yearbook 2012*, Luxemburg: Eurostat.
Evans, Peter (2004). Development as Institutional Change: The Pitfalls of Monocropping and the Potentials of Deliberation, in: *Studies in Comparative International Development*, Jg. 38, H. 4, S. 30–52.
Falkenkötter, Thomas (2002). *Die Auswirkungen der Kohäsionspolitik der Europäischen Gemeinschaft auf die Gemeinschaftsaufgabe ‚Verbesserung der regionalen Wirtschaftsstruktur' nach* Art.91 a Abs.1 Nr.2 GG, München: Beck.
Faludi, Andreas (2011). Cohesion, coherence, cooperation: EU policy beyond hard territoriality, in: Richardon, Harry/Bae, Chang-Hee/Choe, Sang-Chuel (Hg.), *Reshaping Regional Policy*, Cheltenham: Elgar, S. 83–101.
Farhauer, Olivier/Kröll, Alexandra (2014). *Standorttheorien. Regional und Stadtökonomik in Theorie und Praxis*, 2. Aufl., Berlin: Springer.
Farrell, Mary (2004). Regional Integration and Cohesion – Lessons from Spain and Ireland in the EU, in: *Journal of Asian Economics*, Jg. 14, H. 6, S. 927–946.
Farole, Thomas/Rodríguez-Pose, Andrés/Storper, Michael (2011). Cohesion policy in the European Union: growth, geography, institutions, in: Richardon, Harry/Bae,Chang-Hee/Choe, Sang-Chuel (Hg.), *Reshaping Regional Policy*, Cheltenham: Elgar, S. 102–123.
Feld, Lars/Goldschmidt, Nils/Zweynert, Joachim (2011). *Kulturelle, soziale und gesellschaftliche Grundlagen wirtschaftlichen Wachstums. Gutachten im Auftrag der Enquete-Kommission Wachstum, Wohlstand, Lebensqualität, Kommissionsmaterial M-17*(26)15, Berlin: Deutscher Bundestag.
Feld, Lars (2012). Europa in der Welt von heute: Wilhelm Röpke und die Zukunft der Europäischen Währungsunion, in: *ORDO*, Bd. 63, S. 401–427.
Feldman, Gerald (1984). Industrieverbände und Wirtschaftsmacht: Zur Entwicklung der Interessenverbände in der deutschen Eisen-, Stahl- und Maschinenbauindustrie 1900–1933, in: ders. (Hg.), *Vom Weltkrieg zur Weltwirtschaftskrise*, Göttingen: Vandenhoeck&Ruprecht, S. 131–160.
Ferry, Martin (2013). The Achievements of Cohesion Policy: Evidence and Methodological Challenges from an EU10 Perspective, *European Policies Research Centre Working Paper*.
Ferry, Martin/McMaster, Irene (2013). Cohesion policy and the evolution of regional policy in Central and Eastern Europe, in: *Europe-Asia Studies*, Jg. 65, H. 8, S. 1502–1528.
Fink, Alexander/Boettke, Peter (2011). Institutions First, in: *Journal of Institutional Economics*, Jg. 7, H. 4, S. 499–504.
Fink, Simon (2013). Policy Convergence with or without the European Union: The Interaction of Policy Success, EU Membership and Policy Convergence, in: *Journal of Common Market Studies*, Jg. 51, H. 4, S. 631–648.
Fischer, Marlies (2002). ‚Wir wollen zurück nach Europa', in: *Hamburger Abendblatt*, 22.07.2002.
Fleck, Ludwik (1935/1980). *Entstehung und Entwicklung einer wissenschaftlichen Tatsache. Einführung in die Lehre vom Denkstil und Denkkollektiv*, Frankfurt: Suhrkamp.
Freitas, Miguel Lebre de/Pereira, Filipa/Torres, Francisco (2003). Convergence among EU Regions 1990–2001, in: *Intereconomics*, September/October 2003.
Frenkel, Michael/Hemmer, Hans-Rimbert (1999), *Grundlagen der Wachstumstheorie*, München: Vahlen.
Frey, Bruno (1990). Institutions matter. The Comparative Analysis of Institutions, in: *European Economic Review*, Jg. 34, H. 2–3, S. 443–449.
Frey, Bruno (1997). *Ein neuer Föderalismus für Europa. Die Idee der FOCJ*, Tübingen: Mohr Siebeck.
Frey, Bruno/Eichenberger, Rainer (2004). *The New Democratic Federalism for Europe. Functional, Overlapping and Competing Jurisdictions*, Cheltenham: Elgar.
Friedmann, Hermann (1955). Um eine Geschichtssoziologie, in: Eisermann, Gottfried (Hg.), *Wirtschaft und Kultursystem*, Zürich: Rentsch, S. 131–148.

Foucault, Michel (1979a/2004). Vorlesung 6 vom 14.02.1979, in: ders. (Hg.), *Geschichte der Governementalität: Bd. 2: Geburt der Biopolitik*, Frankfurt: Suhrkamp, S. 185–224.
Foucault, Michel (1979b/2004). Vorlesung 10 vom 21.03.1979, in: ders. (Hg.), *Geschichte der Governementalität: Bd. 2: Geburt der Biopolitik*, Frankfurt: Suhrkamp, S. 331–365.
Föste, Wilga (2006). *Grundwerte in der Ordnungskonzeption der Sozialen Marktwirtschaft*, Marburg: Metropolis.
Fuchs-Goldschmidt, Inga/Goldschmidt, Nils (2011). Von der built-in flexibility zur built-in inclusion: Zum systematischen Verständnis automatischer Stabilisatoren in der Sozialpolitik, in: Held, Martin/Kubon-Gilke, Gisela/Sturn, Richard (Hg.), *Jahrbuch Normative und institutionelle Grundfragen der Ökonomik. Ökonomik in der Krise*, Marburg: Metropolis, S. 149–172.
Fuchs-Goldschmidt, Inga/Goldschmidt, Nils (2013). Wiesel oder Hermelin? Strukturelle Gerechtigkeit als Fundament einer modernen Sozialen Marktwirtschaft, in: *Zeitschrift für Wirtschafts- und Unternehmensethik*, Jg. 14, H. 1, S. 8–22.
Fuente, Angel de la (1997). The Empirics of Growth and Convergence: A Selective Review, in: *Journal of Economic Dynamics and Control*, Jg. 21, H. 1, S. 23–73.
Fujita, Masahisa/Krugman, Paul/Venables, Anthony (1999). *The Spatial Economy. Cities, Regions, and International Trade*, Cambridge: MIT Press.
Gabrisch, Hubert/Ragnitz, Joachim (2001). Regionale Strukturpolitik in einer erweiterten EU: Ein Reformvorschlag, in: *Wirtschaft im Wandel*, Jg. 7, H. 6, S. 143–147.
Gallus, Alexander/Jesse, Eckhard (2001). Was sind Dritte Wege? Eine vergleichende Bestandsaufnahme, in: *Aus Politik und Zeitgeschichte*, H. 16–17, S. 6–15.
Gammelin, Cerstin (2012). Getrennte Wege, in: *Süddeutsche Zeitung*, 1.08.2012, Nr. 164, S. 7.
Gehler, Michael (2010). *Europa. Ideen, Institutionen, Vereinigung*, München: Olzag.
Gerschenkron, Alexander (1962). *Economic Backwardness in Historical Perspective*, Cambridge: Harvard University Press.
Giersch, Herbert/Paqué, Karl-Heinz/Schmieding, Holger (1991). *The fading miracle. Four decades of market economy in Germany*, Cambridge: Cambridge University Press.
Glass, Gene (1976). Primary, Secondary, and Meta-Analysis of Research, in: *Educational Researcher*, Jg. 5, H. 10, S. 3–8.
Goldschmidt, Nils (2002). *Entstehung und Vermächtnis ordoliberalen Denkens. Walter Eucken und die Notwendigkeit einer kulturellen Ökonomik*, Münster: LIT.
Goldschmidt, Nils (2009). Liberalismus als Kulturideal, in: Rieter, Heinz/Zweynert, Joachim (Hg.), *Wort und Wirkung – Wilhelm Röpkes Bedeutung für die Gegenwart*, Marburg: Metropolis, S. 67–82.
Goldschmidt, Nils (2010b). Ideengeschichtliches Trouvaillen: Protestantische Wurzeln und katholische Zweige der Sozialen Marktwirtschaft, in: Wirz, Stephan/Hildmann, Philipp (Hg.), *Soziale Marktwirtschaft: Zukunfts- oder Auslaufmodell? Ein ökonomischer, soziologischer, politischer und ethischer Diskurs*, Zürich: Theologischer Verlag, S. 15–31.
Goldschmidt, Nils (2010a). Spielregeln der Gerechtigkeit oder warum gerechte Strukturen wichtig sind. Eine ordnungsökonomische Sicht, in: Fetchenhauer, Detlef/Goldschmidt, Nils/Hradil, Stefan/Liebig, Stefan (Hg.), *Warum ist Gerechtigkeit wichtig*, München: Roman Herzog Institut, S. 64–79.
Goldschmidt, Nils (2010). Chancengleichheit oder Chancengerechtigkeit?, in: Vodofone Stiftung (Hg.), *Transmission 02 – Aufstieg, Gerechtigkeit*, Zusammenhalt: zu den Herausforderungen moderner Staatlichkeit, S. 40–54.
Goldschmidt, Nils (2011). Vom Glück und von Gärten. Moderne Ordnungsökonomik und die normativen Grundlagen der Gesellschaft, in: Caspari, Volker/Schefold, Bertram (Hg.), *Wohin steuert die ökonomische Wissenschaft? Ein Methodenstreit in der Volkswirtschaftslehre*, Frankfurt: Campus, S. 145–166.

Goldschmidt, Nils (2013). Walter Eucken's place in the history of ideas, in: *Review of Austrian Economics*, Jg. 26, H. 2, S. 127–147.

Goldschmidt, Nils/Berndt, Arnold (2003). *Leonhard Miksch (1901–1950). A Forgotten Member of the Freiburg School, Freiburger Diskussionspapiere zur Ordnungsökonomik* 03/2.

Goldschmidt, Nils/Homann, Karl (2011). *Die gesellschaftliche Verantwortung der Unternehmen. Theoretische Grundlagen für eine praxistaugliche Konzeption*, München: Roman Herzog Institut.

Goldschmidt, Nils/Lenger, Alexander (2011a). Ordnungsökonomik als angewandte Wissenschaft. Zur notwendigen Zusammenführung von Theorie und Praxis, in: *ORDO*, Bd. 62, S. 343–363.

Goldschmidt, Nils/Lenger, Alexander (2011b). Teilhabe und Befähigung als Schlüsselelemente einer modernen Ordnungsethik, in: *Zeitschrift für Wirtschafts- und Unternehmensethik*, Jg. 12, H. 2, S. 295–313.

Goldschmidt, Nils/Lenger, Alexander/Spranz, Roger (2012). The relation between institutional and cultural factors in economic development: the case of Indonesia, in: *Journal of Institutional Economics*, Jg. 8, H. 4, S. 459–488.

Goldschmidt, Nils/Rauchenschwandtner, Hermann (2007). *The Philosophy of Social Market Economy: Michael Foucault's Analysis of Ordoliberalism, Freiburger Diskussionspapiere zur Ordnungsökonomik* 07/4.

Goldschmidt, Nils/Wohlgemuth, Michael (2008). Entstehung und Vermächtnis der Freiburger Tradition der Ordnungsökonomik, in: dies. (Hg.), *Grundtexte zur Freiburger Tradition der Ordnungsökonomik*, Tübingen: Mohr Siebeck, S. 1–16.

Gorzelak, Grzegorz (2000). Poland, in: Bachtler, John/Downes, Ruth/Gorzelak, Grzegorz (Hg.), *Transition, Cohesion and Regional Policy in Central and Eastern Europe*, Aldershot: Ashgate, S. 153–166.

Gorzelak, Grzegorz/Kozak, Marek (2008). Poland, in: Baun, Michael/Marek, Dan (Hg.), *EU Cohesion Policy after Enlargement*, London: Palgrave Macmillan, S. 141–164.

Government Office for Local Self-Government and Regional Policy of Slovenia (2007). *National Strategic Reference Framework 2007–2013.*

Government of the Republic of Hungary (2007). *The new Hungary Development Plan. National Strategic Reference Framework. Employment and Growth.*

Göler, Daniel (2009). Die europäische Legitimationsfalle. Das Problem von Effizienz und Partizipation im europäischen Mehrebenensystem, in: *Zeitschrift für Politik*, Jg. 56, H. 1, S. 3–18.

Grabbe, Heather (2002). European Union Conditionality and the Acquis Communautaire, in: *International Political Science Review*, Jg. 23, H. 3, S. 249–268.

Green, Bert/Hall, Judith (1984). Quantitative Methods for Literature Reviews, in: *Annual Review of Psychology*, Jg. 35, S. 37–53.

Gripaios, Peter/Bishop, Paul/Hart, Trevor/McVittie, Eric (2008). Analysing the Impact of Objective 1 Funding in Europe: A Review, in: *Environment and Planning C: Government and Policy*, Jg. 26, H. 3, S. 499–524.

Groeben, Hans von der (1995). *Deutschland und Europa in einem unruhigen Jahrhundert. Erlebnisse und Betrachtungen*, Baden-Baden: Nomos.

Gross, Frederike/McMaster, Irene/Polverari, Laura/Yuill, Douglas (2005). A Strategic Approach to Cohesion?, *IQ-Net Thematic Paper* 17/2.

Groß, Steffen (2010). Warum sich Ökonomen (wieder) mit Philosophie beschäftigen sollten – und Philosophen (wieder) mit Ökonomie, in: *ORDO*, Bd. 61, S. 75–93.

Grossman, Gene/Helpman, Elhanan (1993). Endogenous Innovation in the Theory of Growth, *NBER Working Paper* Nr. 4527.

Grossekettler, Heinz (1997). *Die Wirtschaftsordnung als Gestaltungsaufgabe. Entstehungsgeschichte und Entwicklungsperspektiven des Ordoliberalismus nach 50 Jahren Sozialer Marktwirtschaft*, Münster: LIT.

Grotz, Florian/Müller-Rommel, Ferdinand (2011). Die Regierungssysteme der neuen EU-Staaten: institutionelle Konfigurationen und Entwicklungspfade, in: dies. (Hg.), *Regierungssysteme in Mittel- und Osteuropa. Die neuen EU-Staaten im Vergleich*, Wiesbaden: VS, S. 303–320.

Gwartney, James/Lawson, Robert/Hall, Joshua (2013). *Economic Freedom of the World 2013 Annual Report*, Vancouver: Fraser Institut.

Haas, Ernst (1970). The Study of Regional Integration: Reflections on the Joy and Anguish of Pretheorizing, in: *International Organization*, Jg. 24, H. 4, S. 607–646.

Haas, Ernst (1958/2004). *The Uniting of Europe: Political, Social and Economic Forces 1950–57*, Notre Dame: University of Notre Dame Press.

Häge, Frank (2008). Politischer Konflikt im Entscheidungsfindungsprozess des Ministerrats der Europäischen Union: Eine empirische Analyse institutioneller Einflussfaktoren, in: Selck, Torsten/Veen, Tim (Hg.), *Die politische Ökonomie des EU-Entscheidungsprozesses. Modelle und Anwendungen*, Wiesbaden: VS, S. 133–162.

Hagen, Tobias/Mohl, Philipp (2009). How does the EU cohesion policy work? Evaluating its effects on fiscal outcome variables, *ZEW Discussion Papers* Nr. 09-051.

Hakim, Catherine (1987). *Research Design. Strategies and Choices in the Design of Social Research*, Routledge: London.

Halecki, Oskar (1956). *Grenzraum des Abendlandes. Eine Geschichte Ostmitteleuropas*, Salzburg: Müller.

Halecki, Oskar (1964). *Europa. Grenzen und Gliederung seiner Geschichte*, Darmstadt: WBG.

Hall, Robert/Jones, Charles (1997). Levels of Economic Activity Across Countries, in: *The American Economic Review*, Jg. 87, H. 2, S. 173–177.

Hall, Peter/Soskice, David (2001). *Varieties of Capitalism. The Institutional Foundations of Comparative Advantage*. Oxford: Oxford University Press.

Han, Byung-Chul (2015). Kultische Kämpfe, in: *Handelsblatt*, Nr. 12, 19.01.2015.

Hartmann, Frank/Bauer, Erwin (2002). *Bildersprache. Otto Neurath Visualisierungen*, Wien: Universitätsverlag.

Haselbach, Dieter (1985). *Franz Oppenheimer. Soziologie, Geschichtsphilosophie und Politik des ‚Liberalen Sozialismus'*, Opladen: Leske+Budrich.

Haselbach, Dieter (1987). Das Verhältnis von Alexander Rüstow zu Franz Oppenheimer, in: Bossle, Lothar (Hg.), *Perspektive 2000. Der ökonomische Humanismus im Geiste Alexander Rüstows*, Würzburg: Creator, S. 138–142.

Haselbach, Dieter (1991). *Autoritärer Liberalismus und Soziale Marktwirtschaft. Gesellschaft und Politik im Ordoliberalismus*, Baden-Baden: Nomos.

Hayek, Friedrich von (1939/1952). Die wirtschaftlichen Voraussetzungen föderativer Zusammenschlüsse, in: ders. (Hg.), *Individualismus und wirtschaftliche Ordnung*, Zürich: Erlenbach, S. 324–344.

Hayek, Friedrich von (1944/2011). *Der Weg zur Knechtschaft*, München: Olzog.

Hayek, Friedrich von (1960/2005). *Die Verfassung der Freiheit*, 4. Aufl., Tübingen: Mohr Siebeck.

Hayek, Friedrich von (1967/2003). Rechtsordnung und Handelnsordnung, in ders. (Hg.), *Rechtsordnung und Handelnsordnung, Aufsätze zur Ordnungsökonomik. Gesammelte Schriften A* 4, Tübingen: Mohr Siebeck, S. 35–73.

Hayek, Friedrich von (1969). Der Wettbewerb als Entdeckungsverfahren, in: ders. (Hg.), *Freiburger Studien*. Gesammelte Aufsätze von F.A. Hayek, Tübingen: Mohr Siebeck, S. 249–265.

Heckscher, Eli (1932). *Der Merkantilismus*, Jena: Fischer.

Hedegaard, Lars/Lindström, Bjarne (Hg.) (2003), *The NEBI Yearbook 2003. North European and Baltic Sea Integration*, Berlin: Springer.

Hegner, Jan (2000). *Alexander Rüstow. Ordnungspolitische Konzeption und Einfluss auf das wirtschaftspolitische Leitbild der Nachkriegszeit in der Bundesrepublik*, Stuttgart: Lucius&Lucius.

Heidenreich, Martin (2003). Territoriale Ungleichheiten in der erweiterten EU, in: *Kölner Zeitschrift für Soziologie und Sozialpsychologie*, Jg. 55, H.1, S. 1–28.

Heinelt, Hubert/Lang, Achim (2011). Regional Actor Constellations in EU Cohesion Policy: Differentiation along the Policy Cycle, in: *Central European Journal of Public Policy*, Jg. 5, H. 2, S. 4–28.

Heinemann, Friedrich/Hagen, Tobias/Mohl, Philip/Osterloh, Steffen/Sellenthin, Mark (2010). *Die Zukunft der EU-Strukturpolitik*, Mannheim: ZEW.

Heisenberg, Dorothee (2005). The Institution of ‚consensus' in the European Union: Formal versus Informal Decision-Making in the Council, in: *European Journal of Political Research*, Jg. 44, H. 1, S. 65–90.

Henning, Christian (2000). *Macht und Tausch in der europäischen Agrarpolitik. Eine positive Theorie kollektiver Entscheidungen*, Frankfurt: Campus.

Hense, Ansgar (2002). Der staats- und europarechtliche Gehalt des Subsidiaritätsprinzips in den päpstlichen Enzykliken, in: Blickle, Peter/Hüglin, Thomas/Wyduckel, Dieter (Hg.), *Subsidiarität als rechtliches und politisches Ordnungsprinzip in Kirche, Staat und Gesellschaft. Genese, Geltungsgrundlage und Perspektiven an der Schwelle des dritten Jahrtausends*, Berlin: Duncker&Humblot, S. 401–430.

Hentschel, Volker (1998). *Ludwig Erhard. Ein Politikerleben*, Berlin: Ullstein.

Herrmann-Pillath, Carsten/Zweynert, Joachim (2010). Institutionentransfer und nachholende Entwicklung, in: *Osteuropa*, Jg. 60, H. 9, S. 97–111.

Hesse, Jan-Otmar (2010). *Wirtschaft als Wissenschaft. Die Volkswirtschaftslehre in der frühen Bundesrepublik*, Frankfurt: Campus.

Hesse, Jan-Otmar (2013). *Wirtschaftsgeschichte. Entstehung und Wandel der modernen Wirtschaft*, Frankfurt: Campus.

Hesse, Nora/Lübben, Timm/Wohlgemuth, Michael (2012). Knapp daneben bis voll vorbei: Argumente für einen Umbau der EU-Regionalpolitik, *Open Europe Working Paper*.

Hilferding, Rudolf (1910/1968). *Das Finanzkapital. Eine Studie über die jüngste Entwicklung des Kapitalismus*, Frankfurt: Europäische Verlagsanstalt.

Hirschman, Albert (1958/1967). *Die Strategie der wirtschaftlichen Entwicklung*, Stuttgart: Fischer.

Hirschman, Albert (1964/1970). *Exit, Voice and Loyalty: Responses to Decline in Firms, Organizations and States*, Cambridge: Harvard University Press.

Hitchcock, William (2004). *The Struggle for Europe. The Turbulent History of a divided Continent 1945 to the present*, New York: Anchor.

Hodgson, Geoffrey (2006). What Are Institutions?, in: *Journal of Economic Issues*, Jg. 40, H. 1, S. 1–25.

Hodson, Dermot/Maher, Imelda (2001). The Open Method as a New Mode of Governance: The Case of Soft Economic Policy Co-ordination, in: *Journal of Common Market Studies*, Jg. 39, H. 4, S. 719–746.

Hoffmann, Stanley (1966). Obstiante or Obsolete? The Fate of the Nation States and the Case of Western Europe, in: *Daedalus*, Jg. 95, H. 3, S. 862–915.

Holzinger, Katharina (2005). Institutionen und Entscheidungsprozesse in der EU, in: Holzinger, Katharina/Knill, Christoph/Peters, Dirk/Rittberger, Berthold/Schimmelfennig, Frank/Wagner, Wolfgang (Hg.), *Die Europäische Union. Theorien und Analysekonzepte*, Paderborn: Schöningh, S. 81–152.

Hooghe, Liesbet (1996a). Introduction: Reconciling EU-wide Policy and National Diversity, in: dies. (Hg.), *Cohesion Policy and European Integration: Building Multi-Level Governance*, Oxford: Oxford University Press, S. 1–24.

Hooghe, Liesbet (1996b). Building a Europe with the Regions: The Changing Role of the European Commission, in: ders. (Hg.), *Cohesion Policy and European Integration: Building Multi-Level Governance*, Oxford: Oxford University Press, S. 89–126.

Hooghe, Liesbet (2000). A House with Differing Views: The European Commission and Cohesion Policy, in: Nugent, Neill (Hg.), *At the Heart of the Union. Studies of the European Commission*, 2. Aufl., Houndmills: Macmillian Press, S. 91–110.

Hooghe, Liesbet (2001). *The European Commission and the Integration of Europe. Images of Governance*, Cambridge: Cambridge University Press.

Horn, Karen (2010). *Die Soziale Marktwirtschaft. Alles, was Sie über den Neoliberalismus wissen sollten*, Frankfurt: Frankfurter Allgemeine Buch.

Horn, Karen (2011). Diesseits von Angebot und Nachfrage. Einige Anmerkungen zur Überdehnung des Gegensatzes zwischen Markt und Moral, *HWWI Policy Paper* 57.

Horváth, Gyula (2000). Hungary, in: Bachtler, John/Downes, Ruth/Gorzelak, Grzegorz (Hg.), *Transition, Cohesion and Regional Policy in Central and Eastern Europe*, Aldershot: Ashgate, S. 115–130.

Horváth, Gyula (2008). Hungary, in: Baun, Michael/Marek, Dan (Hg.), *EU Cohesion Policy after Enlargement*, London: Palgrave Macmillan, S. 187–204.

Hotze, Andrea (2008). Menschenbild und Ordnung der Sozialen Marktwirtschaft. A. Rüstow, W. Röpke, A. *Müller-Armack und ihre Konzeption einer Wirtschafts- und Gesellschaftsordnung nach dem ‚Maße des Menschen'*, Hamburg: Kovac.

Howard, Marc (2002). The Weakness of Postcommunist Civil Society, in: *Journal of Democracy*, Jg. 13, H. 1, S. 157–169.

Howard, Marc (2008). *The Weakness of Civil Society in Post-Communist Europe*, Cambridge: Cambridge University Press.

Höffner, Eckhard (2001). *Die Entwicklung der EU und die Osterweiterung*, FiFo Ost.

Hölscher, Michael (2006). *Wirtschaftskulturen in der erweiterten EU. Die Einstellungen der Bürgerinnen und Bürger im europäischen Vergleich*, Wiesbaden: VS.

Hubatsch, Walther (1978). *Entstehung und Entwicklung des Reichswirtschaftsministeriums 1880–1933. Ein Beitrag zur Verwaltungsgeschichte der Reichsministerien*, Berlin: Duncker&Humblot.

Huber, Wolf (2011). Von Babel nach Brüssel: Wie die Umsetzung komplexer Politiken durch ‚verwirrte Sprache' beeinträchtigt wird – und was Einrichtungen wie die ÖROK zur Entwirrung beitragen können, in: ders. (Hg.), *Politik und Raum in Theorie und Praxis*, Wien: Österreichische Raumordnungskonferenz, S. 94–101.

Hughes, James/Sasse, Gwendolyn/Gordon, Claire (2004). Conditionality and Compliance in the EU's Eastward Enlargement: Regional Policy and the Reform of Sub-national Government, in: *Journal of Common Market Studies*, Jg. 42, H. 3., S. 523–551.

Huntington, Samuel (1991). *The Third Wave. Democratization in the Late Twentieth Century*, Norman: University of Oklahoma Press.

Ianos, Ioan (2000). Romania, in: Bachtler, John/Downes, Ruth/Gorzelak, Grzegorz (Hg.), *Transition, Cohesion and Regional Policy in Central and Eastern Europe*, Aldershot: Ashgate, S. 167–176.

Illés, Iván (2003). Borders and Cross-border Co-operation in the Countries of Central and Southeastern Europe, in: Hrbek, Rudolf (Hg.), *Außenbeziehungen von Regionen in Europa und der Welt*, Baden-Baden: Nomos, S. 173–186.

Immerfall, Stefan (2006). *Europa – politisches Einigungswerk und gesellschaftliche Entwicklung. Eine Einführung*, Wiesbaden: VS.

Institute for Marketing and Social Surveys (2004). *Public opinion on Bulgaria's accession to the EU and European Integration.*

Ischia, Hannes (2004), *Zentralisierung und Subsidiarität. Eine politökonomische Analyse dieses Spannungsfeldes in der Europäischen Union*, Frankfurt: Lang.

Isensee, Josef (2002). Subsidiarität – Das Prinzip und seine Prämissen, in: Blickle, Peter/Hüglin, Thomas/Wyduckel, Dieter (Hg.), *Subsidiarität als rechtliches und politisches Ordnungsprinzip in Kirche, Staat und Gesellschaft. Genese, Geltungsgrundlage und Perspektiven an der Schwelle des dritten Jahrtausends*, Berlin: Duncker&Humblot, S. 129–177.

ISMERI Europa/Applica (2010). *Distribution of Competences in relation to Regional Development Policies in the Member States of the European Union.*

Jackson, Ben (2011). At the Origins of Neo-Liberalism. The Free Economy and the Strong State, 1930–1947, in: *The Historical Journal*, Jg. 53, H. 1, S. 129–151.

Jacoby, Wade (2005). External Incentives and Lesson-Drawing in Regional Policy and Health Care, in: Schimmelfennig, Frank/Sedelmeier, Ulrich (Hg.), The *Europeanization of Central and Eastern Europe*, Ithaca: University Press, S. 91–111.

Janisch, Wolfgang (2013). Ermittler für Europa, in: *Süddeutsche Zeitung*, 7.10.2013, Nr. 231, S. 7.

Janssen, Hauke (2009). Zwischen Historismus und Neoklassik: Alexander Rüstow und die Krise in der deutschen Volkswirtschaftslehre, *HWWI Research Paper* 5–7.

Jäger-Dabek, Brigitte (2006). *Polen. Eine Nachbarschaftskunde für Deutsche*, Bonn: Bpb.

Johnson, Daniel (1989). Exiles and Half-exiles: Wilhelm Röpke, Alexander Rüstow and Walter Eucken, in: Peacock, Alan/Willgerodt, Hans (Hg.), *German Neo-Liberals and the Social Market Economy*, New York: St. Martin's, S. 40–68.

Jouen, Marjorie (2011). *La politique européenne de cohésion*, Paris: La documentation Française.

Jouen, Marjorie (2012). The‚Cohesion Pact': Weathering the Crisis, *Notre Europe Policy Paper* 5.

Kaiser, Wolfram/Visuri, Pekka/Malmström, Cecilia/Hjelseth, Arve/Listhaug, Ola/Jenssen, Anders (1995). Die EU-Volksabstimmungen in Österreich, Finnland, Schweden und Norwegen: Verlauf, Ergebnisse, Motive und Folgen, *Working Paper* Nr.23 März 1995, Wien: Institut für Höhere Studien.

Kalmbach, Peter (1996). Oppenheimer und der ‚dritte Weg' zwischen Kapitalismus und Kommunismus, in: Caspari, Volker/Schefold, Bertram (Hg.), *Franz Oppenheimer und Adolph Lowe. Zwei Wirtschaftswissenschaftler der Universität Frankfurt*, Marburg: Metropolis, S. 121–139.

Kammler, Hans (1966). *Der Ursprung des Staates. Eine Kritik der Überlagerungslehre*, Opladen: Westdeutscher.

Karl, Helmut (1997). Entwicklung der regionalen Wirtschaftspolitik in Deutschland, in: Eberstein, Hans/Karl, Helmut (Hg.), *Handbuch regionaler Wirtschaftsförderung, Abschnitt* II, Köln: Schmidt, S. 1–58.

Karnite, Raita (2000). Latvia, in: Bachtler, John/Downes, Ruth/Gorzelak, Grzegorz (Hg.), *Transition, Cohesion and Regional Policy in Central and Eastern Europe*, Aldershot: Ashgate, S. 131–142.

Kaufmann, Matthias (2008). ‚Die USA sind kein Vorbild', in: *Manager Magazin*, 26.05.2008.

Kempski, Jürgen von (1960/1992). Ortbestimmung der Gegenwart?, in: ders. (Hg.), *Brechungen. Kritische Versuche zur Philosophie der Gegenwart*, Frankfurt: Suhrkamp, S. 82–97.

Kerber, Wolfgang (2003). Wettbewerbsföderalismus als Integrationskonzept für die Europäische Union, in: *Perspektiven der Wirtschaftspolitik*, Jg. 4, H. 1, S. 43–64.

Keynes, John Maynard (1924). *Tract on Monetary Reform*, London: Macmillan.

Kilvits, Kaarel (2000). Estonia, in: Bachtler, John/Downes, Ruth/Gorzelak, Grzegorz (Hg.), *Transition, Cohesion and Regional Policy in Central and Eastern Europe*, Aldershot: Ashgate, S. 99–113.

Kimenyi, Mwangi (2011). Institutions and Development: The Primacy of Microanalysis, in: *Journal of Institutional Economics*, Jg. 7, H. 4, S. 549–553.

Kingdon, John (1984/2011). *Agendas, Alternatives and Public Policies*, 2. Aufl., New York: Longman.
Klaphake, Axel (2000). *Europäische und nationale Regionalpolitik für Ostdeutschland – Neuere regionalökonomische Theorien und praktische Erfahrungen*, Wiesbaden: Universitäts-Verlag.
Klemmer, Paul (1998). Regionalpolitik, in: ders. (Hg.), *Handbuch Europäische Wirtschaftspolitik*, München: Vahlen, S. 457–517.
Klimczak, Bozena/Klimczak, Mikolaj (2009). Material Interests versus Perceptions of Christian Values in Poland's Path to the EU, in: Rieter, Heinz/Zweynert, Joachim (Hg.), *Economic Styles in the Process of EU Eastern Enlargement*, Baden-Baden: Nomos, S. 105–126.
Klodt, Henning (2013). *Streicht die Auflagen!, in: Süddeutsche Zeitung*, 2.01.2013, Nr. 1, S. 18.
Klump, Rainer/Wörsdörfer, Manuel (2009). Über die normativen Implikationen des Ordoliberalismus für die moderne Wirtschaftsethik, in: *Zeitschrift für Wirtschafts- und Unternehmensethik*, Jg. 10, H. 3, S. 322–340.
Kneuer, Marianne (2012). Die baltischen Staaten und ihr Weg in die EU, in: Knodt, Michèle/Urdze, Sigita (Hg.), *Die politischen Systeme der baltischen Staaten. Eine Einführung*, Wiesbaden: VS, S. 117–136.
Knodt, Michèle (1996). *Tiefenwirkung europäischer Politik. Eigensinn oder Anpassung regionalen Regierens*, Baden-Baden: Nomos.
Knodt, Michèle/Urdze, Sifita (2012). Zentralisierung als Paradox: Europäisierung in den baltischen Staaten, in: dies. (Hg.), *Die politischen Systeme der baltischen Staaten. Eine Einführung*, Wiesbaden: VS, S. 139–153.
Kok, Wim (2004). *Facing the Challenge. The Lisbon strategy for growth and employment. Report from the High Level Group chaired by Wim Kok.*
Kolev, Stefan (2013). *Neoliberale Staatsverständnisse im Vergleich*, Stuttgart: Lucius&Lucius.
Kolev, Stefan/Zweynert, Joachim (2014). Gesellschaften mit beschränktem Zugang: Bulgarien und Rumänien sieben Jahre nach dem EU-Beitritt, in: *Wirtschaftsdienst*, H. 5, S. 331–334.
Koller, Peter (2002). Zur Dialektik von Freiheit und Gleichheit, in: Held, Martin/Kubon-Gilke, Gisela/Sturn, Richard (Hg.), *Jahrbuch Normative und institutionelle Grundfragen: Bd. 1: Gerechtigkeit als Voraussetzung für effizientes Wirtschaften*, Marburg: Metropolis, S. 71–95.
Kortmann, Walter (2004). Subventionen: Die verkannten Nebenwirkungen, in: *Wirtschaftsdienst*, H. 7, S. 462–472.
Kozak, Marek (2000). Regional Development Policy in Poland in the 1990s, in: Bachtler, John/Downes, Ruth/Gorzelak, Grzegorz (Hg.), *Transition, Cohesion and Regional Policy in Central and Eastern Europe*, Aldershot: Ashgate, S. 319–330.
Köster, Roman (2011). *Die Wissenschaft der Außenseiter. Die Krise der Nationalökonomie in der Weimarer Republik*, Göttingen: Vandenhoeck&Ruprecht.
Krieger-Boden, Christiane (1987). Zur Regionalpolitik der Europäischen Gemeinschaft, in: *Die Weltwirtschaft*, Nr. 1, S. 82–96.
Krohn, Claus-Dieter (1981). *Wirtschaftstheorien als politische Interessen. Die akademische Nationalökonomie in Deutschland 1918–1933*, Frankfurt: Campus.
Krugman, Paul (1991). *Geography and Trade*, Cambridge: MIT Press.
Kubik, Jan (2003), Cultural Legacies of State Socialism: History Making and Cultural-Entrepreneurship in Postcommunist Poland and Russia, in: Ekiert, Grzegorz/Hanson, Stephen (Hg.), *Capitalism and Democracy in Central and Eastern Europe: Assessing the Legacy of Communist Rule*, Cambridge: Cambridge University Press, S. 317–351.
Kuropka, Joachim (1994). Thesen zur regionalen Identität, in: Schulz, Volker (Hg.), *Region und Regionalismus*, Cloppenburg: Runge.
Kurz, Heinz (2008). Einführung, in: Ders. (Hg.), *Klassiker des ökonomischen Denkens*: Bd. 1, München: Beck, S. 9–30.

Kušić, Siniša (2013). Kroatiens Weg in die EU, in: *Aus Politik und Zeitgeschichte*, Jg. 63, H. 17, S. 8–14.
Laaser, Claus-Friedrich/Schrader, Klaus (2003). Knocking on the door: The baltic Rim Transition Countries ready for europe?, in: Hedegaard, Lars/Lindström, Bjarne (Hg.), *The NEBI Yearbook 2003 – North European and Baltic Sea Integration*, Berlin: Springer, S. 21–45.
Landes, David (1999). *The Wealth and Poverty of Nations. Why Some Are So Rich and Some So Poor*, New York: Norton.
Langhammer, Rolf (1992). *Die Assoziierungsabkommen mit der CSFR, Polen und Ungarn: wegweisend oder abweisend*, Kieler Diskussionsbeiträge.
Leipold, Helmut (1990). Neoliberal Ordnungstheorie and Constitutional Economics. A Comparison between Eucken and Buchanan, in: *Constitutional Political Economy*, Jg. 1, H. 1, S. 47–65.
Leipold, Helmut (2006). *Kulturvergleichende Institutionenökonomik. Studien zur kulturellen, institutionellen und wirtschaftlichen Entwicklung*, Stuttgart: Lucius&Lucius.
Lenel, Hans (1986). Alexander Rüstows wirtschafts- und sozialpolitische Konzeption, in: *ORDO*, Bd. 37, S. 45–58.
Lenel, Hans (1991). Walter Euckens Briefe an Alexander Rüstow, in: *ORDO*, Bd. 42, S. 11–14.
Leonardi, Robert (1995). *Convergence, Cohesion and Integration in the European Union*, Houndmills: Palgrave Macmillan.
Leonardi, Robert (2005). *Cohesion Policy in the European Union. The Building of Europe*, Houndmills: Palgrave Macmillan.
Leschke, Martin/Sauerland, Dirk (1993). *Der Weg zu Marktwirtschaft und Demokratie – Eine ordnungstheoretische Konzeption und ihre Anwendung auf den Transformationsprozess in Polen*, Hamburg: LIT.
Leßmann, Ortrud (2005). Der Capability-Ansatz von Sen als Gerüst für eine Neuinterpretation des Lebenslage-Ansatzes von Weisser, in: Volkert, Jürgen (Hg.), *Armut und Reichtum an Verwirklichungschancen. Amartya Sens Capability-Konzept als Grundlage der Armuts- und Reichtumsberichterstattung*, Wiesbaden: VS, S. 149–169.
Lewis, Jeffrey (2003). Informal Integration and the Supranational Construction of the Council, in: *Journal of European Public Policy*, Jg. 10, H. 6, S. 996–1019.
Liebig, Stefan (2010). Warum ist Gerechtigkeit wichtig? Empirische Befunde aus den Sozial- und Verhaltenswissenschaften, in: Fetchenhauer, Detlef/Goldschmidt, Nils/Hradil, Stefan/Liebig, Stefan (Hg.), *Warum ist Gerechtigkeit wichtig*, München: Roman Herzog Institut, S. 10–25.
Lijphart, Arend (1999). *Patterns of Democracy. Government Forms and Performance in Thirty-Six Countries*, New Haven: Yale University Press.
Linz, Juan/Stepan, Alfred (1996). *Problems of Democratic Transition and Consolidation. Southern Europe, South America and Post-Communist Europe*, Baltimore: Hopkins University Press.
Lippmann, Walter (1945). *Die Gesellschaft freier Menschen*, Bern: Francke.
Long, Bradford de (1988). Productivity Growth, Convergence, and Welfare: Comment, in: *The American Economic Review*, Jg. 78, H. 5, S. 1138–1154.
Lorch, Alexander (2014). *Freiheit für alle. Grundlagen einer neuen Sozialen Marktwirtschaft*, München: Campus.
Lowi, Theodore (1979). *The End of Liberalism. The Second Republic of the United States*, 2. Aufl., New York: Norton.
Luhmann, Niklas (1994). *Die Wirtschaft der Gesellschaft*, Frankfurt: Suhrkamp.
Maier-Rigaud, Frank/Maier-Rigaud, Remi (2009). Rüstows Konzept der Sozialen Marktwirtschaft. Sozial- und wettbewerbspolitische Dimensionen einer überwirtschaftspolitischen Ordnung, in: Aßländer, Michael/Ulrich, Peter (Hg.), *60. Jahre Soziale Marktwirtschaft. Illusion und Reinterpretation einer ordnungspolitischen Integrationsformel*, Bern: Haupt, S. 69–94.
Majone, Giandomenico (1996), *Regulating Europe*, London.

Marks, Gary (1992). Structural Policy in the European Community, in: Sbragia, Alberta (Hg.), *Europolitics: Institutions and Policy Making in the ‚New' European Community*, Washington: Brookings Institution, S. 191–224.
Marks, Gary (1993). Structural Policy and Multilevel Governance in the EC, in: Cafruny, Alan/Rosenthal, Glenda (Hg.), *The State of the European Community*, New York: Rienner, S. 391–410.
Marks, Gary (1996). Exploring and Explaining Variation in EU Cohesion Policy, in: Hooghe, Liesbet (Hg.). *Cohesion Policy and European Integration: Building Multi-Level Governance*, Oxford: Oxford University Press, S. 388–422.
Martin, Philippe (1998). Can Regional Policies Affect Growth and Geography in Europe?, in: *The World Economy*, Jg. 21, H. 6, S. 757–774.
Marx, Reinhard (2008). *Das Kapital. Ein Plädoyer für den Menschen*, München: Knaur.
Matis, Herbert/Senft, Gerhard (2007). Vorwort, in: dies. (Hg.), *Wie viel Geschichte braucht die Ökonomie. Markierungspunkte von Eugen Böhm-Bawerk bis Joseph A. Schumpeter*, Wien: Löcker, S. 9–12.
Matsuzato, Kimitaka (2002). The Last Bastion of Unitarism? Local Institutions, Party Politics, and Ramifications of EU Accession in Lithuania, in: *Eurasian Geography and Economics*, Jg. 43, H. 5, S. 383–410.
Mawson, John/Martins, Mario/Gibney, John (1985). The Development of the European Community Regional Policy, in: Keating, Michael/Jones, Barry (Hg.), *Regions in the European Community*, Oxford: Clarendon, S. 20–59.
Mayr, Otto (1986). *Uhrwerk und Wage. Autorität, Freiheit und technische Systeme in der frühen Neuzeit*, München: Beck.
Mazzarol, Tim/Choo, Stephen (2003). A Study of the Factors Influencing the Operating Location Decisions of Small Firms, in: *Property Management*, Jg. 21, H. 2, S. 190–208.
McCormick, John (2011). *European Union Politics*, Houndmills: Palgrave Macmillan.
Meier-Rust, Kathrin (1993). *Alexander Rüstow. Geschichtsdeutung und liberales Engagement*, Stuttgart: Klett-Cotta.
Menant, Antoine (2003). L'Aktionsgemeinschaft Soziale Marktwirtschaft face à l'unification allemande de 1990, in: Lasserre, René (Hg.), *L'ordolibéralisme allemand. Aux sources de l'Economie sociale de marché*, Cergy-Pontoise: CIRAC, S. 231–242.
Merkel, Wolfgang (2010). *Systemtransformation. Eine Einführung in die Theorie und Empirie der Transformationsforschung*, 2. Aufl., Wiesbaden: VS.
Midelfart-Knarvik, Karen/Overman, Henry (2002). Delocation and European Integration: Is Structural Spending Justified?, in: *Economic Policy*, Jg. 17, H. 35, S. 322–359.
Milio, Simona (2007). Can Administrative Capacity Explain Differences in Regional Performance? Evidence from Structural Funds Implementation in Southern Italy, in: *Regional Studies*, Jg. 41, H. 14, S. 429–442.
Ministry of Economy and Finance of Romania (2007). *National Strategic Reference Framework 2007–2013*.
Ministry of Economy of the Republic of Lithunia (2006). *National General Strategy. The Lithuanian Strategy for the Use of European Union Structural Assistance for 2007–2013*.
Ministry of Finance of the Republic of Latvia (2007). *Draft National Strategic Reference Framework 2007–2013*.
Ministry of Regional Development of Poland (2007). *National Strategic Reference Framework 2007–2012 in support of growth and jobs*.
Mirwaldt, Katja/McMaster, Irene/Bachtler, John (2009). *Reconsidering Cohesion Policy: The Contested Debate on Territorial Cohesion*, European Policy Research Paper Nr. 66.
Mises, Ludwig von (1927/1993). *Liberalismus*, 3. Aufl., Sankt Augustin: Academia.

Mises, Ludwig von (1929/1976). *Kritik des Interventionismus. Untersuchungen zur Wirtschaftspolitik und Wirtschaftsideologie der Gegenwart*, Darmstadt: WBG.

Mises, Ludwig von (1932). Die Legende vom Versagen des Kapitalismus, in: von Kardorff, Siegfried/Schäfer, Hans/Briefs, Götz/Kroner, Hans (Hg.), *Der internationale Kapitalismus und die Krise. Festschrift für Julius Wolf zum 20. April 1932*, Stuttgart: Enke, S. 23–29.

Molle, Willem (2007). *European Cohesion Policy*, London: Routledge.

Molt, Peter (1987). Als Schüler von Alexander Rüstow in Heidelberg, in: Bossle, Lothar (Hg.), *Perspektive 2000. Der ökonomische Humanismus im Geiste Alexander Rüstows*, Würzburg: Creator, S. 111–114.

Moravcsik, Andrew (1991). Negotiating the Single European Act: National Interest and Conventional Statecraft in the European Community, in: *International Organization*, Jg. 45, H. 1, S. 19–56

Moravcsik, Andrew (1993). Preferences and Power in the European Community: A Liberal Intergovernmentalist Approach, in: *Journal of Common Market Studies*, Jg. 31, H. 4, S. 473–523.

Möschel, Wernhard (1990). Wettbewerbsrecht – Feigenblatt der Marktwirtschaft?, in: Nörr, Knut (Hg.), *40 Jahre Bundesrepublik Deutschland 40 Jahre Rechtsentwicklung. Ringvorlesung der Juristischen Fakultät der Universität Tübingen 1989*, Tübingen: Mohr Siebeck, S. 159–175.

Mussler, Werner/Wohlgemuth, Michael (1995). Institutionen im Wettbewerb – Ordnungstheoretische Anmerkungen zum Systemwettbewerb in Europa, in: Oberender, Peter/Streit, Manfred (Hg.), *Europas Arbeitsmärkte im Integrationsprozess*, Baden-Baden: Nomos, S. 9–45.

Müller-Armack, Alfred (1933). *Staatsidee und Wirtschaftsordnung im neuen Reich*, Berlin: Junker und Dünnhaupt.

Müller-Armack, Alfred (1946/1976). Wirtschaftslenkung und Marktwirtschaft, in: ders. (Hg.), *Wirtschaftsordnung und Wirtschaftspolitik. Studien und Konzepte zur Sozialen Marktwirtschaft und zur Europäischen Integration*, 2. Aufl., Bern: Haupt, S. 19–170.

Müller-Armack, Alfred (1948/1976). Die Wirtschaftsordnungen sozial gesehen, in: ders. (Hg.), *Wirtschaftsordnung und Wirtschaftspolitik. Studien und Konzepte zur Sozialen Marktwirtschaft und zur Europäischen Integration*, 2. Aufl., Bern: Haupt, S. 171–199.

Müller-Armack, Alfred (1948/1981). Vorschläge zur Verwirklichung der Sozialen Marktwirtschaft, in: ders. (Hg.), *Genealogie der Sozialen Marktwirtschaft*, 2. Aufl., Bern: Haupt, S. 90–109.

Müller-Armack, Alfred (1952/1976). Stil und Ordnung der Sozialen Marktwirtschaft, in: ders. (Hg.), *Wirtschaftsordnung und Wirtschaftspolitik. Studien und Konzepte zur Sozialen Marktwirtschaft und zur Europäischen Integration*, 2. Aufl., Bern: Haupt, S. 231–242.

Müller-Armack, Alfred (1957/1976). Fragen der europäischen Integration, in: ders. (Hg.), *Wirtschaftsordnung und Wirtschaftspolitik. Studien und Konzepte zur Sozialen Marktwirtschaft und zur Europäischen Integration*, 2. Aufl., Bern: Haupt, S. 319–349.

Müller-Armack, Alfred (1958/1976). Institutionelle Fragen der Europäischen Konjunkturpolitik, in: ders. (Hg.), *Wirtschaftsordnung und Wirtschaftspolitik. Studien und Konzepte zur Sozialen Marktwirtschaft und zur Europäischen Integration*, 2. Aufl., Bern: Haupt, S. 331–349.

Müller-Armack, Alfred (1960/1976). Die zweite Phase der Sozialen Marktwirtschaft. Ihre Ergänzung durch das Leitbild einer neuen Gesellschaftspolitik, in: ders. (Hg.), *Wirtschaftsordnung und Wirtschaftspolitik. Studien und Konzepte zur Sozialen Marktwirtschaft und zur Europäischen Integration*, 2. Aufl., Bern: Haupt, S. 267–291.

Müller-Armack, Alfred (1962a/1976). Zur Frage der Assoziierung europäischer Staaten an die Europäische Wirtschaftsgemeinschaft, in: ders. (Hg.), *Wirtschaftsordnung und Wirtschaftspolitik. Studien und Konzepte zur Sozialen Marktwirtschaft und zur Europäischen Integration*, 2. Aufl., Bern: Haupt, S. 363–374.

Müller-Armack, Alfred (1962b/1976). Das gesellschaftspolitische Leitbild der Sozialen Marktwirtschaft, in: ders. (Hg.), *Wirtschaftsordnung und Wirtschaftspolitik. Studien und*

Konzepte zur Sozialen Marktwirtschaft und zur Europäischen Integration, 2. Aufl., Bern: Haupt, S. 293–330.

Müller-Armack, Alfred (1964/1966). Vorschlag zur Stärkung der politischen Kooperation in Europa, in: ders. (Hg.), *Wirtschaftsordnung und Wirtschaftspolitik. Studien und Konzepte zur Sozialen Marktwirtschaft und zur Europäischen Integration*, Freiburg: Rombach, S. 431–442.

Müller-Armack, Alfred (1964a/1976). Die Wirtschaftsordnung des Gemeinsamen Marktes, in: ders. (Hg.), *Wirtschaftsordnung und Wirtschaftspolitik. Studien und Konzepte zur Sozialen Marktwirtschaft und zur Europäischen Integration*, 2. Aufl., Bern: Haupt, S. 401–415.

Müller-Armack, Alfred (1964b/1976). Vorschlag zur Stärkung der politischen Kooperation in Europa, in: ders. (Hg.), *Wirtschaftsordnung und Wirtschaftspolitik. Studien und Konzepte zur Sozialen Marktwirtschaft und zur Europäischen Integration*, 2. Aufl., Bern: Haupt, S. 431–442.

Müller-Armack, Alfred (1971). *Auf dem Weg nach Europa. Erinnerungen und Ausblicke*, Tübingen: Wunderlich.

Müller-Armack, Alfred (1972/1981). Unser Jahrhundert der Ordnungsexperimente, in: ders. (Hg.), *Genealogie der Sozialen Marktwirtschaft*, 2. Aufl., Bern: Haupt, S. 141–146.

Müller-Armack, Alfred (1981). Die heutige Gesellschaft nach evangelischem Verständnis. Diagnose und Vorschläge zu ihrer Gestaltung, in: ders. (Hg.), *Genealogie der Sozialen Marktwirtschaft. Frühschriften und weiterführende Konzepte*, 2. Aufl., Bern: Haupt, S. 113–122.

Müller, Christian (1998). The Veil of Uncertainty Unveiled, in: *Constitutional Political Economy*, Jg. 9, H. 1, S. 5–17.

Müller, Christian (1999). Brauchen wir einen Schleier der Unkenntnis?, in: *ORDO*, Bd. 50, S. 207–232.

Münkler, Herfried (2012). Am Ende Katzenjammer. Die Kraft der Romantik: Sie wirkte gegen die Industrialisierung, und sie hat eine verhängnisvolle Europa-Leidenschaft beflügelt, in: *Süddeutsche Zeitung*, 25.09.2012, Nr. 222, S. 20.

Myrdal, Gunnar (1957). *Economic Theory and Under-developed Regions*, London: Duckworth.

Myrdal, Gunnar (1956/1958). *Internationale Wirtschaft. Probleme und Aussichten*, Berlin: Duncker&Humblot.

Nanetti, Raffaella (1996). EU Cohesion and Territorial Restructuring in the Member States, in: Hooghe, Liesbet (Hg.), *Cohesion Policy and European Integration: Building Multi-Level Governance*, Oxford: Oxford University Press, S. 59–88.

Nakrošis, Vitalis (2008). Lithuania, in: Baun, Michael/Marek, Dan (Hg.), *EU Cohesion Policy after Enlargement*, London: Palgrave Macmillan, S. 205–225.

Nass, Klaus (1996). Das ‚Europa der Regionen' hat viele Gesichter – die Regionen aus Sicht von Rat und Kommission, in: Färber, Gisela/Forsyth, Murray (Hg.), *The Regions – Factors of Integration or Disintegration in Europe?*, Baden-Baden: Nomos, S. 201–222.

Naumann, Friedrich (1915). *Mitteleuropa*, Berlin: Reimer.

Nawroth, Egon (1961). *Die Sozial- und Wirtschaftsphilosophie des Neoliberalismus*, Heidelberg: Kerle.

Nell-Breuning, Oswald von (1952). Das Subsidiaritätsprinzip als wirtschaftliches Ordnungsprinzip, in: Messner, Johannes/Lagler, Ernst (Hg.), *Wirtschaftliche Entwicklung und soziale Ordnung*, Wien: Herold, S. 81–92.

Nemeth, Elisabeth (2005). Otto Neurath versus Ludwig von Mises. Eine alte Kontroverse, neu beleuchtet, in: Benedikt, Michael/Knoll, Reinhold/Zehetner, Cornelius (Hg.), *Verdrängter Humanismus – verzögerte Aufklärung*, Wien: WUV, S. 734–752.

Neumark, Fritz (1980). *Zuflucht am Bosporus. Deutsche Gelehrte, Politiker und Künstler in der Emigration 1933–1953*, Frankfurt: Knecht.

Neumark, Fritz (1981). Die Emigration in die Türkei, in: Lepsius, Rainer (Hg.), *Soziologie in Deutschland und Österreich 1918–1945*, Opladen: Westdeutscher, S. 442–460.

Neurath, Otto (1931). *Empirische Soziologie. Der wissenschaftliche Gehalt der Geschichte und Nationalökonomie*, Wien: Springer.

Nicholls, Anthony (2000). *Freedom with Responsibility. The Social Market Economy in Germany 1918–1963*, Oxford: Clarendon.

Niskanen, William (1971). *Bureaucracy and representative government*, Chicago: Atherton.

Nolte, Hans-Heinrich (2013). Zentrum und Peripherie in Europa aus historischer Perspektive, in: *Aus Politik und Zeitgeschichte*, Jg. 63, H. 6–7, S. 36–41.

North, Douglass/Thomas, Robert (1973). *The Rise of the Western World. A New Economic History*, Cambridge: Cambridge University Press.

North, Douglass (1981). *Structure and Change in Economic History*, New York: Norton.

North, Douglass (1990/1992). *Institutionen, institutioneller Wandel und Wirtschaftsleistung*, Tübingen: Mohr Siebeck.

North, Douglass (2005). *Understanding the Process of Economic Change*, Princeton: Princeton University Press.

North, Douglass/Wallis, John/Webb, Steven/Weingast, Barry (2007). *Limited Access Orders in the Developing World: A New Approach to the Problems of Development, Policy Research Working Paper 4359*, Washington: Weltbank.

Nörr, Knut Wolfgang (1994). *Die Leiden des Privatrechts. Kartelle in Deutschland von der Holzstoffkartellentscheidung zum Gesetz gegen Wettbewerbsbeschränkung*, Tübingen: Mohr Siebeck.

Nugent, Neill (2000). At the Heart of the Union, in: ders. (Hg.), *At the Heart of the Union. Studies of the European Commission*, 2. Aufl., Houndmills: Macmillian Press, S. 1–27.

Nugent, Neill (2010). *The Government and Politics of the European Union*, 7. Aufl., Houndmills: Palgrave Macmillan.

Nutzinger, Hans (2002). Freiheit – Gerechtigkeit – Effizienz: Gesellschaftliche Leitvorstellungen oder Konfliktfelder?, in: Held, Martin/Kubon-Gilke, Gisela/Sturn, Richard (Hg.), *Jahrbuch Normative und institutionelle Grundfragen, Gerechtigkeit als Voraussetzung für effizientes Wirtschaften*, Marburg: Metropolis, S. 97–131.

OECD (2013). *Statistical Online Database*, Paris: OECD.

OECD (2014a). *Matching Economic Migration with Labour Market Needs*, Paris: OECD.

OECD (2014b). *OECD Regional Outlook 2014. Regions and Cities: Where Policies and People Meet*, Paris: OECD.

Offe, Claus (1991). Das Dilemma der Gleichzeitigkeit. Demokratisierung und Marktwirtschaft in Osteuropa, in: *Merkur*, H. 505, S. 279–292.

Ohr, Renate/König, Jörg (2012). 20 Jahre Binnenmarkt, in: *Wirtschaftsdienst*, H. 12, S. 795–800.

Ohr, Renate/König, Jörg (2013). Different Efforts in European Economic Integration: Implications of the EU Index, in: *Journal of Common Market Studies*, Jg. 51, H. 6, S. 1074–1090.

Oncken, August (1886/1974). *Die Maxime laissez faire et laissez passer, ihr Ursprung, ihr Werden*, Darmstadt: Bläschke&Ducke.

Olson, Mancur (1993). Dictatorship, Democracy, and Development, in: *American Political Science Review*, Jg. 87, H. 3, S. 567–576.

Olson, Mancur (1996). Big Bills Left on the Sidewalk: Why Some Nations are Rich, and Others Poor, in: *Journal of Economic Perspectives*, Jg. 10, H. 2, S. 3–24.

Oppenheimer, Franz (1924). *System der Soziologie: Bd. 3: Theorie der reinen und politischen Ökonomie. 2. Halbband: Die Gesellschaftswirtschaft*, 5. Aufl., Jena: Fischer.

Opper, Sonja (2001). Der Stand der Neuen Institutionenökonomik, in: *Wirtschaftsdienst*, H. 10, S. 601–608.

Ortega y Gasset, José (1929/1963). *Der Aufstand der Massen*, Gütersloh: Bertelsmann.

Padoa-Schioppa, Tommaso (1987). *Efficiency, stability, and Equity. A Strategy for the Evolution of the Community System of the European Community*, Oxford: Oxford University Press.

Panther, Stephan (1998). Historisches Erbe und Transformation: Lateinische Gewinner – Orthodoxe Verlierer?, in: Wegner, Gerhard/Wieland, Josef (Hg.), *Formelle und informelle Institutionen. Genese, Interaktion und Wandel*, Marburg: Metropolis, S. 211–251.
Paus, Eva (2012). The Rise and Fall of the Celtic Tiger. When Deal-Making Trumps Developmentalism, in: *Studies in Comparative International Development*, Jg. 47, H. 2, S. 161–184.
Perroux, François (1955). Note sur la notation de pôle de croissance, in: *Economie Appliquée*, H. 1–2, S. 307–320.
Perroux, François (1964). *L'Economie du XXe Siècle*, 2. Aufl., Paris: Presses Universitaires.
Perroux, François (1973/1983). *Wirtschaft und Macht*, Bern: Haupt.
Peters, Hans-Rudolf (1996). *Sektorale Strukturpolitik*, 2. Aufl., München: Oldenbourg.
Petersen, Tim (2008). Wilhelm Röpke und die Katholische Soziallehre, *HWWI Research Paper* 5-5.
Petersen, Tim /Wohlgemuth, Michael (2009). Wilhelm Röpke und die Europäische Integration, in: Rieter, Heinz/Zweynert, Joachim (Hg.), *Wort und Wirkung. Wilhelm Röpkes Bedeutung für die Gegenwart*, Marburg: Metropolis, S. 165–199.
Pflüger, Michael (2007). Die Neue Ökonomische Geographie, *Working Paper Universität Passau*.
Phelps, Edmund (2007). *Rewarding Work: How to Restore Participation and Self-Support to Free Enterprise*, Harvard: Harvard University Press.
Pierson, Paul (1996). The Path to European Integration: A Historical Institutionalist, in: *Comparative Political Studies*, Jg. 29, H. 2, S. 123–163.
Pierson, Paul (2000). Increasing Returns, Path Dependence, and the Study of Politics, in: *American Political Science Review*, Jg. 94, H. 2, S. 251–267.
Pitschel, Diana/Bauer, Michael (2009). Subnational Governance Approaches on the Rise – Reviewing a Decade of Eastern European Regionalization Research, in: *Regional and Federal Studies*, Jg. 19, H. 3, S. 327–347.
Pitschel, Diana (2012). *Europa mit den Regionen. Eine Analyse der Kompetenzbeteiligung von Regionen im europäischen Mehrebenensystem*, Baden-Baden: Nomos.
Pius XI. (1931). Quadragesimo anno, in: Gundlach, Gustav (Hg.), *Die sozialen Rundschreiben Leos XIII. und Pius XI.*, Paderborn: Schöningh, S. 65–157.
Plickert, Philip (2008). *Wandlungen des Neoliberalismus. Eine Studie zu Entwicklung und Ausstrahlung der ‚Mont Pèlerin Society'*, Stuttgart: Lucius&Lucius.
Pollack, Mark (2003). *The Engines of European Integration. Delegation, Agency, and Agenda Setting in the EU*, Oxford: Oxford University Press.
Pollack, Mark (2005). Regional Actors in an Intergovernmental Play: The Making and Implementation of EC Structural Policy, in: Mazey, Sonia/Rhodes, Carolyn (Hg.), *The State of the European Union: Bd. 3: Building a European Polity*, Boston: Riener, S. 361–390.
Pollack, Mark (2010).Theorizing EU Policy-Making, in: Wallace, Helen/Pollack, Mark/Young, Alasdair (Hg.), *Policy-Making in the European Union*, 6. Aufl., Oxford: Oxford Press, S. 15–44.
Portmann, Adolf (1955). Um eine basale Anthropologie, in: Eisermann, Gottfried (Hg.), *Wirtschaft und Kultursystem*, Zürich: Rentsch, S. 286–300.
Portmann, Adolf (1973). Um eine basale Anthropologie, in: ders. (Hg.), *Vom Lebendigen. Versuche zu einer Wissenschaft vom Menschen*, Frankfurt: Suhrkamp, S. 93–110.
Pöttering, Hans-Gert/Wiehler, Frank (1983). *Die vergessenen Regionen*, Hannover: Niedersächsische Landeszentrale für politische Bildung.
Prebisch, Raúl (1950). *The Economic Development of Latin America and its Principal Problems*, New York: United Nations Departement of Economic Affairs.
Preller, Ludwig (1962). *Sozialpolitik. Theoretische Ortung*, Tübingen: Mohr Siebeck.
Preuss, Roland (2012). *Lehre auf die Merkel'sche Tour, in: Süddeutsche Zeitung Online, 12.07.2012*.
Pritchett, Lant (1997). Divergence, Big Time, in: *The Journal of Economic Perspectives*, Jg. 11, H. 3, S. 3–17.

Prodi, Romano (2004). *Building our future together, Rede vor dem Europäischen Parlament*, SPEECH/04/67 10/02/2004.
Prollius, Michael von (2007). *Herrschaft oder Freiheit. Ein Alexander Rüstow Brevier*, Bern: Ott.
Przyborski, Aglaja/Wohlrab-Sahr, Monika (2010). *Qualitative Sozialforschung. Ein Arbeitsbuch*, 3. Aufl., München: Oldenbourg.
Ptak, Ralf (2000). Ordoliberalismus – Zur Entwicklung des Neoliberalismus in Deutschland, in: Goldschmidt, Werner/Klein, Dieter/Steinitz, Klaus (Hg.), *Neoliberalismus – Hegemonie ohne Perspektive*, Heilbronn: Distel, S. 194–212.
Ptak, Ralf (2004). *Vom Ordoliberalismus zur Sozialen Marktwirtschaft. Stationen des Neoliberalismus in Deutschland*, Opladen: Leske+Budrich.
Puga, Diego (2002). European regional policies in light of recent location theories, in: *Journal of Economic Geography*, Jg. 2, H. 4, S. 373–406.
Puigcerver-Penalver, Mari-Carmen (2004). The Impact of Structural Funds Policy on European Regions' Growth. A Theoretical and Empirical Approach, in: The *European Journal of Comparative Economics*, Jg. 4, H. 2, S. 179–208.
Pujol, Jordi (1995). In Richtung eines Europas der Regionen?, in: Hierl, Hubert (Hg.), *Europa der Regionen. Eine Idee setzt sich durch: Ausschuss der Regionen*, Bonn: Economica, S. 48–59.
Putnam, Robert/Leonardi, Robert/Nanetti, Raffaella (1993). *Making Democracy work. Civic Traditions in modern Italy*, Princeton: Princeton University Press.
Radaelli, Claudio (2000a) Whither Europeanization? Concept Stretching and Substantive Change, in: *European Integration Online Papers*, Jg. 4, H. 8.
Radaelli, Claudio (2000b). Policy Transfer in the European Union: Institutional Isomorphism as a Source of Legitimacy, in: *Governance*, Jg. 13, H. 1, S. 25–43.
Rauchenschwandtner, Hermann (2007). Konstellationen der Lust – Otto Neuraths Optimierung der Gesellschaft, in: Matis, Herbert/Senft, Gerhard (Hg.), *Wie viel Geschichte braucht die Ökonomie. Markierungspunkte von Eugen Böhm-Bawerk bis Joseph A. Schumpeter*, Wien: Löcker, S. 168–172.
Rawls, John (1971/2012). *Eine Theorie der Gerechtigkeit*, 18. Aufl., Frankfurt: Suhrkamp.
Renner, Andreas (2000). Die zwei „Neoliberalismen", in: *Fragen der Freiheit*, H. 256.
Renner, Andreas (2002). *Jenseits von Kommunitarismus und Neoliberalismus. Eine Neuinterpretation der Sozialen Marktwirtschaft*, Grafschaft: Vektor.
Republic of Bulgaria (2006). *National Strategic Reference Framework. Programming Period 2007–2012*.
Republic of Estonia (2007). *Estonian National Strategic Reference Framework 2007–2012*.
Ribhegge, Hermann (2011). *Europäische Wirtschafts- und Sozialpolitik*, 2. Aufl., Berlin: Springer.
Richter, Rudolf/Furubotn, Eirik (2010). *Neue Institutionenökonomik. Eine Einführung und kritische Würdigung*, 4. Aufl., Tübingen: Mohr Siebeck.
Richter, Solveig (2012). *Montenegro: Klein, aber gar nicht fein? Ein Lackmustest für die Instrumente der EU zur Bekämpfung der Korruption im Westbalkan, SWP-Aktuell 36*.
Robinson, James/Wiegandt, Klaus (2008). *Die Ursprünge der modernen Welt. Geschichte im wissenschaftlichen Vergleich*, 2. Aufl., Frankfurt: Fischer.
Rodríguez-Pose, Andrés (1999). Convergence or Divergence? Types of Regional Responses to Socio-Economic Change in Western Europe, in: *Journal of Economic and Social Geography*, Jg. 90, H. 4, S. 363–78.
Rodríguez-Pose, Andrés/Gill, Nicholas (2004). ‚Is there a Global Link between Regional Disparities and Devolution?', in: *Environment and Planning A*, Jg. 36, H. 12, S. 2097–2117.
Rodríguez-Pose, Andrés/Fratesi, Ugo (2004). Between Development and Social Policies: The Impact of European Structural Funds in Objective 1 Regions, in: *Regional Studies*, Jg. 38, H. 1, S. 97–113.

Rodríguez-Pose, Andrés (2010). Do institutions matter for regional development?, *Imdea Working Paper*.
Roland, Gérard (2004). Understanding Institutional Change: Fast-Moving and Slow-Moving Institutions, in: *Studies in Comparative International Development*, Jg. 38, H. 4, S. 109–131.
Rosenbaum, Eckehard (1999). Culture, Cognitive Models and the Performance of Institutions in Transformation Countries, in: Höhmann, Hans-Hermann (Hg), *Eine unterschätzte Dimension? Zur Rolle wirtschaftskultureller Faktoren in der osteuropäischen Transformation*, Bremen: Temmen, S. 78–96.
Rostow, Walt (1960). *Stadien wirtschaftlichen Wachstums. Eine Alternative zur marxistischen Entwicklungstheorie*, Göttingen: Vandenhoeck&Ruprecht.
Rothschild, Emma (2001). *Economic Sentiments. Adam Smith, Condorcet, and the Enlightenment*, Cambridge: Harvard University Press.
Röpke, Wilhelm (1942/1948). *Die Gesellschaftskrisis der Gegenwart*, 5. Aufl., Zürich: Rentsch.
Röpke, Wilhelm (1944/1949). *Civitas Humana. Grundfragen der Gesellschafts- und Wirtschaftsreform*, 3. Aufl., Zürich: Rentsch.
Röpke, Wilhelm (1945/1979): *Internationale Ordnung – Heute*, 3. Aufl., Bern: Haupt.
Röpke, Wilhelm (1950). *Maß und Mitte*, Zürich: Rentsch.
Röpke, Wilhelm (1950/1964). Der internationale Kampf um die Marktwirtschaft, in: ders. (Hg.), *Wilhelm Röpke. Wort und Wirkung. 16 Reden aus den Jahren 1947–1964*, Ludwigsburg: Hoch, S. 177–206.
Röpke, Wilhelm (1954). Alexander Rüstow zum 8. April 1955, in: Eisermann, Gottfried (Hg.), *Wirtschaft und Kultursystem*, Zürich: Rentsch, S. 12–22.
Röpke, Wilhelm (1956). Europa als wirtschaftliche Aufgabe, in: *Schweizer Monatshefte*, Jg. 36, H. 1.
Röpke, Wilhelm (1958a). Gemeinsamer Markt und Freihandelszone, in: *ORDO*, Bd. 10, S. 31–62.
Röpke, Wilhelm (1958b). *Ein Jahrzehnt Sozialer Marktwirtschaft in Deutschland und seine Lehren*, Köln: Verlag für Politik und Wirtschaft.
Röpke, Wilhelm (1958/1961). *Jenseits von Angebot und Nachfrage*, 3. Aufl., Zürich: Rentsch.
Röpke, Wilhelm (1959). Zwischenbilanz der europäischen Wirtschaftsintegration. Kritische Nachlese, in: *ORDO*, Bd. 11, S. 69–115.
Röpke, Wilhelm (1962). Die Enzylika ‚Mater et Magistra' in marktwirtschaftlicher Sicht, in: ders. (Hg.), *Wort und Wirkung. 16 Reden aus den Jahren 1947 bis 1964, mit einem Lebensbild von Albert Hunold*, Ludwigsburg: Hoch, S. 310–328.
Röpke, Wilhelm (1963). Dem Gedenken an Alexander Rüstow, in: Rüstow, Alexander (Hg.), *Rede und Antwort. 21 Reden und viele Diskussionsbeiträge aus den Jahren 1932 bis 1962*, Ludwigsburg: Hoch, S. 345–350.
Röpke, Wilhelm (1964). Marktwirtschaft ist nicht genug, in: ders. (Hg.), *Wort und Wirkung*, Ludwigsburg: Hoch, S. 136–154.
Röpke, Wilhelm (1976). *Briefe 1934–1966. Der innere Kompass*, Zürich: Rentsch.
Ruckriegel, Karlheinz (2012). Glücksforschung – Konsequenzen für die (Wirtschafts-)Politik, in: *Wirtschaftsdienst*, H. 2, S. 129–135.
Ruge, Undine (2003). *Die Erfindung des „Europa der Regionen". Kritische Ideengeschichte eines konservativen Konzepts*, Frankfurt: Campus.
Rustow, Dankwart (1970). Transitions to Democracy: Towards a Dynamic Model, in: *Comparative Politics*, Jg. 2, H. 3, S. 337–363.
Rustow, Dankwart (1981). Alexander Rüstow (1885–1963): Eine Biographische Skizze, in: Lepsius, Rainer (Hg.), *Soziologie in Deutschland und Österreich 1918–1945*, Opladen: Westdeutscher, S. 369–378.

Rustow, Dankwart (1987). Ortsbestimmung des Liberalismus im Werke Alexander Rüstows, in: Bossle, Lothar (Hg.), *Perspektive 2000. Der ökonomische Humanismus im Geiste Alexander Rüstows*, Würzburg: Creator, S. 85–90.
Rynck, Stefaan de/McAleavey, Paul (2001). The Cohesion Deficit in Structural Fund Policy, in: *Journal of European Public Policy*, Jg. 8, H. 4, S. 541–557.
Rüstow, Alexander (1910). *Der Lügner*, Leipzig: Teubner.
Rüstow, Alexander (1929/1959). Diktatur innerhalb der Grenzen der Demokratie, in: *Vierteljahrshefte für Zeitgeschichte*, Jg. 7, H. 1, S. 85–111.
Rüstow, Alexander (1932/1963). Die staatspolitische Voraussetzungen des wirtschaftspolitischen Liberalismus, in: ders. (Hg.), *Rede und Antwort. 21 Reden und viele Diskussionsbeiträge aus den Jahren 1932 bis 1962*, Ludwigsburg: Hoch, S. 249–258.
Rüstow, Alexander (1942). Appendix: General Sociological Causes of the Economic Disintegration and Possibilities of Reconstruction, in: Röpke, Wilhelm. *International Economic Disintegration*, Philadelphia: Porcupine, S. 267–283.
Rüstow, Alexander (1945/2001). *Das Versagen des Wirtschaftsliberalismus*, 3. Aufl., Marburg: Metropolis.
Rüstow, Alexander (1946/1968). Politik und Moral, in: Hermens, Ferdinand (Hg.), *Zwischen Politik und Ethik*, Köln: Westdeutscher, S. 11–29.
Rüstow, Alexander (1949). *Zwischen Kapitalismus und Kommunismus*, Godesberg: Küpper.
Rüstow, Alexander (1950). *Ortsbestimmung der Gegenwart. Eine universalgeschichtliche Kulturkritik: 1. Bd: Ursprung der Herrschaft*, Zürich: Rentsch.
Rüstow, Alexander (1951a). Marktwirtschaft und Demokratie – Unternehmer, Marktwirtschaft und Sozialpolitik, in: *Schriftreihe Der selbstständige Unternehmer*, H. 3.
Rüstow, Alexander (1951b). Sozialpolitik oder Vitalpolitik, in: IHK Dortmund (Hg.), *Mitteilungen der Industrie- und Handelskammer Dortmund*, Nr. 11, S. 453–459.
Rüstow, Alexander (1951/1963). Wirtschaftsordnung und Staatsform in: ders. (Hg.), *Rede und Antwort. 21 Reden und viele Diskussionsbeiträge aus den Jahren 1932 bis 1962*, Ludwigsburg: Hoch, S. 230–248.
Rüstow, Alexander (1952a/1963). *Ortsbestimmung der Gegenwart. Eine universalgeschichtliche Kulturkritik: 2. Bd: Weg der Freiheit*, 2. Aufl., Zürich: Rentsch.
Rüstow, Alexander (1952b/1963). Ortsbestimmung der Gegenwart, in: ders. (Hg.), *Rede und Antwort – 21 Reden und viele Diskussionsbeiträge aus den Jahren 1932 bis 1962*, Ludwigsburg: Hoch, S. 259–274.
Rüstow, Alexander (1953). Soziale Marktwirtschaft als Gegenprogramm gegen Kommunismus und Bolschewismus?, in: Einaudi, Luigi (Hg.), *Wirtschaft ohne Wunder*, Zürich: Rentsch, S. 97–108.
Rüstow, Alexander (1953/1963). Wir fordern die Fundierung der Demokratie durch die Wirtschaftsordnung, in: ders. (Hg.), *Rede und Antwort. 21 Reden und viele Diskussionsbeiträge aus den Jahren 1932 bis 1962*, Ludwigsburg: Hoch, S. 220–229.
Rüstow, Alexander (1955/1963). Wir fordern eine zielklare Wirtschafts- und Sozialpolitik, in: ders. (Hg.), *Rede und Antwort. 21 Reden und viele Diskussionsbeiträge aus den Jahren 1932 bis 1962*, Ludwigsburg: Hoch, S. 210–219.
Rüstow, Alexander (1956a/1963). Sicherung in einer freien Gesellschaft, in: ders. (Hg.), *Rede und Antwort. 21 Reden und viele Diskussionsbeiträge aus den Jahren 1932 bis 1962*, Ludwigsburg: Hoch, S. 190–204.
Rüstow, Alexander (1956b/1963). Agrarpolitik in der Sozialen Marktwirtschaft, in: ders. (Hg.), *Rede und Antwort. 21 Reden und viele Diskussionsbeiträge aus den Jahren 1932 bis 1962*, Ludwigsburg: Hoch, S. 205–209.
Rüstow, Alexander (1957). *Ortsbestimmung der Gegenwart. Eine universalgeschichtliche Kulturkritik: 3. Bd: Herrschaft oder Freiheit?*, Zürich: Rentsch.

Rüstow, Alexander (1957a/1963). Hat der Westen eine Idee?, in: ders. (Hg.), *Rede und Antwort. 21 Reden und viele Diskussionsbeiträge aus den Jahren 1932 bis 1962*, Ludwigsburg: Hoch, S. 165–189.
Rüstow, Alexander (1957b/1963). Die Situation, in: ders. (Hg.), *Rede und Antwort. 21 Reden und viele Diskussionsbeiträge aus den Jahren 1932 bis 1962*, Ludwigsburg: Hoch, S. 154–164.
Rüstow, Alexander (1958a/1963). Was muss die freie Welt tun?, in: ders. (Hg.), *Rede und Antwort. 21 Reden und viele Diskussionsbeiträge aus den Jahren 1932 bis 1962*, Ludwigsburg: Hoch, S. 105–115.
Rüstow, Alexander (1958b/1963). Wonach soll man Steuern beurteilen?, in: ders. (Hg.), *Rede und Antwort. 21 Reden und viele Diskussionsbeiträge aus den Jahren 1932 bis 1962*, Ludwigsburg: Hoch, S. 135–153.
Rüstow, Alexander (1959/1963). Sozialpolitik diesseits und jenseits des Klassenkampfes, in: ders. (Hg.), *Rede und Antwort. 21 Reden und viele Diskussionsbeiträge aus den Jahren 1932 bis 1962*, Ludwigsburg: Hoch, S. 116–134.
Rüstow, Alexander (1959). Glückwunschadresse an W. Röpke, in: Röpke, Wilhelm (Hg.), *Gegen die Brandung. Zeugnisse eines Gelehrtenlebens unserer Zeit*, Zürich: Rentsch, S. 33–38.
Rüstow, Alexander (1960a/1963). Wirtschaft als Dienerin der Menschlichkeit, in: ders. (Hg.), *Rede und Antwort. 21 Reden und viele Diskussionsbeiträge aus den Jahren 1932 bis 1962*, Ludwigsburg: Hoch, S. 76–91.
Rüstow, Alexander (1960b/1963). Wer ist schuld: Der Wähler oder Regierung und Parteien?, in: ders. (Hg.), *Rede und Antwort. 21 Reden und viele Diskussionsbeiträge aus den Jahren 1932 bis 1962*, Ludwigsburg: Hoch, S. 92–104.
Rüstow, Alexander (1960c/1963). Menschenrechte oder Menschenpflichten?, in: ders. (Hg.), *Rede und Antwort. 21 Reden und viele Diskussionsbeiträge aus den Jahren 1932 bis 1962*, Ludwigsburg: Hoch, S. 296–313.
Rüstow, Alexander (1961a). Paläoliberalismus, Kommunismus und Neoliberalismus, in: Greiß, Franz (Hg.), *Wirtschaft, Gesellschaft und Kultur. Festgabe für Müller-Armack*, Berlin: Duncker&Humblot, S. 61–70.
Rüstow, Alexander (1961b). *Die Kehrseite des Wirtschaftswunders*. Hamburg: Furche.
Rüstow, Alexander (1961/1963). Die staatspolitische Krise unserer Gesellschaft, in: ders. (Hg.), *Rede und Antwort. 21 Reden und viele Diskussionsbeiträge aus den Jahren 1932 bis 1962*, Ludwigsburg: Hoch, S. 56–75.
Rüstow, Alexander (1962a/1963). Zielgemeinschaft tut not, in: ders. (Hg.), *Rede und Antwort. 21 Reden und viele Diskussionsbeiträge aus den Jahren 1932 bis 1962*, Ludwigsburg: Hoch, S. 30–49.
Rüstow, Alexander (1962b/1963). Wirtschaftspolitik und Moral, in: ders. (Hg.), *Rede und Antwort. 21 Reden und viele Diskussionsbeiträge aus den Jahren 1932 bis 1962*, Ludwigsburg: Hoch, S. 9–29.
Rüstow, Alexander (1962c/1963). Politische Idee und politische Wirklichkeit, in: ders. (Hg.), *Rede und Antwort. 21 Reden und viele Diskussionsbeiträge aus den Jahren 1932 bis 1962*, Ludwigsburg: Hoch, S. 314–337.
Rüstow, Alexander (1963). Garten und Familie, in: ders. (Hg.), *Rede und Antwort. 21 Reden und viele Diskussionsbeiträge aus den Jahren 1932 bis 1962*, Ludwigsburg: Hoch, S. 275–295.
Rüstow, Alexander (1968). Die Staatsverfassung als moralische Anstalt betrachtet, in: Hermens, Ferdinand (Hg.), *Zwischen Politik und Ethik*, Köln: Westdeutscher, S. 30–32
Rüstow, Alexander (1980). *Freedom and Domination. A Historical Critique of Civilization*, Princeton: Princeton University Press.
Rüstow, Alexander (2006). *Freiheit und Herrschaft. Eine Kritik der Zivilisation*, Berlin: LIT.
Rüstow, Hanns-Joachim (1978). Der ‚Papen-Plan' 1932, in: Hubatsch, Walther (Hg), *Entstehung und Entwicklung des Reichswirtschaftsministeriums 1880–1933. Ein Beitrag zur Verwaltungsgeschichte der Reichsministerien*, Berlin: Duncker&Humblot, S. 41–47.

Rüstow, Hanns-Joachim (1987). Mein Bruder Alexander, in: Bossle, Lothar (Hg.), *Perspektive 2000. Der ökonomische Humanismus im Geiste Alexander Rüstows*, Würzburg: Creator, S. 100–103.

Ryszkiewicz, Alicja (2015). The Importance of Structural Funds and Cohesion Fund of the European Union for the Development of Polish Economy, in: Wojtkowska-Lodej, Grazyna/Bak, Henryk (Hg.), *Selected Aspects of Functioning of Poland in the European Union*, Warschau: Warsaw School of Economics Press, S. 142–171.

Sachverständigenrat zur Begutachtung der gesamtwirtschaftlichen Entwicklung (2011). *Wirtschaftsleistung, Lebensqualität und Nachhaltigkeit: Ein umfassendes Indikatorensystem. Expertise im Auftrag des Deutsch-Französischen Ministerrates.*

Sala-i-Martin, Xavier (1996). Regional Cohesion: Evidence and Theories of Regional Growth and Convergence, in: *European Economic Review*, Jg. 40, H. 6, S. 1325–1352.

Sally, Razeen (1998). *Classical Liberalism and International Economic Order. Studies in theory and intellectual history*, London: Routledge.

Salmon, Pierre (2004). Assignment of Powers in an Open-Ended European Union, in: Blankart, Charles/Mueller, Dennis (Hg.), *A Constitution for the European Union*, Cambridge: MIT Press, S. 37–60.

Salop, Steven/Scheffman, David (1983). Raising Rivals' Costs, in: *American Economic Review*, Jg. 73, H. 2, S. 267–271.

Samland, Uwe (1997). *Reformdebatte der europäischen Strukturpolitik. Synopse wichtiger konzeptioneller Positionen zur Reform der europäischen Strukturpolitik, Diskussionspapier* Nr. 32, Düsseldorf: Böckler.

Sandel, Michael (2012). *That Money Can't Buy. The Moral Limits of Markets*, New York: Farrar, Straus and Giroux.

Sandner, Günther (2014). *Otto Neurath. Eine politische Biographie*, Wien: Zsolnay.

Santos, Indhira (2008). Is Structural Spending on Solid Foundations?, *Bruegel Policy Brief Issue* 2008/02.

Sapir, André (2003). *An Agenda for a growing Europe. Making the EU Economic System Deliver. Report of an Independent High-Level Study Group established on the initiative of the President of the European Commission.*

Scharpf, Fritz (1985), *Die Politikverflechtungs-Falle: Europäische Integration und deutscher Föderalismus im Vergleich, Politische Vierteljahresschrift*, Jg. 26, H. 4, S. 323–356.

Scharpf, Fritz (1999). *Regieren in Europa: Effektiv und demokratisch?*, Frankfurt: Campus.

Scharpf, Fritz/Reissert, Bernd/Schnabel, Fritz (1976). *Politikverflechtung. Theorie und Empirie des kooperativen Föderalismus in der Bundesrepublik*, Berlin: Cornelsen.

Schäuble, Wolfgang (2010). Ordnung der Märkte – Bindung der Freiheit, Rede des Bundesfinanzministeriums, *Dr. Wolfgang Schäuble, bei der Tagung der Allianz SE und der Stiftung Marktwirtschaft „Finanzmarkt- und Steuerpolitik: Wie sieht die Perspektive 2020 aus?“*, Berlin 10.03.2014.

Schimmelfennig, Frank (2001). The Community Trap: Liberal Norms, Rhetorical Action, and the Eastern Enlargement of the European Union, in: *International Organization*, Jg. 55, H. 1, S. 47–80.

Schimmelfennig, Frank (2002). Liberal Community and Enlargement: An Event History Analysis, in: *Journal of European Public Policy*, Jg. 9, H. 4, S. 598–626.

Schimmelfennig, Frank/Engert, Stefan/Knobel, Heiko (2003). Costs, Commitment and Compliance: The Impact of EU Democratic Conditionality on Latvia, Slovakia and Turkey, in: *Journal of Common Market Studies*, Jg. 41, H. 3, S. 495–518.

Schimmelfennig, Frank/Sedelmeier, Ulrich (2005). Conclusions: The Impact of the EU on the Accession Countries, in: dies. (Hg.), *The Europeanization of Central and Eastern Europe*, Ithaca: Cornell University Press, S. 210–228.

Schimmelfennig, Frank/Schwellnus, Guido (2011). Die supranationale Ebene: innenpolitische Konsequenzen des EU, Beitritts, in: Grotz, Florian/Müller-Rommel, Ferdinand (Hg.), *Regierungssysteme in Mittel- und Osteuropa. Die neuen EU-Staaten im Vergleich*, Wiesbaden: VS, S. 281–299.

Schindler, Christian (2005). *Die Regionalpolitik der Europäischen Union. Eine kritische Auseinandersetzung mit ihrer allokationspolitischen Ausgestaltung und ihrer distributionspolitischen Zielsetzung*, Köln: Institut für Wirtschaftspolitik.

Schlecht, Otto (1995). *Wohlstand für ganz Europa. Mit marktwirtschaftlicher Offensive*, Bonn: Bouvier.

Schlögel, Karl (2002). *Die Mitte liegt ostwärts. Europa im Übergang*, München: Hanser.

Schmitt, Carl (1932/1995). Starker Staat und gesunde Wirtschaft, in: ders. (Hg.), *Staat, Großraum, Nomos. Arbeiten aus den Jahren 1916–1969*, Berlin: Duncker&Humblot, S. 71–91.

Schmölders, Günter (1960). Das Bild vom Menschen in der neuen Sozialpolitik, in: Aktionsgemeinschaft Soziale Marktwirtschaft (Hg.), *Wirtschaftsordnung und Menschenbild. Geburtstagsausgabe für Alexander Rüstow*, Köln: Verlag für Politik und Wirtschaft, S. 115–127.

Schnellenbach, Jan (2007), Public Entrepreneurship and the Economics of Reform, in: *Journal of Institutional Economics*, Jg. 3, H. 2, S. 183–202.

Schrader, Klaus/Laaser, Claus-Friedrich (2012). Aufbau und Bewährung der Marktwirtschaften im Baltikum, in: Knodt, Michèle/Urdze, Sigita (Hg.), *Die politischen Systeme der baltischen Staaten. Eine Einführung*, Wiesbaden: VS, S. 299–321.

Scholtes, Fabian (2005). Warum es um Verwirklichungschancen gehen soll: Amartya Sens Capability-Ansatz als normative Ethik des Wirtschaftens, in: Volkert, Jürgen (Hg.), *Armut und Reichtum an Verwirklichungschancen. Amartya Sens Capability-Konzept als Grundlage der Armuts- und Reichtumsberichterstattung*, Wiesbaden: VS, S. 23–46.

Schulz, Martin (2012). *Rede des Präsidenten des Europäischen Parlaments beim Europäischen Rat*, 13.12.2012.

Schulz, Matthias (1993). *Regionalismus und die Gestaltung Europas. Die konstitutionelle Bedeutung der Region im europäischen Drama zwischen Integration und Desintegration*, Hamburg: Krämer.

Schulz, Volker (1994). Vorwort, in: ders. (Hg.), *Region und Regionalismus, Cloppenburg.*

Schulz-Nieswandt, Frank (2003). Die Kategorie der Lebenslage – sozial- und verhaltenswissenschaftlich rekonstruiert, in: Karl, Fred (Hg.), *Sozial- und verhaltenswissenschaftliche Gerontologie. Alter und Altern als gesellschaftliches Problem und individuelles Thema*, Weinheim: Juventa, S. 129–139.

Schulz-Nieswandt, Frank (2006). *Sozialpolitik und Alter*, Stuttgart: Kohlhammer.

Schumpeter, Joseph (1947/2005). *Kapitalismus, Sozialismus und Demokratie*, 8. Aufl., Tübingen: UTB.

Schüller, Alfred (2006). Wettbewerbs- und Industriepolitik: EU-Integration als Dritter Weg?, in: Wenzel, Dirk (Hg.), *Europäische Integration – Ordnungspolitische Chancen und Defizite, Schriften zu Ordnungsfragen der Wirtschaft*, Stuttgart: Lucius&Lucius, S. 127–168.

Sell, Friedrich (1998). Wirtschaftliche Konvergenz in der wirtschaftstheoretischen Diskussion, in: Fischer, Bernhard/Straubhaar, Thomas (Hg.), *Ökonomische Konvergenz in Theorie und Praxis*, Baden-Baden: Nomos, S. 33–48.

Senellart, Michel (2003). Michel Foucault: la critique de la Gesellschaftspolitik ordolibérale, in: CIRAC/CICC (Hg.), *L'ordolibéralisme allemand. Aux sources de l'Economie social de marché*, Cergy-Pontoise: Université de Cergy-Pontoise, S. 37–48.

Sen, Amartya (1982). Equality of What?, in: ders. (Hg.), *Choice, Welfare and Measurement*, Cambridge: MIT Press, S. 353–369.

Sen, Amartya (1999/2011). *Ökonomie für den Menschen. Wege zu Gerechtigkeit und Solidarität in der Marktwirtschaft*, 5. Aufl., München: DTV.

Shleifer, Andrei (1997). *Government in Transition, in European Economic Review*, Jg. 41, H. 3-5, S. 385–410.

Sicherl, Pavle/Kukar, Stanka (2000). Slovenia, in: Bachtler, John/Downes, Ruth/Gorzelak, Grzegorz (Hg.), *Transition, Cohesion and Regional Policy in Central and Eastern Europe*, Aldershot: Ashgate, S. 195–205.

Siegler, Heinrich (1961). Dokumentation der Europäischen Integration. 1946–1961, *unter besonderer Beobachtung des Verhältnisses EWG-EFTA*, Bonn: Siegler, S. 89–93.

Silvan, Juraj (2000). Slovak Republic, in: Bachtler, John/Downes, Ruth/Gorzelak, Grzegorz (Hg.), *Transition, Cohesion and Regional Policy in Central and Eastern Europe*, Aldershot: Ashgate, S. 177–193.

Sinn, Gerlinde/Sinn, Hans-Werner (1993). *Kaltstart – Volkswirtschaftliche Aspekte der deutschen Vereinigung*, 3. Aufl., Tübingen: DTV.

Slovak Republik (2006). *National Strategic Reference Framework for 2007–2013*.

Smith, Adam (1759/1979). *The Theory of Moral Sentiments*, Oxford: Clarendon.

Smith, Adam (1776/1974). *Der Wohlstand der Nationen. Eine Untersuchung seiner Natur und seiner Ursachen*, München: Beck.

Solow, Robert (1956). A Contribution to the Theory of Economic Growth, in: *The Quarterly Journal of Economics*, Jg. 70, H. 1, S. 65–94.

Solow, Robert (1957). Technical Change and the Aggregate Production Function, in: *The Review of Economics and Statistics*, Jg. 39, H. 3, S. 312–320.

Spiekermann, Bernd/Malchus, Viktor von/Ortmeyer, August/Schuster, Franz/Olbrich, Josef (1988). *Europäische Regionalpolitik. Empfehlungen zur Weiterentwicklung*, Stuttgart: Kohlhammer.

Spiridonova, Julia/Grigorov, Nikolai (2000). Bulgaria, in: Bachtler, John/Downes, Ruth/Gorzelak, Grzegorz (Hg.), *Transition, Cohesion and Regional Policy in Central and Eastern Europe*, Aldershot: Ashgate, S. 71–83.

Staat, Yonne (2013). Der Rest des neuen Europas, in: *Frankfurter Allgemeine Sonntagszeitung*, 10.03.2013, Nr. 10, S. 8.

Starbatty, Joachim (1966). Regionale Strukturpolitik, laissez-faire-System und Soziale Marktwirtschaft, in: *Wirtschaftspolitische Chronik*, Bd. 15, S. 111–132.

Starbatty, Joachim (1967). *Regionale Strukturpolitik in der Sozialen Markwirtschaft, Eigenverlag*.

Starbatty, Joachim (2002). Ordoliberalismus, in: Issing, Otto (Hg.), *Geschichte der Nationalökonomie*, 4. Aufl., München: Vahlen, S. 251–270.

Starbatty, Joachim (2007). Zur Einführung: Alexander Rüstow (1885–1963), in: Goldschmidt, Nils/Wohlgemuth, Michael (Hg.), *Grundtexte zur Freiburger Tradition der Ordnungsökonomik*, Tübingen: Mohr Siebeck, S. 417–422.

Staudinger, Hans (1982). *Wirtschaftspolitik im Weimarer Staat. Lebenserinnerungen eines politischen Beamten im Reich und in Preußen 1889 bis 1934*, Bonn: Neue Gesellschaft.

Stawarska, Renata (1999). EU enlargement from the Polish perspective, in: *Journal of European Public Policy*, Jg. 6, H. 5, S. 822–838.

Stehn, Jürgen (2002). Leitlinien einer ökonomischen Verfassung für Europa, in: *Die Weltwirtschaft*, H. 3, S. 300–315.

Stiglitz, Joseph (2009). BIP-Fetischismus, in: *Der Standard Online*, 11.09.2009.

Stiglitz, Joseph/Sen, Amartya /Fitoussi, Jean-Paul (2009). *Report by the Commission on the Measurement of Economic Performance and Social Progress*.

Stiglitz, Joseph (2011). ‚E pluribus unum'. Von dem einen Prozent durch das eine Prozent für das eine Prozent, in: Blumenkranz, Carla/Gessen, Keith/Glazek, Christopher/Greif, Mark/Leonard, Sarah/Ross, Kathleen/Saval, Nikil/Schmitt, Eli/Taylor, Astra (Hg.), *Occupy! Die erste Woche in New York. Eine Dokumentation*, Berlin: Suhrkamp, S. 44–50.

Stone, Alec/Sandholtz, Wayne (1997). European Integration and Supranational Governance, in: *Journal of European Public Policy*, Jg. 4, H. 3, S. 297–317.
Störmann, Wiebke (2009). *Regionalökonomik. Theorie und Politik*, München: Oldenbourg.
Straubhaar, Thomas (1998). Wirtschaftliche Konvergenz: Was, wie, wozu?, in: Fischer Bernhard/Straubhaar, Thomas (Hg.), *Ökonomische Konvergenz in Theorie und Praxis*, Baden-Baden: Nomos, S. 9–31.
Streit, Manfred/Mussler, Werner (1995). Wettbewerb der Systeme zur Verwirklichung des Binnenmarktprogramms?, in: Gerken, Lüder (Hg.), *Europa zwischen Systemwettbewerb und Harmonisierung. Europäische Ordnungspolitik im Zeichen der Subsidiarität*, Berlin: Springer, S. 75–107.
Strübing, Jörg (2013). *Qualitative Sozialforschung*, München: Oldenbourg.
Sturm, Roland/Schorlemmer, Ingo (2008).Germany, in: Baun, Michael/Marek, Dan. (Hg.), *EU Cohesion Policy after Enlargement*, London: Palgrave Macmillan, S. 52–72.
Suntum, Ulrich van (1981). *Regionalpolitik in der Marktwirtschaft. Kritische Bestandsaufnahme und Entwurf eines alternativen Ansatzes am Beispiel der Bundesrepublik Deutschland*, Baden-Baden: Nomos.
Süddeutsche Zeitung (2012). Wir haben einfach zu viel Zeit verplempert, in: *Süddeutsche Zeitung* 13.11.2012, Nr. 262, S. 26.
Süddeutsche Zeitung (2013). Eisenmans Kulturstadt bleibt unvollendet, in: *Süddeutsche Zeitung*, 3.04.2013, Nr. 77, S. 11.
Swidlicki, Pawel/Ruparel, Raoul/Persson, Mats/Howarth, Chris (2012). *Off Target: The case for bringing regional policy back home, Open Europe*.
Szirmai, Adam (2005). *The Dynamics of Socio-Economic Development. An Introduction*, Cambridge: Cambridge University Press.
Thelen, Kathleen (1999). Historical Institutionalism in Comparative Politics, in: *Annual Review of Political Science*, Jg. 2, S. 369–404.
The Commission on Growth and Development (2008). *The Growth Report. Strategies for Substained Growth and Inclusive Development*, Washington: Weltbank.
Thisse, Jacques-François (1987). Location Theory, Regional Science and Economics, in: *Journal of Regional Science*, Jg. 27, H. 4, S. 519–528.
Thomson, Robert/Stokman, Frans/Achen, Christopher/König, Thomas (2006). *The European Union Decides*, Cambridge: Cambridge University Press.
Thünen, Johann von (1990). *Der isolierte Staat in Beziehung auf Landwirtschaft und National-ökonomie*, Berlin: Akademie.
Ther, Philipp (2014). *Die neue Ordnung auf dem alten Kontinent. Eine Geschichte des neoliberalen Europa*, Berlin: Suhrkamp.
Tobin, James (1978). A Proposal for International Monetary Reform, in: *Eastern Economic Journal*, Jg. 4, H. 3–4, S. 153–159.
Tömmel, Ingeborg (2014). *The European Union. What it is and how it works*, Houndmills: Palgrave Macmillan.
Tsebelis, George/Garrett, Geoffrey (2000). Legislative Politics in the European Union, in: *European Union Politics*, Jg. 1, H. 1, S. 9–36.
Ulrich, Peter (2009). Marktwirtschaft in der Bürgergesellschaft. Die Soziale Marktwirtschaft vor der nachholenden gesellschaftspolitischen Modernisierung in: Aßländer, Michael/Ulrich, Peter (Hg.), *60 Jahre Soziale Marktwirtschaft. Illusionen und Reinterpretationen einer ordnungspolitischen Integrationsformel*, Bern: Haupt, S. 349–380.
Ulrich, Peter (1997/2007). *Integrative Wirtschaftsethik. Grundlagen einer lebensdienlichen Ökonomie*, 4. Aufl., Bern: Haupt.

Ujupan, Alina-Stefania (2009). Reform perspectives for Cohesion Policy in the budget review process, *Bureau of European Policy Advisers EC Workingpaper*.
UNDP (2013). *Human Development Index 2013*, Washington.
Urban, Thomas (2012). Kultur unter der Guillotine. Die Krise trifft Spaniens Museen, Theater, Kinos, in: *Süddeutsche Zeitung*, 05.10.2012, Nr. 230, S. 14.
Vachudova, Milada/Spendzarova, Aneta (2012). The EU's Cooperation and Verification Mechanism: Fighting Corruption in Bulgaria and Romania after EU Accession, *Swedish Institute for European Policy Studies European Policy Analysis*, Nr. 1.
Vanberg, Viktor (1994). *Rules and choices in economics*, London: Routledge.
Vanberg, Viktor (1996). *Ökonomische Rationalität und politische Opportunität. Zur praktischen Relevanz der Ordnungsökonomie*, Nr.8 Lectiones Jenenses, Jena: Max-Planck-Institut.
Vanberg, Viktor (2000). Functional Federalism: Communal or Individual Rights?, in: *Kyklos*, Jg. 53, H. 3, S. 363–386.
Vanberg, Viktor (2001). *The Constitution of Markets. Essays in Political Economy*, London: Routledge.
Vanberg, Vanberg (2001/2009). Konstitutionenökonomische Überlegungen zum Konzept der Wettbewerbsfreiheit, in: Goldschmidt, Nils/Wohlgemuth, Michael (Hg.), *Grundtexte zur Freiburger Tradition der Ordnungsökonomik*, Tübingen: Mohr Siebeck, S. 707–731.
Vanberg, Viktor (2003). Konsumentensouveränität und Bürgersouveränität: Steuerungsideale für Markt und Politik, in: Czada, Roland/Zintl, Reinhard (Hg.), *Politik und Macht. Sonderheft 34 d. Politischen Vierteljahresschrift*, Wiesbaden: VS, S. 48–65.
Vanberg, Viktor (2004). The Status Quo in Contractarian-Constitutionalist Perspective, in: *Constitutional Political Economy*, Jg. 15, H. 2, S. 153–170.
Vanberg, Viktor (2005). Market and State: the perspective of constitutional political economy, in: *Journal of Institutional Economics*, Jg. 1, H. 1, S. 23–49.
Vanberg, Viktor (2007). Wirtschaftspolitik als Ordnungspolitik. Zum Kontrast zwischen ordnungsökonomischer und wohlfahrtsökonomischer Perspektive, in: *Wirtschaftspolitische Blätter*, Jg. 54, H. 2, S. 223–231.
Vanberg, Viktor (2008a). Bürgersouveränität und wettbewerblicher Föderalismus: Das Beispiel der EU, in: Goldschmidt, Nils/Wohlgemuth, Michael (Hg.), *Wettbewerb und Regelordnung*, Tübingen: Mohr Siebeck, S. 117–151.
Vanberg, Viktor (2008b). Nachwort: Das Forschungsprogramm der Ordnungsökonomik, in: Goldschmidt, Nils/Wohlgemuth, Michael (Hg.), *Grundtexte zur Freiburger Tradition der Ordnungsökonomik*, Tübingen: Mohr Siebeck, S. 735 –752.
Vanberg, Viktor (2008c).Der konsensorientierte Ansatz der konstitutionellen Ökonomik, in: Goldschmidt, Nils/Wohlgemuth, Michael (Hg.), *Wettbewerb und Regelordnung*, Tübingen: Mohr Siebeck, S. 23–48.
Vaubel, Roland (1994). The Political Economy of Centralization and the European Community, in: *Public Choice*, Jg. 81, H. 1–2, S. 151–190.
Vaubel, Roland (1995). The Centralisation of Western Europe. The Common Market, Political Integration, and Democracy, *IEA Hobart Paper* 127, London Institute of Economic Affairs.
Vaubel, Roland (1999). Enforcing Competition Among Governments: Theory and Application to the European Union, in: *Constitutional Political Economy*, Jg. 10, H. 4, S. 327–338.
Vaubel, Roland (2001). Europa-Chauvinismus. Der Hochmut der Institutionen, München: Universitas.
Verschraegen, Gert/Vanhercke, Bart/Verpoorten, Rika (2011). The European Social Fund and domestic activation policies: Europeanization mechanisms, in: *Journal of European Social Policy*, Jg. 21, H. 1, S. 55–72.
Vilkas, Eduardas (2000). Lithuania, in: Bachtler, John/Downes, Ruth/Gorzelak, Grzegorz (Hg.), *Transition, Cohesion and Regional Policy in Central and Eastern Europe*, Aldershot: Ashgate, S. 143–152.

Voigt, Stefan (1997). Positive constitutional economics: A Survey, in: *Public Choice*, Jg. 90, H. 1–4, S. 11–53.
Voigt, Stefan (1998). Das Forschungsprogram der Positiven Konstitutionenökonomik, in: Grözinger, Gerd/Panther, Stephan (Hg.), *Konstitutionelle Politische Ökonomie – Sind unsere gesellschaftlichen Regelsysteme in Form und guter Verfassung?* Marburg: Metropolis, S. 279–319.
Walther, Manfred (2002). Subsidiarität und Flexibilität. Überlegungen zum 'Dezentralisierungspotential' des Subsidiaritätsprinzips in der Europäischen Union, in: Blickle, Peter/Hüglin, Thomas/Wyduckel, Dieter (Hg.), *Subsidiarität als rechtliches und politisches Ordnungsprinzip in Kirche, Staat und Gesellschaft. Genese, Geltungsgrundlage und Perspektiven an der Schwelle des dritten Jahrtausends*, Berlin: Duncker&Humblot, S. 117–125.
Warneke, Sara (2013). *Die europäische Wirtschaftsintegration aus der Perspektive Wilhelm Röpkes*. Stuttgart: Lucius&Lucius.
Wegmann, Milène (2002). *Früher Neoliberalismus und europäische Integration. Interdependenz der nationalen, supranationalen und internationalen Ordnung von Wirtschaft und Gesellschaft (1932–1965)*, Baden-Baden: Nomos.
Weidenfeld, Werner (1995). Die Verantwortung des Westens für den Wandel in Mittel- und Osteuropa, in: ders. (Hg.), *Demokratie und Marktwirtschaft in Osteuropa. Strategien für Europa*, Gütersloh: Bertelsmann, S. 17–33.
Weingast, Barry/Marshall, William (1988). The Industrial Organization of Congress: Or why Legislatures, like Firms, are not Organized as Markets, in: *Journal of Political Economy*, Jg. 96, H. 1, S. 132–163.
Weise, Christian (2003). What Future for EU Regional Policy?, in: Funck, Bernard/Pizzati, Lodovico (Hg.), *European Integration, Regional Policy and Growth*, Washington: Weltbank, S. 231–241.
Weisser, Gerhard (1953a/1978). Grundsätze der Verteilungspolitik, in: ders. (Hg.), *Beiträge zur Gesellschaftspolitik*, Göttingen: Schwartz, S. 359–385.
Weisser, Gerhard (1953b/1978). Für oder gegen Marktwirtschaft – eine falsche Frage. Bemerkungen eines Sozialisten zu einem Artikel von Franz Böhm, in: ders. (Hg.), *Beiträge zur Gesellschaftspolitik*, Göttingen: Schwartz, S. 654–672.
Weisser, Gerhard (1978). Sozialpolitik, in: ders. (Hg.), *Beiträge zur Gesellschaftspolitik*, Göttingen: Schwartz, S. 275–283.
Weltbank (2012). *Doing Business 2012 Doing Business in a More Transparent World. Comparing Regulation for Domestic Firms in 183 Economies*, Washington: Weltbank.
Widmann, Horst (1973). *Exil und Bildungshilfe. Die deutschsprachige akademische Emigration in die Türkei nach 1933*, Frankfurt: Land.
Williamson, John (1990). What Washington Means by Policy Reform, in: ders. (Hg.), *Latin American Adjustment: How Much Has Happened?*, Washington: Institute for international Economics, S. 7–20.
Winiecki, Jan (2004). Determinants of Catching Up or Falling Behind: Interaction of Formal and Informal Institutions, in: *Post-Communist Economies*, Jg. 16, H. 2, S. 137–152.
Winter, Martin (2012). *Brüssel hat genug Geld, in SZ*, 31.10/1.11.2012, Nr. 252, S.4.
Wintrobe, Ronald (1990). The Tinpot and the Totalitarian: An Economic Theory of Dictatorship, in: *The American Political Science Review*, Jg. 84, H. 3, S. 849–872.
Wintrobe, Ronald (1998). *The Political Economy of Dictatorship*. New York: Cambridge University Press.
Wintrobe, Ronald (2001). How to Understand, and Deal with Dictatorship: An Economist's View, in: *Economics of Governance*, Jg. 2, H. 1, S. 35–58.
Wirtschaftswoche (2012). *Ein Fleckchen Flucht*, Nr.13 26.03.2012, S. 112–114.
Wishlade, Fiona (1996). EU Cohesion Policy: Facts, Figures, and Issues, in: Hooghe, Liesbet (Hg.), *Cohesion Policy and European Integration: Building Multi-Level Governance*, Oxford: Oxford University Press, S. 27–58.

Witte, Kirsten (1995). *Ordnungspolitische Perspektiven der Europäischen Union. Eine Analyse aus Sicht der Neuen Institutionenökonomik*, Bergisch Gladbach: Eul.
Wockenfuß, Christof (2010). Demokratie durch Entwicklungskonkurrenz. Ein ordnungspolitischer Beitrag zur internationalen Entwicklungszusammenarbeit, in: *ORDO*, Bd. 61, S. 325–351.
Wohlgemuth, Michael (2008). 50 Jahre Europäische Ordnungspolitik: ordnungs- und konstitutionenökonomische Anmerkungen, in: *ORDO*, Bd. 59, S. 381–404.
Wohlgemuth, Michael (2012). Soziale Marktwirtschaft für Europa? Ordnungspolitik in der Krise, in: Schuhen, Michael/Wohlgemuth, Michael/Müller, Christian (Hg.), *Ökonomische Bildung und Soziale Marktwirtschaft, Schriften zu Ordnungsfragen der Wirtschaft*, Bd. 96, Stuttgart: Lucius&Lucius, S. 3–12.
Wonka, Arndt (2008). Die Europäische Kommission im EU-Entscheidungsprozess, in: Selck, Torsten/Veen, Tim (Hg.), *Die politische Ökonomie des EU-Entscheidungsprozesses*, Wiesbaden: VS, S. 111–131.
Woyke, Wichard (1994). Der europäische Integrationsprozess, in: Tauras, Olaf/Meyers, Reinhard/Bellers, Jürgen (Hg.), *Politikwissenschaft III: Internationale Politik*, Münster: LIT, S. 140–165.
Wörsdörfer, Manuel (2011a). Individual and Regulatory Ethics: An Economic-Ethical and Theoretical-Historical Analysis of Ordoliberalism, *Universität Frankfurt Normative Orders Working Paper* 07/2011.
Wörsdörfer, Manuel (2011b). *Die normativen und wirtschaftsethischen Grundlagen des Ordoliberalismus, unveröffentlicht.*
Wörsdörfer, Manuel (2013). Von Hayek and Ordoliberalism on Justice, in: *Journal of the History of Economic Thought*, Jg. 35, Nr. 3, S. 291–317.
Wünsche, Horst (1996). Der Einfluss Oppenheimers auf Erhard und dessen Konzeption von der Sozialen Marktwirtschaft, in: Caspari, Volker/Schefold, Bertram (Hg.), *Franz Oppenheimer und Adolph Lowe. Zwei Wirtschaftswissenschaftler der Universität Frankfurt*, Marburg: Metropolis, S. 141–161.
Wünsche, Horst (2015). *Ludwigs Erhards Soziale Marktwirtschaft. Wissenschaftliche Grundlagen und politische Fehldeutungen*, Reinbek: Lau.
Yanakiev, Alexander (2011). The Europeanization of Bulgarian regional policy: a case of strengthened centralization, in: Bache, Ian/Andreou, George (Hg.), *Cohesion Policy and Multi-level Governance in South East Europe*, London: Routledge, S. 43–55.
Zweynert, Joachim/Goldschmidt, Nils (2006). The Two Transitions in Central and Eastern Europe as Processes of Institutional Transplantation, in: *Journal of Economic Issues*, Jg. 40, H. 4, S. 895–918.
Zweynert, Joachim (2007a). Die Entstehung ordnungsökonomischer Paradigmen. Theoriegeschichtliche Betrachtungen, *HWWI Research Paper* 5–2.
Zweynert, Joachim (2007b). Interests versus Culture in the Theory of Institutional Change, *HWWI Research Paper* 5–3.
Zweynert, Joachim (2008). Die Soziale Marktwirtschaft als politische Integrationsformel, in: *Wirtschaftsdienst*, H. 5, S. 334–337.
Zweynert, Joachim (2009). Die Krise in Russland – Ordnungs- oder Konjunkturproblem?, in: *Wirtschaftstsdienst*, H. 7 2009, S. 482–486.
Zweynert, Joachim/Wyszynski, Robert (2009). Measuring the Attitudes towards the Extended Order in Latvia, Poland and Russia: The Extended Order Index, in: Rieter, Heinz/Zweynert, Joachim (Hg.), *Econcomic Styles in the Process of EU Eastern Enlargement*, Baden-Baden: Nomos, S. 149–179.
Zweynert, Joachim (2010). Conflicting Patterns of Thought in the Russian Debate on Transition: 2003–2007, in: *Europe-Asia Studies*, Jg. 62, H. 4, S. 547–569.
Zweynert, Joachim (2011). Industrie- vs. Ordnungspolitik, in: *News Thüringen, HWWI*, H. 2.

Über den Autor

Dr. Julian Dörr ist Wissenschaftlicher Mitarbeiter an der Professur für Kontextuale Ökonomik und ökonomische Bildung der Universität Siegen sowie Geschäftsführer der Aktionsgemeinschaft Soziale Marktwirtschaft. Er studierte Volkswirtschaftslehre und Politikwissenschaft in Bamberg, Paris und Budapest.

www.ingramcontent.com/pod-product-compliance
Ingram Content Group UK Ltd.
Pitfield, Milton Keynes, MK11 3LW, UK
UKHW051950051026
15623UKWH00005B/1035

9 783110 480122